대항해시대

해상 팽창과 근대 세계의 형성

이 책은 2002년도 한국학술진흥재단의 지원을 받아 수행된 연구임(과제번호 A00056).
KRF-2002-0410A00056

대항해시대

해상 팽창과 근대 세계의 형성

주 경 철

서울대학교출판문화원

The Age of Maritime Expansion

Jou, Kyung Chul

Seoul National University Press

머리말

이 책은 근대 세계사를 해양 세계의 발전이라는 새로운 관점에서 재해석해 보려는 하나의 시론이다.

지금까지 대부분의 역사서는 대륙 문명의 관점, 그것도 주로 농경 문화권의 관점에서 바라본 역사라고 할 수 있다. 농촌 공동체의 형성과 해체, 사회의 주도 세력으로서 계급과 계층의 형성과 운동, 국가 기구의 구성과 전쟁 등이 역사학의 주요 주제였다. 사실 어느 시대에나 인구의 대다수가 농경 문화권에서 살아왔던 점을 고려하면 그런 지역을 중심으로 역사를 서술하는 것은 자연스러운 일이다. 그러나 농경 사회만이 역사 무대의 전부는 아니라는 점을 인식할 필요가 있다. 드넓은 대지 위에 광대하게 펼쳐져 있는 초원, 사막과 대삼림 지대, 더 나아가서 연안 지역과 섬, 바다 사이에서 사람들의 활기찬 삶이 펼쳐지는 해양 세계 또한 인류 역사의 중요한 무대였다.

이 책에서 주목하는 것은 근대 해양 세계의 팽창이다. 비교적 고립되어 발전해 왔던 각 문명권들은 15세기 이후 외부 세계를 향해 활기찬 해상 팽창을 시도하였다. 세계의 여러 지역들이 바다를 통해 접촉하고 교류하는 가운데 전 지구적인 해상 네트워크가 구축되었다. 이를 통해 사람들과 상품만이 아니라 가축과 농작물, 혹은 다양한 생태계 요소들이 먼 바다를 넘어 전달되었고, 지식과 정보, 사상과 종교가 교환되었다. 그러나 해양 네트워크의 발전은 단순히 상호 교류의 수평적인 확대만 의미하지는 않는다. 상호 접촉과 소통은 곧 갈등과 지배로 이어지고, 그것은 곧 세계의 수직적인 구조의 형성으로 귀결되었다. 네트워크를 따라 평화적인 교류가 이루어진 만큼이나 무력 충돌, 경제적 착취, 환경 파괴, 종교적 탄압이 일어났다. 이처럼 바다를 통해 온 세계가 함께 참여하는 복잡다기한 사건들이 전개됨으로써 진정한 의미의 세계사 혹은 지구사(global history)가 탄생한 것이다.

이런 새로운 의미의 근대사를 어떻게 이해할 것인가? 그것은 지난날의 통상적인 세계사와는 어떻게 다른가?

지난날의 세계사는 세계 각 지역의 역사적 실상을 가급적 자세히 연구하여 그 결과를 병치하여 보여 주는 방식이었다. 중요한 역사 흐름을 파노라마식으로 봄으로써 세계사의 다양한 면모들을 알 수 있다는 것이 이 방식의 장점이다. 그러나 여기에는 근본적인 문제가 있다. 이상적으로 말한다면야 세계 모든 지역의 역사를 공평하고 자세하게 기술함으로써 인류 역사의 흐름을 넓고도 깊게 이해한다고 할 수 있겠으나 사실 그것은 실현 불가능한 꿈이다. 실제로는 '중요한' 역사 사실들을 선별하여 그것들을 서로 연결함으로써 마치 세계 역사가 하나의 일관된 흐름을 따라 흐르는 듯이 보이도록 거대한 스토리를 만들어 낸 것에 불과하다. 그러나 어느 지역의 어느 사건이 세계사적으로 중요한 것인지 판가름하는 기준이 무엇이란 말인가? 여기에서 필연적으로 어떤 종류의 '중심주의'가 개재될 수밖에 없다. '중국중심주의', '인도중심주의', '미국중심주의', '일본중심주의' 등이 있을 수 있으나, 우리의 관점에서 가장 문제가 되는 것은 '유럽중심주의'이다. 이에 따르면 근대에 들어와서 가장 활발하게 해상 팽창을 한 주체는 유럽이며, 따라서 유럽이 근대 이후 세계사의 발전에 주도적인 역할을 했고, 나머지 지역들은 수동적인 자세로 있다가 결국 유럽의 식민 지배하에 들어가게 되었다. 이런 인식을 잘 나타내는 지난날의 용어가 '지리상의 대발견(The Great Discovery)'일 것이다. 이 용어의 이면에는 서구(The West, 유럽 그리고 19-20세기에는 미국까지 포함된다)가 나머지 세계(The Rest)를 발견하고 영향을 미치고 종국에는 지배한다는 관점이 깔려 있다. 이렇게 되면 서구 이

외의 다른 지역들은 온전한 역사의 주체가 되지 못하고 다만 서구 중심의 역사 서술의 대상이 될 뿐이다. 이런 인식은 19세기 이후 서구가 전 지구적인 지배력을 행사하는 제국주의 시대에 완성되었다. 유럽 세력이 세계적인 헤게모니를 장악한 이 시대의 현상을 과거에 그대로 투사하여 근대 초, 혹은 그 이전부터 늘 유럽이 모든 면에서 지배적인 힘을 행사해 왔던 것으로 파악한 것이다. 그러나 이는 사실이 아니다. 우리가 이 책에서 주목하는 15-18세기만 해도 유럽은 아직 절대적 지배권을 행사하지는 못했다. 지구적인 네트워크는 전 세계의 문명권이 참여하여 만든 것이지 유럽의 힘만으로 된 것은 아니다.

유럽중심주의의 극복이 중요한 과제인 것은 분명하지만 그렇다고 해서 그것이 곧 근대사에서 유럽 세력이 행한 역할을 모두 부정한다는 의미는 아니다. 실제로 15-18세기 동안 유럽 각국이 시간이 갈수록 강력한 활동을 펼쳤고, 종래 19-20세기에 제국주의적인 지배자가 된 것은 엄연한 사실이다. 우리의 과제는 이런 것들을 균형 잡힌 시각에서 정리하는 일이다. 유럽중심주의란 단순히 유럽이 역사적으로 늘 우월한 지위를 차지했다는 주장이 아니라 유럽이 절대적 보편성을 가진 '기준'이 되어 나머지 모든 지역의 역사를 그 기준에 맞춰서 의미를 부여하는 것이다. 그러므로 유럽중심주의를 수정한다는 것은 유럽의 활동 상황을 아예 부정한다거나 유럽이 헤게모니를 장악하는 과정 자체를 부정하는 것이 아니라, 유럽을 중심으로 사고하고 거기에 맞춰 의미를 부여하는 '신화적인 인식틀'을 수정하는 것이다.

예를 하나 들어보자. 레판토 해전(1571)은 에스파냐와 베네치아 중심의 유럽 동맹군과 오토만 제국 사이에 벌어진 대규모 해전이었다. 이 해전에 대해 국내외의 대표적인 역사서들은 이렇게 서술한다.

> 1560년대에 터키는 오스트리아 영토 내로 깊숙이 침입해 들어왔고 그들의 함대는 지중해를 지배했다. […] 지중해에서 터키의 호전성을 제어하기 위해 1571년에 돈 후안의 지도하에 에스파냐, 베네치아, 교황청 간에 신성동맹이 맺어졌다. 1571년 10월 7일, 코린토스만의 레판토 앞바다에서 16세기 최대의 해전이 벌어져서 돈 후안의 함대는 알리 파샤가 지휘하는 오토만 함대와 전투를 벌였다. 이 전투가 채 끝나기도 전에 터키 함대의 1/3이 침몰하거나 나포되었으며 3만 명의 터키인이 죽었다. 일시적으로 지중해는 에스파냐에 속하게 되었으며, 이제 유럽인들은 그들끼리 전쟁을 벌였다.(Kagan 1999: 427)

> 카알 5세로부터 시작된 에스파냐의 우월은 펠리페 2세 때도 계속되었으며, 지중해로 진출해 오는 투르크를 레판토 해전에서 격파하여 지중해의 패권을 확보하고, 1580년에 포르투갈을 합방함으로써 에스파냐의 우월은 절정에 달하였다.(민석홍 1991: 405-406)

우리나라의 고등학교 세계사 교과서 역시 유사한 서술을 하고 있다.

> 펠리페 2세는 레판토 해전에서 오토만 제국을 격파하여 지중해의 패권을 잡고 포르투갈을 합병함으로써 유럽 최대의 강국이 되었다.(허승일 외 2002: 191)

이러한 해석에 따르면, 오토만 제국은 16세기에 지중해의 지배권을 노리고 침략을 기도했으나 레판토 해전에서 유럽 동맹군에게 결정적으로 패배함으로써 좌절되었고, 그 이후 세력이 쇠퇴하여 더 이상 유럽에 대해 위협적인 존재가 아니게 되었다. 그러나 이는 전적으로 유럽의 관점에서 해석한 결과일 뿐이다. 사실 위에서 예로 든 텍스트들은 모두 이 전쟁을 에스파냐의 성쇠라는 관점에서 서술하고 있다. 그러나 터키의 입장에서 보면 이 전쟁과 이 시대에 대한 해석이 전혀 달라진다. 오토만 제국으로서는 우선 지중해로 공격해 들어갈 의도가 없었는데, 그 이유는 그들이 가장 첨예하게 대립하고 있던 상대는 유럽보다는 오히려 그들의 동쪽에 있는 페르시아 제국이었기 때문이다. 이 시기에 오토만 제국은 북쪽 및 북동쪽으로 영토를 팽창해서 카스피해를 중심으로 한 거대 제국을 형성하려는 계획을 추진 중이었다. 원래 오토만 제국 군대는 육군 위주였기 때문에 해군은 북아프리카의 해적을 끌어들여 편성하기도 했으며, 이들의 과제는 육상 팽창이라는 더 중요한 목표를 수행하는 데에 방해가 되지 않도록 지중해 방면에서 수비를 책임지는 일이었다. 오토만 제국 해군은 어쨌든 성공적으로 유럽 해상 세력을 막아냈다는 점에서 자신의 임무를 다한 셈이다. 더구나 레판토 해전에서 패했다고는 하나 그 이후 짧은 시간 안에 해군을 거의 원상 그대로 복구함으로써 유럽 각국에 큰 충격을 주었다. 레판토 해전 시기에 오토만 제국은 유럽 세력에 결정적으로 패배하여 쇠퇴를 맞은 것이 아니라 오히려 일대 팽창의 시대였다는 것이 터키 측 역사가들의 해석이다.[1] 이처럼 기존의 유럽 중심적인 시각에서 벗어나 더 넓은 시각으로 보면 역사 해석은 달라질 수 있다.

이 책은 균형잡힌 시각으로 근대사를 재해석하는 목표를 위해 비교사적인 시도를 하고자 한다. 아래에서는 현대 사회의 뿌리가 되는 시기인 근대 초기(Early Modern Age, 즉 15-18세기)에 주목하여, 오늘날의 세계를 형성하는 데에 중요하다고 생각되는 주제들을 선정하고 세계 각 지역에서 그런 요소들이 어떻게 변화 · 발전해 갔는가를 살펴보며, 또 그것들이 상호 조우하는 과정에서 서로 어떤 영향을 주고받았는

1) 레판토 해전에 대해서는 제4장에서 재론할 것이다. 레판토는 코린토스 만의 항구도시로서 현재는 나브팍토스라고 불린다.

가를 분석할 것이다. 이런 식으로 여러 주제들을 검토함으로써 근대 세계의 특징들을 입체적으로 파악해 보고자 한다.

이 책은 다음과 같이 구성되어 있다.

제1부 '근대 세계 구조의 형성'에서는 근대 세계의 전반적인 구조가 어떤 과정을 통해 어떻게 짜여졌는가에 대해 전체적으로 조망해 보고자 했다. 제1장에서는 우선 근대 초까지 세계의 무게중심이 아시아에 있었음을 밝히고, 그 다음 시기에 아시아의 바다에서 일어난 중요한 구조적 전환을 설명했다. 중국이 해상 세계에서 후퇴하여 내륙 깊숙이 들어가 문을 잠그는 시점에 유럽은 아시아의 바다로 들어와 중요한 거점들을 장악해 갔다. 중국의 '해상 후퇴'와 유럽의 '해상 팽창', 이것이야말로 근대사의 발전에서 결정적인 구조적 전환의 계기가 아니었을까? 이후 세계 각 지역이 상호 접촉하는 과정에서 어떤 세계사의 구조가 형성되었는지 알아보기 위해 기본적인 수치 자료를 통해 큰 밑그림을 그려 보았다. 동시에 이처럼 거대 서사를 그리는 방식의 역사 서술이 어떤 문제점을 안고 있으며, 따라서 어떤 주의점이 필요한지를 정리해 두었다. 제2장에서는 소위 '유럽의 팽창' 현상을 다루었다. 유럽인들이 세계 각 지역으로 팽창해 가서 아시아 · 아프리카 · 아메리카의 주민들과 조우하는 구체적인 역사 현장을 살펴보는 것은 매우 중요한 일이다. 이런 개관을 하면서 '유럽의 팽창' 자체를 서술하기보다 가급적 아시아 · 아프리카 · 아메리카의 맥락 속에서 살펴보고자 했다. 그러나 이와 관련된 역사 사실들을 전부 서술한다는 것은 거의 실현 불가능할 정도로 방대한 작업이 될 것이다. 따라서 여기에서는 관련된 모든 사실들을 낱낱이 서술하는 대신 앞으로 수행할 주제별 분석에 도움이 되는 정도의 간략한 개관에 그칠 것이다. 그런데 이것은 동시에 전략적인 의도를 가지고 하

는 작업이라 할 수 있다. 유럽의 해상 팽창에 대한 개관을 제시하는 이유는 그 자체가 충분한 설명이 된다기보다는 오히려 가급적 많은 문제들을 노출시켜서 다음 장부터 하나씩 차례로 분석할 중요한 이슈들로 삼기 위함이다.

제2부 '폭력의 세계화'에서는 세계 문명권들이 상호 접촉하는 과정에서 구체적으로 어떤 일이 일어나는가를 '폭력'이라는 키워드를 통해 정리해 보고자 했다. 바다를 통한 상호 접촉은 처음부터 폭력적인 방식으로 이루어졌다. 세계화는 폭력적인 과정이었다. 달리 말하면 폭력적인 관계의 구조화가 세계화의 핵심적인 특징이었다. 제3장에서는 우선 세계화의 기본 전제가 되는 조선업과 해상 운송의 발달 과정을 살펴보고, 이를 수행한 선원들 세계의 실상을 들여다보았다. 원양 항해의 발달은 단순히 기술 발달의 측면에 그치는 것이 아니다. 물론 조선업이나 해상 운송업의 기술 발달이 선행되어야만 대륙 간 항해가 가능하겠지만, 그렇다고 그런 분야의 기술 발달이 곧바로 다른 대륙, 다른 문명을 찾아나서고 교역과 지배를 추구하도록 만든 충분조건은 아니다. 기술 발전을 유도하고 그 성과들을 이용하여 세계를 향해 나아가도록 만드는 추동력이 있어야 한다. 항해의 내면을 보면 그런 활동 자체가 폭력의 확대 과정임을 확인하게 된다. 해상 운송업의 조직과 운영이 이미 자본주의적 공장의 선구적 형태로서 극히 폭력적으로 조직되었고, 또 이에 저항하는 반질서(反秩序)인 해적 역시 근대 자본주의의 성장에 따른 반작용으로 이해할 수 있다. 제4장에서는 폭력성을 근대 세계의 기본 특징의 하나로 상정하고 이 문제를 본격적으로 분석했다. 문명 간의 접촉에는 필연적으로 군사적 충돌이 수반되었다. 많은 연구자들은 최종적으로 유럽이 우세한 지위를 차지하는 데에 군사력이 결정적 요소였다는 주장을 편다. 과연 그것이 사실인지 따져 보되, 이를 단순히 군사 내적

인 문제로 볼 것이 아니라 폭력의 본질이 무엇이며, 근대 세계에서 폭력이 왜, 어떤 양태로 발현되었는지 더 근본적인 질문을 제기하고자 한다. 그런 관점에서 군사 문제를 분석해 보면 폭력성은 그 자체로서 스스로 설명되는 문제가 아니라 문화적 맥락에서 이해해야 할 사항임을 깨닫게 된다. 제5장에서는 귀금속과 화폐의 세계적 유통을 분석하였다. 세계가 긴밀하게 연결되고 그 과정에서 새로운 경제적 · 정치적 구조가 짜여질 때 이것을 원활하게 만들어 준 것이 귀금속과 화폐였다. 이러한 세계적 화폐 현상은 단순히 상품과 서비스의 유통의 확대라고 표현할 일이 아니라 새로운 세계, 새로운 인간관계의 형성이라는 더 큰 시각에서 봐야 한다. 화폐는 중립적인 매개 수단이라기보다 세계의 문호를 열고 각 지역의 사회와 경제를 전 지구적 유통망 속으로 편입시키는 강제력으로 작용했다. 제6장에서는 근대 세계사에서 폭력이 가장 극단적이고 가장 대규모로 드러난 부문의 하나인 노예무역을 다룰 것이다. 유럽 대륙이 신대륙의 문명권을 억압하고 그 자리에 그들의 구상대로 새로운 사회를 만드는 과정에서 한편으로 인디언[2]들에 대한 대규모 학살이 일어났고 다른 한편으로 부족한 노동력을 구하기 위해 1천만 명 이상의 아프리카 흑인들을 노예로 끌고 왔다. 이 비극적 사건은 근대 세계 '발전'의 어두운 이면을 적나라하게 보여준다. 근대 사회는 사상 유례 없이 큰 억압과 희생 위에 구축되었다는 점을 직시해

2) 콜럼버스가 자신이 찾아간 곳을 인도로 여겼고 그 때문에 그곳 주민을 '인디언'이라고 부르게 되었다고 흔히 이야기한다. 따라서 '인디언' 혹은 '인디오'라는 말은 편견의 산물이며, 부정확한 표현이다. 그래서 '네이티브 아메리칸(native American)' 혹은 '아메리카 선주민'과 같은 용어를 사용하자는 주장이 있으나, 우선 번거로울 뿐 아니라 그 용어들 역시 전적으로 편견이 없는 것은 아니므로, 이 책에서는 관례에 따라 대체로 북미 선주민들을 '인디언'으로, 중남미 선주민들을 '인디오'로 표기하였다. 물론 역사 왜곡을 용인하는 의도는 아니라는 점을 밝힌다.

야 한다.

제3부 '세계화 · 지역화된 문화'에서는 세계화와 지역화가 동시에 일어나는 근대 세계에서 사람들의 삶과 문화가 어떻게 변화했는가를 살펴보고자 한다. 제7장에서는 세계화가 진행되면서 가속화된 생태 환경의 변화를 분석하였다. 세계화는 단순히 인간사에만 한정된 일은 아니다. 어쩌면 근대에 일어난 해양 팽창의 결과 가운데 가장 의미가 큰 사건은 생태 환경의 변화일지 모른다. 사람들의 의도적인 노력의 결과일 수도 있고 아닐 수도 있지만, 각 지역에 고립되어 살았던 생물종들이 다른 지역으로 이동해서 생태계 전체에 엄청난 변화가 일어났다. 때로는 어느 한 지역의 병원균이 다른 대륙으로 퍼진 결과 가공할 전염병이 발발하여 말할 수 없이 참혹한 재앙을 불러일으키기도 했다. 오늘날 우리가 그 안에서 살아가는 생태 환경이 현재 상태로 만들어진 데에는 분명 15세기 이후의 해상 팽창이 결정적인 영향을 미쳤다고 봐야 한다. 제8장에서는 종교적 측면을 다루었다. 상호 소통이나 지배라고 할 때 그것은 물질적인 차원의 일만이 아니다. 인간의 심층적인 내면 요소들 역시 서로 교환되고 서로 영향을 미치지 않을 수 없다. 가장 대표적인 현상이 유럽의 종교인 기독교가 세계 각 지역으로 전파되면서 불러일으킨 정신적 · 사회적 충격이다. 이때의 종교 현상은 오늘날 우리가 생각하는 좁은 의미의 종교 현상에 한정되지 않는 더 큰 범위의 일이었으며, 흔히 국가기구가 앞장서고 무력을 동원한 일이었다. 기독교의 충격은 세계 여러 지역에서 사람들의 심성 구조와 사회 구조에 심대한 변화를 초래했다. 마지막으로 제9장에서는 중요한 문화 현상들로서 언어, 음식, 과학 기술 등 세 가지 분야를 추려서 살펴보았다. 이것들은 모두 그 자체로서 독립된 한 장을 차지할 만큼 중요한 주제들이다. 사실 이 세 가지 외에도 우리의 삶

에 지대한 영향을 미치는 문화적 변화의 사례는 얼마든지 있겠으나, 이 세 가지 사례만으로도 해상 팽창이 정신적으로나 물질적으로 우리의 일상생활을 얼마나 심원하게 변화시켰는지 충분히 알 수 있을 것이다.

이런 내용을 모두 담으려고 하다 보니 이 책의 부피가 상당히 커지게 되었다. 워낙 여러 주제들을 포함하고 있고 또 각각의 주제들이 모두 방대한 내용을 요하는 것들이기 때문이다. 각 장의 주제마다 거의 매일같이 전문 연구자들의 논문과 책들이 쏟아져 나오는 형편이다. 이 책이 그런 연구 성과들을 모두 완벽하게 소화해서 훌륭하게 정리했다고 할 수는 없을 것이다. 아마도 해당 주제를 전공하는 연구자들이 보면 이 책의 각 장에서 제시한 사실이나 해석에 불만족스러운 점들이 많을 것이다. 이 책은 그저 여러 탁월한 연구 업적들을 급한 대로 읽고 정리해서 해당 주제의 윤곽이나마 어림잡아 본 것에 불과하다. 사실 이렇게 다양한 주제들을 세계사적인 차원에서 모두 다루겠다는 의도 자체가 만용이라고 하지 않을 수 없다. 그런 점을 잘 알고 있음에도 불구하고 이런 시도를 한 이유는 우리 나름의 종합적인 시각이 절실히 필요하다고 생각했기 때문이다. 기존의 많은 연구들은 대개 한두 측면에 집중하여 심층적인 분석을 시도하였다. 예컨대 경제사의 관점이나 종교사의 관점에서 근대를 바라보는 연구들이 있다. 그것들은 모두 그 나름의 의미를 지닌다. 말하자면 경제라는 전망대 혹은 종교라는 전망대에서 세계를 바라보는 것이다. 그러나 그렇게 되면 암만해도 세계의 일면만 보게 된다. 이 복합적인 세계를 제대로 이해하기 위해서는 복합적인 시각이 필요하다. 이 책은 개괄적이나마 전체적인 면모를 두루 둘러보고자 하는 의도에서 출발하였다. 그러나 그것은 단지 다양한 면모를 살펴본다는 정도에 그치는 것이 아니라, 그 다양한 현상들이 내적으로 서로 얽혀 있다는 사실을 주목하려고 했다. 그래서 종교적인 현상 이면에 군사적인 현상이 있고, 생태 환경의 변화가 심성의 변화를 초래하며, 과학 기술의 발전이 폭력의 확산과 긴밀하게 연결되어 있다는 식으로 각 주제가 다른 주제들을 참조하고 지시하도록 구성하였다. 미흡하더라도 이와 같은 전체적이고 복합적인 조망을 경험한 연후 다시 개별적인 주제로 돌아가면 좀 더 균형 잡힌 연구가 가능하지 않을까 하는 것이 필자의 생각이다. 짐작컨대 이런 식의 종합적인 전망이 필요하다는 데에 동의하는 연구자들이 없지 않을 것이다. 이 책이 그런 필요를 시원하게 충족시키리라고는 생각지 않으나, 다만 이런 정도의 초안(草案)이나마 제시하면 앞으로 더 진척된 논의를 하는 데에 도움이 되지 않을까 기대해 본다.

세상에 내놓기 부끄러운 연구이지만, 이 책을 쓰면서 많은 분들의 도움을 받았다. 이 연구는 원래 한국학술진흥재단의 선도연구 지원을 받아서 진행한 것이다. 저자의 게으름 때문에 원래 예정했던 기한 내에 마치지 못하고 늦게 책을 발간하게 되었다. 이 책을 쓰는 기간 중에 마침 버클리대학교 한국학연구소(Center for Korean Studies, University of California, Berkeley)에서 1년 동안 방문학자로 지냈는데, 이 기회를 이용해서 버클리대학교의 좋은 자료들을 이용할 수 있었다. 연구소의 여러분들께 진심으로 고마운 마음을 표하는 바이다. 원고를 어느 정도 마무리한 후에는 한 학기 동안 서울대학교 서양사학과에서 개설한 수업을 통해 이 책의 여러 내용을 학생들에게 제시하고 토론하는 가운데 많은 부분을 다듬을 수 있었다. 수업에 참여했던 학생들의 예리한 지적과 질문들이 큰 도움이 되었다. 콜럼비아대학에 유학 가 있는 동안에도 원고를 꼼꼼하게 읽고 전체의 구성부터 세세한 사실에 이르기까지 훌륭한 조언을 해 준 조준희 군에게 특별히 고마운 마음을 표하고 싶다. 미국 체류 중에 큰 힘이 되었던 큰누나 가족들, 원고 쓰는 데 힘내라고 보약까지 챙겨 주면서 격려한 작은누나 가족들, 필자를 아직도 아이처럼 생각하며 걱정해 주시는 어머니, 이분들의 사랑 때문에 다른 근심걱정 없이 연구에 정진할 수 있었다. 생활무능력자에 가까운 필자가 늘 즐겁고 편안하게 지내면서 글을 쓸 수 있도록 만들어 준 아내와 딸은 이 책의 공저자라 할 수 있다.

同耕之樂!

2008년 2월

필자

차례

표 차례

제1부 근대 세계 구조의 형성

제1장 세계의 팽창, 세계의 불균형

제2장 세계와 유럽의 조우: 유럽의 해상 팽창

지금으로부터 500년 전으로 거슬러 올라가서 15세기의 세계를 일별해 보자(Fernández-Armesto 1995: Introduction).

유럽은 정체 상태였다. 콜럼버스보다 수백 년 앞서 아메리카 대륙에 상륙하고, 반대 방향으로는 콘스탄티노플을 넘어 중동 지역으로까지 뻗어 갔던 바이킹의 모험은 이미 잊혀진 추억이 되었다. 이베리아반도의 레콩키스타(Reconquista, 서기 8세기부터 이슬람 세력의 지배를 받던 이베리아 반도에서 기독교권이 벌인 영토 회복 운동)는 1270-1480년 기간 중 정체해 있었다. 동쪽으로 이슬람권에 압박을 가하던 십자군 운동은 성과를 거두지 못한 채 이미 끝났고, 오히려 전세가 역전되어 터키(오토만 제국)가 유럽을 향해 진격해 오고 있었다. 북동부 유럽 지역에서는 1410년의 타넨베르크 회전(폴란드 왕국과 리투아니아 대공국 연합군이 튜튼 기사단을 패퇴시킨 전투) 이후 기독교권의 확산이 중단된 상태였다. 15세기 중엽에 이르러서야 유럽은 소위 '중세 말의 위기'에서 벗어나면서 점차 기력을 회복했고 다음 세기부터 본격적으로 해외로 나아갔다.

이 시기에 가장 활기차게 팽창해 가던 곳은 모스크바 공국과 오토만 제국이었다. 모스크바 공국은 동쪽 내륙 지역으로 진격해 갔는데 이는 시베리아 정복의 긴 여정의 시작이었다. 오토만 제국은 15세기 초에 중앙아시아의 강자인 티무르 왕조의 공격을 이겨내고 흑해, 에게해, 발칸반도 쪽으로 팽창했으며, 16세기에는 페르시아와 이집트, 그리고 헝가리 쪽으로 진출해서 조만간 유럽 전역에 엄청난 공황 상태를 초래했다.

이 시대 최대의 문명권이었던 중국은 국가 주도의 대규모 해상 팽창 사업인 정화(鄭和)의 남해 원정을 추진했으나 이는 단기간에 그치고 말았다. 그러나 정부의 해금(海禁) 정책에도 불구하고 민간 분야에서는 교역 활동이 계속되어서 동남아시아 각지로 화교들이 진출해 갔다. 일본인만이 아니라 실제로는 류큐와 중국 연안 지역의 해상 세력을 아우르는 왜구는 약탈과 상업을 병행하는 방식으로 동남아시아 해상 세계로 뻗어 나갔다.

아프리카에서는 니제르 강부터 세네갈 상류에 이르는 광활한 지역에 송가이 제국이 형성되어 있었다. 이 안에서 도시의 상공업자들과 이슬람 학자들이 주축이 된 집단이 사막과 열대우림 지역으로 확산되어 갔는데, 이것은 정복과 교역, 이슬람화와 문화 교류가 뒤섞인 복합적인 방식이었다.

아메리카 대륙에서도 1420년대부터 아스텍과 잉카 제국이 팽창 중이었다. 아스텍은 영토제국이라기보다는 차라리 주변 여러 지역들을 조공관계로 묶어 두는 동맹 체제에 가까웠다. 코르테스가 찾아왔을 때에도 이들은 이와 같은 방식의 팽창을 계속했고, 심지어 에스파냐군과 함께 1520년대에 온두라스, 1540년대에 유카탄 지역을 정복하기도 했다. 흔히 아메리카의 제국들에 대해 유럽인들이 아주 쉽고 빠르게 정복한 허약한 체제인 듯이 이야기하지만 그것은 전적으로 맞는 이야기는 아니다. 아메리카에는 활력이 넘치는 문명권이 형성되어 있었으며, 이에 대한 유럽인의 정복은 초기의 일시적인 승리 이후 아주 길고 힘든 과정을 거쳤다.

이상의 사실들을 정리하면 근대 초에는 세계의 많은 지역들이 팽창 중이었다고 말할 수 있다. 우리는 흔히 근대 이후 유럽만이 강력한 힘을 행사하면서 해외 팽창을 했으며, 세계의 나머지 모든 지역은 수동적으로 기다리다가 유럽 세력 앞에서 무릎을 꿇은 것처럼 생각하기 쉽다. 그러나 15세기의 시점에서 보면 차라리 유럽이 상대적으로 정체해 있었고 다른 문명권들은 활기가 넘친다는 느낌을 받는다. 그 이후의 역사 진행을 알고 있는 현재 우리의 입장에서는 일견 이상해 보일 수도 있으나, 사실 그 시대를 기점으로 삼아 미래를 조망해 보면 유럽이 장차 세계의 패권을 장악할 필연성은 없었다. 페르난데스-아르메스토(Fernández-Armesto 1995: xiii)는 15세기의 시점에서 보았을 때 전 지구적 헤게모니 쟁탈전의 우승 후보를 꼽는다면 차라리 자바라고 이야기한 바 있다. 자바는 인도양 한가운데에 자리잡고 있어서 우선 지정학적으로 매우 유리한 데다가, 아주 넓은 지역에 걸쳐 조공관계를 유지하면서 언제든지 군사적으로 공격할 태세를 갖추고 있었으며, 조선 · 지도 · 항해와 같은 기술적 요소도 매우 발달해 있었다. 따라서 장래 가능성을 본다면 모든 면에서 에스파냐나 포르투갈보다는 자바가 더 유리했다는 것이다.

그러나 이처럼 세계의 많은 지역들이 팽창과 정복의 잠재력을 가지고 있었지만, 대부분 어떤 한계 이상으로 나아가지 못하고 최종적으로는 유럽에게 주도권을 빼앗겼다. 자바가 아무리 유리한 위치에 있었다고 해도 아메리카와 유럽을 정복하지는 못했고 오히려 유럽의 식민 지배 아래서 고통을 당했다. 중국의 정화 함대가 한때 아프리카의 동해안을 따라 내려가서 희망봉 근처까지 갔지만 끝내 아프리카 남단을 돌아 유럽까지 도달하는 일은 일어나지 않았다. 최종적으로 희망봉을 돌아 아시아로 진입해 들어온 것은 유럽인들이었다.

이상의 사실들을 두 가지로 정식화해 보자.

첫째, 유럽이 처음부터 독주를 한 것은 결코 아니었다. 유럽이 세계의 패권을 차지한 것은 15-16세기가 아니라 훨씬 뒤의 일이었다. 근대 초에는 유럽만이 아니라 세계가 팽창하고 있었다. 따라서 우리는 '유럽의 팽창'을 '세계의 팽창'이라는 더 큰 틀 속에서 균형 있게 봐야 한다.

둘째, 그럼에도 불구하고 최종적으로는 유럽이 승자가 되었다. 말하자면 후발 주자가 마지막 순간 전면에 나선 것이다. 유럽의 승리가 필연적인 것은 아니었다고 해도 결국 그런 결과가 되었다면 이에 대한 합당한 설명이 필요하다.

우리는 이와 같은 사실을 염두에 두면서 근대 세계의 구조가 어떻게 형성되어 갔는가를 살펴보고자 한다.

제1장

세계의 팽창, 세계의 불균형

15세기에 대항해시대가 열렸다. 지금껏 각 대륙을 갈라놓는 장벽 역할을 했던 바다는 어느덧 문명권들이 서로 만나는 소통로가 되었다. 해로를 이용하여 세계가 상호 조우하면서 전 지구적인 네트워크가 형성되었다. 그러나 상호 소통은 곧 충돌과 갈등, 지배로 이어졌다. 조만간 세계 각 지역들은 위계(hierarchy)를 이루는 구조 속으로 편입되어 갔다. 이 장에서는 이처럼 해양 팽창을 통해 세계사의 구조적 전환이 일어나는 과정을 추적해 보고, 기본적인 수치 자료를 이용하여 세계의 구조에 대한 거시적인 그림을 그려 보도록 하자.

1. 아시아 해양 세계의 변화

많은 학자들이 지적하듯이 근대 초까지 세계의 무게중심은 유라시아 대륙의 동쪽에 있었다. 부와 인구 면에서 세계 최대를 자랑하던 중국, 그리고 이에 버금가는 비중의 인도가 버티고 있는 아시아가 유럽을 압도하였다. 특히 인도양은 오랫동안 유라시아 해상 교역의 중심 무대였다. 인도와 중국, 동남아시아, 중동 지역, 아프리카, 그리고 여기에 더해서 중동 지역의 낙타대상을 통해 간접적으로 연결되어 있던 유럽까지 모두 인도양을 통해 소통하였다. 잘 알려진 대로 15세기 초에 정화(鄭和)가 인도양 각지를 누비고 다닌 사건은 중국이 막강한 해상 세력으로 성장할 수 있는 가능성을 증명해 주는 사건이었다. 이어서 유럽의 선박들이 아시아의 바다에 모습을 드러내면서 더욱 복잡다기한 드라마가 연출되기 시작했다. 문제는 이렇게 근대 해상 팽창이 본격화될 무렵 오히려 중국이 바다에서 후퇴하여 내륙으로 들어갔다는 점이다. 유럽의 '해상 팽창'과 중국의 '해상 후퇴'는 세계사의 흐름을 변화시킨 대단히 중요한 계기였다.

1) 15세기 이전 아시아의 바다

아시아의 해상 교역망은 아주 일찍부터 발달했다.

아프리카 동해안으로부터 일본에 이르는 광활한 아시아의 바다에는 여러 민족들의 활동이 활기차게 펼쳐졌다. 11세기부터 항해술의 발달로 원거리 항해가 가능하게 되어 인도양의 다우(dhow), 동남아시아의 종(jong), 중국의 정크(junk) 선 등이 바다를 누비고 다녔다.[1] 그 결과 이전에는 무게와 부피가 작으면서 값이 비싼 사치품이 교역품의 주종이었으나 이제 직물이나 후추와 같은 대중 소비품까지 원거리 교역의 대상이 되었다.

해상 교역로의 발달은 육상 교역로의 발달과 연관성이 있다. 13세기에 몽골 세계 제국이 성립되었을 때 고래(古來)의 실크 로드와 이슬람 상업망은 하나로 결합했다. 페르시아만에서 지중해에 이르는 '향신료 로드'와 실크 로드가 하나로 통합되어 마침내 유라시아 대륙에 국제적인 순환 상업망이 형성된 것이다. 그러나 몽골 제국의 통치하에 안전성이 확보되었던 육로는 1250-1350년의 한 세기 정도밖에 지속되지 못했다. 그 후 몽골 제국이 분열되어 몇 개의 한국(Khanate)으로 나뉘고 전쟁과 혼란이 거듭되자 원거리 교역의 큰 흐름은 해상

1) 동남아시아의 '종'과 중국의 '정크'는 발음이 비슷해서 같은 기원에서 발달해 나온 것으로 오해하기 쉬우나 전혀 다른 배이다(Manguin 1980: 266-276).

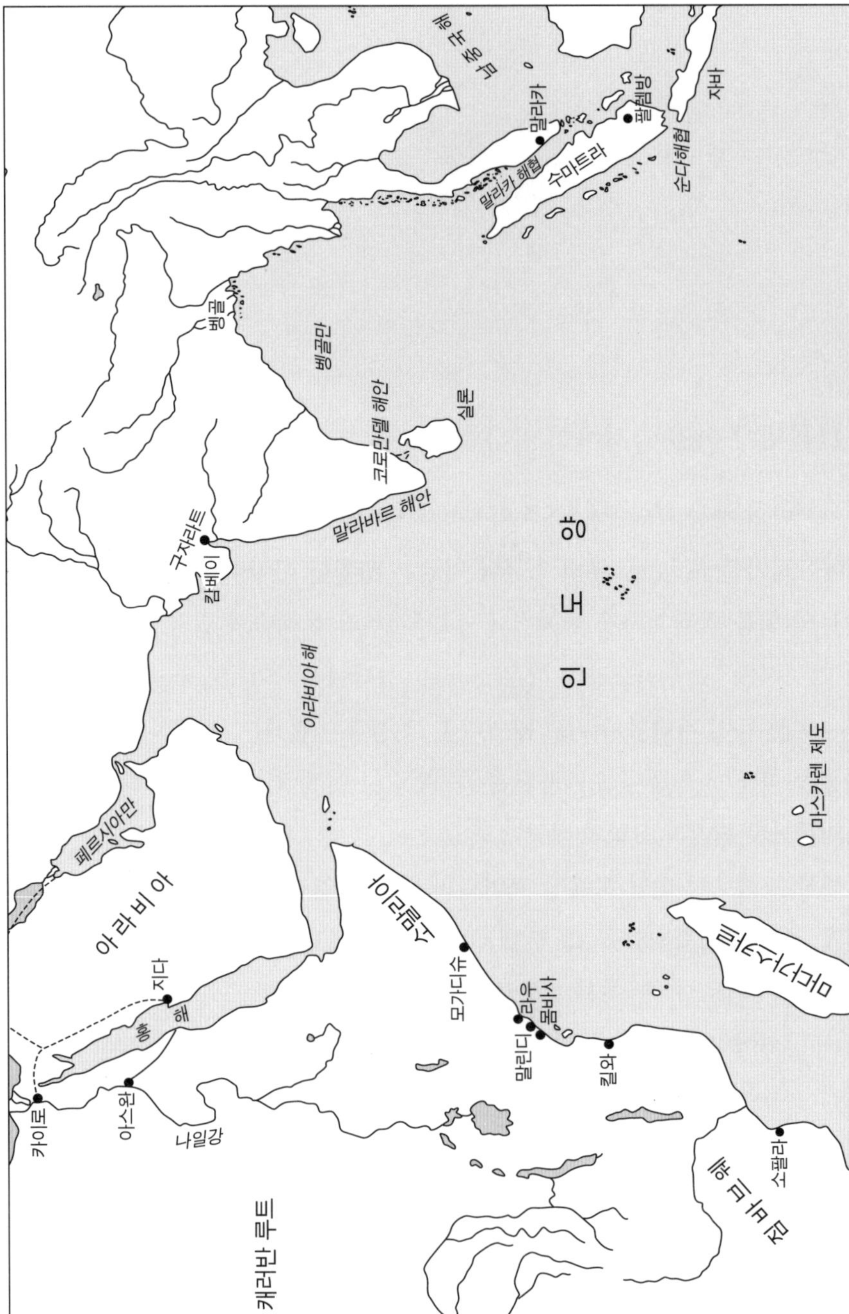

인도양 세계(Curtin 1984: 123)

항로로 이동했다. 특히 이라크-페르시아만 축으로부터 이집트-홍해 축으로 주요 상업망이 이동함으로써 인도양에서 중국 남해에 이르는 바닷길이 한 층 더 중요하게 되었다. 이 발전은 가히 '아시아의 상업혁명'이라 할 수 있다(고바야시 다카시 1997: 30-32).

15세기까지 아시아 해상 교역은 동서 간으로 대단히 긴 해상 루트를 형성하면서 발전했다(Prakash 1997: Introduction). 서쪽의 홍해부터 동쪽의 일본에 이르기까지 긴 활 모양의 아시아 교역망(great arc of Asian Trade)이 엄청난 길이로 이어져 있어서, 여기에 많은 아시아 상인들이 참여했다. 해상 간선도로(幹線道路) 중 최장 루트는 아덴(Aden)에서부터 남중국의 광둥(廣東)까지 연결된 항로였다. 페르시아 상인들, 아랍 상인들, 중국 상인들이 큰 비중을 차지했지만(Risso 1995: 43-44), 그 외에도 아시아의 각지에서 다양한 상업 세력들이 성장했다. 그들을 일별하면 다음과 같다(Curtin 1984: 121-127). 첫째, 소말리아로부터 소팔라에 이르는 아프리카 동해안 지역에는 아랍인들과 페르시아인들에 의해 40여 개의 상업 도시국가들이 생겨났으며, 이 도시들과 중동 지역을 잇는 교역이 크게 번성했다. 둘째, 아라비아해에서는 인도의 구자라트 상인들이 대단한 기세로 성장했다. 이들은 캄베이를 근거지로 하여 인더스-갠지스 내륙 지역을 배후지로 삼고서, 서쪽으로는 아랍과 페르시아 상인들을 누르고 아덴까지, 동쪽으로는 말라카까지 상업로를 확보했다. 1500년경에는 말라카에 1,000명 정도의 구자라트인이 거주하고 있었고 여기에 더해서 매년 4,000-5,000명의 구자라트 상인들이 찾아왔다. 셋째, 인도 내부 상인들로는 클링(Kling)과 체티(Chetti) 두 종족이 흥기해서 남인도의 교역을 주관했다. 넷째, 동남아시아에서는 스리비자야와 마자파히트가 차례로 쇠퇴한 후 소규모의 무슬림 상업 국가들이 성장했다. 이렇게 이 지역이 정치적으로 분열되고 상업에 진력하자 주변 여러 지역의 상인들이 몰려왔다. 인도의 코로만델과 구자라트 상인들, 중국과 류큐 상인들, 그리고 버마, 시암, 자바 등 동남아시아 주변 지역의 상인들이 이곳을 찾았다. 다섯째, 중국은 송대로부터 원대를 거쳐 명대 초기에 이르기까지 활발하게 해상 교역을 수행했다. 전체적으로는 조공 무역 체제가 지속되었지만 일반인들의 교역 활동 역시 크게 성장했다. 일찍이 중국 선원들은 별자리 관찰과 나침반 사용을 병행하며 동남아시아 각지를 항해했다.[2] 그와 함께 외국 상인들이 중국 내로 많이 들어오기도 했는데, 특히 외국 상인들이 많이 거주하는 중국 도시로는 '빛의 도시'라 불렸던 츠통(刺桐)이 유명했다(단코나 2000).

이처럼 광범위한 영역 내 요소요소에 중요한 연결점들이 성장했다. 앞에서 언급한 아덴, 캄베이, 츠통, 말라카 등이 그런 사례들이다. 상업 활동의 안전성, 은행 시설, 시장 정보, 치안 등에서 아주 양호한 환경을 제공하는 이런 항구들이 적절한 거리만큼 떨어져 있어서 광대한 지역 전체가 활기를 띠었다. 이 가운데 특히 주목할 곳은 말라카였다. 작은 어촌으로 시작된 이 도시는 주변의 몇몇 지역을 정복해서 세력을 키웠으나, 곧 정치적 · 군사적 지배보다는 상업 활동을 유치하여 이익을 취하는 방향으로 전환했다. 이를 더욱 확고히 하기 위해 정치적 중립을 표방했고, 그 결과 중국이나 시암과 같은 강대국 세력의 영향에서 벗어날 수 있었다. 또 이곳 지배자들이 14세기에 이슬람교를 받아들인 이후 이슬람 상인들이 더욱 많이 찾아오게 되었다. 이제 말라카는 아시아의 거의 모든 상업 세력들이 찾는 국제 교역의 중심지가 되었다. 이 지역에 대한 기록을 남긴 토메 피레스(Tome Pires)에 의하면 이 도시에 거주하는 이방인들은 "카이로, 메카, 아덴, 아비시니아의 '무어인', 킬와, 말린디, 오르무즈, 파르시인, 루메스, 터키인, 투르코만, 아르메니아 기독교도, 구자라트인, 차울, 다볼, 고아 출신 상인들, 데칸 왕국 사람들, 말라바르, 클링, 오리사, 실론, 벵골, 아라칸, 페구, 시암, 케다, 말레이, 파랑, 파타니, 캄보디아, 참파, 코친차이나, 중국, 레구에오스, 브루나이, 탐좀푸라, 라우네, 방카, 링가, 몰루카 제도, 만다, 비마, 티모르, 마두라, 자바, 순다, 팔렘방, 잠비, 통칼, 인드라기리, 자파타, 메낭카바우, 시악, 아르구아, 아루, 바타, 톰자노, 파세, 페디르, 몰디브"(Curtin 1984:

2) 나침반은 13세기 이전에 이미 기록으로 확인되는데, 아마도 10세기부터 사용한 것으로 보인다 (Needham 1970: 43-44).

129-130) 출신 사람들이었다. 그가 수선스럽게 증언하듯이 아시아의 거의 모든 지역 상인들이 이곳으로 몰려왔다고 할 수 있다.

아시아 해상 교역의 특징은 이처럼 정치 · 군사 세력이 분산되어 있고 문화적으로 극히 다양했다는 점이다. 이 광대한 영역은 다른 어느 곳보다도 비동질적이었다. 이 말은 곧 아시아 각지의 상인들이 비교적 자유롭게 활동할 수 있었다는 의미이다. 해적과 같은 위험 요소들이 없지는 않지만, 아시아의 바다는 대체로 자유로운 상업의 무대였다. 상업 활동의 중심지인 항구 도시들은 대부분 이방인 상인들의 진입과 활동을 막지 않았다. 후일 유럽 상인들이 비교적 쉽게 아시아의 현지 교역망에 참여할 수 있었던 것도 원래 이방인 상인들을 환영하는 이 지역의 특성 때문이었다.

근대 초에 이르기까지 아시아의 바다는 말하자면 '만국보편의(ecumenical)' 세계였다(Curtin 1984: 134). 바닷길을 통해 활발한 교류가 이루어지고 정보와 지식이 소통되는 세계, 그리하여 모든 지역이 서로에게 잘 알려진 곳이었다. 예컨대 1178년에 주거비(周去非)가 쓴 『영외대답(嶺外代答)』이나 1225년에 조여괄(趙汝适)이 쓴 『제번지(諸蕃志)』를 보면 중국이 동남아시아 여러 지역과 매우 활발하게 교역을 했고, 각 지역의 사정을 상세히 파악하고 있다는 것을 알 수 있다.[3]

중국을 비롯한 아시아 문명권이 유럽보다 세계 지리를 훨씬 잘 알고 있었다는 움직일 수 없는 증거로는 남아프리카를 그린 지도를 들 수 있다. 중국 지도

3) 『제번지』는 1911년에 페테르부르그에서 영어로 번역된 판본을 참조하였다(Hirth 1911). 예를 들어 구자라트에 대해서는 이런 정보들이 실려 있다: "이 나라는 100개 이상의 주(州)를 다스린다. 이 나라의 수도에는 4중의 성벽이 둘러 있다. 주민들은 희고 깨끗한 용모를 하고 있다. 남녀 모두 귀에서부터 내려오는 이중의 고리를 달고 있다. 그리고 면화로 된 사롱(허리에 두르는 천)으로 꽉 졸라맨 옷을 입는다. 머리에는 흰색 두건을 쓰고 발에는 붉은 가죽신을 신는다. 그들은 육식이 금지되어 있다. 여기에는 4,000개의 절이 있으며 그 안에 2만 명의 기(妓)들이 있어서 하루에 두 번씩 불상에 음식과 꽃을 드리며 노래를 한다. 그리고 꽃을 드릴 때에는 그것을 면사로 묶는데 이 실만 하루에 300캐티가 든다. 이 나라에는 400마리 이상의 전투용 코끼리와 10만 마리의 말이 있다. 왕이 행차할 때에는 코끼리를 탄다. [···] 이곳 산물로는 엄청난 양의 인디고, 키노(kino, 열대산 콩과 식물), 미로발란(myrobalan, 열대수의 과일로서 염료, 잉크 제조 등에 쓰인다), 형형색색의 면직물이 있다." 이 기록을 보면 비교적 정확한 정보와 과장된 소문이 섞여 있다는 느낌을 받는다.

〈혼일강리역대국도지도〉 일본 류코쿠대학교에 소장된 지도를 이찬 교수가 모사해 와서 규장각에 기증한 작품(규장각 소장)

에는 남아프리카가 남쪽을 가리키는 것으로 올바르게 되어 있는 데 비해 같은 시기에 유럽에서 제작된 지도에는 아프리카 남쪽 끝이 동쪽을 가리키고 있었다(즉 아프리카 남단이 동쪽의 아시아 대륙까지 이어져 있어서 인도양은 육지에 둘러싸인 거대한 호수처럼 그려져 있었다).[4]

4) 더욱 놀라운 점은 한국에서 1402년에 이회, 권근 등이 만든 〈혼일강리역대국도지도(混一疆理歷代國都之圖)〉에 이미 아프리카가 역삼각형 모양으로 남쪽을 가리키고 있다는 점이다. 이 지도에는 유럽 및 아프리카 지명 35개가 기록되어 있다. 예컨대 알렉산드리아가 표기되어 있고 여기에는 파고다가 그려져 있는데, 이것은 아마도 유명한 파로스 등대를 나타내는 것으로 보인다. 이 지도는 1475년 카탈란

그런데 15세기 이후 지금까지의 발전 양상과는 다른 큰 변화가 일어났다. 이전의 초장거리 항해 루트가 권역별로 나뉘어 아라비아해, 벵골만, 남중국해 등이 어느 정도 독립적인 세계로 성장해 갔다. 이전 시대에 중동 지역과 동아시아를 연결하는 장거리 교역망이 작동하던 때에는 중간에 위치한 캘리컷과 말라카는 중간 기착 항구였으나 이처럼 권역별로 나뉜 다음에는 종착 항구가 되었다. 아시아의 바다 전체를 관통하는 상업망이 각 지역권으로 분절화되는 구조적인 변화가 일어나는 동시에 중국의 해외 활동에도 큰 변화가 일어났다. 마치 마지막 불꽃이 화려하게 피어났다가 급작스럽게 스러지듯이 중국은 15세기 초에 전력을 다해 아시아 해양 세계를 누비고 다니더니 불현듯 스스로 물러난 것이다.

2) 중국 해상 팽창의 정점: 정화의 원정(1405-1433)

중국은 명대 초까지 아시아의 바다에서 활발하게 활동했는데, 그 정점을 차지하는 것은 분명 정화의 대원정일 것이다.

명 건국 초기에 황제는 안으로 절대주의적 황제 체제를 굳건히 하고 바깥으로는 명의 세력과 위엄을 확고히 세운다는 정책을 폈다.[5] 영락제(永樂帝)는 몽골 고원과 베트남에 대군을 파견해서 승리를 거두었고 때로는 황제 스스로 대

지도, 1459년 프라 마우로의 지도보다 훨씬 우수하다. 아마도 중국 학자들이 아랍의 지리 지식을 흡수하여 제작한 지도가 조선에 유입되어 그 바탕 위에서 이 지도를 제작한 듯하다(Needham 1970: 51; 한영우 · 안휘준 · 배우성 1999: 26-28; 문중양 2006).

5) 정화의 원정은 중국 내의 정치 문제와 대외 정책을 포함한 큰 맥락에서 이해할 필요가 있다. 명대 초기에 황실에서는 절대적 황제 권력의 확립 문제를 놓고 황족 간에 치열한 골육상잔이 벌어졌다. 제2대 황제인 건문제(建文帝) 당시 강력한 군사력을 보유했던 황족 연왕(燕王)은 황제권에 도전하여 정부군과 3년 동안 치열한 전투를 벌인 끝에 승리하여 제3대 황제 영락제(永樂帝)로 즉위하였다. 난징(南京)에서 벌어진 전투는 극히 치열해서 궁전들이 모두 불에 탈 지경이었다. 이때 건문제의 시신이 발견되지 않았기 때문에 그가 지하도를 통해 성 밖으로 도망쳐서 승려로 변신한 채 윈난(雲南)으로 갔다든지 혹은 해외에서 병사를 모아 때를 기다리고 있다는 식의 유언비어가 퍼졌다. 정화가 해외 원정을 할 때 내걸었던 이유 중의 하나가 바로 건문제의 행방을 찾는다는 것이었다(미야자키 마사카쓰 1999: *passim*).

군을 이끌고 원정을 감행하기도 했다. 그와 동시에 티베트를 비롯한 아시아 각지에 환관을 파견하여 군사와 외교를 통해 제국 질서를 확대시켰다. 정화의 남해 원정 역시 이러한 대외 전략의 한 방편으로 이해할 수 있다.

일곱 차례에 걸친 정화의 원정은 연 2만 7,000명을 통솔하여 모두 18만 5,000km에 달하는 거리를 항해한 사상 초유의 대사건이었다.[6] 함대는 60여 척의 대형 함선과 100척 정도의 소선으로 구성되어 있었다. 그 가운데에서도 특히 함대의 중심을 이루는 기함은 보선(寶船), 혹은 서양보선(西洋寶船), 서양취보선(西洋取寶船)이라고 하는데, 각지의 지배자에게 전하는 황제의 하사물과 그들이 황제에게 헌상하는 화물, 즉 보물을 가지고 가는 배라는 뜻이다. 최대의 보선은 길이 150미터, 폭 60미터로서 그 당시 세계 최대의 규모였다(Landes 1998: 51). 이렇게 큰 배에다가 너무 많은 인원을 데리고 항해한 것은 전투가 목적이라면 터무니없을 정도로 비효율적이므로 그의 항해 목적은 중국의 위용을 과시하는 데 있었다는 것이 일반적인 추론이다. 니덤(Needham 1970: 50)은 항해 목적을 다음 일곱 가지로 정리하였다. 첫째, 행방불명된 전 황제인 건문제를 찾는다. 둘째, 인도양의 여러 지역 지배자들에게 중국의 위엄을 과시한다. 셋째, 중국의 지배권을 인정하고 조공을 바치게 만든다. 넷째, 중국의 해상 교역을 장려한다. 다섯째, 이상한 동물을 비롯하여 진기한 대상물을 찾아온다. 여섯째, 해도와 연안 방위 등의 사항을 조사한다. 일곱째, 이 지역 국가들의 세력을 조사한다. 그러나 정화 원정의 목적이 정확히 무엇이었는지는 여전히 불가사의한 문제로 남아 있다.

사실 중국과 인도양 세계 사이에는 이미 상품 교환이 이루어지고 있었기 때문에 교역 장려가 목적이라고 하기에는 무리이다.[7] 흔히 박물학적 목적을 강조

6) 현재까지 알려진 정화의 항해만 해도 놀라운 성과임에 틀림없다. 최근 여기에 더해서 정화가 아메리카 대륙까지 항해했다는 주장을 담은 책이 나왔다. 그런 일은 기술적인 측면에서 가능성이 없지 않지만, 명확한 증거가 없는 추론에 가깝다고 보인다(멘지스 2004).

7) 아프리카에서 중국으로 상아, 코뿔소 뿔, 진주, 향이 들어오고, 중국과 동남아시아에서 아프리카로는 철, 칼, 사향, 도자기, 직물, 알로에, 후추, 향신료가 송출되었다(Needham 1970: 51).

하기도 하는데, 과연 도자기를 가져다주고 타조 깃털과 거북이 껍질, 이국의 동물들을 가져오기 위해 그와 같은 대선단을 이끌고 동아프리카까지 갔었는지 역시 의심스럽다.[8] 대개 중국 학자들은 서양의 폭력성과 대조하여 정화 원정의 평화적 성격을 강조하려는 경향이 있다. 전반적으로 유럽인들이 무력을 휘두르고 종교적 배타성을 강하게 드러낸 반면, 중국은 문화적으로나 종교적으로 포용성을 보인 점은 분명하다. 이 점은 정화의 원정 중에 실론의 갈레(Galle)에 세운 비석에서 명백하게 드러난다. 정화는 평온한 항해에 감사하는 뜻으로 불사(佛事)를 개최하고 기념 비석을 세웠다. 비문은 한자, 타밀어, 페르시아어로 새겨져 있는데, 한문으로 된 것은 정화가 항해인들이 기원하던 사원에서 공양을 했다는 사실과 불교 행사에 바친 품목들을 적은 것이고, 타밀어로 된 것은 중국 황제가 테나바라이 나야나르 신을 찬양하는 내용이며, 페르시아어로 된 것은 알라와 이슬람 성인의 영광을 찬양하는 내용이다(미야자키 마사카쓰 1999: 169-170). 그야말로 종교적 관용과 실용적 정신의 극치라 하지 않을 수 없다.

그러나 정화 선단이 전적으로 비폭력적 · 평화적이라고 할 수는 없다. 2차 원정 때에는 해적선 10척을 격침시켰고, 해적 대장 첸쥬이(陳祖義)를 잡아서 베이징(北京)으로 압송하여 참수했으며, 현지에서는 수천 명을 살해하였다(Finlay 1991: 9). 특히 3차 원정 당시 실론에서 있었던 무력 갈등의 사례가 주목할 만하다. 실론의 왕 알라가코나라(Alagakkonara)가 정화의 호위대를 유인해 놓고 금과 비단을 내놓으라고 요구하고는 그동안 군대를 보내서 배를 불태워 침몰시켰다. 그러자 정화가 무력으로 진격해 들어가서 왕과 조신들을 붙잡고, 실론 군

8) 물론 이런 것들이 내외적으로 중국의 위엄을 높이는 방편으로 사용된 것은 사실이다. 호르무즈에서는 사자, 표범, 대서마(大西馬, 아라비아 말), 아덴에서는 기린과 장각마합수(長角馬哈獸, 불명), 모가디슈에서는 화복록(花福祿, 얼룩말)과 사자, 브라와에서는 낙타와 타조가 들어왔다(미야자키 마사카쓰 1999: 190-191). 이 가운데 특히 흥미로운 것은 기린이다. '기린'이라는 말은 이 짐승을 가리키는 소말리아어인데, 이 동물이 마침 전설상의 동물인 기린(麒麟)과 이름과 생김새가 유사하여 명 조정에서는 영락제가 유교에서 전설상의 성군 시대를 열었다고 아부 경쟁이 벌어지기도 했다(부어스틴 1986: 307-310).

대를 격파해 가며 바닷가로 돌아왔다. 정화는 이들을 난징으로 압송해 왔으나, 중국 정부는 이들을 잘 대접하고 친척 중 한 사람에게 왕위를 양위하도록 만든 다음 고향으로 보냈다. 니덤(Needham 1970: 53)은 이 부분을 강조하여 중국 측의 평화적인 성격을 강조하지만, 그것은 다음번 항해의 안전을 도모하고 이 지역 내 중국의 영향력을 강화하기 위한 고도의 외교술의 일환으로 해석해야지 순진한 평화주의의 결과라고 보기는 힘들다. 오히려 2,000명의 군인들이 왕궁으로 쳐들어가서 국왕과 조신들을 나포해 오는 과정을 보면 정화 선단은 분명 강력한 무장 세력이었음을 알 수 있다.

그렇다면 정화의 원정을 너무 순진하게만 볼 것이 아니라 어떤 실제적인 목적을 위한 것으로 생각해 볼 수 있다. 원정 결과 동남아시아 여러 국가들이 중국의 조공국이 되었고 이때까지 해상 강국이었던 자바 동부의 마자파히트(Majapahit) 제국은 지역 맹주의 지위를 중국에게 박탈당했다. 중국은 그 대신 말라카를 새로운 파트너로 삼았다. 말라카는 팔렘방과 브루나이와 마찬가지로 지금까지 자바에 조공을 드리던 국가인데 이제 중국의 힘을 등에 업고 이 지역의 강자로 급부상하였다. 그 대가로 명 해군은 말라카의 항구 시설을 이용하게 되었다. 이런 것들은 기본적으로 강대국이 특정 국가들을 후견하면서 세력관계를 재편함으로써 지역 질서를 통제하는 방식이다. 이런 점들을 두고 핀리(Finlay 1991: 10) 같은 연구자는 중국의 '해양 제국주의' 라는 표현을 쓰기도 한다.

그러나 중국은 곧 해양 방면을 포기하고 내륙으로 방향을 선회하였다. 무엇보다도 북방 내륙 지방에서 이민족들의 위협이 심상치 않은 데다가 내부적으로도 농민 봉기가 일어나서 다시 엄청난 비용을 들여 가며 남해 원정을 할 여유가 없었다. 국가 전체의 무게중심이 북쪽으로 이동했다는 것은 베이징 천도에서 명백히 드러난다. 이때 지금까지 해상 팽창을 주도했던 환관 세력은 유교 이데올로기를 확고한 기반으로 삼은 관료들 앞에서 몰락하였다. 그 결과는 사상 유례를 찾아보기 어려울 정도로 강력한 해금(海禁) 정책으로 나타났다. 보선은 뜯어서 연료로 쓰고, 선원들은 건축 노동자, 하역 노동자, 혹은 베트남 전투의 군인으로 만들었다. 심지어는 정화 원정의 기록마저 없애려고 했는데, 이는 정화를 아예 중국의 역사에서 추방해 버리고자 하는 의도로 보인다(Finlay 1991: 12). 결과적으로 중국은 농업에 절대적 가치를 두는 자기충족적 고립주의로 나아갔다.

3) 중국 정부의 해상 후퇴, 그리고 화교의 확산

중국의 중앙정부는 바다에 대해 완전히 문을 닫았다. 그렇다고 해서 중국인들이 전적으로 내륙에 갇혀 산 것만은 아니다. 이전부터 지속되었던 민간인들의 해상 활동이 갑자기 단절되지는 않았다. 조만간 화교들의 해외 확산도 다시 시작되었다. 그러나 국가와 연결이 끊어진 민간 부분의 팽창은 많은 취약점을 안고 있었다. 특히 이 시대부터 국가권력의 강력한 후원을 받는 유럽 상인들이 아시아의 바다로 들어오면서 양자 사이에는 더욱 뚜렷한 차이가 드러났다. 해외에 화교 거류지가 없지는 않지만 유럽 혹은 다른 아시아 상인들과 달리 이 공동체들 간에는 네트워크가 형성되지 못했다. 이처럼 유럽과 중국의 해상 팽창의 핵심적인 차이는 국가의 적극 개입 여부에 있다고 할 수 있다.

중국 정부가 정화의 원정 이후 강력한 해금 정책을 펼 때 해외에는 몇 개의 중국인 공동체가 있었다.[9] 그중에서 특히 많이 알려진 곳은 자바 북동쪽 연안 지역과 수마트라 섬의 팔렘방이었다. 이곳의 실체가 어떤지는 불명확하다. 자바의 공동체에 대해서는 '무슬림 공동체'라고 기록된 것으로 볼 때, 이전에 광저우(廣州) 같은 곳에서 상업 활동을 했던 외국인 출신 이슬람 상인들 중에 중국화되었던 사람들이 중국 정부의 정책 변화로 이곳에 강제 이주되어 형성한 거류지가 아닐까 추측된다. 한편 팔렘방의 공동체는 광둥과 푸젠(福建) 상인들이 이 지역과 교역을 해오다가 명의 정책 변화로 귀국하지 못하게 되어서 현지에

9) 이하에서는 Wang(1990)을 많이 참조하였다.

남게 된 사람들로 보인다. 그러나 이들은 완전히 정착된 공동체를 형성한 것이 아니라 무장한 불법 선단이 팔렘방을 정복한 상태였다. 이 두 곳 외에도 화교 공동체들이 아시아 여러 지역에 형성되었을 가능성이 있다. 그런 후보지로는 참파, 시암, 말레이 반도, 술루 제도, 보르네오 해안 지역들이 꼽히지만 정확한 기록들이 없어서 확인이 힘든 형편이다.

해외 교역이 공식적으로 끊어진 이후 과거에 번성했던 중국의 항구 도시들은 쇠퇴하거나 주요 활동 영역이 변화했다. 광저우에서는 사탕수수, 차, 인디고, 목재, 과일, 면화 같은 환금작물 재배가 성했고 수공업도 발달하였다. 또 해외 무역이 쇠퇴하는 대신 양쯔강을 따라 내륙 깊숙이 진입하는 국내 교역이 활성화되었다.[10]

그러나 중국 연안 지역 주민들은 기회만 닿으면 해외로 눈을 돌렸다. 해외 거주 화교들과 푸젠 성 주민들은 비밀리에 교역을 계속했던 것으로 보인다. 그 결과 중앙 정부의 금지에도 불구하고 해외에 새로운 소규모 화교 공동체가 만들어졌을 가능성이 있다. 그러나 문제는 억압된 상황에서 비밀리에 교역 활동을 수행했기 때문에 실체를 명확하게 보여 줄 문서 자료가 부족하다는 점이다.

사실 17세기 이전에 해외 중국인 공동체가 지속적으로 유지되는 것은 상당히 힘들었을 것이다. 중국인들이 오래 머물지 않거나, 혹은 반대로 아예 결혼해서 자손들이 현지에 동화되어 버리곤 했기 때문이다. 따라서 '중국' 상인 공동체라고 하기는 어렵다. 이런 가운데 예외적으로 큰 중국인 공동체가 형성된 곳으로는 마닐라와 나가사키 정도에 불과했다. 이 가운데 마닐라의 사례를 살펴보도록 하자.

마닐라는 독특한 배경에서 화교 공동체가 형성되었다. 1560-1570년대에 에스파냐인들이 필리핀에 왔을 때 이 지역 주민들은 경제적 · 문화적으로 후진적인 수준에 머물러 있었으며, 아시아의 다른 이슬람 지역들과도 격리된 상태였

10) 이것이 해외의 신작물이 중국 내 여러 지역으로 널리 보급되는 한 계기가 되었을 것이다. 제9장을 참조하라.

기 때문에 세력이 미약했다. 그리고 중국인이나 일본인들도 이 지역에 큰 관심을 두지 않고 있었다. 따라서 소수의 관리, 사제, 군인들이 주축이 된 에스파냐인들은 마닐라를 비교적 쉽게 정복할 수 있었다. 그들은 이곳을 거점으로 삼아 중국과 교역하기를 희망했다. 그러기 위해서는 중국인 상인과 선박의 도움이 필요했으므로 중국인들을 초치(招致)했다. 그 결과 30년 정도의 짧은 기간 안에 마닐라에는 16-17세기에 가장 큰 해외 화교 공동체가 형성되었다.[11]

중국 정부가 해외 화교에 대해 어떤 태도를 취했는지는 왜구에 대한 정책에서 분명하게 드러난다. 1570년대에 들어서도 해적들의 피해가 여전히 컸으며 1574-1575년에는 '왜구'가 마닐라를 정복하려고 시도하기도 했다.[12] 이런 상황에서 중국 관리들이 마닐라를 방문하여 에스파냐 관리들을 만났다. 이때 중국 측은 오직 해적 진압 문제에만 관심을 두고 양측의 공조만 논의했지, 중국인 상업 공동체에 대해서는 전혀 관심을 두지 않았다. 오히려 해외 거주 중국인들이 급증하고 있으므로 에스파냐인들이 자신의 구역 내에서 중국인들을 잘 통제 · 관리할 것을 부탁했고, 중국 상인들을 이용해서 중국과 필리핀 사이, 혹은 필리핀과 다른 동남아시아 지역 사이의 교역에서 어떤 방식으로 수익을 올리더라도 간여치 않겠다는 메시지를 전하였다. 이렇게 해외 거주 중국인들이 방치되었으므로 본국과의 관계가 멀어지는 것은 당연했다. 더 나아가서 자국 정부의 보호를 기대할 수 없는 화교들이 때로 큰 위험에 몰리기도 했다.

1580년대 중국의 견직물 교역은 크게 증가했고 수익성도 매우 높았다. 1580년대에 매년 20척의 배가 푸젠 성에서 필리핀을 방문하더니, 1600년경에는 그

11) 중국인들이 마닐라에 모여들게 된 것은 그 이전에 포르투갈과 교역을 한 것과도 관련이 있다. 16세기 초에 포르투갈 상인들이 푸젠 성 연안에 도착해서 교역을 하는 과정에서 이 지역과 루손, 민도로, 민다나오, 술루 사이에 교역로가 만들어졌던 것이다. 그런데 곧 중국 정부가 해외 교역을 금지했으므로 이 관계는 불법 교역이 되었다. 그런데 1550-1570년대에 중국 연안 지방이 왜구의 침탈로 인해 막대한 피해를 입게 되었다. 중국 정부는 왜구를 격퇴하느라고 곤욕을 치른 다음, 해금 정책을 고집한 것이 해상 방면에서 중국을 약화시켰다는 인식을 하고 1567년에 해금을 일부 풀게 되었다. 이때 필리핀으로 많은 사람들이 갈 수 있는 길이 열린 것이다(Wang 1990: 410-411).

12) 그 수괴는 '리마훙'이었는데, 그는 왜구로 불리지만 사실은 중국인 해적일 가능성이 높다.

수가 30척이 넘게 되었으며, 루손 섬에 거류하는 중국인 수가 2만 5,000명을 상회하였다. 그러나 중국인의 세가 과도하게 커지자 에스파냐인들과 갈등이 일어났고 결국 1603년에 이 지역의 중국인 거의 대부분이 학살되는 비극적 사건이 일어났다. 화교 2만 5,000명 중에 500명이 중국으로 돌아가고 500명 정도가 현지에 살아남았을 뿐 나머지 거의 전원이 살해당한 것이다!

놀라운 일은 이 사건 이후 푸젠 성 주민들이 다시 필리핀으로 향했다는 점이다. 중국 상선이 도착하고 현지에 정착하는 중국인들도 늘어서 20년이 채 안 되는 기간에 화교 수는 3만 명이 되었다. 그러나 이곳이 완전한 의미의 중국인 공동체라고 할 수는 없었다. 본국과의 연결이 긴밀하지 못하고 에스파냐인들의 관리와 통제가 심한 상황에서 중국인 후손들은 중국과 교역은 지속하지만 점차 필리핀 현지에 동화되어 갔다. 이런 상황에서 똑같은 비극이 다시 일어났다. 1639년에 필리핀에 거주하는 중국인 약 2만 명이 학살되는 사건이 다시 발생한 것이다!

중국 정부는 필리핀 거주 중국인들이 두 번 연속 대학살을 당하게 될 정도로 해외 거주 화교들을 사실상 방치하였다. 마닐라든 나가사키든 간에 해외에 거주하는 중국인들은 유럽 출신 상인 · 사제 · 군인들과 경쟁하지 못했다. 왕권의 후원을 받는 에스파냐인들, 국가의 지원을 받는 동인도회사의 강력한 힘 앞에서 중국 상인들은 다만 개인적인 조심성, 혹은 위험을 피해 가는 자신들의 노하우로 버텨야 했다. 그러나 친척 간의 협력이나 마을 공동체의 보호에 의존하는 정도로는 위험에 대처할 수 없었으며, 그 결과 때로는 학살을 피하지 못했던 것이다. 강력한 군사력과 종교적 힘을 발휘하는 에스파냐인들, 직접 쇼군과 만나서 담판하는 네덜란드인들이 중국인들에 비해 유리한 위치를 차지하게 된 것은 당연한 귀결이었다. 결국 중국 상인들은 그들 스스로 네트워크를 만들고 그것을 통해 그들의 체제를 운용하기보다는 다른 사람이 만든 체제에 참여하는 수밖에 없었다.

이제 중국 정부 주도로 인도양 세계를 통제하고 더 나아가서 전 세계의 바다로 나아갈 가능성은 정화 원정의 종료 이후 사라졌다. 민간인들의 확산이 이루어졌지만 정부와 관계가 끊어진 상태에서는 이 역시 큰 힘을 발휘할 수가 없었다. 결국 중국이 아메리카나 유럽으로 간 것이 아니고 유럽이 아시아의 바다로 들어왔다. 세계의 바다를 연결시킨 것은 서유럽 국가들이었다.

4) 스틴스고르(Steensgaard) 테제

유럽인들이 아프리카, 아시아, 아메리카 대륙으로 먼저 진출해 갔다는 것은 세계사의 불균형의 첫 출발점이라 할 만하다. 장기적으로 유럽의 힘이 전 세계에 미치게 되는 과정이 여기에서 시작되었다고 볼 수도 있을 것이다. 그러나 첫 출발 시점에서 보면 부와 군사력, 과학 기술 등의 여러 분야에서 유럽이 다른 문명권을 압도했다고는 할 수 없다. 오히려 중국과 이슬람권이 더 부유한 곳이었고, 유럽은 이 시점에서 보면 여전히 '프롤레타리아' 대륙이었다(브로델 1995-1997, 1권: 593). 세계는 유럽을 필요로 하지 않았지만 유럽은 세계를 필요로 했다. 유럽은 힘이 넘쳐서라기보다는 자신들에게 부족했던 것을 찾아서 해외로 나아간 것이다. 그런 만큼 유럽이 곧바로 여타 문명을 지배하지는 못했다. 앞에서 설명한 것처럼 아시아의 상업 세계가 기본적으로 다문화적이고 평화적이었기 때문에 유럽인들이 용인받고 받아들여졌을 뿐이다.

아시아에 들어온 유럽인들은 단지 수많은 이방인 상인들 중 하나에 불과했다. 바스코 다 가마가 캘리컷에 도착했을 때의 유명한 일화를 보면 이 점을 알 수 있다. 바스코 다 가마는 자신이 직접 하선하지 않고 부하 누네스(João Nunes)를 보내서 현지인들과 접촉하게 하였다. 그는 튀니지 출신의 상인 2명을 만났는데 놀랍게도 이들은 카스티야어와 제노바어를 알고 있었다![13] 포르투갈에서는 인도 항해의 성공에 한껏 고무되어서 바스코 다 가마를 제2의 알렉산드

13) 그들의 대화는 이렇게 알려져 있다: "염병할 놈들! 어떻게 여기까지 온 거야?" "우리는 기독교도와 향신료를 찾아서 왔소."(Subrahmanyam 1993: 59)

로스 대왕으로 칭송했고, 마누엘 국왕은 스스로 '에티오피아, 아라비아, 페르시아, 인도의 정복 · 항해 · 교역의 왕(King of the Conquest, Navigation, and Commerce of Ethiopia, Arabia, Persia and India)'이라는, 너무 과장되어서 오히려 코믹한 이름을 붙였지만(Finlay 1991: 1), 사실 북아프리카 상인들은 유럽과 아시아 사이의 교역을 이미 수행하고 있었던 것이다.

후발 주자인 유럽인들이 다른 지역 상인들과 다른 점이 있다면 그것은 무력을 판매한다는 것이었다. 이 점에 대해서는 프레데릭 레인(Lane 1966)의 '보호 비용(protection cost)' 및 '보호 지대(protection rent)' 개념을 살펴볼 필요가 있다.

외지로 가서 상업 활동을 하는 상인들로서는 무엇보다도 자신의 인신(人身)과 상품의 안전을 확보하는 것이 큰 문제였다. 낯선 이방인의 상품은 쉽게 노상강도나 해적, 일반 주민들, 혹은 지방 당국자에게 빼앗길 염려가 있을 뿐 아니라 무엇보다도 상인 자신이 생명을 잃거나 노예로 잡혀갈 위험도 컸다. 대체로 국가가 법과 질서를 보장해 주는 현재의 비즈니스 세계에서는 이런 차원의 위험은 크게 완화되었고 그나마 남은 위험 요소에 대해서는 보험을 통해 대비할 수 있다. 이것을 달리 표현하면 현대에는 '보호 비용'이 아주 낮아졌다고 할 수 있다. 그러나 과거에 낯선 지역으로 가서 상업 활동을 하는 경우에는 그 비용이 핵심적인 요소의 하나였다. 낙타 카라반의 경우 운송로상의 권력 당국, 심지어 그 지역의 도둑 집단에게 일정한 사례를 하고 안전을 보장받는 경우가 허다한데 이것이 대표적인 보호 비용이라 할 수 있다. 위험 수준과 보호 비용은 여러 다양한 요소들이 작용하여 결정되는 것이므로, 상인들은 여러 루트를 놓고 자기 나름의 계산을 한 후 결정해야 한다. 예를 들어 중동 지역을 관통하여 지중해 동쪽까지 가는 데에는 각기 성격이 다른 세 가지 길이 있었다. 스미르나(Smyrna, 오늘날 지명으로는 이즈미르, Izmir)를 통과하는 길은 멀고 불편하지만 대신 안전하고 관세가 적다. 알레포를 떠나 디야르베키르와 반을 통과하는 길은 관세를 많이 물어야 하지만 길이는 훨씬 짧다. 하마단을 통과하는 '소(小)사막

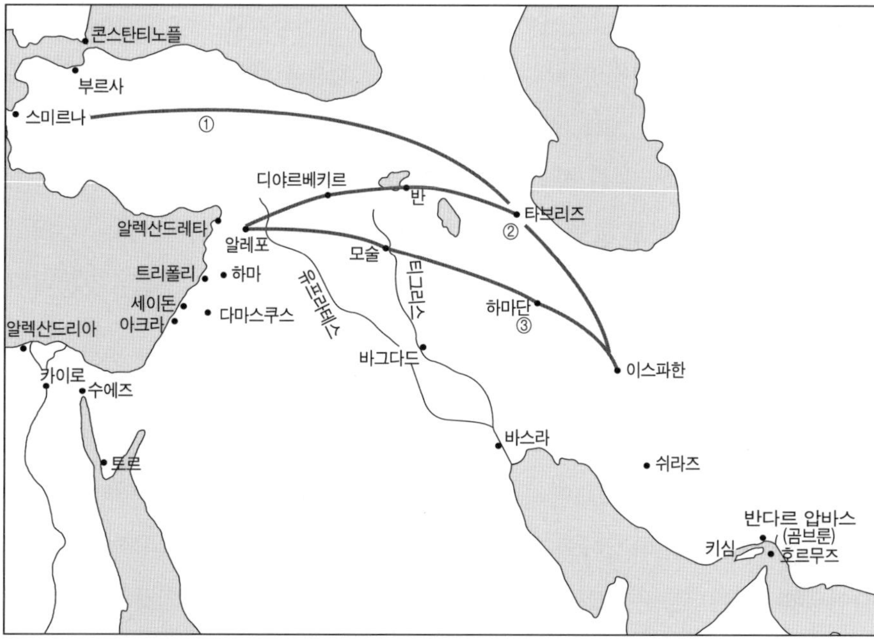

중동 지역에서 지중해로 가는 3개의 통상로(Steensgaard 1974: 5)
① 스미르나로 가는 원거리 루트
② 디야르베키르와 반을 통과하는 루트
③ 하마단과 '소(小) 사막의 길'을 통과하는 단거리 루트

의 길'은 관세도 적고 가장 짧지만 안전을 보장받지 못한다(Steensgaard 1974: 41). 이런 식으로 각각의 루트는 보호 비용 면에서 경쟁관계에 있다고 할 수 있으며, 상인들은 이 가운데 어떤 길을 택할지 고심하지 않을 수 없었다.

한편 어떤 상인이 다른 상인에 비해 보호 비용을 적게 내는 입장이라면 그 사람은 '보호 지대'를 누린다고 표현한다. 예컨대 국가로부터 강력한 호송대의 지원을 받는 선박은 그렇지 않은 다른 선박들에 비해 일종의 지대(rent, 즉 무상으로 얻는 이익)를 누리는 셈이다. 국가의 보호를 받지 못하는 선박은 스스로 무기를 구입하든지, 개인적으로 호송대를 고용하든지, 항해하는 지역의 권력 당국에 뇌물을 주고 안전을 보장받아야 한다. 따라서 호송대 지원을 받는 선박은 그만큼의 비용을 아낀 것이고, 상대적으로 지대를 누린 셈이다.

그런데 지금까지의 설명은 주로 공격을 당하고 손해를 볼 가능성에 대해서만 이야기했지만 사실은 내 편에서 다른 상인들의 상품을 빼앗거나 보호 명목으로 돈을 갈취할 가능성도 있다. 해적의 공격에 대비하기 위해 무장을 한 배가 우연히 무장이 아주 약한 낯선 상선을 만났을 경우 약탈을 하는 것은 과거에 자주 있는 일이었다. 이렇게 보면 사실 '보호 비용'과 '약탈'은 개념상 같은 차원의 일이다. 때로는 플러스(이익)가 되고 때로는 마이너스(비용)가 된다는 것뿐이지 원리상으로는 전적으로 같은 것이다.

이 점에서 아시아나 아메리카로 항해하는 유럽 선박은 불리한 것이 아니라 오히려 유리했다. 유럽 선박들은 원양 항해를 해서 낯선 지역으로 들어가는 선박이었기 때문에 무장이 대단히 강했고, 상대적으로 현지 선박들은 무장이 허술했다. 유럽인들이 아시아의 제국 전체를 상대할 수는 없지만 일부 지역, 일부 상인들을 대상으로 집중적인 무력 행사를 할 때에는 오히려 우위를 점했다. 말하자면 낯선 지역에 들어간 약자의 위치에 있으면서도 경우에 따라 무력 행사를 통해 이윤을 얻는 것이 가능했던 것이다.

포르투갈은 아시아에 진입한 다음 곧바로 무역을 통해 사업을 구축해 갔다. 그들은 주요 상업 거점에 진입해 들어가서 그들의 거주 지역을 확보한 다음,[14] 이런 지역들을 연결하는 해로를 확고하게 장악하였다. 이 체제를 소위 '상업 거점 제국(Trading-Post Empire)'이라고 부른다. 이것이 어느 정도 자리잡은 다음에는 한편으로 현지 상인들과 거래를 하고 다른 한편 약탈을 감행했다. 때로 노골적인 해적 행위를 하기도 했지만 그보다 더 체계적인 방식으로 발전한 것은 소위 카르타스(Cartaz) 제도였다. 그들은 현지 상인들에게 돈을 받고 특정 항로를 안전하게 항해할 수 있는 통행증을 발행하였다. 거듭 말하지만 이 시대에 상업과 약탈 혹은 강압 행위는 서로 섞여 있었다. 직접 약탈을 해서 이익을 취하지 않더라도, 자신의 상업에 불리한 영향을 미칠 수 있는 상인이나 상품의

14) 이런 거주 지역을 feitoria라고 부르며 이것이 영어에서 factory가 되었다. 이때의 factory는 '공장' 이 아니라 '상관(商館)' 이라고 번역한다.

통과를 막는 것도 사업상 큰 이익이 되었다. 말하자면 포르투갈은 강력한 무력을 행사함으로써 외지에서 보호 비용을 지불한 것이 아니라 거꾸로 아시아의 상업 세력으로부터 보호 비용을 받아낸 것이다.

이를 체계적으로 정리하여 아시아 내의 유럽 상업을 이론화한 것으로 스틴스고르(N. Steensgaard)의 이론이 있다. 그 내용을 간략히 정리하면, 주로 무력을 이용하여 보호 지대를 누리는 식이었던 포르투갈의 사업은 아시아의 기존 상업 체제에 큰 영향을 미치지 못했던 데 비해, 똑같이 무력을 사용하더라도 시장경제를 통한 사업 이익을 얻기 위해 무력을 사용한 네덜란드와 영국의 동인도회사는 아시아의 경제에 큰 변화를 초래했다는 것이다.[15] 포르투갈의 소위 에스타도(Estado) 체제는 무력을 통해 상대방의 이윤을 빼앗는 방식, 즉 '재분배(redistribution, 이윤을 창출하기보다는 다른 사람에게 돌아갈 이윤의 일부를 자기가 취한다는 의미)' 형태였다. 이러한 약탈 방식은 현지의 경제 구조에 아무런 변화를 가하지 못했다. 이에 비해 네덜란드 동인도회사는 물론 무력을 행사했지만 그 목적은 약탈 그 자체를 위한 것이 아니라 자신에게 유리한 방향으로 교역을 강요하는 것이었다. 동인도회사는 기본적으로 시장에서 교역을 함으로써 이윤을 얻는 것이 목적이었으며 무력은 그 목적을 이루기 위해 사용하는 수단에 불과했다. 동인도회사는 에스타도와는 원리적으로 다른 제도였으며, 따라서 아시아의 상업 세계에 미치는 영향력이 훨씬 컸다. 동인도회사의 사업 방식을 가장 잘 보여 주는 것이 소위 '현지 무역(country trade)'이다. 이는 아시아의 어느 한 지역에서 구입한 상품을 아시아의 다른 지역에 가서 처분하고 그 돈으로 그곳의 상품을 사서 다시 다른 곳에 판매하는 식의 연쇄적인 거래관계를 말한다. 이 상업망이 잘 유지되도록 하는 것이 동인도회사의 활동의 관건이었다. 스틴스고르는 동인도회사의 이런 활동이 아시아 현지의 시장경제 발전을 더욱 촉진시켰고, 크게 보면 아시아의 광범위한 지역이 시장을 향한 생산 방향으로 나아가게

15) 네덜란드와 영국을 비롯해서 유럽 세력이 해외에서 어떻게 활동했는가는 다음 장에서 구체적으로 서술할 것이다.

만들었다고 주장했다. 스틴스고르의 이론은 근대 세계의 구조 변화라는 큰 흐름에 대해 아주 중요한 문제 제기를 했다. 우리는 이 책에서 이와 관련된 여러 요소들을 하나씩 살펴볼 것이다.[16]

그러기 위해 우선 거시적인 맥락에서 세계사의 구조가 어떻게 짜였는지 분석해 보도록 하자.

2. 세계사의 거시 구조

15세기 이후 해상 팽창으로 세계의 각 지역들이 서로 연결되었다. 그동안 대개 대륙별로 고립되어 진행되던 역사의 흐름은 이제 상호 영향을 주고받는 하나의 틀 안으로 수렴되어 갔다. 이후 세계사의 범위가 수평적으로 확대되는 동시에 새로운 수직적 위계가 형성되었다. 세계는 새로운 구조, 새로운 질서, 새로운 조화 혹은 새로운 불평등을 지니게 되었다.

1) 세계의 구조 변화

해상 팽창은 단지 '소통'을 원활하게 해 준 데 그친 것은 아니다. 상호 교류는 곧 지배와 종속, 착취와 약탈의 측면을 내포하고 있었으며, 식민 지배와 제국주의로 이어졌다.

우리는 19세기 이후 현재까지 서구(유럽과 미국)가 전 지구적 패권을 장악한 사실을 알고 있다. 폴 케네디(Kennedy 1987: 148-149)에 의하면 유럽이 지배하

16) 미리 지적해 둘 사실은, 포르투갈의 사업에는 시장경제 요소가 전혀 없고 무력 수취 요소만 있다든지, 반대로 네덜란드는 무력 수취 요소는 없고 전적으로 시장경제 지향적이었다고 말할 수는 없다는 점이다. 양측 모두 그런 요소를 다 가지고 있었으며, 다만 정도 차이에 불과했다는 수브라마냠의 지적(Subrahmanyam 1993: 272-273)을 참고할 필요가 있다.

는 전 세계의 지역은 1800년에는 35%였다가 1878년에는 67%가 되었고, 1914년에는 84%가 되었다. 여기에서 19세기의 67%나 20세기의 84%도 놀라운 수치이지만, 어떤 면에서 더 중요한 의미를 가진 것은 18세기 말의 35%이다. 눈덩이 효과를 내기 위해서는 처음에 상당한 크기의 눈 뭉치를 만들어야 하는데, 18세기 말까지 만들어 낸 이 35%가 바로 그 핵(核)에 해당하는 것이다. 처음 단계가 가장 어려운 법이고, 그 다음에 눈 뭉치를 굴려서 눈덩이를 키우는 것은 어쩌면 상대적으로 쉬운 일일 수 있다.

전 세계적인 부와 힘의 균형이 결정적으로 아시아에서 유럽으로 넘어간 시기는 언제일까? 여기에 답하려면 어느 정도 근거 있는 수치 자료가 필요하다. 1980년대 이후 역사통계학의 발전으로 우리는 이런 문제에 근사치로나마 접근할 수 있게 되었다.

우선 명백한 수치 자료를 구할 수 있는 시점인 1914년의 상황을 보자. 이때 유럽은 아시아에 비해 경제력에서 크게 앞서 있었고, 그 이후 차이가 더욱 벌어져 갔다(Latham and Kawakatsu 2000: 3). 그렇다면 1914년 이전에는 상황이 어떠했을까? 다른 연구에 의하면 19세기 초에 이미 유럽이 아시아보다 훨씬 앞서 있었으며, 이 차이는 19세기 내내, 특히 1880년 이후에 더욱 커져 갔다(Williamson 2000: 13-45). 그렇다면 다시 19세기 이전 시대의 상황은 어떠했을까? 최근 연구들은 18세기 중엽에 인도와 중국의 생활수준이 영국과 유사하다고 보고하였다(Parthasarathi 1996: 79-109; Pomeranz 2000). 이 연구 결과들을 종합해 보면, 경제적으로 유럽이 아시아를 뛰어넘은 결정적인 시점은 18세기 후반이라고 추론할 수 있다.

만일 이것이 사실이라면 이는 매우 흥미롭고도 중요한 의미를 내포하고 있다. 그것은 아시아가 부와 권력 면에서 아주 늦게까지 세계 중심의 지위를 유지했으며, 바꿔 말하면 유럽이 세계의 패권을 차지한 것은 지난날 우리가 통상적으로 생각했던 것보다 훨씬 뒤의 일임을 의미한다. 다만 일단 우열이 뒤바뀌고 난 이후에는 급격하게 판세가 기울어서 유럽이 아시아와 다른 대륙을 크게 앞서게 되었다. 이는 매우 의미심장한 결론이다. 그러나 과연 이런 연구를 어느 정도 믿을 수 있단 말인가? 아직 연구가 많이 진척되지 않은 상황에서 앞서 언급한 내용을 그대로 받아들일 수는 없다. 다시 말해서 이런 연구들은 현재 우리에게 최종적인 답을 주기보다는 오히려 해결해야 할 많은 문제들을 제기하고 있다.

이런 문제의식을 가지고, 우선 근대 세계사의 거시적 풍경을 그려보자. 우리가 살아가는 이 세계의 뼈대는 어떤 모양을 하고 있는가? 그것은 어떤 경로를 거쳐 만들어졌는가? 이런 점들을 거칠게나마 이해해 보기 위해 현재 세계 역사 통계 연구에서 가장 널리 쓰이는 앵거스 매디슨(Maddison 2003)의 자료를 이용해서 각 대륙별 인구와 부(GDP와 1인당 GDP)의 장기 동향을 살펴보도록 하겠다. 먼저 지난 1000년 동안의 세계 인구 추이를 개략적으로 정리하면 아래의 그래프와 같다.

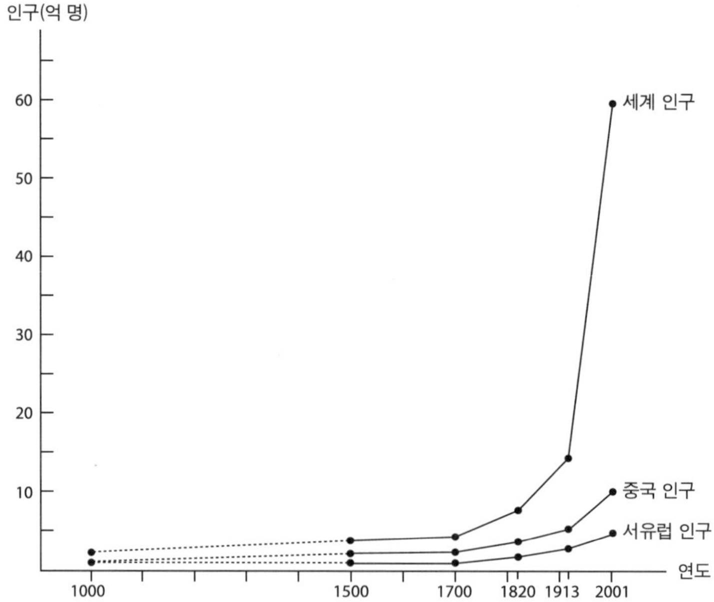

세계 인구 추이(Maddison 2003: 256, Table 8a를 변형)

세계 인구는 서기 1000년에 2억 7,000만 명, 1500년에 4억 3,800만 명, 1700년에 6억 350만 명, 1820년에 10억 4,000만 명으로 점진적으로 증가했다. 이 800년 동안 세계 인구는 4배로 늘었다. 그런데 1820년 이후 세계 인구가 급증하여 2001년에는 61억 5,000만 명이 되었다. 1820년부터 2001년까지 180년 동안 세계 인구가 6배로 늘어난 것이다. 그래서 전체적인 변화의 모습은 19세기 초까지 완만하게 증가하다가 그 이후 급격하게 상승하는 전형적인 J-커브 형태를 띤다.

여기에서 특히 주목할 것은 중국의 인구 비중이다. 각 시대마다 세계 인구에서 중국 인구가 차지하는 비중을 보면 1000년에 22%, 1500년에 23%, 1700년에 23%, 1820년에 37%, 1913년에 24%, 2001년에 21%였다. 그 가운데 우리가 연구 대상으로 삼는 시기에 중국 인구가 급증한 것은 그야말로 세계사적인 의미를 지닌다고 할 수 있다. 특히 1700년에 1억 3,800만 명이었던 중국 인구가 1820년에 3억 8,100만 명으로 급증하였고, 세계 인구에서 차지하는 비중도 23% 수준에서 37% 수준까지 상승한 것은 실로 주목할 만한 현상이다. 쇼뉘(P. Chaunu)의 표현대로 세계의 '무게 재기'라는 가장 기본적인 분석을 해 보면 이 시기에 중국의 비중이 급증했음을 알 수 있다.

다음으로 세계 각 지역의 GDP 추이를 살펴보도록 하자.

우선 각 지역의 GDP의 합계, 즉 세계총생산(GWP)은 서기 1000년까지는 대략 1,000억 달러 수준이었다가 이후 서서히 증가하여 1500년에 2,500억 달러, 1700년에 3,700억 달러, 그리고 1820년에 7,000억 달러 수준에 달했다. 갈수록 세계총생산이 늘어난 것은 분명하며 특히 18세기 중에는 100년 동안 2배 가까이 성장하였다. 그러나 정말로 큰 변화는 그 다음 시기에 일어났다. 19세기 이후에는 이전과는 비교할 수 없을 정도로 엄청난 가속도가 붙었다는 것을 수치상으로 확인할 수 있다. 1820년에 약 7,000억 달러였던 세계총생산은 2001년에 약 37조 2,000억 달러가 되어서 무려 53배 증가하였다. 다시 한번 세계의 거시 지표가 매우 급격한 — 그리고 이번에는 변화의 폭이 훨씬 큰 — J-커브

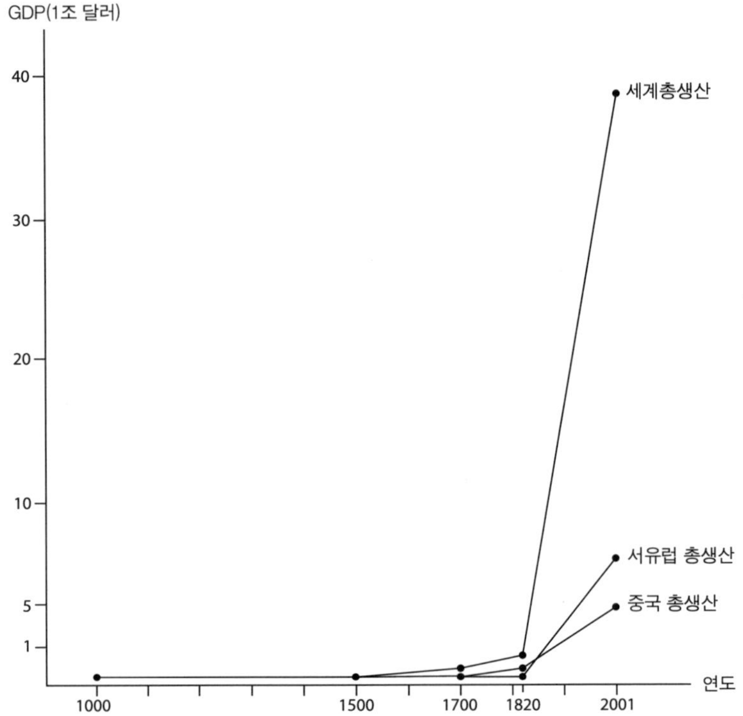

세계 GDP 추이(1990년도 국제 달러 기준) (Maddison 2003: 259, Table 8b를 변형)

형태를 띤다는 것을 알 수 있다.

대륙별 생산 총량을 보면 또 다른 의미 있는 결론들을 얻을 수 있다. 19세기 이전에는 언제나 중국과 인도가 선두를 차지했다. 근대의 시작점으로 우리가 상정한 1500년 시점에서 중국은 618억 달러, 인도는 605억 달러를 생산하여 서유럽의 441억 달러를 압도했고, 또 다른 중요한 기준 시점인 1820년만 해도 여전히 중국은 2,286억 달러로 선두를 차지하였다. 1820년 시점에서 아시아의 두 경제 대국인 중국과 인도의 총생산을 합치면 3,400억 달러로서 전 세계 총생산 가운데 거의 50%를 차지한다. 그러나 이 이후 생산의 무게중심은 유럽과 미국으로 옮겨 가서 2001년 시점에서 세계총생산에서 차지하는 각 지역의 비율을 구해 보면 서유럽 20%, 미국 21%, 일본 7%, 중국 12%, 인도 5%가 된다.

중국과 인도는 180년 전에는 세계총생산의 거의 절반을 차지했으나 오늘날에는 약 17%로서 두 지역의 합이 미국 한 나라의 비중에도 못 미친다.

인구와 총생산 통계를 보면 18세기 말에서 19세기 초까지도 세계의 무게중심이 아시아 대륙에 있었다는 것을 재차 확인할 수 있다. 아시아는 가장 인구가 밀집해 있고 가장 많은 부를 생산하는 지역이었다. 그러나 19-20세기에는 이것이 역전되어 유럽 — 그리고 그 후계자인 미국 — 이 세계의 부를 장악하게 되었고, 동시에 이전보다 훨씬 심각한 불평등 구조가 만들어졌다. 초장기적인 역사의 흐름에서 볼 때 언제나 아시아가 무게중심을 차지하고 있었다가 최근 200년 동안 서구가 주도권을 장악한 것은 '일시적인' 일탈 현상일까, 아니면 앞으로도 오랜 기간 지속될 굳어진 구조일까? 일부 역사가 · 사회사가들의 주장처럼, 21세기에 뚜렷하게 나타나고 있는 중국과 인도의 경제 성장은 역사적으로 언제나 그래왔던 익숙한 구조로 회귀하는 징표일까?[17] 물론 그것은 누구도 알 수 없는 미래의 일이다. 그러므로 섣부른 예측을 시도하기보다는 지난 시대의 거시구조를 조금 더 치밀하게 분석해 보는 것이 더 유용한 일이다. 구조의 내면을 들여다 볼 수 있는 자료는 '1인당' GDP 자료이다.

〈표 1〉을 분석하면 앞의 그래프와는 다른 측면을 보게 된다.

우선 각 지역의 수치든 세계 평균이든 서기 1년부터 1820년까지 큰 변화가 없고 다만 아주 근소한 상승만 있었음을 알 수 있다. 1000년부터 1820년까지 800년 동안 1인당 GDP는 겨우 50% 증가했을 뿐이다. 이것은 세계 모든 지역의 경제가 지속 성장이 아니라 상승과 하락을 반복하는 구조를 가지고 있었다는 의미이다. 이 구조가 바뀐 것은 1820년 이후의 일이다. 세계 평균으로 보면 1인당 GDP는 1820년에 667달러에서 2001년의 6,409달러로 9.6배 증가했다. 19세기 이후에 일어난 이와 같은 급격한 생산성 증가는 분명 산업혁명의 결과라고 봐야 할 것이다.

17) 이 주장을 하는 가장 대표적인 저작으로는 프랑크(2003)가 있다.

표 1. 세계의 1인당 GDP(1990년도 국제 달러 기준)

구분	1	1000	1500	1700	1820	1913	2001
서유럽 평균	450	400	771	998	1,204	3,458	19,256
미국			400	527	1,257	5,301	27,948
일본	400	425	500	570	669	1,387	20,683
중국	450	450	600	600	600	552	3,583
아프리카	430	425	414	421	420	637	1,489
세계 평균	445	436	566	615	667	1,525	6,409

출처: Maddison(2003: 262), Table 8c를 변형.

세계 평균보다 더 중요한 것은 각 대륙별 수치이다. 과연 세계 각 지역은 공평하게 성장한 것일까?

비교적 통계 자료의 신빙성이 높아진 1820년 이후 시기를 먼저 보도록 하자. 대체로 1820년경에 굳어진 순위는 앞으로 큰 변동 없이 지속된다(다만 20세기에 일본 경제가 급성장함으로써 최상위권에 들어간 것이 가장 큰 변화이다). 이때 미국과 유럽이 다른 지역에 비해 훨씬 앞서 있었던 것은 분명하다. 그런데 그렇게 앞서 있다는 것이 과연 어느 정도의 수준이었을까? 이를 파악하는 한 가지 방법은 지난날의 수치를 오늘날의 수치와 비교해서 의미를 찾아보는 것이다. 산업혁명이 한참 궤도에 들어서고 있던 시대에 유럽의 1인당 GDP 평균은 사실 오늘날 아프리카의 1인당 GDP 평균의 80% 수준에 불과했다(1820년 서유럽 평균 1,204달러, 2001년 아프리카 평균 1,489달러). 오늘날의 관점에서 보면 약 200년 전만 해도 세계 경제는 어디라고 할 것 없이 빈곤 수준을 벗어나지 못한 상태였다. 그러므로 본격적인 부의 성장은 그 이후의 일이다. 물질적 복지라는 측면에서 보면 20세기 이후의 선진국 사회는 인류 역사상 유례가 없는 극히 예외적인 풍요를 누리고 있는 셈이다. 결론적으로 인구와 경제적 성장을 놓고 볼 때 오늘날과 같은 구조는 비교적 최근인 19-20세기에 만들어진 것이 분명하다.

또 한 가지 주목할 점은 19세기 이후의 경제 성장이 지역별로 매우 불균등하게 이루어졌다는 것이다. 1820년부터 2001년까지 1인당 GDP 증가 비율을 계산해 보면 서유럽은 16배, 미국은 22배나 성장한 반면, 중국은 6배, 아프리카는 3.5배 증가에 그쳤다. 세계 모든 지역에서 경제가 성장했지만, 그 대신 선진 지역과 후진 지역 사이의 차이가 매우 커진 것이다.[18]

문제는 19세기 이전 시대이다. 서기 1000년경에는 세계 각 지역의 경제 수준이 큰 차이가 없으나 그중에서는 중국이 가장 앞서 있었다. 그런데 1500년이 되면 적어도 〈표 1〉을 보면 이미 서유럽이 중국을 능가하였고 이후 18세기와 19세기 초까지 지속적으로 유럽의 우위가 확고해진다는 것을 알 수 있다. 그러는 동안 중국은 계속 600달러 수준에 묶여 있는데, 이는 근대 중국 경제가 장기간 정체해 있었다는 의미가 된다. 앞에서 언급한 생산 '총량'으로 보면 중국과 인도가 큰 비중을 차지하지만, '생산성'으로 보면 유럽이 근대 초에 이미 중국을 앞질렀고, 더 나아가서 19세기 이후 더욱 차이가 벌어져서 결국 압도적인 우위를 차지한 것이다. 이것은 현대 경제의 구조적 불평등이 이미 오래전부터 싹터 있었던 것임을 말해 준다.

과연 이것이 사실일까? 문제의 핵심은 여기에 있는 듯하다. '지난날 연구들의 종합' 의 의미를 가지는 매디슨의 자료를 보면 아시아 경제가 덩치는 크지만 생산성이 정체되어 있어서 근대 초(1500-1800)에 빠르게 성장하는 유럽 경제에 추월당했다는 결론에 이른다. 이것이 일종의 정설이지만 최근 연구들은 바로 이 점에 대해 의문을 제기한다. 소위 캘리포니아 학파는 18세기 말이나 심지어 19세기 초까지도 중국의 선진 지역은 유럽의 선진 지역과 비교해서 큰 차이가 없다고 주장한다(이에 대해서는 아래에서 다시 논할 것이다).

이상의 분석들을 종합해서 세계의 거시적인 구조 변동의 밑그림을 그려보고 또 이런 방법에서 드러난 문제점도 정리해 보도록 하자.

서기 1000년 이후 각 지역에서 인구가 늘고 경제 수준도 미약하나마 증가하

---

18) 현재 세계 최대 부국과 최빈국 사이의 차이는 400:1(스위스 대 모잠비크) 수준이다. 같은 비교를 250년 전의 시점에 대해서 한다면 약 5:1 정도에 불과하다. 세계적인 부의 불균형이 극도로 심화된 것은 20세기 이후의 일이다(Landes 1998: xx).

였다. 그러나 전반적으로 지역 간 차이는 크지 않았다. 마르코 폴로가 중국에 왔을 때 중국이 사치스럽고 진기하다는 인상을 받았고, 코르테스는 아스텍 제국의 수도인 테노치티틀란의 부에 놀라움을 표시했으며, 포르투갈 탐험가들이 아프리카 서해안의 잘 정돈된 마을을 보고 깊은 인상을 받지 않았던가. 그 후 15세기부터 3세기 동안 전반적인 상승세가 이어졌는데, 이때 유럽은 총량으로 보면 아시아에 뒤지지만 생산성 증가는 더 컸다. 다시 그 다음 시기에는 극적인 성장과 동시에 극적인 차이가 만들어졌다. 그러므로 오늘날 우리가 살아가는 이 불평등한 세계의 최종적인 구조가 완성된 시기는 19-20세기이다.

그러나 이 책에서 주목하는 것은 오히려 그 이전 시기이다. 19-20세기에 극적인 변화가 일어났지만, 그 변화의 씨앗은 그 이전에 준비되었을 것으로 보이기 때문이다. 다시 강조하지만 15-18세기에 세계의 무게중심은 — 인구로나 총생산으로나 — 여전히 아시아에 있었다. 유럽은 아시아에 비해 뒤처져 있었으며, 아프리카나 아메리카는 큰 비중을 차지하지 못했다. 그러나 이때부터 지금까지와는 다른 어떤 근본적으로 새로운 흐름이 형성되었던 것은 아닐까?

바로 이 시기에 세계 각 지역은 서로 조우하고 교류와 충돌, 적응 등의 과정을 거쳤다. 그 과정을 거친 후 세계의 무게중심이 아시아로부터 유럽과 북아메리카로 옮겨 가기 시작했고 그 가운데 일부 국가들이 세계의 패권을 쥐게 되었다. 이는 단지 일부 국가가 경쟁에서 승리했다는 것 이상의 의미를 가진다. 패권 국가들은 단지 앞서간 것이 아니라 자신들의 체제를 세계 전체에 강요했기 때문이다.[19] 인도, 중국, 오토만 등의 제국 질서 혹은 조공 체제는 무력하게 되거나 사라져 버렸고 그 대신 서구를 중심으로 만들어진 체제가 세계의 구조를 규정했다.

대항해시대 세계의 팽창과 거시적인 구조의 변화를 어떻게 파악할 것인가?

---

19) 오늘날 '세계화의 시대'에 G8 혹은 WTO가 세계 경제 질서를 규정하는 것과 마찬가지의 일이라 할 수 있다. 세계화에 대한 항의의 요점은 흔히 "왜 일부 선진국들이 규칙을 정해야 하는가?"이다(Marks 2002: 2).

2) 유럽중심주의, 지구사, 세계체제론

수치 자료를 통해 파악한 세계사의 큰 그림을 보면, 19세기 이후 제국주의시대에 서유럽 국가들과 미국이 세계의 패권을 장악했으며, 15-18세기는 그와 같은 최종적 결과를 배태한 준비 기간이라는 느낌을 받는다. 시간상의 선후관계로만 보면 이렇게 파악하는 것이 반드시 부당하다고 할 수는 없겠으나, 그것은 자칫 사후(事後)의 결과를 가지고 앞 시대를 재단하는 우를 범하는 일이 된다. 비유하자면, 조선시대와 일제시대를 함께 고려한다면서 조선시대를 두고 일본 제국주의의 지배를 위한 준비 기간으로 파악하는 것과 유사한 오류가 될 것이다. 제국주의시대의 시각으로 그 이전 시대의 성격을 규정하는 것은 심각한 '유럽중심주의'의 문제에 빠지게 된다.

유럽중심주의는 의도적일 수도 있겠지만, 기존의 연구 전통 혹은 자료상의 문제 때문에 초래된 결과일 수도 있다.

유럽과 아시아 및 아메리카 간의 국제 무역에 대한 고전적인 연구들은 많은 경우 유럽의 특정 도시나 특정 회사 선박들의 항해 기록을 토대로 하게 마련이며, 흔히 장기간의 시계열 자료(series)를 구성하여 제시한다. 그러나 이런 식의 연구가 보여 주는 것은 '유럽 선박들의 활동'일 뿐이지 해당 지역 전체의 무역 흐름은 아니다. 예컨대 네덜란드 동인도회사의 항해 자료를 모아서 출판하고 분석한 연구서는 이 회사가 송출한 선박들의 수와 크기, 거래 항구들, 상품 등에 대해 자세한 분석을 하고 있다. 그러나 사실 동인도회사 선박들은 당시 아시아의 해상에서 아주 소수에 불과했다. 실제로 이 회사의 교역 활동은 전체 교역의 일부에 불과한데도, 이 자료집(Bruijn et al. 1979-1987)과 그에 근거한 연구를 보면 마치 유럽이 처음부터 전체 교역을 지배한 인상을 받을 수밖에 없다.

19-20세기에 서구가 절대적 우위를 차지했다는 사실 자체가 과거에 대한 인식에 영향을 미쳤다. 19세기에 들어오면 유럽에서는 왜 그들이 경제력과 군사력 면에서 지배력을 행사하는지를 설명하는 여러 논리들이 만들어졌다. 우선

그들의 물질적 우위에 대한 해명이 필요했는데, 이것은 당시 정치경제학이 담당하였다. 산업혁명이 시작되던 시점은 곧 영국의 고전파 정치경제학자들의 활동 시기이기도 하다(Marks 2002: 3-4). 애덤 스미스, 토마스 맬서스, 데이비드 리카도 등의 학자들은 서구의 경제적 우월성을 설명하기 위해 '유럽식 자본주의적 발전이 진보'라는 개념을 만들었다. 여기에 성공한 서구는 '진보적'이고 그렇지 못한 아시아는 '후진적'이라고 설명한 것이다. 자본주의 질서에 가장 비판적이었던 마르크스주의자들 역시 서구가 진보적이고 아시아는 후진적이라고 전제한다는 점에서는 다를 바 없었다.[20] 서구의 우위를 설명하는 또 한 가지 중요한 논리는 오리엔탈리즘이다. 에드워드 사이드(사이드 2002)가 정리한 바와 같이 이는 서구 중심의 보편주의에 따라 서구는 우수하고 비서구는 열등하다는 논리를 이데올로기화하여 동양을 열등한 타자로 규정했으며, 그 논리적 귀결은 서구의 동양 지배를 합리화하는 것이다.

무엇보다도 서구의 우위를 합리화하는 데에 결정적인 공헌을 한 분야 중 하나는 19세기 유럽에서 발전했던 근대 역사학이었다(Adas 1993: Introduction). 19세기는 민족주의의 시대이자 동시에 민족주의 역사학이 정립된 시대였다. 당시 역사학은 경험주의를 원칙으로 하고 특정한 종류의 일차 사료 분석을 중심으로 하는 학문적 전통을 확립하면서, 이를 통해 자국의 국가 형성과 발전을 상세히 규명함으로써 종국적으로는 전투적 민족주의에 복무했다. 이렇게 해서 19세기에는 현실적으로 유럽의 우위가 확고해졌을 뿐 아니라 그것을 과거에

---

20) 이 점이 가장 단적으로 드러나는 것은 유명한 『공산주의당선언』의 세계사 정리 부분이다. "아메리카의 발견, 아프리카의 회항은 대두하는 부르주아지에게 신천지를 열어 주었다. 동인도 시장과 중국 시장, 아메리카의 식민지화, 식민지들과의 교역, 교환 수단 및 상품 일반의 증가는 상업, 해운, 공업에 전례 없는 활력을 안겨 주었으며, 그렇게 함으로써 붕괴하고 있던 봉건 사회 속의 혁명적 요소에 급격한 발전을 가져다주었다. [⋯] 대공업은 아메리카의 발견이 준비해 놓은 세계 시장을 만들어 냈다. 세계 시장은 상업, 해운 및 육운에 헤아리기 어려운 발전을 가져다주었다. 이러한 발전이 다시 공업의 신장에 거꾸로 영향을 미쳤으며, 공업 · 상업 · 해운 · 철도가 신장되는 것과 같은 정도로 부르주아지는 발전해 갔고, 그들의 자본들을 증식시켰으며 중세로부터 내려오던 모든 계급들을 뒷전으로 밀어내었다."(맑스 · 엥겔스 1993: 401-402)

투사하여 역사적으로 유럽의 우월성을 설명하는 — 혹은 왜곡하는 — 여러 방식들이 만들어졌다.

유럽의 세계 인식과 세계사 인식은 이런 과정을 거쳐 형성되었다. 말하자면 유럽인들은 그들을 중심점으로 삼은 좌표에 따라 '세계' 및 '세계사' 개념을 새롭게 만들어 냈다. 그 내용은 근대 이후 다이내믹한 유럽 문명이 세계로 진출하여 정복 · 전도 · 교역을 하면서 보편적인 세계 질서를 만들어 냈다는 주장이다. 유럽중심주의란 그들의 문화가 단지 '우월'하다는 주장에 그치는 것이 아니라 세계 전체에 통용되는 '보편성'을 가지고 있다는 주장인 것이다. 이상의 논리의 귀결은 서구가 세계 보편 질서를 창출해 냈고, 그들 자신이 그 정점에 위치해 있다는 것이다.

19세기에 형성된 민족주의 역사학은 20세기 내내 지배적인 패러다임을 형성하였다. 다만 제1차 세계대전 직후 이전의 호방하고 장대한 세계사 스타일이 한때 유행한 적이 있다. 토인비와 슈펭글러가 대표적인 예이다. 아마도 세계대전이라는 사상 유례가 없는 참극을 겪은 이 시대에 서구 문명 전반에 대한 재고와 반성을 하는 과정에서 나타난 현상이었을 것이다. 그러나 그것은 일시적인 유행에 그쳤고 곧 이전의 민족주의 역사학이 다시 주류의 지위를 되찾았다.

그렇더라도 다른 방식으로 세계를 총체적으로 이해하려는 욕구는 늘 존재하게 마련이다. 마르크스주의 역사학이나 브로델 사학과 같은 거대 서사가 강한 영향력을 미쳤던 것이 그런 연유일 것이다. 이런 욕구가 강해진 것은 현대 사회의 기본 성격 때문이었다. 그 어떤 민족이나 국가도 고립되어 사는 것은 불가능하며, 다른 문화권과 접촉하고 교류하는 가운데 외부 세계의 영향을 강하게 받지 않을 수 없다. 그런 만큼 세계사의 흐름을 이해하는 것은 필수불가결하다. 그러나 사실 이런 현상은 현재만 그런 것이 아니라 언제나 그래 왔던 것이 아닐까? 세계적인 상호 영향은 근대사의 기본 성격이라고 해야 하지 않을까? 1960년대에 들어와서 이런 점을 새삼 강하게 인식하게 되면서 지구사(global history)가 등장하였다.[21]

지구사는 예전의 세계사와는 분명 성격이 다르다. 지구사는 세계 전체에 걸쳐 일어난 모든 일들을 다 이야기하려는 것은 아니다. 세계 전 지역의 역사를 서술한다고 했던 구식 세계사는 개연적으로 어떤 종류의 '중심주의' — 중국중심주의, 인도중심주의, 유럽중심주의 등 — 의 문제점을 안고 있다. 이론상으로는 모든 사실들을 공평하게 기술한다고 되어 있으나 애초에 그것은 불가능한 작업이므로 의도적이든 아니든 편향된 시점으로 기술될 수밖에 없는 것이다. 그 가운데 유럽중심주의의 문제가 특히 심각하다는 것은 이미 설명한 바와 같다. 현대에 서구 세력이 지배적인 지위를 차지하는 만큼 역사 서술의 주체는 서구가 되고 나머지 대륙들은 그 역사 서술의 대상으로 삼는 것이다. 지구사는 이런 문제점을 극복하려는 의식을 강하게 가지고 있다. 그러기 위해서는 전 지구적인 상호 연관성에 대한 인식과 비교의 방법이 필요하다(Manning 2003). 이 계열의 역사가들은 무엇보다도 역사의 흐름에 어떤 하나의 중심부가 있어서 다른 지역들은 그곳으로부터 일률적인 영향을 받으며 움직인다는 생각을 피하려고 한다. 그 대신 각 지역들은 상호 영향을 주고받는다는 점을 인식하면서 중요한 주제들에 대해 비교사적인 방법을 통해 심도 있는 이해를 하는 것을 중요한 과제로 삼는다.

다른 한편 사회과학계에서 근대 세계를 '체제(system)'로 이해하려는 다양한 시도가 행해졌다. 세계체제론은 19-20세기 내내 지배적인 담론이 된 사회과학 분과학문들이 공유하고 있는 편향된 시각에 대한 저항이라는 점에서 지구사의 발전과 궤를 같이한다.**22**

세계체제론의 선구자는 월러스틴(1999)이다. 그는 노동 양식에 따라 중심부(core), 반(半)주변부(semi-periphery), 주변부(periphery) 지역으로 나뉘는 "세계-경제" 체제가 1550년경에 형성되어서 그 이후 계속 확대 발전한 것으로 서

21) Global history의 역어로서 어떤 것이 좋을지는 여전히 고민이다. '세계사'는 통상적인 과거의 세계사와 혼동을 일으키며, '보편사'는 의미와 뉘앙스가 분명 달라 보인다. 이 글에서는 잠정적으로 '지구사'라는 용어를 쓰기로 한다. 이 주제와 관련된 비평 논문으로는 차하순(2007), 김원수(2007), 조지형(2002, 2007)이 있다.

22) 이에 대해서는 강성호(2006)와 백승욱(2006)을 참고하라.

술하였다. 중심부에서는 주로 임노동이 우세한 가운데 세계 분업 체제에서 수익성이 좋은 부문을 차지하며, 국가 기구와 자본이 협력함으로써 나머지 지역들로부터 잉여를 얻는다. 주변부는 흔히 강제 노동 성격을 띠는 생산 방식이 이루어지는데(노예제 플랜테이션이 대표적이다), 이런 저급한 수준의 경제가 세계 체제에 편입되면 경제적으로 지배의 대상이 되어 잉여를 유출하게 된다. 그리고 반주변부는 한편으로 중심부의 지배를 받으며 동시에 주변부를 지배함으로써 이 세계 체제가 전체적으로 원활하게 운영되도록 만든다. 이 체제는 기본적으로는 경제적 국제 분업 형태로서 기능하지만, 최종적으로는 정치적 · 군사적 강제가 뒷받침되어 있다. 그런데 그의 논지는 그의 원래 취지와는 정반대로 전형적인 유럽중심주의에 빠져 있다는 비판을 받는다. 그가 구상한 세계 체제는 서유럽에서 시작된 체제가 점차 바깥으로 확대되어 나머지 전 세계가 그 안으로 흡수되는 과정이다. 나머지 지역들은 근대 자본주의 세계 체제와는 전혀 무관한 상태로 남아 있는 논외의 존재에 불과하며, 오직 서구의 영향을 받을 때에만 세계에 편입될 자격을 얻는 것이다.**23**

월러스틴을 승계하면서 시기적 · 지리적으로 분석 대상을 확대한 중요한 논의로는 재닛 아부-루고드(아부-루고드 2006)의 전(前)근대 세계체제론이 있다. 그녀는 근대 세계 체제가 형성되기 이전인 13세기에 이미 유라시아 대륙 전체에 걸쳐 세계 체제가 조직되어 있었다고 주장한다. 이것은 정치적 · 문화적으로 3-4개의 핵심 지역을 연결하는 8개의 교역 지역이 서로 겹치는 방식으로 조직되어 있다. 이 체제는 하나의 지배적인 중심부를 상정하지 않는다는 점이 특징이다. 체제 내부에 문화적 장벽이 존재하는 데다가 당시의 교통 · 통신 수준에서 이 광대한 지역 전체를 지배 · 관리하는 물적 기반이 없었기 때문에 이 전체

23) 월러스틴의 주장에 대해 다른 측면에서도 비판이 제기되었다. 오브라이언은 중심부의 경제 성장에 주변부의 공헌이 그리 크지 않다고 주장했다. 산업혁명 이전 시대에 경제 전체에서 무역이 차지하는 비중이 작을 뿐 아니라, 유럽의 교역 전체에서 주변부와의 무역이 적은 비중을 차지하므로, 주변부와의 교역에서 얻는 이익이 자본을 형성하고 경제 발전을 촉진시키는 역할은 미미하다는 것이다. 그는 "주변부(periphery)의 공헌은 주변적(peripheral)"이라는 결론을 내린다(O'Brien 1982).

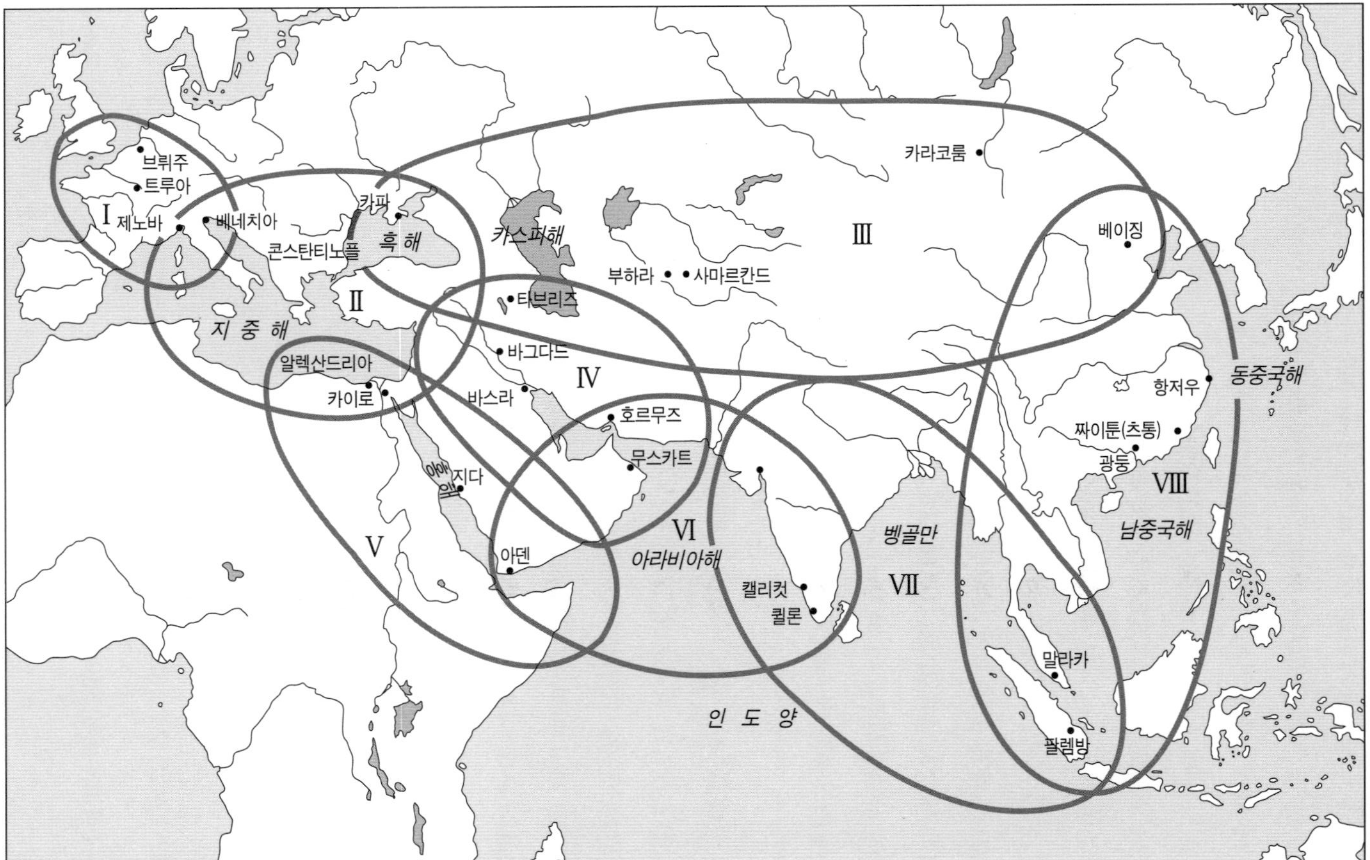

13세기 세계 체제의 8개 순회로(아부-루고드 2006: 59)

를 실질적으로 통치하는 것은 처음부터 불가능했다. 몽골 제국이 중국, 인도, 이슬람권, 유럽 지역들을 상호 연결시키는 데에 중요한 공헌을 했지만 그렇다고 이 세계가 전적으로 통합된 것은 아니었다. 따라서 이 체제는 월러스틴이 구상한 16세기 이후의 근대 체제와는 기본 성격이 다르다. 전체를 총괄하는 중심부가 존재하는 것이 아니라 여러 개의 중심 세력들이 경쟁하면서 협조하는 가운데 상호 관련성이 증대하고 있는 정도이다. 다음 시기에 유럽이 주도권을 잡은 것은 이처럼 이전 시기에 준비된 기반을 승계했던 것이지 모든 것을 처음부터 만든 것은 아니다.

안드레 군더 프랑크는 아부-루고드보다 훨씬 더 파격적인 주장을 했다. 그는 무려 5,000년 전부터 세계 체제가 존재해 왔다고 주장하였다(Frank and Gills 1993). 끊임없는 자본 축적, 중심-주변 구조, A/B 사이클 국면(장기적 상승/하강 국면), 헤게모니 경쟁 등 월러스틴이 지적한 중요 사항들은 근대 500년에서만이 아니라 5,000년 전부터 나타났다는 것이다. 이 체제의 중심은 아시아, 그중에서도 특히 중국에 놓여 있다. 유럽은 이 체제 전체의 하강 국면(B 사이클)에서 중국이 힘을 잃을 때에만 상대적인 이익을 누린다. 오늘날 서구가 패권을 차지한 것도 초장기적인 맥락에서 보면 똑같은 현상으로 이해할 수 있다. 유럽이 '일시적으로'(겨우 200년 남짓!) 주도권을 잡을 수 있었던 중요한 요인 중의 하나는 아메리카 대륙에서 은을 얻은 것이다. 그러나 이제 이런 상태는 거의 종식되어 가고 있으며 21세기에 들어와서는 중국이 다시 중심을 되찾아 가는 중이라고 그는 주장한다. 이런 파격적인 주장은 다소 정제된 형태로 그의 『리오리엔트』에서 다시 개진되었다(프랑크 2003). 아시아 경제는 1400년부터 1750년까지 장기적인 팽창 국면(A 사이클)을 맞았다. 15세기 초반에 동아시아와 동남아시아를 중심으로 긴 팽창기가 시작되었으며, 곧 중앙아시아, 남아시아, 서아시아가 이 대열에 합류했고, 15세기 중반 이후로는 아프리카와 유럽도 가세했다는 것이다. 말하자면 세계 체제의 확대의 원동력은 중국에서부터 유래된 것이며, 이것이 유럽에까지 확산된 것이다. 그렇다면 서구가 패권을 잡게 된 현상은 어떻게 설명할 수 있는가? 한마디로 그것은 유럽의 성장이라기보다 아시아의 쇠퇴 현상이다. 아시아 경제가 장기적인 하강 국면(B 사이클)으로 접어들었을 때 "그때까지 주변적 지위에 머물러 있던 유럽이, 그리고 얼마 뒤에는 북아메리카가 아시아를 따라잡을 수 있었다." 유럽은 아시아라는 거인의 어깨를 딛고 올라선 난쟁이일 따름이다. 유럽의 아메리카 발견과 귀금속 유입 및 세계적 유통이 여기에서 중요한 역할을 했다는 점은 그의 논지에서 여전히 중요한 비중을 차지한다.

3) 대분기(大分岐, Great Divergence)

앞에서 언급한 주장들은 다분히 과장된 인상을 주며, 따라서 그 내용을 그대로 받아들이기는 힘들어 보인다. 다만 이상의 여러 논의에서 유럽중심주의의 왜곡을 피하기 위한 연구들이 활발히 진행되고 있음을 알 수 있다. 그 가운데 예컨대 프랑크의 논리는 최근 중국의 경제적 위상을 재검토한 연구들, 그 가운데 특히 '캘리포니아 학파'의 연구와 깊은 관련을 가진다. 이들은 공통적으로 중국을 비롯한 아시아 각지의 경제 발전을 재조명하고 특히 이것을 서양과 비교함으로써 기존의 역사상을 크게 수정하고 있다.**24**

18세기 중국 경제를 유럽과 비교하면서 재조명한 연구자로는 빈 웡(Bin Wong 1997)이 있다. 그는 중국 경제에 대한 실증 연구를 통해 유럽의 원산업화(Proto-Industrialization)와 유사한 현상이 중국에도 존재했다는 흥미로운 결론을 제시하였다. 그의 연구의 함의는 유럽에서 산업혁명이 준비 중이던 시기에 중국 경제가 유럽과 거의 비슷한 수준이었다는 것이다. 이 논의를 더욱 발전시킨 연구자는 포머란츠(Pomeranz 2000)이다. 그는 산업혁명 이전 시기의 영국, 중국, 일본, 인도의 사회 · 경제를 비교분석하였다. 그 결과는 모든 지역이 비슷한 수준의 경제 발전 단계에 이르렀으며 유럽만이 특별히 앞서 있는 분야는 없

24) 이 주제에 대한 소개 논문으로는 강진아(2004)가 있다.

다는 것이다. 그가 살펴본 지역들은 모두 '발전의 덫'에 빠져 있는 상태였다. 인구가 늘고 경제가 성장하면서 기존 자원이 더 이상 감당하지 못하는 한계 상황에 가까이 간 것이다. 그것은 곧 생태적 위기를 의미한다. 이런 상황에서 19세기 이후에 유럽이 산업혁명에 성공하고 세계의 패권을 차지하게 된 원동력은 무엇이란 말인가? 포머란츠는 두 가지 요소를 든다. 하나는 해외 식민지의 획득이다. 이를 통해 식량과 자원을 강제적으로 획득함으로써 유럽 내부의 생태 위기를 벗어날 수 있었다. 다른 하나는 영국의 석탄 부존의 이점이다. 당시 기술 수준에서 쉽게 채굴할 수 있는 탄광의 존재가 산업혁명에 결정적인 도움을 주었다는 것이다.

그의 주장은 여러 흥미로운 해석을 가능하게 한다. 유럽 이외의 지역도 원론적으로는 얼마든지 독자적으로 산업혁명을 성공시킬 수 있는 잠재력을 가지고 있었다. 그러나 실제로는 유럽에서만 산업혁명이라는 돌파(breakthrough)가 이루어졌다. 왜 그럴까? 그 이유로서 그가 제시하는 두 요소는 모두 '우연'이라고 부를 수 있는 것들이다. 첫째, 해외 식민지 요소가 중요하다는 사실은 19세기 이후 유럽의 세계 패권 장악이 유럽 내부 구조에서 비롯된 필연적인 현상이 아니라 역사적으로 진행되어 나타난 결과라는 의미에서 우연적(contingent)이었음을 말해 준다. 즉 유럽의 상승은 구조적으로 반드시 일어날 수밖에 없었던 현상은 결코 아니라는 것이다. 둘째, 쉽게 채굴할 수 있는 고품질의 석탄이라는 요소는 그야말로 운에 따른 것이었다는 의미에서 우연적(accidental)이다. 이런 요소들이 적용되어 유럽이 나머지 지역과 다른 길을 가게 된 분기점은 1820년대라는 매우 뒤늦은 시기였다. 이와 같은 주장에 따르면 근대 세계에서 유럽의 패권 장악은 단지 '우연'과 '폭력'의 결과로 격하된다.[25]

---

25) 이와 관련해서 드 브리스의 '근면혁명(The Industrious Revolution)'의 개념을 참고할 필요가 있다. 산업혁명(The Industrial Revolution) 이전 시기에 유럽에서는 해당 사회가 직면한 한계 상황에서 가구(household) 차원에서 자산 재분배를 통해 발전 전략을 취하고 있었다. 그것은 가구 내 노동력의 많은 부분을 시장생산 부문으로 돌리고 대신 가내 부문에는 여분의 노동력(여성과 아동 노동)을 최대한 투입해서 메웠으며, 또 그 결과 얻은 소득으로 시장에서 많은 상품을 구입하였다. 말하자면 이

물론 이에 대한 비판도 많이 있다. 예컨대 필립 황(Philip Huang, 黃宗智, 2002: 534)은 포머란츠가 중점적으로 분석한 양쯔강 델타에 대해 이 지역의 경제구조는 전적으로 노동집약적인 방식이었으며 따라서 총생산은 늘 수 있지만 1인당 한계생산성은 지속적으로 하락하는 '발전 없는 성장(growth without development)' 이라고 주장했다. 앨런과 윌리엄슨(Allen 1998; Williamson 2000)은 조금 더 일반적인 차원에서 중심부와 주변부 사이의 차이는 단지 19세기 중엽 이후 세계화 과정에서 생성된 것이 아니라 그 이전부터 진행되어 온 결과라고 주장한다. 그는 유럽에서 17-18세기 전산업화시대에 진행된 경제적 성공은 중국에 비해 훨씬 큰 것이었으며 그동안 '주변부' 지역에서는 발전이 지체되었다는 점, 그리고 19세기 후반까지 유럽에서 산업혁명으로 크게 앞서가는 데 비해 다른 지역들은 그 성과를 근근이 배우고 복제하는 데에 그쳤다는 점을 지적하고, 이 두 가지가 합쳐져서 오늘날의 차이가 만들어졌다고 말한다. 결국 이들의 주장은 전통적인 설명 틀로 되돌아간 셈이다.

이런 논의들은 근대 세계를 이해하는 데에 귀중한 참고사항이 될 것이다. 그 가운데 어떤 것은 지난날 우리 자신도 모르게 매몰되어 있던 편견과 왜곡을 타파하는 데에 신선한 자극을 주는 것도 있고, 어떤 것은 파격적이다 못해 다소 과도한 역논리(逆論理)를 주장하는 듯 보이는 것도 있다.

이제 우리는 이러한 연구 성과들을 참조하면서, 대항해시대의 팽창이 가져온 지리적 외연의 확대와 구조적 변화를 우리 나름대로 정리해 볼 필요가 있다. 우선 역사의 현장을 다시 방문해서 조금 더 면밀하게 살펴보도록 하자. 그리고 중요한 주제들을 추려서 비교사적인 접근을 통해 세계를 바라보는 시각을 조금 더 입체적으로 구성해 보도록 하자.

시대 사람들은 이전보다 더 열심히 일했고, 무엇보다도 시장을 적극적으로 이용하여 그들 자신이 시장에 많이 내다팔고 또 시장에서 상품을 많이 구입하였다. 따라서 기술 발전의 요인 없이도(즉 공급의 급격한 확대가 없이도) 시장을 매개로 하여 '수요혁명' 이 먼저 이루어졌으며, 이것이 산업혁명으로 이어졌다(de Vries 1994; Brewer and Porter 1993).

제2장

세계와 유럽의 조우: 유럽의 해상 팽창

이 장에서는 해상 팽창을 통해 세계의 문명들이 서로 만났을 때 어떤 사태가 벌어졌는지 구체적으로 보기 위해 역사의 현장을 직접 방문하고자 한다. 앞에서 우리는 근대 초에 세계의 많은 지역이 팽창의 가능성을 가지고 있었다는 점을 언급하였다. 그러나 실제로 전 세계 지역을 연결하는 해상 네트워크를 만든 것은 유럽인들이었다. 해상 루트의 개척이 곧 세계의 패권 장악을 의미하지는 않지만 장기적으로 제국주의적 지배로 연결되었다는 것은 분명한 사실이다. 이런 점을 염두에 두고 유럽의 주요 해상 세력이 해외로 팽창한 과정을 개괄해 보는 것은 분명 중요한 작업이 될 것이다. 그러나 그 방대한 역사를 모두 꼼꼼하게 살펴본다는 것은 불가능한 일이다. 그러므로 이 장에서 시도하는 것은 유럽의 해상 팽창의 전반적인 방향을 파악하는 정도의 큰 그림을 그려 보는 일이다. 동시에 이런 작업을 통해 근대 해상 세계의 중요한 이슈들을 역사적 맥락 속에서 살펴봄으로써 앞으로 고찰하게 될 문제들을 제기해 보고자 한다.

1. 에스타도(Estado): 포르투갈의 해외 거점 제국

포르투갈은 세계 팽창의 뇌관 역할을 했다. 이 작은 국가가 전 세계 3대륙에 걸친 거대한 규모의 식민국가가 된 것은 흔히 '미스터리'로 표현되었다.[1] 이 현상에 대해서는 지금까지 아주 많은 설명이 제시되었다. 브로델(1995-1997, 3권: 188-197)은 이에 대해 '전통적인 설명'과 '새로운 설명'으로 정리한 바 있다. 그가 말하는 '전통적인' 설명은 아직까지도 많은 교과서에서 이야기되는 것들이다. "포르투갈은 유럽 대륙의 서쪽 끝에 위치해 있었기 때문에 출발하기에 유리했다. 이 나라는 1253년부터 이슬람 세력을 축출하고 자국의 영토 회복을 완수했으며, 그래서 외국에서 자유롭게 활동할 여력을 가지게 되었다. 1415년에 지브롤터 해협 남쪽의 세우타를 점령하여 원거리 무역의 비결을 터득하고 십자군이라는 공격적 정신이 형성되었다. 그리하여 아프리카 해안을 따라 가는 탐험 여행의 문호가 열렸다. 이때 앙리케라는 영웅이 등장하여 탐험 여행을 열정적으로 고취했다."

이런 견해를 수정하는 '새로운' 설명들이란 다음과 같은 것들이다. "우선 포

1) 해외 진출을 시작하던 무렵인 15세기 초에 포르투갈은 국토 8만 9,000km² 면적에 인구가 100만 명 수준이어서 다른 경쟁국들에 비하면 규모가 매우 작았다(Philips 1990: 48).

르투갈은 무시할 만한 소국(小國)이 아니다(중세부터 르네상스기까지 유럽사의 주도권을 쥐었던 베네치아와 비교해 보라!). 이 나라는 수 세기 동안 이슬람 국가들과 접촉해서 경제적 발전을 이루었다. 1358년에 리스본에서 '부르주아 혁명'이 일어나서 아비스(Abiz) 왕조가 들어섰으며 이 왕조에서는 부르주아 계급이 전면에 등장했다. 이들이 해외 팽창의 주도 세력이 되었다. 여기에 더해서 반쯤 몰락한 귀족들은 해외에서 요새를 건설하고 그곳을 지휘하는 인력을 제공했다."**2**

우리는 약간 더 보충해서 '좀 더 새로운' 설명들을 제시해 볼 수 있을 것이다.

우선 포르투갈의 지정학적 위치에 대해 생각해 볼 필요가 있다. 포르투갈의 특징은 한마디로 말해서 상이한 두 세계 사이의 '경계'에 있다는 점이다.

첫째, 이 나라는 기독교권과 이슬람권의 경계에 위치해 있었다. 이 나라는 이슬람권 지배를 종식시키고 기독교권의 영토 회복을 완수한다는 종교적 · 군사적 이데올로기가 강하지만 다른 한편으로는 이슬람권의 발달된 문화를 흡수했

2) 오늘날까지도 일부 영향을 미치는 견해는 앙리케를 영웅화하는 것이다. 대체로 제2차 세계대전 이후에 시작되어 1960년대에 정점을 이루는 역사학(즉 브로델이 거론하는 전통적인 설명)에서 포르투갈의 해외 팽창을 앙리케의 주도적인 노력과 결부시키고, 이런 관점에서 앙리케를 '귀족적이고 고매한 인품의 영웅' 이자 '르네상스적 발견을 대변하는 인물' 로 그리곤 했다. 새로운 설명은 이처럼 한 인물을 강조하기보다는 포르투갈 사회 전체의 발전을 강조하는 것이다. 고전적인 설명에 대한 비판으로는 Newitt(1986: 9-35)를 보라.

고, 아프리카의 중요 산물들(금과 말라게타[3] 같은 향신료)을 교역하면서 부를 쌓았다. 이슬람에 대한 공격이 국가 형성의 기본 이데올로기라고 하지만 놀랍게도 리스본 시내에는 이전부터 내려오던 이슬람 구역이 존재했다(Martinière 1994: 40). 편협성과 관용이 공존하는 이런 상태가 나중에 아시아의 고아나 말라카에서 한편으로는 지배와 정복을 추구하고 다른 한편으로는 교역과 전도에 주력하는 모순적인 태도로 재현되었다고 할 수 있다. 다른 나라 사람들과 달리 외지에서 기꺼이 현지인들과 결혼하여 정착하는 포르투갈인들의 태도 역시 일찍부터 이민족 문화와 접촉한 데에서 싹텄을 것이다.

둘째, 이 나라는 대서양 세계와 지중해 세계의 경계에 위치해 있었으며, 지중해권의 지원을 받아 대서양으로 발전해 나갔다고 할 수 있다. 지중해 지역 상인들은 일찍부터 대서양 교역을 해 왔다. 이탈리아 선박이 북유럽 항로를 직접 개척한 데에서 그 점을 읽을 수 있다. 15세기에 터키 세력의 강화로 동지중해 사업 전망이 어두워지자 지중해와 대서양의 연계가 더욱 강화되었다(Philips 1990: 38). 제노바를 비롯한 이탈리아의 자본이 포르투갈로 많이 유입되었을 뿐 아니라(Jehel 1993; Heers 1960: 273-293) 이탈리아의 상인과 선원들도 이베리아반도 내의 상업 공동체로 많이 이주해 갔다.[4] 그러므로 포르투갈의 해외 팽창은 분명 매우 독특한 현상이지만 사실 그것은 중세 이래 준비된 것이다.

포르투갈 국내의 정치적 · 사회적 변화와 해외 팽창의 관계도 조금 더 자세히 살펴볼 필요가 있다. 아비스 왕조 성립 이후 부르주아 계급이 성장하고 귀족이 몰락한 것은 앞에서 언급한 바와 같다. 이 몰락한 귀족들이 국내에서 상실한 지위를 회복하는 방편 중의 하나가 해외 모험에 참여하는 것이었다. 포르투갈과

3) 말라게타는 일명 '천국의 씨앗'으로 불리는 향신료이다. 13세기부터 사하라 사막의 낙타대상이 알렉산드리아와 아실라(Asilah 혹은 Arzila)로 가져왔고, 1440년경에는 피렌체, 제노바, 바르셀로나에서 팔렸으며 아마도 리스본에까지 도착했을 것이다. 포르투갈인들은 1450년경에 세네갈과 기니아 사이에서 이것을 가져왔고 1460년경에는 리스본에서 플랑드르로 판매했다. 말라게타는 거래량은 적었지만(1년에 1,000-1,300켄탈 정도) 그래도 후추와 생강 이외에 가장 많은 거래가 이루어지는 향신료에 속했다(Philips 1990: 50-51).

4) 이탈리아 출신이면서 포르투갈과 에스파냐에서 일할 기회를 찾던 콜럼버스가 대표적인 사례이다.

에스파냐의 초기 해외 팽창에서 유독 '칼부림'이 잦았던 이유는 레콩키스타의 정신을 간직한 기사 계급이 많이 참여했기 때문이다. 이는 거의 전적으로 시민층이 참여한 네덜란드의 경우와 대조적인 일이다. 그러나 포르투갈 귀족들은 예컨대 프랑스 귀족들처럼 비즈니스를 하면 귀족의 지위를 박탈당하는 관례(dérogeance) 같은 것은 없었다. 결국 포르투갈의 해외 사업에는 부르주아와 귀족이 뒤섞이게 되었는데, 이것이 이 나라의 해외 팽창 사업의 성격과 방향에 적지 않은 영향을 미쳤다. 이 점을 조금 더 자세히 살펴보자.

아프리카에서 포르투갈의 사업은 크게 두 갈래로 나누어진다(Newitt 1986: 15-30). 하나는 상업 이윤을 찾아 아프리카 해안을 따라 남하하는 것으로서 주로 부르주아층이 지지했다. 포르투갈의 해외 팽창을 거론할 때에는 대개 이것만을 언급한다. 그러나 어쩌면 더 큰 열정의 대상이 되었던 부문은 따로 있다. 그것은 모로코의 군사 정복을 추진하는 것으로서, 주로 왕실과 귀족들의 지지를 받았다. 이는 구래의 적인 무슬림들을 끝까지 추격해서 박멸하고 기독교 신앙의 최종 승리를 얻자는 전투적인 운동이었다.[5] 북아프리카 내륙으로 진격해 들어가서 벌이는 치열한 전투는 일진일퇴를 거듭하며 오랜 기간을 끌었고, 때로 포르투갈에 심대한 타격을 입히기도 했다. 포르투갈은 아프리카와 유럽 사이의 관문 역할을 하는 세우타(Ceuta)를 1415년에 정복한 이후 이곳을 전초기지로 삼아 내륙 깊숙이 진격해 들어가려고 했다. 예컨대 두아르트(Duarte) 국왕(재위 1433-1438)은 전력을 다해서 탕헤르(Tanger) 전투에 임했으나, 세우타의 상실 이후 복수를 위해 절치부심하던 이슬람권의 강력한 반격을 받아 대패했고 특히 왕제 페르난두가 포로로 잡히는 수모를 당했다. 이슬람권은 세우타를 반환하면 그를 보내주겠다고 제안했으나 포르투갈 측이 이를 거절하여 페르

5) 두 가지 흐름이 전혀 별개의 움직임이라고 할 수는 없다. 앙리케의 경우 모로코 내륙 지방으로 진격해 들어갈 것인가, 아프리카 해안을 따라 남하할 것인가의 딜레마에 빠져서 고민하다가 최종적으로는 아프리카 해안을 따라 남하하다가 결과적으로 배후에서 모로코를 포위한다는 생각을 하였다(Martinière 1994: 14).

난두는 끝내 1443년 페스 감옥에서 옥사하였다(Martinière 1994: 17). 모로코 정복의 열정은 그 후에도 식지 않았다. 심지어 포르투갈의 아시아 사업이 한참 진행 중이던 1578년에 세바스티안 국왕이 군사를 이끌고 아실라를 직접 공격했다. 그러나 오히려 알카스르알카비르(al-Qasr al-Kabir) 전투에서 귀족 다수가 포로가 되고 국왕 자신이 사망하는 대재앙을 겪었다. 이 여파로 포르투갈의 왕위가 에스파냐로 넘어가서 1580-1640년 기간 중에 양국이 합병되었는데, 이는 세계의 해상 교류의 역사에 지대한 영향을 미쳤다.

이처럼 포르투갈의 초기 탐사는 이슬람권과의 투쟁과 교역(금, 노예, 말라게타, 상아 등)이라는 두 가지 목표를 지향하였다. 이 시기에는 아프리카만이 목전의 대상이 되었을 뿐 아시아로 직접 항해해 간다는 것은 아직 목표에 들어 있지 않았다. 그러는 동안 포르투갈 선원들은 아프리카 해안을 따라 계속 남하해 갔다. 그들은 15세기 중에 평균적으로 1년에 위도 1도 정도씩 내려간 셈이다.[6] 그러나 포르투갈의 아프리카 접촉은 해안 지역에만 국한되었을 뿐 내륙으로 깊숙이 들어가지는 못했다. 이에 대해서는 아래에서 다시 논하겠지만, 대개 질병, 아프리카의 군사적 저항, 혹은 직접적인 이윤 동기의 부족 등이 그 이유로 제시된다. 대체로 일부 해안 지역에 거점들을 두고 제한적인 거래를 하는 데에 만족하고 계속 남하하던 포르투갈 측은 처음에는 생각지 않았던 인도 항해 가능성이 보이자 목적지를 인도로 '업그레이드' 했다.[7]

6) 중요한 연대기를 정리하면 다음과 같다: 마데이라(1419), 아조레스(1427), 보자도르 곶(1434, 가장 심각한 심리적 경계선이었다), 기니아 만(1460년대), 적도(1473), 콩고강(1485-1486), 희망봉(1488), 바스코 다 가마의 인도 항해(1497)(Russel-Wood 1998: 9).

7) 유럽 각국이 아프리카의 여러 곳에 거점들을 마련했고 그 가운데 일부는 19세기 전에도 내륙 지역으로 일부 들어간 것이 사실이다. 이때 특기할 사항이 하나 있다. 각각의 거점 혹은 식민 지역들의 성격이 모두 다르게 발전했는데, 이에 대해서 이전에는 주로 유럽 식민 세력의 성격 차이를 강조했지만 최근에는 아프리카의 맥락을 강조한다는 점이다. 예컨대 남아프리카에 정착한 네덜란드 식민지는 고립적 성격이 강하게 발전되었고, 잠베지 밸리에 정착한 포르투갈 식민지에서는 아프리카화(Africanization)가 많이 진행되었다(Newitt 1969: 67-85; Guelke 1989: 66-108).

1) 포르투갈의 아시아 사업: 군주 자본주의

바스코 다 가마 이후 중세 이래의 꿈이었던 인도 항해가 드디어 가능해져서 포르투갈은 아시아 해양 세계로 진입해 들어갔다.

인도양을 중심으로 한 상업 체계는 무역풍과 몬순 때문에 오래전부터 상당히 규칙적인 틀이 만들어져 있었다. 그것을 도식적으로 설명하면 다음과 같다 (Meyer 1990: 51-52).

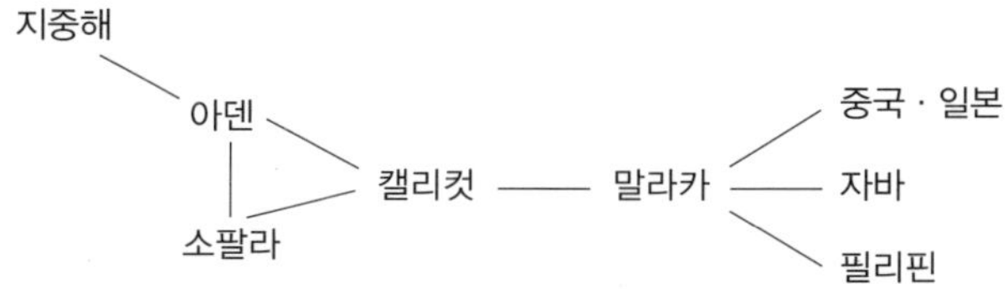

아덴–소팔라–캘리컷을 연결하는 삼각형이 서쪽에 형성되었는데 이것은 전적으로 아랍권의 것이다. 여기에 동쪽의 말라카가 연결되어 이것이 등뼈 역할을 한다. 그리고 말라카로부터 동쪽의 자바, 중국, 일본, 필리핀 등지에 이르는 광범위한 공간이 연결된다. 이 네트워크에서 인도양의 데칸 지방과 말라카가 2개의 커다란 중심점이다. 한편 서쪽의 상업권에서 홍해 루트와 페르시아만 루트가 뻗어 나가서 지중해권과도 연결된다. 이렇게 짜인 틀 안에서 유통되는 주요 상품들로는 향신료(후추, 계피, 정향, 육두구 등), 직물,[8] 귀금속 등이 있다.

포르투갈 상인들이 전혀 다른 루트를 개척하여 희망봉을 넘어 인도양에 들어왔을 때 그들이 인도양 세계를 '지배'한다는 것은 꿈도 꾸지 못할 일이었다. 포르투갈의 아시아 무역은 완전히 새로운 방식을 창출해 내는 것이 아니라 기존에 이미 잘 만들어져 있는 상업 체계 속에 끼어들어가는 것이었다. 그들은 우선 모든 방법을 동원해서 기존 상업 체제 속으로 비집고 들어갈 길을 찾아야 했다.

8) 인도의 면직물 중 많은 부분이 아프리카로 들어가고 고급 면직물과 견직물은 중동과 유럽으로 갔다.

그런데 인도양 세계 전체로 보면 보잘것없는 세력에 불과했던 그들은 무력을 휘둘러 가며 중요한 지점들을 하나씩 차지해 나가는 역설적인 현상을 보였다. 그들은 인도양 세계 전체를 상대할 힘은 없으나 그들과 직면한 지방 세력으로 보면 가공할 힘을 가지고 있었다. 여기에서 중요한 요소 중 하나는 무엇보다도 대포를 앞세운 무력이었다. 그리고 이런 성과를 얻기 위해 엄청난 비율의 인력 유출을 감내해야 했다. 16세기에 포르투갈의 해외 유출 인구는 10만 명으로 추산되는데 이는 전체 인구의 10%에 해당하는 것이며, 남자 인구로만 본다면 35%의 비중이었다. 또 그처럼 외국에 나간 사람들 가운데 많은 수가 사망했는데 비율로 보면 각 세대마다 남자 인구의 7-10%를 희생한 셈이다. 이런 정도로 큰 희생을 치러 가며 해외 사업을 벌인 경우는 역사상 많지 않다(Meyer 1990: 66).

포르투갈은 아시아 여러 곳에 상업 거점들을 늘려 가면서 다른 한편으로 기독교권의 숙적인 오토만 제국에 타격을 가하고자 했다. 그들은 기존의 후추 교역로인 홍해 루트를 봉쇄하는 동시에 적의 적인 페르시아 제국과 파트너십을 맺어 압박하였다. 이 과정에서 인도 서해안의 고아(1510), 말레이 해협의 말라카(1511), 페르시아만의 호르무즈(1515) 등지의 상관(商館)들과 실론의 콜롬보에 세운 요새(1518)가 핵심적인 기능을 담당하였다. 고아를 차지함으로써 그동안 레반트(지중해 동쪽 연안 지방)로 향하는 향신료 무역을 지배해 왔던 구자라트 상인들을 통제하게 되었다. 호르무즈는 레반트 지역과 페르시아를 향한 항로를 통제하는 데에, 또 콜롬보의 요새는 오만 해와 벵골만 사이의 교역을 통제하는 데에 중요한 역할을 했다. 말라카는 동쪽으로 중국, 일본, 인도네시아, 몰루카 제도, 그리고 서쪽으로 벵골만 및 인도양과의 교역에서 중추 역할을 했다. 포르투갈 상인들은 이 도시 내의 타밀(켈링) 상인과 동맹을 맺어서 이들을 통해 벵골만 및 말라카 동쪽 지역들과 연결망을 확보하였다.[9] 이런 핵심 포스트 외에 추가적으로 동아프리카의 킬와, 소팔라, 모잠비크, 몸바사, 아덴 만 외곽의 소

9) 포르투갈인들이 아시아의 상업 네트워크 안으로 뚫고 들어가는 핵심 고리는 바로 말라카의 타밀 켈링 상인들과의 협력 관계였다(Prakash 1997: xix).

코트라, 오만 해의 무스카트, 인도 서해안의 안제디바, 카나노어, 코친, 차울, 디우, 다만, 바세인, 코로만델 해안의 나가파티남, 실론, 몰디브 제도, 수마트라섬의 파첾, 테르나테, 티도르 등지를 거점으로 삼았다. 그리하여 1571년에 이르면 소팔라와 나가사키 사이에 40여 개의 상관들과 요새가 생겨났다(Russell-Wood 1998: 22). 이 전체를 통솔하는 일종의 수도 역할을 한 것은 인도의 고아(Goa)였다. 1510년 이래 군사와 행정 중심지였던 이 도시는 점차 상업 중심지 역할도 맡게 되었다. 이렇게 해서 포르투갈은 아시아의 바다에서 어느 정도 구색이 갖추어진 네트워크를 보유하게 되었다.

육두구

포르투갈의 아시아 교역에서는 후추와 향신료의 비중이 가장 컸다. 포르투갈 상인들은 후추를 얻기 위해 인도로 구리를 가져가서 거래를 했는데, 구리 무게의 2.5-4배에 해당하는 후추를 살 수 있었다. 코친이나 킨롱에서 구한 후추를 포르투갈에 가져가면 이윤이 89-152%에 달했다. 그 외에 생강은 카나노어, 계피는 실론에서 구하였다. 실론은 캘리컷에서 8일 정도 걸리는 비교적 안전한 여행을 통해 도착하는데, 이곳에서 계피를 구매해서 파는 것은 이윤이 매우 높은 사업이었다. 한편 육두구 거래에는 더 복잡한 요소들이 작용하였다. 말라카로부터 향신료 제도(몰루카 제도)로 가는 항로는 2개가 있었다. 반다 루트는 왕복 30개월, 보르네오 루트(보르네오, 테르나테, 티도르, 암본)는 왕복 23개월로 포르투갈-인도 왕복보다도 더 긴 시간이 소요되었다. 16세기 포르투갈의 해외 교역은 곧 후추와 향신료 교역이라고 해도 좋을 정도였으나, 이 사업을 독점하는 데에는 실패했다. 사실 후추 산지들은 매우 넓게 분포해 있어서 구매 독점은

인도네시아의 테르나테섬 화산 활동 모습이 인상적인 테르나테섬은 육두구의 주요 산지였다. 바다에 네덜란드와 테르나테의 선박들이 보인다. 왼쪽 위에는 유럽식 성채의 모습이 그려져 있다(Dalby 2000).

처음부터 불가능했고, 또 현지의 다른 구매자들도 워낙 다양하고 다수였기 때문에 그들을 통제하기가 쉽지 않았던 것이다(Philips 1990: 50-52). 그러나 어쨌든 포르투갈 상인들이 유럽으로 들여온 후추의 양은 결코 적은 것이 아니었다. 쇼뉘의 추산에 의하면 포르투갈은 모두 15만 톤의 향신료를 유럽에 들여왔다. 특히 1500-1509년 기간에는 매년 7-8척의 배들이 3,000톤의 향신료를 들여왔는데 이는 전 세계 생산량의 1/3에 해당한다(Meyer 1990: 66).

이런 체제를 구축해 나간 주요 인물은 1대 부왕인 알메이다와 2대 총독인 알부케르크(Affonso de Albuquerque)였다.[10] 그들은 기본적으로 무력을 사용하

10) 알메이다는 '부왕(viceroy)'이라는 높은 지위로 인도에 왔지만, 알부케르크는 궁정 내에 그에 대한 반대가 심해서 국왕이 비밀리에 그를 파견했기 때문에 그의 지위가 한 단계 아래인 '총독(Governor)'이 되었다.

여 현지의 주요 상품 거래를 빼앗고 그럼으로써 오토만 제국이나 이집트 같은 적의 힘을 약화시킨다는 목적을 가지고 있었다. 이는 본국에서 알메이다에게 주어진 훈령(regimento)을 통해 분명히 알 수 있다.

> 우리에게 무엇보다 중요한 일은 홍해나 그 근처 적당한 지역에 요새를 건설하는 일이다. 그렇게 해서 홍해를 봉쇄하면 더 이상 향신료가 맘룩 술탄[이집트를 가리킨다]에게로 갈 수가 없기 때문이다. 그러면 인도의 모든 사람들은 우리 이외의 다른 어느 누구와도 교역하려는 헛된 환상을 품지 않을 것이다. 그리고 이곳이 사제 요한의 땅과 가까우므로 두 가지 면에서 큰 이익을 얻을 수 있을 것이다. 하나는 그곳의 기독교도들에게 도움이 될 것이고 둘째로 우리의 국고를 늘릴 수 있을 것이며, 따라서 전쟁을 하고자 할 때 큰 도움이 될 것이다.(Subrahmanyam 1993: 65)

이 자료는 여러 면에서 대단히 흥미로운 내용을 담고 있다. 포르투갈의 해외 사업에서 경제적 측면과 군사적 · 외교적 측면이 불가분의 관계에 있다는 점을 알 수 있고, 여기에 중세적인 사제 요한 전설이 아직도 국가 정책의 중요한 참고 사항이 된다는 점도 주목할 만하다.[11]

그러나 이슬람권의 교역을 압박하고자 하는 의도는 아덴 점령에 실패함으로써 어긋나고 말았다. 아덴을 지배하지 못한 결과 홍해를 통과하는 이슬람 교역을 통제할 수 없었던 것이다.

지중해 방면과 동시에 동쪽에서도 압박을 받게 되어서 위기감을 느낀 이집트는 1507년에 12척의 선박에 1,500명의 병사를 이끌고 포르투갈 함대를 공격하였다. 그러나 이 전투에서 오히려 알메이다가 이끄는 포르투갈 군이 대승을 거두었다. 이를 계기로 이집트의 향신료 무역이 크게 위축되었으며, 알렉산드리아를 경유하여 후추를 수입했던 베네치아의 교역 역시 덩달아서 크게 감소했

11) 사제 요한은 중세 기독교 유럽 사회에서 널리 유포되었던 전설이다. 중세 유럽인들은 이슬람권 너머의 땅에 사제 요한이라는 이름의 군주가 다스리는 강력한 기독교 왕국이 존재한다고 믿었으며, 언젠가 이 왕국과 유럽이 연합하여 이슬람권을 협공할 수 있으리라는 희망을 품고 있었다. 이에 대해서는 Delumeau(1992)와 김호동(2002)을 참조하라.

다.[12] 다음 총독인 알부케르크는 더욱 공격적인 군사 정책을 펼쳤다. 이에 대해서는 본국 궁정에서 많은 비판을 받았지만, 결과적으로는 16세기 중에 고아, 호르무즈, 소팔라, 말라카와 같은 중요한 지점에 상관과 요새를 건설하게 된 것은 그의 공격적 정책 때문이었다.

포르투갈의 무역 방식은 '군주 자본주의'의 성격을 띠었다. 특히 주목할 점이 소위 '카레이라(Carreira, 국왕선박항로)' 체제와 카르타스(Cartaz) 제도이다(Subrahmanyam 1993: 71-78). 카레이라 체제는 한마디로 말해서 국왕의 계정으로 사업을 하는 것을 의미한다. 국왕 소유의 선박에 국왕의 상품을 싣고 가서 거래를 하고 그 이익 역시 국왕에게 돌아간다. 이때 상인과 선원들은 원론적으로 임금을 받는 고용인에 불과하다. 그들은 국가 공무원이기 때문에 국왕의 명령에 따라 사업을 수행할 뿐이며, 때로는 여기에 더해서 국왕이 부여한 외교 임무까지 수행했다. 그러나 실제로는 이 교역에 참여하는 사람들이 자기 몫의 화물을 가지고 가서 자기 계정으로 거래하는 것이 가능했다. 따라서 실질적으로는 '국가주의' 방식의 거래와 사개인 거래가 함께 이루어졌다.

폭력을 통해 경제적 수익을 올리는 전형적인 방식은 카르타스 제도였다. 이것은 포르투갈인들이 주요 항로의 길목을 지키면서 그 항로를 지나는 선박에게 안전통행증을 판매하는 것이니, 원리상으로는 해적 행위 혹은 약탈과 전혀 다를 바 없으나, 다만 운영 방식을 합리화한 것이라 할 수 있다. 1502년 말라바르의 콜람, 코친, 카나노어 선박에 대해 안전통행증을 처음 발급한 이후 이 제도가 점차 확대되었다. 상행위보다 이렇게 무력에 의한 이익 수취에 몰두하게 된

12) 이 점과 관련된 중요한 문제는 '육로 재활성화론'이다. 이것은 포르투갈의 희망봉 항로 개척 이후 전통적인 베네치아의 후추 무역이 감소했으나 결정적인 타격을 받지는 않았으며 16세기 초반에 일시적인 후퇴를 겪었다가 16세기 중엽에 다시 활성화되었다는 주장이다. 이 무역이 완전히 쇠퇴한 것은 네덜란드 동인도회사가 대세를 장악한 17세기 이후의 일이라는 것이다. 레인, 고디뉴, 브로델, 스틴스고르 등 이 방면의 대가들이 주장하는 이 설이 대체적으로 받아들여지는 정설이었지만 수브라마냠은 '육로 재활성화론'의 증거가 빈약하다는 다른 견해를 제시한다. 동남아시아에서 홍해로 가는 향신료 교역이 증가한 것은 중동 지역 자체의 수요 때문이고, 베네치아는 그 여분을 얻은 정도에 불과하다는 것이다(Subrahmanyam 1993: 142-143). 이에 대해서는 더 많은 연구가 필요한 실정이다.

데에는 아시아 내 포르투갈의 실제 세력이 제한적이었기 때문이다. 1540년경에 아시아에 거주하는 포르투갈인은 많아야 7,000명 정도에 불과했고, 선박도 수십 척 수준이었다. 그러므로 이 시기에 포르투갈의 상업망이라는 것은 아주 광활한 지역에 몇 개의 점을 소유한 수준에 불과했다. 이것을 가지고 아시아와 유럽 간 교역을 독점한다는 것은 처음부터 어불성설이었다. 그 실상을 보면 아시아 일부 지역에서 약탈로 수익을 올린 것에 가깝다. 실제로는 약탈 행위에 해당하는 통행증을 판매하는 논거는 교황이 독점권을 인정했다는 것 그리고 이 지역이 전쟁 상태라는 것이었다. 그들의 주장은 항해하는 배가 포르투갈과 전쟁 중인 지역 소속이 아니라는 증명을 제시해야 한다는 것이다.

포르투갈의 해외 사업의 국가주의적 성격을 잘 보여 주는 또 한 가지는 '조공(páreas)'의 수취였다. 당시 국왕 돔 마누엘은 죽기 전에 예루살렘을 손안에 넣고 난 후 자신을 황제로 선포하고 싶어 했던 것으로 보인다. 그러기 위해서는 가급적 많은 영토의 지배자가 되어야 했으며, 그 징표는 많은 국가로부터 조공을 받는다는 것이었다. 그는 1521년에 차울에 요새를 건설한 후 2,000금 파고다(동남아시아 화폐의 일종)의 조공을 요구했고, 이어서 인도네시아의 테르나테에는 팜 잎과 사고 열매를, 킬와에는 금을 요구했다. 사실 그 액수는 미미하지만 중요한 것은 조공을 받는다는 사실 자체였다. 말하자면 이는 지배권을 행사하는 지역의 숫자 불리기인 셈이다. 그러기 위해서 때로 현지의 정치 정세에 개입하여 자신에게 유리한 지배자를 왕위에 앉히려는 시도도 마다하지 않았다.

2) 위기와 기회(1540-1580)

16세기 중엽부터 포르투갈 체제에는 위기 증상이 나타나기 시작했다. 가장 중요한 교역 상품인 후추와 향신료 수입이 감소했고, 이로 인해 카레이라 체제가 흔들렸다. 희망봉 항로로 들어오는 교역품이 줄어든 데다가, 유럽 내에서 이 상품을 처분하는 가장 중요한 루트인 리스본-안트워프 간 교역이 쇠퇴하다 못해 나중에는 아예 중단되었다(Glamann 1981: 480-481).

쇠퇴의 원인에는 여러 가지가 있다(Subrahmanyam 1993: 86-100, 133-136). 우선 아시아에 널리 퍼진 기근으로 아시아 경제 자체가 불황기였다(홍해-데칸 고원-남인도에 이르는 지역이 극심한 기근에 시달렸다). 이런 불리한 상황에서 오토만 제국이 강력한 반격을 가해 왔다. 그들은 홍해 함대를 창설해서 매년 인도양 서쪽의 포르투갈 식민지들을 공격했다. 그러자 포르투갈의 압박을 받던 인도네시아의 아체가 이 기회를 이용해서 오토만 제국과 협력했다. 오토만 제국으로서도 동남아시아 교역망과의 연결을 원하고 있었는데 이때 아체는 이상적인 파트너였던 것이다. 아체는 북부 수마트라 항구와 벵골만의 마술리파트남, 또 지다와 같은 홍해상의 항구들 간의 연결망을 유지하고 있었다. 오토만 제국은 군사적 협조를 강화하기 위해 아체에 포 주조공을 보내기까지 했다. 이런 현상을 타파하기 위해 포르투갈은 아체를 공격했으나 끝내 제압하지는 못했다.[13]

이 외에도 포르투갈의 상업 체제는 여러 문제들을 안고 있었다. 그 가운데에서 특히 북아프리카 문제가 결정적으로 발목을 잡았다. 모로코 남부에서 기독교 세력에 저항하는 강력한 지하드(jihad, 聖戰)가 펼쳐진 것이다. 사실 이 시기에 포르투갈로서는 인도양 세계 이외에도 브라질과 북아프리카에까지도 사업을 벌려 놓고 있었다. 폴 케네디(Kennedy 1987)가 말하는 '과잉팽창(over-extension)' 상태였던 것이다. 인력과 재정이 부족한 상태에서 15세기 말처럼 프레지디오(요새)를 2만 5,000명 수준으로 유지하는 것은 매우 어려운 일이었다. 결국 앞에서 언급한 대로 북아프리카에서 패전과 국왕의 전사라는 대재앙을 겪었다(1578).

이런 배경에서 전반적으로 분위기가 바뀌어 갔다. 과연 왕실이 주도하여 상업을 추진한다는 것이 옳은지 회의하는 견해들이 제기되기 시작했다. 카레이라 체제를 유지하려면 우선 국왕이 선박을 제공해야 하는데 그럴 만한 선박이 없

13) 마지막에 거의 아체를 굴복시키고 요새 건설까지 가능해질 무렵에 네덜란드와 영국이 개입해 들어옴으로써 물거품이 되었다.

었고, 따라서 아시아에서 귀환한 선박을 무리하게 곧장 다시 투입하다 보니 사고도 많이 일어났다. 하물며 요새를 건설하거나 보수할 여력은 전혀 없었다. 결국 카레이라 체제를 포기할 수밖에 없었다. 그에 대한 대안은 국왕의 계정으로 이루어지던 사업을 개인업자들에게 넘겨주는 것이었다. 이 사업의 주도층은 봉사 귀족(service nobility, 국가 업무를 수행하는 귀족)이었다.

사실 이 이전 시기에도 이미 개인들이 카레이라 체제의 틀 밖에서 활동 영역을 넓혀 가고 있었다. 특히 말라카 동쪽으로 사업을 확대하는 과정에서 이 현상이 두드러졌다. 때로는 전도를 위해 여러 지역을 찾아가던 수도사들에 의해 새로운 상업망의 개발 기회가 찾아오기도 했다.[14]

그러므로 이 시기에는 한편으로 기존 영역이 심각한 위기에 빠지면서 다른 한편으로 새로운 영역이 열려 가고 있었다고 봐야 한다. 이제 중국과 일본이라는 또 다른 세계가 새로운 활동 무대로 급속히 떠올랐다. 그러나 두 나라에 대한 접촉 결과를 보면 일본은 적어도 초기에는 큰 성공을 거두었지만 중국은 완전한 실패였다. 포르투갈인들은 중국과의 접촉을 아주 서툴게 해서 적대감만 샀다. 아시아의 사정에 너무나도 어두웠던 포르투갈 국왕은 중국 내에 성채를 건설하겠다는 무모한 생각을 했고, 결국 중국 황제는 포르투갈인들이 중국 해안에 들어오지 못하도록 금지하는 칙서를 발표했다. 당시 중국인들은 포르투갈인들을 아이 유괴범이자 노예 상인, 심지어 아이들을 잡아먹는 잔혹한 괴물로 생각하고 있었다.

> 포르투갈인들은 몰래 10세가량의 아이들을 사서 잡아먹으려고 했다. 아이 1명은 100냥 정도에 팔렸다. 그래서 광둥의 사악한 젊은이들이 아이들을 유괴했고 이렇게 해서 잡아먹힌 아이의 수는 헤아릴 수 없을 정도이다. 요리 방법은 우선 큰 솥에 국을 끓이고 새장 안에 넣은 아이를 그 국에 집어넣는 것이다. 약한 불로 아이를 삶은 후 꺼내서 쇠 빗으로 피부를 벗긴다. 아직까지 살아 있는 아이는 이때 죽이고 내장을 발라낸 다음 다시 삶는다.[15]

14) 이에 대해서는 제8장을 참조하라.

이에 비해 일본에서는 첫 접촉부터 환영을 받았고 대체로 우호적인 관계를 맺었다. 다네가시마(種子島, 사츠마 해안 밖에 위치한 섬)에 처음 도착한 핀투(Fernão Mendes Pinto)가 총기를 전해 준 사례라든지 일본에 기독교를 전파하려 한 사비에르의 사례는 잘 알려진 일들이다(Boxer 1931: 67-93). 교역의 관점에서 보면 일본은 최고의 수익성이 보장된 일급 지역으로 떠올랐다. 1555년 일본에 간 배가 떼돈을 번 것으로 알려지자 다음 몬순 철에 많은 사람들이 마카오에서 일본으로 가겠다고 나섰다. 길거리가 금으로 덮여 있는 나라로 마르코 폴로가 묘사한 전설상의 '지팡구'가 드디어 유럽과 교역을 시작한 것이다! 1561년의 포르투갈인 피살 사건 혹은 1565년의 선박 피습 사건 같은 불상사가 없지 않았지만, 1570년대부터 양국은 안정적으로 우호적인 관계를 유지했다. 특히 중국 비단을 수입하고 은을 수출하는 것이 중요한 사업 활동이었다. 그러나 이 상태를 면밀히 살펴보면 포르투갈이 교역관계를 주도적으로 만들어 낸 것이 아니라 단지 상황에 의해 그렇게 되었음을 알 수 있다. 중국은 자국민들이 일본과 거래하지 못하도록 금지했고, 일본 역시 필리핀과 동남아시아와의 교역에 주력하고 있었다. 이런 상황에서 공백으로 남겨진 중국과 일본 간의 교역을 포르투갈이 맡게 된 것이다.[16]

15) Ku Yen-wu, *T'ien-hsia chün-kuo li-ping shu,* Fok(1987: 145)에서 재인용.

16) 대체로 이 무렵에 포르투갈인들이 우리나라에까지 들어왔을 것으로 보인다. 우리나라에 온 최초의 서양인은 400년 전 통영에 표착한 포르투갈 상인으로 알려졌다(박태근, '통영탄생 400주년 기념국제학술회의' 주제발표). 비변사 내부문서 『등록유초』에 "1604년(선조 37년) 6월 15일 포르투갈 상인 주앙 멘데스가 통영에 표착했다"라는 내용이 그것이다. 지완면제수(之緩面第愁)로 명명된 34세의 포르투갈 상인 주앙 멘데스는 당시 캄보디아에서 일본 나가사키(長崎)로 가던 일본 무역선을 타고 가다가 풍랑을 만나 통영 해안에 표착하여 중국인 16명, 일본인 32명, 흑인 1명 등과 함께 조선 수군에 생포되어 조사를 받았다. 멘데스는 당시 포르투갈어를 구사하던 일본인 통역에 의해 표류 경위 등에 대한 조사를 받았던 것으로 전해진다. 멘데스의 통영 표착은 1653년 네덜란드인 하멜 일행이 제주도에, 1627년 같은 네덜란드인 벨테브레(박연)가 경주 해안에 도착한 것보다 각각 49년과 23년 앞선다. 그러나 단순히 최초로 조선 땅을 밟은 최초의 서양인을 들라면 1594년 임진왜란 때 일본군의 종군 신부로서 입국했던 포르투갈인 그레고리오 세스페데스가 있다. 곰내에 머물러 있던 왜군 장수 고니시는 그 자신과 휘하 군인들 다수가 가톨릭 신도였기 때문에 일본 예수회 교구장 코메스에게 종군 신부를 보내 달라는 서한을 보냈다. 이에 따라 세스페데스가 조선으로 왔지만, 왜군 진영에 머물렀기

이렇게 해서 대체로 1570년경에는 포르투갈의 아시아 네트워크는 팽창해 갈 수 있는 한도까지 다 간 상태였다. 일본, 중국, 인도네시아, 인도 연안, 이란, 오토만 제국 연안 지역 일부, 동아프리카에 이르는 이 넓은 세계가 어쨌든 포르투갈의 해상 체제의 구성 요소가 되었다. 대략 이 시기부터 아시아의 포르투갈 거류지들을 통칭하여 '에스타도 다 인디아(Estado da India, 직역하면 '인도 영토'의 뜻이다)'라고 불렀다.

그러나 실상을 들여다보면 네트워크는 크게 확대되었으나 오히려 안정성이 떨어졌고 따라서 사업 방식을 바꾸지 않을 수 없게 되었다(Glamann 1981: 474-489). 이제 국왕은 사업 주체가 아니라 다른 계약자에게 돈을 받고 사업권을 넘겨주는 계약자에 불과했다. 그래서 국왕과 대상인 사이에 아시아에서 후추를 들여오는 사업, 유럽 내 후추 도매 사업, 함대 조직 등 여러 종류의 사업 계약이 체결되었다. 워낙 수익성이 좋은 사업으로 알려졌기 때문에 루카 지랄디, 콘라트 로트, 벨저, 로발레스카 등 유럽 각국의 거상들이 여기에 많이 도전했으나 대개는 큰 수익을 얻지 못하고 탈락했다. 아래에서 보듯이 이런 사업 변화가 네덜란드와 영국 같은 경쟁자들이 아시아 항해에 뛰어들도록 만들었다. 그리고 1578년 알카스르알카비르 전투 패배의 결과 왕조가 단절되고 에스파냐에 합병된 것(1580-1640)이 포르투갈의 해외 교역 네트워크를 더욱 약화시키는 계기가 되었다.

3) 1580년 이후: 네덜란드와의 경쟁과 쇠퇴

에스파냐에 의해 포르투갈이 합병당한 1580년 시점에서 보면 왕실이 직접 경영하는 카레이라가 3개(고아-모잠비크, 고아-콜롬보, 고아-몰루카 제도) 있었고, 나머지 지역들에서는 사개인 업자에게 운영을 맡기는 소위 '이권 양도' 방식(viagens de lugares, concession voyages) 위주였다. 후자의 대표적인 것은 '고

때문에 조선인과 접촉할 기회는 없었다(민경배 1993: 39-41).

아-말라카-마카오-일본' 항로였는데 그 가운데 특히 마카오-일본 항로가 가장 수익성이 높았다. 이 항로상에는 대개 1,200-1,600톤급 배 2척이 왕래했는데, 말라카와 마카오 사이에는 후추와 향신료를 보내고 실크, 구리, 귀금속이 유입되었으며, 마카오와 일본 사이에는 실크와 금을 보내고 은이 유입되었다. 그러나 다른 항로들은 수익성이 눈에 띄게 떨어지기 시작했다. 이런 상황에서 네덜란드와 영국이라는 막강한 적들이 진입해 들어왔다.

17세기는 네덜란드에 의해서든, 혹은 지방 세력에 의해서든 이전에 얻었던 많은 거점들을 하나하나씩 상실해 가는 쇠락의 세기가 되었다.[17] 1612년 시리암 항구의 상실로 버마와 인도 사이의 교역 및 관세 통제가 불가능해졌다. 1622년에는 영국-이란 연합군에게 호르무즈를 빼앗겼는데, 흔히 거론되듯이 이 사건이 포르투갈 교역의 끝은 아니지만 포르투갈 해외 사업의 전체 구조를 크게 교란시킨 것은 분명하다.[18] 결정적인 쇠퇴의 전환점은 1630년대였다. 1632년 갑자기 후글리를 상실해서 벵골과의 교역이 쇠퇴한 것은 포르투갈의 아시아 내 교역에 심대한 타격을 가했다. 실론의 칸디도 상실했는데 이곳은 곧 네덜란드의 파트너가 되었다. 네덜란드에 의해 고아가 포위되는가 하면 가장 수익성이 높았던 곳 중 하나인 일본에서 포르투갈 상인들이 완전히 축출당했다. 최종적인 결정타는 1641년 네덜란드의 말라카 점령이었다. 에스타도는 거의 펀치 드렁크 상태였다. 이제 네덜란드는 마음 놓고 아무 곳이나 공격하는 지경이었고, 이런 상황을 지켜보던 현지 세력들도 포르투갈을 버리고 네덜란드와 손을 잡았다. 콜롬보(1656), 자프나, 나가파티남, 투티코린(1658), 코친(1663), 콜람, 카나노어(1660년대 초) 등이 네덜란드 편으로 넘어갔다. 그나마 남아 있는 거점들을 모두 상실하지 않은 것이 차라리 신기한 일이었다. 에스타도는 비

---

17) 포르투갈의 쇠퇴를 네덜란드 탓으로만 돌려서는 안 된다. 네덜란드와는 무관하게 상실한 곳도 많다. 시리암, 호르무즈, 후글리, 나가사키, 마스카트, 카나라, 상토메 등지는 분명히 그렇고, 스리랑카, 말라카, 코친 등지도 그런 식으로 해석할 여지가 크다.

18) 스틴스고르가 그런 주장을 펴는 대표적인 학자이다(Steensgaard 1974).

록 아프리카로부터 마카오까지 넓은 지역에 펼쳐져 있기는 하지만 중간이 텅 비게 되었다. 포르투갈이 영향력을 상실한 지역에는 네덜란드와 영국 상인들이 몰려왔다.

2. 제국과 플랜테이션: 아메리카 대륙의 식민화

아메리카 대륙은 아시아와는 판이하게 다른 특수한 문명사적 여건이 작용하여 전혀 다른 방향으로 역사가 전개되었다. 우선 천연두를 비롯한 심각한 전염병의 발병으로 급격한 인구 감소의 충격을 받았다. 사람만이 아니라 생태계 전체가 교류했다고 표현할 수 있을 정도로 많은 동식물과 병균이 유입되었으며 그 결과 자연 환경 전체가 크게 변모했다. 선주민 인구의 극적인 감소는 곧 다른 대륙으로부터 엄청난 규모의 인구 유입을 불러왔다. 유럽인 탐험가들과 거류민들, 아프리카의 흑인 노예, 인도와 중국의 쿨리, 그리고 19세기 이후에는 다시 유럽인 이주자가 줄을 이었다.

이런 배경에서 아메리카 대륙에는 다양한 사회와 복합적인 문화가 만들어졌다. 아시아와는 달리 처음부터 유럽인의 영토 지배를 목적으로 한 거주지가 건설되었고 이것이 때로는 식민 제국, 때로는 농업 혹은 상공업 거류지로 성장했다. 그러나 사실 식민 초기에 이런 변화가 일어난 곳은 대륙 전체로 보면 매우 한정된 곳에 불과해서 예컨대 외부인의 접촉이 거의 없는 아마존 지역에는 전통 사회가 그대로 보존되었다. 그 중간적인 형태로서 소수 지배자와 다수의 노동자 집단이 상품 작물을 경작하는 플랜테이션 사회가 여러 곳에 형성되었다. 또 애팔래치아산맥 너머의 광활한 평원 지역은 마치 러시아인들이 팽창해 들어가는 시베리아와 유사한 변경 지역으로 남아 있었다. 미국과 캐나다 그리고 라틴아메리카의 여러 국가들이 완성되는 것은 19세기 이후의 일이다.

전반적으로 1750년 이전에 유럽인의 '통치 지역'이라고 할 만한 곳은 많지 않았다. 예를 들어 교과서에서 '에스파냐령 아메리카'라는 식으로 표현하고 지도상에 그렇게 그리지만 그것은 사실 왜곡된 표현이다. 실제 유럽인들의 통치가 확립된 곳은 중부멕시코에서 칠레에 이르는 지역, 카리브해의 몇몇 섬들, 북아메리카의 퀘벡부터 조지아에 이르는 연안 지역, 브라질 해안 정도에 불과했다. 그 외의 지역은 이념적으로는 영토라고 주장하지만 실제로는 고립 지역(enclave, 즉 다른 나라 영토에 둘러싸여 있는 땅)에 불과했다. 멕시코 북부의 광산지역,[19] 산타페 상업 지역, 캘리포니아 미션 지역들이 그런 사례들이다.

시간이 가면서 이런 다양한 형태의 사회들이 점차 안정적으로 자리를 잡아갔다. 유럽의 식민 모국 입장에서는 이 지역들이 고국을 위해 봉사하고 공헌하는 식민지로 남아 있기를 바랐겠지만 신대륙의 식민지 사회들은 점차 자신들의 독자적인 기반을 갖추고 독립성을 강화해 갔다. 여기에 다시 한번 근본적인 변화가 찾아온 것은 1800년 이후 유럽의 이주민들이 대규모로 들어오고, 산업혁명과 제국주의의 충격이 가해진 때였다.

1) 정복

유럽의 해외 팽창의 두 선두 국가인 에스파냐와 포르투갈은 팽창 과정에서 상이한 성격을 드러냈다. 포르투갈이 상대적으로 더 '상업' 지향적이었던 반면 에스파냐는 처음부터 '정복'에 더 큰 무게가 실렸다. 어쩌면 에스파냐인들의 심성이 더 군사적일 수도 있고, 어쩌면 포르투갈이 진출해 들어간 아시아에서는 군사 정복을 시도할 여건이 전혀 아니었기 때문일 수도 있다.[20] 하여튼 아

19) 유럽계 사람들이 치치멕 부족과 치열한 전투를 벌이는 지역으로서 흔히 '치치멕 프런티어'라고 부른다. 치치멕 프런티어는 멕시코시티 북쪽 150마일에서 동서로 지나는데, 대체로 정주 지역과 유목 지역을 나누는 구분선이다. 에스파냐인들의 정복은 이 경계의 남쪽으로 한정되었다. 이 선을 뚫고 들어가려는 과정에서 현지민들과 치열한 전투를 벌이게 되었는데, 이것이 아메리카 대륙에서 형성된 최초의 '프런티어'라 할 수 있다(Curtin 2000: 78-79).

메리카 대륙에서 에스파냐의 사업은 초기부터 상업, 탐험, 정복의 욕구가 혼재된 양상을 보였으며, 인디오 문명의 기반을 많이 파괴해 놓고는 다음에 다시 사회와 경제, 통치의 토대를 재창출해야 했다.

이런 과정을 통해 아메리카 대륙 내에 — 적어도 이념적으로는 — 유럽인이 지배하는 제국이 형성되었다. 유럽의 아프리카 지배가 1830년대, 러시아의 중앙아시아 정복이 1860년대에 이루어진 것과 비교하면 16세기에 일어난 멕시코와 페루의 지배 · 정복은 시기적으로 아주 앞선 일이었다.

에스파냐는 처음 카리브해의 섬들에 도착했을 때부터 극도의 파괴성을 보였다. 이 단계에서 무식하고 절제력 없는 선원들은 주저하지 않고 살인과 약탈을 자행하여 일대 혼란을 초래했다. 그들의 잔혹 행위와 함께 전염병의 폐해가 겹쳐서 이 시기에 서인도제도의 주민들은 거의 절멸 상태에 이르렀다. 이 당시의 사정이 얼마나 참혹했는지는 라스카사스의 기록이 증언한다. 이스파뇰라섬에서 있었던 일을 그는 이렇게 적고 있다.

> 기독교도[에스파냐인]들은 말과 칼, 창을 사용해 학살을 시작했고 원주민들에 대해 이상할 정도의 잔혹성을 보였다. 마을을 공격하면서 어린이, 노인, 임산부, 혹은 출산 중인 여인까지 한 명도 살려두지 않았다. 그들은 칼로 찌르거나 팔다리를 자르는 정도에 그치지 않고 마치 도살장에서 양을 잡는 것처럼 갈가리 찢었다. 그들은 한칼에 사람을 벨 수 있는가, 머리를 단번에 잘라낼 수 있는가, 혹은 칼이나 창을 한 번 휘둘러서 내장을 쏟아낼 수 있는가에 대해 내기를 걸었다. 어머니의 품안에 있는 아이를 낚아채서 바위에 집어던져 머리를 부딪치게 하거나 강물에 집어던지고는 웃음을 터뜨리며 이렇게 말했다. '악마의 자식들아, 그곳에서 펄펄 끓어라.' […] 그들은 키가 낮은 교수대를 만들어서 발이 겨우 땅에 닿을 정도 높이로 사람을 매달아 놓았다. 구세주 예수와 열두 제자를 기념한다면서 13명을 이렇게 매단 다음 불타는 장작을 발치에 두어서 산 채로 태웠다.(Las Casas 1965: 33-34)

---

20) 흔히 이야기하는 것처럼 이베리아에서는 8세기에 이슬람의 지배를 받게 된 이후 차차 기독교 세력이 이슬람 세력을 몰아내는 레콩키스타의 문화와 심성이 강하게 되었다. 말과 칼, 살인의 스릴과 약탈의 즐거움을 맛본 이 '귀족 훌리건' 들은 무장해제가 쉽지 않은 형편이고 중앙 정부가 쉽게 통제할 수도 없었다. 이 문제를 해결하는 한 방식은 이들을 국외로 내보내는 것이었다(Landes 1998: 65-66).

'흑색 전설(Black Legend)' 에스파냐 식민 세력의 잔혹성은 영국인들이 북아메리카에 상륙하면서 더욱 과장되게 선전되었으며, 특히 1656년에 라스카사스의 책이 영어로 번역되었을 때 여기에 실린 판화들로 인해 더욱 극적으로 묘사되었다(Lepore 2000: 76).

이렇게 해서 죽은 사람의 수는 모두 얼마였을까? 라스카사스의 말에 의하면 1,500만 명에 가깝다고 한다(Las Casas 1965: 31). 볼테르는 이 책이 여러 군데 과장되었겠지만, 설사 10배로 과장했다고 하더라도 그 나머지로도 이미 공포를 심어 주기에 충분하다고 말했다. 이토록 많은 사람들이 죽었다고 주장하는 소위 '흑색 전설(Black Legend)'의 사실성에 대해 많은 논쟁이 있었으나 현재는 이것이 충분히 사실에 가깝다는 것이 정설이다(Bitterli 1989: 83).

에스파냐인들은 정복 지역에 요새화된 읍을 건설하고 정복자들에게 주변의 땅을 분할해 주었다. 이것은 이베리아반도에서 이슬람 세력을 몰아내던 당시의 레콩키스타 모델과 같은 것이었다. 그러나 문제는 그들이 금을 찾으러 온 것이지 이마에 땀 흘리며 일하러 오지는 않았다는 점이다. 따라서 그들이 일을 시킬 인력을 확보하는 것이 급선무였다. 1503년에 이사벨라 여왕이 발표한 칙령은 이것을 보장해 주는 내용이었다. 이에 따라 인디언 노동력을 할당하는 레파르티미엔토(repartimiento) 체제가 만들어졌고 이를 통해 사금 채취 작업을 시킬 수 있었다. 이 강제 노역 체제가 원주민 사회의 붕괴를 가져왔다. 소박한 사회에서 평온한 삶을 살았던 이들에게 가족과 떨어져 8개월 동안 일한다는 것 자체가 큰 스트레스였으며, 여기에 질병과 학대, 높은 자살률이 더해져서 사망자가 늘고 출산율이 급감했다. 이처럼 원주민들을 마음대로 노예화하는 근거로서 에스파냐인들은 얼토당토않게 인디언들의 식인 풍습과 무장 저항을 들었다. 다른 곳이라면 산악 지역이나 정글로 도주했을지도 모르지만 섬이라는 한정된 공간에서는 그럴 수도 없었으므로 조만간 인구 절멸의 길로 들어섰다. 한 사회의 멸망을 대가로 해서 1503-1510년 사이에 19톤의 금이 에스파냐로 갔다. 그러나 이 시기 이후에는 사람도 금도 모두 소진되었다(Bitterli 1989: 78-79).

서인도제도에서 약탈을 통해 얻은 부는 다음 탐험의 비용으로 충당되었다. 에스파냐 탐험가들은 곧 대륙 본토로 공격해 들어갔다. 이 과정은 잘 알려져 있다. 1519년 코르테스가 쿠바에서 출발하여 본토에 상륙한 다음 해안 지역에 베라크루스라는 도시를 직접 건설하고 총사령관이 된 후 더 내륙으로 들어가서 1521년 아스텍 제국을 멸망시켰다. 1531년에는 피사로가 겨우 180명의 군인과 27마리의 말을 가지고 수만 명의 군인들이 지키고 있는 잉카 제국을 멸망시켰다. 에스파냐는 이 지역들에 엔코미엔다(encomienda)라는 가혹한 조세 · 조공 체제를 만들어 냈다. 여기에 모델이 된 것은 잉카의 미타, 아스텍의 라테킬 등 에스파냐의 정복 이전에 원래 존재하던 방식이었다. 그러나 형식상 유사하다는 것은 별개의 문제이고, 실제 내용은 현지 지배자들이 자의적으로 인력과 물자를 수탈하는 것이었다. 그 명분은 에스파냐의 국왕이 너무 멀리 떨어져 있어서 직접 통치를 하지 못하므로 현지 지배자에게 원주민들을 '보호' 하고 기독교로 인도하는 임무를 맡기는 대신 그에 상응하는 조세를 받게 하자는 것이었다. 그러나 설사 이 제도에 선한 의도가 없지 않았다 하더라도 아무런 통제 가능성이 없는 권력자에게 절대적 권력을 주면 절대적으로 타락할 수밖에 없었다. "신은 하늘에, 국왕은 먼 곳에 있으므로 여기에서는 내가 명령을 내린다(Dios está en el cielo, el rey está lejes, y yo mando aquí)"는 것이 현실이었던 것이다(Subrahmanyam 1993: 108-109).

곧 지배자(엔코멘데로)의 지독한 수탈에 대한 거센 비판이 제기되었다. 특히 '인디오의 옹호자'로 알려진 라스카사스(Las Casas)가 격렬한 반대 논의를 펼쳤고, 에스파냐 궁정에서는 이에 대한 신학적 · 법학적 · 정치적 논쟁이 벌어졌다. 이는 순전히 공론(空論)만은 아니었다. 당시 에스파냐의 국왕이자 신성로마 제국 황제인 카를로스는 신의 뜻에 따라 로마 제국과 같은 유럽 제국을 복원한다는 의지를 가지고 있었고, 따라서 유럽 내의 정치나 오토만 제국과의 투쟁과 마찬가지로 아메리카의 통치가 모두 신의 뜻에 합치한다는 정당성을 구하는 것이 핵심적인 문제였다.

라스카사스의 중요한 논적은 세풀베다(Juan Gines de Sepúlveda)였다. 두 사람의 논쟁은 대개 인디언을 옹호한 라스카사스와 인디언 지배를 합리화한 세풀베다 간의 이념 투쟁으로 소개되고, 오늘날의 입장에서 해석하여 선과 악의 대결처럼 제시되곤 한다. 그러나 이 두 사람 간의 논쟁을 비롯해서 당대 법학자, 철학자, 신학자들의 논쟁 구조는 인디언에 대한 온정적 태도 여부보다는 훨씬 더 복잡했다. 그들의 논쟁은 에스파냐(혹은 유럽 일반)가 인디언을 지배하는 것이 어떤 근거에서 정당한가 하는 근본적인 문제를 다루고 있다. 그것은 곧 인디언의 인간성은 어떠하며, 그들 사회의 기본 성격은 어떤 것인가 하는 문제로 귀결된다. 인디언이라는 새롭게 알려진 인간 집단을 합스부르크 제국이 지배하는 것이 정당한가? 그들을 '지배' 혹은 '소유'한다는 것이 어떤 의미인가? 여기에서 핵심 사항은 다소 오해의 소지가 있지만 '소유권'이라고 번역해야 하는 도미니움(dominium) 혹은 더 정확하게 말해서 도미니움 레룸(dominium rerum)

의 의미를 찾는 일이다. 인간의 자연적인 권리인 소유권[21]을 이방인이 함부로 빼앗을 수는 없는 일이다. 신학자들과 철학자들 간에 인디언의 소유권 문제에 대해 수년간 치열한 논쟁 끝에 세풀베다의 논리인 '인디오들은 인간 같지 않은 존재이므로 에스파냐가 지배하는 것이 정당하다'는 견해가 거의 무너지게 되었다. 그런데 만일 그렇게 되면 에스파냐인들이 모두 아메리카에서 철수해야 한다는 원치 않는 결론이 되고 만다. 이때 라스카사스의 논리가 역으로 에스파냐의 지배를 합리화하는 기능을 했다. 1554년에 그가 주장한 '인디언들이 자발적으로 국왕의 신하가 되려고 하고 그것을 영예로 생각하도록 해야 한다'는 어정쩡한 논리가 그것이다. 결과적으로 라스카사스는 인디언의 진짜 보호자는 아닌 셈이다. 여기에 더해서 라스카사스의 가장 큰 모순은 인디언을 보호하기 위해서 흑인 노예를 도입해야 한다고 주장한 것이다. 그의 생각에 인디언은 분명 인간이지만 흑인 노예는 아예 인간으로 보이지 않았던 것일까?(Pagden 1986: 79-98)

이런 논쟁과 이데올로기 투쟁의 와중에 1542년에 인디오의 노예화와 가혹한 착취를 규제하는 신법(新法, Leyes Nuevas)이 반포되어 이전의 부르고스 법(Leyes de Burgos, 1512)을 대체했다. 이에 따라 아메리카에 2개의 부왕령을 설치하고 중앙집중화를 강화해서 식민 정책을 통제하고자 했다. 지금까지와 같이 현지의 지배자들이 너무 자의적으로 통치 · 수탈하는 것을 방치하지 않겠다는 의도였다. 많은 문제를 노출한 엔코미엔다 체제는 서서히 해체를 유도했다. 즉 현재 엔코미엔다를 운영하는 통치자가 죽으면 후임자가 선정되지 않도록 조치함으로써 이 체제가 스스로 종식되도록 했다. 그러나 이런 조치만으로 가혹한 착취가 사라지지는 않았다. 식민지 경제가 크게 동요하는 것을 본 에스파냐 궁정 측은 중요한 개선 조치들을 곧 철회했고, 인디오들에 대한 착취 체제는 약간

21) 오늘날의 단순화된 소유권과는 달리 자신의 '몸', 자신의 '행위', '사물' 세 가지에 대한 권리를 말한다.

변형된 방식으로 온존하게 되었다. 이런 변화의 배경에는 원주민 인구의 격감이라는 현상이 있었다. 이제 통치자가 인디오 공동체에 부역 노동력을 징집 · 차출하여 운영하던 방식 대신 아예 주민들을 직접 고용해서 농장 노동자(페온)로 정착시키는 아시엔다(hacienda)라는 대농장 제도로 점차 바뀌었다. 이런 변화는 원주민 공동체의 해체를 더욱 가속화시켰다.

기존의 사회 · 문화가 파괴되고 난 다음 어떤 일이 일어났을까?

멕시코의 경우를 예로 들어보자. 멕시코의 핵심부 지역에 대한 정복은 1520-1570년대에 일어났다. 이후 안정 단계에 들어가서 소위 '식민지시대'가 시작되었다. 이 기간 동안 극심한 파괴가 일어났다. 군사 공격, 질병, 문화 충격은 이 지역의 물적 · 정신적 기반에 심대한 충격을 가했다. 아스텍 제국의 수도인 테노치티틀란이 파괴되고 그 자리에는 오늘날의 멕시코시티가 들어섰다. 특히 기독교화는 흔히 세계에서 가장 중요한 전도 사례라고 이야기될 정도로 규모가 크고 철저하게 이루어졌다. 그렇다면 기존 인디오 문화는 완전히 파괴되고 전적으로 에스파냐 문화로 대체된 것일까? 실상은 그렇지 않다. 심지어 기독교화도 그 내부에는 기존의 인디오 문화 요소들이 섞여 들어갔다.[22] 에스파냐 문화와 인디오 문화가 융합되면서 새로운 문화, 새로운 사회가 형성되었다. 이는 어느 한쪽이 일방적으로 우세한 것이 아니고 상호 차입을 통해 형성된 것이므로 인디언 문화도 아니고 유럽 문화도 아닌 '멕시코 문화'라고 해야 한다. 그러나 이 멕시코 문화 안에는 다시 여러 층위의 하부 문화가 혼재했다. 여기에는 인종적 혼합이 기반이 되었다.[23] 새로운 문화 공동체의 구성원으로는 에스파냐 출신의 군인, 행정가, 그리고 여기에 더해서 광부, 목장 경영인, 상인, 제조업자

22) 제8장을 참조하라.

23) 백인과 인디오의 혼혈은 메스티소, 흑인과 백인의 혼혈은 물라토, 인디오와 흑인의 혼혈은 삼보라 부른다. 그 이후 세대의 혼혈인 중에 꾸아르테론, 옥또론은 흑인의 피가 각각 1/4, 1/8 섞인 백인을 가리키며, 꾸아르테론과 물라토 사이의 혼혈은 뗀떼넬아이레('허공에 걸려 있는 사람'의 뜻)라고 부른다(곽재성 · 우석균 2000: 15). 그러나 사실 '인종'이라는 말은 생각보다 단순하지 않은 개념이며, 체질적인 요소와 문화적인 요소가 섞여 있게 마련이다.

등이 참여했다. 그러나 실제 에스파냐에서 온 이민의 수는 아주 적었다. 특히 여성의 수가 적었으므로 인종적 혼합은 피할 수 없는 일이었다. 결과적으로 멕시코 문화에는 여러 개의 문화적 매트릭스가 존재하게 되었다. 하나는 에스파냐어 문화가 주축이지만 여기에 인디언 문화가 일부 혼합되어 있는 소위 라디노 문화이고, 다른 하나는 인디언 요소가 지배적인 혼합 문화였다. 그리고 곧이어 플랜테이션에 흑인 노예들이 들어오자 아프리카 문화가 혼합되어 특이한 크레올 문화가 만들어졌다. 아프리카 노예무역이 끝난 후에는 다시 인도인들이 계약제 노예(indentured)로서 대규모로 이주해 왔으며, 그 결과 곳곳에 인도 문화 공동체들이 만들어졌다(Curtin 2000: 74-76, 157). 이 지역 사회의 가장 큰 특징 중의 하나가 이러한 복합 문화의 형성이다.

2) 식민지 교역

에스파냐는 아메리카 식민지가 모국 경제에 기여하도록 통제하려고 했다. 즉 식민지에서는 모국 경제가 생산하지 못하는 것을 생산하고 모국 상품을 수입해서 소비하며, 또 외국 상인들이 식민지에서 직접 교역하는 것을 금지하고 대신 에스파냐 본국의 세비야(16-17세기) 혹은 카디스(18세기)에 와서 식민지 상품을 구매하도록 강제했다. 식민지와의 독점 교역을 주관하는 무역관(Casa de Contractacion)이라는 기관이 만들어졌다. 이 기관은 교역과 선박 운행을 통제하고 거기에 대한 조세를 거두어서 국왕에게 넘기는 역할을 했다.

에스파냐와 아메리카 사이의 항해는 호송선단 체제(convoy system)로 운영되었다(Philips 1990: 77, 157).[24] 이 선단은 카리브해에서 양분되어 하나는 누에바에스파냐(멕시코)로, 다른 하나는 티에라 피르마(남미 북부 지역)로 갔다. 누에바에스파냐 선단은 7월 1일에 카디스를 떠나 카리브해에 8월 중에 도착하고,

24) 원래 이 제도는 베네치아 정부가 자국 상업을 조직한 방식이었다. 그런데 포르투갈과 에스파냐가 이 제도를 지중해에서 대서양, 태평양, 인도양으로 수출한 것이라 할 수 있다(Pomeranz 2000: 148).

다시 이곳을 떠나 베라크루스에 9월 중에 도착했다(이렇게 해야 멕시코만의 끔찍한 여름 날씨를 피할 수 있었다). 이곳에서 겨울을 나면서 비즈니스를 하고 5-6월에 아바나로 간 다음 늦여름에 귀국길에 올랐다. 한편 티에라 피르마 선단은 3-5월 사이에 에스파냐를 떠나서 카르타헤나(Cartagena de Indias)에 6월경에 도착했다가 약 두 달 후에 파나마 지협에 도착했다. 남아메리카의 상품과 은을 구입하기 위해서는 정기시(fair)를 찾아가야 했다. 처음에는 놈브레 데 디오스(Nombre de Dios)에서 정기시가 열렸으나 16세기 말에는 포르토벨로(Portobelo)로 이전했다. 사실 이 두 도시 모두 국제 거래를 하기에는 너무 작아서 거래 기간에만 장이 서고 그 외의 기간에는 휴면 상태에 들어갔다. 거래를 마치고 카르타헤나로 되돌아간 선단은 대개 겨울을 나고 다음 해 여름에 귀국길에 올랐다. 두 선단 모두 귀국길에는 허리케인을 피하기 위해서 8월 이전에 바하마 해협을 지나려고 했다. 이 두 선단이 식민지와 에스파냐 간 교역의 85%를 차지했다. 이 선단은 아메리카 무역의 특성상 특히 은을 많이 수송하는 문자 그대로 '보물선'이라 할 만했으며, 이를 노리는 해적선들이 워낙 많기 때문에 갤리온 선 전함이 에스코트를 했다.

이 교역의 규모는 어느 정도일까? 이에 대한 가장 방대한 연구를 수행한 사람은 프랑스의 쇼뉘 부부(Huguette and Pierre Chaunu 1955-1959)이다. 이 연구는 피에르 쇼뉘의 국가박사 논문으로서 모두 8권으로 되어 있는 방대한 내용이다. 이에 의하면 1520년대에 연평균 약 100척의 배가 대서양을 횡단했고 그 용적량은 연평균 9,000토넬라다스(toneladas)였다가, 16세기 말에는 연평균 150-200척의 배에 3-4만 토넬라다스가 되었다.[25] 배의 수와 크기 모두 2배가 되었으므로 전체 용적량은 4배로 증가했다. 그만큼 16세기 중에 식민지 교역 규모가 급증했다는 것을 확인할 수 있다.

---

25) 쇼뉘는 toneladas라는 이 단위를 2.83m^3로 환산하였다. 그런데 모리노(Michel Morineau)는 이것이 당시 프랑스의 단위인 tonneau de mer(1.42m^3)와 일치한다는 사실을 밝혔다.

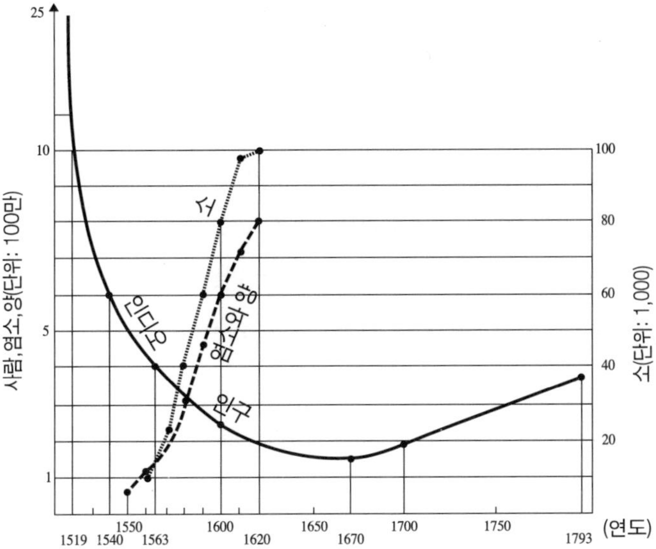

가축과 인디언(브로델 1995-1997, 1권: 30)

주요 수출 상품들로는 가축과 수지(獸脂), 설탕, 인디고, 코치닐, 목재(재목용과 염색용) 등이 있었다. 우리는 이 수출품 목록만으로도 매우 흥미로운 사실을 알 수 있다. 가축과 수지의 수출이 많다는 것은 그만큼 아메리카 대륙에 말과 소가 늘었다는 것을 말해 준다. 유럽인들의 도래 이전에는 없었던 말과 소가 남북아메리카의 넓은 평원의 주인공이 되고 카우보이 문화 혹은 가우초 문화가 이 지역의 중요한 특징이 되었다. 이는 이 시대의 해양 교류가 엄청난 규모의 생태계 변화를 초래했다는 점과 동시에 아메리카 대륙에 원주민 인구가 크게 줄어들고 그 빈자리를 동물들이 차지하는 비극적 사태가 일어났다는 점을 말해 준다. 설탕이 점차 중요성을 더해 간다는 것은 곧 노예제 플랜테이션의 확산을 반영한다. 한편 목재를 아메리카에서 유럽으로 수입한다는 것은 상상하기 힘든 일이다. 목재란 워낙 값이 싼 데다가 수송비가 많이 드는 상품이었는데(심할 경우 목재 상품의 최종 가격의 95%가 수송비이다), 대서양을 건너 목재를 들여갔다는 것은 유럽에서 목재 품귀 현상이 얼마나 심각했는지를 증언한다.[26] 청색 염료인 인디고와 적색 염료인 코치닐은 경제적인 수요와 동시에 문화적 수요를 말해 준다. 19세기에 화학공업이 발달해서 인공 염료가 많이 개발되기 전까지 자연 염료는 대단히 귀하고 비쌌다. 잘 알려지지 않은 일이지만 코치닐은 거래 액수로 보면 아메리카 수출품 중 단일 품목 가운데 가장 큰 액수를 차지하는 상품이었다.[27]

아메리카의 교역 가운데 가장 중요한 의미를 띠는 것은 은일 것이다. 이 문제에 대해서는 화폐와 귀금속을 다룬 제6장에서 자세히 다루므로 여기에서는 다만 간략한 정리만 해 보도록 하자. 아메리카 대륙에 유럽인들이 처음 도착했을 때 그들이 가장 열심히 찾은 것은 다름 아닌 금과 은이었다. 그들은 우선 서인도제도에서 금은을 약탈하였다. 그러나 이런 식으로 귀금속을 얻는 것은 금세 끝났다. 그 후 본토에서 은광 — 특히 포토시 은광 — 이 개발되자 은 수출량이 급증했고 이는 그야말로 세계사적인 사건이 되었다. 16-17세기 중에 은 채굴량은 적으면 연 5-6만 kg, 많을 때(1580년대)에는 연 28만 kg에 달했다. 이 가운데 많은 양이 유럽으로 들어가고 그중 다시 적지 않은 양이 중국을 비롯한 아시아로 흘러들어갔다. 아메리카산 은은 유통 화폐 역할을 해서 세계의 경제적 소통

26) 당시 유럽의 목재 부족, 특히 군수품으로 핵심적인 마스트용 재목의 부족에 대해서는 제7장을 참조하라.

27) 코치닐은 19세기에 인공 염료가 개발되기까지 아주 중요한 염료였다. 오랫동안 유럽인들은 코치닐이 무엇으로 만든 것인지 모르고 막연히 나무열매 같은 것으로 생각했다. 17세기 말에 가서야 한 이탈리아인 화학자가 이것이 벌레 말린 것이라는 사실을 밝혀냈다. 이것은 코치닐 벌레(Dactylopius coccus) 암컷으로 만든다. 이 벌레들은 특정한 종류의 노팔 선인장(nopal cactus)을 먹고 사는데, 인디오들은 벌레가 든 옥수수 잎 주머니를 선인장에 달아두었다가 얼마 후 새끼들이 나와서 선인장에 달려들면 석 달 후 이를 거두어들였다. 이것을 끓는 물이나 오븐에 집어넣어 염료를 만든다. 이 일은 '씨앗', '수확' 같은 용어를 사용하지만 정확히 말하면 농업이 아니라 '목축'이다. 이 사업에서 힘든 점은 우선 벌레들이 처녀일 때 처리해야 색깔이 더 진하므로 타이밍을 잘 맞추어야 한다는 점, 그리고 무엇보다도 7만 마리를 모아야 1파운드의 코치닐이 될 정도로 많은 벌레를 잡아야 한다는 점이다. 이것은 원래 아스텍족이 남쪽의 치아파스나 오아사카 사람들에게 공물로 받던 물품이었다. 이것은 워낙 힘든 일이어서 자발적으로 하기는 힘든 일이었으므로 에스파냐인들 역시 강제적인 방식으로 이 귀한 염료를 구하였다. 그것은 원하지 않는 물건을 강매한 다음 그 대금을 코치닐로 갚게 만드는 방식이었다(Pomeranz and Topik 1999: 124-127).

을 활성화시킴과 동시에 유럽이 아시아의 문호를 여는 수단이 되었다.

3) 불황과 구조 변화: 사탕수수와 금

16세기에 급격히 증가하던 아메리카와 유럽 사이의 교역은 17세기에 들어서 뚜렷하게 감소했다. 은 수출 역시 마찬가지 경향을 보였다. 그 원인으로는 아마도 다음 두 가지를 생각해 볼 수 있다.

첫째, 유럽의 은 수요가 감소했고 그래서 가격이 떨어진 결과 식민지의 은 생산도 채산성이 나빠졌다. 이를 더 일반화하면 이렇게 설명할 수 있다. 원래 무역은 지역 간 가격 차이가 클 때 활기를 띤다. 그런데 교역이 정규화되면 바로 그 때문에 가격 차이가 점차 줄어들어서 결국 교역이 점차 감소하게 된다. 은의 경우도 한 세기 정도 많은 양이 이동한 다음 이런 정체 상태에 도달했다는 것이다.

둘째, 인구가 감소하고 경제가 불황에 빠졌다. 17세기에 유럽 경제는 소위 '철의 시대'(황금시대나 은의 시대가 지나고 난 다음 찾아오는 고통에 찬 시대)를 맞이한 것이다. 그 결과 귀금속에 대한 수요가 감소했다.

아메리카 대륙에서도 불황의 그림자가 뚜렷했다(Philips 1990: 88-91). 포르토벨로의 유명한 정기시의 규모가 축소되었고, 대서양을 왕복하는 배의 수 역시 1640년대 연 75척 수준에서 1650-1660년대 연 30-35척으로 감소세가 분명했다. 가죽 수출량을 보면 정점을 이루던 1580년대에는 13만 4,000장이었다가 1660년대 말에는 8,000장 이하로 떨어졌다. 코치닐의 수출도 16세기에서 17세기로 넘어가면서 감소세가 뚜렷해졌다. 카리브해에 해적들이 극성을 부린 것도 그 배경에는 이런 불황이 있다.

이때의 불황은 아메리카 사회 · 경제 전반에 구조적인 변화를 가져왔다. 불황기 동안 아메리카 경제는 '내향적'이 되었다. 대외 무역이 줄어든 대신 내부 교역이 더 중요해지고, 또 생산 면에서도 그동안 수입에 의존하던 물품들을 자체적으로 생산하게 되었다. 그러다가 17세기 말부터 경기가 회복될 조짐을 보이기 시작하여 18세기가 되면 완전히 활기를 되찾았는데, 이때 아메리카 경제는 단순히 불황 이전 상태로 되돌아간 것이 아니라 사뭇 다른 양태를 나타냈다. 우선 교역 상품의 구성이 달라졌다. 수출품 중에는 카카오 같은 신상품이 있고, 담배처럼 이전에 비해 중요성이 커진 상품들도 있었다. 은 수출이 다시 증가한 데 더해서 1695년에 브라질 금광이 개발되어 새로이 금 수출이 활기를 띠었다. 그렇지만 변화의 방향을 더 잘 보여 주는 것은 오히려 수입품이다. 보습, 괭이 같은 농기구와 종이, 밀랍(문서의 봉인에 쓰인다) 같은 행정 업무용품도 늘었다. 이것은 아메리카가 종속적인 식민지 사회로부터 점차 자체 충족적인 사회로 되어 가고 있다는 것을 말해 준다.

그러나 무엇보다도 중요한 변화는 사탕수수를 재배하는 플랜테이션이 크게 늘고 이를 위해 아프리카의 흑인 노예가 본격적으로 도입되었다는 점이다. 17세기 중엽까지 대서양 세계를 괴롭혔던 해적도 많이 소탕되고 평화 분위기가 감돌면서 이전에 해적 소굴 역할을 했던 서인도제도의 여러 섬들에 사탕수수 플랜테이션이 들어섰다.

이 현상을 더 잘 파악하기 위해서는 브라질의 발전을 주목해 볼 필요가 있다(김용재 · 이광운 2000).

중남미 대부분의 지역이 에스파냐 식민지였는데 브라질만 포르투갈 식민지가 되었던 것은 잘 알려진 대로 에스파냐와 포르투갈 간에 체결된 토르데시야스 조약 때문이다. 유럽의 해외 탐사를 양국이 거의 전적으로 주도하던 시절, 탐험과 식민화의 영역 구분을 위해 교황이 중재하고 양국이 대충 합의한 기준선이 그어졌는데 그 결과 우연치 않게 브라질이 포르투갈 영역 안으로 포함되었던 것이다.[28]

28) 콜럼버스가 신대륙을 발견하고 돌아오자 교황은 이곳을 에스파냐에게 주고 싶었다. 그래서 아조레스 제도와 카보 베르데 해역에서 서쪽으로 100리그 떨어진 지점에 북극에서 남극으로 곧게 그은 구획선을 설정하고, 이 선의 서쪽에서 발견된 모든 육지는 에스파냐에 속한다는 교서를 발표했다. 이 100리

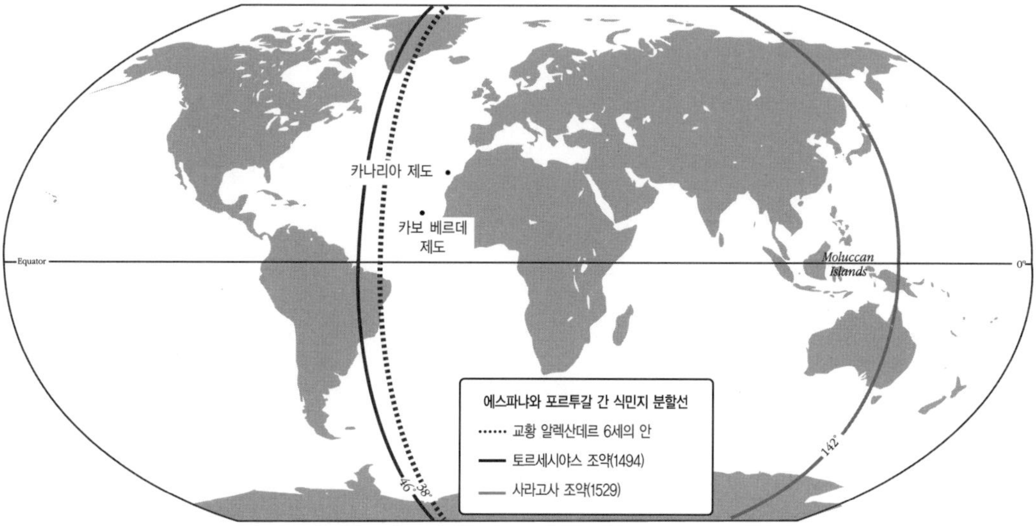

에스파냐와 포르투갈 간 세계 식민지 분할선

1500년 카브랄(Pedro Alvars Cabral)이 바이아 주 해안에 도착한 이래[29] 이 광대한 땅이 포르투갈의 통치 아래로 들어가게 되었다. 그러나 표현은 그렇게 하지만 사실 내륙 지역으로 깊이 들어가는 것은 엄두도 내지 못했고 다만 해안

그라는 것은 터무니없는 가짜 과학이 그 배경이 되었다. 이 선을 넘으면 기후가 갑자기 변하여 기온이 올라가고 여름과 겨울의 구분이 없으며 바다는 해초로 가득해진다고 믿었다. 에스파냐의 경쟁국인 포르투갈 국왕으로서는 이 선을 그대로 받아들이지 않고 에스파냐와 협상을 통해 구분선을 더 서쪽으로 옮겼다. 이제 구분선은 카보 베르데 서쪽 370리그를 지나게 되었는데, 사실 그 당시 기술로는 그 지점을 정확히 측정하는 것이 힘들었다. 그래도 양국은 이 합의를 아주 성실하게 지켰다. 그렇기 때문에 이 선의 동쪽에 위치해 있는 브라질이 포르투갈령이 된 것이다(부어스틴 1986: 387). 이 구분선을 지구 반대편으로 확장하여 지구 전체를 완전히 양분한 것은 1529년에 체결된 사라고사 조약이다. 물론 지구 전체를 에스파냐와 포르투갈이 식민 지배한다는 것은 그들의 희망사항일 뿐이었고 다른 국가들이 이런 조약들의 내용을 존중하지는 않았다.

29) 브라질 '발견'과 관련하여 아직도 풀리지 않는 문제로 남아 있는 것은 과연 흔히 이야기하는 대로 카브랄이 폭풍우에 밀려 이곳에 도착했는가, 아니면 포르투갈이 이미 전부터 브라질 땅의 존재를 알고 있었으며 계획적으로 이 지역을 찾아왔는가 하는 점이다. 카브랄의 항해와 관련된 기록들을 보면 포르투갈 정부가 브라질의 존재를 이미 알고 있지 않았을까 생각하게 만드는 점이 한두 가지가 아니다. 포르투갈은 항해 관련 정보를 다른 나라에 철저히 비밀로 하는 데에 익숙하므로 실제로 이 가능성이 없지 않다(부어스틴 1986: 279-280).

일부 지역만 차지하고 있었다. 브라질은 처음에는 아시아로 가는 항로의 중간 기착지 역할에 치중했으며, 염료 원료로 쓰이는 브라질 나무(이것이 이 나라 이름이 되었다는 것이 한 가지 설이다) 외에 별다른 매력적인 상품이 없는 상태였다. 다만 아시아에서 악전고투하는 것과는 달리 이 지역에서는 원주민들의 저항이 적었기 때문에 이곳의 지배와 유지는 쉬운 편이었다. 포르투갈 정부는 1540년대에 가서 이곳을 식민지화하기로 결정했다. 1549년에 정부가 보낸 식민 원정대는 국왕이 고용한 320명의 인원에 400명의 범죄인들(이들이 노동력을 제공하는 것으로 되어 있다), 그리고 여기에 더해서 300명 정도의 자유민과 전도사들이 전부였다(Curtin 2000: 6-7). 브라질 식민화가 겨우 이 정도 인력으로 시작되었다는 것이 오늘날의 관점에서는 놀라울 뿐이다. 인력 부족을 메우기 위해 1570년경에 흑인과 인디언 노예를 많이 도입해서 이 노동력으로 노르데스치 지역을 플랜테이션 식민지로 변모시켰다. 대체로 이즈음에 사탕수수 플랜테이션이라는 대단히 중요한 요소가 아메리카에 뿌리를 내리기 시작했다.

사탕수수는 공식적으로는 1530년 마르팅 아퐁수 지 소우자에 의해 브라질에 들어온 것으로 되어 있지만 실제로는 그전에 이미 도입되었음에 틀림없다(김용재 · 이광운 2000: 297-300). 사탕수수는 주로 브라질 동북부, 특히 바이아 주와 페르남부쿠 주 해안 지대에서 경작되었다. 1575년에는 페르남부쿠에만 66개의 농장이 있는 것으로 집계될 정도로 사탕수수 재배가 왕성했다. 사탕수수가 브라질 경계를 넘어 중남미 여러 지역으로 확산되는 계기는 네덜란드 세력의 일시적인 브라질 지배이다. 네덜란드는 1624년부터 30년 정도 브라질을 지배하다가 1654년에 축출되었다. 이 기간 중에 수익성 좋은 사탕수수 재배 기술을 익힌 네덜란드인들이 새롭게 사탕수수 재배의 적지를 물색하다가 안틸레스와 기아나에 농장을 세웠고, 그 뒤를 이어 영국과 프랑스가 이 사업에 가세하였다.[30] 18세기에는 오히려 이 지역의 설탕 생산이 브라질을 능가하였다. 사탕수

30) 18세기에는 사탕수수 재배가 더욱 확대되었고, 이 사업에 영국과 프랑스도 뛰어들어서 큰 성공을 거두었다. 프랑스의 사례를 간단히 살펴보도록 하자. 18세기는 프랑스의 식민지 무역이 급성장한 시기

수 플랜테이션은 다른 어느 분야보다도 많은 노동력을 필요로 했으므로 사탕수수 재배의 확대는 곧 흑인 노예 도입의 증가를 의미했다. 17세기 중엽은 노예무역 확대와 사탕수수 생산의 확대가 동시에 일어난 중요한 전환점이다.

아메리카에 흑인 노예를 도입하게 된 또 한 가지 중요한 요소는 브라질 금광의 발견이었다. 1670년경부터 설탕과 담배 가격이 크게 하락하여 포르투갈이 전체적으로 경제적 곤경에 빠졌을 때 이 상황에서 구해 준 것이 금이었다. 바이아와 미나스제라이스에서 발견된 금광의 채굴량은 그 이전 다른 모든 생산지의 산출량을 압도하는 어마어마한 양이었다. 1741-1760년 전성기 당시 브라질은 연평균 1만 4,600kg의 금을 유럽으로 보냈으며, 모리노의 추산에 의하면 18세기 중에 전부 800-850톤의 금을 수송한 것으로 보인다. 브라질의 '금 사이클'은 대략 1695-1770년경으로 볼 수 있다(Curtin 2000: 64-65). 금 채굴을 위해 필요한 노동력 문제를 해결한 것은 이번에도 아프리카 출신 흑인 노예들이었다.

금광업의 확대는 브라질의 국가 형성에 핵심적인 역할을 했다. 지금까지 해안 지역과 북동부 지역에 한정되었던 식민 거류지가 금광업을 계기로 서쪽 내륙 지역 및 남동부 지역으로 크게 확대되었다. 금광 지역의 물품 조달을 위해 농업과 목축업이 확대되었고 이로 인해 전반적으로 국내 시장이 활기를 띠었으며, 경제 및 정치행정 중심지로서 바이아 대신 리우데자네이루의 중요성이 더 커지면서 이 도시가 수도가 되었다(김재용 · 이광운 2000: 326-327).

이상의 사실들을 놓고 볼 때 15-18세기 중에 중남미의 사회와 경제는 두 방

였으며, 특히 1735-1755년이 가장 빠른 성장을 보인 황금기였다. 예컨대 메이에르가 연구한 낭트의 사례를 보면 1664-1704년 기간 중 원양 선박(100톤 이상)은 12척에서 151척으로 10배 이상 증가했다. 프랑스는 콜베르 이래 꾸준히 추진하던 식민지 정책이 성공을 거두어서 드디어 카리브 지역 식민지에서 사탕수수를 재배하는 데에 성공했다. 특히 산토도밍고는 프랑스 식민지 경제의 꿈이었다. 프랑스는 식민지 산물들을 들여와서 자국 생산물과 함께 북유럽에 판매하고 대신 북유럽의 곡물과 목재 등을 수입하는 무역 구조를 발달시켰다. 북유럽은 18세기에도 여전히 원재료 공급지로서 중요했고 반대로 프랑스는 북유럽을 위한 식민지 산물 창고 역할을 했다. 보르도가 이런 역할을 맡아서 하는 중요 항구였다(Butel 1990: 153-173).

향으로 발전해 갔다고 정리할 수 있을 것이다. 첫째, 이곳의 경제가 탄탄해지고 더 독립적이 되었다는 점이다. 이것은 3세기 동안 지속된 투자와 발전의 결과이다. 이제 중남미는 더 이상 전적으로 모국의 통제를 받는 종속적인 사회가 아니었다. 둘째, 중남미 경제는 유럽 경제와 연관성이 더욱 커졌다. 이 지역에서 생산되는 설탕, 담배를 비롯한 각종 산물과 귀금속은 유럽 경제에 아주 중요한 역할을 했다. 일례로 설탕은 유럽인들의 식생활에 필수불가결한 요소로 자리잡아 갔다.

언뜻 모순되어 보이는 이 두 경향을 함께 고려하면, 이 기간 중의 중남미의 발전을 이렇게 정리해 볼 수 있다. 유럽인이 처음 도착한 초기에는 기존 경제와 문화가 파괴되고 원주민들은 피폐한 삶을 살 수밖에 없었으며, 모국의 필요를 충족시키는 전형적인 식민지 경제가 건설되었다. 그러나 2-3세기의 지속적인 발전이 거듭되는 동안 인디오 문화와 에스파냐 문화가 합쳐진 새로운 문화가 형성되고 사회·경제적으로도 독립성을 확보해 나갔다. 그 결과 유럽과의 교역도 단순히 원료 조달과 완제품 수입만 하는 것이 아니라 점차 독립적인 경제 간의 교역 구조로 변해 갔다.

4) 북아메리카 식민 거주지

초기에 영국과 프랑스가 북아메리카를 탐사한 결과는 아주 소박했다. 에스파냐와 포르투갈의 해외 사업은 국가주의 성격이 강한 데 비해 영국과 프랑스 경우는 상대적으로 개인의 이니셔티브가 강했으며 따라서 규모도 훨씬 작았다. 북아메리카에서는 금이나 향신료가 나지 않고 기대했던 북서항로(아메리카 대륙을 가로질러 아시아까지 항해할 수 있는 항로)도 발견하지 못하자 국가의 입장에서 볼 때 별로 매력적이지 않은 땅이었으므로 손을 놓았고 따라서 개인 업자들이 사업을 주도하게 된 것이다. 특히 대구 어업과 모피 교역이 주요 사업 분야였다.[31]

오늘날 미국과 캐나다가 될 북아메리카 지역은 처음부터 거주민 사회의 건설을 주요 목표 중 하나로 하고 있었다는 점에서 중남미와 달랐다.[32] 영국은 이미 인구 과잉 상태여서 적절히 인력을 해외로 유출시킬 필요가 있었다. 그래서 우선 아일랜드에서부터 식민화 시도를 했는데 이는 나중에 아메리카의 식민화 사업의 시험 무대 역할을 했다.[33] 많은 인구가 이주했다는 점이 영국 식민지가 다른 식민지와 구분되는 특징이었다. 전체적으로 북아메리카의 영국 식민지로 유입된 인구는 36만 명에서 72만 명 사이일 것으로 추산한다. 그런데 이 인구가 지극히 높은 성장률을 보여서 1790년에는 300만 명이 되었다(Curtin 2000: 11-12). 이것이 가능했던 핵심적인 이유는 남성과 여성이 함께 이주했기 때문이다. 아래에서 다시 논하겠지만, 북아메리카에서는 유럽의 모국에서보다 인구 증가율이 훨씬 높았다. 이에 비해 열대 지역에는 남성들만 이주해 갔기 때문에 자연 증가가 불가능했고, 따라서 메스티소 현상이 시작되어 인구가 안정화 단계에 들어가기 전에는 계속 인력을 공급해야 했다. 게다가 열대 지역에는 상대적으로 질병이 더 많았다는 점도 인구 성장에 불리한 요인이었다.

백인 인구의 급격한 증가와 인디언 인구의 몰락은 동시에 일어났다. 인디언들이 너무 소수가 되어서 피지배 노동층으로 삼기에도 부족한 지경에 이르자 필요한 노동력은 유럽계 계약제 노예로 충당했으며, 곧이어 흑인 노예 노동력이 대규모로 유입되었다.[34] 이렇게 기틀이 마련된 다음 19세기에 다시 유럽인

31) 중세 말부터 대구잡이는 유럽인들에게 귀중한 단백질 공급원으로서 대단히 중요한 사업이었다. 대구잡이의 선두 주자였던 바스크인들은 다른 지역 어부들보다 더 멀리 서쪽 바다로 가서 조업을 하고 왔는데, 그 황금어장의 독점을 지키기 위해서 이 사실을 철저히 비밀로 했다. 그 결과 기록이 남아 있지 않게 되었으나, 이들이 콜럼버스보다 먼저 아메리카 대륙에 찾아갔을 것으로 보인다. 그들은 오늘날 미국과 캐나다 동해안에서 대구를 잡아 그곳 땅에서 말려가지고 왔을 것이다(쿨란스키 1998: 39-43).

32) 물론 전적으로 이 한 가지만은 아니고 다른 성격의 식민지도 있어서 예컨대 뉴욕은 모피 무역용, 사우스캐롤라이나는 플랜테이션 식민지로 시작했다.

33) 영국의 엘리자베스 여왕 시절에 북아메리카 식민화와 아일랜드 점령이 동시대에 일어났다. 잉글랜드인들은 아일랜드인들을 일종의 야만인으로 보고 있었으며, 이들에 대한 가혹한 공격과 정복을 '문명화'라고 정당화하였다. 이것은 아메리카 원주민들에 대한 태도와 기본적으로 같은 것이었다(Canny 1973: 575-598).

들이 엄청난 규모로 들어왔다. 1800-1900년 사이에 아메리카에 이주해 온 유럽인은 6,000만 명으로 추산된다. 그리고 유럽계 사람들이 동쪽에서 서쪽으로 급속하게 확산되는 '서부시대'를 거치면서 최종적으로 오늘날의 미국과 캐나다가 형성된 것이다. 그러므로 대서양 연안에서 태평양 연안까지 관통하는 데에 무려 2세기의 시간이 걸렸다. 남쪽에는 로키산맥, 캐년, 사막이 장애 요인인 데다가 대평원 지역의 인디언의 저항도 만만치 않았고, 북쪽에서는 거대한 숲이 가로막고 있었기 때문이다.[35]

아래에서는 상대적으로 더 소수의 사람들이 들어와서 영토국가를 성립시킨 흥미로운 프랑스계 캐나다의 사례를 살펴보도록 하겠다.

프랑스가 처음 북아메리카와 접촉한 것은 1534년에 자크 카르티에가 생로랑(Saint-Laurent, 영어식으로는 세인트로렌스) 지역을 탐사하면서부터이다. 그러나 그가 본 곳은 황량하기 그지없어서 그는 자기 일지에 이곳을 '카인의 땅'으로 묘사했다.[36] 그는 추장 아들 2명을 데리고 귀국함으로써 이 지역을 유럽에 알렸다. 이렇게 해서 프랑스는 휴런족 거주지에 진입하여 이곳에 거류지를 건설하기 시작했다. 스타다코네가 퀘벡(1608년에 샹플렝이 이곳을 상업 거점으로 삼았다)이 되고 호슈라가가 몽레알(영어식으로는 몬트리올)이 되었다. 인디언들의 따뜻한 환영을 받은 데다가 이곳 날씨가 의외로 따뜻하다는 오해를 해서[소위 인디언 섬머(Indian Summer, 늦가을과 초겨울에 일시적으로 날씨가 따뜻한 현상)에 속은

34) 흑인 노예는 주로 사탕수수 플랜테이션과 광산에 고용되었으며 북아메리카에는 많이 도입되지는 않았다. 아메리카 대륙 전체로 보면 1800년 이전에 이주해 온 유럽인의 수는 150만 명 정도로 추산되는데 비해 같은 기간 이주해 온 아프리카 흑인의 수는 800만 명으로 추산된다. 흑인 이주민 수가 훨씬 많았는데도 1800년 시점에서 보면 백인 인구가 흑인 인구에 비해 압도적으로(10배로 추산된다) 많았다. 그 이유는 백인은 비교적 안정된 삶을 살면서 인구의 자연 증가가 이루어진 데 비해 흑인 노예들은 그렇지 못했기 때문이다.

35) 이곳을 통과해서 전진하는 방법은 카누(pirogue)를 사용하는 것이었다. 그중 하나를 프랑스로 보내서 루이 14세는 베르사유의 운하에서 카누를 타고 놀았다(Meyer 1990: 86-90).

36) 이런 불평은 그 후에도 크게 나아지지 않아서 볼테르는 캐나다를 두고 '몇 평의 눈 덮인 땅(quelques arpents de neige)'이라고 표현했다.

것이다] 퀘벡 근처에 캠프를 치고 겨울을 나기로 했는데, 막상 겨울이 닥치자 엄청난 추위와 기근, 괴혈병으로 많은 사람들이 죽었다. 그래도 프랑스는 여전히 미련을 버리지 못해서 다음 세기에 더 많은 프랑스인들을 보냈으며 1663년부터는 프랑스 정부가 직접 식민 정책을 주관했다.[37] 이 이후 인구가 증가하면서 프랑스인에 의한 지배가 강화되었다. 프랑스는 이 지역에서 귀금속, 향신료, 가죽을 구했는데, 금이라고 생각하고 프랑스에 가져간 것은 황동으로 판명 났고, 이런 추운 곳에서 후추가 날 리는 만무하므로 결국 모피가 가장 중요한 교역 제품으로 떠올랐다. 그때까지 그들은 현지 주민들과 미묘하고 때로 위험한 관계 속에서 자신들의 입지를 넓혀 갔다.

처음 이 지역에 들어온 샹플랭(Samuel de Champlain) 일행으로서는 원주민과의 관계를 잘 설정하는 것이 대단히 중요한 일이었다(Trigger 1968: 107-141). 당시 휴러니아(Huronia, 휴런족의 땅)라고 불리던 이 지역에는 여러 휴런 부족들(곰, 바위, 사슴, 밧줄 등을 부족 이름으로 삼고 있었다)이 그들 간에 연합체를 이룬 채 한편으로 이로쿼이족과 대결하고, 다른 한편으로 더 북쪽의 부족들과 교역을 하고 있었다. 이런 사실을 어렴풋이 알게 된 샹플랭은 자기 나름의 전략에 따라 휴런족과 손을 잡고 이로쿼이족과는 적대하게 되었다. 이처럼 현지의 강력한 부족과 적대관계가 된 것이 영국과 비교할 때 프랑스의 식민 정책이 더 큰 어려움을 겪게 된 원인 중 하나였다. 휴런족은 프랑스인들이 가지고 온 철물과 무기, 구슬 등의 잡화를 보고는 이것들에 매료되었다. 프랑스인들이 비버 가죽을 원한다는 것을 알게 된 휴런족 사람들은 프랑스 상품을 얻기 위해서 그들에게 비버 가죽을 제공해 줄 북쪽 부족들과의 교역을 더 강화하였다. 원래 이 북쪽의 수렵민들과는 휴런족이 곡물과 담배를 주고, 대신 가죽을 받아오는 관계에 있었다. 그런데 휴런족이 프랑스와 교역을 하게 되면서 북쪽은 더욱 수렵에, 휴런족은 더욱 농업에 전념하게 되었다. 이런 복잡한 외교관계 속에서 프랑스

37) 프랑스 국왕은 그들이 토르데시야스 조약에 묶이지 않는다고 선언했다. 그래도 교황에 정면으로 대드는 것은 모양이 좋지 않으므로 가급적 선교 목적을 강조했다(Bitterli 1989: 88-89).

는 모든 부족과 친할 수는 없으므로 알공킨족, 몬타네족 편을 들고 모호크족과 싸우게 되었다. 그러나 그들은 인디언 부족들 간에 벌어지고 있던 갈등과 화해의 복잡한 사태를 정확하게 파악할 수는 없었다.

인디언들과의 관계에서 중요한 역할을 한 사람들은 전도를 하러 들어간 예수회 신부들이었다. 모피 교역 때문에 전도를 방해받는다고 판단한 예수회는 인디언들과의 중개인(coureur de bois)들을 예수회 속한 사람들로 대체했다. 사실 사제들로서도 그들의 안전 때문에 교역을 해야 했다. 순전히 전도 목적으로만 들어가는 것은 위험하며, 어떤 직무를 수행함으로써 그들이 받아들여진 후 설교하는 것이 안전했기 때문이다.

이 관계에서 중요한 전환점이 된 것은 1635-1640년 동안 발생한 괴질(홍역 혹은 천연두로 추정된다)이었다. 이 병의 병세는 아주 심해서 휴런족의 거의 절반이 사망한 것으로 알려졌다. 특히 아이와 노인이 많이 희생되었기 때문에 연로한 부족 지도자와 종교 지도자가 많이 죽었다. 이때 예수회 사제들은 죽어 가는 아이들에게 세례를 해주려고 했다가 그들이 마술사이며 병을 일부러 퍼뜨리는 자들이라고 오해를 받았다. 사제들은 몰살 위험에 처했으나, 휴런족은 프랑스와의 관계 유지를 원하므로 살상은 피하고, 다만 사제들이 제 발로 나가주기를 바라는 뜻에서 아이들을 시켜서 사제들을 괴롭히거나 성물(聖物)을 훼손하는 정도로 그쳤다. 이때에는 이미 휴런족으로서도 프랑스와의 교역을 끊을 수 없는 상태에 있었던 것이다.

1640년에 새로운 캐나다 지사가 도착하고 괴질도 끝났다. 그는 휴런족에 대해 강경하게 대응했다. 사제를 괴롭힌 휴런족 사람들이 퀘벡에 오면 처벌하고, 그들에게 노골적인 위협을 가했다. 휴런족은 괴질 이후 세가 약화된 것이 분명했다. 게다가 프랑스와의 교역에서 종속적인 위치에 처했기 때문에 이런 위협을 감수해야 했다. 이제 프랑스인들의 세가 팽창해 나갔다. 그들은 유럽 작물과 함께 돼지와 소 등 유럽 가축을 들여왔다. 수생트마리(Sault Sainte Marie)라는 거주지에는 병원을 짓고 기독교도가 된 인디언들이 피양을 오는 중심지로 만들었다. 휴런족 중에는 단지 자신들의 사업에 유리하기 때문에 기독교로 개종한 듯 가장한 사람들도 있지만 개중에는 진정으로 개종한 사람들도 생겨났다. 오사시네 마을이 대표적인 사례로서, 1648년에 이곳 주민 대다수가 개종자였다. 이들은 전통 축제를 금지하고, 심지어 예수회 신부를 마을의 추장으로 임명했다.

기독교 문제는 여러 부족들 간의 관계를 더욱 복잡하게 만든 요소였다. 친기독교적인 부족과 반기독교적인 부족 간에 대립이 일어났고 그 결과 휴러니아 동맹은 깨졌다. 1645년 이후 반프랑스 모임이 형성되었다. 이 부족들은 지금까지 적대관계에 있었던 이로쿼이족과 새로 동맹을 맺었다. 전통문화를 완전히 끊느니 차라리 숙적과 새로운 관계를 형성하는 쪽을 선택한 것이다. 이로쿼이족은 네덜란드, 영국, 스웨덴 식민주의자들로부터 무기를 들여와서 군사력이 강해진 상태였다. 이런 식으로 유럽 각국의 식민 세력들과 인디언 부족들 간에 외교 · 군사 관계가 복잡하게 조직되어 갔다.

전체적으로 프랑스 식민지는 정체해 있었다. 여기에 더해서 영국 식민지와 갈등을 겪어서 1629년에는 일시적으로 퀘벡을 상실했다가 1632년에 다시 회복하기도 했다. 이로쿼이족의 위협은 갈수록 더 커지고, 그 때문에 다른 부족들도 유럽인들과의 거래를 피하려고 했다. 무엇보다도 이들과 가장 친했던 휴런족이 이로쿼이족에게 완전히 패배한 것이 큰 충격이었다(1649). 이때 퀘벡은 매사추세츠의 영국계 식민지인들과 제휴할 것도 고려했으나 실패했다. 결국 고작 3,000명의 가난한 사람들이 그들 간에도 통행이 거의 끊어질 정도의 고립 상태에 빠지게 되었다. 새로운 전기를 맞이한 것은 루이 14세 시대에 캐나다를 프랑스의 한 주로 삼고 군대를 파견해서 이로쿼이족을 제압하고 난 다음이다.

프랑스계 캐나다인들의 경우에서 한 가지 놀라운 것은 다른 식민지의 경우와 달리 모국으로부터 이주민 보충이 거의 없는 상태에서 다만 인구의 자연 증가만으로 버텨냈다는 점이다. 17세기 퀘벡과 생로랑 지역에 수천 명의 프랑스인들이 들어와서 살았는데, 오늘날 650만 명의 프랑스계 캐나다인들 대부분이 이 초기 집단을 조상으로 두고 있다. 이들의 놀라운 인구 성장은 인구사에서 매우 흥미로운 사례로 지목되고 있다.[38] 17세기 초 수천 명이었던 인구가 50년 만에 5만 명으로 성장했는데 같은 기간에 프랑스 본국의 인구 성장은 아주 미약했고 캐나다인디언은 오히려 감소했다.

3. 국가와 자본의 결합: 동인도회사에서 제국으로

많은 연구자들은 포르투갈 · 에스파냐의 해외 팽창 방식과 네덜란드 · 영국의 해외 팽창 방식 간에 질적인 차이가 있다는 주장을 편다. 에스파냐는 아메리카에서 영토 정복의 경향이 뚜렷했고, 포르투갈은 아시아에서 광범위한 지역에 걸쳐 해상 무역로를 건설했으나 그 방식은 아시아의 기존 상업 네트워크의 일부를 빼앗은 다음 군사력을 이용하여 강제 교역을 수행하거나 통행료를 징수하는, 소위 재분배(redistribution) 방식이었다. 이것은 곧 '근대적인' 자본의 운동 법칙보다는 정치적 · 군사적 힘을 통한 '약탈 · 수취'의 성격이 강하다는 것을 뜻한다. 네덜란드와 영국의 동인도회사는 앞의 두 나라와 질적으로 다른 새로운 체제를 아시아에 구축했으며, 이것은 정치적 · 군사적 힘이 곧바로 잉여 수취에 쓰이기보다는 새로운 교환 체제를 구축해 가는 데에 사용되었음을 의미한다. 낯선 세계로 뚫고 들어갈 때 '폭력'을 사용하는 것이 필수불가결한 일이지만, 폭력의 사용 자체가 목적이 아니라 경제적 이윤의 극대화를 위해 합리적으

38) 프랑스 본국 사람들과 비교해 보면 캐나다인은 인구학적으로 모든 면에서 인구 증가에 유리한 방향으로 움직였다. 여성들이 2년 일찍 결혼하고 재혼율과 출산율도 높았다. 임신 간격이 프랑스는 평균 29개월인데 비해 캐나다는 평균 25개월이었다. 유럽에서라면 3-4명의 아이가 딸린 과부의 재혼은 상당히 힘들었을 테지만, 신대륙에서는 아이들의 가치가 높으므로 오히려 결혼에 유리했다. 이들은 커플당 평균 6.3명의 아이들을 낳고 이 가운데 4.2명이 결혼해서 30년 안에 인구가 2배가 될 정도로 인구 성장이 빨랐다(Livi-Bacci 1989: 58).

로 사용하고, 결국 이를 통해 시장 체제를 강요했다는 데에서 혁신성을 찾을 수 있다는 것이다. 그것은 곧 국가 권력과 자본이 적절하게 결합했음을 의미한다.

1) 네덜란드 동인도회사[39]

16-18세기 유럽 세력의 해외 팽창에서 핵심적인 위치를 차지하는 네덜란드 동인도회사(Vereenigde Oostindische Compagnie, VOC)는 아시아와 유럽의 조우(遭遇)라는 현상에서 가장 중요한 주체의 하나이다. 공식적으로 1602년부터 1799년까지 존립한 이 회사는 약 2세기 동안 세계에서 가장 큰 기업이었다. VOC는 아시아 각지에 많은 상관(商館)을 설치하고 아시아-유럽 간 무역 및 아시아 내의 지역 간 무역을 수행했다. 이 회사는 아시아와 유럽이라는 두 문명이 직접 만나는 중요한 창구였으며, 이를 통해 두 문명권의 관계가 새로운 모습으로 재정리되는 하나의 계기를 제공했다.

VOC 설립에 관한 첫 질문은 왜 그렇게 늦은 시기에 회사가 만들어졌느냐 하는 점이다. 사실 포르투갈이 아시아 교역을 100년이나 독점하는 동안 유럽의 다른 상업 국가들은 여기에 도전하지 않았다. 그 이유는 포르투갈 왕실이 후추를 비롯한 아시아 산물들을 들여온 다음 유럽 내 판매는 각국 대상인들에게 위임했으므로 그들로서는 굳이 비용도 많이 들고 위험한 아시아 항해를 할 필요가 없었기 때문이다. 16세기 말에 유럽 각국이 아시아로 뛰어든 이유는 그와 같은 포르투갈의 상업 체제가 바뀌었기 때문이다. 포르투갈 왕실이 유럽 내 후추 판매를 일부 상인들에게만 한정시킴으로써 네덜란드를 비롯한 일부 국가의 상인들이 이 수익성 좋은 사업에서 배제되었고, 따라서 그들 스스로 아시아 항로를 개척하려고 시도하게 된 것이다.

1590년대에 네덜란드에는 아시아 교역을 시도하는 모험적인 회사들이 다수

39) 이 부분은 주경철(2000)의 내용을 축약하고 보충적인 내용을 첨가하여 재편집했다.

만들어졌는데, 1602년에 통합 동인도회사가 형성되기 이전에 활동했던 이 회사들을 선구회사(先驅會社, voor-compagnien)라고 부른다(Jacobs 1991: 10; Bruijn et al. 1979-1987). 이 회사들이 10년 가까운 기간 동안 아시아 항해를 시도해 본 결과 수익성은 분명하지만 다만 이 회사들 간의 경쟁이 워낙 치열해서 함께 공멸할 위험성이 큰 것으로 드러났다. 이를 해결하는 길은 정부가 나서서 하나의 큰 연합 회사를 결성하는 것이었다. 각 지역 간의 투자 지분 비율 문제, VOC 본부 소재지 문제, 이사진의 배분 문제 등 각종 난제들을 해결한 데에는 당시 영향력 있는 정치가였던 요한 반 올덴바르너벨트(Johan van Oldenbarneveldt)의 공이 컸다. 그는 정치적 수단들을 모두 동원해서 이해관계가 엇갈리는 갈등을 강제로 조정하고 1602년에 '통합 동인도회사'를 출범시켰다. "통합 동인도회사를 설립해서 적에게 타격을 가하고 조국의 안보에 도움이 되도록 한다"(Boxer 1979: 1)라는 그의 주장을 보면 그의 본래 의도가 경제적이라기보다 정치적이었음을 짐작하게 한다.

이 회사의 구조, 그 성격과 특성이 무엇인지 파악할 수 있는 자료로는 회사 설립 시의 특허장이 있다.[40] 특허장에서 특히 흥미로운 내용을 담고 있는 부분은 34조와 35조이다.

제34조는 동인도회사의 독점권을 공식적으로 인정한 부분이다. 이 조항은 희망봉 동쪽과 마젤란 해협 서쪽 사이의 지역에 대한 항해권을 독점적으로 동인도회사에만 부여하고 이를 어긴 다른 선박의 경우는 그 선박과 상품을 압수할 것을 규정하고 있다. 이것은 국가가 개별 회사에게 독점권을 명시한 전형적인 사례이다.

국가가 공인한 독점권을 잘 지키기 위해서는 회사가 국가의 기능을 상당 정

40) 특허장의 전문과 그에 대한 설명은 Van der Chijs(1857: 118-135)에 게재되어 있다. '통합' 동인도회사라고는 하지만 구체적으로는 6개의 지사(支社, Kamer), 즉 암스테르담, 젤란드(본부는 미델부르크에 있다), 호른(Hoorn), 엥크회이젠(Enkhuizen), 델프트(Delft), 로테르담(Rotterdam)으로 구성되었다. 60명의 이사가 중요 직무를 맡고 있었으며, 그 가운데에서도 17명이 선발되어 구성된 '17인위원회'가 핵심적인 정책 결정을 했다.

도 인수받을 필요가 있었다. 제35조는 동인도회사가 네덜란드 전국의회를 대신하여 아시아의 국가 및 영주들과 조약 체결, 전쟁 선포, 요새와 상관 건설, 군인 충원 등 국가가 할 수 있는 여러 기능을 대신할 수 있다는 규정이었다.[41] 말하자면 동인도회사는 '국가 밖의 국가'가 되었다. 그만큼 VOC는 자본과 국가가 효율적으로 결합한 사례에 해당한다. 특히 중요한 것은 군사력의 사용에 관한 내용이다. 군사력은 아시아의 지방 세력들 및 유럽의 경쟁 세력들과 동시에 싸워야 하는 이 회사로서는 핵심적인 요소였다. 이 회사가 충원한 군인의 수는 17세기 초에 3,000명 정도였으나 1750년경에는 1만 7,000명에 이르렀다(Jacobs 1991: 38). 이와 같이 동인도회사는 국가로부터 상당한 공권력을 부여받았으나 이에 대해 통제할 수 있는 유일한 방안이라는 것은 이 회사의 이사들이 권력을 남용하지 않겠다는 선서를 하는 것 외에는 없었다(Jacobs 1991: 15). 후일 이 회사가 심각한 부패 문제로 쇠락하게 된 원인(遠因)이 여기에 있었다.

VOC의 첫 아시아 항해는 회사 설립을 위해 그동안 준비했던 자금을 그대로 투입하면 되었다. 이 자금으로 선단을 구성해서 아시아로 보냈는데 이 선단은 성공리에 귀환하여 265%의 이익을 냈다. 이 첫 번째 항해는 전적으로 이전과 같은 모험사업 방식으로 이루어졌다. 즉 투자자들은 1회의 출항을 위해서 자금을 출연한 것이고 배가 귀환하면 정산 과정을 거쳐 이익이나 손해를 분담하고 나서 이 모임은 해산된다. 그런데 다음번 항해부터는 이제까지와는 전혀 다른 방식으로 사업이 조직되었다. 이제 투자자들은 이 회사에 투자한 금액을 곧바로 찾지 못한다. 그 대신 투자자가 자신의 투자금을 회수하고 싶으면 주식시장

41) [35] "Item dat die vande voorsz. Compaignie sullen vermogen ... mette Princen ende Potentaten verbintenissen ende Contracten te maken opten naem vande Staten gñael der vereenichde Nederlanden, ofte hooge Overicheyt derselver, Mitsgaders aldaer eenige forteressen, ende versekertheden te bouwen, Gouverneurs, volck van oorloge, ende Officiers van Justitie, ende tot andere nootelycke diensten, tot conservatie vande plaetsen, onderhoudinge van goede ordre, politie ande Justitie, eensamentlyck tot voorderinge vande neringe, te stellen..."(Van der Chijs 1857: 130)

(Beurse)에 가서 자신의 주식을 팔면 된다. 따라서 회사의 입장에서는 언제나 자본이 보존되므로 투자자들의 변동에 관계없이 회사가 해체되지 않고 항구적으로 존립하게 된 것이다. 그 결과 이사가 아닌 일반 주주들은 회사 경영에 전혀 신경을 쓰지 않게 되었다. 이런 것들은 당시에 대단히 낯선 제도였다. 따라서 처음부터 무기한의 투자라는 개념을 제시하는 대신 10년 동안 투자한다는 타협적인 방식을 취했다. 그래서 1612년과 1622년에 각각 그 이전 10년의 활동에 대해 정산을 하기로 했다. 그러나 10년을 다 기다린 다음에 배당을 하는 것은 아니고 회사가 5%의 이익을 낼 때마다 곧바로 배당하는 것으로 규정했다. 이 점은 다시 이전의 모험 회사 방식을 차용한 것이라 할 수 있다(van Dillen 1958: 31). 이처럼 초기 동인도회사의 제도에는 새로운 방식과 이전 방식이 혼재해 있었으나, 전체적으로는 역사상 최초의 근대적 주식회사라고 할 만한 조직을 갖추었다.

동인도회사가 투자를 모집하자 많은 투자가들이 몰려들었다. 자본 총액은 642만 4,588길더였는데, 이것은 당대의 신기록이었다(Bruijn 1979-1987, vol. 1: 9). 초기 투자자 중에는 대자본가만이 아니라 하녀, 하인, 과부, 직공 등 가난한 사람들이 소액 투자를 한 사례도 많이 찾아볼 수 있다.[42] 그러나 그 다음 시기에 주주들 동향을 추적한 연구에 의하면 점차 대주주가 소액 주주의 주식을 매입해 갔다(Boxer 1979: 4). 이 대자본가들의 영향력이 너무 커서 이들이 소액 투자가들을 무시하고 자신의 뜻대로 회사를 운영하는 경향이 있었다. 이들은 회사의 자금 차입과 아시아 상품 경매 과정에 내부 정보를 가지고 개입하여 막대한 이익을 취하였다(Jacobs 1991: 15-16). 결국 이 회사는 부유한 부르주아 계급의 이해를 반영하는 기구로 변모해 갔다.

42) VOC 암스테르담 지사에 투자한 사람들 목록과 그에 대한 분석은 van Dillen(1958: passim)을 보라.

2) 네덜란드 동인도회사의 아시아 교역

이미 탄탄하게 조직되어 있는 아시아의 상업 네트워크 속으로 들어가서 경쟁자들을 눌러 이긴다는 것은 쉬운 일이 아니다. 네덜란드인들이 아시아로 들어왔을 때에는 포르투갈이 이미 100년 이상 유럽–아시아 해상 교역을 독점하고 있었고, 아시아 상인들로서도 새로운 유럽 세력의 진입을 환영하지는 않았다. 또 무굴 제국이나 동남아시아 국가들 모두 결코 만만한 상대가 아니었다. 이런 상황에서 VOC는 뚫고 들어가기 쉬운 '약한 고리' 들을 차지하는 전략을 쓸 수밖에 없었다. VOC로 보면 다행스럽게도 이 당시 인도네시아 제도의 군사력이 그리 강하지 않았다. 그래서 1605년에 암본 점령을 필두로 17세기 내내 차례로 여러 지점들을 차지해 나갔다. 이런 과정은 말할 필요 없이 극히 잔인한 행동을 동반한 것이었다. 예컨대 아시아 식민지 초대 지사였던 얀 피터스존 쿤(Jan Piterszoon Coen)이 대 반다 제도와 주변의 작은 섬들을 공격할 때 2,500명의 반다인들이 기아로, 혹은 칼에 맞아 죽었고, 3,000명이 섬에서 쫓겨났다. 그리고 그 빈자리를 좀 더 유순한 다른 지역 출신 경작자들로 충원했다(Tracy 1991: Introduction, 4).

일련의 무력 행사를 통해 네덜란드는 17세기 중엽에 이르면 대략 20여 곳의 상관들을 차지하고 그곳들을 연결하는 네트워크를 건설하게 되었다.[43] 이것을 이용해서 아시아와 유럽 '간' 의 수출입과 함께 아시아 '내' 의 상관들 사이에 재화와 화폐 및 귀금속이 교환되는 소위 '현지 무역(country trade)' 이 이루어졌다. 이 사업이 원활하게 유지되도록 하기 위해서 항해와 교역 활동을 총괄 통

43) 17세기에 네덜란드 동인도회사가 아시아에 건설한 상관들은 다음과 같다: 일본의 히라도(1609), 데시마(1641); 대만의 포트 젤란디아(Fort Zeelandia, 1624); 베트남(1636-1637); 시암의 아유타야(1607); 수마트라의 팔렘방(1619); 인도 코로만델 해안의 풀리캇(1613); 인도 북서 해안의 수라트(1616), 윙구를라(1637, 오늘날 이름은 Vengurla); 아라비아의 모카(1616); 페르시아의 곰브룬, 쉬라즈, 에스파한(1623-1625); 실론(포르투갈과 평화조약을 맺어서 분할 지배하기로 함, 1644); 말라카 해협 양쪽의 여러 지역들, 북쪽의 아체로부터 남쪽의 람퐁스까지; 말라카(1641)(Boxer 1979: 16).

제하는 본부를 바타비아(인도네시아의 독립 이후 자카르타로 이름이 바뀌었다)에 설치하였다. 이곳은 아시아 내 교역 활동의 수도 역할을 했다.

이런 기반 위에서 VOC는 다양한 상품 거래를 수행하였다. 여기에서는 그 가운데 가장 중요한 상품이었던 향신료(후추 포함)와 직물을 중점적으로 살펴보도록 하겠다.

우선 주요 거래 품목들의 상대적인 중요성을 판단하기 위해 아시아에서 수입한 상품들의 비중을 보도록 하자. 〈표 2〉에서 보듯이 17세기에 가장 중요한 상품은 후추였다. 후추는 1619-1621년에 전체 교역액 중 56.4%, 1648-1650년에는 50.3%의 비중을 차지했다. 그러다가 17세기 중반 이후 직물이 점차 큰 비중을 차지했다. 전체 교역액 중 직물이 차지하는 비중은 17세기 전반에는 20%를 넘지 못했으나 1668-1670년에는 36.5%를 차지했고 이후 점차 비중이 커져 18세기에는 가장 중요한 품목으로 떠올랐다(1738-1740년에 41.1%, 1778-1780년에 49.5%). 결론적으로 17세기에는 후추, 18세기에는 직물이 가장 중요한 상품이었으며, 그 전환점은 17세기 중엽이었다.

오랫동안 후추는 아시아에서 유럽으로 판매되는 가장 중요한 상품이었지만

표 2. VOC가 아시아에서 수입한 상품들

구분	1619-1621		1648-1650		1668-1670		1689-1700		1738-1740		1778-1780	
	a	b	a	b	a	b	a	b	a	b	a	b
향신료	510,400	17.6	1,127,700	17.8	1,306,800	12.1	1,755,000	11.7	1,182,600	6.1	642,900	3.1
후추	1,638,500	56.4	3,168,900	50.3	3,294,000	30.5	1,680,000	11.2	1,561,000	8.1	1,868,100	9.0
설탕			403,200	6.4	453,600	4.2	45,000	0.3	710,000	3.7	133,000	0.6
차*	284,200	9.8	535,500	8.5	626,400	5.8	1,245,000	8.3	532,000	2.8	380,700	1.8
초석			132,200	2.1	550,800	5.1	585,000	3.9	504,400	2.6	909,700	4.4
금속	2,900	0.1	31,500	0.5	615,600	5.7	795,000	5.3	202,100	1.1	569,000	2.7
직물	466,900	16.1	894,600	14.2	3,942,000	36.5	8,205,000	54.7	7,918,600	41.1	10,283,200	49.5
기타			12,600	0.2	10,800	0.1	60,000	0.4	433,900	2.3	357,600	1.7
합계	2,902,900		6,274,800		10,789,200		15,000,000		19,246,700		20,796,500	

* = 차, 커피, 약재, 향수, 염료; a = 거래액(길더); b = 전체 거래액 중 %

출처: J. Bruin et al.(1979-1987, vol. 1: 192)의 표를 이용.

여기에는 근본적인 문제가 있었다. 그것은 후추의 가격이 장기적으로 계속 하락한다는 것이었다. 이것은 포스튀무스(Posthumus 1946)의 가격 연구에서 확인할 수 있다. 후추 가격의 시계열 자료를 보면(1609-1682년에는 항목이 'small pepper', 1683년 이후에는 'black pepper'로 되어 있다) 연평균 가격이 0.80(파운드당 길더)으로 시작해서 계속 하락세를 이어가다가 1682년에는 0.28이라는 최저점에 도달하였다. 이런 장기적 가격 하락 추세 이면에는 네덜란드와 영국 사이의 경쟁으로 인한 공급 과잉이 있었다. 1620-1638년 기간 중에 네덜란드의 후추 수입량은 연평균 250만 파운드였으나, 1664년에는 620만 파운드, 1670년에는 920만 파운드가 되었다(Glamann 1958: 78-83). 1680년대가 되면 후추는 더 이상 최고 수준의 사치품이 아니라 일반 대중 소비품이 되었다. 이처럼 사치품이 일반 대중 소비품이 되는 현상은 이외에도 빈번하게 일어났다. 커피, 설탕, 코코아, 면직물 등이 대표적인 물품들이다.

후추 이외의 고급 향신료의 경우에는 또 다른 문제가 있었다. 유럽에서 이런 상품들의 소비가 시간이 갈수록 감소하는 것이다. 정향의 수요는 1620년에 45-50만 파운드였으나, 1655년에는 40-42만 5,000파운드로 감소했고, 1740년대에는 30만 파운드가 되었다(Steensgaard 1990: 121-122).

이런 상황에서 VOC는 후추 및 향신료의 생산과 공급을 어떻게 해서든지 독점적으로 규제하려고 했다. 그 첫 번째 조치는 말라카를 군사 거점으로 삼아 후추 거래를 통제한다는 것이었다. 이들은 후추 가격을 고정시켜서 중국인이나 영국인과 같은 경쟁자들을 배제하려고 했다. 그러나 이런 시도는 처음부터 불가능한 꿈에 불과했다. 후추는 워낙 넓은 지역에 걸쳐서 생산되었기 때문에 그 모든 곳을 통제한다는 것이 불가능했기 때문이다(Das Gupta 1987: 267). 다른 향신료들은 생산 지역이 한정되어 있기 때문에 규제가 상대적으로 수월할 수 있었겠지만, 실제로는 규제를 벗어난 밀수 행위를 다 막을 수는 없었다. 예컨대 마카사르는 형식적으로는 네덜란드의 독점 거래 지역으로 되어 있었으나 실제로는 영국, 덴마크, 중국, 인도, 포르투갈, 프랑스 등 각국 상인들에게 정향과 육두구를 판매하였다(Das Gupta 1987: 267).

VOC로서 더욱 힘들었던 것은 향신료 제도(Spice Islanders)의 강력한 저항이었다. VOC는 이것을 군사력을 동원하여 잔인하게 억눌렀다. 정향 생산을 통제하기 위한 조치가 대표적인 사례이다. 정향의 공급이 세계 수요의 2배를 넘길 정도로 과도하게 많아지자 네덜란드인들은 조직적으로 정향나무를 뽑아 버리는 원정(遠征)을 감행하고 여기에 저항하는 사람들에게는 식량 공급을 끊는 식의 보복을 가했다(Das Gupta 1987: 268). 정향나무의 제거는 18세기에까지도 지속적으로 이어졌다. 예컨대 1716년 한 해에만 15만 그루의 어린 정향나무를 뽑아 버렸다. 그러나 이 때문에 정향의 공급이 지나치게 감소하자 1720년대부터는 오히려 새로운 정향 재배 플랜테이션을 조성해야 했다(Glamann 1958: 92). 이와 같은 식민 지배자들의 비합리적 횡포는 지역 주민들을 극심한 고통 속으로 몰아넣을 수밖에 없었다.

이런 강력한 조치를 통해 후추와 향신료 무역은 어느 정도 통제하는 데에 성공했지만 직물 교역은 사정이 또 달랐다. 한마디로 말해서 인도의 중요한 직물 생산지를 '지배'할 수는 없었다. 일부 지역에서 직물 생산과 인도를 강제한 사례가 없지 않았지만 그것은 예외에 속했다. VOC는 직물을 공급받는 여러 경쟁자 중의 하나에 불과했다(van Santen 1991: 87-88). 따라서 그들이 원했던 대로 엄청난 수익을 얻을 수는 없었다. 구자라트-페르시아 간의 교역이 대표적인 사례이다. 이윤율은 1640년처럼 40%에 이르는 때도 없지 않았으나 1651년의 4%, 1659년의 7-8%처럼 대체로 낮은 수준에 머물렀다. 평균 이윤율이 40%는 되어야 한다고 믿는 총독이 "이자 비용과 기타 다른 비용들을 모두 고려하면 우리의 모든 노력은 사실상 물거품이 되었다"라고 평가한 것도 틀린 말이 아니었다. 네덜란드인들은 인도네시아의 향신료 무역에서 그랬던 것처럼 구자라트의 교역을 독점하고 싶어 안달했지만 그것은 결코 가능한 일이 아니었다.

이렇게 된 이유는 무엇일까? 이를 이해하기 위해서는 아시아 시장의 실제 상황이 어떠한지를 잘 이해해야 한다. 여기에는 상업적인 요소 외에도 정치적·

사회적 요소들이 작용했기 때문이다(van Santen 1991: 80-90). 우선 활동적인 아시아 상인들의 수가 엄청나게 많았다는 점을 고려해야 한다. 구자라트의 소상인이라 하더라도 인도–중동 간 국제 무역에서 VOC와 경쟁할 수 있었던 이유는 그들이 현지 시장 상황을 아주 잘 알고 있었기 때문에 훨씬 적은 비용으로 상업 활동을 할 수 있었고 또 그들 자신이 소소한 이윤을 얻고도 만족하며 일을 했기 때문이다. 여기에 또 한 가지 주목할 사항은 수없이 많은 성지순례자들이 여행 경비를 조금이라도 줄이기 위해 보따리 상품을 가지고 이동했다는 점이다. 이들은 정말로 소액의 이윤을 얻는 것으로도 만족했다. 이 모든 것들이 시장의 포화 상태를 초래해서 VOC의 사업에 부정적인 영향을 미쳤다. 이에 대응한 VOC의 덤핑 정책도 성지순례자들의 보따리 장사에는 먹혀들지 않았다. 마지막으로 고려해야 할 점은 무굴 제국 황제의 개입이다. '무굴 제국의 돈주머니' 인 중동으로부터 들어오는 귀금속을 확보하려는 목적에서 황제는 구자라트 상인들에게 계속해서 서쪽으로 직물을 수출하라는 명령을 내렸다. 샤 자한(Shāh Jahān)이 좋은 예가 될 것이다. 그는 귀금속을 더욱 확실히 확보하기 위해 황실이 직접 운영하는 상선대를 조직하였다. 그는 수라트 지사에게 10-12척의 선박을 건조하게 하고 이 배들로 모카 및 페르시아와의 교역을 하도록 지시하였다. 그리고 '황제의 선박들'에 상품이 충분히 적재되지 않으면 무굴 제국 소속이 아닌 배에는 상품을 싣지 못하도록 명령을 내렸다. 자국 선박 이용을 강제하는 식의 항해법은 유럽에서만 있는 일이 아니었던 것이다.

이런 점들을 볼 때 아시아에 들어온 유럽 상인들이 얼마나 큰 불확실성에 직면하게 되었는지 짐작할 수 있다. 따라서 이들은 어쩔 수 없이 현지 상인들과 협력을 강구하지 않을 수 없었다. 코로만델에 대한 아라사라트남의 연구는 유럽 상인들과 인도 상인들이 만났을 때 어떤 일이 일어나는지 보여 준다(Arasaratnam 1967: 332-334; Benning 1979: 73). 코로만델은 18세기까지 네덜란드의 면제품 교역에서 중요한 위치를 차지하는 곳이었다. 이 사업에서 핵심 요건은 믿을 수 있는 인도 상인을 만나는 것이었다. 그렇지 않을 경우 "네덜란드 상인들은 수없이 많은 소상인들을 상대해야 하는데 이들 중 다수는 거의 알지 못하는 사람들이었고 따라서 신용할 수 없었다." 그보다 더 나쁜 일은 "갈수록 지방 상인들이 네덜란드 상인들에게 진 빚을 갚을 수 없게 된다는 점이다. 주문한 품질에 맞는 직물이 주문한 양대로 오지 않았다. 실제로 저급품이 더 고가로 제시되었다. […] 흔히 지방 상인들은 직공들의 상품 공급을 받기 위해 서로 경쟁했으며 그 결과 직공들이 가격 수준을 마음대로 할 수 있었고 이것이 지방 상인들에게 손해를 끼쳤으며 결국 동인도회사에게도 손해가 되었다." 그러므로 아시아에서 원하는 성과를 얻기 위해서는 이런 불확실성을 통제해야 했다. 이 점에서는 영국 동인도회사가 VOC보다 앞섰다.

3) 영국 동인도회사

영국 동인도회사(East India Company, EIC)는 VOC보다 앞서 설립되어 세계 최초의 동인도회사라는 명예를 얻었지만 첫 출발 시에는 VOC에 훨씬 못 미치는 수준이었다.

1600년 12월 31일에 영국 여왕 엘리자베스 1세는 EIC를 법인으로 인정하는 특허장을 발급했다. 1601년 2월 이 회사 선박 4척이 처음으로 런던을 떠나 1602년 10월에 수마트라의 아체에 도착해서 사업을 수행한 후 1603년 9월에 100만 파운드가 넘는 후추를 싣고 귀환하였다. 첫 항해를 무사히 마친 데다가 이때 들여온 후추의 양이 이미 국내 수요의 4배가 넘는 막대한 양이었으니 사업 가능성은 확실해 보였다.

그러나 EIC는 VOC에 비해 모든 면에서 열세를 면치 못했다. 이 회사 조직은 한 번 항해할 때마다 자금을 모집하고 배가 귀환하면 판매 대금을 투자 액수에 비례해서 분배하는 전통적인 모험 사업 방식이었고, 자본 규모도 VOC의 1/10 수준에 불과한 소규모였다. 어쨌든 이런 방식으로 1613년까지 열두 번의 항해를 시도하고 난 후, 이런 방식으로는 경쟁에서 살아남기 힘들다는 점을 깨닫고

서너 번의 항해를 묶어서 사업을 운영하는, 그러니까 영속적인 회사 조직과 일회성 모험 사업의 중간 형태인 합본기업(合本企業) 방식으로 바꾸었었다. 모두 세 차례(1613-1623, 1617-1632, 1631-1642) 이런 식의 합본기업이 조직되었고 이를 통해 아시아에 열두 곳의 상관을 설립하기에 이르렀다(아사다 미노루 2004: 23-24).

EIC가 성장함에 따라 VOC와의 갈등은 필연적이었다. 그러나 17세기 전반에 유럽 정세는 격변의 연속이어서 영국과 네덜란드는 극심한 갈등관계에 있다가도 때로 평화 분위기로 급변하기도 했다. 1619년에 양국은 협정을 체결하여 아시아에서 두 회사 간의 적대 행위를 중단하기로 하고 심지어 두 회사를 합병하자는 안까지 나왔다. 아시아에서 서로 협력하여 공동으로 후추를 구매하되 그동안의 실적을 고려해서 네덜란드와 영국의 지분을 2 대 1로 하자는 그럴듯한 방안까지 제시되었다. 그러나 아시아 현지의 분위기는 달랐다. 이런 소식을 전해들은 VOC 총독 쿤은 오히려 합병 안을 확실하게 거부하기 위해 영국 세력을 선제공격하였다. 이것이 1623년의 '암본 학살 사건'이다(Bassett 1960a). 1623년, 현지의 상관장(商館長)이었던 헤르만 반 스펄트(Hermann van Speult)의 명령으로 EIC의 암본 상인 총책이었던 가브리엘 타워슨과 10명의 다른 영국인들, 10명의 일본인, 그리고 1명의 포르투갈인이 참수되었다. 거의 400년이 지난 현재 이 '암본 학살 사건'의 원인이 당시 네덜란드 측이 주장한 대로 영국인들이 섬을 차지하기 위해 일본 사무라이들과 짜고 네덜란드인들을 살해하려고 했기 때문인지 혹은 정반대로 네덜란드 측이 영국 세력을 축출하기 위해 무고한 사람들을 살해한 것인지에 대해서는 영국과 네덜란드 양국 학자들 간에 400년 동안 논쟁을 벌였으나 아직도 명백한 결론이 내려지지는 않았다.[44] 어

44) 아시아에서 필요한 군사력을 충분히 갖추지 못했던 VOC로서는 현지 용병을 사용할 수밖에 없었는데, 이때 일본 사무라이는 싼값에 고용할 수 있으면서도 극히 용맹스러운 군인으로 정평이 났다. 쇼군은 VOC에 사무라이들을 얼마든지 제공하려고 했다. 그러나 다름 아닌 이 암본 사건으로 인해 VOC의 일본 사무라이 고용 계획은 종말을 맞았다(Cullow 2007: 15-31).

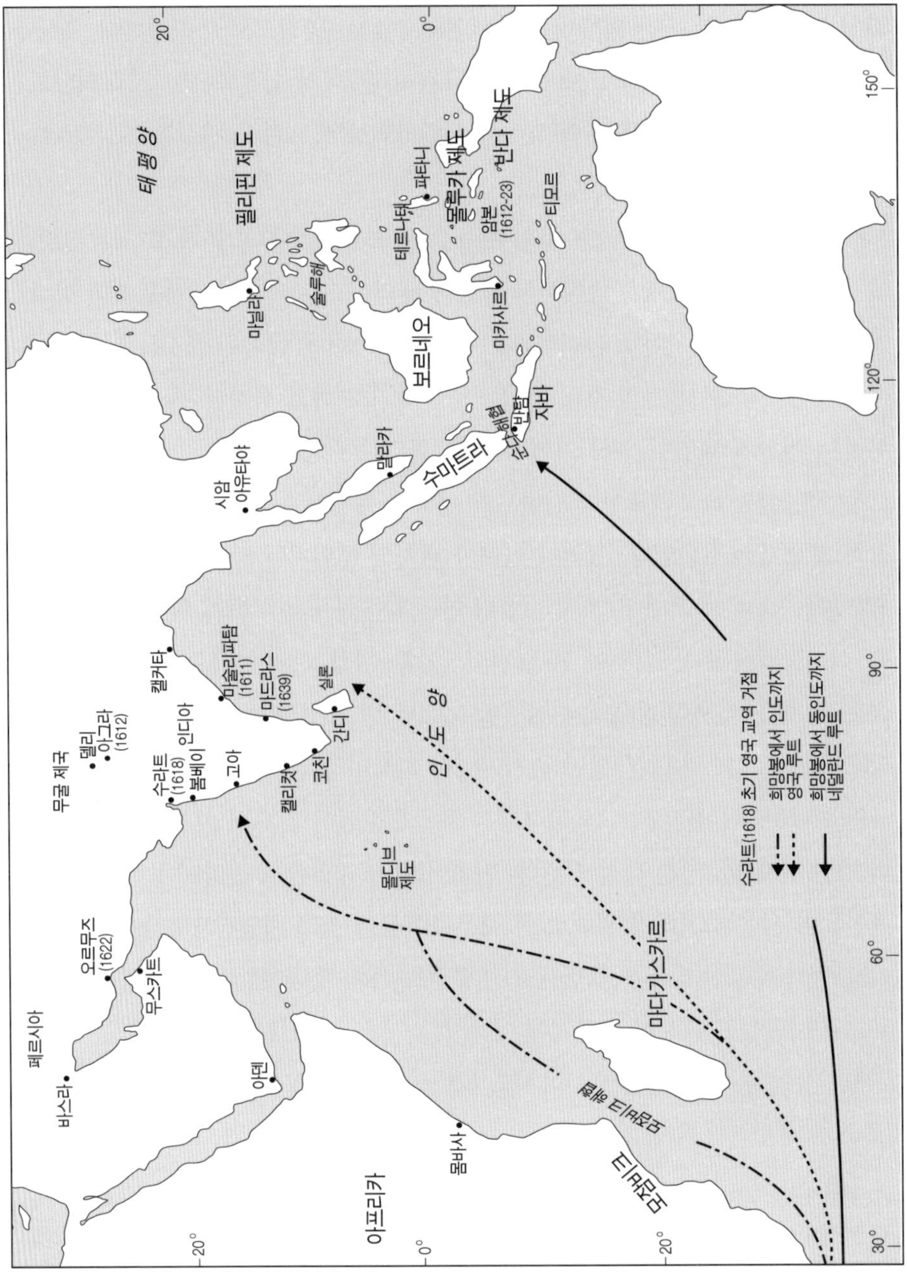

영국과 네덜란드의 아시아 교역 루트(Porter 1991: 15)

쨌든 이 사건이 아시아 내의 양국 간 상업 관계에서 결정적인 전환점이었던 것은 분명하다. 인도네시아에서 영국의 입지는 약해졌고 따라서 그들은 점차 인도 쪽으로 관심을 돌렸다. 이 사건을 계기로 EIC는 동남아시아 향신료 시장에서 거의 완전히 밀려나게 되었다. 다만 네덜란드 측의 통제를 피해 셀레베스섬의 마카사르 같은 곳에서 현지 무허가 상인들과 향신료 거래를 하는 정도였다. 이런 상황에 있다 보니 동남아시아에서 성과 없는 사업을 하기보다 차라리 인도로 눈을 돌리게 된 것이다.[45]

이상의 여러 사실에서 보듯이 17세기 전반기까지 EIC는 약세를 면치 못했다. EIC가 크게 성장하게 된 전환기는 17세기 중엽의 크롬웰 시대이다(아사다 미노루 2004: 42, 75-76). 이때 EIC는 VOC를 모방하여 조직을 정비 · 개선함으로써 진정 근대적인 회사로 탈바꿈했다. 지금까지 그랬던 것처럼 한 번 항해한 후에 원금과 이익을 모두 분배해 버리고 다시 자본을 모으는 방식이 아니라, 이윤만 배당금으로 주고 원금은 남겨서 사업을 항시적으로 운영하게 되었으며, 출자자는 총회에서 출자 비율에 따라 투표하고 의결하였다. 1665년에는 사원의 유한책임제도 확립되었다. 1657년 10월에 새 특허장을 받은 EIC는 안정화되고 영속적으로 사업을 운영하는 근대적인 주식회사로 자리잡게 되었다.

체제를 정비한 EIC는 인도에서 캘리코를 수입하는 사업을 통해 폭발적으로 성장했다. VOC의 압박 때문에 동남아시아의 향신료 시장에서 밀려났지만 결과적으로는 인도를 더 빨리, 더 집중해서 공략함으로써 영국이 최종 승리를 거두게 된 중요한 계기가 되었다는 것은 진정 역사의 아이러니라 하지 않을 수 없다. 영국 상인들은 일찍이 수라트를 중심으로 하는 구자라트 지방에 진출했고, 다음에 코로만델 지방과 벵골 지방으로 들어갔다. 후추 수입량이 줄어든 것은

45) 17세기 후반에 이르면 영국이 인도네시아에 가지고 있는 상관은 수마트라섬의 벤쿨렌이 유일했다. 따라서 VOC와 같은 '현지 무역'을 수행하는 것이 불가능했다. 이런 상황에서 그들이 할 수 있는 것은 EIC의 직원들, 더 나아가서는 회사 소속이 아닌 일반 상인들이 회사와는 무관하게 사거래(私去來)를 하는 행위를 용인하는 것이다. 역설적이게도 이것이 더 효율적인 방식이 되었다(Bassett 1960b: 32-47, 145-157).

표 3. VOC와 EIC의 아시아로부터 수입액(invoice value) (단위: 천 페소)

기간	VOC	EIC
1621-1630	402.8	-
1631-1640	870.5	-
1641-1650	954.6	-
1651-1660	1,017.2	-
1661-1670	980.8	437.2
1671-1680	1,299.2	1,215.8
1681-1690	1,669.8	1,634.7
1691-1700	1,592.9	744.2
1701-1710	2,015.8	1,161.4
1711-1720	2,370.0	2,056.7
1721-1730	3,176.8	2,723.2
1731-1740	2,506.6	2,820.3
1741-1750	2,418.7	3,345.0
1751-1760	3,163.9	3,348.2

출처: Steensgaard (1990: 110)의 Tab. 3-2를 변형.

아니지만 가격 하락으로 인하여 후추 사업은 수익성이 떨어졌고, 이제 캘리코가 더 큰 비중을 차지하기 시작했다.

여기에서 VOC와 EIC 두 회사의 사업을 비교해 보자. 두 회사를 비교할 수 있는 자료 중 하나는 아시아로부터의 수입액 자료(〈표 3〉)이다.

1660년대 이전 시기에 대해서는 EIC 관련 자료가 없기 때문에 정확한 비교가 힘들지만 EIC가 VOC보다 활동이 훨씬 소규모였던 것은 분명하다.[46] 17세기 후반에 EIC가 크게 약진했으나 전체적인 규모로 보면 VOC가 EIC에 비해

46) 이 사실을 확인해 주는 보충자료로는 아시아로 파견한 선박 수에 관한 자료가 있다(Steensgaard 1990: 109).

연도	VOC	EIC	연도	VOC	EIC
1601-1610	59	20	1631-1640	151	52
1611-1620	117	65	1641-1650	162	64
1621-1630	148	53	1651-1660	226	97

오랫동안 우위를 유지했다. EIC는 1690년대에 불황을 겪은 후 18세기에 다시 급성장했으며, 이 표상으로는 1730년대에 가서 VOC를 추월했다.

아시아 교역의 주요 상품은 후추, 향신료, 직물, 비단으로서, 이 네 품목은 1740년대까지 전체 수익의 3/4 이하로 떨어진 적이 없었다(Steensgaard 1990).

중세 이래 늘 아시아 교역의 대표 상품이었던 후추는 17-18세기에는 두 회사에 의해 막대한 양이 유럽으로 수입되었다. 네덜란드의 수입량은 앞서 이야기한 대로 1664년에 620만 파운드(300만 kg 이상), 1670년에 920만 파운드(450만 kg 이상)였는데, 여기에 더해 영국 역시 1660년대에 매년 150만 파운드, 1670년대에 400만 파운드를 수입했다. 이렇게 과도한 양이 유입되었으므로 유럽의 후추 시장은 17세기에 이미 포화상태에 들어갔으며 그 결과 가격이 급락했다. 후추는 이윤이 높은 중요한 상품이긴 하지만 아시아 무역 팽창을 전부 뒷받침할 수는 없었다.

이미 언급한 것처럼 VOC는 폭력을 휘두르며 정향, 육두구, 계피 같은 향신료의 독점을 추구했다. 무차별 탄압을 가한 결과 1663년 몰루카 제도에서 에스파냐 세력이 떠나고 마카사르가 네덜란드의 종주권을 인정했으며 그 결과 유례없는 독점권을 확보했다. 그런데 문제는 바로 이 독점이 VOC에게 적자를 안겨주었다는 점이다. 이 사업은 수익은 신통치 않으면서도 거액이 물려 있었다. 그렇다면 이 독점을 추구할 만한 가치가 있었을까? 그러나 VOC로서는 그 당시에 이런 상황들을 모두 정확히 파악하고 사업을 운영할 수는 없었다. 결과적으로 보면 이 사업을 놓치고 나서 할 수 없이 인도로 먼저 손을 뻗친 EIC가 행운을 잡았을 뿐이다.

여러 이유에서 중요성을 더해 간 것은 면직물이다. 면직물은 아시아 내의 가장 중요한 공산품이었는데, 이것이 뒤늦게 유럽에 소개된 것이다. 순면 제품은 이전에 레반트 교역이나 포르투갈의 사업에서도 거의 없던 것이며 EIC가 1623년에 처음 시도한 것이나 마찬가지였다. 아시아 내의 교역 구조에서 면직물은 중요한 위치를 차지하고 있었다. 다른 상품을 구입하는 데에 면직물을 사용할 수 있었기 때문이다. 유럽인으로서는 은을 가지고 와서 아시아의 상품들을 살 수 있지만, 가능하다면 먼저 면직물을 구입한 다음 그것을 가지고 다른 상품들과 맞교환하는 것이 훨씬 유리했다. 혹은 인도에서 구한 면직물을 동남아시아 지역에서 돈을 받고 파는 것도 매우 좋은 사업이었다. 네덜란드는 이것을 시도해서 어느 정도 성공했지만,47 영국으로서는 그런 사업을 펼칠 기반이 없는 데다가 빠른 자금 전환이 필요하므로 과감하게 면직물을 유럽으로 들여와서 판매할 생각을 한 것이다. 1625년에 EIC는 22만 1,500필을 영국으로 보냈다. 이때까지도 면직물 수입은 그리 활발한 수준은 아니었다. 그런데 1660년대에 들어서자 면직물 판매는 그야말로 폭발적인 상승을 기록했다. 수입량을 보면 1660년대 연평균 19만 9,000필, 1670년대 57만 8,000필, 1680년대 70만 7,000필이었다. 인도의 면직물은 기술과 사업 조직의 변화 없이도 더 많은 인력 투입으로 공급 증가가 가능했고, 다른 한편 유럽에서는 수요가 폭발적으로 증가했지만 당장은 이 직물을 자체 생산하지 못했다. 그러니 인도 직물 수입이 그토록 급증한 것은 당연한 일이었다.

목면은 유럽인들의 "외피(外皮)를 홀랑 바꾸어 버린" 중요한 품목이었다. 그 이전에 유럽에서는 전통적으로 모직물이 중요했고 가난한 사람들은 아마와 대마, 혹은 이런 것들을 혼합해서 짠 직물들을 사용했다. 유럽에도 목면이 전혀 알려지지 않은 것은 아니었으며, 베네치아가 시리아와 알레포로부터 목면사나 원면을 들여오는 사업을 계속해 왔다.48 그러나 이때에는 대개 목면사와 아마를 섞어서 짠 푸스티안 직물을 만들었고, 순면 제품은 EIC가 17세기에 사실상 처음 들여온 것이나 마찬가지였다. 전 세계에서 사용 중이었던 목면을 유럽에서만 아주 뒤늦게서야 알게 된 것인데, 처음 목면이 유럽에 들어오자 '충격적'

47) 1652년 코로만델에서 네덜란드가 수출한 직물 중 1/3만이 본국으로 갔고 나머지는 아시아 시장에서 판매했다(Steensgaard 1990).

48) 중세 말에 북부이탈리아와 남부독일에서 면직물 공업이 크게 발달하여 면직물이 유럽 각 지역에 대중 소비품으로 보급되었다. 그러나 이때의 면직물은 주로 푸스티안이었다(남종국 2005: 111-144).

이라고 할 수밖에 없는 일대 열풍을 일으켰다. 인도에서 짠 캘리코는 값이 싼 데다가 품질이 세계 최고 수준이었다. 가볍고 무늬가 화려하며 세탁도 편해서 사람들의 이목을 끌 모든 요건들을 갖추고 있었다. 이것을 동인도회사가 싼 운송비로 들여올 수 있게 된 것이다(Chaudhuri 1974).[49] 1660년 무렵까지는 대부분 캘리코를 식탁보, 침대보, 커튼 등으로 사용하다가 1660년대 이후 본격적으로 의류로 사용하였다. 처음에는 면직 옷을 입고 다니면 식탁보를 입고 다닌다는 놀림을 당했으나, 곧 사람들은 이 멋진 아시아 직물에 완전히 매료되었다. 소위 '캘리코 열풍'이 불기 시작한 것이다.

너무 많은 양의 캘리코가 수입되자 모직물, 견직물, 특히 리넨 산업이 큰 타격을 입었다(아사다 미노루 2004: 64-66). 일자리를 빼앗길 위험에 빠진 직공들의 저항이 거세게 터져 나왔다. 1719년 6월 11일 스피탈필드의 직공 2,000여 명이 폭도로 변해 런던 근처까지 밀고 들어왔다. 캘리코를 입고 있는 사람들을 노상에서 공격하는 일도 벌어졌다. 각국에서 자국 직물 산업을 보호하기 위해 여러 조치들이 강구되었다. 파리의 부르도네 거리의 한 상인은 "길 한복판에서 인도 직물을 입고 지나가는 여자의 옷을 벗기는 사람에게는 한 벌당 500리브르를 주자. 이 조치가 너무 지나치다면 창녀들에게 인도 직물 옷을 입혔다가 공개적으로 이 옷을 벗김으로써 모욕을 가하자"(브로델 1995-1997, 2권: 246-248)라는 제안을 하기도 했다. 18세기 전반에 영국에서는 캘리코 사용을 규제하는 내용의 법안이 여러 차례 가결되었다(1700년 캘리코 금지법, 1720년 캘리코 사용 금지법). 그렇지만 대세를 법으로 막을 수는 없었다. 다시 한번 역사의 아이러니가 벌어졌다. 이런 위기가 결국에는 산업혁명을 초래해서 영국의 면직물이 인도에까지 수출되고 급기야는 인도 면직물업이 심대한 타격을 입고 비명을 지르게 되었다.[50]

49) 인도 직물은 유럽인이 아시아에 들어오기 이전 시대에 상품이 표준화된 채 동남아시아 시장을 장악했다. 유럽 상인이 들어와서 이 사업 부문에 침투했고, 특히 EIC는 생산 부문에까지 영향력을 행사했으나, 아시아 내의 직물 교역 중 일부만 차지한 것에 불과했다(Brennig 1986; Arasaratnam 1978).

이런 활동을 통해 고수익을 올리던 EIC는 17세기 후반에 고배당을 할 수 있었다. 1666년 40%, 1671-1674년 90%, 1677년 3월과 10월에 합계 40%, 1679년 40%, 1680년 50%, 1681년 20%의 배당이 이루어졌다. 1671년부터 1681년까지 모두 240%, 연평균으로는 21.8%의 배당이 이루어졌고, 그 후 다시 1691년까지는 무려 450%, 연평균으로는 45%의 배당이 이루어졌다. EIC의 사업이 워낙 호황이어서 이런 정도의 배당이 가능했으리라고 쉽게 추론할 수는 있다. 그러나 문제는 이 배당이 어떤 근거에 의한 것인지, 또 그것이 과연 회사의 이익을 반영하여 합당하게 이루어진 것인지 전혀 밝혀지지 않았다는 점이다. 당시 EIC의 회계는 1년 단위의 정확한 손익 계산이 불가능하게 되어 있었다. 이는 EIC를 연구하는 학자들에게 치명적인 결함이다. 최종적으로 영업 실적이 얼마만큼 이익 혹은 손해인지 판단하는 결정적인 사항을 알 수 없기 때문이다.

EIC는 정확한 영업 상태를 알 수 없는 복마전이었다. 분명한 점은 어쨌든 고배당이 이루어진다는 사실이었으므로 EIC 주식이 최고의 투자 및 투기 대상이 되었다. 이런 상황에서 번성하던 주식시장에서 이윤을 올리려는 소수 투기꾼들의 농간이 벌어졌고 야비한 탐욕이 마음껏 활개를 쳤다. 이 시대 영국의 경제계는 이런 '종잇장'을 통해 큰돈을 버는 부류에 대한 비난이 가득했다.[51] 이것이

50) 영국의 면직물 공업의 발전을 너무 과장해서는 안 된다. 18세기까지는 여전히 인도 (그리고 중국) 면직물이 가격과 품질 면에서 세계 최고 수준이었으며, 이런 아시아 직물들이 아메리카 혹은 서인도제도의 시장을 장악했다. 영국의 수출 중에서 모직물이나 리넨보다 면직물이 더 큰 비중을 차지한 것은 1790년대 이후의 일이다(Mazzaoui 1998: xxi-xxii).

51) 딕슨은 일련의 분석 끝에 약 1만 명 정도의 사람들이 각종 증권에 투자하여 큰 이익을 얻고 있음을 밝혀냈다. 이 집단은 대부분 수도 런던의 시민들이었으며, 직업적으로는 상인 계층이었다. 그리고 여기에 프랑스인과 네덜란드인, 유대인도 끼어 있었다. 이들이 소위 '화폐 이해'를 가진 사람들인 반면 그 비용을 대는 사람들은 주로 토지 소유 계층이어서 '토지 이해'를 가진 사람들이라고 불렸다. '토지이해'를 가진 사람들은 정부 정책에 불만이 컸다. 영국 국채(특히 영구채)를 발행할 때 그 이자 지불을 위한 소득원으로는 토지세가 가장 중요했는데, 이는 결국 지주 계급이 주로 부담했기 때문이다. 이 때문에 지주들이 내는 소득세와 일반 서민들이 부담하는 각종 소비세를 부담하는 대가로 "돈놀이하는 사람들(moneyd men)"만 이익을 누린다는 비판이 강하게 제기되었다(Dickson 1967: 24-27).

이 회사의 운명을 다시 한번 크게 변화시키는 계기가 되었다.

자본가와 투자자들의 과도한 탐욕에 대해 염증을 느낀 영국 정부는 동인도회사를 전면적으로 개혁하기로 작정하였다(아사다 미노루 2004: 87-88, 95-104). 1698년에 신동인도회사를 설립하고 구동인도회사의 특권은 3년 후에 취소하기로 했다. 그러나 구동인도회사의 경영 상태가 호전되자 폐지보다는 두 회사의 합병으로 방향을 잡았다. 이렇게 해서 1709년에 결성된 합동 동인도회사는 1858년까지 존속했다.

합동 동인도회사는 그야말로 근대적인 회사 조직을 갖추었다. 무엇보다 주주총회가 이전에 비해 훨씬 강화되었다. 투자자들은 신분이나 국적에 상관없이 누구라도 참여하여 자기 권리를 행사했다. 돈에 의한 부르주아 민주주의가 마음껏 꽃피웠다. 그러나 실질적인 회사 경영은 이사회가 담당했고, 주주총회에서 하는 가장 중요한 업무도 이사 선출이었다. 이제 이사는 이전과 같은 무보수 직책이 아니라 거액(연 150파운드)을 받는 전문 경영인이 되었다. 이사는 2,000파운드 이상의 고액 투자자 중에서 선출했고, 한번 이사가 되면 그가 가진 주식 가치가 2,000파운드 이하로 떨어지지 않는 한 종신이었으므로 공석이 되는 이사직을 놓고 치열한 경쟁이 벌어질 수밖에 없었다. 이사회는 이런 안정성을 확보한 채 각종 위원회를 구성하여 회사의 중요 사항들을 집행해 나갔다. 그러나 이사들은 공정한 일처리와는 거리가 멀었다. 여러 방법으로 동인도회사의 사업을 이용해서 자기 사업상의 이익을 챙겼다. 가장 대표적인 것이 이 회사 업무 중 가장 큰 수익을 올릴 기회인 수입 상품 경매에 직접 참여하는 특권 활동이었다.

4) 무역회사로부터 제국 건설로

EIC와 VOC의 마지막 진화 과정은 더욱 극적이다. 두 회사는 18세기 전반까지는 대체로 무역 업무에 충실했고 상업 거점들을 관리하는 역할을 했을 뿐이다. 인도에서는 프랑스 세력이 뒤늦게 들어와서 1740년대부터 영국과 본격적인 식민지 쟁탈전을 벌였다. 양국의 동인도회사는 상업 활동의 수준을 넘어서서 치열한 정치 · 군사 싸움을 벌였다.[52] 이때까지 무굴 제국이 존립하긴 했으나 그것은 허울뿐이고 지방 세력이 무굴 제국의 이름을 빌려 통치하고 있었다. 이런 유동적인 상황에서 유럽 회사들이 병사들을 모집하여 서로 충돌하는 사태가 벌어졌다.[53] 우선 군사적 지배를 하고 다음에는 지방 지배자들 혹은 다른 유력자들의 권위를 재조직해서 협력하게 만들었다. 즉 자신의 영향력을 증대하여 인도의 통치자에게 영향력을 강화하자는 속셈이었는데 이것이 심화되어 결국 그들이 실질적인 통치자로 변해 간 것이다. 프랑스와의 전투에서 승리를 거둔 후 EIC라는 일개 회사가 징세 · 행정권을 행사하는 기현상이 일어나고 이것이 확대되어 결국 인도 식민 제국을 창출하고 자신은 사라진 것이다. VOC 역시 이 비슷한 방식으로 자바 섬의 약 3/4을 강력하게 통치했다.

인도의 경우 1757년 플라시 전투가 결정적인 전환점이었다. 이 전투는 원래 토착 세력 간의 싸움이었으나 영국과 프랑스가 원군으로 참여하는 형식으로 확대되었다. 여기에서 영국이 승리를 거두고 벵골 지방에 대한 자유통상권을 얻었다. 그 후 1760년 미르 카심(Mir Kasim, 벵골의 나와브로 임명된 인물)이 벵골을 되찾으려 기도한 것을 계기로 1764년에 영국 측이 다시 병력을 파견하여 북사르 전투를 벌였다. 여기에서 승리함으로써 동인도회사는 1772년 이래 벵골, 비하르, 오리사 지역의 디와니(징세권)를 얻었다.

이론상 무굴 제국의 모든 땅은 황제 소유이고, 이에 근거해서 모든 국민이 황

52) 프랑스 동인도회사는 콜베르에 의해 1664년에 설립되었다. 이 회사는 부르봉 섬과 프랑스 섬(오늘날 레위니옹과 모리셔스)에 거점을 얻은 다음 18세기에 인도로 진입을 시도했다. 초기에는 큰 성공을 거두지 못했으나 1740년대에 뒤플렉스(J. F. Dupleix)가 공격적인 정책을 펴며 영국군과 충돌했다가 패배하였다. 그러나 프랑스 세력이 인도에서 완전히 축출된 것은 아니고 퐁디셰리와 샹데르나고르가 중요한 거점으로 오랫동안 남아 있었다(Meyer 1991: 110-115, 133).

53) 결정적인 요소 중의 하나는 세포이라는 군대를 조직한 것이다. 돈을 주고 현지인들을 고용하여 군대를 만들고 이 군대로 정복전쟁(마이소르, 마라타 전쟁 등)을 벌여 영토를 확보한 다음 여기에서 돈을 얻는 일이 일어났다. 세포이는 처음 2,000명 수준이었으나 점차 수가 늘어 나중에는 20만 대군이 되었다. 이에 대해서는 제4장을 참조하라.

제에게 세금을 납부하게 되어 있었다(Curtin 2000: 96-99). 세금은 수확의 1/3에서 1/2에 해당하는 엄청난 양인데, 이 세금 중 일부는 황제에게 보내고 일부는 제국 관리에게 봉급으로 직접 제공되었다. 이 업무를 맡아서 하는 대리인을 자민다리(zamindari)라고 한다. 자민다리는 그가 걷은 세금의 10%를 자기 몫으로 받는 대신 세금 징수 관련 업무를 하고 여기에 더해서 지방의 사법 업무와 군사 모집 업무까지 담당했다. 자민다리 직은 대개 세습이고 관직 매매도 가능했다. 그러나 실제로는 자민다리도 천차만별이어서 아주 소액만 다루면서 생계를 위해 농사를 지어야 하는 사람이 있는가 하면 막대한 부를 소유한 거부도 있었다. 또 업무가 여러 단계로 계층화되어 있기도 해서 2차 혹은 3차 자민다리에게 징세 업무를 하도급 줄 수도 있었다. 하여튼 분명한 것은 농민들이 직접 마주치는 제국 관리는 바로 이 자민다리였다는 점이다.

무굴 제국은 이론상으로는 황제의 보편적인 토지 소유와 모든 국민의 납세라는 단순한 체제로 되어 있지만 실제로는 지방마다 다양한 권리와 의무의 관계가 맺어져 있었다. 유럽인의 입장에서 보면 소유관계가 불분명하고 조세와 지대의 구분이 모호했다. 이 상황에서 EIC는 효율적인 관리를 하면서 동시에 저항을 최소화하는 방식을 찾으려 했으며, 영국의 제도를 그 모델로 삼았다. 즉 '지주(젠트리, gentry)–농업경영인(farmer)–차지농(peasant)'의 구성이 그것이다. 주지하다시피 영국에서 중소 귀족층인 젠트리는 토지를 임대해 주고 지대 소득으로 살면서 거의 무상으로 지방의 공직을 맡아서 하고, 일종의 기업농이라 할 수 있는 농업경영인은 그 젠트리들에게서 토지를 임차하고 소농들을 고용하여 농업을 운영한다. 외국에서 이와 유사한 제도를 만들어 내기 위해서는 우선 젠트리가 존재해야 한다. 그래서 영국인들은 표면상 가장 유사해 보이는 자민다리층을 젠트리로 '만들었다'. 전혀 다른 맥락에 있던 관리가 어느 날 토지 소유권을 인정받고 갑자기 지주가 된 것이다. 그 가운데에서도 1차 자민다리, 즉 농민들에게서 직접 조세를 받던 사람들에게 토지 소유권이 돌아가고 상위의 자민다리와 농민들은 기존 권리를 상실했다. 1793년에는 토지마다 확정된 액수의 돈으로 세금을 납부하도록 하는 조치를 취함으로써 많은 권리가 단순화되어서 토지 소유는 더욱 확고하게 되었다. 이후에는 인플레이션으로 실제 세액이 감소해 가는 반면 인구 증가로 토지 가치는 상승했다. 이런 과정을 거치면서 자민다리층은 큰 부를 거머쥔 지배층으로 성장하였다. 이야말로 식민 지배가 가져온 비의도적인 변화의 대표적인 사례라 할 것이다.[54]

이상의 변화를 주도하고 한 지역의 징세권을 장악한 EIC로서는 큰 수익을 올릴 수 있었다. 초대 디완(징세관)이 된 로버트 클라이브의 계산에 의하면 제 경비를 뺀 토지세 수입이 연 165만 파운드였다. 동인도회사의 영업 실적이 아무리 좋은 해라도 수익이 연 수십만 파운드에 불과했는데 이제 아무런 비용도 들이지 않고 165만 파운드의 수익을 올린 것이다(아사다 미노루 2004: 177).

그러나 이 수익 가능성이 아무런 문제 없이 그대로 실현된 것은 아니다. 기회가 커진 만큼 동요도 심했다. 막연한 기대로 인해 이 회사의 주식 가격이 큰 폭으로 요동을 쳤고, 회사 내외에 파벌 싸움이 벌어졌으며, 직원들의 개인적인 부패와 비리가 극심했다. 소위 네이밥(nabob)[55]들이 많이 생겨난 것이다. 이런 여러 가지 이유로 이 시기에 회사 경영이 어려움에 빠졌다. 군대 유지 비용을 비롯해서 각종 비용은 늘어 가는데, 실제 사업은 잘 안 풀렸다. 대표적인 문제는 차에 고관세가 붙어서 판매에 어려움을 겪었고 그 결과 막대한 양의 재고가 쌓인 일이다. 이런 상황에서 정부가 개입하였다. 1773년의 노스 규제법이 그것이다. 영국 정부는 회사의 재정적 곤란을 타개하기 위해 140만 파운드를 융자해 주고 차의 수출을 도와주었다. 이 과정에서 아주 중요한 결정이 내려지는데 그것은 벵골 지방의 행정을 책임질 최고회의를 둔다는 것이었다. 총독 1명과 평의원 4명으로 구성된 벵골 최고회의는 인도 식민 지배의 첫 출발점이었다.

54) 이것은 큰 얼개이고 실제 상황은 조금 더 복잡하다. 처음에 일부 자민다리들은 EIC에 내야 하는 액수가 너무 높아서 자기가 받은 토지를 유지하지 못하고 판매처분했다. 그 결과 캘커타와 다른 대도시의 투자가들이 이 토지를 사들여서 부재지주가 되었다.

55) 인도에서 돌아온 부자 혹은 졸부를 가리킨다. 원래 무굴 황제의 지사 혹은 총독을 가리키는 말인 나와브(Nawab)에서 유래하였다.

이를 계기로 조만간 인도 전역으로 지배권이 확대되었다(아사다 미노루 2004: 179-181).

인도 경영은 점차 '회사'로서는 하기 힘들고 성격이 맞지 않는 일이 되어 갔다. 잠정적으로는 영국 정부가 EIC에 각종 지원을 통해 영토 지배 권력의 성격을 강화시키면서 그에 대한 관리를 철저히 한다는 방식을 취했다. 예컨대 정부가 인도 주재 고위직인 총독, 지사, 사령관을 임명하였고, EIC의 모든 사업을 감시하는 정부 기관을 설립하였다. 이제 EIC는 무역회사가 아니라 무역과 식민 지배를 아우르는 권력체로 바뀌었다.[56]

이즈음에는 EIC는 자신의 원래 기능을 상실했을 뿐 아니라 자체 모순에 빠지게 되었다. 가장 중요한 사업 영역은 인도 면직물 수입이었는데, 영국에서 산업혁명이 일어나 훨씬 더 많은 양의 면제품이 국내에서 생산됨으로써 더 이상 인도에서 수입할 필요가 없게 되었고 오히려 인도로 면제품이 수출될 지경이었다. 그러고 보면 인도 무역을 한 회사가 독점하는 것도 시대에 맞지 않게 되었다. 1813년에 영국 정부는 중국과의 교역을 제외한 모든 EIC 무역독점권을 폐지하였다. 이 회사는 무역이라는 고유 업무 대신 본국 정부의 식민지 사업의 하청을 맡고 있었을 따름이다. 인도의 식민 지배를 '회사'라는 기구를 통해 수행하기에는 한계가 있다고 여긴 정부는 최종적으로 회사를 해산시켜 버렸다. 1858년 '인도통치법'이 가결되면서 EIC는 종식되고 인도는 영국 정부의 직접적인 지배 아래 들어갔다. 그리고 1877년에는 인도를 영국령으로 만들어서 빅토리아 여왕의 통치 아래 통합한다는 형식으로 인도 제국이 성립되었다.

영국의 인도 지배와 비견되는 사례로는 VOC의 자바 지배를 들 수 있다. 그러나 네덜란드식 지배는 영국과는 다른 양태를 띠었다. 동남아시아에서 네덜란

56) 제국주의 이전 상황에서 제국주의로의 이행, 동인도회사나 개인 상인들의 상업적 이해관계와 정치적·군사적 발전 간의 관계 등은 복잡하고 어려운 문제이다. 인도 내륙에서 상업 이해와 공식적인 정치적 팽창 사이의 연결고리는 이 책의 범위를 넘는 큰 문제이므로 다루지 않았다. 한 지역 사례를 들어 이 문제를 분석한 논문으로는 Marshall(1975: 465-482; 1993: 45-58)을 참조하라. 그의 주장은 19세기 제국주의의 핵심 요소들은 18세기에 만들어졌다는 것이다.

드의 식민 영토가 제국으로 전환하는 과정은 영국보다 더 일찍 시작되었으나 더 느리게 진행되었다. 앞에서 살펴보았듯이 17-18세기에 네덜란드는 공격적 독점 정책을 추구했고 여기에 어느 정도 성공하여 그들이 차지한 영토에서 다른 유럽 세력들을 모두 몰아내는 데에 성공했다. 그리고는 자바에서 VOC의 직원들이 통제력을 강화해 갔다. 그것은 자바의 전통적인 보호자-피보호민(patron-clientage) 관계를 원용한 것이었다. VOC는 특권적인 교역권을 가진 기관으로부터 점차 행정 및 통치 기구로 변화해 갔다. 그러나 이런 성공이 오히려 덫이 되었다. 과도하게 '회사'에 의존하는 네덜란드 방식은 18세기 말에 한계에 이르렀고, 남중국과의 교역 경쟁에서 EIC에 밀림으로써 네덜란드 체제는 쇠퇴했다(Curtin 2000: 101-104; 양승윤 2005: IV-VII장; Disney 1995: xxii).

1600년경 네덜란드인들이 도래했을 때 자바의 대부분은 마타람 왕국의 영토였다. 이 왕국은 관료제적 국가 형태를 띠고 있었다. 상층에 왕궁이 있고 그 밑에 부파티(bupati)라는 세습적 지방 유지들이 있었는데, 이 부파티들은 그들에게 종속적인 프리야이(priyayi) 계급을 통해 농민들을 지배하였다. 프리야이 층은 문화와 전통 면에서 일반 농민들과는 현격히 다른 엘리트 계급이었다. 그림자 연극, 음악, 종교 문서 등 우리가 고전적인 자바 문화라고 생각하는 것은 사실 농민 문화가 아니라 바로 이 프리야이층의 문화이다.

VOC는 마타람 왕국을 인수하여 지배할 수도 있었으나 오히려 현 체제를 그대로 유지하는 정책을 폈다. 그들로서는 마타람의 복잡한 정치 게임에 개입해서 상업 특권을 얻어내면 족하다고 보았고, 이를 위해서 외교 정책에 주력하다가 가끔 군사 개입을 하곤 했다. 그러면서 차차 바타비아 근처의 토지를 획득해 갔으나 영토 지배에는 큰 관심이 없으므로(1800년 이후 네덜란드 정부가 직접 통치를 하게 된 다음에야 이 기조가 바뀐다) 이전 마타람 왕국 하에서 봉사하던 부파티에게 통치를 맡겼다. 이들을 '레헨텐(regenten)'이라고 부른다.[57]

57) 네덜란드 역사와 식민지 역사에서 '레헨트(regent, 그 복수형이 regenten)'라는 용어는 큰 혼동을 일으키곤 한다. 이 단어는 통치자(ruler)라는 뜻이다. 그런데 영어로 이를 regent라고 옮기기 때문에

그런데 점차 VOC가 지배하는 땅이 마타람의 땅보다 넓어지고 결국 자바의 거의 전체 영토를 차지하게 되었다. 그 결과 레헨텐 계급은 이전 마타람 시대보다도 더 자유롭고 강력해졌다. VOC는 이들을 지지하여 이들이 농민들을 잘 감시하고 필요한 물품들을 조달하도록 만드는 데에만 주력하였다. 그리고 이를 위해 때때로 일어나는 농민들의 봉기를 막아 주었다.

이 상황은 1800년에 가서 변화하였다. VOC가 재정적 실패로 해산되고 정부가 식민지를 인수한 것이다. 그리고 나폴레옹 전쟁 당시 영국이 이 지역을 점령했다가(1811-1816) 전후 처리의 원칙에 따라 네덜란드에 되돌려 주었다. 네덜란드 정부는 이제 식민지 지배 방식에 변화를 기했다. 레헨텐 궁정에 네덜란드인을 1명씩 두어서 감시를 강화하고 네덜란드의 상위 지배권을 확고히 한 것이다. 이제 네덜란드인이 결정하고 현지인 레헨텐이 집행하는 방식이 되었다. 농민들은 식민지 정부에 지대를 납부하고 일부 작물을 조공으로 바쳤다. 이것이 농민 경제에 심각한 불균형을 초래해서 농민들의 삶을 궁핍하게 만들었다. 더 나아가서 점차 농민 토지를 줄이고 네덜란드인이 직접 운영하는 플랜테이션을 늘렸다. 이렇게 하여 유럽식 관료제가 점차 자리잡게 된 것이다.

이에 대한 저항으로 1825-1830년에 자바 전쟁이 일어났다. 디파나가라(Dipanagara)의 지도 아래 천년왕국주의와 이슬람 요소가 합쳐져서 광범위한 농민층의 지지를 받는 봉기가 일어난 것이다. 결국 네덜란드인들과 레헨텐층이 이 봉기를 진압하기는 했으나 그것은 아주 힘겨운 일이었다. 이때 네덜란드가 새삼 깨달은 것이 있다면 그들의 지배에 레헨텐층이 절대적으로 필요하다는 것이었다. 네덜란드의 식민 지배 구조는 놀라울 정도로 소수의 사람들로 다수의 식민지 사람들을 지배하는 방식이었으므로 그만큼 현지 협력자들이 큰 비중을 차지했다. 1865년 네덜란드인 175명이 69명의 레헨텐과 400여 명의 프리야이로 이루어진 지배층 — 그리고 이의 명령을 집행하는 수천 명의 마을 촌장 — 을 통해

'섭정' 이라고 오역하는 경우가 많다(영어의 regent에도 '통치자' 의 뜻이 있다).

1,200만 명의 인구를 지배하였다. 네덜란드 식민 당국과 레헨텐 및 프리야이층의 이중 구조는 이후 오랫동안 유지되어서 1942년에 일본군이 이 지역에 침입해 올 때까지 지속되었다.[58]

58) 네덜란드 식민 체제를 위협한 것은 무슬림 지도자들과 서구 교육을 받은 도시 민족주의자들이었다. 이들의 공격을 받는 프리야이들은 그 때문에 더욱 네덜란드 식민 당국에 충성하였다. 프리야이는 법적으로는 아니지만 실제로는 세습하였다. 식민 체제에 큰 충격을 가한 것은 일본 제국주의 세력의 동남아시아 지배였다. 자바를 점령한 일본 제국주의 정부는 네덜란드인들을 구금하고 인도네시아 독립운동 세력과 접촉하였다. 물론 일본이 진정으로 인도네시아의 독립을 위했던 것은 결코 아니었고, 다만 인도네시아가 그들의 전쟁 수행에 봉사하도록 만들고자 했을 뿐이다. 즉 일본은 네덜란드 세력을 축출하기 위해 그들에 저항하는 세력을 지원했던 것이다. 일본이 동남아시아를 해방시켰다는 해괴한 주장은 이런 맥락에서 나온 것이다. 일본의 정복과 독립전쟁을 거치는 동안 레헨텐 직은 사라졌으나 그 전통은 계속되어서 인도네시아의 독립 이후에도 관료층 내에 그런 요소가 여전히 살아 있다. 1960년 이후 새 군부 지도자가 이전 네덜란드 정부와 같은 역할을 하고 여기에 과거 프리야이 후손들이 새 관료의 구성원으로 참여하였다(주경철 2003: 332-334).

제1부를 마치며

디아스포라에서 제국으로

지금까지 이 책의 전체 구성에서 대체로 서론에 해당하는 2개의 장을 통해 근대 세계의 구조가 크게 어떤 모습을 띠며 그것이 어떤 과정을 통해 형성되었는지 살펴보았다.

세계의 여러 문명들 간에는 원래 상호 소통이 대단히 느리고 불완전하거나 아예 단절되어 있었지만 15세기 이후 바닷길이 열리면서 급격하게 서로 소통하기 시작했다. 이후 세계 모든 지역은 알게 모르게 '세계'와 연관성을 가지며 살아가게 되었다. 그야말로 본격적인 의미의 근대 세계사 혹은 지구사가 시작된 것이다. 이런 점에서 근대 세계는 바다에서 태어났다고 해도 과언이 아니다.

세계 각 지역이 서로 조우했다고 표현했지만 사실 첫 만남은 문명 간 혹은 국가 간 전면적인 대결은 결코 아니었다. 그것은 기껏해야 몇몇 점과 같은 아주 제한된 공간에서 이루어진 일이다. 상이한 문화권에서 살아가는 낯선 사람들 사이의 교류와 교역은 쉬운 일이 아니다. 이방인은 예측하기 어렵고 위험하며 신용하기 힘든 존재로 비칠 수밖에 없다. 따라서 이문화(異文化) 간의 접촉과 교역은 양측이 상호 안전을 확보할 수 있는 특별한 제도적 장치를 통해 이루어졌다. 그것은 양측을 중개하는 특수 집단에게 교역을 맡기는 방식이었다. 즉 외국 사회 속에 뚫고 들어간 이방인들이 그들만의 거류지를 형성하고 이곳을 중심으로 자신의 출신 지역과 현재 거주 지역(host society, 즉 그들을 받아들인 사회) 사이의 교역을 담당하는 것이다. 이러한 상인 집단들이 여러 곳에 정착하여 그들 간에 네트워크를 만들면 더욱 강력하고 효율적인 교역을 할 수 있다. 이것이 소위 '교역 디아스포라(trading diaspora)'이다.[1] 근대 초에 있었던 '세계의 팽창' 과정에서 상호 소통은 흔히 이런 작은 접점을 통해 이루어졌다.

디아스포라는 세계적인 현상이었다. 중국의 해외 화교 거류지 확산, 이란인들이 16-18세기에 서아시아와 동남아시아 각지에 이주해 가서 현지의 정치·경제·문화에 대단히 큰 영향력을 행사하는 현상, 아르메니아 상인들이 에스파한 근처의 줄파를 중심지로 하여 서쪽으로는 암스테르담으로부터 동쪽으로는 중국에까지 이르는 믿을 수 없을 정도로 광대한 상업망을 구축하는 과정에서 형성한 동족들 간의 상호 협조 체계의 네트워크, 북부아프리카의 송가이 제국 내에서 이슬람교 전도사와 상공업자, 학자 등의 집단이 이주해 가는 소위 왕가라(Wangara) 같은 것들이 디아스포라의 중요한 사례들이다(Subrahmanyam 1966: 153-186; Aghassian 1999). 포르투갈, 네덜란드, 영국, 프랑스 등 유럽 세력의 아시아 내 교역 거점들 역시 마찬가지로 디아스포라라는 개념으로 설명할 수 있다. 심지어는 에스파냐인들이 아메리카 대륙에서 기존 제국들을 무너뜨리고 자신의 제국 체제를 건설한 것도 마찬가지이다. 에스파냐의 '식민 제국'은 개념상으로는 광대한 영토를 모두 지배하는 광대한 제국으로 보이지만 실상은 해안 지역의 거점 도시들만 차지하고 내륙으로는 거의 들어가지 못하는 상황이었던 것이다. 북아메리카 역시 마찬가지여서 오늘날의 미국과 캐나다는 19세기의 서부 개척 운동을 거치면서 최종적으로 형성되었다. 아프리카에서도 유럽인들은 19세기 전에는 내륙 지역으로 거의 발을 들여놓지 못했다. 그러므로 근

1) 디아스포라(diaspora)라는 말은 그리스 어 speiro(씨뿌리다)와 dia(너머, over)가 합쳐져서 만들어진 말이다. 이 말이 사람에게 적용될 때에는 그리스 어에서는 이주와 식민화를 뜻했다. 그러나 유대인, 아프리카인, 팔레스타인인, 아르메니아인 등에게는 강제 이주의 슬픈 역사를 의미하며, 이때에는 집단적인 정신적 상처(trauma)를 지닌 말이 된다. 최근에는 이처럼 적극적인 식민화나 수동적인 피해와는 거리가 있는 중립적인 용어로서, 외국에 살면서도 집단적인 정체성을 강하게 유지하는 사람들이 자신을 규정하는 용어로 쓰인다(Cohen, Robin 1997: ix). 이 말을 발전시켜서 '교역 디아스포라' 혹은 '상업 디아스포라'라는 개념을 제일 먼저 제안한 사람은 애브너 코언(Abner Cohen)으로서 그의 정의는 "사회적으로 상호 의존적인 민족이지만 공간적으로 분산되어 있는 공동체(a nation of socially interdependent, but spatially dispersed communities)"였다(Curtin 1984: 1-5).

대 초의 해외 팽창을 설명하는 데에는 '제국의 팽창' 보다는 '디아스포라의 확산' 이 더 알맞은 개념 틀이라고 할 수 있다.

그러나 유럽의 해외 팽창 과정에서 형성된 디아스포라는 다른 경우에 비해 성격이 특이했다는 점을 지적하지 않을 수 없다. 원래 디아스포라와 그들을 맞아들인 사회 사이의 관계는 다양한 변주를 보인다(Curtin 1984: 5). 어떤 경우에는 디아스포라가 일종의 파리아 카스트(pariah caste)로서 해당 사회가 그들을 심하게 핍박하고 강탈 행위를 했다. 이때 사회가 디아스포라를 용인하는 이유는 그들이 남들은 피하지만 그래도 사회에 꼭 필요한 종류의 일들을 맡아서 하기 때문이다. 고리대금업이나 비천한 직종의 일을 맡아서 했던 중세 유럽의 유대인 공동체가 그러한 사례일 것이다. 이와 정반대되는 사례가 바로 15-18세기에 유럽인들이 해외에 건설한 '상업 거점 제국' 이라 할 수 있다. 포르투갈, 네덜란드, 영국, 프랑스 등의 상업 세력은 세계 각지에 자치 구역을 확보했을 뿐 아니라 더 나아가서 강력한 군사력으로 주변 지역에 압박을 가하면서 지배력을 확대해 갔다.

해외에 상관(商館)을 두는 것은 중세 이래 유럽 교역 활동의 중요한 특징이었다. 그런데 근대에 들어오면서 정작 유럽 내에서는 이 방식이 점차 사라져 가는 대신[2] 유럽 바깥의 교역을 조직하는 데에 널리 사용되었다. 아시아에 진입해 들어온 유럽 세력들은 아시아의 대국들(중국, 페르시아, 인도 등)에 대해 결코 위협이 되지 못했다. 유럽인들의 우위는 무엇보다도 해상 기동력이었으며, 육상 세력으로는 분명히 취약했다. 그래서 그들은 해군력을 바탕으로 해서 여러 거점들을 건설하고 그 지역들을 연결하는 해로를 확고하게 지키는 전략을 썼다. 그러나 이렇게 출발했던 해안 지역의 거점들이 장기적으로는 쐐기처럼 내륙의 넓은 지역으로 파고들어 가는 거점이 되어 갔고, 급기야 광대한 영토를 지배하는 식민 제국을 건설하게 되었다. 이렇게 성격이 변화하는 기점은 대체로 1750

2) 유럽에서는 이제 전문적인 중개인(commission agent)이 여러 회사의 해외 지점 업무를 맡아서 처리해 주는 방식으로 진화해 갔다.

년경이라 할 수 있을 것이다. 가장 중요한 사례로서 영국이 인도를 본격적인 의미의 식민 제국으로 변화시킨 것이 이 무렵이었다.[3]

이러한 진화 과정이 어떤 방식으로 일어났는지를 보기 위해 중요한 주제들을 차례로 살펴보도록 하자.

3) 이 점을 놓고 볼 때 디아스포라의 기존 개념은 수정이 필요하다. 원래 교역 디아스포라는 이질적인 문화권 간의 교역을 담당하는 소수 집단을 가리키는 것으로서, 상업과 정치적 · 군사적 측면을 분리하여 고찰하려는 의도에서 나온 개념이었다. 즉 디아스포라는 전적으로 상업에 특화된 현상이었다는 것이다. 그러나 실제 여러 사례들을 보면 디아스포라는 상업과 동시에 정치의 연결점(nexus)이었다.

제2부 폭력의 세계화

세계화를 이해하는 핵심 요소의 하나는 폭력성이다. 세계 각 문명의 상호 조우는 불행하게도 결코 평화적이지 않았다. 이방인들끼리 만나는 장면에서는 흔히 칼부림이 벌어졌고, 바다는 자주 핏빛으로 물들었다. 근대 이후 성립된 세계의 질서는 결국 불평등의 구조화에 다름 아니었고 그것은 처음부터 시종여일하게 폭력적으로 전개되었다. 근대 이전의 세계라고 해서 모두 온순한 사람들이 평화롭게 살아가는 지상낙원이었던 것은 물론 아니다. 그러나 근대 이후가 되면 이제 무대가 지구적인 차원으로 확대되었고, 그 위에서 이전과는 비교할 수 없는 대규모로 폭력이 전파되었다. 1,000만 명이 넘는 아프리카의 흑인들이 노예로 잡혀서 대서양을 건넜다. 아메리카의 선주민들은 갑자기 들이닥친 새로운 인간들의 무기와 행정 조직과 병균 때문에 몰살당했고, 급기야 문명권 전체가 붕괴되었다. 역사상 유례가 없는 강력한 화력을 내뿜는 신형 무기로 무장한 수십만 명의 군대가 서로 충돌하는 전투가 벌어졌다. 근대의 해상 팽창은 이런 관점에서 보면 폭력의 팽창에 다름 아니었으며, 세계화는 곧 폭력의 세계화였다.

근대의 폭력성이라는 것이 과연 어떤 것일까?

이는 단지 이전 시대보다 폭력의 강도가 세졌다는 것만 의미하지는 않는다. 그보다는 차라리 폭력의 성격이 달라졌다고 해야 할 것이다. 동남아시아 혹은 멕시코의 전통 사회에서 일어났던 전쟁과 유럽인들이 세계 각지로 나가서 행한 전쟁을 비교하면 이 점이 단적으로 드러난다. 아시아나 아메리카의 전쟁에서도 물론 피 튀기는 살육이 벌어지고 잔혹한 사태가 비일비재했지만, 그래도 그 경우에는 서로 전제하는 기준이 있고 정해진 의식(儀式)을 좇아서 폭력이 행해졌지, 무조건 적나라한 폭력이 벌어지지는 않았다. 이에 비해 '근대화된' 유럽의 폭력은 분명 성격이 달랐다. 그들이 멀리 해외로 나아갔을 때에는 무엇보다도 경제적 이익을 얻기 위해서였다. 따라서 무의미한 폭력을 행사할 이유도 없을 뿐 아니라, 또 실제로 그들이 해당 지역 전체를 상대로 전쟁을 벌이기에는 역부족인 경우가 많았다. 이런 이유에서 역설적으로 유럽 세력은 자신들의 무력을 최대한 유효하게 집중하여 사용해야 했다. 그들이 원하는 이익을 얻기 위해 필요한 지점에 그들이 가진 무력을 최대한으로 쏟아 붓는 이런 '합리적인 폭력'이 실제로는 더 가공할 결과를 가져왔다.

총포와 화약이 유럽의 승리의 기반이 된 것은 맞지만, 그렇다고 해서 유럽의 승리를 너무 단순하게 총포의 승리라고 단정해서는 안 된다. 오토만 제국, 중동 지역, 인도, 중국, 한국과 일본 모두 조만간 총포를 수용했으며 유럽만이 총포를 독점한 것은 아니었기 때문이다. 단순히 총포의 유무가 아니라 그것을 어느 편이 더 유효적절하게 사용했느냐가 관건인 것이다. 이 문제를 고찰해 보면 결국 폭력의 행사 방식은 문화의 차이에서 기인했다고 보는 것이 최근 군사사(軍事史)의 경향이다.

세계적인 불평등의 구조화 과정에서 폭력을 가장 유효적절하게 사용한 유럽이 세계의 위계에서 상위를 차지했다. 이것은 너무나도 단순한 진리이다. 많은 학자들은 근대 유럽이 최종적인 승리를 거둔 데에는 폭력 면에서 앞섰기 때문이며, 또 결국 유럽이 전 세계에 팔아먹은 것은 폭력이었다고 주장한다.

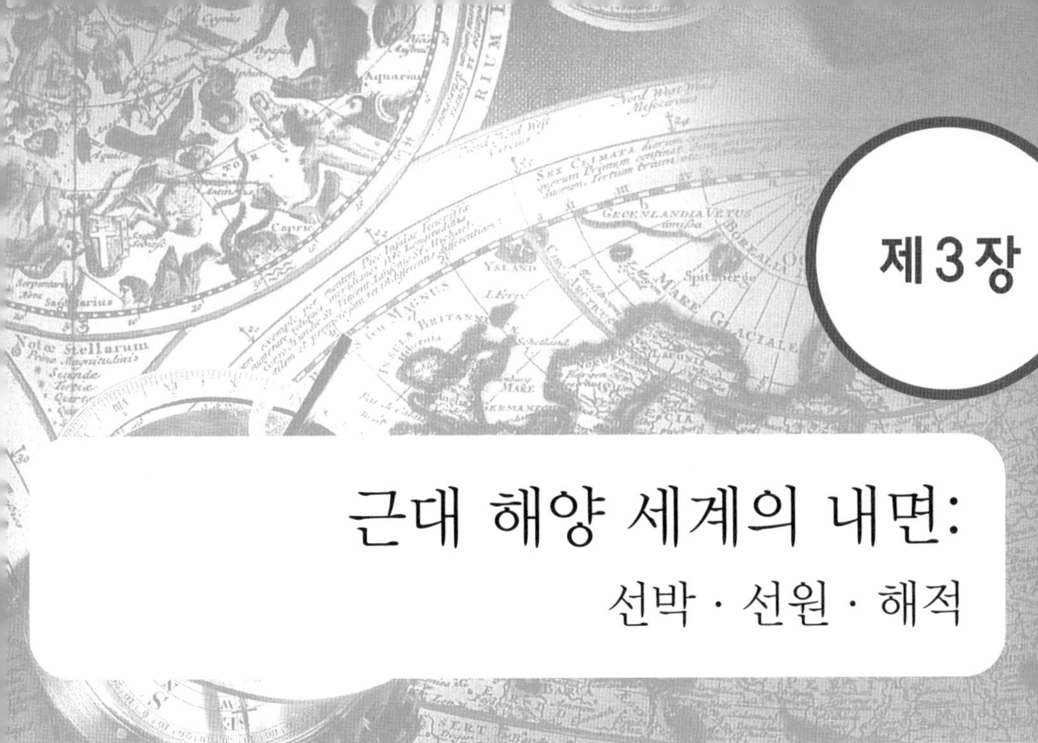

제3장

근대 해양 세계의 내면: 선박 · 선원 · 해적

바다를 통해 전 지구적인 상호 소통이 증대하는 현상을 연구할 때 해상 운송의 문제는 가장 기본적인 연구 과제이다. 대규모 인력과 물자가 신속하고 안전하게 이동하는 것은 두말할 필요도 없이 세계화의 전제 조건이다. 따라서 조선업과 항해술의 발전, 선원의 세계, 해상 위험, 해적의 발호 등을 면밀하게 살펴봐야 한다. 그러나 이는 단순히 교통수단의 발전의 문제만은 아니며 더 본질적인 접근이 필요하다. 그것은 '근대 자본주의 체제의 발전'이라고 부를 만한 광범위한 차원에서 다룰 문제들이다. 근대 초에 전 세계 각지로 화물과 인력을 수송하는 선박은 '떠다니는 폭력' 그 자체였다. 과거에 바다는 텅 빈 공간 혹은 누구의 것도 아닌 만인의 공로(公路)였으나 유럽인들이 대서양뿐 아니라 인도양과 태평양을 항해하게 된 이후 무력 지배의 대상 그리고 권력관계가 조직된 공간이 되었다. 이제 바다는 잔인한 무력 충돌의 무대가 되었다. 그러므로 이 장에서 거론할 사항들은 예컨대 선박 디자인의 발전과 같은 기술적인 측면에 그치는 것이 아니라 대규모 자본의 축적, 지식과 기술의 결합, 국가를 정점으로 하는 폭력의 증가, 선원 집단이라는 프롤레타리아층의 형성, 폭력성에 대한 저항과 이탈 등과 같은 문제들을 포함한다.

1. 조선업과 항해술의 발달

1) '사막의 배'와 바다의 배: 육상 수송과 해상 수송

우선 원거리 교통의 발달이라는 측면에서 이야기를 시작해 보자.

각 문명권은 서로 떨어져서 발달해 갔지만 완벽하게 고립되어 있지는 않았다. 이븐 바투타나 마르코 폴로와 같은 여행자, 혹은 바이킹의 사례에서 보듯이 각 문명권들은 육로나 해로를 통해 미약한 정도로나마 상호 소통하고 있었다(폴로 2000; 이븐 바투타 2001; Graham-Campbell 1994). 결국 이 세계는 '뚫고 들어갈 수 있는(penetrable)' 곳이었다(Wolf 1982: 24).

우리의 주된 관심사는 해상 수송이지만 비교를 위해 간략하게나마 육로 수송에 대해 짚고 넘어가자.

육로 수송은 기본적으로 힘들고 비용이 많이 들 수밖에 없었다. 유라시아 대륙을 관통하는 실크 로드, 중앙아프리카와 북아프리카를 연결하는 사하라 사막 관통 캐러반, 이탈리아에서 출발하여 독일을 비롯한 북부유럽과 소통하는 알프스 산맥의 브레너 패스(Brenner Pass) 등을 생각해 보라. 험준한 산맥과 사람을 기진맥진하게 만드는 사막을 넘어야 하고, 온갖 위험 요소들이 도사리고 있는 원로(遠路)를 이동해야 하는 지난 시대의 육로 수송은 현재에는 상상하기 힘든

일이었음에 틀림없다.[1]

자동차와 기차가 등장하기 이전 시대에 가장 중요한 원거리 수송 수단의 하나는 낙타대상(캐러반)이었다. 낙타에는 두 종류가 있다. 단봉낙타(dromedary, Arabian camel)는 북아프리카와 중동의 더운 사막 지역에서 사용되고, 쌍봉낙타(camel, 더 정확하게는 Bactrian camel)는 아시아의 스텝 지역과 추운 지역에서 사용되었다. 이런 세계적인 '낙타의 분업'은 대략 8세기경에 고정되었다.[2]

낙타는 어느 정도의 수송 능력을 보유하고 있었을까? 쌍봉낙타는 200kg의 짐을 지고 하루 50km까지 이동할 수 있는 반면, 단봉낙타는 시원한 야간에 이

1) '여행'을 가리키는 travel이라는 단어의 어원이 '고통'을 뜻하는 travail과 같다는 사실을 상기할 필요가 있다. Oxford English Dictionary, travel, travail 항 참조.

2) 아나톨리아와 이란을 경계로 해서 이 두 종류의 낙타가 분포되어 있다. 한 여행자는 이에 대해 "두 종류의 낙타가 있어서 하나는 더운 지역을 위해서 있고 다른 하나는 추운 지역을 위해서 있다는 것은 신의 섭리이다"라고 말했다. 이런 현명한 분할은 오랜 발전 과정의 결과였다. 단봉낙타가 사하라에 온 것은 서력 기원이 시작될 무렵이었으며 이곳에서 확고한 세력을 차지하게 된 것은 7-8세기 아랍의 정복 때부터, 그리고 더 분명하게는 11-12세기에 대유목민들이 오면서부터이다(브로델 1995-1997, 1권: 486). 사막의 운송 수단으로서 낙타의 장점은 물론 오랜 기간 동안 물을 마시지 않고 견딜 수 있다는 점이다. 한발이 심하여 다른 가축들이 모두 죽을 때에도 낙타는 80% 이상 살아남는다. 낙타가 오아시스를 만나면 빠른 시간 내에 물을 마셔서 수분을 체내에 저장하는데 그 속도가 실로 놀랍기 그지없다. 5-10분 내에 무려 100리터의 물을 마시는 것이다. 물을 마신다기보다 펌프로 빨아들이는 것과 같다고 할 것이다. 다른 동물이 이런 속도로 물을 마시면 혈액 농도가 급격히 변하여 적혈구들이 파괴되어 죽지만 낙타는 이런 빠른 수분 섭취가 가능하도록 진화하였다(Encyclopaedia Britannica online).

동할 경우 최고 100kg의 짐을 지고 하루 60km를 이동할 수 있다. 물론 이는 최적의 조건일 때의 이야기이고 통상적인 경우에는 이보다 효율성이 떨어진다. 쇼뉘의 설명에 의하면 단봉낙타는 대개 50kg의 짐을 지고 하루 10시간을 걸어서 35-40km를 이동했다. 그래서 1톤의 화물을 가지고 사하라 사막을 횡단하는 경우 20마리의 단봉낙타를 이용하여 8-10주간의 여행을 해야 했다(Chaunu 1969: 271).[3] 8-10세기에 조직된 낙타대상 체제는 사막을 횡단하는 거의 유일한 수단이었으나, 오늘날의 기준에서 보면 이는 효율성이 너무 낮은 체제였다.

이보다 더 비효율적인 사례로는 무굴 제국 시대 인도의 반자라(Banjara) 카스트를 들 수 있다. 이 카스트의 사람들은 목축과 동시에 가축을 이용한 수송업을 담당하였다. 이 캐러반 하나는 대체로 1만 마리 정도의 소를 끌고 다녔으며, 인도 전체에서 이 카스트가 거느린 소의 수는 약 900만 두에 달했다. 무굴 제국의 수도로 곡물을 운송하는 역할을 맡은 것이 이들이었다. 소들은 스스로 풀을 뜯어먹으며 움직이기 때문에 비용은 거의 안 들었지만 말할 수 없이 느린 속도로 이동했다. 그러나 어쨌든 이 시스템은 곡물 운송이라는 자신의 기능은 완수했다(Pomeranz and Topik 1999: 57)!

그렇지만 이런 식의 운송 방식으로 근대적인 세계화를 이룰 수는 없었고, 따라서 어떤 돌파구가 필요하였다. 그것은 바다를 이용한 수송이었다. '사막의 배'(중동 지역의 시에서 낙타를 가리키는 말)가 아니라 바다의 배가 실질적으로 중요한 역할을 하게 된 것이다. 우선 수송비가 저렴해져서 사람과 물자를 쉽게 이동시킬 수 있어야 세계 시장이 형성되고 정치적 · 문화적 교류가 활발해지지 않겠는가.

3) 낙타의 화물 적재량이 얼마인가에 대해서는 연구자들마다 상이한 수치를 제시한다. 예컨대 브로델은 쇼뉘보다는 큰 수치를 제시한다. "힘이 좋지 않은 것이라도 700파운드를 옮겼고, 흔히 800파운드를 옮겼는가 하면, 1708년의 문서에 의하면 타브리즈와 이스탄불 사이에서는 1,000-1,500파운드까지 가능했다는 것이다. […] 평균적인 적재량은 대개 오늘날의 단위로 4-5캥탈이 될 것이다. 따라서 6,000마리의 낙타로 이루어진 캐러반은 2,400-3,000톤의 화물을 날랐던 것이며, 이것은 이 시대의 상당히 큰 범선 4-5척에 해당하는 것이다."(브로델 1995-1997, 1권: 487)

바다는 사람들을 서로 격리시키는 장벽인 동시에 상호 연결시켜 주는 소통로였다. 해양 문명들은 아주 오래 전부터 서로 잘 알고 있었다. 북유럽의 발틱 해로부터 대서양, 지중해, 홍해와 페르시아 만, 인도양, 말라카 해협과 남중국해, 그리고 동아시아의 바다를 통해 태평양 연안에 이르기까지 바닷길은 끊이지 않고 이어져 있었다.[4] 각 해양 문명권은 경계 지역에서 서로 끊임없이 이웃 지역을 방문하였다. 이렇게 가까운 이웃으로 지냈지만 해양 문명이 서로 섞이지는 않았다. 선원들만큼 자기들 습관에 집착하는 사람도 없기 때문에 상호 방문은 지속되었다고 해도 문명의 해상 경계는 대륙 경계만큼이나 고정되어 있었다. 땅 위에서와 마찬가지로 바다에서도 사람들은 자신의 영역에 남아 있으려고 했다.

이 경계를 넘어 원거리 항해를 하는 대사건이 아주 없었던 것은 아니다. 페니키아인의 아프리카 회항,[5] 아일랜드인들의 페로 제도 도착, 바이킹의 아메리카 대륙 방문 등이 그 대표적인 사례들이다. 그중에서도 가장 극적인 사건은 앞에서 설명한 바 있는 정화의 원정이었다. 이 원정대는 아마도 아프리카 남단의 마다가스카르까지 갔던 것으로 추정된다. 만일 정화의 선단이 희망봉을 돌아 더욱 멀리 항해하려 했다면 유럽을 '발견'하고 돌아왔을 것이다. 이는 헛된 상상만은 아니다. 그런 정도의 선단이라면 대서양 횡단 혹은 태평양 횡단 항해도 충분히 가능했으리라는 것이 오늘날 연구자들의 일반적인 생각이다(멘지스 2004). 중국이 이 정도의 항해 능력을 보유하고 있으면서도 최종적으로 해양 팽창을 포기한 문제에 대해서는 앞에서 거론한 바 있다.

자기 구획을 넘어 다른 바다로 나아간 것은 꼭 근대 유럽만이 성취한 것은 아

4) 중간에 수에즈 지협이 가로놓여 있지만, 고대 이집트에는 네카오(Néchao, Nékao)라고 불리는 운하가 있었고 이것이 막힌 이후에는 육로 운송과 항해를 연결하는 방식을 사용하기도 했다. 터키 인들은 1538, 1539, 1588년에 홍해에 띄운 배들을 여러 부분으로 분해한 후 낙타를 이용해서 옮긴 다음 다시 조립하여 바다에 띄웠다(브로델 1995-1997, 1권: 577-579).

5) 페니키아인들이 디아스보다 2000년 앞서 아프리카 일주를 했다는 증거는 "항해하면서 태양을 오른쪽으로 두고 리비아를 돌았다"라는 헤로도토스의 기록에서 찾을 수 있다. 이는 남반구에서 항해할 때 일어나는 일이기 때문이다(카이 2006: 61-63).

니다. 그러나 1500년 이후 유럽인이 이루어낸 일은 분명 과거의 유사한 사례들과는 질적으로 다른 결과를 초래하였다. 유럽인들은 세계의 바다를 연결했고, 이 바닷길을 통해 진정으로 전 세계가 상호 소통하도록 만들었던 것이다.[6]

유럽이 자신의 구획을 넘어 세계로 나아갔다는 것은 곧 '대서양 문제'를 해결했음을 뜻한다. 육지에서 멀리 떨어지지 않은 바닷길로 안전하게 다니는 연안 항해와 자칫 목숨을 잃을 위험을 안고 먼 바다로 나아가는 대양 항해는 질적으로 다른 문제이다. 유럽 대륙을 떠나 다른 대륙으로 갔다가 안전하게 귀환하기 위해서는 무엇보다 대서양 전체의 바람과 조류에 대해 잘 알고 있어야 한다. 바람과 조류가 배를 이끌어가고 데리고 오기 때문이다. 증기선을 사용하고부터는 엄청난 모터의 힘으로 이런 자연의 제한을 어느 정도 이겨내는 것이 가능해졌지만, 그 이전 시대에는 바람과 조류를 놓친다는 것은 곧 죽음을 의미하였다. 항해의 관점에서 볼 때 대서양은 3개의 커다란 바람과 조류의 흐름으로 나타낼 수 있다. 이 커다란 3개의 타원형 구조를 알고 이용할 수 있게 됨으로써 유럽인들은 바다를 통해 아시아, 아프리카, 아메리카로 나아가는 길을 열게 되었다(브로델 1995-1997, 1권: 585-586).

대서양에서 이런 사실을 파악한 유럽 항해인들은 조만간 지구 전반적으로 유사한 풍향 체계가 있다는 것을 알아냈다. 대서양, 태평양, 인도양에서 모두 위도에 따라 바람이 바뀐다는 것을 인식한 것이다. 북위 20도와 남위 20도에서는 동쪽에서 적도 방향으로 강한 무역풍이 분다(즉 북쪽에서는 북동풍, 남쪽에서는 남동풍이 된다). 그리고 적도로부터 더 멀어져서 북위 그리고 남위 40-60도 사이에서는 서풍이 분다. 15세기 중엽에 포르투갈 선원들은 아프리카 해안에서 이런 사실들을 알아냈고 곧 남반구에서 유사한 패턴을 확인했다.

6) 여기에서 자세히 다루지는 않았으나, 교통과 마찬가지로 중요한 것이 통신의 발전이다. 1757년 6월 플래시 전투 소식은 케이프 항로를 통해 항해하는 선박에 의해 1758년 2월에야 영국에 알려졌다. 1821년 세인트헬레나에서 나폴레옹이 사망한 소식이 런던에 도착하는 데에는 두 달이 걸렸다. 조지 워싱턴의 죽음(1799)이 뉴욕에 전해지는 데에는 7일이 걸렸지만, 케네디의 암살은 미국민 68%가 30분 내에 소식을 들었다. 세계의 소식과 정보들을 접하는 속도가 갈수록 빨라진 것이다(Jones 2006: 96-97).

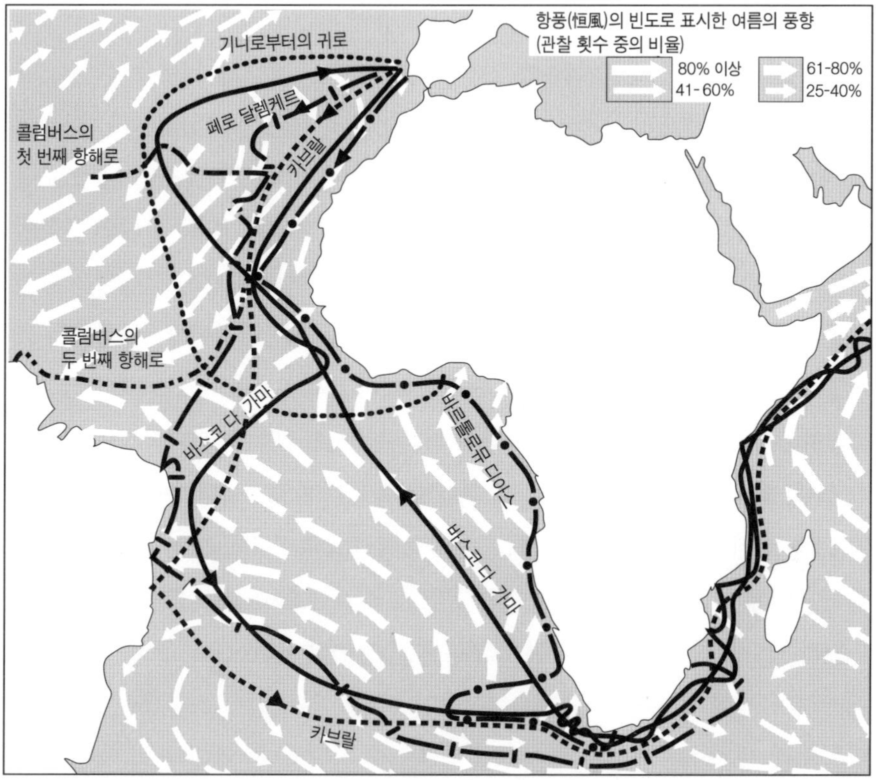

대서양 항해 이 지도는 여름철의 북반구 무역풍과 남반구 무역풍의 위치를 나타낸다. 이 바람은 계절에 따라 바뀐다. 아시아와 카리브 해로 가거나 귀환할 때에는 이 단순한 바람의 법칙을 준수해야만 한다. 인도로 갈 때에는 북반구 무역풍에 배를 맡기고 한참 간 다음 남반구 무역풍의 힘으로 브라질 해안까지 간다. 귀로에는 남반구 무역풍을 이용해 올라오다가 북반구 무역풍을 끊으며 지나친 다음 중위도의 바람을 타야 한다. 이런 관점에서 본다면 (점선으로 표시한) 기니로부터의 귀로는 유럽으로 돌아올 때 아프리카 해안에서 떨어져 항해해야 한다는 것을 보여 준다. 디아스의 경우 남쪽으로 항해하면서 아프리카 해안에 바짝 붙어 항해했는데 이 때문에 그의 항해가 매우 힘들었을 것이다. 이런 규칙들을 조금씩 밝혀 가고 있던 초기 항해는 매우 큰 어려움을 겪어야 했다(브로델 1995-1997, 1권: 586).

이렇게 되기까지 어떤 과정을 거친 것일까? 유럽은 어떻게 해서 이 문제를 풀 수 있었을까? 여기에는 두 가지 발전이 필요했다. 첫째, 기술적인 점들을 들 수 있다. 대양 항해가 가능할 정도로 선박과 항해술에 관련된 여러 요소들이 발전해야 한다. 둘째, 거기에 상응하여 자본과 노동이 잘 결합되어야 하고, 국가 기구가 그 방향의 발전을 추동해야 한다.

2) 선박의 발전

전산업화(前産業化) 시대의 대표적인 '중공업'의 하나는 조선업이다. 여기에는 대규모 자본과 노동이 투입되고, 원거리 교역에 의해 원자재들을 대량 조달하며, 또 오랜 기간 발전해 온 기술들이 적용되므로 조선업은 이 시대의 상공업 전반과 긴밀한 연관을 가지는 중요한 분야였다. 또 이렇게 생산된 선박은 다시 다른 상공업 분야에 원재료와 상품을 공급하는 기능을 담당한다. 조선업은 그야말로 핵심적인 '생산재 생산'인 것이다(Wilson 1977: 39).

대항해시대에 유럽 선박의 발전은 여러 문명 요소들의 융합 과정으로 설명할 수 있다. 남유럽 해상 문명 요소들과 북유럽 해상 문명 요소들의 융합이 이루어졌고, 그 이전에 남유럽 해상 문명 요소는 지중해 지역의 요소들과 이슬람권의 요소들이 융합된 것이다. 그야말로 융합의 융합(mixture of mixtures)이었던 것이다.[7]

원래 남유럽의 대표적인 배는 갤리(galley)선이었다(Chaunu 1969: 274-277). 로마시대 이래 지중해를 대표하는 선박인 갤리선은 사람이 노를 젓는 힘을 동력원으로 사용하는 점에서 구시대의 산물임에 틀림없다. 그러나 이 배는 아주 오랫동안 생명을 유지했다. 역설적이게도 퇴출을 눈앞에 둔 14-15세기에 갤리선이 기술적으로 완성 단계에 들어간 점 역시 특기할 만한 일이다. 통상 말 1마리의 힘을 내려면 12명의 사람이 필요하다고 하므로 (그나마 오랫동안 그런 힘을 발휘할 수도 없는 일이다) 인간의 근육은 결코 좋은 에너지원은 아니다. 따라서 큰 배를 움직이려면 많은 노수(櫓手)들이 필요했고 결국 좁은 공간에 많은 사람들이 앉아서 노를 저어야 하는 불편한 상황이 벌어졌다. 15세기에 완성된 고전적인 갤리 상선은 길이 40m, 너비 5m, 높이 1.75m에 총톤수가 100톤이 안 되는 크기였으며, 3명이 앉는 벤치 25개가 설치되어서 여기에서 나오는 동력으로 4-5노트의 속도를 낼 수 있었다. 그러므로 갤리선은 보잘것없는 수준의 모터를

7) 포르투갈의 원양 항해 전후의 조선업 전반에 대해서는 Unger(1987: 229-249)를 보라.

장착한 셈이지만, 결정적인 장점은 전투 시에 노수들이 곧바로 전사가 되어 전투에 돌입할 수 있어서 전함으로서 유리했다는 점이다(이런 장점 때문에 16세기 후반의 레판토 해전에서도 많은 갤리선들이 동원되었다). 그리고 적어도 단거리 항해에서는 기후 여건이 불리해도 항해가 가능했으므로 고가의 가벼운 물품, 다시 말해서 사치품을 운송하는 데에 적합했다.

베네치아 정부는 국가 주도의 갤리선 선단 체제(소위 메르카토(mercato) 체제)를 조직하여 사업을 운영하였다. 베네치아와 제노바는 갤리선을 100척 이상 보유하고 있었다. 1만 6,000명의 노동자들이 일하고 있던 베네치아의 국영 조선소에서는 선박 건조를 완전히 체계화해서 미리 준비된 부품들을 조립하여 이틀이면 배 한 척을 만들 수 있었다. 그리고 바로 전쟁에 투입될 수 있도록 의장을 갖추는 일은 두 시간 내에 가능했다. 이런 기반을 갖춘 베네치아의 갤리선 운영 체제는 중세 말 근대 초에 고도로 조직화되어 있었다(카이 2006: 180). 예컨대 '플랑드르 선단'은 4월에 베네치아를 떠나서 런던, 브뤼주, 안트워프로 갔다가 12월에 귀환하는 스케줄에 따라 움직였다. 이 체제는 15세기에 정점을 맞았다가 16세기에 쇠퇴하였다(정확히 말하면 1534년에 최후의 숨을 거두었다). 그러나 사실 이 체제는 국가 독점이었기 때문에 유지되었을 뿐 발전 가능성은 없었다. 사람의 근육을 이용해서 다른 대륙으로 원양 항해를 한다는 것은 애초에 불가능했다. 지중해를 벗어나 북유럽에 갔다 오는 것만 해도 힘에 부치는 일이었다. 1509년에 아주 상황이 좋아서 갤리선 한 척이 서샘튼(Southampton)–오트란토(Otranto) 사이를 31일 만에 항해했는데, 사실 이것은 범선이 통상 할 수 있는 정도의 일이었다.[8]

새로운 시대를 주도한 배는 범선이었다. 유럽의 해양 팽창을 제일 먼저 주도했던 포르투갈과 에스파냐는 국가 주도로 선단을 조직하는 베네치아 방식을 그

8) 1509년에 이탈리아에서 갑자기 전쟁 발발 위험이 커지자 베네치아 정부는 영국에 나가 있던 플랑드르 선단에 연락을 취해 곧바로 귀국하라고 명령했다. 이때 이 선단은 총 2,500마일을 31일 만에 직항으로 항해하여 돌아왔다(Parry 1963: 55).

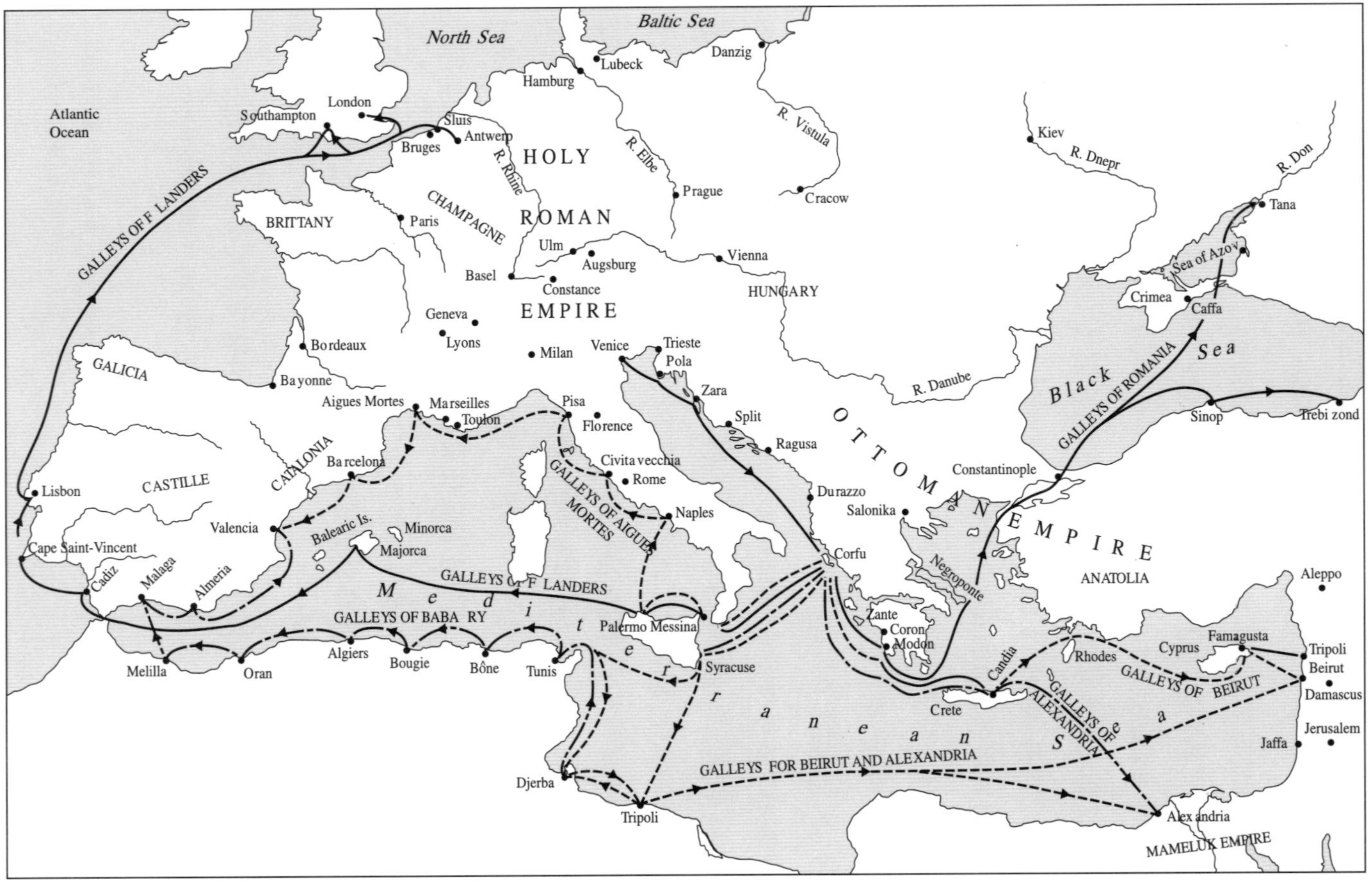

베네치아의 갈리선 선단 체제(15세기)(Scammell 1981: 89)

대로 계승하여 대서양, 태평양, 인도양에서 시행했지만, 그 기반은 갤리선에서 범선으로 바뀌었다.

지중해의 범선의 발전에서 가장 특징적인 것 중의 하나는 라틴(lateen) 범포, 즉 삼각범의 채용이었다. 지중해만이 아니라 유럽의 일반적인 범포는 원래 사각범이었다. 삼각범은 이슬람 문명이 지중해 동부 지역을 장악하면서 전해졌다.[9] 원래 삼각범은 오만 해에서 기원한 것으로 보인다. 이것을 이슬람 문명이 차용하고 또 이것을 지중해에 전달한 것이다. 포르투갈이 삼각범을 제일 먼저 받아들인 것도 이슬람의 영향이 컸기 때문이다. 포르투갈의 해상 팽창의 이데올로기가 이슬람권에 대한 공격이었던 점을 놓고 볼 때 이는 정말로 역설적이다.

근대 초에도 북유럽에서는 여전히 사각범이 일반적이었던 데 비해 지중해 지역에서는 사각범과 삼각범이 함께 사용되었는데, 이는 아주 중요한 결과를 초래했다. 흔히 지적하는 바이지만, 삼각범은 풍향이 자주 변하여 돛의 방향을 수시로 바꾸면서 배의 진로를 잡아야 하는 상황에서 유리하고(요트에 사용되는 돛을 생각해 보라), 사각범은 강한 바람이 일정한 방향에서 불어올 때 큰 동력을 얻는 데에 유리하다. 따라서 원양 항해를 하는 배는 두 종류의 돛을 준비해 두었다가 상황에 따라 다른 돛을 사용하면 매우 효과적으로 항해할 수 있다. 그러나 아랍 세계와 남유럽의 선박에 쓰인 삼각범은 우선 대형 배에는 부적합했고, 다양한 크기의 범포를 준비해 두었다가 여건에 따라 갈아서 올려야 했으므로 힘들고 귀찮은 작업이 필요했다. 반면 북유럽 배는 사각범 하나만 장착해 있었으므로 기본적으로 배의 조종에 한계가 있었다. 이런 단점들을 이겨내고 두 범포의 장점만을 살린다면 좋겠지만 구체적으로 이 문제를 어떻게 해결하느냐 하는 것은 쉬운 일이 아니었다. 그 방식은 선박 디자인을 변경해서 보조 마스트를 설치하고 여기에 모양과 크기가 다른 범포를 거는 것이었다. 15세기에 이베리아 지역에서 이런 실험이 진행되어 적절한 해결책을 찾아냄으로써 원양 항해가 가

9) 삼각범을 오리크(aurique) 범포라고도 하는데, 이는 네덜란드어로 '귀'를 나타내는 오리히(oorig)에서 나온 말이다. 불균등 삼각형 모양이 귀를 닮았다는 데에서 이 말이 생긴 듯하다.

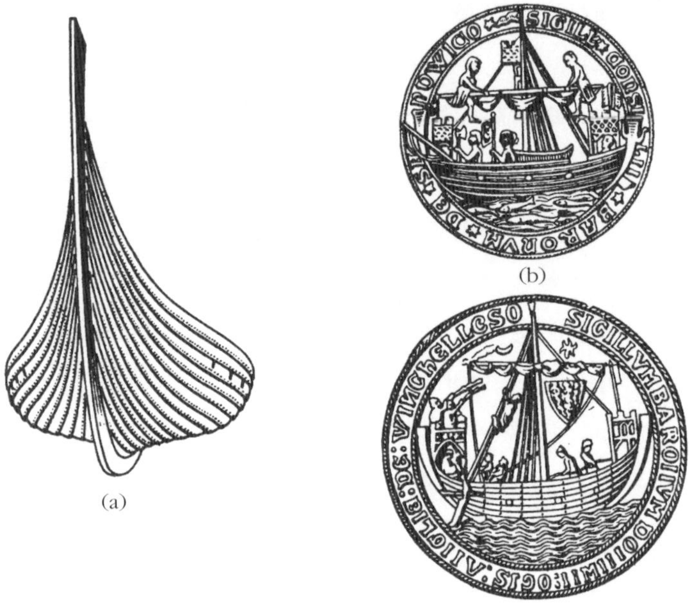

(a) (b) (c)

북유럽 코그선 (a) '곡스타드(Gokstad) 선박' 으로 알려진 북유럽 선박의 판자 겹쳐 잇기, (b) 샌드위치 시 인장에 보이는 코그선, (c) 윈첼 시 인장에 보이는 코그선(Chaunu 1969: 235)

능해졌다고 할 수 있다(Parry 1963: 57-62).

한편 북유럽의 대표적인 배는 코그(cog)선이었다. 이 배의 강점 중 하나는 겹쳐 잇기이다. 즉 지붕 위에 기와를 얹듯이 판재를 겹쳐서 이음으로써 방수 효과를 높인 것을 말한다. 또 한 가지 북유럽에서 발전한 것은 중앙타(中央舵, centerline rudder)이다. 이는 에탕보 키(gouvernail d'étambot)라고도 불리는데 코그선 뒷부분의 만곡에서 유래된 이름이다. 이는 배의 중심축과 같은 방향에 설치한 키(gouvernail axial)로 배 안에서 조종이 가능하다는 점이 매우 중요한 요소이다. 이로 인해 유럽의 배는 조종성이 크게 개선되었다.[10]

10) 초기 선박의 키는 선미 주위에서 배를 젓는 노였다. 그 다음으로 발전된 형태는 배의 선미 쪽 옆면에 45도로 붙인 조타 노(steering oar, 혹은 측타(side rudder)라고도 부른다)였다. 이 다음 단계로 발전한 것이 에탕보 키, 즉 중앙타였다. 중앙타의 설치는 비유하자면 물고기의 꼬리지느러미가 완성된 것과 같다(브로델 1995-1997, 1권: 581).

중앙타가 어디에서 발전해서 어떻게 전파되었는가는 기술사의 중요한 문제인데, 아직 완벽하게 해결이 안 된 상태이다. 중앙타는 유럽이 해양 진출에서 선두를 차지하는 데에 결정적인 공헌을 한 요소의 하나로 거론되지만, 실제 중국에서 천 년 정도 앞서 개발되어 있었다. 유럽에서 중앙타가 쓰인 가장 이른 시기의 증거는 1242년에 북유럽 항구 도시인 엘빙의 시 문장(紋章) 그림이다. 이런 점들을 놓고 보면 중앙타는 중국에서 먼저 개발되었다가 나중에 유럽으로 전해진 것으로 보인다. 그러나 문제는 유럽의 중앙타와 중국의 중앙타의 원리가 다르다는 데에 있다.[11] 그러므로 중국과는 별도로 유럽에서 이 기술이 독자적으로 개발되었을 가능성도 없지 않다.

이상에서 언급한 삼각범, 겹쳐 잇기, 에탕보 키 등의 요소들이 합쳐지면서 발전한 배가 '이베리아의 보석'이라는 캐러벨선이다. 이 배는 북유럽과 남유럽의 결혼에서 잉태된 딸이다. 즉 지중해의 선박들이 북유럽에 라틴 범포를 가르쳐 주었고, 반대 방향으로는 겹쳐 잇기와 에탕보 키가 바스크족 조선소에 전해졌다. 이런 식으로 서서히 융합이 진행되었다. 1430년경에 포르투갈에서 만들어진 배는 겹쳐 잇기를 한 작은 범선으로서 에탕보 키를 가지고 있고, 3개의 마스트에 2개의 사각범과 1개의 삼각범을 가지고 있었다. 삼각범은 배의 길이 방향으로 불균형하게 자리잡아서 배의 회전을 더 쉽게 했고, 그래서 배의 방향을 잡는 데 도움이 되었다. 사각범은 배의 너비 방향으로 설치해서 뒤에서 부는 바람을 잘 잡아 주었다. 이런 배들은 카나리아 제도까지 주로 삼각범을 이용하여 항해해 간 다음 이곳에서 삼각범을 내리고 사각범을 펴서 무역풍을 타고 안틸레스 제도까지 쉽게 갈 수 있었다(브로델 1995-1997, 1권: 581-582).

이 시대에 유럽의 장점은 창의적인 기술 개발이라기보다는 다른 문명권의 기

11) 전문적인 설명을 그대로 옮기자면 중국 것은 'gouvernail axial pivoté'이고 유럽 것은 'pivot fixé à l'etambot'이다. 유럽 것은 험한 바다, 즉 항해가 어렵고 폭풍우가 심한 바다의 산물로서 '북해의 해결안'이다(Chaunu 1969: 279-280). 중국의 중앙타의 최초의 물증은 광동 지방 박물관에 보관된 기원 후 2세기(한나라)의 세라믹 배 모형이다.

카말 사용법 카말(kamal)의 아랫부분을 수평선에 맞추고 북극성이 카말의 윗부분에 보이도록 조정한다. 이때 코에 닿는 매듭을 보고 위도를 계산한다. 대개 특정 매듭마다 그 위도에 해당하는 항구도시가 지정되어 있다(Teixeira da Mota 1963: 49).

술을 수용하고 응용하는 데에 있다고 봐야 할 것 같다.

이와 유사한 또 한 가지 사례로는 나침반의 사용을 들 수 있다(Teixeira da Mota 1963).

항해의 발달을 이야기하면서 흔히 나침반의 사용에 대해 언급하지만, 사실은 오랫동안 나침반보다는 별자리 관측 항해가 더 일반적이었다(Adam 1960: 61-

85). 별자리 관측술의 가장 고졸한 방식은 인도양의 카말(kamal)이다. 이 간단한 도구를 이용하여 별의 고도를 재서 배가 어느 위도에 있는지를 알 수 있다. 특정 항구가 어느 위도상에 있다는 사실을 미리 파악하고 있으므로 위도를 측정하면 원하는 항구를 찾아갈 수 있는 것이다. 이 방식은 19세기 후반까지도 사용되었다. 현재 1835년에 몰디브 선원에게서, 또 1892년에 힌두 선원에게서 구한 실물이 보존되어 있다.

그러므로 아시아의 바다에서 나침반이 일찍부터 사용되었다고 하지만 실제로는 별자리 관측이 더 중요했다. 나침반은 보조적인 도구로서, 예컨대 날이 흐려서 별자리를 관찰하기 어려운 때 사용하였다. 나침반이 유럽에 전해져서 개량되고 더 널리 사용된 것도 같은 맥락에서 이해할 수 있다. 나침반은 대체로 1300년경에 지중해에서 사용된 것으로 보인다. 지중해에서 먼저 사용된 이유는 이 바다가 인도양보다 시계가 불량하여 별자리를 찾는 것이 더 힘들었기 때문이다. 이와 달리 별자리를 찾는 것이 쉬운 인도양에서는 예전의 방식이 오랫동안 이용되었고, 심지어는 포르투갈인들이 아시아에 들어왔을 때 이들 역시 카말을 받아들여 실험한 적도 있다. 유럽인들이 나침반을 더 잘 활용한 데에는 이런 지리적 배경이 작용하였다. 그러나 어쨌든 중요한 것은 별자리를 관찰하는 고졸한 방식보다는 나침반이라는 근대적 방식이 최종적으로 더 결정적인 공헌을 했다는 점이다. 방위도 위에 자침이 붙어 있는 진짜 나침반은 서구의 발명이며, 아마도 지중해에서 개발되었을 것이다. 이에 비해 인도양에서는 나침반이 거의 사용되지 않았다. 아무리 전통적인 경험적 방식들이 발달해 있고 그것이 훌륭하다고 하더라도 그것으로는 결국 한계가 있다. 다른 곳의 기술을 받아들이고 난 후 이를 개량하여 원래 그 기술이 가지고 있던 한계를 돌파하는 것, 원래의 잠재력을 가일층 개발하는 것이 이 시대 유럽의 강점이었다.

이처럼 상이한 기술들을 하나의 목적에 잘 합치는 것은 아마도 성격이 전혀 다른 바다들, 즉 지중해와 북해, 발틱 해로 둘러싸여 있는 지리적 요인과 무관하지 않을 것이다. 각각 다른 필요에 맞추어 개발되었던 여러 기술들이 서로 만

나면서 융합된 것이다. 대항해시대를 주도한 선박이 바로 캐러벨선이었다. 이 배가 소위 '지리상의 발견'에 사용된 것은 조정성이 뛰어나고, 흘수(吃水, 선체가 물에 잠겨 있는 부분의 깊이)가 커서 배의 안정성이 확보되며, 또 많은 선원들을 태울 수 있으면서 무엇보다도 장시간 바다에 머물 수 있어야 한다는 까다로운 조건들을 만족시켰기 때문이다(Chaunu 1969: 285-287). 또 한 가지 이 시대에 이룩한 대단히 중요한 성과는 빠른 속도이다. 캐러벨선은 순풍을 받으면 19세기의 쾌속 범선인 클리퍼(clipper)에 버금가는 속도를 낼 수 있었다. 중세의 느린 배들에 비하면 캐러벨선은 혁신적인 변화를 가져왔으며 기선이 등장할 때까지 더 이상 속도의 상승은 없었다고 할 수 있다(물론 순풍을 받을 때 그렇다는 이야기이고 역풍을 받는 상황에서는 끔찍한 결과가 벌어졌다).

이런 중요한 변화들이 어떻게 해서 15세기에 일어났을까? 원래 해양업 일반, 특히 선박 디자인은 빠른 변화가 힘든 보수적인 부문으로 알려져 있으나 — 선원들은 자신의 목숨이 걸려 있는 문제이므로 배를 잘 골라서 타려고 했으며, 자신에게 익숙하지 않은 구조의 배에 승선하는 것을 거부했다 — 특이하게도 이 시기에 유럽 선박 건조술은 여러 실험적인 요소들을 적용하는 유연성을 자랑했다. 당시 조선업은 길드제 방식으로 조직되어 있었는데, 대개 전근대적인 길드는 성원들의 공평한 이익을 보장하려는 의도에서 변화와 발전을 거부하는 성향을 보이곤 했다. 그러나 조선업에서는 오히려 길드 제도를 통해 기술이 개발되고 전파되는 것이 가능했다.[12]

3) 선박의 크기

여기에서 한 가지 특기할 사실은 15세기 이후에 조선 기술이 눈에 띄게 진화

12) 사실 길드는 경제 팽창기에도 존재했고 쇠퇴기에도 존재했으나 늘 경제 쇠퇴와 연관시켜 이야기하거나 경제 성장의 걸림돌로만 묘사되었다. 이는 길드 해체 이후 시대인 18세기 자유주의 경제학자들의 선전에서 비롯된 것이라고 웅거는 이야기한다. 그는 길드가 기술 개발에 공헌한 긍정적 요소가 있다는 점에 주목해야 한다고 주장한다(Unger 1978: 12-14, 21, 80).

한 것은 사실이지만, 배의 크기가 당장 커지지는 않았다는 점이다. 소위 '대발견(The Great Discovery)' 시대 선박들의 특징은 오히려 크기가 작다는 데에 있었다. 원래 해외 탐험은 위험이 큰 사업이어서 처음부터 대규모 투자가 이루어질 수가 없었기 때문에 여기에 사용되는 선박 역시 소규모였다.[13] 그러나 자본 부족으로 작은 배를 만들 수밖에 없었다는 점 외에 오히려 작은 배가 유리했다는 점도 언급할 필요가 있다. 낯선 해안에 상륙해야 하는 배들은 너무 크면 해안에 좌초할 우려가 있어서 오히려 불리했다. 근대 초에 해외로 나아간 선박들의 평균적인 제원들을 정리하면 〈표 4〉와 같다. 이 표에서 보듯이 실제 '대발견' 초기의 배들은 결코 큰 배들이 아니었다. '대발견'은 소도시의 소수 사람들의 사업이며, 공장이라기보다는 장인들의 공방 수준에서 이루어진 기술 발전에 힘입어 이루어진 것이다(Meyer 1990: 46-48).

사실 대륙 간 항해를 하는 데에 배의 크기는 결코 핵심적인 요인이 아니었다.

표 4. 대항해시대의 선박들

구분	보자도르 이전		희망봉 이전	대서양
톤 수	30톤	50톤	40-50톤	80-100톤
유형	바르크	바리넬	캐러벨	캐러벨
선원	30명		35명	50명
마스트	1	2	3-4	4
돛	사각범	라틴+2사각	2라틴+2사각	
다른 특징	돛과 노 해안을 떠나지 않음		비스케형 대서양을 떠나지 않음	태평양에서 사용 못함
활동 범위	10-15일	6-10개월	1년	18개월
출항 시 화물	거의 없음		거의 없음	5톤

출처: Meyer(1990: 47)의 표를 변형.

13) 초기 원양 항해에서는 선박도 작고 화물도 대개는 물물교환용 저급품들이 많았으며, 따라서 전체 투자 액수는 그리 크지 않았다. 예컨대 1483년 프랑스의 루이 11세가 2척의 배에 300명의 병사를 카보베르데로 보낸 사업에는 1,000에퀴만 소요되었다(Heers 1960: 277-279).

이를 말해 주는 여러 고사들이 있다. 예컨대 바르톨로뮤 디아스, 바스코 다 가마와 함께 항해했던 포르투갈의 수로안내인 페로 달렘케르(Péro d'Alemquer)가 귀국한 후 궁정에서 자기는 어떤 작은 배로도 기니아 해안을 갔다올 수 있다고 자랑하자, 주앙 2세가 그에게 입을 다물라며 꾸짖고 나서, 나중에 그를 따로 불러서는 외국인들이 포르투갈의 경험을 이용하여 이익을 보려는 것을 막기 위해서 그랬노라고 이야기했다는 고사가 그것이다(부어스틴 1986: 417). 원양 항해가 생각보다 쉽다는 사실 자체가 적국에게 알려져서는 안 될 국가 비밀이었던 것이다! 1535년에 디에고 보텔루가 인도제도로부터 푸스타(fusta: 소형 갤리선)를 타고 돌아왔는데 포르투갈 왕은 곧 그 배를 불태우게 했다. 심지어 1610년에 일본에서 멕시코의 아카풀코까지 일본의 정크 선을 타고 항해를 한 적도 있었다. 아시아의 정크 선으로도 태평양을 무사히 건널 수 있을 정도였으므로 기술적인 요인이 원양 항해의 결정적인 조건은 아니었다.[14]

그러나 '발견'과 '탐험'의 시대가 지나가고 '정복'과 '교역'의 시대로 접어들자 상황이 바뀌었다. 낯선 바다와 낯선 대륙을 처음 탐험하는 데에는 오히려 작은 배가 유리할지 몰라도 어느 정도 안정 단계에 이르면 큰 배를 이용한 상업이 유리하게 된다. 그렇다고 모든 항로의 배들이 다 일률적으로 커진 것은 아니다. 그보다는 무역 항로와 운송 화물의 종류에 따라 선박이 특화되는 경향이 나타났다. 주로 곡물, 목재, 소금, 포도주 등을 취급하며 여정이 확실한 북유럽 무역에서는 속력이 빠른 소형 선박이 주종을 이룬 반면, 식료품, 설탕, 담배 등을 운송하는 지중해, 북아메리카 식민지 또는 서인도제도 무역에는 대개 대형 선박이 사용되었다. 한편 노예무역용 아프리카 무역선에는 승선 인원이 가장 많았는데, 이는 노예들의 반란과 높은 선원 사망률에 대비해야 했기 때문이다. 가

14) 원양 항해에서 선박의 발전이 결정적인 요소는 아닐 수 있다는 사실을 극명하게 보여 준 비교적 최근의 사례가 있다. 1851년 오사카에서 교토로 향하던 정크 선이 돛대와 키를 잃은 채 17개월간 표류한 적이 있다. 이때 17명의 선원 중 3명이 생존해서 캘리포니아의 산타바바라 연해에서 미국 선원들에 의해 구조되었다. 이것은 아주 초보적인 배로 태평양을 건너는 일도 가능하다는 점을 보여 주는 사례이다(크로스비 2006: 77).

표 5. 에스파냐의 아메리카 항해 선박

연도	선박 수	전체 톤수	평균 톤수
1506-1555	2,500	380,000	150
1555-1600	3,800	780,000	205
1600-1650	3,800	950,000	250

출처: Meyer(1990: 72).

장 큰 배들은 동인도회사 소속 배들이었다. 이 배들은 2년 이상의 항해에도 견디어낼 만큼 많은 인력과 물자를 실어야 했기 때문이다.

아시아와 교역하는 선박과 아메리카와 교역하는 선박을 비교하면 뚜렷한 차이를 확인할 수 있다. 인도로 가는 포르투갈 선박들은 크기가 매우 커서 16세기 전반에 이미 평균 400톤이었다가, 이 시점 이후 더욱 커져서 750톤에 이르렀고 약 1,000명 정도가 승선했다. 이에 비해 에스파냐의 아메리카 항해 선박들은 〈표 5〉에서 보듯이 훨씬 작았다.

에스파냐의 아메리카 항해에는 포르투갈의 아시아 항해에 비해 10배나 많은 배가 투입되었지만 대신 소형 선박들 위주였다. 물론 이 경우에도 시간이 지나갈수록 배의 크기가 커져서, 16세기 전반부터 50년마다 평균 50톤꼴로 상승하였다(Meyer 1990: 65-75).

이런 복잡다기한 변화에서 어떤 의미를 찾을 수 있을까?

우선 강조하고 싶은 바는 유럽의 변화는 다른 문명권과 비교해 봐야 올바르게 해석할 수 있다는 점이다. 앞에서 언급한 것처럼, 이 시기까지 세계에서 가장 큰 배는 정화의 원정에 사용되었던 중국의 보선(寶船)이었다. 이 배는 1800년대 이전 영국 해군의 가장 큰 배보다 3배 이상 큰 배였다(Pomeranz and Topik 1999: 51). 보선은 어쩌면 극단적인 사례여서 비교 대상으로 맞지 않다고 할 수 있다. 그렇지만 일반 선박들과 비교해 봐도 유럽 선박이 우월하다고 할 수는 없다. 근대 초에 '종(jong)'이라고 불리는 동남아시아 선박들은 대개 400-500톤의 크기에 1,000명 정도가 승선할 수 있는 큰 배였으며, 유럽 선박에 비

해 여러 장점들을 갖추고 있었다.[15]

근대 초에 유럽의 배들이 규모가 커지고 디자인이 개선되었다고는 해도 오늘날의 관점에서 보면 이 배들은 실로 가소로운 수준이라고 하지 않을 수 없다. 사실 이 배들은 오늘날 한강 유람선(약 280톤급)만 한 배들이었다. 근대 초 유럽의 원양 항해는 비유하자면 한강 유람선을 타고 인천을 떠나 인도양과 희망봉을 거쳐 유럽까지 항해하고 돌아오는 행위에 해당한다. 유럽의 해양 탐사를 설명하면서 '진취적인 용기' 운운하는 것은 순전히 레토릭만은 아닌 것이다. 이런 작은 배를 타고 육지가 보이지 않는 먼 바다로 나아가서 다른 대륙으로 항해해 가기 위해서는 무엇보다도 죽음의 공포를 넘는 용기가 필요하다. 이는 오늘날 우주선을 타고 다른 별로 가는 것과 유사한 경험일 것이다.

여기에서 우리는 이런 질문을 던져 봄직하다. 선박과 해운업의 발달은 근대 이후 해양 세계의 팽창에서 어느 만큼 공헌을 한 것일까?

해양 팽창에서 선박과 해운업의 발전이 중요한 요소라는 점은 분명하다. 해운 비용이 지나치게 높다면 바다를 통한 세계의 소통은 불가능했을 것이다. 그렇다면 실제 해운 비용은 어느 정도 하락했을까? 유럽의 장거리 해상 수송의 비용을 분석한 메너드의 연구에 의하면 1480-1620년대의 기간에 유럽의 해상 수송비용이 지속적으로 하락한 것이 사실이다. 이 기간 중 해운 비용은 연평균 1.2%씩 떨어졌다. 그러나 사실 이것은 기준 시점을 어떻게 잡느냐에 따라 다른 해석이 가능하다. 14세기 초부터 18세기까지 장기간에 걸친 해운 비용의 변화를 분석해 보면 다른 결론이 나온다. 18세기 중엽의 해운 비용은 중세 말과 비교해 볼 때 그리 큰 차이가 나지 않는다. 조선업의 발전으로 인한 생산성 증대는 같은 기간 중 농업이나 상업의 생산성 증대보다 못한 것으로 나타났다. 포스탄이 지적하듯 장기간의 교역 발전은 수송의 발전보다는 상품 가격 하락 덕분

15) 종 선박의 특징들은 다음과 같다: ① 쇠를 전혀 쓰지 않고 나무 못이나 열장이음(dovetail) 등의 방식을 쓴다; ② 선체에 여러 겹의 외피를 두른다; ③ 2개의 측타(quarter-rudder)를 사용한다; ④ 여러 개의 마스트를 쓴다(Manguin 1980).

이라고 할 수 있다(Menard 1991: 274-275).

선박의 발전은 전 세계 상업 발전을 '뒷받침' 했다고 할 수는 있으나 그것을 '추동(drive)' 했다고 할 수는 없다. 그렇게 된 이유는 해상 수송의 성장 · 발전이 기술 혁신보다는 주로 선원에 대한 착취에 기인했기 때문인 것으로 보인다.

4) 원양 항해의 위험

원양 항해는 실로 위험이 가득한 모험이었다. 영국의 유명한 해군 지휘관 조지 앤슨(George Anson, 1697-1762)의 항해는 이 점을 잘 보여 주는 사례이다(소벨 · 앤드루스 2002: 42ff).

1741년 앤슨의 소함대 7척이 남아메리카 최남단의 혼 곶(Cape Horn)을 돌아서 대서양에서 태평양으로 건너가는 항해를 하다가 격심한 폭풍우를 만났다. 앤슨이 타고 있는 센추리언 호와 나머지 배들은 헤어져 서로 찾지 못하는 상태였다. 선원들에게서는 벌써 괴혈병 증세가 나타나서 매일 6-7명이 사망하고 있었다. 폭풍우는 잠잠해졌다가 다시 기세를 높이며 일어나는 일을 반복하면서 무려 58일 동안 이 배를 괴롭히고 있었다. 이 상태에서 앤슨은 대략 남위 60도의 위도선을 따라 계속 서진하여 아메리카 최남단의 티에라 델 푸에고로부터 약 200마일쯤 서쪽에 와 있는 것으로 짐작했다. 드디어 폭풍우가 어느 정도 진정되었을 때 급선무는 북쪽으로 뱃머리를 돌려 후안 페르난데스 섬(오늘날에는 로빈슨 크루소 섬이라고 불린다)을 찾아가서 신선한 물과 식량을 보충받아 지친 선원들을 살리는 일이었다. 그런데 넓은 대양을 항해한다고 생각하면서 북쪽으로 나아가고 있었는데 갑자기 안개가 걷히는 순간 바로 정면에 육지가 나타났다. 그곳은 티에라 델 푸에고의 서쪽 끝인 누아르 곶(Cape Noire)이었다. 이 배가 계속 서쪽으로 항해하여 남아메리카 대륙 끝을 완전히 빠져나가 태평양에 와 있다고 생각했지만 사실은 폭풍우에 밀려 제자리걸음을 하고 있었던 것이다. 할 수 없이 다시 서쪽으로 더 항해한 다음 북쪽으로 방향을 돌려 후안 페르난데스 섬을 찾아야 했다. 그러는 동안에도 선원들은 계속 죽어 갔다. 드디어 이해 5월 24일, 배는 후안 페르난데스 섬과 같은 남위 35도상에 이르렀다. 이제 남은 일은 이 위도상에 있는 섬을 찾아가는 것이었다. 그런데 문제는 섬이 현 위치에서 동쪽에 있는지 서쪽에 있는지 알 수 없다는 점이었다. 앤슨은 서쪽으로 가야 한다고 판단했고 나흘 동안 필사의 항해를 했다. 그러나 섬은 나타나지 않았다. 암만해도 방향을 잘못 잡았다고 생각한 앤슨은 뱃머리를 반대로 돌려서 같은 위도를 따라 동쪽으로 항해해 갔다. 이틀 동안 항해해 갔을 때 눈앞에 산맥이 남북으로 달리는 남아메리카 해안을 만나게 되었다. 충격적이지만 이틀 전에 뱃머리를 돌린 지점에서 조금만 더 항해했으면 섬이 나왔을 텐데 그때 방향을 돌렸던 것이다. 할 수 없이 다시 배를 돌려 왔던 길을 다시 가야 했고, 결국 6월 9일이 되어서야 후안 페르난데스 섬에 도착했다. 헤매는 2주 동안에만 80명이 더 죽었다.[16]

대항해시대라고 하지만 이때의 항해술은 여전히 초보적인 수준에 머물러 있었다. 소위 '추측항법(dead reckoning)'은 바다 위에 측정기(測程器, log, 줄이 풀리는 정도에 따라 배의 속도 및 주항 거리를 재는 장치)를 던져 놓고 이 임시 이정표로부터 배가 얼마나 빨리 멀어지는지를 관찰하는 방식이었다. 이런 식으로 대충 구한 측정치를 항해일지에 기록한 다음 별이나 나침반으로 확인한 진행 방향과 모래시계 등으로 잰 거리의 통과 시간 등을 함께 적고 마지막으로 해류나 바람 따위의 영향을 감안하여 최종 계산을 했다(소벨 2002: 38-39). 이런 수준의 항해는 위험할 수밖에 없었다.

16) 이런 일이 벌어진 이유는 당시 과학 기술 수준에서 위도는 비교적 정확하게 알 수 있지만 경도는 오리무중이었기 때문이다. 경도를 파악하려면 배가 위치한 곳의 시각과 동시에 기준 지역의 시각을 알면 된다. 두 지역의 시각을 알면 그 시간 차이를 지리적 거리로 환산할 수 있기 때문이다. 이를 위해서는 배가 세계 어느 곳에 있더라도, 또 선상의 조건이 어떠하더라도 정확한 시간을 알려주는 시계가 필요하다. 1714년 영국 의회는 이 문제를 해결한 사람에게 거금을 주기로 의결했다. 이 문제를 푼 사람은 영국의 시계공인 존 해리슨이었으며 우여곡절 끝에 1773년에 의회가 그에게 상금을 수여했다(소벨 2002: 30-34, 45-47).

그렇다면 실제로 원양 항해 시 사고 발생 비율은 어느 정도였을까? 인도 항해를 예로 들어보자. 고디뉴(M. Godinho)의 연구에 의하면 포르투갈의 선박들이 인도로 갈 때에는 3-4월에 출발해서 9-10월에 도착했고, 포르투갈로 귀환할 때에는 12-1월에 출발하여 6-9월에 도착했다. 따라서 왕복 항해에 모두 20개월 가까운 시간이 소요되며 이 긴 기간 중에 사고가 날 위험성이 매우 높았다. 1600-1635년 중 912척이 리스본을 출발했는데, 이 가운데 어떤 이유에서든 60척이 곧바로 회항했고(6.5%), 84척이 가는 도중 실종되었으며(9.2%), 목적지에 잘 도착한 배는 768척이었다(84.2%). 리스본으로 회항한 배를 제외하고 실제로 아시아를 향해 떠난 배 852척만 고려하면 10%의 배가 중간에 사고를 당했으니 사고율이 상당히 높은 편이었다. 이를 1년 평균으로 계산하면 매년 2-3척꼴로 '대형 사고'가 난 셈이다. 한편 인도에서 유럽으로 귀환하는 배들을 보면, 너무 상태가 나빠져서 못 돌아오거나 현지에서 순찰용으로 쓰게 된 배들을 제외하고 모두 510척이 귀환길에 올랐는데, 이 가운데 75척이 침몰하고 435척이 무사히 도착했다. 그러므로 귀환길에서 사고가 난 비율은 14.7%로서 인도로 갈 때보다 더 높았다. 전체로 보면 리스본을 떠난 배 852척 중에 중간에 침몰한 배가 전부 159척으로서 사고율은 약 20%에 달했다.

포르투갈 선박만 이렇게 높은 사고율을 기록한 것은 아니다. 네덜란드 동인도회사의 경우에도 해상 위험이 대단히 높아서 일정한 수의 선박을 잃는 것을 당연시하였다. "동인도회사 사람에게 물어보니 1년에 5-6척을 잃는다 해도 겨우 5-6%에 불과한 손해라고 극히 차갑게 이야기했다"라는 것이다.[17]

침몰 사고 기록을 보면 선원들이 얼마나 위험한 상황에 처해 있었는지 알 수 있다. 1662년 2월 11/12일에 네덜란드 동인도회사 소속의 아른헴(Arnhem) 호가 귀국길에서 침몰 사고를 당했을 때 폴케르트 에버르츠(Volckert Evertsz)라는 사람이 생존해서 기록을 남겼다. 구명선에 사람들이 너무 많이 타서 위험하

17) *A Description of Holland, or the Present State of the United Provinces*, London, 1743, Boxer (1979: 48, 81)에서 재인용.

게 되자 선장은 주저 없이 선원 40명을 추려서 바다에 던졌다. 이를 본 목사가 "신께서 원하시면 우리 모두를 살려주실 것입니다"라며 항의하였다. 그러자 구명선에 있던 선원들은 "영적으로 말하자면 그렇겠지만 실제 위험이 어떤 것인지는 우리가 더 잘 압니다" 하고 대꾸하더니 13명을 더 바다에 던졌다. 그때 아주 수영에 능한 암본 출신의 무슬림 선원 하나가 헤엄쳐 와서 뱃전을 잡자 배 안의 선원들은 손을 자르겠다고 협박하며 배에 오르지 못하게 막았고, 결국 이 사람은 바다에 빠져 죽었다. 이 배는 그 후에도 5명을 더 바다에 던지고 나서 9일 뒤에야 모리셔스에 도착할 수 있었다.

근대 초의 해양 항해는 많은 사람들의 희생을 대가로 이루어진 위험에 찬 사업이었다. 선박과 항해술이 발전하여 세계 각 지역 간의 소통이 가능해졌지만 해상 위험이 크게 줄어든 것은 결코 아니었다. 이 시대 해상 사업은 문자 그대로 모험 사업이었다. 그러나 처음에 소자본을 가지고 시작한 '벤처 기업'은 시간이 지나면서 점차 확장되었다. 초기의 위험 요소들이 어느 정도 정리되고 수익 가능성이 확인되자 지금까지 사업의 전망을 주시하던 대자본과 정부도 간여하게 되었다. 그리고 변방 국가만이 아니라 중심 국가들도 이 사업에 뛰어들게 되었다. 선박도 커지고 항해의 전체 규모도 폭발적으로 커졌다. 여전히 위험성은 컸지만 그것을 내부적으로 소화할 수 있는 체제가 형성되어 갔다. 이렇게 대자본과 국가가 결탁하면서 자본주의 발전이 본격화되었다. 그러나 이런 발전의 이면에는 그런 위험을 실제 몸으로 감내한 선원들이 있었다는 것을 잊지 말아야 한다.

2. 선원들의 세계

근대 초에 유럽이 전 지구적인 해상 수송망을 만들어 낸 것은 분명 놀라운 성취임에 틀림없다. 그러나 그것은 수많은 사람들의 고통 위에 만들어졌다. 무엇보다도 원양 항해를 직접 수행한 선원들이 첫 번째 희생자였다.

1) 선상 생활

이 시대 원양 항해의 선상 생활은 어떤 모습이었을까? 그 실상을 구체적으로 보기 위해 네덜란드 한 선단의 아시아 항해 기록을 살펴보도록 하자.[18]

1595년 4월 2일, 이 선단은 암스테르담을 떠나 남서쪽 방면으로 출항했다. 초반 항해는 아주 매끄럽게 진행되었다. 4월 19일에 이미 카나리아 제도를 지나갔고, 4월 26일에 베르데 제도의 마요(Mayo)섬에 상륙했다. 그러나 그 다음부터 사정이 아주 안 좋아졌다. 6월 4일이 되어서야 적도를 넘었고 6월 27일에 브라질 해안을 보았다. 그들이 얻은 정보를 통해 포르투갈 선박들이 이 지점에서 방향을 전환한다는 것을 알고 있었기 때문에 그들도 똑같이 방향을 바꾸었다. 이때까지의 항해 일수는 이미 87일이나 되었다. 벌써 괴혈병 문제가 심각한 수준에 이르렀고, 이제 북반구 선원들에게 익숙한 별자리가 사라졌으므로 항해가 쉽지 않았다. 그나마 다행인 것은 포르투갈인들에게 얻은 정보대로 검은색과 흰색 깃털이 박혀 있는 새들을 볼 수 있었다는 것이다. 이런 수준의 정보에 기대어 그들은 아프리카 남해안을 향해 갔다.

8월 2일에 육지를 보게 되었을 때 선원들은 환성을 질렀다. 그리고 그곳 사람들에게 말편자와 나이프를 주고 소와 양 몇 마리를 얻었다. 그러나 이것으로 병자들을 치료할 수는 없었으므로 물자 보급 및 휴식 장소로 알려진 마다가스카르섬을 빨리 찾는 것이 급선무였다. 그러나 이 지역에서 역풍과 역류를 만나서 배는 몇 번이고 뒤로 물러났다. 그래서 희망봉을 지나고 나서 무려 두 달이

18) 이는 네덜란드 동인도회사의 전신인 선구회사(先驅會社, voor-compagnien) 중의 하나가 아시아로 선단을 파견한 기록이다. 이 항해는 완전히 낯선 바다로 떠나는 모험과 완전히 익숙한 항로를 따라가는 항해의 중간 정도에 해당한다고 할 수 있다. 당시 이 선단은 아시아로 처음 항해를 하는 것이었으나 대신 포르투갈인들로부터 이 항로에 대해 상당히 많은 정보를 입수해 가지고 있었다(Masselman 1963).

지나서야 마다가스카르 섬 남서쪽의 성오거스틴 만에 닻을 내릴 수 있었다. 이때까지 모두 71명이 사망했다. 선원들은 이곳에 시체를 묻고 이 지역을 "홀란드의 묘지"라고 명명했다.

여건이 나쁘게 돌아가자 선원들 사이에 분란이 끊이지 않았다. 배 한 척의 선장이 사망하자 그 후임자를 정하는 문제 때문에 싸움이 일어났다. 회사 측의 지시 서한을 공개한 결과 특정 인물이 후임으로 정해졌지만, 선원들 중에 반대하는 사람이 많아서 분쟁이 계속되었다. 이런 종류의 문제는 언제나 있었고, 해결하는 것도 쉽지 않았다. 그렇지 않아도 거친 사람들이 좁은 공간에 갇혀서 살아가다 보니 스트레스가 워낙 심해서 평화롭게 문제를 해결하는 분위기가 조성되기 어려웠기 때문이다.

이러는 사이에 인도양을 항해하는 데에 유리한 몬순을 놓쳐 버렸다. 인도양 항해의 가장 큰 특징 가운데 하나는 항해 일정이 몬순에 의해 완전히 정해져 있다는 점이다. 그런데 시기를 놓치자 이들은 풍향이 바뀌기를 하염없이 기다리다가 결국 4개월을 허비한 다음에야 수마트라에 갈 수 있었다. 이때까지도 선원들 간의 분란이 채 정리되지 않았으므로, 선단 위원회는 이제 목표 지점에 거의 도착했기 때문에 확실하게 문제를 정리해야 한다는 생각에서 분쟁의 대상이 되는 한 사람을 소환하여 심리를 벌였다. 그를 사형에 처해야 한다는 의견이 많았지만 최종적인 결론은 이 사람을 귀국할 때까지 쇠로 만든 우리에 가둔다는 것이었다. 이런 극단적인 조치는 문제를 잠시 진정시키는 효과는 있었지만 오래 가지는 못했다. 선상 질서는 여전히 엉망이었다.

드디어 목적지인 반탐에 도착했을 때 그나마 다행으로 이곳의 국왕이 이들을 환대했다. 이때는 네덜란드를 떠난 지 거의 15개월이 지난 뒤였다. 그러나 동남아시아에 도착하고서도 이들의 행로는 아주 험난하였다. 일부 선원들이 현지인들에게 붙잡혀서 포로 생활을 하다가 신속금을 내고 간신히 풀려나기도 하고, 반대로 그들이 지나가던 정크 선들을 공격해서 노략질을 하기도 했다. 또 어떤 지방을 포격하여 영주를 살해했기 때문에 상륙을 하지 못하고 더 먼 곳으로 달아나기도 했다. 그 와중에 어느 곳으로 갈 것인가를 놓고 방향을 잡지 못해서 늘 선원들 간에 싸움이 벌어졌으며, 급기야는 독살 사건도 일어났다. 자바섬에 이르렀을 때에는 원래 출발했던 당시의 인원 248명 가운데 94명만이 생존해 있었다. 그동안 강한 햇볕을 쐬며 열대 바다를 항해한 배의 상태는 최악이었다. 선재의 이음매에는 엄지손가락만 한 구멍들이 생겨났고 배 바닥에는 삿갓조개와 해초가 붙어서 길게 자라고 있었다. 일부 배들은 아예 한쪽으로 기울어진 채 항해했다. 이런 상황에서 더 동쪽으로 가야 할지 서쪽으로 되돌아가야 할지 갈팡질팡하며 싸워댔다. 돌아가는 길에 들른 발리섬에서는 거래는 없었으나 주민들이 친절하게 이들을 맞이하였다. 급기야 이곳의 여유 있는 삶의 방식과 아름다운 여인들에 매혹된 선원 2명이 도망쳐서 이 섬에 잔류했다.

마침내 1597년 2월 26일에 귀향길에 오른 이 선단은 5개월 반이 더 지나서 네덜란드의 텍셀에 도착했다. 전체 항해 기간은 2년 반이었으며, 처음 떠난 148명 가운데 89명만이 귀환했지만, 이 가운데에서도 7명이 도착 직후 괴혈병과 다른 질병 때문에 곧 사망하였다. 처음에 싣고 간 은화는 미처 다 쓰지 못하고 일부를 남겨서 가지고 왔다. 이런 정도이니 아시아에서 가지고 온 상품도 그리 신통치 못했다. 245자루의 후추, 75통의 육두구(nutmeg, mace), 그리고 약간의 중국 도자기가 전부였다.

2) 선원들의 삶

앞의 예에서 보듯이 이 시대의 항해는 고통의 연속이었으며, 선원들의 삶은 힘들고 비참하고 대개 짧았다. 선원들은 극히 비인간적인 상황에 몰려 있었다. 선박은 근대 자본주의를 형성한 중요한 요소로서, 근대 공장과 유사한 존재였다. 이 관점에서 보면 선원들은 공장 노동자의 선구적인 존재, 최초의 프롤레타리아 계층이라고 할 수 있을 것이다. 파이프를 문 마도로스의 멋진 모습과 같이 우리가 선원에 대해 가지는 낭만적인 이미지는 실제의 모습과는 거리가 한참 멀었다. 근대 초 선원의 실제 생존 양태는 늘 죽음 앞에서 고통받는 비참한 존재였다. 레디커는 이에 대해 다음과 같이 설명한다.

> 평선원은 악마와 검푸른 바다 사이에 끼여 있다. 한편에는 선장이 있다. 선장은 상인과 관리의 지원을 받으며 거의 폭군과 같은 권력을 휘두르고 있었다. 이러한 모습은 얼마 지나지 않아서 전 세계를 무대로 할거하게 되는 자본주의 체제의 전조이기도 했다. 한편 반대쪽에는 위험하고 강력한 자연력이 버티고 있었다. 그는 인간이 만든 위험과 자연이 만든 위험 사이에 낀 존재이다. 질병과 저임금에 시달리며 고통스럽게 살았던 이 노동자 집단을 고려하지 않는다면 해상 무역이라는 거대한 수레바퀴를 힘들게 돌렸던 수많은 사람들의 삶을 간과하는 것이 될 것이다. […] 선원은 가장 초기의 그리고 최대의 자유 임금노동자 집단들 가운데 하나였다. 그들의 경험은 여러모로 후에 나타나는 산업혁명을 가리키고 있었다.(레디커 2001: 14, 17)

대체로 1700-1750년의 기간 중에 2만 5,000명에 달하는 거대한 노동자군이 해운업에 집중되었던 것으로 보인다(레디커 2001: 79-89, 109).

그렇다면 누가 선원이 되는가? 선원 생활이 말로 하기 힘들 정도로 혹독하다는 것은 널리 알려져 있었기 때문에, 선원 가운데 원해서 된 사람은 하나도 없고 모두 생계를 이어가기 위해서 노동력을 파는 것 외에 선택의 여지가 없었던 사람들이었다. 이들은 대개 10대 후반이나 20대 초반에 바다로 나갔다. 한마디로 선원들은 가진 것 없는 가난한 젊은이들 집단이었다.

선원들은 어떤 일을 하는가? 선상에는 전문적인 기술을 요하는 직무도 있었지만 대부분의 평선원들은 주로 근육의 힘을 요하는 허드렛일을 했다. 해운업의 본질은 상품의 수송이므로 선상 노동은 기본적으로 화물 및 배의 취급과 관련된 두 종류의 작업이었다. 이런 일들은 갈수록 표준화되어 갔고 분업이 진행되었다. 이런 점에서도 선박은 공장의 선행 형태라 할 만했다.

해상 운송업이 발달하면서 갈수록 선박 규모에 비해 선원 수가 줄어드는 경향이 있었다. 예컨대 전형적인 200톤급 무역선인 버지니아 호의 선원 수는 1700년에는 20-21명이었으나 1756년에는 16명, 1770년에는 13명이 되었다.

따라서 선원 1인당 취급하는 화물의 톤수도 시간이 갈수록 증가했다. 이는 화주나 선장에게는 생산성의 증가일지 모르지만 선원들에게는 단순히 더 많은 일, 즉 착취의 증가였다. 선원들은 대개 자신의 배에 인력이 너무 적다고 불평을 하곤 했는데, 이는 틀린 말이 아니었다.

평선원들의 생활수준이 워낙 열악해서 지원자를 구하기 힘들어지자 이들의 고용 과정 자체도 점차 더 폭력적으로 되어 갔다. 구체적인 선원 모집 과정을 보자.[19]

암스테르담에서는 특이하게도 여관 주인이 선원 모집 일을 맡아서 했는데, 평판이 좋을 리가 없는 이 사람들은 "영혼 장사꾼" 혹은 "고양이 · 개(cats and dogs)"라고 불렸다. 이들로서는 어쨌든 노예를 잡아다가 배에 태우는 것은 아니므로 사람들을 어떻게든 설득해서 배에 타도록 만드는 것이 중요했다.

배에 타기로 약속한 사람들은 축축한 지하실이나 바람이 들이치는 다락방에서 최소한의 식량이나 심지어는 음식 찌꺼기만으로 연명하며 오랜 기간 기다린다. 12월 어느 날 트럼펫, 피리, 드럼 소리와 함께 암스테르담 시내에서 소집 행진이 벌어지고 지원자들이 계약서(Letter of Transport)에 서명하면 회사 측이 이들에게 돈을 지불해 준다. 이 돈으로 그동안의 밥값과 술값을 지불하고, 남은 돈으로 모자, 베개, 담요, 나이프 등의 개인용품을 구입한다. 이때 여관 주인들 역시 그들이 모집해 제공한 사람들 수에 비례해서 회사로부터 증서를 받는다. 이 증서는 앞으로 선원들이 버는 돈의 일정 부분을 여관 주인에게 주기로 약속하는 내용으로 되어 있다. 적어도 증서상으로는 여관 주인이 큰돈을 버는 것으로 되어 있지만 사실은 그렇지도 않다. 배가 침몰하거나 자기가 데려다준 선원이 죽는 경우 지불이 중단되기 때문이다. 해당 선박이 인도에서 돌아와서 선원이 실제로 일을 잘 수행했다는 기록이 도착해야만 회사가 돈을 지불해 주었다. 그러므로 실제 돈을 만지는 것은 아주 먼 뒷날의 일이었다. 그때까지 기다릴 여

19) 암스테르담에서 동인도회사 선단의 선원 모집 관련 사항이다(Masselman 1963: 244-246).

유가 없으므로 여관 주인은 증서를 미리 할인해서 판매했다. 할인율은 심지어 72%까지 이를 정도로 대단히 높았다. 여유 있고 자본이 풍부한 상인들이 이 증서를 구입했으므로 결국 큰돈을 버는 사람들은 이 상인들뿐이고 여관 주인은 겨우 연명하는 정도에 불과했다. 지원자들 중 다수는 처음 배를 타는 사람들이었으니, 제대로 적응하지 못한 이런 사람들이 많이 희생되는 것도 당연한 일이었다.

이 경우는 그나마 최소한 본인이 자원하여 계약하는 형식이었지만 필요한 선상 인력을 채우는 것이 갈수록 힘들어지자 영국에서는 강제징모대(press-gang)가 동원되었다. 선원들은 구릿빛 얼굴, 문신, 다친 손 등 한눈에 알아볼 수 있는 특이한 특징들을 내보이기 마련이다. 그래서 항구를 샅샅이 훑으며 함선에서 일할 자들을 찾아다니던 강제징모대에게 이들은 손쉬운 표적이 되었다. 해군 선박은 티푸스 때문에 일반 상선들보다도 더 위험한 것으로 알려져 있었다. 그러므로 강제징모대에 의해 징발된 사람들은 마치 형장에 끌려가듯이 배에 탔다. 실제 강제로 징모당하는 사람들 중 거의 반 정도가 바다에서 죽었다. 이를 피하기 위해 사람들은 상처를 황산으로 태워서 괴혈병처럼 보이게 하기도 했고 온갖 종류의 마비, 발작 등을 가장하는 식의 자해를 서슴지 않았다(레디커 2001: 40, 21-23, 82).

런던의 알선업자들 역시 악랄하기는 마찬가지였다. 이들은 "촌뜨기나 뜨내기처럼 보여서 이곳의 습관을 모른다고 생각되는 이들 또는 거처나 직업 없이 거리를 배회한다고 보이는 이들은 누구나 꾀어 들이는 자들"이었다. 이들은 사람들에게 두둑한 임금을 약속했고 때로 선금을 내밀기도 했다. 제안을 받아들인 사람들은 수습선원이 되거나 아메리카에 계약제 노예로 팔렸다. 알선업자들은 선원들을 빚이라는 올무에 걸려들게 만드는 데 명수였다. 그래 놓고는 빚더미에 앉은 선원들을 대상으로 빚을 갚는 대가로 배에 타게 만들었다. 때로는 그나마 이런 원칙도 없이 선술집을 급습하여 술에 곯아떨어진 선원들의 손발을 묶어서 끌고나와 가두었다가 일손을 찾는 선장에게 넘기기도 했다.

이런 식으로 선원을 모집하다 보니 선원의 자질이 떨어지는 것도 당연한 일이었다. 선원 모집업자들은 아무나 데려다주고 돈을 챙기는 데에만 관심이 있었고 배에 훌륭한 선원이 탈지 무자격자가 탈지는 전혀 상관치 않았다. 그들은 지원자를 속이는 만큼 선장을 속이는 것도 서슴지 않았다. 즉 계약 시에는 건강한 사람을 데려와서 가명으로 등록시키고 실제 승선 시에는 다른 약한 사람을 태우는 일이 비일비재했다. 배에 아무나 타다 보니 선원들은 그야말로 여러 나라 "잡종의 사람들"로 가득 차게 되었다. 선원들의 알코올 중독까지 더해져서(특히 중국의 독주가 문제였다) 선장이 선원을 통제하는 것이 갈수록 힘들어진다는 불만이 자주 나왔다. 인도 항해를 하는 선장들이 볼 때 "이런 배들이 잘 도착한 것이 거의 기적에 가까웠다."(Boxer 1979: 10, 53-54)

항해에서 돌아온 선원들은 주머니에 두둑한 돈을 가지고 있게 마련인데, 그 돈으로 안정된 삶을 살기보다는 곧 그 돈을 탕진해 버리고 다시 배에 타는 사람들이 태반이었다. 무엇보다도 이들은 소매치기의 대상이었을 뿐 아니라, 그들 자신이 돈을 주체하지 못하고 낭비하곤 했다. 선원들의 심성은 돈을 모으기보다는 그날그날 써버리는 경향이 강했다. 그래서 귀국한 선원들은 돈 가치를 모르는 사람으로 알려졌다. 이들의 별명은 "사피탄(sapitan)"이었는데 이는 말레이 어로 "아무려면 어때!(who cares, what the hell)"라는 말이다. 이들의 행태는 실로 한심하기 그지없었다. 어떤 선원은 마차 세 대를 세내서, 한 대에는 자신의 모자를 싣고, 다른 한 대에는 자기 파이프와 담뱃갑을 싣고, 마지막 한 대에는 자신이 타고는 암스테르담을 돌아다녔다. 그래서 얼마 안 있어 돈이 떨어지면 다시 여관 주인이나 알선업자에 의해 배를 타게 되는 것이다(Masselman 1963: 250).

선상 생활은 고통스럽고 위험했다. 뱃일은 사실상 감금과 같았다. 배 안의 공간은 너무 좁았다. 그나마 남은 공간은 화물과 바닥짐으로 차 있어 제대로 움직이기도 힘든 상황이었다. 선원 거주 구역은 콩나물시루 같아서 공간을 최대한 활용하기 위해 해먹을 걸어두고 거기에서 잠을 잤다. 이렇게 제한된 공간에서 강압적인 권위와 기율 아래 엄격히 통제된 생활을 해야 하는 것은 육체적으로나 정신적으로 큰 고통이었다.

선상의 어려움을 더하는 중요한 요소 중의 하나는 보급의 부족이었다. 신선한 음식은 출항 후 몇 주 안에 다 떨어졌고 맥주도 오래가지 못했다. 그러면 염장 고기, 저장 생선(stockfish), 콩이 주식이 되었다. 음식에서 구더기가 나오는 것은 〈전함 포템킨〉 같은 영화에만 나오는 일이 아니라 실제로 얼마든지 있는 일이었다. 버터, 식초, 올리브기름이 소량 지급되어서 음식 맛을 개선하는 데에 쓰였다. 가장 심각한 문제는 식수의 부족이었다. 물은 쉽게 상했다. 썩어서 찌끼가 뜨고 악취가 심한 물을 마시는 일은 고역이었다. 이런 물을 마시려면 코를 잡고 이를 앙다물어서 찌끼를 걸러내면서 마셔야 했다. 이런 문제를 일으키는 요인이 나무통이라는 사실은 아주 늦게야 알려졌다(Parry 1963: 73). 해결책은 금속 용기를 쓰는 것이었으나, 이는 상당히 뒤늦은 시기에 도입되었다. 일부 사람들은 갈증을 이기기 위해 납탄을 씹었는데 이 때문에 납중독에 걸리기도 했다(Masselman 1963: 251). 영국의 선장 발로가 남긴 일지에는 이와 관련해서 "선원들은 노예와 다를 바 없다. 영국의 거지들도 일반적으로 우리가 먹는 것보다 더 나은 음식을 먹었다"라는 기록이 있다. 그런데 이런 사정을 악화시키는 한 요인은 경리관들이 선원들에게 주류, 담배, 의복 등의 필수품들을 지나치게 비싼 가격에 공급해서 폭리를 취한다는 점이었다. 영국 동인도회사의 경우 운송 중인 화물이 파손되거나 분실되었을 때 선원의 과실이 아닌 경우에도 그들에게 책임을 물어 임금을 삭감했다(타임라이프북스 2005: 52).

식량과 물이 부족할 수밖에 없는 근본적인 이유는 물론 선박에 물자를 싣는 공간이 제한되었기 때문이다. 쇼뉘(Chaunu 1969: 285-287)의 계산에 의하면 15-16세기 선원들의 하루 레이션은 1.5-2파운드의 비스킷, 0.5-1파운드의 염장육(소, 돼지, 대구 혹은 치즈), 0.25파운드의 쌀 혹은 말린 야채, 1리터의 물, 0.75리터의 포도주, 0.05리터의 식초, 0.25리터의 기름이었다. 그러므로 4개월치 식량과 한 달치의 물을 싣는다면 1인당 500kg의 물자를 실어야 했다. 더구나 장기간의 여행, 혹은 귀환 일자가 불확실한 탐험 여행 같은 경우에는 훨씬 더 많은 물자를 실어야 했다. 콜럼버스는 15개월치 식량과 6개월치 물을 준비했는데 이는 1인당 1,300kg의 물자를 의미했다. 바스코 다 가마는 3년 6개월 치를 준비해서 1인당 2,600kg의 물자를 실었다. 인도 항해는 2년 이상 걸리는 경우도 허다했는데 선원들의 보급품을 많이 실으면 그만큼 상품을 쌓아 놓거나 생활할 공간이 줄어들기 때문에 결국 적절한 타협을 통해 보급품을 줄여야 했다.

식량과 물의 부족은 선원들의 건강을 심각하게 위협했다. 특히 괴혈병이 가장 큰 문제였다. 이 병의 발병 초기에는 무기력하고 창백한 상태가 되는데 마치 몸에서 피가 빠진 듯한 모습이 되었다. 다음에 푸른 반점들이 나타나다가 사지가 붓고 마비 증세가 나타난다. 전형적인 증세는 입천장이 붓기 시작하고 염증과 출혈 끝에 이가 빠지는 것이다. 치아와 상처가 헌 곳 사이에 피가 썩어서 악취가 나며, 곧 피부가 트고 상처가 아물지 않는다. 혈변을 보게 되고, 시각이 흐릿해지다가 고열로 아주 심한 갈증과 경련을 겪은 끝에 사망하게 된다. 오늘날처럼 비타민 C 부족이 원인이라는 사실은 정확하게 알지는 못했지만 경험에 의해 오렌지주스나 레몬주스와 같은 것이 효험이 있다는 것은 알게 되었다.[20] 그러나 실질적으로는 주스를 가지고 타더라도 이것 역시 곧 상하기 때문에 완전한 대책이 되지는 못했다. 예방약으로는 언제나 알코올을 선호했고 독할수록 효과가 크다고 믿었다. 식전에 마시면 효과가 더 좋다고 믿었기 때문에 선원들은 아침부터 술을 마시곤 했다(Masselman 1963: 252).

괴혈병에 대한 합리적인 대처 방안은 쿡의 시대에 와서야 마련되었다. 쿡의 마지막 여행에 동행했던 하인리히 침머만(Heinrich Zimmermann)은 이와 관련해서 다음과 같은 기록을 남겼다.

20) 18세기 초에 출판된 해양사전에서 괴혈병 항목을 찾아보면 이 병에 대한 대책으로 라임이나 오렌지주스와 거북이 피를 제시한다. 오렌지주스는 분명 타당한 방안이지만 거북이 피가 실제로 효용이 있는지는 의문이다(Aubin 1702: 'Scorbut' 항목). 괴혈병에 대한 처방은 경험적인 접근에 따른 것들이었다. 즉 어떤 것을 먹어봤더니 효험이 있더라 하는 식이었다. 프랑스령 캐나다에서는 인디언이 가르쳐 준 대로 백삼나무(cedre blanc) 껍질을 이용했고, 18세기 영국 해군은 감귤류, 셀러리, 태평양에서는 코코넛, 쿡 선장은 사우어크라우트(Sauerkraut)와 맥주 효모를 사용했다(Meyer 1990: 95-96).

우리는 매주 한 번씩 배 전체를 청소하고 소독약으로 훈증해야 했습니다. 태풍이 불어닥친 경우를 제외하고는 모든 해먹을 매일 상갑판으로 옮겨야 했으며, 해가 지고 나서야 해먹을 다시 받을 수 있었습니다. 그는 고기를 많이 먹는 데 대해 자주 경고했고, 항상 다른 요리를 준비하라며 고기 대신 밀가루를 나누어 주게 했습니다. 우리는 매주 세 번 소금에 절인 양배추(Sauerkraut)를 먹어야 했습니다. 영국 사람들은 그것을 매우 즐겨 먹지요. 일주일에 두 번은 고기를 넣고 끓인 고기즙 젤리와 완두콩으로 만든 수프를 먹었습니다. 섬에 도착하자마자 우리는 신선한 채소를 모으기 위해 바로 사람을 보냈습니다. 그리고 야채들을 수프에 넣었습니다. 야채가 없으면 그물을 던져 물고기를 잡았습니다. 물고기 비축량을 늘리고 고기 섭취를 줄이기 위해서입니다. 어떻게 신선한 식량을 구하느냐가 그의 가장 큰 걱정거리였습니다. 그 같은 현명한 조치 덕분에 그의 배에는 괴혈병의 흔적이 전혀 나타나지 않았습니다.(카이 2006: 356-379)

태평양 같은 거대한 바다를 항해할 때 선원들 절반이 죽는 것은 보통이었고 심지어 사망자가 75%에 달하는 것도 이상한 일이 아니었다. 쿡 선장은 이에 대한 대응책으로 비타민 C의 보고인 소금에 절인 양배추를 3,000kg 넘게 배에 실었다. 그 외에도 선원들의 건강 유지를 위한 그의 조치는 혁명적인 것이었다. 모든 사람은 적어도 낮에 한 번 차가운 물로 목욕을 하게 했다(이 조치는 심지어 남극권에서도 시행되었다). 의복은 매일, 침대보는 일주일에 두 번 갑판 위에서 공기를 쐬게 했고 배는 매주 식초와 포탄의 혼합물로 훈연(燻煙)시켰다. 또 배의 바닥을 규칙적으로 소독하고 요리 냄비는 매일 문질러 닦았다.

물론 이런 조치들이 선원들로부터 환영을 받지는 못했다. 고기가 적고 양배추만 많은 식사에 대해 선원들이 항의한 것은 당연한 일이었다. 한번은 이런 데 대해 항의한 선원에게 채찍질을 했다. 그러나 계속 이런 식으로 대응하면 불평이 커질 수밖에 없었다. 그가 고안한 해결책은 심리적인 방법이었다. 장교들에게만 소금에 절인 양배추를 더 많이 공급하자 곧 일반 선원들이 자기들에게도 더 달라고 요구한 것이다![21]

21) 인데버 호가 2년 6개월이라는 장기간의 여행 끝에 귀환했을 때 모든 사람이 건강하게 돌아온 것은 아니었다. 쿡 선장의 조치 덕분에 괴혈병으로 죽은 사람은 없었지만 여행 막바지에 아시아에서 말라리

선원들은 그 외에도 온갖 위험에 노출되어 있었다. 적선이나 해적선을 만나 전투에 돌입하게 될 위험도 상존했다. 그러나 이런 외부적인 위험 이전에 선상의 노동 과정 자체에 상당히 큰 위험 요소들이 도사리고 있어서 선원들이 재난으로 삶을 마감하는 경우가 많았다. 돛줄에서 떨어져 죽거나, 바다에 빠지거나, 떨어지는 선구에 맞아 죽는 경우도 흔했다. 앞서 지적한 대로 빈약한 보급 물자 때문에 굶거나 갈증에 시달리다 보니 여러 병들(괴혈병, 류머티즘, 발진티푸스, 황열병, 궤양, 피부병)에 시달렸다. 또 불구가 될 위험도 컸다. 무엇을 들어올리거나 당기는 작업을 할 때 이상하게도 탈장이 잘 일어나고, 구르는 통에 손가락이 잘리거나 화물이 요동치는 바람에 팔이나 다리가 부러지기도 하고, 타르를 칠한 로프에 손가락을 데는 경우도 많았다(레디커 2001: 92-93).

이런 일에 대비하여 선의(船醫)가 있었지만 이들은 대개 '이발사' 수준이었다. 선원들이 포탄에 맞거나 다른 사고로 사지를 절단하는 경우를 보자. "칼로 과감하게 자르고, 살을 잘 다듬고, 그 남은 살을 잘 마감한다. 그리고 뼈의 부러진 부분을 마저 잘라서 다듬은 다음 달군 타르로 지져서 소독하면 의사의 일은 끝난다. 그러고 나면 나머지는 하느님이 알아서 하는 것이다!"**22** 이처럼 열악한 상황에서 장기간의 원양 항해를 하면 선박은 '떠다니는 묘지'가 되었다. 극단적인 경우이지만 마젤란의 선단은 270명의 선원이 출발했으나 최종적으로 15명만 생존해서 돌아왔다(Parry 1963: 73).

3) 선상 기율과 폭력

무엇보다도 선원들에게 가장 위험하고 공포스러운 요인은 다름 아닌 선상 기율이었다. 이야말로 이 시대 해양업이 근대적인 자본주의 발전의 대표적인 분

아에 걸려 선원의 1/3이 사망하였다(카이 2006: 379).

22) 이런 일들이 모두 마취제가 없던 시절에 이루어진 것이므로 이 시대의 수술 과정을 상상해 보면 꽤나 끔찍하다. 근대적인 마취는 19세기 중엽에 시작된 에테르 마취로부터 비롯된 것이기 때문이다(Masselman 1963: 253).

야인 동시에 그 병리적인 측면이 집약된 분야임을 잘 드러낸다.

많은 인력이 집중된 상태에서 효율적인 사업 운영을 위해 강한 권력으로 사람들을 복종하게 하려는 현상은 충분히 예상할 수 있는 일이다. 그래서 선상 질서를 어지럽힐 수 있는 모든 행위에 대해서는 철저히 억압하려 했다. 가장 큰 문제 중의 하나는 동성애였다. 이는 "멍청한 죄(stupid sin)"로 불렸는데 이 죄를 범한 자는 사형에 처하기도 했다. 육욕을 줄이는 데에는 초석이 최고라고 믿었기 때문에 요리사들은 음식에 초석을 듬뿍 쳤다. 그러나 그보다 더 좋은 방법은 일에 지쳐서 나가떨어지게 만드는 것이라고 생각했기 때문에 선원들에게 끊임없이 일을 시키곤 했다. 활대 위를 쉬지 않고 오르락내리락하게 만들거나 돛대를 계속 수선하고 갑판을 끊임없이 닦도록 만들었다. 큰 닦음돌(磨石, holystone)을 밀고 당기고 하면서 갑판 위를 기어 다니는 식으로 갑판을 닦게 하면 아마도 저녁에 딴 생각은 들지 않고 잠들었을 법하다(Masselman 1963: 247).

선상 기율을 어떤 식으로 정립하고자 했는지를 잘 보여 주는 문건은 소위 '선상규칙서(Letter of Articles)'이다.[23]

대개 첫 구절은 "모든 사람들은 전능하신 하느님의 인도를 받고 기도와 설교에서 하느님의 말씀을 주의 깊게 들을지어다. 하느님의 이름을 들먹이며 욕을 하는 자는 중앙 마스트에서 채찍질을 당하고 빈민에게 돌아갈 벌금을 문다"라는 식으로 종교적인 언사를 동원한다. 이는 관례적인 문구라고 할 수도 있겠으나 종교의 힘을 빌려 사람들을 통제하려는 의도로 해석할 수도 있을 것이다. 그 다음 구절은 곧바로 선상의 권력이 누구에게 있는지를 명확히 선언한다.

> 누구든 선장이나 그 대리인의 명령을 거부하는 자는 사형에 처한다. 상급 간부들로 구성된 법정은 전적인 재판권을 가지며 그 판결은 사무장이 곧바로 집행한다. 사무장의 일에 간섭하거나 그에게 협력하지 않는 사람은 반란자로서 처벌된다. 탈주 혹은 허락받지

23) 이하의 문건은 Masselman(1963: 100-101)에 소개되어 있다.

않은 보트의 사용은 심한 채찍질에 처한다. 누구도 허락 없이 육지에 상륙하거나 밤을 지내서는 안 된다.

선상 질서를 유지하기 위해서는 선장과 간부가 폭력을 독점하고, 선원들 간의 폭력은 철저히 금해야 했다. 사적인 싸움에 대해서는 심한 처벌이 명시되어 있다.

먼저 싸움을 건 자는 철창에 가두고 음식은 빵과 물로 제한한다. 규칙을 어긴 자에게 음식을 제공하거나 어떤 식으로든 그의 처벌을 경감시키려고 하는 자는 같은 벌을 받는다. 나이프를 빼든 자는, 설사 그것이 단순히 위협을 하기 위한 것이었다고 해도, 심각한 일로 간주된다. 첫 번째 위반자는 활대 끝에서 바다로 빠뜨리는 벌을 세 번 연속 가한다. 두 번째 위반자는 킬홀(keelhaul, 몸을 줄에 맨 다음 배 밑을 헤엄쳐서 지나가게 하는 처벌)에 처한다.[24]

만일 싸움이 일어나서 다른 사람의 피를 흘리게 하면 매우 엽기적인 처벌을 받게 한다.

피를 흘리게 한 그 손을 마스트에 못 박고 다른 손은 등 뒤에 묶어 둔다. 그래서 자기 손등을 찢고 마스트에서 손을 떼도록 한다.

게다가 그의 봉급을 압류하여 절반은 빈민에게 돌리고 절반은 공동 기금에 넣음으로써 경제적인 처벌까지 부과된다. 살인 사건이 일어났을 때의 처리 방식 역시 얼마나 엽기적일지 충분히 짐작할 수 있다.

만일 사람을 살해하면 죽음을 당한 희생자와 등을 마주 댄 채 묶어서 뱃전 너머로 던진다.

---

24) 친절한 선장은 기름 바른 넝마조각을 주어서 이로 꽉 물게 하고 무거운 추를 매달아 더 빠르게 물 밑으로 잠수하여 머리가 용골에 부딪히지 않도록 해 주었다.

음식에 관련된 사항도 중요한 일이었다.

누구도 요리사를 회유하거나 요리실에 나타나서 음식을 추가로 얻어서는 안 된다. 선원들은 누구든지 주어진 음식에 만족해야 하며, 음식을 버리거나 뱃전에서 술을 마시다가 걸린 자는 체벌을 당한다. 갑판에 물이나 다른 음료수를 떨어뜨린 범위가 손바닥보다 넓으면 용인할 만한 사건이라고 간주하지 않는다.

보초를 서다가 잠드는 일, 화약 보관실에 함부로 들어가거나 허락 없이 대포를 쏘는 일에 대해서도 물론 엄격한 금지 조치가 있었다. 화재를 막기 위해 갑판 아래에서는 어떤 종류의 불도 사용할 수 없게 했다. 청결과 위생 문제에도 많은 신경을 썼다.

악취로 인하여 병이 나는 것을 막기 위해 아침 당번은 매일 선체를 청소하고 닦아야 한다. 누구도 선수(船首)가 아닌 곳에서는 대변과 소변을 보아서는 안 된다. 젖은 옷가지가 마르기 전에 갑판 아래로 가져가서는 안 된다.

그러나 문제는 이런 일들이 선상의 질서를 바로잡기 위해 어쩔 수 없이 필요한 정도를 훨씬 상회하는 극단적인 폭력으로 나타나기 십상이며 또 그것이 대단히 자의적이었다는 것이다(레디커 2001: 196-204).

선상에서는 수없이 많은 매질이 일어났다. 특히 악명 높은 것이 영국 선박에서 많이 사용하는 구승편(cat o' nine tails)[25]이었다. 멀리 떨어진 해상 공간에서 절대 권력을 가진 선장 및 선상 간부들이 선원들에게 거의 무제한의 폭력을 휘두르는 이 현상은 실로 가공할 양태로 나타났다. "머리카락을 붙잡아 대포 밑에 머리를 쑤셔 넣고는 큼직한 로프로 팼는데, 어찌나 오랫동안 잔인하고 야만스럽게 팼는지 […] 맞은 사람은 한동안 손과 팔을 위로 올리지도 못할 지경"이었고, "참나무 장작개비로 머리를 여러 차례 얻어맞은 사람은 한동안 음식을

25) 일명 '선장의 딸(captain's daughter)'. 선장의 명령에 의해서만 이 채찍을 휘두를 수 있기 때문에 이렇게 불렀다고 한다.

삼킬 수 없었다. 포도주를 훔쳤다가 들킨 사람은 대걸레 자루가 부러져서 산산 조각이 나도록 두들겨 맞았다." 돌 머그잔으로 때려서 이 네 대가 나간다든지, 눈이 빠져나올 정도로 머리를 맞거나, 엄지손가락을 눈에 밀어 넣는 등의 잔인한 일들이 흔히 벌어졌다. 소의 족발, "남자 다리통만큼 두껍고 질긴 마니옥", 말린 코끼리의 음경 등을 사용한 특이한 방식의 폭력도 동원되었다.

직접적인 구타 외에 다른 방식의 괴롭힘이 더해졌다. 무엇보다 공갈 협박이 심했다. 어떤 선장은 선원의 한쪽 팔을 불구로 만든 다음 나머지 팔도 부러뜨리겠다고 협박했다. "골을 쪼개겠다", "칼로 간을 잘라 뜯어먹겠다", "산 채로 가죽을 벗기겠다" 등 이렇게 계산되고 연출된 포악함은 권위를 세우는 한 방식이었다. 일부 선원들에 대한 폭행을 본보기로 삼아 다른 선원들을 통제하려는 시도도 자주 있었다. 대표적인 것이 특정한 한 사람을 여러 선원들이 함께 처벌하도록 만드는 것이다. 닭을 훔친 선원을 붙들어 매고는 배의 전 승무원이 각자 채찍으로 두 대씩 때리도록 만들고, 선장은 그 곁에서 총을 들고 때리지 않는 자는 쏘겠다고 협박하는 것이 그런 사례이다. 결국 이 선원은 "선원들은 용서하지만 선장과 항해사만은 절대로 용서하지 않겠다"라는 말을 남기고 죽었다.

선장과 간부들은 마음만 먹으면 얼마든지 특정 선원을 괴롭힐 수 있는 힘을 가지고 있었다. 빗속에 우의도 없이 심야 당직을 서게 만드는 식으로 더럽고 불쾌하고 위험한 작업을 할당함으로써 권위에 복종하게 만들었다. 이는 물론 사적인 앙심의 발로로 일어나기 쉬운 현상이었다.

4) 선원들의 대응: 선원들의 생활과 문화

이런 폭압적인 처우에 대해 선원들은 그들 나름의 대응 방식을 구하였다.

이들은 가족이나 마을 공동체 혹은 교회로부터 떨어져서 오랫동안 그들끼리 생활하는 만큼 그들 간에 새로운 공동체 의식을 유지하고 단합하여 자신들의 권리를 지키려고 했다. 위로부터의 압박이 너무 심해질 경우 여러 방식의 저항을 하곤 했다. 태업, 스트라이크, 선상 반란, 집단 탈주 등이 그런 것들이다. 스트라이크는 우선 그 말 자체가 선원들의 집단 반발 행위에서 나왔다는 점에서 특기할 만하다. 이 말은 1768년 영국 선원들이 자기 배의 돛을 망침으로써 런던의 상업에 타격을 가하려는 결정을 한 데에서 비롯되었다.[26]

그러므로 선원들이 항상 상부의 명령에 잘 따르고 질서에 순응한 것만은 아니다. 오히려 그들은 기회가 있을 때마다 질서를 어기곤 했다. 술통을 파손시켜서 술을 마시거나, 설탕, 담배 같은 것들을 횡령하곤 했다. 사실 횡령은 너무나 일반적인 현상이어서 선장, 사관, 선원, 사환 등 거의 모든 사람이 한 조각씩 떼어 먹는 것이 일반적이었다. 선원들의 저항은 극단적인 경우 선상반란으로 이어지는데, 이때에는 배의 간부들에 대해 폭력을 행사하는 경우가 많았다.[27] 전체 선상 반란 가운데 1/5 정도의 경우 간부 살해가 일어나고, 반 정도가 실제 배의 통제권을 장악하며, 1/3 정도의 경우 선원들이 해적이 되는 것으로 나타났다(레디커 2001: 210; Boxer 1979: 7-9).

선원들의 또 다른 특징 중의 하나는 입이 극도로 거칠었다는 점이다. "선원들은 면도날처럼 날카로운 혀를 가지고 있었다." 이 점은 그들의 고립되고 억압적인 생활환경을 고려할 때 불만과 좌절에 대한 자연스러운 표현이며, 상층에 저항하고 그들끼리 단합하게 하는 기능을 했다고 볼 수 있을 것이다. 그들이 늘 저항적인 표현을 구사하는 것은 실제 실천하지는 못하더라도 정신적 · 내면적

26) Oxford English Dictionary에는 'strike'의 용례를 다음과 같이 제시하고 있다: "A body of sailors proceeded to Sunderland and at the cross there read a paper, setting forth their grievances [⋯] After this they went on board the several ships in that harbour, and struck (lowered down) their yards, in order to prevent them from proceeding to sea. (1768)" 여기에서 strike는 활대(yard)를 부수는 행위를 나타낸다. 이 단어는 해운업계의 범위를 벗어나서 일반적으로 노동을 거부하는 의미로 쓰였다: "[May 9th 1768] This day the hatters struck, and refused to work till their wages are raised."

27) 엄격히 말하면 '반란' 이라는 말은 15-16세기 선원들에게 맞는 말이 아니다. 반란은 육군 군대에 해당하는 말이다. 선원은 해군이 아니기 때문에 중세 해상법에 따른다. 여기에는 "선원들은 자신들의 생명이 위험할 때 거절할 권리가 있다"라고 되어 있다(카이 2006: 283).

으로 저항하고 있다는 증거일 것이다. 말하자면 이는 언어상의 선상 반란이라 할 수 있다. 이렇게 보면 선원들의 거친 말은 뚜렷한 사회적 의미를 가진다. 신성모독, 저주, 욕설 등은 중류계급 이상의 고상함, 중용, 세련됨, 근면 등에 대한 도전이며 사회의 부르주아적 요소들에 대한 분명한 거부를 나타내는 것이다(레디커 2001: 159).

사실 선원들의 생활은 고상함과는 거리가 멀었다. 배에 탄다는 것은 "악마의 사관학교"에 들어간다는 것을 뜻했다. 이 학교에는 7개 '교양과목'이 있었는데 욕하기가 첫째이고, 그 외에 술 마시기, 도둑질, 계집질, 살인, 사기, 험담 등의 과목들이었다!

선원들의 문화는 분명 부르주아 문화와 대척점에 있었다. 부르주아 문화 혹은 자본주의 중산층 문화에 대한 가장 대표적인 설명으로는 막스 베버의 프로테스탄트 윤리에 근거한 정신 문화를 들 수 있다. 선원들은 그것과 정반대의 방향으로 살아갔다고 해도 과언이 아니다. 합리적인 사고방식, 금욕적인 생활, 착실한 노력 및 절약이 중산층의 윤리라면 이들은 "뱃놈답게 언제나 굵고 짧은 인생을 살고자 했다." 무엇보다 금욕주의를 거부하고 현재를 있는 그대로 즐기고자 했다. 정신적이기보다는 육체적 향락을 추구했으므로, 음탕과 방종을 추구했다. 그들은 돈을 벌면 저축하는 법이 없고 술 마시는 데에 바로 썼다.

그들은 종교에 대해서는 경멸적이면서 미신에는 크게 집착하였다. 폭풍우를 피하려면 요한복음을 읽어라, 태풍을 이기려면 칼을 빼들고 마술의 삼각형을 그려라, 위험에 처했을 때에는 어린 선원의 볼기를 때리는 것 이상으로 나은 방법이 없다. […] 1521년에 피가페타(마젤란이 죽은 후 그 대신 선단을 지휘하여 세계일주 항해를 완수한 선원)는 심한 폭풍우가 치는 가운데 3개의 마스트 위에 세 성인이 나타나서 두 시간가량 있었다고 주장하였다. 폭풍우가 지난 후 사람들은 세 성인에게 감사의 표시로 봉납을 약속했는데, 그 봉납물은 성인 1명당 노예 1명씩이었다. 선원들의 마음속에는 용, 히드라, 하피, 고르곤 같은 온갖 바다 괴물들로 가득 차 있어서 거의 제롬 보쉬(Jerome Bosch)의 세계와 같았다.[28]

17세기 중에는 "방황하는 네덜란드 선박(Flying Dutchman)"의 전설이 크게 유행했다(Meyer 1990: 11).[29]

선상 폭력 현상이 언제나 있었던 것일까, 아니면 근대에 들어와서 유독 심해진 것일까?

윌리엄 맥피는 "18세기에 들어서 해양 생활의 거의 보편적인 특징이 되었던 현상, 즉 선장이 그의 선원들을 극히 잔혹하게 다루어도 아무런 처벌을 받지 않는 무제한적인 권한 같은 것은 중세 법 조항 어디에도 들어 있지 않았다"라고 주장한다. 중세에도 선상에서 사적인 폭력이 이루어졌으리라고 상상할 수는 있겠지만 근대에서처럼 선장 및 간부들로 구성된 위원회가 공식적인 권위를 통해 살벌한 폭력을 휘두른 일은 드물었다. 그렇다면 이처럼 극단적인 선상 폭력 역시 자본과 인력의 대규모 집중과 동시에 강력한 계서제(hierarchy)가 형성된 근대의 특징이라고 봐야 할 것이다.

그 계서제의 제일 아래에 깔려 있는 평선원들은 첫 번째 희생자로서 크나큰 고통을 감내해야 했다. 그들은 근대 프롤레타리아의 때 이른 전형으로서 그들만의 생활 방식과 문화를 형성하며 이 체제에 저항했다. 그러나 폭력성이 더욱 심화되면 결국 체제 내의 저항을 넘어서 이 체제 자체에 도전하는 외부 저항이

28) 17세기의 판화를 보면 바다에는 고전적인 네레이드, 트리톤, 디아나 신이 떠돌아다니는 것으로 그려져 있다. 프톨레마이오스의 『지리학』의 1542년도 뮌스터 판에 나오는 아시아 지도에는 괴물 종족들과 식인종들이 그려져 있다(Grafton 1992: 64, 104).

29) 방황하는 네덜란드인이란 폭풍우의 곶을 돌아 반드시 돌아와야 하는 한 선장이 악마와 계약을 맺었다는 전설의 내용이다. 그 대가로 그는 최후의 심판일까지 바다 곳곳을 떠돌아다녀야 하는 운명을 부여받았다. 그는 7년에 한 번 육지에 상륙할 수 있는데, 그를 사랑하고 헌신하는 여인을 만나야만 구원을 얻고 죽음의 안식을 얻을 수 있다. 이 전설에 몇 가지 해상 사고 이야기가 섞이면서 점차 이야기가 발전해 갔다. 1690년 페르훌데 플라밍(Vergulde Vlamingh) 호가 남아프리카의 테이블 만에서 증발하듯 사라진 사건이 있었는데, 이 배의 이름이 유사한 발음의 Vliegende Vlamingh(떠다니는 플라밍 호)이 되었다가 영국식으로 될 때 Flying Flemingh(떠다니는 네덜란드인)이 되었고 곧 Flying Dutchman으로 변하였다. 그리고 19세기에 많은 작가들이 이 전설을 각색하여 시와 소설을 썼고 최종적으로 바그너가 오페라 작품을 써서 더욱 유명해졌다(붕크 2006: 107-109). 한편, 영어로 -man은 '사람'과 동시에 '선박'을 가리키기도 한다. 따라서 Dutchman은 네덜란드인일 수도 있고 네덜란드 선박일 수도 있다.

형성되었다. 해적 세계가 그것이다.

3. 해적의 세계: 근대 자본주의에 대한 반질서

지금까지 우리는 근대에 들어와서 해운업이 국제적으로 발전했으며 그와 동시에 억압적이고 위험한 상황에서 일하는 선원 집단이 대규모로 형성되는 현상을 살펴보았다. 이 두 현상은 산업혁명 이후 본격적으로 전개될 자본과 노동 간 갈등의 전조에 해당하는 일이었다. 더 나아가서 기존 해양 세계 질서로부터 완전히 이탈하여 그들 나름의 반질서(反秩序)를 형성한 다음 주류 질서를 공격하는 현상도 발생했다. 대표적인 것이 해적이었다.

1) 해적의 분류

해적이란 통념상 바다에서 다른 배를 강탈하는 자들로 이해하지만 사실 국제법상으로 해적에 대한 정확한 개념 정의는 없다고 한다. 도대체 해적이란 누구인가? 언제 해적이 활개를 치는가?

해상 상업이 발달하면 그에 따라 도둑이 늘 수밖에 없다고 쉽게 생각할 수 있겠지만 그것만으로는 설명이 부족하다. 해적은 처음에 국가로부터 적국의 선박을 강탈할 권리를 인정받아 국가 대신 공격 행위를 했다가, 이것이 나중에 변질되어 국가의 금지에도 불구하고 약탈 행위를 계속하였다. 근대 초에 해적이 활개를 쳤던 기본적인 이유 중의 하나는 국가가 모든 바다를 다 통제하는 것이 불가능했기 때문이다.[30] 다시 말하자면 공권력이 해상을 전부 장악하지 못했던

30) 중세에 해적이 없었던 것은 아니다. 유럽 내 중요한 해상 무역 루트인 북해-발틱 해에서 14-15세기에 해적이 발호했었다. 해적들은 조합을 이루고 스스로를 '리켄델러(Likendeeler)' 라고 칭했는데

상황에서 사적인 폭력을 휘두르는 집단이 해적이다. 이들은 바다에서 '국가 대신' 폭력을 휘두르는 집단, 다음에는 '국가의 지휘와 통제를 벗어나서' 폭력을 휘두르는 집단, 급기야는 '국가에 대해' 폭력을 휘두르는 집단으로 변모해 간 것이다. 그러므로 국가 개념 없이는 해적이라는 개념도 불가능하다(Pennell 2001: 27).

이런 점들을 염두에 두고 우선 해적과 관련된 용어들을 미리 정리할 필요가 있다(컨스텀 2002: 16-19). '해적'이라는 넓은 범위 아래 사략선 업자, 버커니어, 그리고 좁은 의미의 해적이 있다.

사략선 업자(privateer, corsaire)는 정부와 계약을 맺고 전시에 적선을 공격할 권리를 받은 사람을 말한다. 근대 초에 제일 먼저 나타난 대규모 해상 폭력 현상이 바로 사략선이었다. 유럽 각국이 해상에서 서로 경쟁하거나 전쟁 상태에 있을 때에 각국 정부는 무장을 갖춘 민간 선박에게 공식적으로 권리를 인정해 주어서 적국의 배를 공격하고 약탈하도록 부추겼다. 이는 정부가 담당해야 할 전쟁 업무를 민간 분야에 위탁한 것으로서, 적국의 군사적 · 경제적 힘을 약화시키고자 하는 의도였다. 정부로서는 자기 힘을 들이지 않고 적국에 타격을 가하는 외에 수익금의 일부를 챙길 수 있고, 이 사업에 참여하는 사람들로서는 한편으로 이익을 추구하면서 다른 한편 조국의 영광을 위해 일한다는 의식을 가질 수 있었다. 적어도 이 시기에는 사략선 업자들은 자국민의 배는 공격하지 않았다. 그러나 문제는 전쟁이 끝난 후에도 이들이 계속 약탈 행위를 함으로써 정부의 뜻을 어기고 질서를 위협하는 진짜 해적이 될 위험성이 컸다는 것이다.

사략선 업자의 가장 대표적인 인물은 영국의 프란시스 드레이크이다. 1579년 3월 1일, 그는 에스파냐의 갤리온 선인 카카푸에고 호를 나포하고 재물을 약탈했는데, 이는 역사상 가장 풍부한 노다지에 속한다. 드레이크가 선장으로

이는 '공평하게 나누는 자'라는 뜻이다. 이들은 포로는 잔인하게 살해하면서도 과부나 고아 등의 약자를 보호하는 의적의 풍모도 띠었다. 이 해적 집단의 피해를 크게 입은 함부르크가 중심이 되어 1400-1401년에 해적 소탕전을 벌임으로써 리켄델러의 시대는 끝을 맺었다(카이 2006: 193).

있던 골든 하인드(Golden Hind) 호의 선원들이 카카푸에고 호의 화물을 옮겨 싣는 데에만 나흘이 걸렸다. 약탈물은 13통의 은화(이는 모두 26톤의 은괴에 해당한다), 8파운드의 금괴, 그 외에도 진주와 보석이 가득 찬 상자들이었다.[31] 이와 같은 공헌으로 그는 1581년에 기사 작위를 받았고 그의 이름에 경(Sir)이 붙게 되었다. 그는 다시 5년 뒤에도 정부로부터 공식 허가를 받고 카리브해로 원정을 갔고, 1595년에도 27척의 선박을 이끌고 파나마 점령을 기도하는 등 당시 영국의 최대 라이벌인 에스파냐의 식민지를 공격하여 국가에 충성을 다하는 것으로 보였지만, 사실 그 개인으로서는 약탈에 더 신경 썼다. 1596년 2월에 열병에 걸려 사망했을 때 이 무자비한 해적은 영국의 국민적 영웅이 되었다.

사실 이런 의미의 해적은 결코 부정적인 의미를 띠지 않았다. 16-17세기까지도 영국 귀족들은 상업을 천시하는 심성을 지니고 있어서 순전히 상업 활동만 하는 데에는 투자를 꺼렸다. 해적은 조국의 적을 공격하면서 동시에 이익을 얻는 멋진 사나이들의 이미지로 그려졌다. 해적의 영광에 대해서는 민중들의 담시(譚詩, ballad), 소식지, 심지어 목사들의 설교에도 등장했다(Meyer 1990: 159).

두 번째 유형인 버커니어(buccaneer)는 특히 17세기 전반에 카리브해에서 에스파냐와 에스파냐 식민지의 선박들을 공격한 해적들을 일컫는다(컨스텀 2002: 108-138). 이들의 주류는 원래 서인도제도의 섬들에서 살아가던 프랑스계 개척민들이며 — 여기에 영국과 네덜란드계 사람들도 참여하였다 — 특히 이스파뇰라섬(오늘날의 아이티와 도미니카 공화국이 있는 섬)의 사냥꾼들 출신이 많았다. 버커니어라는 말도 원래 사냥한 고기를 훈제하는 데에 쓰인 석쇠를 가리키는 프랑스어 '부캉(boucan)'에서 비롯되었다. 1620년대에 에스파냐가 이들을 축출해 버

31) 드레이크는 화물을 모두 빼앗은 다음 선박은 에스파냐 측에 되돌려주었고 이 배의 선장 안톤에게는 기념품과 함께 약탈한 물품의 명세서를 써주었다. 혹시 에스파냐 정부로부터 선장 자신이 화물을 빼돌리지 않았느냐는 추궁을 받지 않도록 하기 위해서라는 것이다. 게다가 다른 영국 선박에게 다시 나포되었을 때에 대비해서 안전통행증까지 발급해 주었다. 과연 '영국 신사' 다운 해적이라 할 만하다(Sherry 1994: 132-133).

리자 이들은 에스파냐에 대한 지독한 적개심을 품게 되었다. 이들은 사냥꾼에서 해적으로 변신했고 토르투가 등지를 은신처로 삼았다. 버커니어 행위는 1660년대에 절정을 이루었다. 그 이득을 누리는 자들은 자메이카의 포트 로열(Port Royal)로 몰려들었다. 17세기에 해운업의 중심지로서 막대한 부가 집중되고 방탕한 생활이 널리 퍼진 이 도시는 "신세계의 소돔"으로 알려졌다.

버커니어들은 저항하는 사람들을 잔인하게 고문하는 것으로 악명이 높았다. 이들은 희생자를 고문할 때 자신의 질문에 바로 답을 하지 않으면 단도로 포로의 몸을 난도질하고 칼날에 묻은 피를 혀로 핥는 식의 야만적인 행태를 보이곤 했다. 그중에서도 특히 유명한 일화는 프랑스계 버커니어인 롤로네가 에스파냐인 포로를 심문할 때 한 포로의 심장을 칼로 도려내서 다른 포로에게 강제로 먹인 일이다. 영국계 버커니어 중에는 헨리 모건이 유명했다. 그는 서인도제도의 에스파냐 요새들을 공격하여 큰 타격을 가하고 막대한 이익을 취했다. 1668년에 포르토벨로를 점령한 사건이 대표적이다. 그는 축제를 벌이고 포로들을 고문하여 개인적으로 재물을 숨긴 장소를 찾아냈는데, 모건에게 잡히면 악랄한 고문을 당하는 것이 상례였다. 이 시기에 에스파냐 측과 프랑스, 영국 간의 적개심은 극에 달했다. 그 때문에 상대방에 대한 가혹 행위 역시 상상을 초월하였다. 에스파냐 인들이 영국인들을 잡으면 손, 팔, 코, 귀를 자른 다음 그 자리에 꿀을 발라서 나무에 묶어둠으로써 벌레들이 갉아먹게 만들었다.[32] 한편 모건은 단지 가학적 의도에서 사람을 괴롭힌 것이 아니라 더 많은 재물을 얻기 위해 잔인한 행위를 한 것으로 알려져 있다. 그 역시 손가락과 발가락 사이에 불붙은 심지를 꽂는다든지 칼로 마구 찌르는 식의 잔인무도한 일을 서슴지 않았다. 울딩(woolding)이라는 행위가 그 가운데에서도 가장 잔인한 것 중 하나였다. 포

32) '젠킨스 귀의 전쟁'(1739-1748)으로 불리는 사건을 이야기할 때 흔히 거론되는 에피소드가 이와 유사한 배경을 말해 준다. 레베카 호 선장이었던 로버트 젠킨스는 1738년에 영국 의회에서 피클로 저장 처리한 자신의 귀를 보여 주며, 에스파냐의 해안경비대가 자신의 귀를 도려냈다고 증언했다. 이 사건은 영국이 에스파냐 식민지와 선박을 공격하는 빌미로 이용되었다.

로의 이마에 로프를 감고는 조금씩 세게 죄는데 이러면 극심한 고통과 함께 눈이 계란 모양으로 조금씩 튀어나오게 된다. 이 고문은 대체로 며칠 동안 계속되었다고 한다!(Burg 2001: 230-231)

흥미로운 점은 나중에 영국 정부가 헨리 모건을 체포했을 때 그를 처리한 방식이다. 마드리드 조약(1670)에 따라 에스파냐는 영국의 카리브해 소유권을 인정하고 양국은 해적 행위를 중단하기로 했고, 그 이행 조치의 하나로 영국 정부는 모건을 체포하여 에스파냐의 분노를 가라앉히고자 했다. 그러나 모건은 영국에서 정치적 영향력을 가진 친구들을 동원하여 투옥을 면했을 뿐 아니라 오히려 기사 작위까지 받았다. 게다가 그는 다른 해적들과 달리 그동안 모은 재산으로 농장을 사서 안정적인 노년의 삶을 살았다. 이는 각국 정부가 실제로 해적에 대해 어떤 태도를 취했는지를 잘 보여 준다. 적어도 이 시기까지는 민간인이 적국에게 폭력을 가하는 행위를 장려했거나 적어도 암묵적으로 승인하고 있었던 것이다. 해적질은 영국의 적대자인 에스파냐에 대하여 적은 돈으로 전쟁을 수행케 하는 방법이었던 것이다(퍼거슨 2006: 36).

이상 사략선 업자들과 버커니어라는 두 유형은 특정한 활동 지역과 공격 대상이 정해져 있었던 반면, 그 다음 시대에 등장한 세 번째 유형의 (좁은 의미의) 해적은 완전히 바다의 무법자로서 국적을 가리지 않고 어떤 배든 공격하는 자들을 가리킨다. 이들은 국가의 통제를 완전히 벗어나서 오히려 국가와 대결하는 무력 집단이 되었다. 우리가 특히 관심을 가질 만한 것은 버커니어의 단계를 지나 18세기 초에 해적이 급증하게 된 현상이다(Rediker 2004: 8-9, 23-25, 36-37).

대체로 17세기 말에 이르면 버커니어들의 세력이 축소되기 시작한다. 영국 해군이 이들의 근거지를 공격하여 제해권을 확고히 장악해 가기 시작했던 것이다. 그런데 18세기 초에 국제적인 해상 환경의 변화 때문에 새로운 유형의 해적이 급증하여 1710년대 이후 해적의 극성기를 맞았다. 에스파냐 왕위계승전쟁이 끝나자 우선 영국 해군의 수가 크게 줄었다. 1712년에 4만 9,860명에 달하던 영국 해군은 2년 뒤에 1만 3,475명으로 급감하였다(영국 해군 수가 다시 3만 명 수준으로 늘어난 것은 1740년대 가서의 일이다). 당연히 실직 선원의 수가 늘어났다. 게다가 1715년부터 불황이 시작되어 1730년까지 지속되었는데, 이 때문에 운이 좋아서 실직을 면한 평선원도 급여가 절반으로 떨어졌다. 게다가 보급이 훨씬 열악해지고 선상 기율은 더 엄격해졌다. 해적이 늘어나기에 딱 좋은 상황이 만들어진 셈이다.

위트레흐트 조약(에스파냐 왕위계승전쟁 이후 체결된 유럽 각국 간의 평화조약, 1713) 이후 영국, 프랑스, 네덜란드는 모두 아메리카에서 플랜테이션 방식으로 평화롭게 이윤을 얻는 것으로 방향을 전환했다. 특히 영국은 아시엔토(에스파냐 식민지에 노예를 독점 공급할 수 있는 권리)를 얻어서 더욱 큰 이윤을 얻을 수 있었다. 영국으로서는 이제 평화를 유지하는 것이 훨씬 유리했으므로 에스파냐를 공격할 이유가 없었다. 따라서 지난 시대의 해적들은 자국에 도움이 되는 것이 아니라 오히려 방해가 되었기 때문에 영국 스스로 해적들을 제거해야 하게 되었다. 그러나 영국 해군을 비롯해서 그 어떤 국가의 해군이라도 드넓은 대양을 완전히 통제할 수는 없었다. 에드워드 버넌(Edward Vernon) 제독의 말대로 해적선을 잡는 것은 "암소로 토끼를 잡는 일"이었다(Rediker 2004: 29). 해적을 완전히 소탕한다는 것은 불가능한 일이었다.

위트레흐트 조약 체결 결과 해상의 불법 약탈 행위를 각국이 스스로 통제하자는 방향으로 합의를 보았다고는 하지만 이전의 버커니어들이 에스파냐 선박을 공격하는 행위는 사라지지 않았다. 이 시기까지도 영국 해적은 자국 배를 공격하지는 않았다. 이들은 여전히 과거의 적국을 공격함으로써 조국을 위해 일한다는 생각을 유지하고 있었다. 즉 과거의 이념대로 정부를 대신하여 민간인들이 적국과 전쟁을 한다는 '민족주의적'인 색채가 완전히 가시지 않았던 것이다. 그런데 1710년대 중엽부터 변화가 시작되었다. 영국 해적선 내에서 영국 배를 공격하지 못하게 막는 지휘층에 대해 부하들이 반발하고 나선 것이다. 이제 해적은 조국과 민족을 핑계로 대는 마지막 선을 넘었다. 에드워드 잉글랜드라는 해적은 영국 깃발을 단 해적선으로 영국 동인도회사 선박을 공격했다! 바로 이 시기가 바르솔로뮤 로버츠, 블랙비어드 등 전설적인 인물들이 활동한 해적의 극성기였다.

이에 대해 영국 정부는 더욱 단호하게 대응하지 않을 수 없었다. 1717년과 1718년에 해적들에게 사면령을 내렸지만 큰 효과가 없었다.[33] 그동안 영국이 자랑해 마지않던 해적을 이제 완전히 소탕해야 할 때가 된 것이다. 영국 해군이 1718년에 바하마 제도의 제해권을 장악하자 해적들은 근거지를 옮겨야 했다. 그런데 역설적이게도 이것이 해적 무대의 확산을 가져왔다. 다수의 해적들이 북미 해안, 서부 아프리카 해안 지역으로 옮겨 갔는가 하면, 마다가스카르를 새 중심지로 하여 인도양으로까지 무대를 넓혔다.

사실 인도양에서도 유사한 현상이 일어나고 있었다. 이곳에는 포르투갈인들이 먼저 진입해 들어와서 유리한 지위를 차지하고 난 다음 네덜란드와 영국이 나중에 들어왔다. 이 후발 주자들은 우선 사략선과 해적 방식으로 이익을 취하곤 했다. 인도와 아라비아 반도를 잇는 해로상에는 많은 순례선단들이 오갔다. 유럽인들은 이 배들을 잔인하게 약탈하였다. 1695년 9월에 영국의 유명한 해적 헨리 에이버리의 선단이 인도 서해안에서 순례선단을 공격했는데 이 가운데에는 무굴 제국 황제 아우랑제브 소유의 선박도 포함되어 있었다. 영국 해적들은 재물을 약탈하고 무고한 순례자들을 괴롭혔는데 그중에 하필 황제의 딸도 포함되어 있었다. 그 결과 황제는 수라트에 있는 영국 상관 내의 모든 영국인들을 체포했다. 영국 동인도회사가 황제에게 앞으로 순례선단을 안전하게 호송할 것을 약속하고 체포된 사람들의 몸값을 지불한 다음에야 억류되었던 영국인들이 석방되었다.[34]

33) 해적들은 관리들의 농간을 핑계로 들며 항복하기를 거부했다. 이 전술이 실패하고 난 후 정부 관리들은 본격적으로 해적 소탕 작전을 펴나갔다. 1716-1726년 사이에 500-600명의 해적들이 처형되었다. 장물아비들도 사형을 당할 수 있었다(레디커 2001: 257).

34) 유럽 출신 해적들의 행위에 분노한 아우랑제브는 자신의 해군을 만들고자 했다. 역설적이지만, 이때 무굴 제국 해군 창설에 도움을 준 사람들은 'Frank gunners', 즉 유럽인 대포 제작자들이었다. 이들

인도양에서 심각한 문제를 일으킨 또 한 명의 유명한 해적으로 윌리엄 키드가 있다. 그는 원래 영국 국왕 윌리엄 3세의 공인을 받은 사략선 선장으로서 프랑스 선박을 공격하는 일을 했고 더 나아가서는 해적선을 진압하는 임무를 맡았었다. 그런데 오히려 그 자신이 해적으로 변신하여 인도양에서 노략질을 했다. 1698년 1월에 그는 인도 동북 지역의 벵골에서 수라트로 귀환하던 배를 공격해서 금괴를 강탈했다. 아우랑제브 황제는 다시 영국 동인도회사에 책임을 물어 수라트의 영국 상인들을 체포하였다. 이제 영국 정부는 본격적으로 자국 출신 해적들을 진압해야 했다. 키드는 1699년 미국에서 생포되어 런던으로 압송되어 재판을 받고 처형되었다.35

1725년 이후에 한편으로 해적에 대한 소탕 작전이 이루어져서 해적의 수가 급격히 줄어들고(바르솔로뮤 로버츠의 패배가 해적 소탕의 중요한 시점이었다), 다른 한편 해적들과 진압군 측의 투쟁이 격화되었다. 영국 해군의 강경 대응에 맞서 해적들은 포로들을 살해하는 잔인한 보복을 가했다. 이때 해적들은 노획물보다 당장 생존이 급한 때였으므로, 당연히 이때의 해적 이야기의 배경은 피바다가 되었다.

이 시기에 해적의 수가 얼마인지에 대해서는 개략적인 수치가 전한다. 1716-1718년 시기에 1,500-2,000명, 1719-1722년 시기에 1,800-2,400명, 1723년에 2,000명이었다가 1724년에는 급격히 줄어들어 500명이 되었고 1725-1726년에는 200명 이하가 되어서 사실상 소탕되었다고 할 수 있다. 이 시기 전체에 해적의 수는 총 4,000명으로 추산된다. 이 수치에서도 다시 확인되듯이 해적의 극성기는 1710년대 후반부터 1720년대 초반까지의 시기였다. 이때 카리브해에는 32척의 해적선이 출몰한 것으로 알려져 있다(Rediker 2004: 29-33). 해상

은 동인도회사에서 뛰쳐나온 영국인들이었다(Scammell 1992: 646).

35) 키드는 대담하게도 자신을 살려주면 숨겨둔 보물 10만 파운드를 헌납하겠다는 제안을 했지만 영국 정부는 이를 수락하지 않고 그를 사형에 처한 후 그의 시체를 쇠사슬과 철제 띠를 둘러 템스 강변의 교수대에 매달아놓았다. 이렇게 썩어 가는 시체를 일반인들에게 공개하는 것은 해적들이 되려는 자들에게 경고하는 의미였다(타임라이프북스 2005: 42-53).

순찰이 완벽하지 못했던 이 시기에 카리브해에 32척의 해적선이 길목을 지키고 있다면 분명 그 위험이 작은 것은 아니었다. 이 해적선으로 인한 피해는 어느 정도였을까? 해적선 때문에 대서양의 국제 교역이 큰 위기에 빠진 것일까? 이 소수의 무법자들 때문에 국제 무역망이 '마비' 되었다고 할 수는 없지만, 대서양의 각 지역에서 경보가 울리고 큰 두려움과 혼란에 빠진 것은 분명하다. 가장 유명한 해적인 바르솔로뮤 로버츠는 1719-1722년 동안 400척 이상의 배를 나포하였다. 에드워드 로우는 140척, 블랙비어드 역시 그 정도의 배를 나포한 것으로 알려졌으며, 그 외에도 에드워드 잉글랜드, 찰스 베인 등 내로라하는 해적들이 적지 않은 피해를 입혔다.

2) 해적 민주주의?

대개 해적들에게 포로가 된 선원들이 해적선에 합류하라는 말을 들으면 강요에 의해 마지못해 그러는 듯한 태도를 보이지만, 많은 경우 그것은 위장에 불과하고 속마음으로는 기꺼이 해적선에 올라탔다고 한다. 당연히 해적들 중에는 평범한 선원 출신이 많았지만 그 외에도 뉴펀들랜드에서 조업하던 어부, 신대륙의 벌목공, 계약 노동자, 특히 범죄인으로서 신대륙에 보내진 자 등 다양한 종류의 사람들이 섞여 있었다(Rediker 2004: 43-46). 자연스럽게 해적선의 구성원은 다민족-다인종적이 되었다.

선원들이 차라리 해적이 되려고 했던 이유는 무엇보다도 그들의 생활 여건이 지극히 안 좋았기 때문이다. 앞에서 본 것처럼 선원들은 극도의 위험과 억압 아래서 일했으므로 가능하면 그런 상태에서 벗어나고자 했다. 이들의 공통된 태도는 단순한 종류의 이상주의였다. 쉽게 말해서 일이 별로 없어서 한가하게 지낼 수 있고, 재산은 재분배되어 누구나 큰 차이가 없으며, 특히 음식이 풍족한 상태였다. 말하자면 농민들의 유토피아, 코케인의 나라(Land of Cockagne, 먹을 것이 풍족한 농민들의 이상세계) 같은 것이었다.[36]

실제로 해적이 되면 노동의 성격은 기본적으로 같다 하더라도 노동 강도는 확실히 줄어드는 것이 사실이다. 이유는 사실 단순하다. 같은 크기의 배에 더 많은 사람들이 모여 있기 때문이다. 일반 상선의 경우 200톤급 배에 대개 13-17명의 선원이 일했지만 해적선에서는 80명 정도가 우글거렸던 것이다. 그래서 중노동에서 해방되기 위해 해적이 되었다면 우선 그 소망은 달성했다고 할 수 있다.

해적들은 완전히 다른 새로운 종류의 공동체를 이루고 있고 또 새로운 신념에 근거해서 살아갔다. 해적선 안에서는 무질서가 판을 친다고 생각하기 쉬우나 실제로는 기존 질서와는 다른 '새로운 질서'가 형성되어 있었다. 그들은 법 밖에 사는 사람이지만 그렇기 때문에 오히려 더욱 엄격한 자신들의 법이 필요했던 것이다. 만일 그들이 정말로 아무런 법과 질서 없이 살아갔다면 당장 생존이 불가능했을 것이다. 이들이 수립한 새로운 질서를 잘 보여 주는 자료는 해적 규약인데, 현재 남아 있는 것은 극소수이다. 그 가운데 유명한 것이 바르솔로뮤 로버츠의 해적 선원들이 작성한 규약이다(Johnson 2002: 180-181).

1. 모든 선원은 현안에 대해 동등한 표결권을 가진다. 어느 때든 노획한 식료품과 주류에 대해 동등한 권리를 가지며, 공동선을 위해 절약하기로 결정한 경우를 빼고는 그것들을 마음대로 이용할 수 있다.
2. 모든 선원은 전리품 목록에서 공평한 몫을 요구할 수 있다. 자신의 정당한 몫 이외에도 옷가지를 한 벌 더 가질 수 있다. 하지만 동료의 보석이나 돈을 한 푼이라도 사취하면 무인도에 내버린다. 동료의 것을 훔치면 코와 귀를 자르고, '사는 게 고생스러울 것이 분명한' 해변에 하선시킨다.
3. 주사위든 카드놀이든 돈을 가지고 도박을 해서는 안 된다.
4. 촛불은 밤 8시에 끈다. 이후에 술을 마시고 싶다면 불을 켜지 않고 갑판에 앉아 마

36) 레디커는 선원들의 심성에 대해 설명하면서 한 걸음 더 나아가 이들이 더 적극적인 의미의 이상주의, 일종의 혁명 이념 같은 것을 가지고 있었다고 주장한다. 즉 "영국혁명 당시의 수평파와 유사한 이념"을 가지고 있었다고 본다. 그러나 이는 과장된 주장으로 보인다. 일반 선원들은 우선 자기 자신이 편안하게 사는 것을 바랄 뿐이지 새로운 세상의 건설과 같은 어떤 이념을 가졌을 것 같지는 않다(Rediker 2004: 62).

셔야 한다.

5. 모든 선원은 즉각 전투에 사용할 수 있도록 늘 각자의 장비, 단검, 권총을 준비해야 한다.
6. 소년이나 여자를 배에 데려와서는 안 된다. 여성을 유혹하여 배에 데려온 것이 발각되면 사형에 처한다.
7. 전투 중에 탈주하는 자는 처형하거나 무인도에 버린다.
8. 배 안에서는 서로 때려서는 안 되며, 언쟁이 있을 경우 육지에 내려서 칼이나 권총으로 결정한다. 방법은 다음과 같다. 결투자들은 등을 지고 돌아서 있다가 조타수의 명령에 따라 즉시 돌아서서 발사한다. 첫 번째 발사에서 양편이 모두 빗맞히면 칼을 잡고 싸우며, 그럴 경우 먼저 피를 낸 자를 승자로 선언한다.
9. 각자 1,000파운드의 저축금을 채울 때까지 현재의 삶의 방식을 계속해야 하고, 그 이전에 이 생활을 그만두겠다고 말해서는 안 된다. 근무 중에 불구가 된 사람은 공공 기금에서 800 은화를 받고, 부상자들은 부상 정도에 따라 배분받는다.
10. 선장과 조타수는 전리품 배당 몫의 2배, 포수장과 갑판장은 1.5배, 다른 간부 선원들은 1.25배, 일반 신사들은 1배를 받는다.
11. 악사들은 안식일에만 쉴 수 있다.

이 자료로 보건대 해적선의 가치는 평등주의이며, 특이한 방식의 '민주주의'를 지향한다고 할 수 있다. 이 '해적 민주주의'의 가장 큰 특징은 선장의 권위를 대폭 줄이고 분산시켰다는 점이다. 해적선에도 선장은 있지만 이는 말하자면 '기능직'일 뿐 일반 선박에서처럼 절대 권력을 가지고 군림하는 인물이 아니었다. 해적들은 바로 그와 같은 권위에 질려서 도망친 사람들이었기 때문에 이런 특이한 질서를 만들었을 것이다. 규약의 제1조에서 규정한 것처럼 배의 중요한 결정 사항은 모든 승무원들의 투표에 의해 결정된다. 물론 대담하고 항해에 능한 사람을 선장으로 선출하지만 그렇다고 그가 승무원들 위에 군림하지는 못했다. 선장의 특권은 거의 없었다. 특히 음식에 대해 예민해서인지 선장을 비롯한 다른 어떤 간부 선원도 다른 사람보다 음식을 더 많이 받지 못한다는 점을 분명히 했다. 또 선장이라도 선실을 혼자서 쓸 수 없었다. 선장의 임무는 전투 혹은 도주와 관련된 사항을 책임지는 것이었고 다른 중요한 문제에 대해서는 다수의 의견을 따라야 했다.

해적선만의 특이한 제도는 권위의 남용을 방지하기 위해 조타수에게 견제권을 부여한 것이다. 조타수는 일반 상선에서는 간부 선원이 아니지만, 해적선에서는 신뢰와 권위를 가진 중요한 직책이었다. 그는 소소한 다툼들을 판결하고, 음식과 돈을 분배하며, 어떤 경우에는 약탈 대상 상선에 대한 공격을 지휘하기도 했다. 선원의 복지에 커다란 영향을 미칠 만한 결정들은 일반적으로 해적선 최고의 권위체인 위원회로 넘겨졌다. 합의체의 결정들은 신성불가침이어서 선장을 비롯해 그 누구라도 도전할 수 없었다.

해적들은 가장 비도덕적인 생활을 하는 것으로 인식되지만 적어도 그들 내부적으로는 '도덕경제(moral economy)'를 좇았고 이를 '민주적'으로 실천하였다. 이 점은 약탈물 분배 규정을 보면 뚜렷하게 알 수 있다. 약탈물 분배는 내규에 따라서 분명하게 규정된 할급제를 적용했다. 규약 10조에서 보듯이 선장과 조타수는 1.5-2단위, 포수・갑판장・항해사・선목・선의는 1.25 내지 1.5단위, 나머지 사람들은 각각 1단위씩 공평하게 나누어 가졌다. 이 규정을 어기고 의리 없게(!) 노획물을 숨긴 자는 무인도에 버리거나 사형에 처했다. 사실 이들의 배는 애초에 훔친 것으로서 공동 소유였고, 선주나 화주에게 이윤을 배분할 필요도 없는 상황이었으므로, 노획물은 자신들이 정한 규칙대로 나누어 가지면 그만이었다. 그 원칙은 말하자면 그들 나름의 노동가치설이었다. 게다가 그들 스스로 상해보험과 노령보험 시스템도 개발했다. 신체 부위별로 상해에 따른 보상이 나왔고, 과부의 몫도 따로 정해져 있었다(Pomeranz and Topik 1999: 168).

선상 기율이 없을 수 없지만, 그것은 그들의 이상에 따른 공동 규칙 체계라고 할 수 있다. 그것은 공동의 이익에 반하는 행동에 대한 집단적인 인식과 대응, 처벌이었다. 규칙 위반 행위들에 대해서는 "선장과 승무원 다수가 적당하다고 생각하는 처벌"이 이루어졌는데 채찍을 사용하지 않는 경우가 많았다(레디커 2001: 242). 의외로 해적들 사이에 폭력이 드물었다는 것은 그들 자신이 일반 선박에서 가공할 폭력에 시달렸기 때문에 그들 스스로 폭력적인 위계를 만들고 싶지 않았기 때문일 것이다.

이상이 대체로 낭만화된 해적의 역사의 내용이다. 그러나 해적의 실제 면모가 정말로 이와 같이 민주적이었을까? 그런 일면이 없지 않겠으나 실상은 많이 달랐을 것으로 보인다. 그들이 모두 평화로운 생활을 한 것은 아니다. 규약에서 보듯이 그들 간의 갈등은 결투를 통해 스스로 해결했다. 채찍에 대한 반감 때문에 이를 사용하지 않았다고는 하지만, 다른 종류의 폭력을 많이 사용한 것은 분명하다. 그들이 사로잡은 포로들에 대해서만이 아니라 그들 간에도 심한 처벌들(spread-eagling, keelhauling, sweating)이 사용되었다. 예컨대 '스웨팅'이라는 것은 처벌받는 사람을 벌거벗겨서 가운데 세워두고 둘러싼 사람들이 뾰족한 칼이나 컴퍼스 같은 것으로 사정없이 찌르는 방식이다. 그런 다음 피를 흘리는 사람을 바퀴벌레가 우글거리는 통에 집어넣고 그 통 입구를 천으로 싼다. 그러면 희생자는 열대의 '찜통더위' 속에서 피 흘리며 벌레에 시달리게 되는 것이다(Burg 2001: 229). 이런 여러 정황으로 보건대 해적선이 결코 비폭력적이고 우애로운 공동체는 아니었다.

해적들의 태도 중에 특히 강하게 나타나는 것은 기존 사회에 대한 적개심이었다. 이것은 선박을 나포했을 때 선장을 비롯한 지휘자들에 대한 그들의 복수 행위에서 읽을 수 있다. 그들은 상선을 나포하면 "정의를 집행했다." 선원들에게 상선 지휘자의 행실에 대하여 물어보아서 불만이 쏟아진 자들에게는 매질을 하고 상처에 소금을 뿌렸다! 해적 필립 라인이 1726년에 붙잡혔을 때 그는 해적질을 하는 동안 37명의 선장들을 죽였다고 실토했다. 한편 결코 선원들을 학대한 적이 없는 '정직한 친구'로 판명된 선장은 거꾸로 해적들로부터 답례를 받기도 했다.

해적들이 매우 독특한 공동체를 이루고 살았다는 것은 분명하지만, 이로부터 그들이 어떤 '의식'을 가지고 있었다고 할 수 있을까? 해적에게서 혁명적인 이데올로기를 찾으려 한 선구자는 영국혁명을 연구한 저명한 역사가인 크리스토퍼 힐(Hill 1985: 26)이다. 그는 영국혁명 후 왕정복고기에 일부 분파들이 영국을 떠나 서인도제도에 가서 해적이 되었다고 보았다. 따라서 영국혁명의 급진 이데올로기가 해적들에게 이식되었을 수도 있으리라는 추론을 한 것이다.

해적을 이런 각도에서 해석하는 데에 영향을 미친 또 한 사람의 역사가는 홉스봄(Hobsbawm 1981; 홉스봄 2004)이다. 홉스봄은 사회적 강도 행위를 "보편적이고 거의 변함없는 현상이며 압제와 빈곤에 대항하는 농민의 고유한 항쟁으로서 부유한 압제자들에 대한 복수의 외침"이라고 정의했다. 그 목표는 "사람들이 정당하게 대우받는 옛 세상이지, 완전한 새 세상이 아니다." 따라서 이들을 "혁명적 전통주의자들"이라고 부를 수 있다는 것이다. 일부 연구자들은 해적들도 이 공식에 들어맞는다고 주장한다. 이에 따르면 해적들의 이상은 그 시대에 혁명적인 사회강령이었다는 것이다!

존슨의 책에 나오는 여러 해적의 일화 중에는 이런 식으로 해석할 만한 요소들이 없지 않다. 예컨대 벨라미가 비어 선장에게 하는 다음과 같은 말을 보라.

> 그들과 우리의 차이점은 그들은 법이라는 보호막 아래 가난한 사람들에게서 약탈하는 반면 우리는 우리 자신의 용기를 방패 삼아 부자들에게서 약탈한다는 것이오. (Schonhorn 1972: 587) 37

그러나 사실 홉스봄이 그리는 해적의 이미지는 급진주의자라기보다는 사회에 대한 적개심에 불타는 복수하는 인간에 가깝다. 그들은 공포와 잔인성에도 '불구하고' 영웅이라기보다 그 '때문에' 영웅인 것이다. "그들은 잘못을 바로잡는 유형이 아니라 복수하는 인간이며 힘의 집행자이다. 그들의 호소력은 정의의 사도라는 것이 아니라 가난하고 약한 사람도 공포스러운 존재가 될 수 있음을 증명한다는 데에 있다." 홉스봄(Hobsbawm 1981: 8)은 이들을 '공공의 괴물(public monster)' 이라고 불렀다. 아마도 이에 가장 어울리는 인물이 블랙비

37) 이 판에서는 저자가 다니엘 디포로 되어 있다.

어드일 것이다. 그는 악마의 화신이요 폭력적 인간의 원형이라 할 만하다. 그는 웃음을 터뜨리며 친구의 발에 총을 쏴서 그를 불구로 만들고, 결혼 직후 자기 부인을 선원들과 동침하도록 하는 기행을 서슴지 않았다.

압제에 대한 복수의 요소가 있다고 해서 해적들을 혁명의 전위인 것처럼 그리는 것은 타당하지 않다. "해적 선원들 사이에는 불화가 존재하지 않았으며 이는 국제적인 현상이어서 각국 해적들은 대개 평화적으로 협력했다"고 그리는 것은 지나치게 해적을 낭만적으로 미화한 것으로 보인다. 실제 그들은 야만적이고 가혹한 인간들이었다.

1722년 해적들에게 붙잡힌 젊은 선원 필립 애시턴의 말을 들어보라: "사악하고 비열한 선원들이 포로를 해치는 것은 그저 심심풀이 장난에 지나지 않는다. 그들은 엄청나게 술을 마셔대며 지독한 욕설을 퍼부어댄다. 등골이 오싹한 불경스러운 말을 지껄여대면서, 천국을 공연히 무시하고 지옥 자체를 경멸하는 게 그들이 늘 하는 짓이다."(컨스텀 2002: 11) 해적은 단지 해적인 것이다.

3) 해적의 이미지

사실은 흉악범에 불과한 해적이 왜 그런 낭만적인 이미지를 띠게 되었을까?

우선 해적에 대한 연구가 1880-1940년 기간 중에 많이 이루어졌다는 점에 주목해 보자(Pérotin-Dumon 1991: 20). 이 시기는 유럽과 미국의 제국주의적 해외 팽창이 한참이던 시기이다. 이때 과거 자국의 해적은 단순한 도둑이 아니라 해외로 진출하여 적을 누르고 국가의 이익을 옹호한 용감한 인물로 성격 규정을 받았다. 이처럼 과거의 해적을 민족 영웅으로 보는 데에는 민족주의와 제국주의의 분위기가 반영되었다.

그러나 해적을 긍정적이다 못해 낭만적으로 이상화하는 데에는 민족주의와는 또 다른 정서가 작용한다. 그것은 억압적인 자본주의 질서에 대한 반작용과 같은 것이다. 낭만적으로 그려진 해적의 대중적 이미지는 사회적 속박에 반항하고 싶은 감춰진 욕구를 반영한다. 해적들은 비록 난폭하기는 하지만 자유롭게 산다고 사람들은 생각한다. 사람들은 그들이 한번에 거액의 '보물'을 얻어 외딴 섬에 묻어둔 다음 평생을 느긋하고 평화롭게 산다고 믿었다. 이렇게 자유롭고 멋지게 그려진 해적의 삶은 일반 대중들에게 동경의 대상이 되지 않을 수 없다.

이런 식의 이미지 형성에 크게 기여한 것은 루이스 스티븐슨의 소설『보물섬』이다. 이 소설에는 보물 지도, 파묻은 약탈품, 앵무새, 나무 의족, 안대, 관속에 들어간 15명의 선원들 같은 해적 신화의 온갖 요소들이 모두 들어 있어서 이것이 해적에 대한 대중의 인식 형성에 결정적 영향을 미쳤다. 스티븐슨이 언급한 여러 디테일 중에는 실제 개연성이 큰 것들도 많다. 많은 선원들이 벤 건(Ben Gunn)처럼 무인도에 내버려졌다. 롱 존 실버처럼 외다리 해적도 실재한다. 앵무새를 기념물로 가지고 다니는 사람도 없지 않았다. 다만 흔히 지적하는 바이지만 해적들이 공격하는 대상은 '보물', 즉 금은보석보다는 주로 일반 화물이었고, 설사 귀금속이나 현찰을 얻었다 하더라도 해적들은 그것을 묻어 두지 않고 곧바로 써버렸다. 따라서 외딴 섬에 보물을 묻고 지도를 그려 두는 식의 일은 사실과 다르다.

이런 해적 이미지를 더욱 확고하게 굳힌 것은 20세기에 만들어진 할리우드 해적 영화들이다. 이런 영화들에서는 에롤 플린과 같이 잘생긴 남자 주인공이 멋진 모험을 벌이고 아름다운 여인들이 핵심적인 역할을 하는 것으로 그려졌다. 결과적으로 해적에 관한 이야기들은 더욱 낭만적으로 왜곡되었다(Johnson 2002: viii-ix).[38]

이미 언급한 것처럼 해적은 당시 탄탄히 자리잡아 가던 주류 자본주의 질서에 대한 일종의 반질서(反秩序)였다. 반질서는 주류질서에 편입되지 못한 하층 사람들이 만들어 내는 것이지만, 주류질서를 전복시키려고 하기보다는 오히려

38) 대표적인 작품으로는 에롤 플린이 주연으로 나오는 〈바다매(The Seahawk)〉를 들 수 있다.

존슨 선장의 『해적의 일반사』에 들어 있는 삽화(Johnson 2002: 160)

동경하고 모방한다. 이런 점들을 놓고 볼 때 해적의 낭만화는 오늘날의 갱스터 영화와 기본적으로 유사한 현상이다. 영화에서 갱들은 자본주의 질서에 반대하는 집단이고 거기에 저항하지만 동시에 그 질서를 흉내 내고 복제한다. 그 이유는 자본주의 체제 안에서 억압받는 일반 대중들이 상상의 세계에서 일탈과 성공을 동시에 원하기 때문이다(헤이워드 1997: '갱스터' 항목 19-23).

해적은 이런 심리에 대단히 잘 들어맞는 매력적인 요소를 제공하였다.

해적에 대한 진지한 연구든 혹은 낭만적인 이미지 묘사든 어느 경우에나 가장 중요한 '원재료'로는 통상 두 권의 책을 든다. 하나는 알렉산더 엑스케믈린(Exquemelin)의 『아메리카의 버커니어』로서 1678년에 처음 출판된 다음 유럽 각국어로 번역되었다. 이보다 더 영향력이 컸던 책은 존슨 선장의 『해적의 일반사』라는 책이다. 사실 대부분의 해적 관련 서적들은 이 책의 내용을 적당히 번안하여 내놓은 것이라고 해도 과언이 아니다. 이 책은 1724년에 초판이 나왔다. 이 해는 해적의 전성기가 막 지난 시점으로서 일반인들이 해적들에 대해 공포와 동경을 가지기 시작한 때이다. 신문에는 해적들 이야기가 넘쳐나고 템스 강변에는 처형당한 해적들의 시체가 썩어 가는 모습을 볼 수 있는 때였다.[39] 이

39) 해적 처형은 해적들만큼이나 엽기적이었다. 당국은 공포심을 주어 해적 행위를 막아 보려는 의도에서 한 번에 여러 명의 해적을 교수형에 처하기도 하고 특히 두목급 해적은 시체를 쇠사슬로 묶어서 강변에 걸어두어서 흉악한 모습으로 썩게 만들었다.

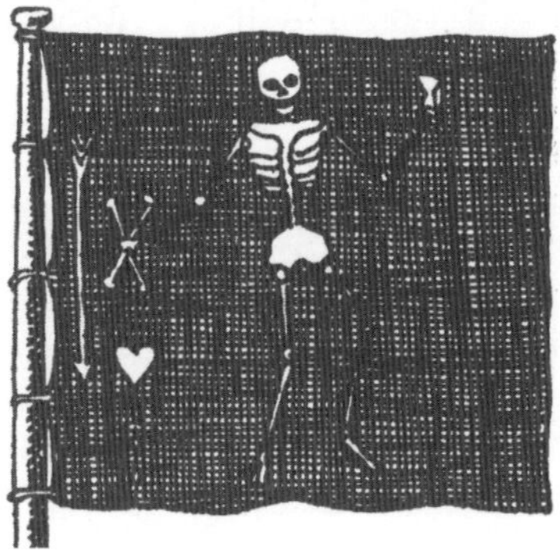

졸리 로저 해골과 뼈, 모래시계 등의 상징을 사용한 전형적인 검은색 해적 깃발(Johnson 2002: 202)

런 시류에 맞춰서 나온 이 책은 당대의 베스트셀러가 되었다. 열대의 풍광에서 벌어지는 잔인한 살해, 고문, 강간 등의 이야기와 거기에 걸맞은 삽화가 많이 들어간 이 책은 감각적인 흥미를 추구하는 일반 독자들의 구미에 딱 맞았던 것이다. 초판의 성공에 힘입어 더 많은 이야기가 보강된 판본들이 이어졌다. 블랙비어드, 캘리코 잭 같은 흉악한 해적 선장, 혹은 메리 리드 같은 여자 해적 등의 이야기는 인구에 널리 회자되었고, 이와 함께 갑판을 따라 걷게 하여 바다에 빠트리기, 무인도에 하선시키기, 해적 깃발 등의 정형화된 요소들이 널리 퍼졌다. 이런 내용들은 얼마만큼 사실일까? 한마디로 존슨 선장의 책은 '개연성 있는 허구'라는 것이 정설이다. 즉 이 책에 나오는 해적 관련 이야기들은 실제 있었던 일이지만 디테일들을 훨씬 더 많이 집어넣어 흥미 위주로 고쳐 쓴 것들이다. 필립 고스라는 연구자는 존슨 선장 자신이 해적이었거나 해적과 가까웠던 사람이라고까지 추정하였다. 그만큼 이 책이 실제 해적의 실상을 잘 반영하는 것은 사실이다. 이 책은 그야말로 문학과 역사의 중간 단계에 해당한다고 할 수 있다.[40]

위의 두 책은 역사적 진실과는 무관하게 큰 영향을 미쳐서 후대의 연구자들도 그 영향으로부터 완전히 자유롭지 못하다. 특히 존슨 선장의 책은 해적들의 자치, 이익과 위험을 나누어 갖는 공동체 같은 내용들을 반복해서 해적을 낭만화하는 데에 큰 공헌을 했다.[41]

40) 이 책의 저자인 존슨 선장이 누구인가에 대해 많은 논란이 계속되었다. 그 가운데 가장 흥미로운 주장은 이 책의 실제 저자가 다니엘 디포라는 것이다. 1939년에 존 무어(John Robert Moore)가 발표한 이 설은 대단히 가능성이 높아 보여서 실제 한 출판사에서는 이 책의 저자를 디포로 명기하여 출판하였다. 그러나 그 후 다른 학자들(P. N. Furbank, W. R. Owens)이 이를 부인하는 설을 제시하였다. 현재는 '디포 설'은 사실상 무너진 상태이다(Johnson 2002: xii-xiii).

해적과 관련된 사항 중에 일반인에게 널리 알려진 것은 해적 깃발이다(컨스텀 2002: 145-149). 17세기 카리브해에서 버커니어들은 모국 깃발 아래 싸웠지만 때로는 적을 위협하거나 자신의 정체를 각인시키기 위한 깃발을 사용하기도 했다. 주로 상대방을 위협하려는 의도로 붉은색을 많이 사용했고 점차 이 위에 더 위협적인 도안들을 만들어 넣었다. 이 도안들을 일괄하여 졸리 로저(Jolly Roger)라 한다. 이 말은 '예쁜 붉은색'이라는 역설적인 프랑스어 표현 '졸리 루즈(Joli Rouge)'에서 유래했다. 우리가 흔히 알고 있는 검은색 깃발은 1700년에 첫 번째 사례가 알려져 있으며 그 후 널리 사용되어서 1714년경에는 검은 기가 해적선의 상징이 되었다.

유명한 해적들의 도안은 잘 알려져 있어서 깃발만 보고도 그들이 누구인지 알 수 있게 되었다. 그 의도는 "당신들이 지금 마주친 상대가 누구인지 알아채서 싸우지 말고 곧 항복하라"는 것이었다. 도안의 기초가 되는 상징들은 묘비에서 따온 것, 비유적인 그림, 교회의 조각 등이었다. 그 의미는 비교적 쉽게 알 수 있다. 해골과 교차시킨 뼈 혹은 대퇴골은 죽음, 칼은 맹렬한 싸움, 모래시계는 시간이 얼마 남지 않았다는 표시였다. 이런 여러 상징들을 동시에 사용하는 경우도 있다. 블랙비어드의 깃발에는 창과 그 옆에 피 흘리는 심장 그리고 모래시계를 쥔 해골이 그려져 있는데, 그 의미는 "저항하면 죽는다"는 것이리라.

결론

근대의 바다는 가공할 폭력이 난무하는 무대였다. 그 극단에 위치한 해적들의 행위가 이 사실을 명백하게 증언한다. 로크 브라질리아노라는 해적은 사로

41) 해적을 낭만화하는 데에 공헌한 또 한 명의 특이한 인물은 윌리엄 담피어(William Dampier)이다. 그는 해적 가운데 유일하게 초상화를 남겼고, 또 거의 유일하게 자서전을 남겼는데 여기에서 자신을 영웅적인 탐험가 및 박물학자로 그렸다(Beken 1998).

잡힌 사람의 팔다리를 잘라버리고 쇠꼬챙이에 찔러서 통돼지를 굽듯이 산 채로 불에 구웠다!(컨스텀 2002: 130) 이것은 대규모 부가 집중되고 이동하는 초기 자본주의 발전 과정이 이미 광기에 가까운 폭력성을 띤다는 한 징표이다.

해외 팽창 과정에서 생겨나는 폭력의 문제는 통제하기가 힘들었다. 국가가 폭력을 독점적으로 장악하는 것이 근대 국가 제도의 특징이라고 흔히 이야기하지만, 어느 세력도 완벽하게 통제하는 것이 불가능했던 근대의 해상 세계에서는 각 선박이 스스로 무장을 갖춘 채 서로 충돌했다. 앞에서 언급한 것처럼 국가를 대신하여, 혹은 국가를 무시하고, 더 나아가서는 국가에 대항하여 폭력을 행사하는 해적들이 창궐했다. 그러나 사실 해적선이 따로 있다기보다는 모든 선박들이 어느 정도는 해적선 요소를 가지고 있었다. 예컨대 영국 귀족은 상업을 천시하고, 기사의 본분인 적을 공격하여 이익을 취하는 활동을 훨씬 더 찬양하였다(Pomeranz and Topik 1999: 159). 영국의 '국민 해적' 드레이크가 에스파냐에서는 도적이지만 영국에서는 영웅인 것이 이런 이유이다.

이런 상태에서 벗어나서 바다에서의 폭력을 국가가 통제하기 시작한 것은 19세기 이후의 일이다. 퍼거슨(퍼거슨 2006: 36)이 이야기하듯 일종의 해적 국가로 출발했던 영국이 스스로 해적을 진압하고 나선 것은 이 나라가 보편성을 주장하는 제국을 향해 한 단계 더 도약했음을 증언한다. 이제 "해군이 영해를 수호"한다는 개념이 성립되었다(Pérotin-Dumon 1991: 201). 사실 18세기가 지나면서 무력 갈등의 비용이 한 차원 다르게 올라갔고, 따라서 회사 각자가 자신의 보호 비용(protection cost)을 스스로 부담하는 방식은 불가능해졌다. 영토 지배라는 국가 기능을 대신 담당했던 동인도회사 방식이 불가능해지면서 1830년까지 모든 회사들이 무너지고, 정부가 식민지를 인수한다는 사실을 앞에서 보았다. 이는 해상 폭력의 문제, 즉 해적의 문제에서도 마찬가지이다.

제국주의 시대로 넘어가면서 해상을 통한 폭력의 세계화가 완수된 것이다.

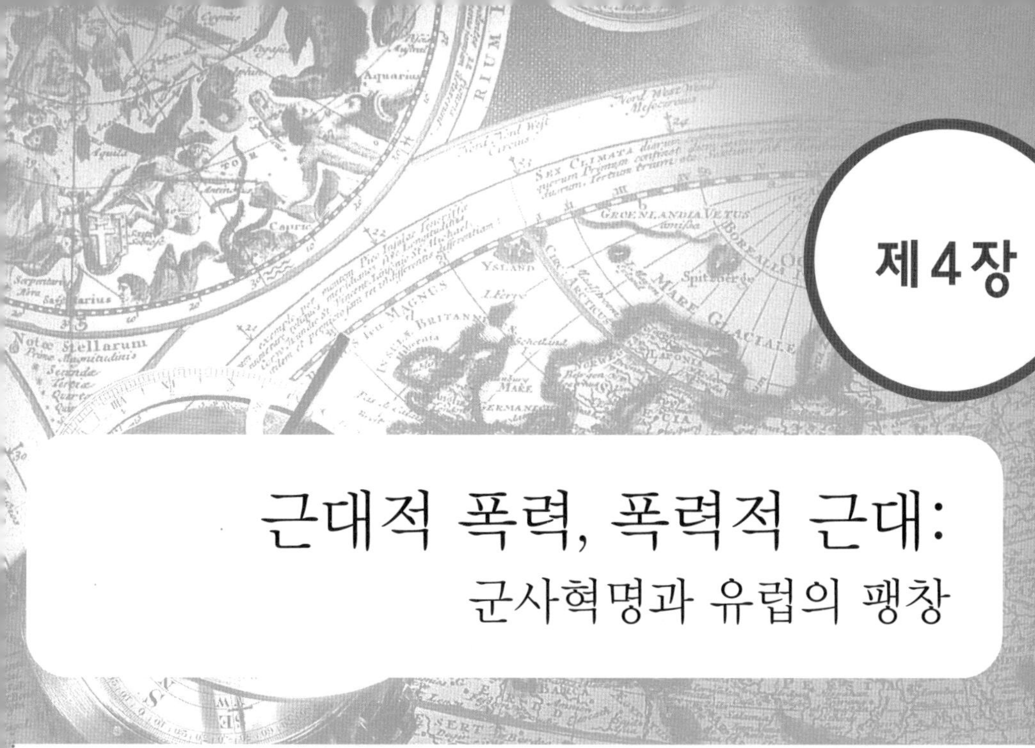

제4장

근대적 폭력, 폭력적 근대:
군사혁명과 유럽의 팽창

근대의 가장 큰 특징 중 하나는 폭력의 일반화 혹은 폭력의 세계화라고 할 수 있지 않을까? 물론 그 이전 시대라고 해서 모든 사람들이 평화롭게 사는 이상사회였던 것은 아니다. 그러나 근대에 들어서 군사 기술과 무기가 더 발달하고 군사력이 훨씬 강력해졌으며 또 그렇게 강화된 군사력을 더욱 빈번하게 사용하였다. 소위 '군사혁명'이 일어난 유럽의 근대는 전쟁의 시대라고 해도 과언이 아니다. 그리고 이렇게 발전한 폭력은 곧 전 세계로 확산되었다.

세계 여러 문명의 조우는 불행하게도 평화적이기보다는 대개 폭력적이었다. 유럽의 팽창 자체가 우선 무력 사용이 필연적인 사건이었다. 다른 대륙의 이질적인 문명권 안으로 뚫고 들어가기 위해서 무엇보다도 강한 무력을 갖추어야 한다는 데에는 의심의 여지가 없다. 가스파르 코레아(Gaspar Correa)라는 고아에 거주하는 포르투갈인의 보고에 의하면 1502년에 바스코 다 가마가 캘리컷에 도착했을 때부터 벌써 가공할 폭력성을 드러냈다. 그는 무슬림 선단을 격침시킨 다음 800명의 귀와 코, 손을 잘라서 캘리컷의 지배자에게 보내면서 카레라이스를 해먹으라고 말했다고 한다. 그의 선단의 한 선장은 무슬림 상인을 채찍질하여 그가 실신하자 입에 오물을 넣고 돼지고기 조각으로 입을 막음으로써 종교적인 모욕을 가했다(Masselman 1963: 218). 유럽인과 아시아인 사이의 거의 첫 번째 접촉부터 유럽인들은 너무나도 폭력적이었다. 그들은 자신들의 힘을 앞세워 그들이 찾아간 해외 지역의 현지 주민을 지배·정복하거나 약탈과 해적 행위를 통해 직접 부를 취하기도 했으며, 교역 행위를 할 때에도 무력 위협을 통해 유리한 위치를 점하였다. 이런 점들을 고려하여 여러 학자들은 전산업화 시대에 유럽인들이 전 세계에 수출한 것은 다름 아닌 폭력이었다고 주장하였다.

이러한 설명이 타당한지 살펴보는 것이 이 장의 목표이다. 과연 근대 초에 유럽의 군사력이 다른 문명권보다 강했는가? 군사력이 근대 초에 각 문명권 간의 관계를 결정하는 핵심 요소였는가? 이런 질문에 대한 답을 찾다 보면 군사력의 강약을 결정하는 요소는 무엇인가, 예컨대 총포와 같은 기술적인 요소인가 혹은 군사 전술, 군의 사기와 같은 무형적인 요소인가, 혹은 다른 문화적인 요소인가 하는 질문들에 이르게 된다. 이를 통해 '근대적 폭력성' 혹은 '폭력적인 근대성'에 대해 숙고해 보도록 하자.

1. 군사혁명

다른 문명권에 비해 근대 유럽이 우위를 차지하게 된 결정적인 요소가 군사력이었다고 주장하는 연구가 많다. 그러나 과거 이 방면의 전통적인 연구들은 이 문제를 체계적으로 다루지 못하고 흔히는 지나치게 단순화시켜서 이해하려는 경향이 있었다. 군사 문제를 다룬 역사가라 하더라도 대개는 유럽 내의 문제에만 중점을 두었고, 다른 대륙 혹은 식민지의 군사 문제에 대해서는 무시하거나 아예 관심이 없었으며, 따라서 대단히 편파적이고 협소한 관점에서 정리를 하곤 했다. 콜웰(Colonel C. E. Callwell) 같은 연구자가 대표적이다(Callwell, 1896).[1] 그는 대단히 잘 훈련된 유럽인들이 "미개인 혹은 반(半)문명화된 종족들(savages and semi-civilized races)"과 전쟁을 치른다는 식으로 설명하였다. 유럽만이 질서정연하면서도 강력한 군대를 가지고 있다고 본다는 점에서 그의 견해는 유럽중심주의 내지 유럽예외주의라고 볼 수 있을 것이다.

이런 견해를 지지하는 구미의 많은 연구자들은 대개 유럽의 군사력이 세계 여타 문명권에 비해 강했다는 것을 전제로 하고 그 원인을 찾는 식으로 논지를

1) Peers(1997: xvi)에서 재인용.

전개한다. 이들의 기본 인식틀은 유럽은 근대적이고 앞으로 전진하는 사회인데 비해 아시아 · 아프리카 · 아메리카는 정체되어 있고 전통에 매인 사회라는 것이며, 이런 점이 군사 측면에서도 똑같이 나타난다고 보는 것이다. 그 결과 잘 훈련되고 무기를 잘 갖춘 유럽 군대가 훈련도 안 되어 있고 지도와 통제가 제대로 되지 않은 현지의 군대를 격파하며 전진한다는 식의 서술을 한다. 그러나 물론 이런 것들은 사후적(事後的, post facto)인 합리화이기 쉽다. 흔히 이들의 설명은 실제 일어난 일이기보다는 유럽인들의 관점에서 볼 때 어떠했으면 좋겠다는 것을 과거에 투사한 것에 불과하다.

이처럼 편협한 관점에서 벗어나 군사 문제를 새로운 차원으로 옮긴 것이 '유럽의 군사혁명' 논의이다. 이 주장을 펴는 연구자들은 두 가지 점에서 기존 논의를 크게 개선시킨 것으로 보인다. 첫째, 기존 연구들이 거의 전적으로 좁은 의미의 군사사, 즉 무기나 전투 기술의 발전같이 직접적으로 군사 문제와 관련 있는 요소만 보려고 했던 데 비해 새로운 연구들은 전체 사회 문제와 연관지어서 군사 문제를 고찰함으로써 넓은 역사적 맥락을 얻었다. 둘째, 기존 연구가 유럽 내의 문제에만 집중한 데 비해 이 연구들은 세계사의 맥락에서 군사 문제가 어떤 의미를 띠는지 살펴보려고 한다.

물론 최근의 연구들이 과거의 조야한 방식을 벗어나서 훨씬 더 세련된 도식을 제시하면서도 여전히 유럽중심주의의 문제를 안고 있을 수 있고, 정반대로 과도한 탈유럽중심주의가 오히려 역사 사실을 왜곡하고 또 다른 편견(예컨대 중국중심주의, 일본중심주의 혹은 인도중심주의)을 불러올 위험성도 있다. 그러나 전반적으로는 분명 새로운 요소들을 고려하여 넓은 시각에서 문제를 고찰함으로써 참신하고 흥미로운 관점을 제공하는 것은 사실이다.

군사력의 강약을 결정하는 요소로 다음 두 가지를 생각할 수 있다. 첫 번째는 '기계' 나 '기술' 같은 요소들이다. 단적으로 이야기해서 근대적인 총포와 화약이 군사적 우위의 결정적 요소라는 설명이다. 두 번째는 군대의 '사기(morale)' 혹은 조직력 등의 요소이다. 단지 무기 면에서만 우세했던 것이 아니라 그것을 조직적이고 체계적으로 사용하는 방식, 정신력 등이 더 중요하다는 설명이다.

이 두 가지 모두 중요하다는 것은 말할 나위가 없겠으나 최근의 연구 경향은 두 번째 요소를 더욱 중시하는 듯하다. 그래서 '군사사(軍事史)의 탈군사화(demilitarization of military history)'라고 할 만한 현상이 두드러지게 되었다. 무기와 조직력 등 전적으로 군사적인 요소만으로 설명하는 것을 피하고 군사 문제를 더 넓은 시각에서 봐야 한다는 것이다. 그것은 결국 '문화' 요소를 중시하는 경향으로 귀결된다.[2]

이런 점들을 염두에 두고 군사혁명에 대한 기존 연구를 재검토할 필요가 있다. 기존 정설에 대한 일종의 '해체' 작업을 하는 과정에서 전 지구적 차원에서 벌어진 무력 충돌에 대해 새롭게 이해하고 더 나아가서 근대 사회의 폭력성에 대해 성찰하는 기회를 얻을 수 있을 것이다.

1) 군사혁명 개념의 발전

군사혁명 개념을 처음 제시한 사람은 마이클 로버츠(Michael Roberts)라는 학자로서, 그는 1955년에 벨파스트의 퀸즈유니버시티에서 강의한 내용을 1956년에 책으로 출판하였다(Roberts 1956). 이에 따르면 유럽사에서 사상 유례 없이 전쟁이 빈번했던 16-18세기에 군사혁명이 일어났는데, 그 내용은 크게 네 가지로 정리된다. 첫째, 총포류가 창을 대신하는 무기상의 변화, 둘째, 군대 규모의 엄청난 증대, 셋째, 대규모의 복합적인 전술의 사용, 넷째, 사회에 대한 군

2) 이와 관련해서 군사사 전문가인 제러미 블랙(Jeremy Black)이 기존의 연구 경향의 주요 문제점들로 지적한 여섯 가지 사항들을 참고할 만하다: ① 유럽중심주의, 즉 서유럽과 미국에만 초점을 맞추는 경향, ② 기술 중심적 왜곡, 즉 군사적 능력, 군사 발전을 설명하는 데에 기술 요인을 중심으로 보거나, 특히 전쟁의 '기계화'만 강조하는 것, ③ 전파론적 서술, 즉 주요 국가, 지배적인 군사 강국의 발전에 초점을 맞춘 다음 이것이 나머지 지역으로 전파되는 현상에 주목하는 경향, ④ 육군과 해군을 분리하여 분석하는 것, ⑤ 국가 간의 충돌에만 관심을 두고 국내의 무력 충돌을 무시하는 것(다만 영국이나 미국의 내전처럼 그 규모가 국제 전쟁과 비슷한 수준일 때만 예외로 한다), ⑥ 무력의 구조, 독트린과 목표 등을 설정하는 데에 정치적인 과제 설정(tasking)에 초점을 맞추지 않는 것(Black 2004: ix).

대의 영향 증가 등이다.

그는 특히 네덜란드의 마우리츠 반 나사우(Maurits van Nassau)와 스웨덴의 구스타부스 아돌푸스(Gustav Adolf)가 개발한 부대 대형에 주목하였다. 에스파냐의 테르시오 부대나 스위스 창병들은 밀집대형을 이루고 있었던 데 비해 네덜란드와 스웨덴 군대는 소규모 분대가 2-3줄의 대형을 이루고 있어서 무기를 십분 활용할 수 있었다는 것이다. 그런데 사실 초기의 화기는 화살보다 못했다. 숙련된 궁수는 1분에 화살 10발을 쏠 수 있었고 유효 사거리가 200미터에 이르렀으나, 화승총은 장전에 몇 분이 소요되고 유효 사거리도 100미터 정도에 불과했다. 16세기 내내 문제가 되었던 것은 화승총의 장전 시간이 너무 오래 걸려서 그동안 적군이 칼을 빼들고 달려들면 대책이 없다는 것이었다. 이미 총기가 등장한 시대인 1550년경까지도 스위스 창병이 유럽 내 최고 군대라는 명성을 누렸던 것은 이 때문이었다.

이 문제에 대한 해결책은 사수들을 여러 줄로 배치하여 앞줄에서 발사하는 동안 뒷줄이 장전을 하고, 그래서 총을 발사한 줄이 뒤로 가면 차례로 그 다음 줄이 전면으로 나와서 발사하도록 하는 연속 발사 시스템이었다. 1590년대에 처음 개발된 것으로 보이는 이 시스템은 전략의 심대한 변화를 불러왔다.[3] 이제 군대 대형은 뭉쳐 있는 것이 아니라 오히려 분산되어 있어야 하고 집단 전체가 일사불란하게 움직이는 것이 중요했다. 이 이후 군인들은 항상 정렬하고 분산하고 이동하는 것을 연습하게 되었다. 제식훈련이 군사 훈련의 기본 내용으로 자리잡은 것도 이 때문이다. 이를 처음 체계적으로 분석한 것이 나사우의 얀(Jan van Nassau)이었다. 그의 군대는 신속하고 정확하게 움직이고 조율된 방식으로 총을 발사했다. 그런데 네덜란드에서는 이 방식을 주로 수비에 썼던 반면 스웨덴의 구스타부스 아돌푸스는 더 적극적으로 공격에 이용하여 강력한 군사력을 키울 수 있었다. 1620년대에 그의 군대는 끊임없는 훈련 끝에 단 여섯 줄을

3) 아래에서 설명하듯이 이런 연속 발사 시스템을 세계에서 가장 먼저 개발한 곳은 일본이었다(Parker 1991: 188).

가지고 연속 발사가 가능하게 만들었고, 여기에 야전포를 부가하여 화력을 크게 강화시켰다. 이 시기에 이르면 창병 부대는 시대의 흐름에 뒤처지게 되었다. 이제 군사력은 새로운 무기를 얼마나 효율적으로 사용하느냐가 관건이 되었다.

로버츠(Roberts 1956: 20)는 이런 전술상의 변화가 정치와 사회에 유례 없이 큰 영향을 미쳤다는 점도 강조하였다. 중앙 정부는 막강한 군대를 항시적으로 보유함으로써 사회의 그 어느 집단도 저항할 수 없는 강력한 권력과 권위를 누리게 되었다. 이를 이용하여 중앙정부는 세금과 부역을 강제 부과했고, 이것이 다시 군의 강화 및 정부의 강화를 가져오는 순환을 이루게 되었다. 말하자면 강한 군사력은 절대주의 국가 건설의 핵심 요소가 되었다.

로버츠의 이 탁월한 연구는 우선 조지 클라크(George Clark) 경이 자신의 강의와 저서에서 인용함으로써 널리 알려졌다(Clark 1958). 다음에 파커가 실증적인 내용을 보충하고 이론적으로 더욱 발전시켰다. 다만 그는 군사혁명이 일어난 시기를 30년 정도 앞으로 잡았는데, 이렇게 되면 군사혁명이 일어난 지역, 주체, 그리고 그 내용까지 다소간 변화하지 않을 수 없다. 그가 주목한 것은 16세기 초반에 이탈리아에서 있었던 대포와 성채의 발달이었다.

16세기의 기록들을 보면 당대인들도 화기와 성채의 발달이 혁명적인 변화라는 점을 인식하고 있었다. 총포류가 등장하고 포의 이동성과 화력이 갈수록 증가하였다. 이것이 성채에 큰 위협이 되자 이번에는 성채가 변모하지 않을 수 없었다. 무엇보다도 눈에 띄는 변화는 적의 공격을 막는 측에서도 대포를 이용했으므로, 대포의 발포에 편하도록 성벽이 낮아지고 또 그 모양을 뾰족하게 만들어서 꼭짓점에 대포를 설치한 것이다. 그 결과 이 시대의 성채는 별 모양의 특이한 외관을 가지게 되었다. 이를 이탈리아식 성채(trace italienne)라 부른다.[4]

이처럼 화기와 성채의 발달이 서로를 강화시키는 방향으로 영향을 미쳤으며,

4) 이 성채는 성벽의 높이를 낮추되 경사지게 만들고 좌우 대칭의 다각형 모양으로 요새를 설계하였다. 또 한 가지 중요한 점은 엄청난 양의 진흙으로 두껍게 성벽을 쌓은 점이다. 경사진 흙벽이 포탄의 충격을 '흡수'함으로써 방어 능력을 높인다는 아이디어인 것이다(볼크먼 2003: 155).

이탈리아식 성채 1670년대에 지어진 아일랜드의 찰스 포트(Charles Fort) 성은 이 먼 곳까지 '이탈리아식 성채' 가 도입되었다는 것을 보여 준다. 그러나 이곳은 높은 구릉지 밑에 있어서 수비가 완전치 못하므로, 개념을 완전히 이해하지 못하고 지은 것이었다(Parker 1996: 31).

전투는 주로 성을 놓고 대치하는 공성전의 양상을 띠었다. 이런 변화가 처음 일어난 곳은 이탈리아였다. 프랑스의 샤를 8세가 1만 8,000명의 군인과 40문 이상의 포를 끌고 진격한 소위 이탈리아 전쟁은 요새의 변화를 가속시켰고 이는 다시 포의 발달을 초래하였다. 이런 변화가 일어난 중심지는 합스부르크 제국 및 그 주변 지역, 즉 에스파냐, 이탈리아, 네덜란드, 프랑스였다.

성채 건설과 대포를 동원한 대규모 공성전은 곧 군대 규모의 확대를 가져왔고 그 결과 군대 문제가 사회 전반에 지대한 영향을 미쳤다. 군 규모의 확대는 〈표 6〉에 정리되어 있다. 이 표에서 보듯이 16-17세기 이후 각국 군대 규모는 수십만 명 수준으로 커졌다. 1630년대 에스파냐의 30만 명, 1700년대 프랑스의 40만 명에 이르는 대군은 기껏해야 수천 명의 기사들 간에 '칼싸움' 을 벌이던 중세 군대와 비교하면 천양지차였다. 군사혁명을 다룬 연구들은 군사 문제

표 6. 군대 규모의 증가 추이(1470-1710)

연대	에스파냐	네덜란드	프랑스	영국	스웨덴	러시아
1470년대	20,000	-	40,000	25,000	-	-
1550년대	150,000	-	50,000	20,000	-	-
1590년대	200,000	20,000	80,000	30,000	15,000	-
1630년대	300,000	50,000	150,000	-	45,000	35,000
1650년대	100,000	-	100,000	70,000	70,000	-
1670년대	70,000	110,000	120,000	-	63,000	130,000
1700년대	50,000	100,000	400,000	87,000	100,000	170,000

출처: Parker(1995: 44).

가 국가 건설, 관료제 등 일반 역사의 흐름에 미친 영향을 다각도로 분석하였다.[5]

군사혁명의 여러 측면들을 실증적으로 분석하는 연구들이 진행되는 한편으로 또 한 가지 의미 있는 연구가 이루어졌는데 파커(Parker 1996)가 군사혁명의 내용들을 종합하여 일반적인 명제로 제시하는 책이 그것이다. 이 책은 그동안의 중요한 논의 사항들을 정리한 데 더해서 지금까지 소홀히 했던 보급, 징병, 군사 조직, 군 의료 등의 문제들에 대해서도 자세한 정보를 제공하였다. 군대 규모의 증가는 곧 심각한 보급, 징병, 배치 등의 문제를 제기했고 무엇보다도 엄청난 군사비 증가를 초래했다.[6] 식량 보급 문제를 예로 들어보자. 1.5파운드의 빵과 1파운드의 육류, 치즈, 혹은 생선, 그리고 6파인트의 맥주(혹은 3파인트

5) 참고로 군사혁명의 실재에 대해 반론을 제기한 연구도 없지 않다. 데이비드 패럿(David Parrot) 같은 연구자가 대표적인데, 그는 스웨덴과 독일 간 전투 상황을 구체적으로 보면 로버츠가 묘사한 것과는 다른 양상으로 전개되었다고 지적하고, 군사사는 우선 전쟁의 구체적인 실상을 분석하는 데에서 시작해야 한다고 주장하였다(Parrot 1995: 227-251). 또 존 린은 이탈리아식 성채를 중심으로 한 군사상의 변화가 유럽의 군사적 그리고 정치적 · 사회적 세력을 증대시킨 원인이 아니며 오히려 유럽의 전반적인 인구 증가와 경제 성장이 그런 군사상 변화의 원인이라고 주장하였다(Lynn 1995: 169-199).

6) 오늘날 공공 지출 중 군사비가 차지하는 비중은 프랑스 17%, 미국 29%, 이스라엘 41% 정도이지만, 과거에는 이보다 훨씬 커서 루이 14세의 프랑스 75%, 표트르 대제의 러시아 85%, 그리고 1650년대 내전기 영국은 90%에 이르렀다(Parker 1996: 62).

의 포도주)가 평균적인 하루분 레이션(ration)이었다. 그러므로 3만 명의 군대에 대한 보급은 매일 1만 파운드의 밀가루로 4만 5,000파운드의 빵을 굽고, 매일 1,500마리의 양 혹은 150마리의 소를 잡아야 하는 엄청난 일이었다. 이것은 도시 하나를 지탱하는 것과 같은 규모였다.[7]

그러나 우리의 관점에서 이보다 더 흥미로운 점은 그가 근대 초 유럽의 군사상의 변화를 단순히 유럽 내부의 문제로 국한시키지 않고 유럽의 팽창 혹은 '유럽의 흥기(The Rise of the West)' 라는 고전적인 문제와 연결하여 세계사적인 시각에서 보았다는 점이다.

그는 근대 초 유럽의 상황을 중국의 전국시대와 비교하고 있다. 이 두 시대는 대규모로 군사적 충돌이 일어났고, 또 그로 인한 군사상의 거대한 변화가 역사의 큰 흐름을 바꾼 시기라는 것이다. 중국에서는 기원전 770년경부터 기원전 221년까지 전쟁이 계속 이어졌다. 특히 기원전 3세기경부터 군대의 규모가 급속히 커졌다. 그리고 군사 기술 면에서 보면 마차와 활 중심이었던 데에서 대규모 창병과 보병 부대가 주축이 되고 여기에 마상 궁수가 더해지는 방식으로 변하였다. 이와 함께 국가 조직의 변화가 병행해서 이루어졌다. 왕실 친족 집단이 지배하는 국가로부터 관료제를 가진 전제국가로 변화한 것이다. 전쟁이 대규모화하면서 이런 변화를 감당하지 못한 나라들은 다른 나라에 정복당했고, 중국에는 기원전 246-221년 동안 진시황이 나머지 6국을 평정하여 진 제국을 건설하게 되었다. 이때 진 제국은 5,000만 명의 인구에 100만 명의 군사력을 가지고 있었다(상징적인 표현으로서가 아니라 실제 '백만대군' 이 존재한 것이다). 이렇게 제국 체제가 한 번 형성된 이후 2,000년 동안 기본 틀 자체는 크게 변화하지 않

7) 그 외에도 대단히 중요한 보급 문제는 군복이었다. 이전에는 군복이 일정치 않아서 아무 옷이나 입었고 심지어 적군의 옷을 입고 싸우기도 했다. 모든 군대가 똑같은 유니폼을 입은 것은 영국의 신형군(新型軍, New Model Army)이 최초라고 흔히 이야기하지만 이때에도 정말로 모든 군인이 같은 군복을 입지는 못했을 것으로 보인다. 이 많은 사람들이 매일 밤 잠자리를 확보하는 것도 큰 문제인데, 텐트와 바라크도 17-18세기에 있었던 중요한 혁신 중 하나였다. 군대 병원 역시 심각한 문제였다. 대개 부상병 치료가 부실할 수밖에 없었기 때문에 이것이 반란의 중요한 원인이었다(Parker 1996: 71-78).

았으니, 진 제국의 성립은 중국 역사의 기본 구조를 형성한 것으로 해석할 수 있을 것이다.

16세기 유럽에서와 마찬가지로 전국시대의 중국에서도 군사혁명의 네 가지 요소(무기 변화, 군대 규모 확대, 전술 변화, 사회에 대한 군의 영향 증대)가 동일하게 나타났다. 그 결과는 무엇인가? 중국에서는 군사혁명이 '중국 대륙 전체를 지배하는 제국' 건설로 귀결되었다. 이에 비해 유럽에서는 유사한 군사상의 변화가 전혀 다른 결과를 가져왔다. 유럽 대륙 전체를 지배하는 하나의 제국이 들어서는 대신 여러 개의 근대 국가들이 분립하여 경쟁하는 가운데 세력 균형을 이루는 근대 국가 체제가 발달한 것이다. 역설적이게도 모든 국가의 군사력이 증대함으로써 어느 한 국가가 결정적인 승리를 거두기가 힘들게 되었다. 대개 각국 군대는 전선에서 유착 상태에 빠지게 되었고 전쟁은 지구전이 되기 쉬웠다. 이렇게 여러 나라가 오랜 기간 팽팽히 맞서야 했기 때문에 지속적으로 군사력이 강화될 수밖에 없었다는 것이 이 시대의 특징이었다. 쉽게 표현하자면, 유럽 내부에서 쌓여만 가고 소진되지 못한 힘이 외부를 향해 표출되었다. 그것이 곧 식민제국을 건설하는 '제국주의'로 귀결되었다. 이처럼 고대 중국의 '제국'과 근대 유럽의 '제국주의'를 대비시킨 파커의 주장은 단지 군사상의 변화 그 자체를 추적하거나 그런 변화가 근대 국가를 강화시킨 데 대한 설명을 넘어선다. 그는 '서구의 흥기'라고 하는 고전적인 문제에 대해 그 나름의 답을 제시하고 있다. 즉 서구가 전 지구적 차원의 식민제국 건설에 승리하게 된 이면에는 유럽의 군사혁명이 있다는 것이다. 군사상의 균형은 시간이 갈수록 다른 대륙에 비해 유럽 대륙으로 기울게 되었다. 그리하여 크기도 작고 자원도 보잘것없는 유럽은 우월한 군사력을 사용하여 자신의 부족한 점을 보충했던 것이다.

2) 유럽 해군의 발달

이처럼 전 지구적인 맥락을 강조하다 보니 파커의 논의에서는 다른 연구자들보다 해군의 비중이 훨씬 커졌다.

18세기에 가면 해군의 중요성을 강조하는 글들이 나오는 것은 사실이지만 그것은 대개 바다를 통한 보급의 확보, 혹은 적의 보급 저지 등을 이야기할 따름이지 과연 머핸(A. Mahan)이 말하는 제해권 개념을 의미하는지는 불명확하다.[8]

1490년부터 1840년까지(즉 철도 시대 이전까지) 바다의 지배가 세력 균형 문제에서 핵심 요소였다. 아이러니한 것은 식민 지배의 중요한 수단인 선박과 총포와 관련된 핵심 기술들의 기원이 중국이라는 점이다(Chase 2003: 30-33). 선상에서 총포를 사용한 최초의 기록은 쿠빌라이의 제2차 일본 원정이다. 그러나 정말로 중요한 문제는 단지 총포를 보유했는가가 아니라 그것을 얼마나 유효하게 사용했는가이다. 1550년대에 중국 정부는 총포가 왜구를 막는 데에 효율적이지 않다고 단정했다. 이후 중국은 칼이나 창 같은 전통적인 무기로 방향을 바꾸었는데 장기적으로는 이것이 중국 해군의 약화를 초래했다.

이에 비해 서양에서는 배와 총포의 연결이 더 잘 이루어졌다. 유럽 해군이 터키 해군을 격파한 레판토 해전(1571)이나 영국 해군이 에스파냐의 무적함대를 격파한 해전(1588)에서는 함포가 승패를 결정지었다.[9]

다른 지역보다도 먼저 유럽에서 선박과 대포가 성공적으로 결합한 것이 세계사의 흐름에서 결정적 요소 중의 하나라고 강조한 또 다른 연구자로는 맥닐이 있다. 유럽 선박에 포가 장착된 이후 상대방에게 강제로 교역을 강요할 수 있고 해적질도 능하게 할 수 있었다. 사실 배에 포를 장착하는 것은 해결하기 어려운 문제였다. 배의 균형을 잡기 위해서는 무거운 대포를 갑판 위가 아니라 흘수선에 두어야 한다. 그러기 위해서는 선체 내부에서 포를 발사해야 하는데 이를 위

8) 미국의 전략가 앨프레드 머핸(Alfred Mahan, 1840-1914)은 근대사에서 바다를 지배하는 것이 전쟁의 결정적인 요소라고 주장했다. 오늘날에는 이 개념이 당연해 보이지만 그가 자신의 저서에서 이 주장을 펼쳤을 당시에는 대단히 새로운 주장이었다. 그의 제해권 주장은 미국과 유럽에 극히 중요한 영향을 미쳤으며, 특히 20세기 미국의 대외 전략 형성에 지대한 영향을 미친 것으로 평가된다(마한 1999).

9) 400척이 넘는 갤리선과 16만 명 이상의 인력이 투입된 레판토 해전은 당시까지 최대의 해전이었다. 이 전쟁의 의미에 대해서는 아래에서 재론할 것이다.

1540년경 영국 선박에서 사용되었던 대포 발사대(truck carriage) 1981년에 인양된 메리 로즈(Mary Rose) 호에서 발견된 것을 복제하여 만든 것이다(Parker 1996: 96).

해서는 배의 양면에 방수 처리를 한 포문(gunport)을 내야 했다. 또 포를 쏠 때에는 (소위 뉴턴의 운동 법칙에 의해서) 똑같은 힘으로 반동이 일어난다. 따라서 이 뒤로 되튀는 힘을 잘 처리하지 않을 경우 몇 번 포를 쏘면 배가 깨지게 된다. 이를 해결한 것이 바퀴를 이용하여 충격을 완화시키는 장치인 발사대(truck carriage)이다. 이런 일련의 발전 끝에 유럽 배와 다른 지역의 배 사이에는 무장 면에서 현격한 차이가 생겨났다. 대서양의 험한 바다를 항해해야 하는 유럽의 배들은 처음부터 튼튼하게 건조한 데다가 기술적인 문제를 해결한 이후 큰 문제 없이 함포를 사용할 수 있게 되었던 데 비해 인도양의 배들은 선체가 약하기 때문에 대포를 설치하기도 힘들고, 또 상대의 포 공격에 대단히 취약했다. 바로 이 점이 유럽 선박이 세계의 바다를 지배하게 된 중요한 요인이었다. 포르투갈 선박이 인도양에 가서 처음 벌인 해전에서부터 뚜렷하게 차이가 드러났다. 1509년 디우(Diu) 전투에서 유럽 선박은 절대 우위를 차지했다. 알부케르크가 지휘하는 포르투갈 선단은 맘룩 이집트와 구자라트 연합 해군을 격파함으로써 인도로 가는 해로를 열었다. 인도양의 배들은 이후 포르투갈의 통제를 이리저리 피해 다녀야 했다(McNeill 1982: 112-115).[10]

포르투갈에 이어 네덜란드와 영국이 더 강한 해군력을 가지고 아시아로 들어왔다. 중무장한 네덜란드 동인도회사 선박들은 아시아 세력보다는 포르투갈을 제압하는 데 많은 노력을 기울였다. 물론 네덜란드 해군이 무적은 아니어서 이들 배도 아시아에서 전투 중에 많이 침몰했다. 그러나 아시아의 상선들은 무장이 빈약했기 때문에 비교적 용이하게 제압할 수 있었다. 영국은 더 나아가서 그들의 무력을 이용해서 아시아에서 해적 노릇을 했다는 것은 앞에서 언급한 바 있다. 이들에게 시달리던 무굴 제국은 영국을 비롯한 서구 해상 세력에 대항하기보다는 차라리 그들에게 돈을 지불하고 에스코트로 이용하는 길을 택했다.

아시아에서는 모든 지역이 다 해군력이 약했는가? 그렇지는 않다. 조선과 일본의 해군, 정성공(鄭成功)[11]의 세력 집단 등은 동남아시아나 인도에 비하면 대단히 강한 무력을 보유하였다. 또 전통적으로 해군이 강하지 않은 아시아 지역도 유럽 선박의 공격을 받은 다음에는 결국 유럽식으로 해군을 발전시켰고, 그 결과 유럽 선박이 승리를 거두더라도 그들 역시 엄청난 피해를 면할 수 없게 되었다.

동아시아와 같은 예외가 없지 않으나 전반적으로 서유럽 해상 세력은 아메리카, 아프리카, 동남아시아에서 제해권을 잡았다. 더 나아가서 19세기에 동아시

10) 곧 동아시아와 베르베르 해적들이 유럽식 포를 배우고 모방했으나 국가가 아닌 지방 해적 수준으로는 유럽 해군을 물리치기 힘들었다.

11) 정성공(鄭成功)은 명말청초에 강력한 해상 세력을 구축한 인물로서 명 황제의 국성을 하사받아 주성공(朱成功)으로도 불리며 서양에서는 Coxinga라고 부른다. 그는 명이 멸망한 후에 당왕(唐王) 융무제(隆武帝)를 옹립하여 명을 복원하려 했다. 진먼(金門)과 샤먼(廈門: 아모이) 두 섬을 근거지로 세력 확대를 꾀하다가 1658-1659년에는 난징을 공략하기까지 했으나 패하여 아모이로 철수했다. 1661년에 청나라가 연안 5성(省)의 백성을 내지(內地)로 옮기는 천계령(遷界令)을 펴서 그의 세력을 약화시키려 하자 다시 타이완(臺灣)을 공략하여 새로운 근거지로 삼고 대륙 공격을 꾀했으나 다음 해에 사망함으로써 뜻을 이루지 못했다.

아를 강제로 개방시킬 때쯤이면 서구의 해상 우위는 전 지구적인 헤게모니로 발전했다.

3) '군사혁명' 개념에 대한 수정과 비판

이상에서 주로 파커의 논지를 중심으로 군사혁명의 개념을 설명하였다. 그 핵심 내용은 근대 초에 유럽 주요 국가들이 총포와 요새의 발전을 통해 대단히 강력한 군사력을 발전시켰고, 또 해상에서도 선박과 총포의 결합을 통해 강력한 해군력을 보유하게 되었다는 것이다. 그리고 그 결과 유럽이 무엇보다도 군사적인 측면에서 다른 문명을 눌러 이기게 되었으며, 이것이 유럽이 세계에 식민지를 건설하고 제국주의적인 지배로 나아가게 된 기본 동력이라고 주장한다. 이것이 과연 맞는 해석일까? 설사 유럽 내에서 군사력이 크게 발전한 것이 사실이라고 해도 이것이 과연 세계의 나머지 문명권에 대해 우위를 가져다주었을까?

파커의 논지에 동조하는 사람들은 그렇다고 답한다. 그리고 군사혁명의 성과가 전 세계에 전파되었다고 말한다. 더 나아가서 그 성과를 받아들인 지역은 유럽과 마찬가지로 군사력이 크게 성장했고, 받아들이지 않은(혹은 받아들이지 못한) 지역에서는 군사력이 성장하지 못하고 조만간 패퇴할 수밖에 없었다고 설명한다.

물론 이 주장의 옹호자들 역시 유럽 이외의 지역이 항상 군사적으로 약한 것은 아니며, 따라서 유럽이 매번 승리를 거두지는 못했다는 점을 잘 안다. 그러나 '최종적으로는', 즉 19세기가 되면 결국 군사혁명의 주체들이 승자가 된다는 주장을 편다. 그러나 이런 식의 사후적 혹은 목적론적 설명은 그리 합당한 방식은 아니다. 문제가 되는 그 긴 기간 동안(16-18세기의 300년 동안!) 유럽이 고전한 것은 그 자체로서 대단히 중요한 사항이지, 최종적인 승리를 쟁취하는 데에 이르는 중간의 임시 과정이라고 이야기해서는 곤란하다.

군사혁명 개념을 먼저 설정하고 그에 따라 군사적 '선진성'과 '후진성'을 나누는 것은 실제 현상과는 동떨어지기 십상이다. 사실 선진적인 방식의 전투를 한다고 해서 반드시 승리가 보장되는 것은 아니었다. 러시아에서는 선진적인 스웨덴 군대가 쳐들어갔다가 스키를 신은 러시아 군대에게 격퇴당했고, 헝가리에서는 상대방의 가축을 공격하는 것이 중요한 전술이었으며, 폴란드에서는 여전히 스웨덴 침략군에 대해 기사도 정신에 어긋나는 짓을 한다는 비난을 가했다. 유럽 대륙 내에서만이 아니라 외부에서도 마찬가지여서 기습 공격에 능한 브라질의 인디오 군인들은 '원숭이처럼' 나무 위에서 공격하지 말고 정정당당하게 전투를 벌이자고 요구하는 유럽 출신의 정규군 부대를 괴롭혔다(브로델 1995-1997 3권: 74-75).[12] 그러므로 군사혁명 개념이 결코 이 시대의 발전을 완벽하게 설명하지는 못한다.

군사혁명을 거쳤다고 하는 유럽 각국이 실제로 전 세계 여러 지역에서 얼마나 고전했는가는 다음 절에서 구체적인 사례들을 통해 살펴볼 것이다. 여기에서는 우선 파커의 군사혁명 개념에 대해 가해진 수정과 비판을 정리해 보자.

파커의 논지에 대해 중요한 수정을 가한 사람으로는 제러미 블랙(Black 1995: 96-97, 102)이 있다. 그는 유럽의 군사상의 변화를 설명하는 것은 '변화' 라기보다는 차라리 '연속성' 이라고 주장한다. 로버츠로부터 파커에 이르기까지 이전의 연구자들은 역사상 한 번의 중요한 변화가 일어난 것처럼 이야기했지만 사실은 15세기, 16세기 초 그리고 1660-1720년에 각각 중요한 변화가 있어서 결국 여러 번의 '혁명들' 이 있었다는 것이다. 그리고 그 가운데 정말로 중요한 변화를 꼽는다면 차라리 제일 마지막 시기인 1660-1720년대에 일어난 변화라는 것이다. 이때의 변화는 양적인 차원과 질적인 차원 모두에서 일어났다. 총검, 탄창, 플린트록 소총(flintlock)[13] 등이 유럽 군대의 혁신을 가져왔다. 그러나

12) 심지어 20세기 후반의 베트남 전쟁이나 소련의 아프가니스탄 침공 사태에서도 보이듯이 게릴라 전투는 결코 무시하지 못할 성과를 거둔다.

13) 화승총 가운데 먼저 개발된 것은 매치록(matchlock)으로서 이는 심지를 사용하는 방식의 총이었다. 이를 개량한 것이 플린트록 소총(flintlock)으로서 부싯돌을 사용하는 총이었다. 우리말로는 수석식

그보다 더 중요한 것은 해군의 변화이다. 함포를 탑재한 전함들이 일렬로 전열을 이루어 포격을 가하는 전술이 채택됨으로써 해상에서 적을 완전히 제압할 수 있게 된 것이다. 여기에 발맞추어 과거처럼 전쟁이 일어나면 상선을 징발하여 해전에 투입하는 것이 아니라 전문적인 전함이 만들어졌다. 그의 또 다른 중요한 주장은 1660년대 이후 군사상의 변화로 인해 가장 극적인 결과가 일어난 곳은 유럽 서쪽이 아니라 동쪽이라는 점이다. 오토만 제국이 빈을 공격하다가 실패한 이후 유럽이 오토만 제국의 세력을 결정적으로 축출해 냈는데 이것이 유럽과 터키와의 관계가 역전되는 계기가 되었다.

이처럼 최근의 연구는 한 번의 결정적인 혁명보다는 여러 번의 혁명, 더 나아가서 진화(evolution)를 강조하는 경향이 있다. 클리포드 로저스(Rogers 1995: 76-77)는 백년전쟁 시기의 군사적 변화를 실증적으로 연구하고 그것을 기반으로 진화의 개념을 제안했다. 그는 우선 14세기에 보병혁명과 동시에 어느 정도 완성 단계에 이른 대포가 처음 등장한 사실을 지적하고 이것이야말로 장기적으로 보았을 때 유럽 군사력 발전의 중요한 전환점이라고 말한다. 그런데 이렇게 되면 너무나도 자주 '혁명'들이 일어난 셈이 된다. 14세기의 보병혁명에 이어서 그 다음 시기에 총포혁명, 총포-요새혁명(이탈리아식 성채를 언급하는 가장 널리 퍼진 군사혁명 개념), 로버츠가 언급한 군사혁명 등 중요한 것만 네댓 가지가 되는 것이다. 이를 정리하여 그는 스티븐 제이 굴드가 제시한 진화 개념(punctuated equilibrium, 단속평형설)을 적용시킬 수 있다고 설명한다. 이것은 오랜 기간에 걸친 평형(stasis) 상태 중간중간에 단기간의 급격한 변화들이 여러 차례에 걸쳐 일어나는 방식을 말한다.

이처럼 군사 문제에 대한 개념과 사실들의 연구가 진행되면서, "유럽의 군사혁명이 세계적인 힘의 불균형을 초래했다"는 식의 단순한 설명은 성립되기 힘들어졌다. 따라서 개념이 문제가 아니라 실상이 어땠는지 구체적인 사례들을

(燧石式) 화승총이라고도 부른다. 이 총은 이전의 화승총에 비해 더 빠른 발사가 가능한 데다가 더 멀리, 더 강하게 총탄이 날아간다는 장점을 지녔다.

직접 살펴봐야 한다.

2. 전 세계의 군사적 충돌

지금까지 우리는 군사혁명 개념을 키워드로 한 여러 연구들을 통해 유럽이 15세기부터 18세기까지 매우 중요한 군사적 발전을 이루었고, 그 결과 막강한 군사력을 보유하게 되었음을 보았다. 그러나 이러한 변화로 인해 유럽의 군사력이 정말로 다른 대륙에 비해 월등히 앞서게 되었을까? 유럽과 다른 대륙 간에 군사 대결이 벌어졌을 때 유럽이 늘 승리를 거두었을까? 그리고 또 그것이 유럽이 다른 대륙을 지배하게 된 원동력이었을까? 군사혁명을 주장하는 연구자들은 이 질문에 대해 대개 그렇다고 대답한다. 그러나 과연 그러한지는 검증이 필요하며, 그러기 위해서는 유럽의 군대가 다른 대륙의 군대와 충돌한 사례들을 검토해 봐야 한다.

여기에서 우리는 세 가지 질문을 제기하고, 그 각각의 질문에 답하는 형식으로 몇 가지 사례들을 볼 것이다. 첫째, 유럽의 군사혁명의 성과가 다른 대륙에 비해 항상 우월한 결과를 가져왔는가? 둘째, 비유럽권은 — 설사 원했다 하더라도 — 서구의 성과를 받아들이지 못했는가? 셋째, 강한 군사력을 발전시키기 위해서는 꼭 유럽식의 군사혁명 성과를 수용해야 했는가?

1) 다른 대륙에 대한 우월성

유럽의 군사혁명이 다른 대륙에 비해 항상 우월한 결과를 초래했는가?

앞에서 거론했듯이 유럽이 다른 대륙에 대해 군사적으로 우위를 차지하는 것은 쉬운 일이 아니었다. 유럽인들이 다른 대륙에 들어갔을 때 그들이 항시 승리를 거둔 것은 아니었다. 이것은 유럽이 최초로 침투해 들어간 외부 세계라 할 수 있는 모로코에서부터 명백히 드러난다. 우리는 엔리케(1394-1460) 왕자 시절 포르투갈의 팽창에 대해서 흔히 대포로 무장한 유럽 군이 창검을 중심으로 한 이슬람 세력을 압도하고 북아프리카에서 여러 요새를 점령했다는 식의 이미지를 갖기 쉽다. 그러나 과연 그럴까?

포르투갈이 모로코에 진격해 들어갈 때 상당히 많은 총포류를 보낸 것은 사실이다. 현재 남은 자료로 보건대 마누엘 국왕 시절(1495-1521) 포르투갈은 모로코에 2,017문의 각종 대포와 675정의 머스켓 총을 보내서 요새를 수비하도록 했다(Vogt 1977: 177-178). 그러나 당시의 기록들을 보면 이슬람권과의 전투에서 총포류는 결코 결정적인 요소가 아니었다. 모로코에 간 포르투갈 군인들은 기본적으로 '봉건 군대'였으며, 이들은 창검을 주요 무기로 삼고 있었다. 대포를 보유하기는 했으나 전술적으로 적절히 활용하는 수준에 이르지는 못했다. 예컨대 1437년의 탕헤르 공성전에 관한 기록을 보자. 이슬람 군은 성을 높이 쌓고서 요새를 방어하고 있었기 때문에 사다리가 닿지 않았다. 이때까지 총포를 사용하지 않던 앙리케는 이 기회에 처음 대포를 사용하기로 했다. 그런데 아무리 근접 거리에서 대포를 쏘아도 나무로 만든 성채를 공략하지 못했다. 앙리케는 세우타에서 더 큰 대포와 석포를 가져오라고 시켰지만 이번에는 화약이 부족했다. 결국 포는 큰 소용이 없었기 때문에 성을 점령하기 위해서는 탑을 세운 다음 그 위에서 활을 쏘며 공격해야 했다. 그런데 이 와중에 적군이 돌진해 나오자 포르투갈 군은 대포까지 모두 버린 채 퇴각했다.

대포가 어느 정도 위력을 발휘한 것은 이로부터 20년 정도 지난 후 플랑드르에서 성능이 개선된 청동 대포를 도입하면서부터이다. 이 시기부터 탕헤르의 주변 읍들을 점령할 때 포가 약간의 도움이 되었던 것으로 추정된다. 그러나 과연 어느 정도 효과적이었을까? 이에 대해서는 서로 상반되는 에피소드들이 알려져 있다.

첫 번째 에피소드: 세우타가 적의 공격을 받았을 때 이곳을 지키던 포르투갈

군사는 포를 발사하는 데에 주저하였다.[14] 이를 보던 사령관의 부인이 답답함을 참지 못하고 화승간(火繩桿, 구식 대포의 인화선에 연결된 막대)을 잡아당겼는데, 이때 발사된 포탄으로 적군 2명이 사망하였다. 이 전쟁에서 수없이 포탄을 발사했으나 적이 사망한 것은 이 최초의 발사뿐이었다.

두 번째 에피소드: 포르투갈 군이 점령하고 있던 엘크사르에스세기르(El-Ksar-es-Seghir) 성을 이슬람 군이 공격해 와서 두 차례에 걸쳐 40-50일 정도씩 포위하였다. 그런데 이를 물리친 것은 전적으로 대포의 힘이었다고 군인들이 기록을 남기고 있다.

이런 에피소드들을 볼 때 이 시대의 대포는 점차 위력을 발휘하기 시작했지만 아직 완전한 정도는 아니었던 것으로 보인다. 1516년의 마모라 전투에서도 지휘관이 죽고 52문의 대포를 적에게 빼앗기면서 포르투갈 군이 대패한 것을 보면 대포는 여전히 미완성 수준에 있었을 것이다. 다만 주둔군이 부족한 상황에서 요새를 방어할 때에는 대포가 점차 중요한 역할을 한 것으로 보인다. 결과적으로 모로코에서의 여러 전투는 대포의 효능을 실험한 사례가 되었다. 여기에서 대포가 방어전에 유용하다는 결론을 얻은 포르투갈 당국은 아시아의 각지(고아, 디우, 다마오 등)로 대포를 보냈다.

그러나 포르투갈의 아프리카 공략은 초기에 약간의 성공을 거둔 후에 충격적인 역전 현상을 겪었다. 1578년에 세바스티앙 국왕이 군대를 이끌고 모로코로 공격해 들어갔다가 알카사르알카비르 전투에서 패하고 국왕 자신이 전사했으며, 대부분의 포르투갈 요새들을 상실하였다. 군사혁명 이론대로라면 이때는 유럽의 대포가 막강한 힘을 발휘해야 했을 테지만 실제 상황은 그와는 거리가 멀었다. 유럽 군대가 모로코에서 다시 성공을 거둔 것은 프랑스 군이 알제리로

14) 아직도 일반 군사들의 심성에는 대포가 '악마의 도구'라는 인식을 가지고 있었기 때문에 이를 만지는 것조차 주저하곤 했다. "우리 시대에 정확하고도 우아한 인쇄 기계가 발명된 것은 정말로 하느님의 영감을 받아서 이룩된 일이다. 대포가 악마의 영감을 받아서 만들어졌듯이"라는 라블레의 말은 당시 대포에 대한 일반인들의 인식을 잘 보여 준다.

부터 침략해 들어간 1844년의 일이다.[15]

유럽의 첫 번째 해외 팽창의 사례에서 유럽의 군사력이 다른 문명권에 비해 결코 우월하지 않다는 점을 확인하였다. 이 점은 모로코보다 더 남쪽의 아프리카 해안으로 갔을 때에도 마찬가지였다. 우리가 일반적으로 가지고 있는 이미지로는 서구가 발달된 화력을 앞세워 아프리카로 쳐들어갔을 때 아직 '미개한' 수준에 있는 아프리카인들이 곧 정복당하고 그 결과 많은 흑인들이 처참한 노예사냥의 대상이 되었다고 생각하기 쉽다. 그러나 과연 그럴까?

아프리카의 해안 지역에 유럽인들이 상륙한 것은 사실이다. 그러나 유럽인의 지배는 바로 그 해안의 일부 지역에 국한되었을 뿐 내륙 지역은 19세기에 가서야 정복된다.[16] 그 이전에는 해안의 좁은 띠만 제외하면 그 너머는 유럽인들에게는 거의 미지의 대륙이었다. 얼핏 미약해 보이는 아프리카가 그토록 오랫동안 서구 세력에게 문을 열어 주지 않은 원인은 어디에 있을까?

이에 대해서는 물론 여러 가지 설명이 제시되었다. 무엇보다도 전염병 때문에 서구인들이 내륙 지역으로 들어가지 못했다는 점을 들고 있고, 덧붙여서 체체파리 때문에 가축의 힘을 이용하지 못하는 상태에서 열대의 내륙으로 뚫고 들어간다는 것이 어려웠으리라는 점도 언급한다.[17] 또 다른 설명은 아프리카 내부로 들어가는 것이 매우 힘든 한편 그에 상응한 즉각적인 이익 가능성을 찾지 못했기 때문에 유럽인들이 구태여 시도를 하지 않았다는 것이다(Hallet

15) 유럽과 모로코의 군사적 성취를 비교하자면 16-17세기에는 모로코가 훨씬 더 성공적이었다. 모로코는 1590년대에 사하라 사막을 건너서 팀북투를 정복했고, 송가이 제국을 멸망시켰다. 1684년에는 탕헤르를 차지하려고 침입한 영국군을 압박하여 축출하였다(Black 1995: 79-80).

16) 완벽한 지식과 정보가 부족한 아프리카 내지(內地)를 세계에 알리고 곧 제국주의 침탈을 불러왔던 리빙스턴과 스탠리의 탐험을 생각해 보라.

17) 통상 아프리카 해안에 도착한 유럽인들의 사망률이 '매우' 높았다고 생각한다. 그러나 사망률이 과연 어느 정도였을까? 이 문제에 대한 실증 연구를 보면 실제 사망률은 20% 미만으로서 다른 지역에 비해 훨씬 더 높다고 할 수는 없다(Feinberg 1974: 371). 한편 광대한 열대 지역의 식민화에 지대한 공헌을 한 요소 중 하나는 말라리아 특효약인 키니네의 개발과 보급이었다. 이에 대해서는 홉하우스(1997) 제1장 '열대림을 개척한 키니네' 를 보라.

1963: 196). 즉 아프리카 내륙에 눈에 보이는 뚜렷한 유인이 있었다면 유럽인들은 어떤 방법을 써서라도 들어갔을 테지만 그렇지 못했기 때문에 오랫동안 전력을 다하지 않고 방치했다는 설명이다. 이런 여러 요인들이 모두 그 나름대로 부분적인 타당성을 가지고 있을 것이다. 그러나 여기에서 놓치지 말아야 할 점은 가장 직접적인 요인은 아프리카인이 군사적으로 외지인들의 침입을 잘 방어했다는 사실이다.

유럽과 아프리카의 초기 조우 장면에 대한 서술은 예상과는 많이 다른 모습이다. 1446년 누누 트리스탕(Nuno Tristão)이 지휘하는 배에서 무장 세력이 세네감비아에 상륙하려고 했을 때 이 지역 배들이 공격해 와서 거의 전원 몰살당했다. 다음 해 발라르테(Valarte, 포르투갈에 봉사하는 덴마크 선장)가 고레(Gorée) 섬 근처에 갔을 때 이 지방 선박의 공격을 받아서 그와 선원들이 몰살당했다(Thornton 1998: 37). 16세기에 호킨스(Hawkins)라는 선장이 카보 베르데에 갔을 때 160명의 인원을 상륙시켜서 흑인들을 사로잡으려고 했다. 그러나 약 6마일 정도 내륙으로 들어갔을 때 수많은 흑인들이 독화살을 쏘며 공격해서 다수가 부상당했다. 비사우 지역에서는 현지민들이 포르투갈 승무원을 사로잡은 다음 신속금을 받아내기도 했다(Rathbone 1985: 174-176). 이런 사례들을 보면 아프리카의 군사적 저항이 결코 만만치 않았음을 알 수 있다.

아프리카 내륙에는 아프리카의 전투 방식이 있었다. 16세기 말 응돈고(Ndongo) 지역에 관한 기록에 의하면 이 지역에서는 전사들 간에 일대일로 직접 맞서 싸우는 것이 일반적인 방식이었다. 예수회 인사의 기록을 보자. "아프리카인들의 방어법은 상구아르(sanguar)라고 불린다. 이것은 계속해서 지그재그로 몸을 비틀며 뛰는 것인데 몸이 어찌나 빠른지 화살이나 창을 모두 피할 수 있다."(Thornton, John 1988: 363-366) 전사들은 전장에 도착하면 넓은 간격을 두고 서서 이런 식으로 각 개인의 기술을 발휘했다. 이런 아프리카 군대와 직면했을 때 유럽 군대는 제대로 대응하지 못했다. 예컨대 에스파냐와 포르투갈이 앙골라를 정복하기 위해 오랜 전쟁을 했으나 성공하지 못한 점, 혹은 포르투갈이 응진가 여왕(Njinga, 재위 1624-1663) 및 그 후계자와 응돈고 중심부 고원지대를 놓고 장기간 전쟁을 했으나 1680년대에 이르러 유착 상태에 이른 점을 보아도 알 수 있다. 유럽인들은 아프리카 전사들을 보고 무질서하다는 평가를 내렸으나 이는 편견의 소산일 뿐이다. 그들의 전투 방식은 무질서가 아니라 단지 다른 종류의 질서일 뿐이다. 이런 상황에서 유럽 군대의 총기는 큰 장점이 되지 못했다. 정확성이 떨어지는 초기의 총은 단지 큰 소리로 인한 심리적 효과만 있었다. 물론 그 효과는 단기적일 수밖에 없었다. 말[馬] 역시 아프리카에서는 큰 효과를 발휘하지 못했다. 중부아프리카인들이 말을 처음 본 것은 멕시코 주민들이나 마찬가지였지만, 그렇다고 해서 언제나 똑같은 일이 일어난 것은 아니었다. 멕시코에서처럼 주민들이 처음 보는 괴물 같은 짐승 앞에서 혼비백산하여 도주하는 현상은 아프리카에서 재현되지 않았다.[18] 포르투갈인들은 단지 전장에 가기 위해 말을 탔을 뿐 정작 전쟁터에서는 말에서 내려서 싸웠다. 즉 아프리카에서는 기병이 다시 보병이 된 것이다. 총과 말이 큰 효용을 가지지 못한 데 비해 앙골라에서 포르투갈인들이 현지인들에 비해 나은 장점은 고작 갑옷과 칼 쓰는 법이었다. 다시 말해서 유럽 내에서는 군사혁명이 있었다고 해도 그 방식을 해외에서 그대로 사용할 수는 없었다. 외국에서는 차라리 현지 방식을 배워서 싸우는 것이 최선이었다.

현지 방식을 이용하는 가장 편한 방법은 물론 현지인을 고용하는 것이다. 다른 곳에서도 흔히 있는 일이지만, 앙골라에서 포르투갈인들은 현지인 군인을 받아들여서 자기 편 군사로 삼았다. 포르투갈인 지휘관 아래 많은 아프리카인 군인들이 모여들었는데, 1585년의 기록을 보면 포르투갈 군대는 300명의 포르투갈인과 9,000명의 앙골라인으로 구성되어 있었다(Thornton, John 1988:

18) 아메리카 대륙에서 소수의 에스파냐 군대가 그들보다 압도적으로 인구가 많은 인디언 국가를 점령한 요인으로 흔히 말이 가진 충격적인 효과를 거론하곤 한다. 이것이 사실로 기록되어 있는 이상 전적으로 부인할 수는 없지만 이 역시 과장된 것은 아닌지 의심할 만하다. 에스파냐의 전사 귀족들은 봉건적인 심성을 가지고 있었기 때문에 말과 기사(騎士)의 영웅적 성격을 과도하게 내세우기 십상이다. 16세기 유럽인들의 기록은 이런 점에서 비판적으로 분석할 필요가 있다.

377). 여기에서 확인할 수 있는 점은 유럽인이 아프리카에 갔을 때 아무런 어려움 없이 정복한 것은 결코 아니었으며 기술적 · 조직적 우위를 자동적으로 누렸던 것도 아니라는 점이다. 그보다는 양측이 서로 접촉하는 가운데 서로의 이점을 배워 나갔다고 할 수 있다.

통상적으로 유럽에 비해 여러 면에서 힘이 모자란다고 생각하는 아프리카와의 충돌 과정에서 예상과는 달리 유럽인들이 결코 압도적인 우위를 차지하지는 못했다는 점을 확인하였다. 적어도 초기에는 유럽의 군사혁명의 성과는 낯선 환경에서 별 효과를 내지 못하기 일쑤였던 것이다.

2) 군사혁명의 수용 여부

비유럽권은 유럽의 군사혁명 성과를 받아들이려고 해도 그러지 못했고 그 때문에 패배할 수밖에 없었는가? 이 두 번째 질문에 대해서는 유럽의 침탈을 받았던 자바와 아메리카 인디언의 경우를 통해 알아보자.

자바에 진입한 유럽인들이 현지인들의 막강한 군사력에 부딪혀서 정복에 실패하거나 완전히 패퇴하는 일이 빈번히 일어났다. 17세기의 자바를 연구한 리클렙스(M. Ricklefs)의 연구가 이 점을 잘 보여 준다. 그는 파커가 "1650년까지는 서구가 이곳에서 이미 군사적 우위"를 장악했다는 기술을 한 데 대해 정면으로 비판하고 있다. 리클렙스는 네덜란드인들이 자바에서 군사적으로 곤경에 빠진 상황을 자세히 연구하였다(Parker 1996: 117-118; Ricklefs 1990: 1).

17세기 초반 자바의 상황을 간략히 살펴보면 다음과 같다. 17세기 초에 자바에서는 마타람 왕조가 섬 중부를 지배하면서 동부 지역을 공략 중이었다. 이 무렵에 자바섬 서부에 도착한 네덜란드인들은 1619년에 자카르타를 정복하고 이곳을 바타비아로 개명하였다. 양측은 두 차례의 전투를 치렀는데 서로 상대방을 완전히 눌러 이기지 못한다는 점을 알고는 상호 간섭을 피하게 되었다. 그러다가 양측이 접근하게 된 것은 마타람 왕조의 지배를 받는 지방민들의 반란이 일어났을 때였다. 네덜란드의 군사력이 강한 것을 알고 있던 마타람 왕조는 반란 진압에 이들을 끌어들여 이용하려고 했고, 반면 네덜란드 측은 그 대가로 경제적 수익과 특권을 얻어내려고 했다. 이렇게 해서 네덜란드 군은 현지인들과 전쟁에 돌입하게 되었는데, 의외로 고전을 면치 못했다. 사령관 타크(Tack)가 군사를 이끌고 마지막 전투에 돌입했을 때의 사정을 보자.

> 검은 연기가 가득하고 궁정의 화재로 인한 연기가 더해져서 시야가 거의 보이지 않는 상태에서 네덜란드 군은 머스켓을 재장전할 시간이 없었고 창을 휘두르지도 못했다. 설사 지휘관의 명령을 들었어도 병사들은 이를 거부하고 도주하기에 바빴다. 그들은 군기와 무기를 모두 버리고 도주하였다. 타크 자신도 말에 올라타고 도주하려는 순간 뒤에서 칼에 맞아서 사망하였다. 이 전투에서 유럽인 75명이 사망하고 발리인 40-50명이 사망했으며 15명이 중상을 입었는데 이들도 대부분 나중에 죽었다.(Ricklefs 1990: 6)

동남아시아에서 유럽 세력이 군사적으로 열세에 몰린 것은 이 경우만이 아니다. 1651년 페라크(Perak, 말레이 반도 내에 위치)에서 동인도회사 대사와 26명의 네덜란드인이 살해되었고, 1679년에도 이 비슷한 공격을 당했다. 1689년에 풀라우 팡코르(Pulau Pangkor)에 있는 동인도회사 지점이 피격되어 다음 해 이곳을 폐쇄했다. 이런 일은 18-19세기에도 계속되어서 1741년에는 자바 측이 네덜란드의 주둔군을 공격하여 카르타수라(Kartasura) 요새를 탈취했고, 1811년에도 팔렘방(남부 수마트라 소재)의 술탄이 네덜란드인 주둔군 87명을 살해하였다(Ricklefs 1990: 7).

이상의 사례들을 놓고 볼 때, 동남아시아에서는 네덜란드를 비롯한 유럽 세력이 군사적으로 완전한 지배를 했고 그 이유는 현지인들이 서구의 군사 기술을 도입 · 적용하지 못했기 때문이라는 파커(Parker 1996: 136)의 주장은 오류이다. 자바의 경우를 보면 이미 일찍부터 서구의 군사 기술을 도입 · 적용했고, 오히려 이런 재빠른 군사 기술의 수용이야말로 17-18세기 자바 역사의 중요한 특징으로 지적되기도 한다(Ricklefs 1990: 8).

파커는 유럽의 군사 기술을 받아들인 곳과 그렇지 못한 곳을 나누고, 그것이 군사력 발전 여부의 핵심 요소인 양 이야기하였다(Parker 1991: 185).[19] 자바는 그 가운데 서구 군사 기술을 받아들이지 못해서 군사력이 열세인 곳으로 치부한 곳이다. 그러나 실증적인 연구 결과는 정반대의 사실을 입증하였다. 이 지역 사람들은 그들이 필요한 대로 서구 군사 기술을 받아들이고 이를 통해 강한 전투력을 발휘하여 서구 세력에 대항할 수 있었다.

또 하나 흥미로운 사례는 아메리카 인디언들의 무기 수용 문제이다. 아메리카 대륙에서 유럽인들이 만난 인디언들은 미개하고 무능력하여 그들의 우월한 무기 앞에서 맥없이 쓰러지고 마는 존재로 그려지곤 했다. 그러나 구체적인 연구 사례를 보면 결코 그렇지 않았다는 것을 알 수 있다. 17세기 전반 뉴잉글랜드 남부의 인디언들은 유럽인들의 무기를 적극적으로 받아들이고 더 나아가서 그것들을 스스로 수리하는 정도로까지 발전했다. 인디언들은 우선 유럽 무기 가운데 교역용 도끼를 선호했고, 다음에 총의 용도를 알고 나서는 어떤 값을 주고라도 총을 얻으려고 했다. 유럽인들이 인디언들에게 기독교를 전도하고, 또 인력 부족 때문에 인디언을 도제로 고용하면서 무기의 전파가 더욱 광범위하게 일어났다. 1640년대 윌리엄 브래드포드(William Bradford)의 증언에 의하면 인디언들은 모든 종류의 총알을 직접 만들 수 있었고, 영국제 도구를 사용하여 무기 수리도 할 수 있었다.[20] 결국 유럽인들이 이런 인디언들의 변화에 두려움을 느끼게 되었으며 그래서 인디언과의 교역에서 거래 금지 품목 수를 늘려 갔다. 물론 총기 관련 물품들이 그 대상이 되었다. 인디언과의 갈등이 격화되었을 때 영국인들이 인디언 캠프를 공격해서 무엇보다도 대장장이를 살해하고 대장간을 파괴한 후 도구들을 가져가 버린 것도 이런 점을 말해 준다(Malone 1973: 58).

19) 그는 유럽의 군사혁명을 받아들인 곳으로서 한국 · 중국 · 일본을, 그렇지 못한 곳으로 아메리카 · 시베리아 · 블랙아프리카 · 필리핀 등을 든다.

20) "... had moulds to make shot of all sorts, as musket bullets, pistol bullets, swan and goose shot, and of smaller sorts."(Malone 1973: 56-57)

인디언들의 문화 수용 능력은 매우 뛰어났다. 그리고 그들은 자신들이 원하는 것만을 선택적으로 받아들이곤 했다. 특히 일부 부족들은 말과 무기를 받아들이되 농사법은 받아들이지 않음으로써 강력한 유목 전사가 되곤 했다. 예컨대 말을 타고 그 위에서 총을 쏘며 저항하는 아파치 전사들은 외지인들에게 대단히 위협적이었다.

여기에서 분명히 알 수 있는 바는 문화적 장벽을 넘어서 무기 전달이 얼마든지 가능했다는 것이다. 비단 인디언이 유럽인들의 무기를 받아들이기만 한 것만이 아니라, 반대 방향으로 유럽인들이 인디언의 군사 기술을 배우는 면도 컸다. 자작나무 카누라든지 설피(snowshoe) 이용법 등을 배우고, 전술에서도 척후법(scouting), 기습 공격, 은폐와 매복 등을 받아들였다(Malone 1973: 62).

그러므로 "비유럽권은 유럽의 군사혁명 성과를 받아들이려고 해도 그러지 못하고 그 때문에 패배를 겪어야 했다"라는 주장은 마땅히 수정되어야 한다.

3) 군사력 발전과 군사혁명의 수용

강한 군사력을 발전시키기 위해서는 반드시 유럽식의 군사혁명 성과를 수용해야 했는가? 서구의 군사 기술을 받아들이는 것이 과연 강한 군사력 발전의 충분조건인가 하는 이 세 번째 문제에 대해서는 일본의 서양 무기 도입을 예로 들어 살펴보도록 하자.

흔히 일본의 근대화와 관련하여 일본의 서양 대포 및 총기 도입을 많이 거론한다. 그리고 1542년에 포르투갈인 핀투(Mendes Pinto)가 다네가시마(種子島)에 도착해서 총기를 전해 주었으며 그래서 일본에서 초기의 소총을 다네가시마라고 부른다는 이야기도 잘 알려져 있다. 핀투는 자기가 총의 제작법을 가르쳐 준 결과 일본에서는 6개월 내에 총 600정 이상을 만들었다고 주장하였다. 이 주장이 사실인지 불분명한 상태이지만,[21] 네덜란드인들의 기록을 보면 핀투 이후에 포르투갈인들이 총포류를 일본에 전해 준 것과 또 나가사키에 대포 주조소가 있었다는 것은 분명한 사실이다. 그리고 이렇게 해서 일본에 전래된 총포는 전투에서 큰 효력을 발휘했다. 오다 노부나가(織田信長)는 머스켓 총 사수들이 열을 지어 한 줄이 발사하고 나면 그동안 장전을 한 다음 줄이 발사하고 다시 그 다음 줄이 발사하는 식의 연속 발사 방식을 1560년대에 실험했다. 정작 유럽에서는 1590년대에 가서야 이것이 개발되었으므로 오히려 일본이 유럽보다 수십 년 더 앞서 나간 것이다. 이 기술이 극도로 발전된 형태로 선을 보인 것은 1575년 5월 21일의 나가시노(長篠) 전투로서, 이때 오다 노부나가 부대는 머스켓 사수들을 23열로 세워서 쏘게 함으로써 20초마다 1,000발의 발사가 가능했다!(Parker 1991: 188)[22] 이 전투는 조총(鳥銃, 鐵砲=뎃뽀오)을 가진 보병부대가 기마부대를 대파한 전투로서 일본 내 전술의 변화를 가져온 중요한 사건이었다(민두기 1998: 118). 이 점을 보면 일본의 서구 무기 수입은 가장 성공적인 사례 중의 하나로 볼 만하다.

일본에서 포 주조의 열기가 가장 뜨거웠던 때는 임진왜란 직후인 17세기 전반기였다. 히라도 상관의 이사였던 프랑수아 카롱(François Caron)이 열심히 포 주조술을 가르치고, 더 나아가서 그의 지도를 받아 일본 기술자들이 포를 주조하였다. 그러나 이 시기의 포 주조는 그리 큰 성공을 거두지는 못했던 것 같다. 실험 발사 장면에 대한 묘사를 보면 그 점을 알 수 있다.

> 구포(臼砲, mortar)에 포탄을 장전한 후 모든 사람들은 천막 안으로 들어갔다. 그리고 우리에게 발사를 명령했다. 첫 번째 포탄은 아주 가까이에 있는 벼가 심어진 17-18피트 정도 깊이의 질척한 웅덩이에 떨어졌다. 사람들은 이 포탄을 잃어버린 것으로 생각했지만 곧 엄청난 힘으로 터졌다. 그래서 진흙과 먼지가 공중으로 높이 솟구쳐서 보는 사람들이 모두 놀랐다. 두 번째 포탄은 구포 안에서 폭발하여 사수가 얼굴에 큰 화상을 입었고 우리들 모두 조금씩 상처를 입었다. 나무판과 차폐막도 모두 잘게 부서졌다. 그들이 우리에게 달려왔을 때 우리 대부분은 피범벅이 되었고 특히 사수인 크리스티안이 큰 상

21) 핀투의 별명이 "거짓말의 아버지"라고 하는 데에서 보이듯이 그는 대단한 과장벽이 있었던 모양이다 (Boxer 1931: 69).

22) 이 부분은 구로사와 아키라의 영화 〈가게무샤〉에서 정확하면서도 미학적으로 아름답게 재현되었다.

처를 입어서 가능한 빨리 휴게소로 데려가도록 했다. 우리 생각에는 이 사고 때문에 그들이 실험을 중지하라고 명령할 줄 알았는데 반대로 우리보고 용기를 가지라고 말하는 것이었다. 이런 실험을 할 때에는 그런 사고는 흔히 일어나는 법이니 포기하지 말고 계속하라는 것이다.(Boxer 1931: 78-79)

일본이 쇄국 정책을 쓰고 서양인의 출입을 통제할 때에도 네덜란드인만 예외로 받아들인 데에는 이처럼 네덜란드인들이 군사 기술을 열심히 전수하려고 했던 요인도 작용했을 것이다.[23]

흔히 일본의 군사 기술에 대해 여기까지 언급하고 말지만, 이는 한쪽 면만 본 것과 마찬가지이다. 일본의 군대에서 대포의 효능은 제한적이었으며, 조총은 전투의 승패를 가를 만큼 결정적이지 않았다. 임진왜란 당시에도 일본의 전통적인 전술과 사무라이들의 장검이 더 가공할 힘을 발휘했던 것으로 이야기된다.[24] 아닌 게 아니라 17세기 후반에 들어서서는 일본의 총포 제작은 오히려 쇠퇴하였다. 다른 어느 지역보다도 더 빨리, 그리고 더 열심히 서양식 총포를 배우려고 했던 일본이 결국은 이를 포기하려 한 것은 미스터리로 보인다(Perrin 1979).[25] 결과적으로 서양 포 제조술은 일본에서 정착하지 못했다. 일본인은 이제 포보다는 서양의 다른 군사 기술, 즉 군사 훈련, 전술론, 엔지니어링으로 관심을 옮겼다.[26]

23) 네덜란드는 쇼군이 시마바라 봉기를 진압할 때 포격을 해서 도와주기까지 했다. 이는 자신들이 가톨릭 신도가 아니라는 점을 보임으로써 통상을 독점하려는 의도였다.

24) 그러나 이 문제는 논란의 여지가 있다. 복서는 임진왜란 당시 일본군에 대한 서구(이때에는 포르투갈)의 영향이 크지 않다고 보고 있다(Boxer 1931: 72). 그러나 델머 브라운은 반대로 포르투갈의 영향이 지대하다고 이야기한다. 포르투갈인에 의해 총기 제작법이 알려진 후 얼마 지나지 않은 1556년에 벌써 총포가 30만 정이나 되었으며, 1582년까지는 군인의 1/3 이상이 총을 소지했다는 것이다. 그리하여 임진왜란 당시 히데요시의 군대는 머스켓 총으로 잘 무장되어 있었다. 히데요시의 연대기 작가는 부산에서 있었던 첫 격진에서 조선군이 "쏜 화살이 장막을 친 듯(the curtain of arrows)" 했으나 이를 "총을 사격하여 쓸어버렸다(wiped out with gunfire)"라고 기록하였다(Brown 1948: 238-240).

25) 이 견해에 따르면 도쿠가와가 총포류의 발전을 억압한 것이 2세기 후에 일본이 서구의 침입에 대해 무력하게 된 원인의 하나이다.

총포류를 포기한 데에는 사회사적인 요인도 작용했을 것으로 보인다. 총은 하급 서민들을 연습시켜 사용했던 반면, 기존의 장검은 사무라이층이 독점하였다. 총포류가 발달하면 결국 사무라이층이 불필요하게 된다. 이런 점에서 기득권층인 사무라이층이 총포류를 버린 것이 아니었을까?

일본의 사례를 보면 파커의 설명과 미묘하게 다르다는 것을 확인하게 된다. 파커는 서양보다 전력이 약한 비유럽 세력이 서양 군사 기술을 배우지 못하여 전쟁에서 지게 된다고 설명했지만, 일본은 서양 군사 기술을 받아들이지 못했다기보다는 받아들이지 않은 것에 가깝다. 그것은 일본이 서양에 비해 크게 뒤지지 않은 군사력을 가지고 있었기 때문에 자기 방식을 고집했기 때문이다.

우리나라의 경우는 일본과도 또 달라서, 18세기 이후에 유럽식의 군사혁명과 유사한 변화를 따라간 것으로 보인다(노영구 1999: 291-320). 무엇보다도 중국으로부터 대형 화포 제조법이 도입된 것이 큰 변화를 가져왔다. 영조 7년 9월에 서양식 대형 화포인 홍이포(紅夷砲)가 조선 최초로 제작되었다. 명말에 중국에 들어온 이 대포는 병자호란 때에 청나라 군이 사용하여 큰 위협이 되었으며, 그 이후 수레를 이용해서 운반하게 됨에 따라 야전에서 용이하게 활용할 수 있어서 더욱 위력적이 되었다. 정약용의 언급이 이런 점을 말해 준다.

> 근세에 남의 나라를 정벌하기를 꾀하는 자는 오직 기이한 군기(軍器)와 교묘한 물건만을 제조하여, 한 사람이 기(機)를 틀면 만 사람이 목숨을 잃게 되고, 저는 편안히 앉아서 남의 성을 무너뜨린다. 호준포(虎準砲)와 백자총(百子銃=佛狼機) 같은 것이 있으나, 이것들은 오히려 소루(疏漏)한 것이다. 이른바 '홍이포(紅夷砲)' 라는 것은 그 속력이 빠르고 파괴력이 대단히 맹렬하여 예전에는 비할 것이 없는데, 중국에서는 이를 사용한 지가 이미 오래다. 만일 불행하여 100년 후에 남쪽과 북쪽의 국경에 경보(警報)가 있다면 반드시 이 무기를 가지고 올 것이니 그럴 때면 두 손을 마주잡고 땅에 엎드려서 성을 바치지 않을 자가 있겠는가.(『여유당전서』 1. 시선집, 『軍器論』 2)[27]

26) 1615년에 쇼군은 모든 영주들에게 한 곳의 성만 유지하고 나머지는 모두 파괴하도록 명령했다. 이 시기에 일본은 '탈군사화' 되고 있었다고 해도 과언이 아니다(Parker 1991: 193).

이런 무기가 널리 사용되자 성제에도 변화를 기하지 않을 수 없었다. 우선 축성 재료에 대한 재고찰이 있었다. 일례로 기존의 성곽과 새로운 벽돌 성곽이 모두 포의 공격에 약하며 토성이 더 유리하다는 지적이 나오는데 이는 군사혁명 초기 이탈리아의 상황과 유사하다. 그와 함께 여러 성제에 대한 고찰이 이루어지는데,[28] 이때 중국에서 들여온『무비지(武備志)』같은 서책들이 중요한 전거가 되었다. 이런 점을 보면 우리나라에서는 간접적으로나마 유럽의 군사혁명의 성과가 수용되었을 가능성이 있다. 그러나 그것은 일부 성곽의 변화와 같은 부분적인 변화에 국한된 것으로 보인다. 이에 대해서는 더 자세한 연구가 필요한 실정이다.

결론적으로 동아시아의 경우 다른 지역에 비해 상대적으로 군사력이 강했지만 그것은 꼭 유럽식 군사 기술의 도입에 의한 것은 아니었다.

4) 종합적인 고찰: 마라타의 사례

19세기 전까지 유럽의 군사적 우위는 결코 완전하지 못했다는 점에 대해서 많이 언급하였다. 유럽 주요 세력들의 각축장이었던 인도의 상황이 이를 잘 보여 준다.

대개 무굴 제국의 이미지는 종이호랑이처럼 겉은 웅장하나 내적으로는 허약하다는 것이다. 이들의 군대 역시 수는 많으나 실제 힘은 약하다는 평가를 받았다. 무굴 제국의 백만 대군에 대해서도 유럽인들은 그리 큰 위협으로 받아들이지 않았다. 니콜로 마누치(Niccolo Manucci)라는 사람이 다라(Dara)와 아우랑제브 사이의 전투를 관전한 기록(1658)을 보자. 전투에서 실제로 싸우는 병사들은 전면에 있는 사람들뿐이고 후진에 있는 사람들은 손에 칼을 뽑아들고는 있으나 소리만 질러댔다. 무굴 제국 병사들은 '바쿠쉬, 바쿠쉬!', 그리고 상대편

27) 노영구(1999: 29)에서 재인용.

28) 예컨대 과거에는 적이 성벽을 넘지 못하도록 성벽을 높게 쌓았지만 이제는 방어용 총포를 사용하기 편하도록 성벽을 낮게 쌓는 것이 유리하다고 이야기한다.

병사들은 '마르, 마르!' 하는 함성을 질러댔다(Bakush, Mar 모두 '죽여라' 하는 뜻이다). 그러다가 전면의 사람들이 전진하면 후진의 사람들도 뛰쳐나가고 전면의 사람들이 후퇴하면 후진의 사람들도 도망갔다. 군대가 조직적 · 전술적으로 움직이는 대신 영웅적인 전사들이 몰려나오는 힌두스탄의 이 관습은 유럽인의 눈에는 미숙하기 짝이 없는 방식이었다(Parker 1991: 178에서 인용). 군사혁명을 거치지 않은 인도 군대는 봉건군대 유형에 속한다. 즉 아시아는 겉으로는 군사력이 강해 보이더라도 짜임새가 부족하며, 결국 유럽식으로 '합리적으로' 강한 것이 진짜 강하다는 논리가 된다.

그러나 인도의 군대가 정말로 허약한 군대였을까? 사실 어느 군대가 질서정연하게 뛰쳐나오느냐 무질서하게 뛰쳐나오느냐가 중요한 문제는 아니다. 정말로 중요한 것은 상대편을 눌러 이기는 것이다. 1590년대 악바르 대제의 군대는 34만 2,696명의 기병과 403만 9,097명의 보병으로 이루어져 있었고, 이 가운데 상당수가 머스켓 총을 가지고 있었다고 한다. 이 추산치의 정확성에 대해서는 의심이 가지만, 어쨌든 인도의 군사력이 결코 허약하지 않다는 인상을 받기에 충분하다(Parker 1991: 176, 181-183).

아시아에 들어온 유럽인들은 한편으로 현지 세력과 충돌하면서 동시에 그들끼리 심한 경쟁을 벌였다. 먼저 네덜란드가 강한 군사력을 갖추고 와서 포르투갈 세력을 축출하고 영국 세력과 충돌했다. 네덜란드의 힘이 약화된 다음에는 영국이 아시아 교역의 주도권을 잡았으나 조만간 프랑스가 들어와서 영국과 충돌했다. 유럽에서 적대관계에 있던 양국은 아시아에서도 전쟁을 지속했다. 이때 유럽 세력들은 인도군을 자기편으로 끌어들이고 여기에 유럽의 군사 기술을 접목시켰다. 이 병사들을 세포이(Sepoy)라고 하는데, 이는 페르시아어로 군인을 가리키는 시파이(sipahi)에서 나온 말이다. 사실 아시아에서 유럽 식민 세력이 현지인 병사들을 충원하여 전력을 강화하는 것은 이전부터 있었던 일이다. 특히 호전적인 종족(martial races)으로 알려진 사람들[29] 혹은 기독교로 개종한 사람들[30]이 대표적인 사례들이다. 그러나 이들은 모두 보조 병력이었다. 그들은 각자 자신의 전통적인 의상을 입고 전통적인 무기를 이용해 그들 나름의 방식으로 싸웠다. 그러나 세포이의 경우에는 현지인 병사들이 완전히 유럽식으로 훈련되어 유럽식 군대로 편제되었다. 이 방식을 제일 먼저 채용한 것은 인도 주둔 프랑스 군이었다. 그들은 1751년부터는 유럽인 장교를 배치하여 군대를 완전히 그들이 원하는 방식으로 통제할 수 있었다. 이런 변화의 시발점이 된 아디야르강 전투(1746)는 인도 역사에서 중요한 전환점이라 할 수 있다. 영국은 우세한 자금력을 바탕으로 세포이를 더 크게 발전시켰다. 이 연대의 수는 1758년에 2개, 1759년에 5개, 1769년에 10개였다(10개 연대의 병사 수는 약 9,000명이다). 영국은 이런 군대를 가지고 프랑스 군만이 아니라 아시아 각국의 군대를 눌러 이겼다.[31]

후대의 역사를 이미 알고 있는 현재의 관점에서는 군사적인 측면에서 영국이 프랑스보다 훨씬 강했으며, 더군다나 인도군은 영국군의 상대가 되지 못했으리라고 생각할지 모르지만 18세기 중엽까지도 외국 세력과 인도, 혹은 영국과 프랑스 사이에서 누가 최종 승자가 될 것인가는 분명하지 않았다. 사실 이때까지도 인도가 프랑스 식민지가 될 가능성도 없지 않았다. 그러나 18세기 중엽의 혼전 상태에서 프랑스가 패배하고 난 후 19세기에 들어가면 인도의 지배권에 대한 최종 결승전은 영국과 마라타(Maratha)[32] 사이에 벌어졌다고 할 수 있다.

29) 인도네시아의 암본 사람들이나 필리핀의 팜파냐(Pampagna) 사람들이 대표적이다.

30) 영국령 인도에서는 토파즈(topaze), 네덜란드령 자바에서는 마르데이커(mardijker)로 알려진 사람들이 대표적이다.

31) 영국군 장교들은 힌두계 혹은 이슬람계 병사들을 유럽 군대식으로 무장시키고 훈련시켰다. 인도군의 아버지로 불리는 스트링어 로렌스는 1748년에 마드라스에서 인도인을 연대 단위로 모병했으며, 1757년 플라시 전투 사령관이었던 로버트 클라이브는 최초로 벵골 군의 중대를 대대 단위로 재편했다. 이런 발전을 거치는 동안 인도인으로 구성된 대대는 인도의 식민지 지배에 필수적인 요소가 되었다. 영국 동인도회사의 상비군은 계속 성장해서 19세기 중엽에는 아시아 최대의 군대이자 동시에 가장 세분화된 조직을 갖춘 군대가 되었다. 이 군대는 명목상으로는 통합군 체제였지만 실제로는 독립적인 봄베이, 벵골, 마드라스 군대의 연합군이었다. 이 가운데 마드라스와 봄베이 군대는 상이한 카스트 혹은 상이한 종교를 가진 사람들이 같은 중대에 소속된 혼합 조직이었지만, 벵골 군대는 카스트와 종교별로 따로 중대가 편성되었다(타임라이프북스 2005: 84-87).

결국에는 마라타가 졌지만 마라타의 군사력에 대해서는 분명 재평가가 필요하다. 영국군은 마라타와의 전쟁에서 엄청난 타격을 입었다.[33] 마라타 군대의 최대 장점은 막강한 포병대였으며, 실제 포 대결에서는 영국군에 대해 승리를 거두기도 했다. 영국 포병대는 마라타 군을 당시 최강이었던 프랑스 포병대로 착각할 정도였다. 마라타 군에게서 노획한 대포를 검사한 결과 아닌 게 아니라 프랑스의 스탠다드에 맞추어져 있었다. 파커가 주장하듯이 유럽의 군사 기술 전파가 막혀서 아시아의 군사력이 열등하게 되었다는 것은 이 사례에서도 부정된다. 마라타는 이미 수백 년에 걸친 전쟁 경험을 가지고 있었던 데다가 프랑스의 군사 기술 지원을 받아서 강력한 군사력을 보유하게 되었던 것이다.[34]

결론적으로 마라타 군은 유럽 세력에게 결코 호락호락한 상대가 아니었다. 우리는 흔히 영국이 최종적으로 인도 전체를 지배하게 된 결과만을 가지고 플래시 전투 이후 영국군이 인도에서 곧바로 압도적인 군사적 우위를 차지했으리라고 생각하기 쉽다. 그러나 실상은 그렇게 일방적이지는 않았으며 오랫동안 백중세였다고 하는 것이 옳은 판단일 것이다.

5) 최종 승자가 된 유럽

지금까지 15-18세기 동안 세계 여러 지역에서 유럽의 군대가 현지 세력과 충돌한 사례들을 살펴보았다. 그 결과 유럽이 결코 쉽지 않은 적들을 대적했으며,

32) 인도 중서부의 마라타어를 사용하는 부족들을 가리키나, 여기에서는 인도 중서부의 힌두 군주들의 연합체를 말한다.

33) 영국군 측에서는 4,500명 가운데 사상자가 1,500명 이상이었던 반면 마라타 측에서는 1,200명이 사망하였다. 라스와리 호수에서의 전투에서는 영국군 5,500명 가운데 824명의 사상자가 생겼는데 이때 아서 웰슬리(Arthur Wellseley)는 지사에게 이런 보고를 올렸다: "내 인생에서 이런 일은 처음 겪었습니다. 그리고 하느님께 다시는 이런 일을 겪지 않게 해달라고 기도했습니다. […] 우리가 직면할 수 있는 최강의 적을 예상한 배치를 하지 않았더라면 우리는 아마도 졌을 것입니다."(Pemble 1976: 379)

34) 그런데 왜 졌는가? 잠재적 군사력은 대단히 강했지만 이를 통제하는 기능을 상실했기 때문이다. 마라타에는 제도화된 장교 양성 기관이 없어서 장교들이 불충분한 데다가, 1761년 아프간 전투 이래 많은 장교들이 사망하면서 더더욱 전열이 흐트러졌던 것이다(Cooper 1989: 32, 34-35, 38).

유럽 내의 군사력 강화가 곧바로 세계 각지에서 혁혁한 성과로 이어지지는 못했음을 알 수 있었다.

1683년에 영국은 탕헤르를 포기했고, 1708년에 에스파냐인들은 오랑을 포기했다가 1732년에 재정복했으나 1792년에 그곳을 떠났다. 1775, 1783, 1784년에 있었던 에스파냐의 알제 공격은 실패로 돌아갔고 특히 1775년의 공격에서는 6,000명이 사망했다. 루이 14세의 시암 개입은 성공하지 못했고 1750년대 버마 내전에 영국과 프랑스가 간섭한 것도 실패로 끝났다(Black 2004: 103).

그렇다면 유럽의 군사혁명은 전적으로 유럽 내에서만 영향을 미쳤을 뿐 유럽 이외의 지역에서는 아무런 의미가 없었던 것일까?

그러나 앞에서 거론한 사례들을 종합하여 생각해 보면 오히려 지금까지 이야기했던 것을 번복하는 결론에 이르게 된다. 18세기 이전까지 유럽의 군대가 외국에서 고전을 겪었던 것은 분명하지만 완전히 패퇴해서 쫓겨난 경우 역시 드물다는 점을 주목할 필요가 있다. 예컨대 아메리카 인디언들이 유럽의 총과 말을 받아들여 강하게 저항했다는 사실은 분명히 맞지만, 그렇다고 그들이 완벽한 승리를 거두지는 못했다. 결국 인디언의 저항을 누르고 유럽인들이 아메리카를 지배함으로써 최종 승자가 되지 않았던가.

네덜란드 동인도회사는 항상 성공적이지는 않았으나 그래도 자바에서 영토 지배를 확대했다. 인도네시아의 다른 지역에서도 이 회사는 재정적인 곤경을 겪었으나 어쨌든 현상 유지를 했다. 1759년에 라자 무하마드가 플라우 곤통에 있는 네덜란드의 요새를 파괴하자 1761년에 복수를 감행하여 주민을 학살하고 라자의 동생을 왕위에 앉혔다. 인도에서는 영국이 벵골과 남부 인도의 지배 세력이 되었다. 소규모 영국군은 플라시 전투(1757)와 북사르 전투(1764)에서 훨씬 수가 많은 인도군을 격파했다.

16세기와 18세기 말의 상황을 비교해 보면 유럽이 갈수록 우세해진다는 점을 알 수 있다. 군사 기술 면에서 유럽이 지속적으로 발전한 결과 19세기 초에는 나머지 전 세계에 비해 유럽이 뚜렷이 앞서 나가게 되었다. 사실 우리가 근대 '초기'의 산물이라고 생각하기 쉬운 유럽의 군사적 우위가 실제로는 훨씬 후대인 19세기의 일이라는 점도 충분히 의미 있는 사실이기는 하다. 그러나 그와 동시에 지적해야 할 점은 16-18세기의 기간 중 유럽이 계속 공세적이고 다른 문명권들은 계속 수세적이었으며, 그런 경향이 최종적으로 유럽의 군사적 우위로 귀결되었다는 점이다. 근대 초기부터 유럽이 전면적인 군사적 우세를 누리지는 못했으나, 핵심적인 지점을 장악하고 그것을 쐐기로 삼아 점차 내부로 뚫고 들어간 것이다.

전환점은 대체로 1750년대가 아닐까? 대개 이때부터 유럽의 해외 주둔 군대가 단지 지방 도시 차원에서 공방을 거듭하는 차원을 넘어서서 제국 전체를 상대로 전쟁을 하고 또 승기를 잡아가기 시작했다. 이후 19세기의 산업혁명과 함께 '군사의 산업화'가 진행되자 유럽의 군사적 우위는 명백하게 굳어졌다. 산업혁명의 성과가 전쟁에 이용됨으로써 이전과는 비교할 수 없는 차원에서 전쟁이 벌어졌다. 단적인 예로 기관총의 사용을 생각해 볼 수 있다. 1880년대 맥심(Hiram Maxim)이 개발한 기관총은 곧바로 엄청난 위력을 발휘하였다. 기관총이 대세를 결정지은 첫 번째 전투는 1898년 옵두르만(Obdurman) 전투였다. 이때 영국군은 4만 명의 수단 군대와 마주쳤다. 나중에 영국 수상이 되는 처칠은 이 전투에 대한 자세한 기록을 남겼다. 영국군은 멀리 있는 수단 군대를 향해 보트 위에 설치된 맥심 기관총을 쏘았다. "영국 보병대는 서두르거나 흥분하지 않고 꾸준히, 무감각하게 총을 발사했다. 적은 멀리 떨어져 있고 우리 장교들은 조심스러웠기 때문이다." 이에 비해 수단 병사들 측에서는 "총알들이 살을 잘라내고 뼈를 부수거나 갈라놓고 있었다. 끔찍한 상처에서 피가 솟구쳐 나왔다. 총알들이 휘파람소리를 내며 날아오고 포탄이 폭발하며 먼지가 솟아오르는 지옥에서 용감한 전사들이 기를 쓰고 앞으로 나가려고 했지만 그들은 고통스러워하고 절망하다가 죽어 갔다." 5시간 뒤 영국군은 20명이 사망했으나 수단 군은 만 명이나 사망했다. 이 사건 이후에 다음과 같은 시가 지어졌다.

무슨 일이 일어나건, 우리에게는 맥심 기관총이 있지만
저들에게는 없다네.
Whatever happens, we have got
the Maxim gun, and they have not (Marks 2002: 143-144)

유럽은 오랫동안 고전했지만 결국 군사적 지배를 완수한 것이다.

3. 군사 문제와 문화

지금까지 살펴본 바에 의하면 유럽은 15-18세기 동안 전 세계 여러 문명에 비해 절대적인 군사력 우위를 확보한 것이 결코 아니었다. 따라서 이를 전제로 한 설명 방식은 수정해야 한다. 대개 유럽중심주의의 기저에는 기계주의가 자리잡고 있다. 즉 유럽에서만 우월한 무기와 기계적인 군사 조직이 발전했다고 보고, 이것이 유럽의 군사적 우위를 가져다준 요소라고 설명하곤 했다. 그것은 '총포의 승리' 라고 정리하는 것이다. 그러나 이것은 너무나 단순한 논리이다. 유럽만이 포를 독점할 수는 없는 일이기 때문이다. 사실 총포는 중동, 러시아, 인도, 중국, 일본 등지로 전파되었다(McNeill 1982: 103-104). 이제 많은 연구자들은 총포와 같은 하나의 요소로 설명하는 방식보다는 다양한 문화적 요인들을 고려하여 넓은 맥락에서 군사 문제를 보려고 한다.

1) 문제의 재설정: 오토만 제국의 사례

어쩌면 원래의 문제 설정부터 잘못되었다고 할 수 있다. 그리고 군사혁명의 성과를 과장했고 과도하게 세계사적 의의를 부여했을 가능성이 있다. 무엇보다도 오토만 제국과의 관계에서 이 점을 알 수 있다.

오토만 제국은 유럽이 제일 먼저 맞닥뜨린 강력한 적수임은 분명하다. 그래서 흔히 오토만 제국으로서도 유럽과의 충돌이 제국의 존망을 결정짓는 가장 중대한 문제였으리라고 생각하곤 한다. 그러나 이는 사실이 아니다.

오토만 제국은 잘 알려진 대로 1453년에 비잔틴 제국을 멸망시킴으로써 유럽에 공포감을 불러일으킨, 유럽 최대의 적대 세력이었다. 이슬람권의 서방 최선두에서 유럽과 맞대면한 오토만 제국은 콘스탄티노플 점령 이후에도 북아프리카 지방을 차례로 보호령화하고 북쪽으로 진군을 계속하였다. 셀림 1세(재위 1512-1520) 당시 오토만 제국의 군대는 세계 최강으로 거론된다. 그리고 그 다음 황제인 술레이만 시대(1520-1566)는 오토만 제국의 영토가 최대였던 시기로서 특히 1526년 모하치 전투에서 승리하여 헝가리를 누르고 오스트리아를 위협하였다(Guilmartin, Jr. 1988: 735-736). 이때에는 유럽 전체가 오토만 세력에 정복당하지 않을까 하는 패닉 상태에 빠졌다고 해도 과언이 아니다. 더구나 오토만 제국은 해군력도 대단히 강력해서 이 시대에는 로도스섬을 획득하고 지중해에서 베네치아와 합스부르크 연합 해군을 격파하였다.

그러나 유럽의 입장에서 볼 때 다행인 것은 오토만 제국이 유럽과만 대적한 것이 아니라는 점이다. 사실 오토만 제국에게 더 큰 문제가 되는 곳은 동쪽이었다. 그들의 최대 적수는 페르시아였다. 술레이만 1세 시대에 오토만 군은 아르메니아와 예멘 쪽으로 팽창해 갔고, 인도와 아라비아 방면으로도 진격해 나갔다. 오토만 제국은 시리아와 이집트(1516-1517), 아덴, 예멘 및 홍해 전 지역(1538-1547), 바그다드(1534), 바스라(1546)를 차례로 정복해서 해로와 육로 모두 인도와 직접 소통할 수 있게 되었다.

이런 정도의 군사 강국은 유럽에게 벅찬 상대였음에 틀림없다. 그런데 모하치 전투 이후 오토만 세력과 유럽 세력은 적대관계 속에서 서로 대치하고 있기는 했지만 직접 충돌은 없었다. 다만 오토만의 가지(ghazi, 이슬람 전사들)의 '게릴라전' 방식이 유럽을 괴롭히고 있었을 뿐이다. 그렇다면 왜 본격적인 전면전이 일어나지 않았을까? 오토만과 합스부르크 양측이 모두 다른 적들과 대치하고 있던 점이 우선 중요한 요인이었다. 이미 언급한 것처럼 오토만 제국에게는 페르시아가 최대 적수였고, 합스부르크 세력은 유럽 내 최대 적수인 프랑스와 대치 중이었던 것이다. 그리고 아마도 양측이 상대의 강한 군사력을 의식하고 접전을 피했을 가능성이 크다(Guilmartin, Jr. 1988: 736).

양측이 본격적으로 전쟁에 돌입한 것은 1571년의 레판토 해전이다. 오토만 제국은 273척의 갤리선을 동원했고, 기독교권 유럽의 동맹군(에스파냐와 베네치아 중심의 동맹군)은 231척의 갤리선을 동원하여 충돌한 이 해전은 역사상 최후의 대규모 갤리선 전쟁이었다(위어 2005: 377-389).

이 사건은 유럽 중심의 역사서에서 대단히 중요한 의미를 가진 전쟁으로 확대해석되어 왔었다. 1453년의 비잔틴 제국 멸망 이후 유럽-기독교 문명을 위협하던 오토만-이슬람 문명의 계속되는 위협을 일거에 뒤집어엎은 결정적 사건이라는 것이다. 그러나 이 전쟁의 의미에 대해서는 조심스러운 재해석이 필요하다.

우선 이 해전이 양측 모두 엄청난 자원을 쏟아 부은 세계사적인 전쟁이었다는 것은 분명하지만, 그 결과를 놓고 볼 때에는 차라리 큰 의미가 없는 전쟁이었다고 해도 과언이 아니다. 오토만 측은 이미 1566년에 키프로스섬을 점령했고, 제노바로부터 키오스섬을 탈취했다. 또 희망봉을 돌아 동쪽에서 모습을 드러낸 포르투갈 군의 위협을 잘 막아내고 있었다. 그러므로 유럽 측이 이 전쟁에서 승리를 거둠으로써 오토만 세력을 결정적으로 눌러 이겼다고 볼 수는 없다. 애초에 다시 생각해 봐야 할 점은 오토만은 전통적으로 육군 위주의 국가였고, 해군은 육상 팽창을 위협할 만한 세력을 저지하기만 하면 제 역할을 다한 것이라는 점이다. 이 시기 오토만의 의도는 바다를 통해서 유럽을 지배하겠다는 것이 아니라, 북쪽으로 진격해서 카스피해를 "오토만의 호수"로 만들겠다는 것이었다(지중해를 오토만의 호수로 만들려는 의도 같은 것은 애초에 없었던 것이다). 1569년에 시행된 이 계획 자체는 결국 그들의 힘에 부치는 무리한 시도였기 때문에 실패로 끝났지만,[35] 여기에서 강조하고 싶은 점은 레판토 해전이 오토만 제국에 대한 유럽의 결정적 승리가 아니었다는 점이다. 오토만 제국은 이 해전 이후 곧 200여 척의 함선으로 구성된 함대를 재구축해서 유럽인들을 경악시켰다는 점도 고려할 사안이다. 사실 서방의 역사학계와는 달리 이슬람권의 역사학계는 레판토 해전의 시대를 패전과 쇠퇴의 시대로 보는 것이 아니라 완전히 다른 시각에서 보고 있다. 16세기에 이슬람권의 연대기 작가는 이 시기에 강력한 오토만 해군이 흑해와 동지중해에서 승리를 거두어서 이집트를 정복했고 2개의 성지(聖地)를 통제하게 됨으로써 오토만 제국이 지배적인 정치 세력이 되었다는 점을 강조하고 있다(Hess 1970: 1918-1919).

이상의 사실들을 염두에 두면 지금까지의 문제 제기 방식 자체가 잘못되었음을 알 수 있다. 오토만 제국이 직면한 문제를 유라시아 대륙 전체 차원에서 보면 우리에게 익숙한 역사 기술과는 전혀 다른 면을 보게 된다. 오토만 제국은 동쪽에서도 두 방면으로 팽창해 나가고 있었다. 하나는 시리아, 레바논, 팔레스타인, 이집트 방향이었고, 다른 하나는 페르시아 방향이었다. 특히 페르시아 제국과의 갈등이 오토만 제국에게는 가장 중요한 문제였다. 이처럼 오토만 제국이 동쪽에서 직면한 문제는 19세기 초까지도 계속되는 중요한 사안인 반면 유럽과의 갈등은 이에 비하면 차라리 부차적인 문제라고 할 수 있다(Black 2004: 76-77).

유럽은 자신이 다른 문명권에 대해 대단히 위협적이었다고 스스로 생각했을지 모르지만 실제로는 그렇지 않았던 것이다.[36]

35) 결과를 놓고 보면 오토만 측이 잠시 아스트라칸을 점령했으나 결국 이 계획은 실패로 끝났다(Guilmartin, Jr. 1988: 741).

36) 또 한 가지 강조할 사항은 이 시기 오토만 제국과 유럽과의 전투에서 이슬람권 대 기독교권의 충돌이라는 종교적 갈등, 혹은 문명 간 충돌이라는 도식이 완벽하게 맞지는 않다는 점이다. 발칸 지역에서 오토만 세력이 약탈 전쟁을 벌일 때 많은 기독교도들이 보조 군사나 노수(櫓手)로 오토만 측에 참여하였고, 심지어 모하치 전투에서도 헝가리의 가톨릭교도들은 오토만 측에 참여하여 헝가리의 개신교도들과 싸웠다(Guilmartin, Jr. 1988: 742).

2) 분열과 집중

유럽이 다른 대륙에 대해 군사적으로 압도적 우위를 차지하지 못했다는 사실과 세계 각지로 팽창해 나가서 경제적 이익을 취하거나 지배력을 행사한 사례들이 적지 않다는 사실을 어떻게 함께 설명할 것인가?

우선 유럽이 강했다기보다 적이 분열된 경우가 많았다는 점을 거론할 수 있다. 사실 적지로 들어간 유럽인들은 무엇보다도 수의 열세에 놓이게 마련이고 따라서 그들은 가능하면 적들을 분열시켜서 그중 한편과 동맹을 맺으려는 전략을 구사했다. 가장 극적인 승리 사례라 할 수 있는 아스텍이나 잉카의 정복이 대표적이다. 그들은 현지인들로부터 지식과 정보를 얻고 부족한 숫자를 채울 수 있었다. 이와 같은 용병 고용은 아시아에서도 마찬가지였다. 포르투갈은 아시아에 모두 합쳐서 1만 명 미만의 인력을 가지고 있었으므로 현지 군사력을 이용하지 않을 수 없었다. 예컨대 말라바르 선원들은 포르투갈 선박에 승선하여 "칼과 단도를 손에 들고" 포르투갈인들에게 봉사했다. 알부케르크가 고아를 점령할 때에는 40여 명의 용맹한 힌두 지휘관을 고용했다. 1600년경 말라카에서는 유럽인들이 일본인 사무라이를 보디가드로 고용했다. 용병의 고용은 늘 위험을 안고 있었지만 그들로서는 어쩔 수 없는 선택이었다. 아시아 용병의 장점은 아주 싸게 고용할 수 있다는 점이다. 그들의 임금은 포르투갈 병사의 반값이었고 심지어는 먹여만 주면 와서 싸우는 경우도 많았다(Scammell 1980: 8-9).[37]

다시 정리하면 유럽인들은 해외 팽창을 할 때 적을 분열시키고 그들 중 일부를 자기 편으로 삼은 다음 나머지를 잔인하게 각개 격파하였다. 필요한 지점에 전력을 집중하여 승리를 거두어서 확실한 거점으로 삼고 이런 곳들을 연결하는 해상 네트워크를 확보하였다. 사실 그들의 불충분한 힘으로는 광대한 지역을 전부 지배하는 것은 아예 불가능했다. 따라서 무력을 효과적으로 적시적소에

37) 다만 그들이 원하는 대가는 직물 한 필, 혹은 점령 후 약탈을 허용하는 정도였다.

사용하는 것이 중요했다.

유럽인들은 무조건 폭력을 행사하지는 않았다. 그들은 결국 돈을 벌기 위해 먼 이역 땅에 들어온 자들이고 따라서 공연히 살상을 할 이유는 없었다. 단지 그들의 목적을 달성하기 위해서 필요한 경우 폭력을 휘둘렀고, 또 그때에는 가혹하기 이를 데 없이 폭력을 행사했다. 예컨대 네덜란드인들은 정향 산지를 철저히 통제해서 최대의 이윤을 얻고자 했다. 1620년대에 암본의 주민들이 이에 항의하며 반란 상태에 들어가자 네덜란드인들은 정향나무들을 모조리 불태우고 마을을 황폐화시켜 버렸다. 이에 저항하여 주민들이 다시 봉기하자 1637년에는 안토니 반 디멘(Anthonie van Diemen)이 17척의 배에 2,000명의 군인들을 태우고 와서 이곳을 완전히 초토화시켜 버렸다(Knaap 1992: 3).

영국인들의 요새 건설 역시 이런 관점에서 해석할 수 있다. 포르투갈이나 네덜란드가 무력을 사용하여 세금을 수취하거나 향신료 산지를 통제한 것은 잘 알려진 사실이다. 그런데 인도에 들어간 영국의 경우는 사정이 달랐다. 그곳은 작은 섬이 아니라 막강한 제국 권력이 장악하고 있는 대륙이었던 것이다. 이런 지역에 요새를 건설하고 그것을 유지하는 데에는 막대한 비용이 소요된다. 따라서 요새 건설을 반대하고 대신 강력한 해군을 통해서 해로(海路)만 장악하는 것이 현명한 방식이라는 의견도 있었다. 그러나 실제 인도에 거류하는 영국인들로서는 무엇보다도 자신의 생명과 재산, 영업권 등의 보호가 필요했다. 따라서 '이윤'과 '보호' 양자 간의 균형이 필요했다. 그런데 점차 이 양자가 분리된 것이 아니라 연결된 사항이라는 점을 인식하게 되었다(Watson 1980: 76-77, 주 49). 무력 사용이 결과적으로 더 큰 이윤을 가져올 수 있기 때문이다. 단순한 예로는 무력의 사용 가능성으로 거래 상대방에게 공포감을 줌으로써 교역 조건을 유리하게 이끌 수 있다는 점이다. 이것은 당시 영국인들이 공통으로 가지고 있던 생각이었다. "손에 칼을 들어야 인도인들은 잘 응대한다"라거나 "무슬림들은 공포의 원칙을 적용하는 한 약속을 지킨다"라는 로우(Roe)의 견해가 그것이다. 그중에서도 특히 흥미를 끄는 말은 "만일 정당한 방법이 통용되지 않는다면 사랑받는 것보다는 두려움을 받는 것이 낫다"는 말이다. 마키아벨리를 연상시키는 이 말의 의미는 곧 폭력의 합리적인 사용이라고 할 수 있다. 폭력을 전혀 사용하지 않는 것이나, 혹은 마구잡이로 폭력을 사용하는 것은 모두 이윤 추구에 방해가 되며, 이윤의 최대화를 위해서는 적절한 정도로 적절하게 폭력을 사용해야 한다. 초더리(Chaudhuri 1974: 111-113)에 따르면 폭력은 유럽인들의 아시아 교역의 내재적 측면이다. 이들에게는 평화적인 교역보다는 무장한 교역의 이윤이 더 컸다. 이것은 레인(F. Lane)이 말하는 '보호의 판매(sale of protection)'를 상업화했다는 것을 뜻한다(Lane 1966: Part Three, The Cost of Protection).[38] 즉 '시장'을 통해 이윤을 얻되 그 자체가 '무력'으로 뒷받침되었던 것이다.

일부 핵심 지역들을 확실하게 군사적으로 장악한다는 군사 전략은 장기적으로 인도 전체에 큰 영향력을 행사할 수 있다. 시바지(Sivaji)[39]가 2차 공격을 감행했을 때 인도의 최고위 상인들 자제들은 영국인에게 봄베이로의 이주 허가를 요청했다. 그 이유는 인도 내의 공공질서가 어지럽게 되었을 때 영국 상관(商館) 지역이 가장 확실한 안전지대로 남았기 때문이다. 이런 일이 여러 차례 일어나면서 영국 요새는 인도의 전통적 권위를 허무는 역할을 하게 되었다. 그 결과 제2장에서 보았듯이 영국 동인도회사가 인도의 정치적·행정적 지배권을 획득하게 된 것이다.

3) 폭력과 문화

여기에서 전쟁에 대한 기본적인 시각을 재정리할 필요가 있다. 유럽과 비유럽 문명 사이에 전투의 개념이 다르고 따라서 전투에 임하는 방식이 근본적으

38) 중요한 논문들은 다음과 같다: "National Wealth and Protection Costs," "The Economic Meaning of War and Protection," "Force and Enterprise in the Creation of Oceanic Commerce," "Economic Consequences of Organized Violence."

39) 17세기에 무굴 제국에 가장 큰 위협이 되었던 마라타의 추장이다(스피어 1993: 66-69).

로 다르다는 점은 여러 학자들이 공통적으로 지적하는 사항이다.

대개 우리는 『파리 대왕』식의 견해 — "전쟁에서는 문화의 외피가 모두 벗겨지고 적나라한 인간 본성이 충돌하는 것이다." — 를 가지기 쉽다. 그러나 폭력성 혹은 잔인성이라는 것도 규칙을 따르는 것이다(Clendinnen 1993: 24). 비유하자면 그것은 마치 운동경기와 같다. 럭비 경기를 생각해 보자. 이 경기의 규칙을 잘 모르는 사람이 볼 때에는 이것은 야만인들이 이리저리 몰려다니며 노는 것으로 보인다. 오직 공을 가지고 반대편 끝까지 뛰기 위해서 우격다짐하며 밀고 당기는 것으로만 보이기 때문이다. 그러나 실제로는 경기 전체가 복잡한 규칙에 따라 진행되고 팀 내 상호 협조를 통해 대단히 정교하게 운영되고 있다. 무력 사용 혹은 전쟁 역시 이와 비슷하다.

그렇다면 전투의 개념부터 새롭게 생각해 볼 필요가 있다. 과연 모든 문명에서 생각하는 전투 개념이 다 같은 것일까? 각 문명권 내에서 전쟁과 평화의 개념은 어떤 내용을 담고 있는가?

서방에서의 대체적인 개념은 평화가 정상적인 시기이고, 전쟁이 일어났을 때 이 정상성이 깨진다는 것이다. 전쟁은 정상으로부터의 이탈이며, 대개 영토 획득이나 경제적 이익 등 특정한 목표를 놓고 싸우다가 한쪽이 이기고 다른 한쪽이 지면 흔히 조약을 맺으면서 종전이 된다(Guilmartin, Jr. 1988: 722). 그러나 실제 상황은 이런 개념적인 구분과는 거리가 멀다. 양측의 갈등이 장기간에 걸쳐서 계속되면 전쟁과 평화의 구분이 모호해지고 게릴라전이 벌어진다. 이 상태는 한쪽이 다른 한쪽을 완전히 제거해 버리거나 문화적으로 흡수해 버릴 때까지 계속된다. 많은 지역에서 전쟁의 실상은 이에 가깝다. 그런 곳에서 전쟁 개념은 유럽과 다를 수밖에 없다.[40]

일례로 오토만 제국의 전쟁 개념을 보자(Guilmartin, Jr. 1988: 725ff.). 이곳에서 전쟁은 코란과 샤리아(이슬람의 聖法)상에 규정되어 있다. 전쟁을 뜻하는 오

40) 유럽에서도 이런 형태의 전쟁 상태가 전혀 없었던 것은 아니어서, 이베리아반도의 레콩키스타 운동이 이에 해당하는 것으로 보인다.

토만의 단어는 '하르브(harb)'로서 이것은 집단 간의 투쟁 상태를 뜻한다. 이것은 이슬람교 형성 이전 시대로부터 유래했다. 이때에는 강력한 중앙 권력이 없고 반(半)유목 상태였기 때문에 여러 집단 간에 항시 전투가 벌어지고 있었다. 사막 지대의 특성상 국경 개념이 없으므로 투쟁과 약탈이 흔하고 평화는 오히려 예외적이었던 것이다. 이런 상태에서 이슬람교의 개념이 덧씌워졌다. 그 핵심 내용은 같은 무슬림끼리 싸워서는 안 된다는 것이다. 그러므로 유일하게 승인받은 전쟁은 지하드(jihad, 聖戰), 즉 비이슬람권과의 전쟁이다. 이렇게 되면 전쟁에 대해서는 따로 정당화할 필요 없이 스스로 정당한 것이 된다. 이 사태에서 전쟁은 소규모 접전, 약탈, 장기간의 봉쇄 등이 된다.(오늘날 이스라엘과 주변 아랍 지역 간의 전쟁 상태가 이와 유사한 것이 아닐까?)

그런데 유럽과 다른 지역 사이의 전쟁 개념이 이렇게 다르다는 사실로부터 매우 특이한 결과가 생겨난다. 유럽은 한 번 전쟁을 하게 되면 최대한의 군사력을 동원해서 공격하는 경향이 있다. 이때에는 전쟁의 종교적 의례, 문화적 가치 등을 완전히 벗어던지고 전력을 다해 싸우는 총체전(total war)이 된다. 많은 학자들이 모두 유럽의 적극적인 호전성, 더 나아가서 최대한의 무력을 집중시키려는 열정을 강조한 바 있다. 그 결과 전쟁 피해 역시 극대화된다. 이에 비해 다른 사회에서는 다른 양상이 전개된다. 지도자의 지위와 권위는 그가 모을 수 있는 사람들 수에 달린 것이므로 전쟁에 임하는 양편 모두 사람들을 살상하는 전략을 가급적 피하려고 한다. 전쟁의 일반적인 목표는 포로를 많이 잡아서 노예로 팔거나 부려먹는 것이다. 그래서 전쟁이 의식화(儀式化, ritualized)되기 쉽고, 결과적으로 인명 손실이 적다. 그렇다고 해서 유럽 이외의 지역에 폭력이 없다는 뜻은 아니지만, 중요한 차이는 일단 유럽인들이 전쟁에 돌입하면 훨씬 더 큰 피해를 입히는 경향이 있다는 점이다.

정리하자면, 유럽인들이 해외로 나가서 전쟁을 벌일 경우 이윤 획득과 같은 특정한 목표를 정하고 그것을 이루기 위해 최대한 '효율적으로' 폭력을 집중시킨다. 그 결과 집중적인 폭력의 사용과 그에 따른 최대한의 피해가 발생한다. 이에 비해 다른 문명권에서는 적나라한 폭력 사태가 비교적 드물다. 이처럼 전쟁은 대단히 복합적인 사건이며 무력의 사용 역시 문화적 해석을 통해 행해진다.

이제 몇 가지 사례들을 통해 이 점을 확인해 보도록 하자.

4) 동남아시아의 사례

우선 동남아시아 지역을 보자(Reid 1988: 122-128).

필리핀, 인도네시아, 자바 등지에서는 기본적으로 사람에 대한 통제가 전쟁의 목표이다. 즉 영토를 차지하기보다는 사람을 사로잡아서 인적 자원을 늘리려고 한다. 라 루베르(La Loubère)의 1691년 증언을 보면 시암이나 페구 모두 노예 생포에만 너무 몰두하다 보니 군사력 사용이 효율적이지 않았다. 페구 군대가 시암에 상륙하면 시암 군대도 동시에 페구의 다른 지역으로 가서 양측 모두 주민들을 전부 잡아가 버린다는 것이다. 이때 공격을 당한 사람들 입장에서는 일단 도망가서 적군이 약탈하다가 지쳐서 돌아가기를 기다리는 것이 유일한 대응이었다.

구체적인 전투 장면을 보면 이 점을 알 수 있다.

전쟁 초기에 양측은 가능한 한 많은 군사력을 동원하여 상대방에게 겁을 주어서 적의 균형을 깨려고 한다. 그리고 초기에 몇 차례 큰 성공을 거두어서 이 모든 일을 결정하는 신의 힘이 자기 편에 있다는 것을 보이려고 노력한다. 군대는 대부분 귀족들이 데리고 온 자기 휘하의 부하들인데, 귀족들은 전장에서 자신의 부하들을 잃는 것을 극구 피하려고 한다. 거느리는 사람 수가 많다는 것이 자신의 지위를 유지하는 데 결정적이어서 그들을 잃으면 안 되기 때문이다. 전쟁이 이런 식이다 보니 사상자가 그리 크지 않은 것은 당연한 일이다. 전쟁에서 사상자가 많이 나는 데에 익숙한 유럽인들은 이런 식의 전투 방식을 아주 이상하게 여겼다. 슈아지(Choisy) 수도원장의 증언(1687)에 의하면 시암, 버마, 라

오스 사람들은 전쟁을 천사처럼 한다는 것이다. 이들은 사람을 살해하려 하기보다는 겁을 주려 하므로 하늘이나 땅에 대고 화살을 쏜다. 그리고 가급적 적을 사로잡아서 자기 마을로 데리고 가려고 하므로 전장에서 죽는 사람은 많지 않다. 아체의 내전을 직접 목격한 담피어(William Dampier)의 설명에 의하면,[41] 양편이 수천 명을 동원하여서 싸우지만 누구도 서로 죽이려고 하지 않고, 따라서 소규모 전투만 계속되었다고 한다. 이런 전투 장면을 잘못 해석한 사람들은 이들이 전쟁을 즐기는 것으로 생각하기도 한다.

전투의 승패는 흔히 몇 명의 용맹한 용사들에 의해 판가름난다. 인도네시아, 특히 아체부터 몰루카 제도에 이르는 지역의 용사들의 개인적인 용맹성은 유명하다. 때로는 죽음을 두려워하지 않는 이 용사들이 개인적으로 토너먼트를 하여 전쟁의 승패를 가리기도 한다. 전쟁은 일종의 신판(神判, trial by ordeal)이라고 믿기 때문에 용사들의 싸움에서 천상의 힘(cosmic forces)이 누구 편인지 드러난다고 생각한다. 그래서 선두에 나선 용사들이 쓰러지면 전쟁이 갑자기 종결되기도 한다. 시암의 람 캄헹(Ram Kamheng), 나레수엔(Naresuen) 같은 왕들이 코끼리를 타고 혼자서 적의 지도자들과 싸워서 영광스러운 승리를 거두었다는 이야기는 이런 현상을 단적으로 보여 준다.

말레이 세계에서 전투의 꽃으로 알려진 현상은 소위 '아목(amok)'이다. 이는 용감한 용사가 손에 크리스(kris, 물결 모양의 날을 한 단검)를 들고 분연히 적에게 돌진하여 몇 명을 죽이거나 흩뜨려 놓는 것을 말한다. 특히 적의 지도자에게 상해를 가하는 데에 성공하면 이것만으로 전쟁은 승리로 끝난다. 이때 용감한 용사 자신은 흔히 죽음을 피하지 못한다. 발리에서는 이 아목 용사들(amocos)이 자기희생을 상징하는 흰옷을 입고 또 죽음의 공포를 이겨내기 위해서 아편이나 마리화나를 사용하기도 한다.

동남아시아의 기록들은 지도자의 위대함과 카리스마를 과시하기 위해서 승

41) William Dampier, *New Voyage Round the World*, 1697.

리를 단순히 기술적인 원인으로 돌리지 않고 신성한 힘으로 돌리곤 한다. 신성한 승리를 얻기 위해서는 전쟁에도 미학적 · 의식적 준비가 필요했다. 이를 위해서 명상, 마술, 신성한 의식 등이 동원된다. 용사들은 특별한 주문을 통해 자기 단검에 신령스러운 힘을 불어넣는다고 생각한다. 또 주문을 외우거나 금속으로 만든 부적을 지니면 자신의 몸이 적의 칼날이나 총알에 의해 아무런 해를 입지 않는 상태(kebal)가 된다고 믿는다. 예컨대 피부가 기름 바른 것처럼 되기 때문에 총알들이 미끄러져 나간다는 것이다.[42]

가혹한 전쟁에 익숙한 유럽인들이 아시아에서 아주 소수의 병력으로도 그들보다 훨씬 수가 많은 군대를 격파하곤 했던 것도 이처럼 전투에 임하는 자세의 차이에 기인하는 바가 크다.

5) 멕시코의 사례

다음으로 멕시코 인디언의 사례를 보도록 하자(Clendinnen 1993).

멕시코에서 전쟁이란 성스러운 경연이었다. 결과를 미리 알 수는 없지만 어느 도시의 신이 우세한지 전투를 통해 드러난다고 보았다. 그래서 싸우는 양측이 동등한 출발점에 서야 한다는 것을 전제한다. 단순히 우리 편의 수가 많아서 이기든지, 더 나쁘게는 속임수로 이기면 승리의 가치가 크게 훼손된다. 심지어 상대방이 너무 기운다고 생각하면 식량과 무기를 제공해 주고 싸우기도 한다. 약한 적을 이기면 안 되기 때문이다.

승리한 쪽은 상대방 도시로 밀고 들어가서 약탈한다. 이 과정의 클라이맥스는 상대 도시의 신전에 불을 지르는 것으로서, 이것이 승리의 결정적 징표이다. 그 후 약탈이 한참 진행되다가 진 편의 대변인이 이제 그만하라는 절규를 하는

42) 포르투갈인들도 이런 믿음을 접하고 나서 그런 데에 물든 것 같다. 1511년 말라카에서 그런 용사를 보았다는 포르투갈인의 기록에 의하면, 그들이 아무리 상처를 내도 피가 나오지 않았는데 뼈로 만든 부적을 제거하자 갑자기 피가 나오더니 그가 죽었다고 기술하였다(Reid 1988: 126).

데 이것을 듣게 되면 폭력 사태는 곧 진정된다. 그러고는 포로(전사와 민간인 모두)들을 잡아서 귀환한다. 이때 가장 중요한 포로는 적의 수호신상이다. 이것을 가져다가 자기 도시의 신전에 가둔다. 그리고 최종적으로 상대방의 패배를 각인시키기 위해 공납을 부과한다.

아스텍 '제국'의 실상은 이런 상태였다. 그것은 결코 하나의 균질적인 총체가 아니라 내적으로 원한이 가득한 피지배 집단이 묶여 있는 상태였다. 유럽인들이 이곳을 공격했을 때 동맹을 쉽게 구할 수 있었던 것도 이 때문이다. 그리고 나중에 에스파냐 군과 동맹을 맺은 사람들이 아스텍 제국의 수도를 점령했을 때 너무나도 심하게 약탈과 파괴를 해서 잔인하기로 소문났던 에스파냐인들이 오히려 놀랐던 것도 이런 연유이다.

전쟁이 성스러운 대결인 만큼 이상적인 전투는 대표 선수 격인 용사들의 맞대결로 이루어졌다. 이 게임은 한쪽이 상대방을 포로로 잡아서 자신의 신에게 데려가서 보이는 행위를 하는 것으로 끝난다. 용사들은 페인팅, 홀 같은 것으로 치장하고 홀연히 먼지를 뚫고 나타나서 전투 구호를 부르짖음으로써 자신의 용맹성을 과시하며, 그래서 보통 사람들은 그것만으로도 놀라서 도망가게 만들어야 한다. 이에 맞서 상대방 용사도 굴하지 않고 나타나서 결투를 벌인다. 이때 뒤에서 칼을 꽂는 식의 행위는 있을 수 없는 일이다. 양측은 개전 초에 서로 화살을 쏘지만 이것은 진짜로 상대를 죽이기 위한 것이라기보다 상대를 약하게 만들고 기껏해야 상해를 입히는 것이다. 결정적인 것은 흑요석(obsidian)이 박힌 곤봉으로 상대를 쓰러뜨리는 것이다.[43]

적을 포로로 사로잡아서 자기 신전으로 데리고 가려는 욕망이 강하다 보니, 도망가는 적을 추격하는 일이 잦았다. 이런 전투 전통 때문에 인디언들이 유럽인들과 싸울 때 함정에 잘 걸려들곤 했다. 또 인디언들이 유럽인과의 전투에서 많이 죽는 데 비해 인디언들이 사용하는 무기의 특성 때문에 유럽인들은 부상

43) 중세 유럽에서 이와 유사한 요소를 찾는다면 '기사도'가 있다. 이것을 호이징하는 '유희'라는 관점에서 해석한 바 있다(호이징하 1993).

을 입을지언정 죽는 일은 많지 않았다. 도끼의 흑요석 날은 대단히 날카롭기 때문에 '깨끗한' 부상을 많이 입히기 때문이다.

또 한 가지 특징적인 일은 적에게 폭력을 가할 때 어떤 의식적인 요소가 작용한다는 것이다. 특히 적장은 사로잡으면 결코 그 자리에서 죽이지 않고 신전에 끌고 와서 정해진 방식에 따라 처형했다. 이 시대의 기록을 보면 희생자의 손을 잘랐다, 그 다음에 목을 잘랐다, 어떤 사람은 등을 찔러서 그 부위로 내장이 쏟아져 나왔다, 또 어떤 사람은 머리를 둘로 갈랐다 하는 식으로 자세한 설명을 하고 있다. 이것은 단순히 공포심을 불러일으키려는 목적이 아니라 어떤 특별한 이유가 있어 보인다. 인디오들에게는 신체에 가하는 폭력에도 아주 엄밀한 규칙이 있었던 것으로 보인다. 예컨대 뒤에서 칼로 쳐서 죽이는 것은 범죄자를 처형할 때 하는 일이며 이는 전사의 영예에 맞지 않는 것이다. 인디언들은 백인을 죽일 때에도 아주 조심스럽게 처리했다. 백인 포로를 잡으면 전투 용구들과 옷까지 모두 벗겨서 벌거벗은 상태의 '노예'를 만든 다음 처형했다.

그들에게 전투란 이와 같이 의식적(儀式的)인 행위이지 대량 학살 행위가 아니었다. 백인들처럼 무조건 사람을 살상하는 식의 '이상한' 전투 행위를 처음 경험한 인디언들은 당황스러워 했다. 에스파냐인들이 농성을 계속하자 인디언 전사들은 백인들을 경멸했다. 그들은 당당하게 일대일 전투를 원했으나, 백인들은 치사하게 싸움을 피하고 대포 뒤로 숨거나 불리하면 창피하게 도망간다는 것이다. 그러나 인디언들도 곧 유럽인들의 방식에 익숙해지지 않을 수 없었다. 백인들의 대포는 아무런 극적 요소 없이 전사나 민간인들을 그냥 죽인다는 것을 깨닫게 된 것이다. 그리고 그들은 대포 앞에서는 과장된 과시를 한다든지 거기에 맞서서 화살을 쏘는 식의 일들이 부질없다는 것을 곧 깨달았다.

인디언들의 이런 전투 문화는 그들의 운명론적 태도와 깊은 연관을 가졌다. 예컨대 군기를 빼앗기는 것은 불명예 정도가 아니라 그들이 패배할 수밖에 없다는 불길한 계시에 해당한다. 그들은 많은 징조들을 읽어냈고, 만일 운명이 명확해 보이면 그 운명에 복종하였다. 유럽인들에게 일견 어이 없이 패배한 것도 이런 흐름 속에서 원인을 찾을 수 있다. 유럽인들과의 몇 차례 접전 후 그들은 그들의 운명이 이미 정해진 것으로 판단했다. 테노치티틀란의 시대는 다했다고 본 것이다.

부러진 창이 길바닥에 놓여 있네.
우리는 슬픔 속에서 머리를 쥐어뜯노라.
집에는 지붕이 사라지고, 벽은
피로 붉게 물들었다.

길거리와 광장에는 벌레들뿐,
벽에는 핏덩어리가 발라졌다.
물은 염색한 듯 붉은빛 돌고,
물에서는 소금 맛이 나네.

우리는 절망 속에서 벽돌담을
주먹으로 치노니,
우리 유산, 우리 도시는 죽어 없어졌도다.
용사들의 방패가 도시를 지키려 했으나
구하지 못했도다.(Leon-Portilla 1992: 137-138)

이 시는 패전 뒤의 영탄이라는 전통에서 나온 것이다. 그 목적은 자신들의 패배를 스스로에게 이해시키고자 하는 것이다. 이 배후에는 시간에 대한 사이클적인 사고가 놓여 있다. 한 시대가 가고 새로운 시대가 오는 것은 필연적인 일이며, 그들의 시대가 다한 이상 패배는 피할 수 없는 운명인 것이다. 이런 점을 놓고 보면 유럽인이 승리했다기보다 인디언들이 스스로 패배했다고 할 수 있다.[44]

44) 이를 잘 정리하여 보여 주는 연구서로는 Wachtel(1971)을 보라.

6) 근대적 폭력성?

앞에서 설명한 것처럼 유럽의 무력 수준과 다른 문명권의 무력 수준의 차이에 대해서 너무 과장해서도 안 되지만 그 차이를 부정하는 것도 맞지 않다. 근대 유럽이 가공할 무력으로 세계에 큰 충격을 가했고 이것이 결국 그들의 지배에 중요한 요소로 작용했다는 점은 부인할 수 없다. 예를 들어 에스파냐인들이 잉카를 점령하는 과정을 보면, 1532-1533년 동안 기록된 다섯 번의 충돌에서 에스파냐인 병사의 수는 많아야 169명이고 한번은 고작 30명에 불과했는데, 이들은 전투에서 몇 명의 부상자만 발생했을 뿐 사망자는 한 명도 없었던 데 비해 잉카 측에서는 수천 명에서 수만 명이 사망했다. 이런 극단적인 차이의 원인은 어디에 있을까?

지금까지 우리는 기술적 요인과 문화적 요인을 들어 설명했다. 에스파냐인들의 강철 칼이 인디오들의 면화 보호구를 뚫었고, 인디오들의 나무 무기가 에스파냐인들의 강철 갑옷을 뚫지 못한 것이 승패에 결정적인 요소의 하나라는 것은 분명하다(Diamond 2005: 252). 동시에 유럽인들은 이익을 얻기 위해 모든 수단을 동원할 뿐 아니라, 그것이 하느님의 뜻에 부합하는 일이라고 적극적으로 생각했던 반면 인디언들은 자신들의 패배가 운명이라고 생각했던 정신적 혹은 문화적 차이 역시 결정적 요소이다.

그렇다면 유럽인만 잔인하고 폭력적이며, 다른 문명권 사람들은 하나같이 유순했던 것일까?

그렇지는 않다. 세계 어느 문명권을 보아도 아주 특이하게 평화적인 종족이 아니라면 모두 그 나름의 폭력성을 띤다. 다만 그 성격이 다를 뿐이다. 우선 당장 에스파냐인들의 동맹군이 되어서 아스텍 제국을 무너뜨린 데에 일조한 틀락스칼란족(Tlaxcalans)을 보아도 그 점을 알 수 있다. 테노치티틀란을 점령한 마지막 날, 이들은 그토록 잔인하기로 역사에 이름을 날린 에스파냐 병사들이 볼 때에도 섬뜩할 정도로 가공할 폭력을 휘둘렀다. 그들은 울부짖는 여인들과 아이들을 몰살시켰다. 아스텍 제국에 대한 그들의 증오는 놀라울 지경이었다(Clendinnen 1993: 39-40).

과거에는 마야인들이 대단히 평화적인 사람들이라고 생각했었다. 그러나 비교적 최근의 발굴 결과 전혀 그렇지 않다는 것이 밝혀졌다. 마야인들은 오랫동안 치열한 전투를 벌여 왔다. 보남팍(Bonampak) 지역의 벽화라든지(헨더슨 1999: 329), 혹은 그동안 마야 문자를 해독하여 얻은 정보에 의하면, 마야인들이 어느 지역을 정복했을 때 포로들을 얼마나 잔인하게 고문했는지 알 수 있다. 손가락 빼기, 이 뽑기, 아래턱 잘라내기, 입술과 손가락 끝 잘라내기, 손톱 뽑기, 입술에 핀 꽂아 넣기와 같은 엽기적인 방식의 고문을 가했다. 또 포로의 팔다리를 묶어서 공 모양으로 만든 다음 신전의 가파른 계단 아래로 굴리기도 했다!(Diamond 2005: 172-173)

용맹하기로 유명한 종족으로는 마오리족을 들 수 있다. 타스만이 뉴질랜드에 처음 도착해서 마오리족과 처음 만났을 때 이런 일이 일어났다. 선박 수리를 하고 선상에 필요한 물자를 공급받기 위해서 이 사람들과 우호적인 관계를 맺고자 했던 타스만 일행은 7명의 선원을 배에 태워 이들과 접촉하게 했다. 그런데 갑자기 카누를 탄 마오리족 전사들이 앞을 가로막더니 다짜고짜 달려들어 곤봉과 창을 휘둘러댔다. 창졸간에 기습 공격을 받아서 네덜란드 선원 3명이 그 자리에서 죽고 1명이 치명적인 부상을 입었다. 3명은 바다에 뛰어들어 급히 헤엄쳐서 본선으로 도망갔다. 마오리족은 선원의 시체 하나를 끌고 자기 땅으로 돌아갔다. 네덜란드인들은 뒤늦게 해안을 향해 총을 쐈으나 아무도 맞히지 못했다. 그들은 다만 이 지역을 떠나면서 이곳에다가 '살인자들의 만(Murderers' Bay)' 이라고 명명하는 분풀이를 했을 뿐이다(Sherry 1994: 231).

유럽인만이 아니라 세계 어느 문명권 사람들도 모두 폭력성 내지 상무정신을 띠고 있다면, 왜 유럽인이 최종적으로 군사적 우위를 차지한 것일까?

유럽인들이 보인 폭력성의 특징은 역설적으로 '합리적' 폭력이었기 때문에 더욱 가공할 위력을 발휘하고 더 파괴적이지 않았을까?

그들은 해외로 나갔을 때 최대의 이윤을 얻으려 했고 그런 목적을 위해 수단과 방법을 가리지 않고 최대한의 폭력을 행사했다. 네덜란드 동인도회사 총독인 쿤(Coen)이 한 다음과 같은 말이 이를 잘 표현한다.

> 여러분들이 경험으로 잘 아시는 바와 같이 아시아에서 교역은 무기의 보호와 도움으로 이루어지고 유지되지만, 또 그 무기는 교역 이윤으로 얻어집니다. 그러므로 교역은 전쟁 없이는 이루어지지 못하고, 전쟁은 교역 없이는 이루어지지 못하는 것입니다. (Parker 1991: 179-180)**45**

전혀 다른 방식의 전투를 하던 사람들에게 유럽인들의 전투는 아주 낯선 일이었다(Parker 1991: 163-165). 나라간세트(Narragansett) 인디언들이 볼 때 유럽인들은 너무 난폭하고 너무 많은 사람들을 죽였다. 영국인들도 그 사실을 부인하지 않았다. 반대로 그들이 볼 때 인디언들은 너무 미약하게 전투를 해서 "7년 동안 싸워서 7명도 죽이지 못할 것"이라고 평했다. 유럽인들의 공통점은 '더럽게' 싸우고(즉 의식을 지키면서 싸우지 않고) 더 나쁜 것은 죽이기 위해 싸운다는 것이다. 아시아의 여러 지역, 아메리카, 혹은 사하라 이남 아프리카에서도 전쟁은 사람을 죽이는 것이 아니라 사로잡아 부려먹는 것이 목적이었다. 이에 비해 유럽에서는 전쟁 중에 포로를 잡는 일이 있을 수는 있지만 그 자체가 목적은 아니었다.

유럽인들의 공격과 그에 대한 사람들의 대응이 어떻게 다르게 나타나는지 잘 보여 주는 사례로 1511년 포르투갈인들의 말라카 점령을 들 수 있다(Parker 1991: 169).

포르투갈의 군대가 도착했을 때 말라카인들은 으레 그러듯이 약간의 저항을

45) 그러나 쿤의 이런 주장에 대한 비판도 많았다는 점을 함께 고려해야 할 것이다. 1622년에 동인도회사 이사들은 그의 주장에 대해 전쟁을 너무 많이 해서는 안 된다고 반박했다: "우리의 안전을 지킬 수 있는 한 전쟁을 피해야 합니다. […] 우리의 '명성'에 너무 연연해해서는 안 됩니다. 우리는 단지 상인일 뿐이니까요."(Aymard 1982: 255)

한 다음 내륙 지방으로 하루거리의 여행을 했다. 과거 이방인들의 공격을 받았을 때에 대개 이런 식으로 피하고 나면 적들은 마음껏 약탈한 다음 물러가기 마련이었던 것이다. 이번 경우에도 그러려니 생각했던 말라카 주민들은 유럽인들이 모스크를 파괴하고 그 자리에 새로운 요새(아 파모사(A Famosa) 요새)[46]를 건설하는 것을 보고 깜짝 놀라지 않을 수 없었다. 그것도 술탄의 조상들이 묻혔던 성스러운 언덕에서 모아온 돌들을 가지고 성채를 건설하는 것이 아닌가! 다시 말해서 포르투갈인들의 공격은 항구적이고 절대적인 성격의 것이었다.

결론

유럽에서 일어난 군사혁명은 결과적으로 전 세계에 폭력이 더욱 넘쳐나도록 만들었다. 우선 유럽 내에서 전쟁이 극도로 빈번해졌다. 유럽 대륙 전체에서 전쟁이 일어나지 않고 완전한 평화를 이루던 시기는 16세기에 10년 미만, 17세기 4년, 18세기에 16년에 불과했다. 17세기에는 오스트리아와 스웨덴은 3년 중 2년, 에스파냐는 4년 중 3년, 폴란드와 러시아는 5년 중 4년꼴로 전쟁 중이었다. '전쟁 기간/전체 기간' 의 비율(95%), 전쟁 발발 빈도(3년에 한 번꼴), 전쟁의 시간 및 규모 등 모든 기준을 놓고 보더라도 근대 초기는 역사상 가장 호전적인 시기였다(Parker 1996: 1).

그런데 군사상의 혁신이 일어난 곳은 유럽이지만 장기적으로 보면 그 결과는 유럽 바깥에서 더 크게 나타났다. 유럽 내의 폭력성이 바깥으로 넘쳐난(spill-over) 것이라 할 수 있다. 사실 유럽 내부에서는 전쟁이 대개 한정된 목표를 놓고 벌어지고 일부 영토와 재산의 이전으로 결말을 보기도 하지만, 유럽인들이 해외로 나가 벌인 전쟁은 적들을 완전히 지배하고 정치 제도를 항구적으로 변

46) 현재 이 요새는 남아 있지 않고 그 자리에는 산티아고 성문(Porto de Santiago)이 서 있다.

경시키고 또 가능한 한 많은 재산을 강탈하는 식으로 치러졌다.

유럽에서 발원한 폭력이 외부 세계로 향해 나가는 이 현상은 15-18세기에 진행되다가 19세기에 틀을 잡았다. 유럽 내에서는 나폴레옹 전쟁 이후 장기간의 평화를 맞이하였다(Pomeranz and Topik 1999: 168-171). 1816-1914년의 시기를 흔히 평화의 세기라고 부른다. '백년전쟁'에 대비하여 '백년평화'라고까지 명명한 폴라니(폴라니 1991)는 평화의 원인이 국제 무역과 국제 은행의 발달 때문이라고 보았다. 산업혁명이 진행되면서 파괴와 약탈보다는 생산과 교역을 통해 더 큰 이익을 얻기 때문이라는 것이다.

그러나 유럽 국가들 간의 갈등이 완화된 대신 주변부 지역에서 갈등이 격화되었다. 1851-1870년 기간 중 미국에서 전쟁의 피해가 막심했으며, 특히 남북전쟁 중 60만 명이 사망했다. 멕시코 역시 내전과 그에 이은 프랑스 군의 개입으로 큰 피해를 입었다. 파라과이는 아르헨티나, 브라질, 우루과이 군을 맞아 싸우게 되었는데 거의 모든 남자가 죽을 정도라고 표현될 정도였다. 중국에서는 태평천국의 난(1851-1864)과 그에 이은 전쟁 동안 수천만 명(!)이 사망한 것으로 알려졌다. 인도에서 일어난 세포이의 난도 수많은 사상자들을 냈다. 이런 전쟁들과 반란들에는 공동의 측면이 있다. 그것은 세계 경제의 잠식과 '전쟁의 산업화(industrialization of war)'이다. 그러므로 '유럽의 평화'는 '세계의 전쟁'과 함께 생각해야 할 일이다. 이런 관점에서 보면 다른 대륙의 수천만 명의 목숨을 대가로 유럽의 평화가 만들어진 것이다. 무엇보다도 세계의 전쟁에서 사용된 무기들은 대개 유럽에서 발명되었고 만들어진 것이었다.

유럽이 전 세계에 판매한 것은 폭력이었다. 피달고(Fidalgo), 콘키스타도르(conquistador), 브레이부르거(vrijburgher), 네이밥(nabob) 등의 기본 속성은 전사(戰士) 유목민이었다(Parker 1991: 162). 이들을 통해 폭력이 세계화된 것이다.

제 5 장

화폐와 귀금속의 세계적 유통*

'돈'의 어원은 '돈다'에서 나왔다고도 하고 '도(刀)'에서 나왔다고도 한다.[1] 돈은 이 세계를 돌면서 재화와 용역을 유통시킨다. 그러나 그것은 평화롭게 이 세상을 도는 것만은 아니어서 때로는 칼처럼 세상에 무자비한 힘을 가하기도 한다.

돈은 아주 먼 고대부터 인간의 삶에 큰 영향을 미쳤지만 근대에 들어와서는 더욱 지배적인 역할을 수행하였다. 폴라니식으로 말하자면 돈은 '경제'만이 아니라 '사회'의 모든 면에서 기준이 되었다(폴라니 1991). 즉 정치, 경제, 문화 등을 포함하는 넓은 의미의 사회 속에 다만 한 부분으로 자리잡고 있던 경제 영역이 독립해 나와서 나머지 모든 분야를 통제하고 지배하게 된 것이다. 오늘날에는 돈이 우리의 삶에 유용하게 쓰이는 것이 아니라 우리의 삶이 돈을 위해 존재하는 것처럼 되고 말았다. 돈은 온 세계에 편재하며 모든 것의 가치 기준이 됨으로써 일종의 신(神) 역할을 하는 듯하다. 짐멜은 화폐가 "세계의 세속적 신"이라고 표현했다.[2]

---

* 이 장의 내용 중 일부는 주경철(2005)에서 소개한 바 있다.

1) 돈의 어원은 "돌고 돈다"에서 나왔다는 설과 한자어 도(刀) 혹은 도환(刀環)에서 나왔다는 두 가지 설이 있다(박갑천 1995: 69-71). 게오르크 짐멜도 이 비슷한 이야기를 한 바 있다: "돌지 않으면 돈이 아니다(When money stands still, it is no longer money)."

2) 짐멜은 화폐에 대한 믿음이 신에 대한 믿음과 유사하며, 편안함을 누리기 위해 화폐를 격렬하게 추구하는 것은 영혼의 평안을 위해 신에게 헌신하는 태도와 닮았다고 말한다(짐멜 1983: 303-304; 고병권 2005: 21).

근대 세계에 들어오면 금과 은 같은 귀금속이 대량으로 산출되어 전 세계를 돌며 일종의 '세계 화폐' 처럼 되었다. 근대 세계는 돈의 힘에 의해 더욱 빠른 순환 속으로 돌입하게 되었고, 통합성도 진척되었다. 물론 이와 같은 세계적인 화폐 · 귀금속의 회로가 만들어졌다고 해서 곧바로 상품, 인력 등의 세계 시장이 형성되었다거나 세계 경제가 완전히 통합되었다고 할 수는 없다. 귀금속은 대체로 상층 시장을 구성하는 반면, 대다수의 농민 세계에서는 다양한 종류의 지방 화폐, 물물거래, 신용거래(외상거래)가 위주였기 때문이다. 전 세계적인 유통망이 점차 형성되지만 아직은 그것이 불완전하며, 무엇보다도 사회 · 경제의 아래층까지를 모두 포괄하지는 못한 상태에서 화폐와 귀금속은 어떤 역할과 기능을 한 것일까? 다이내믹한 유럽 경제가 세계 경제의 문호를 열고 자신의 의지대로 새로운 경제 질서를 창출하는 데에 결정적으로 기여한 것일까? 혹은 그와는 정반대로 세계 최대 규모인 중국 경제가 강력한 흡인력을 발휘하여 세계의 화폐 및 귀금속의 운동을 유발한 것일까?

1. 화폐 · 귀금속 · 근대 세계

세계 각 지역에는 다양한 화폐와 화폐 제도가 존재했다. 아스텍 세계의 카카오, 인도 일부 지역의 아몬드 열매, 바빌로니아의 보리, 몽골의 벽돌 모양으로 묶어 말린 차, 노르웨이의 버터, 북아프리카의 소금, 북아메리카 인디언의 가죽, 피지 섬의 고래 이빨, 아일랜드의 가축 등이 역사적으로 널리 알려진 상품 화폐들이다(Weatherford 1997: 17-25). 그러나 화폐 재료로서 가장 널리 쓰였던 것은 금, 은, 구리 같은 금속이었다. 다른 물질에 비해 금속은 희귀성을 띠는 데다가 오랜 기간 가치를 보존할 수 있기 때문이다.

근대 세계의 중요한 특징 중의 하나는 귀금속이 사상 유례 없이 대규모로 산출되어 전 세계적으로 유통되었고 또 이것이 각 지역의 화폐 체제에 영향을 미쳤다는 점이다. 이전 시대에는 각 지역 내에서 화폐가 유통되기는 했지만 이처럼 전 세계를 포괄하는 화폐 유통망이 형성된 적은 없었다. 해양을 통해 세계가 서로 활발하게 소통하게 된 시대에 화폐와 귀금속은 어떤 역할을 했을까?

비유하자면 화폐의 흐름은 우리 몸의 혈액 순환과 같다.[3] 이 순환 체계가 점

3) "중국인들은 어눌한 에스파냐어로 이렇게 말한다: plata sa sangre(은은 피다)."(세바스티앙 메르시에, 브로델(1995-1997, 1권: 654)에서 재인용)

차 방대하면서도 정교하게 구성된 것은 세계 경제 체제가 형성되는 데에 결정적으로 중요한 요인이었다.

> 16세기 초에 수단의 금은 이미 포르투갈인들에 의해서 지중해로 가는 직통 루트로부터 새로운 길인 인도양 방향으로 빼돌려지고 있었다. 그리고 우연처럼 이탈리아 초기 르네상스는 시들고 쇠퇴해 버렸다. […] 30년 후에 아메리카 귀금속이 세비야를 통해서 유럽으로 유입되었다. 마찬가지로 우연처럼 에스파냐의 권세가 확립되고 만개했다. […] 만나(manna)가 분배되는 대경로는 대양(大洋)의 길이었다. 라레도르로부터 안트워프로의 경로가 그것이다. 그 길을 통해서 에스파냐의 건조지대와 플랑드르의 비옥한 지방 모두를 적신 팍톨로스강[사금이 많이 산출되었던 고대 리디아의 강으로서 부의 상징]과 같은 강물이 계속해서 들어왔던 것이다. 이 경로가 단절되는 날까지 그러했는데 그러한 단절이 있자 안트워프가 시들기 시작하고 메디나 델 캄포가 쇠퇴했다. 리옹은 당당한 정기시 도시로서는 끝이 났으며 에스파냐와 플랑드르와의 해상 통로는 단절되었다. 그러나 반대로 바르셀로나로부터 제노바로의 해상 루트는 활기를 띠었다. 그 후 은은 마닐라 방향으로 돌려지거나 아니면 아메리카에 의해 현지에서 흡수되어 더 이상 은이 넘치지 않았다. 그 결과는 쇠퇴이며 퇴락이었다. 18세기 직전에 화폐용 금속의 새로운 유입에 의해서 치유되기까지는 이러한 쇠퇴에 대한 해결책은 없었다. 브라질 금, 미나스제라이스의 금 유입이 그 해결책이 되었다. 이처럼 세계사의 장(場)들은 동화와 같은 금속의 리듬에 따라서 춤을 추었다.(빌라르 2000: 13-14)

브로델의 이 유명한 문구는 피에르 빌라르의 『금과 화폐의 역사』의 서론에 인용되어 있는데, 이 구절은 지난 시대의 두 거장인 브로델과 빌라르가 그려낸 근대 세계 화폐사의 개요라 할 수 있다. 그것은 어느 사회에 귀금속이 유입되면 경제가 흥기하고 그것이 중단되면 경제가 쇠락했다는 주장이다. 그만큼 귀금속이 경제의 흐름 전체를 좌우할 정도로 직접적인 영향을 미쳤다는 것이다. 그러나 사실 '영향을 미쳤다'는 표현은 너무 모호하다. 어떤 방식으로 어떻게, 또 얼마만큼 영향을 미쳤다는 말인가?

근대 화폐사의 고전적인 연구자들인 해밀턴, 쇼뉘, 빌라르, 브로델 등이 제시한 정설적인 주장의 큰 틀은 다음과 같이 정리할 수 있을 것이다(Hamilton

1934; Huguette and Pierre Chaunu 1955-1959; 빌라르 2000; 브로델 1995-1997).

콜럼버스 이후 아메리카 대륙에서 막대한 양의 금과 은이 산출되어 유럽으로 흘러들어 왔다. 이 가운데 많은 양은 유럽 내에 잔존했으며 이것이 이 지역의 인플레이션을 유발했다. 귀금속 유입으로 화폐량이 증가하여 이것이 곧 물가 상승을 초래한 것이다. 이는 특히 상공업자들의 이윤을 높여서 유럽 경제의 발전을 자극했다. 한편 유럽으로 들어온 귀금속, 특히 은의 일부는 여러 루트를 통해 아시아로 들어갔다. 아시아로 귀금속이 유입된 이유는 아시아 산물에 대한 유럽의 수요는 크지만 반대로 유럽 상품에 대한 아시아의 수요가 그리 크지 않아서 유럽이 아시아에 대해 무역수지 적자를 보였으므로 그 차액만큼 귀금속으로 결제를 해야 했기 때문이다. 중동 지역과 인도, 동남아시아 등지를 거쳐 간 귀금속 중 많은 양은 최종적으로 중국에 흘러들어 갔으며, 일단 중국 내로 유입된 귀금속은 도로 나가지 못했다. 말하자면 중국은 '흡입 펌프' 혹은 '귀금속의 무덤' 이 되었던 것이다.

이 내용을 더 간략하게 요약하면, "귀금속의 최대 생산지는 아메리카 대륙, 최대 수요처는 중국, 이 양자를 매개한 것은 유럽"이 될 것이다. 유럽은 아메리카의 귀금속 생산을 주도하고 그것을 유럽으로 들여온 다음 다시 그중 일부를 아시아로 보내고 대신 그들이 필요로 하는 아시아 산물을 얻을 수 있었다. 따라서 유럽이 아시아에 대해 적자라는 것은 유럽 경제가 취약하다기보다는 정반대로 다이내믹했다는 의미로 해석해야 한다.

'아메리카의 귀금속 생산-유럽으로의 유입-아시아로의 유출', 이것이 고전적인 화폐사 연구자들이 그려놓은 큰 그림이다. 이 고전적인 그림이 나타내는 바는 유럽의 적극성 내지 우월성이다. 유럽은 현지에서는 수요가 아주 약한 먼 이국에서 광산 개발을 주도하여 나머지 지역으로 송출했으며, 무엇보다도 아시아 시장을 개방하는 데에 이 자원을 사용했고, 또 이 과정을 주도하는 가운데 세계 경제에 대한 지배력을 키워 갔다는 것이다.

1) 아메리카-유럽-아시아

크게 보면 이 그림이 맞을 수 있다. 그러나 세밀하게 보면 이 주장의 여러 부분들이 틀렸거나 모호하거나 혹은 중요한 수정을 요한다. 그렇게 여러 부분을 고쳐 나가다 보면 원래의 그림 전체가 달라지게 될 것이다.

이에 대한 자세한 논의를 하기 전에 우선 몇 가지 문제점들을 지적해 두자.

첫째, '귀금속'이 아시아로 갔다고 이야기해서는 안 된다. 은은 유럽에서 아시아 방면으로 갔지만 금은 오히려 아시아에서 유럽으로 갔다. 각각의 (귀)금속들은 모두 상이한 여건에 따라 개별적으로 다른 흐름을 따랐다는 점에 유념해야 한다.

둘째, '아시아'로 갔다고 표현해서는 안 된다. 중국은 은을 수입했지만, 일본은 오히려 은을 수출했다. 원래 '아시아'라는 말 자체가 고대 그리스에서 우랄 산맥 너머의 땅 전체를 뭉뚱그려 지칭한 모호한 표현이다. 통념적으로 아시아가 어떤 의미인지는 대체로 잘 알려져 있지만 그 넓은 지역 전체가 동일한 역사를 가진 것은 아니다. 당연히 귀금속의 흐름 역시 지역마다 다른 양상을 띨 수밖에 없다.

셋째, 금이나 은을 유출하는 것이 항상 다이내믹한 경제의 특성이라고 일반화해서도 안 된다. 예컨대 멕시코에서 마닐라를 경과하여 중국으로 많은 양의 은이 수출되었지만 이것을 두고 멕시코 경제의 활력의 증거로 해석하지는 않는다. 그렇다면 은을 외국으로 유출하는 같은 현상을 두고 왜 유럽에 대해서는 다이내믹한 경제의 징표로 해석하면서 멕시코에 대해서는 거꾸로 무력한 경제의 징표로 해석하는가?

화폐와 관련된 현상은 겉보기보다 훨씬 복잡하다. 게다가 우선 근대 초에는 화폐 체제가 통일되어 있지 않아서 대단히 다양한 화폐들이 뒤섞여서 사용되었던 점 자체가 혼란을 가중시킨다. 인도의 상황을 예로 들어보자. 벵골 지역에서는 소액 거래용 카우리 조개, 고액 거래용 은이 사용되었던 반면, 델리에서는 구리가 가장 널리 쓰였고, 인더스 지역의 구자라트에서는 페르시아의 금화와 은화, 데칸의 파고다 금화, 유럽의 제키노화와 크루자도화가 유입되어 사용되었다. 무굴 제국의 악바르 대제 시대에 이르면 이 당시 엄청나게 들어오던 에스파냐의 레알화를 재주조하여 10-11.5g 정도의 은을 함유한 루피화를 만들어 유통시켰지만 이때에도 일상생활에서는 여전히 희귀한 돌이나 바늘, 활, 단순한 구리 조각 등 저급한 수준의 화폐들이 널리 사용되고 있었다(빌라르 2000: 120). 더구나 루피화라고 해도 많은 종류가 있어서 지역마다, 또 특정한 상품마다 다른 종류의 루피화가 통용되었다.[4] 이처럼 시장 및 화폐의 '중층성'으로 인하여 실제 사정은 극히 복잡했다.

화폐 유통의 실체를 이해하려면 여러 지역 간에 상이한 귀금속과 화폐들이 오가고, 한 지역 안에도 여러 층위의 화폐들이 공존하며, 이런 것들이 사회와 경제, 문화의 여러 요소들과 상호 관련을 맺는다는 점들을 함께 고려해야 한다. 그리고 이런 식의 종합적인 연구 검토가 전 세계의 모든 지역에 대해 이루어지고 그 성과가 누적되어야만 온전한 의미에서 전 지구적인(global) 화폐와 귀금속의 역사를 서술할 수 있다. 현재 여건으로는 이런 일은 불가능하며 다만 그 가운데 중요한 요소들을 선별해서 살펴볼 수 있을 따름이다.

이런 고찰을 통해 주목하고자 하는 바는 과연 근대 세계가 화폐와 귀금속을 통해 얼마만큼 상호 영향을 맺게 되었는가 하는 점이다. 이에 대해서는 두 가지 상반된 견해가 제기될 수 있다.

먼저 근대 초에 금과 은을 매개로 하여 아메리카-유럽-아시아를 관통하는 전 지구적인 연계(global linkage)가 이루어졌다는 주장이 있다. 세계 각 지역의 경제, 사회 혹은 문명권이 상호 접촉하고 갈수록 긴밀한 연관을 맺는 것이 근대

4) "디나제풀 지역에서 쌀과 기타 곡물 구입에는 소나트, 유지와 설탕 구입에는 영국·프랑스 아르고트, 마의 구입에는 프랑스 아르고트 루피가 각각 쓰였다. 고라가토 지역으로 가면 쌀과 기타 곡물 구입에는 시카, 포와 소금 구입에는 프랑스 아르고트, 설탕 구입에는 물시다바드와 소나트 루피가 각각 쓰였다. 이런 식으로 각 지역마다, 또 같은 지역 내에서도 물품 종류마다 다른 루피화가 쓰였다."(구로다 아키노부 2005: 81)

의 역사, 그리고 지구화의 역사라고 할 때, 다른 어느 부문보다도 먼저 활기차게 연결망을 만들어 낸 것이 귀금속과 화폐 분야라는 것이다. 예컨대 플린(Flynn and Giráldez 2002: 392-393)은 고도로 통합된 경제가 16세기부터 성립되었으며, 이때 은이 중추적인 역할을 했다고 주장하였다.

그러나 그러한 화폐상의 연결이 실제로는 불완전했다는 견해도 있다. 이는 오브라이언(P. O'Brien)처럼 '외부적' 요소보다는 '내부적'(유럽이나 중국과 같은 문명권 내적인, 더 나아가서 국내의) 요소들이 경제 발전에 훨씬 더 중요하다고 보는 학자들이 거론하는 주장이다.[5] 화폐와 귀금속이 오갔다는 것만으로 과연 근대 초에 이 세계는 하나의 단위를 이루었다고 말할 수 있을 것인가? '상층'에는 전 지구적인 차원에서 활발하게 유통되는 화폐들을 관찰할 수 있다 하더라도 그 아래에는 오직 지방적인 필요만을 충족시키는 저급한 수준의 화폐들이 끈질기게 잔존했다. 그러므로 상층의 큰 흐름만 가지고 세계 경제 전체를 설명할 수는 없다는 것이다.

이런 문제들을 염두에 두고 근대 세계 화폐사의 주요 특징들을 살펴볼 필요가 있다. 우선 아메리카 대륙의 금은 생산과 유럽으로의 유입, 그 영향 등에 대한 고전적인 연구 성과들을 정리하고, 그런 다음 지금까지 소홀히 다루어졌던 여러 측면들, 즉 아메리카 이외의 지역에서 생산되고 유통되던 귀금속과 저급한 화폐들의 사례들을 살펴보겠다. 그리하여 이전의 유럽 중심적인 시각에서 파악한 화폐 및 귀금속의 역사에서 누락되었던 부분들을 검토해 볼 것이다.

5) "European money, always more mobile than labor, can also be observed moving around the globe from the sixteenth century onward. Yet such flows funded only a minuscule percentage of world capital formation and could only be attracted beyond national frontiers by promises of a quick fortune or by the safety offered to savings placed by foreigners in the public debts of England and Holland in the second half of the eighteenth century."(O'Brien 1997: 78)

2) 아메리카의 금과 은

아메리카 대륙에서 유럽으로 귀금속이 들어오기 전에는 아프리카의 금이 해외에서 들어오는 가장 중요한 귀금속이었다. 사실 유럽인들이 해외 진출을 생각했던 가장 중요한 동기 중 하나가 바로 금을 얻는 것이었고, 특히 아프리카의 전설적인 금 산지로 직접 찾아간다는 것이 대항해시대 초기의 가장 중요한 요소였다. 아프리카의 금 산지 가운데 중요한 곳은 1482년에 건설된 상조르게다미나였다. 이곳의 해안 지역에서 교환되는 금은 오늘날 상아 해안으로 불리는 곳 그리고 가나의 북서쪽 지방에서 산출된 것이었다. 이 지역의 금 거래는 1490년대에 정점을 이루었다가 내륙 지역의 전쟁 때문에 16세기 중에 점차 쇠락했으며, 곧 아메리카에서 대규모로 수입되기 시작한 금은에 밀려서 중요성을 상실했다(Wilks 1993: 5, 31).

아메리카 대륙에 도착한 직후부터 유럽인들은 약탈과 착취에 돌입했다. 그중에서도 특히 금과 은이 첫 번째 약탈 대상이었다.[6] 쇼뉘에 의하면 이 지역 주민들이 천 년 동안 생산하여 축적한 금이 2-3년 동안에 모두 유출되었다. 눈에 보이는 대로 금을 빼앗은 다음에는 현지 주민들에게 사금 생산을 강요했다. 그 일을 맡아서 한 사람은 주로 여성들이었다. 여성들이 모두 사금 채취로 내몰리자 곧 생활상의 균형이 깨졌다. 농업 생산이 마비되고 출산도 급감하면서 여러 섬에서 인구가 사라져 가는 현상이 나타났다(Chaunu 1977: 2-3장). 금과 은에 대한 끝없는 욕심으로 에스파냐인들은 대륙 본토의 오지까지 들어갔다.[7]

6) 알브레히트 뒤러는 브뤼셀에서 있었던 아메리카 대륙 보물 전시회를 보고 이런 기록을 남겼다: "나는 황금의 나라에서 들여와 국왕에게 바친 물건들을 보았다. 그중에는 폭이 1패섬(fathom, 5-6피트)인 황금 태양과 은제 달도 있었다. […] 내 평생 이토록 마음에 흡족한 물건들은 본 적이 없다. 그 놀라운 예술품을 만든 이국 사람들의 정교한 솜씨에 감탄을 금치 못했다." 그러나 전시회가 끝나자 관리들은 이 금은 제품들을 모두 녹여서 금화와 은화를 주조했다(Weatherford 1997: 95-96). 멕시코시티의 인류학 박물관처럼 아메리카 문명의 유산들을 모아놓은 박물관에 가보면 과거의 찬란한 유물들이 대단히 많지만 그 가운데 금은 제품은 거의 없다는 사실을 확인하게 된다. 그 이유는 정복 직후 유럽인들이 금은 제품들을 모두 약탈해 가서 남은 것이 없기 때문이라고 한다.

아메리카에 도착한 유럽인들의 금과 은에 대한 욕심을 나타내는 삽화(Lepore 2000: 58)

7) 발보아(1474-1517)는 파나마 지협과 남아메리카 본토가 만나는 지점에서 한 부족의 추장과 좋은 관계를 맺었다. 추장이 그에 대한 답례로 금을 주었는데 이것을 두고 유럽인들 사이에 싸움이 벌어졌다. 이것을 본 추장의 아들이 그들을 나무라며 이렇게 말했다: "기독교를 믿는다는 당신들이 그렇게 적은 양의 금을 놓고 싸우다니 어찌된 일이오. 만일 당신네들이 그렇게도 금을 갖고 싶다면 내가 당신네들에게 금이 많이 나는 지역을 하나 가르쳐주겠소. 이 산맥을 넘어가면 바다가 보일 것이오. 그곳 사람들은 큰 돛단배에 광석을 싣고 바다를 항해하오." 이 말에 솔깃해진 발보아 일행이 험한 산을 넘어 가서 '남해'(그들이 볼 때 남쪽을 향해 있기 때문에 그렇게 이름을 붙였으나 사실은 태평양을 가리킨다)를 발견했다(부어스틴 1986: 398-399).

유럽인들이 아메리카 대륙에 처음 발을 디딘 이후 약 30년 정도는 이런 방식을 통해 금이 많이 유출되었으나 그 이후 금보다 은의 유출이 훨씬 더 큰 양과 액수를 차지하게 되었다. 서인도제도에서 금을 모두 소진시키고 난 다음 아메리카 대륙 본토에서 더 큰 부의 재원을 발견했기 때문이다. 페루 부왕령(오늘날의 볼리비아)과 누에바 에스파냐(오늘날의 멕시코)에서 거대한 은광이 개발된 것이다. 특히 포토시 은광에서는 사상 유례 없이 많은 은이 산출되었다. 아메리카 인디오들은 처음에 포토시 은광을 비밀에 부치려고 했으나 1545년경에 에스파냐인들이 이 비밀을 알게 되었다. 에스파냐인들은 초기에는 잉카의 기술과 노동력을 사용하여 광석을 캘 수 있었다.[8] 이런 상태는 약 20년 동안 지속되었다. 믿을 수 없을 정도로 은이 풍부한 노천 광맥 4개를 파고들어갈 때에는 이런 정도로도 충분히 채산성이 좋았다. 그런데 이 광맥이 거의 소진될 때에 이르러서는 그대로 채굴이 끝나 버릴 가능성이 있었다. 이때 에스파냐에서 수은을 이용해서 은 함유량이 비교적 낮은 광석에서도 은을 뽑아내는 새로운 기술 혁신이 이루어짐으로써 포토시 은광 사업이 지속될 수 있었다.[9] 게다가 1565년 페루의 우안카벨리카(Huancavelica)에서 수은 광산이 발견되고 나서는 유럽에서 따로 수은을 수입하지 않아도 되었다.[10] 이 시기에 은 산출량이 크게 늘어났다. 1540년대에 연 8만 5,000kg 수준이었던 은 산출량은 1570년대에 5-6만 kg으로 줄었다가 다시 회복되어서 1580년대에 28만 kg으로 정점을 맞이하였다 (Philips 1998: 84).

8) 초기에는 현지의 전통적인 용해(smelting) 방식이 이용되었다. 와이라(wayra)라 불리는 전통적인 용광로는 포토시에서 대체로 1570년까지도 유용하게 사용되었다(Bakewell 1977: 61).

9) 수은이 아말감 효과를 낸다는 사실 자체는 로마 시대 알려져 있었지만 이런 성질을 이용해서 광석을 다루는 방법은 16세기에 처음 개발되었다. 1550년대에 멕시코 광산에서부터 사용된 이 방식은 1570년대에는 안데스 지역 전체에 널리 보급되었다(Probert 1969: 90-124).

10) 우안카벨리카에서 수은 광산이 개발되기 전에는 에스파냐의 알마덴 광산에서 채굴한 수은을 들여와야 했으며, 당연히 수송비가 큰 문제가 되었다. 문제는 우안카벨리카의 수은 산출량이 충분치 않았다는 점이다. 에스파냐 왕실은 우선적으로 안데스 쪽 광산에 수은을 공급했으며, 이 때문에 멕시코의 광업이 어려움을 겪었다(Bakewell 1997: xviii, xxi).

채광에 필요한 인디오 노동력 징발을 위해서는 미타(mita)제라는 전통적인 제도를 차용하였다. 이는 마을마다 일정 수의 사람들을 내보내도록 강제하는 방식이었다. 잉카 제국 시대의 미타제에서는 노동력을 징발하는 대신 국고로 이들을 먹여주었으며, 마을 바깥에서 일하는 시간도 그리 길지 않았다. 그러나 에스파냐인들은 이 제도를 그들 마음대로 바꾸어 현지인들을 착취했다. 사실 에스파냐 식민 당국이 정한 법률에 따르면 노동 시간이 하루 12시간으로 정해졌고 일요일이나 휴가 기간에는 일을 하지 않는 것으로 되어 있어서 이것만 준수해도 그런대로 견딜 수 있는 정도였을 것이다. 그러나 실제로는 이런 법령을 무시하고 최대한의 착취가 이루어졌다. 광산 내의 노동은 대단히 가혹했다. 인디오들은 지하 깊은 곳에서부터 과중한 짐을 지고 250미터의 사다리를 올라가야 했고, 그러면 갑자기 기후가 돌변하여 혹독한 추위에 직면했다. 그들은 12시간 동안 50kg의 포대 25개를 운반해야 했다. 그 포대를 채우는 일을 위해서는 좁고 위험한 갱도를 기어다니며 일했고, 만일 그 양을 채우지 못하면 그 액수만큼 월급에서 제했다. 심지어는 광산에서 일할 때 사용하는 양초도 자기 돈으로 구매해야 했다. 사람들은 이런 고된 부역을 피하기 위해서 공무원을 매수하여 노동 징발을 피하고자 했지만, 그렇지 못할 경우 떠나는 사람들을 아예 죽은 것으로 치고 미리 장례식을 치렀다. 그럴 정도로 인디오들의 희생이 컸다. 광산 노동력을 많이 제공해야 했던 추키토(Chucuito) 주에서는 1628-1754년 기간 중에 인구의 2/3가 줄었다(Pomeranz and Topik 1999: 155; Métraux 1983: 147-149). 전 세계에 대량으로 공급된 귀금속은 무엇보다도 아메리카 인디오들의 희생의 대가로 생산된 것이었다.

15세기 말부터 18세기 말까지 아메리카 대륙에서 생산되고 또 다른 대륙으로 유출된 금은의 양은 어느 정도일까? 여러 학자들이 이에 대한 추산을 시도한 바 있다. 최근의 한 연구 결과를 인용하자면, 1560-1685년 기간 중에 에스파냐령 아메리카의 광산에서 산출된 은의 양은 2만 5,000톤에서 3만 톤, 1685-1810년 기간 중에 그 2배 정도가 된다는 것이다(Garner 1988: 898-935). 1685

년까지 안데스 지역, 그 가운데에서도 특히 포토시에서 가장 많은 생산량을 기록했다. 그러나 포토시만을 놓고 보면 1590년대에 최정점을 맞았다가 그 이후부터 서서히 생산이 줄었는데 이는 은 함유량이 풍부한 광상이 차차 고갈되어 갔기 때문이다. 따라서 안데스 지역 대신 점차 멕시코의 비중이 커져 갔으며, 1700년경이 되면 이제 멕시코가 안데스 지역보다 확실히 앞서게 되었다. 구아나 후아토, 파추카, 사카테가스, 파랄 등이 멕시코의 중요한 은 생산 지역이었다(Coatsworth 1986: 26-35). 한편 18세기에 주목할 만한 사실 중 하나는 브라질에서 금 생산과 수출이 크게 늘어난 현상이다. 1690년대에 미나스제라이스(Minas Gerais, '일반 광산들'이라는 뜻이다)라고 부르게 되는 지역에서 금광들이 발굴되면서 소위 브라질의 '금 사이클'이 시작된 것이다. 이 시기에 아메리카의 다른 어느 지역보다도 많은 금이 브라질에서 유럽으로 송출되었다는 것은 분명하지만 그 양이 어느 정도인지에 대해서는 논란이 정리되지 않았다(Russell-Wood 1984: 547-600).

바레트는 세계 각 지역의 귀금속 산출량에 대한 여러 학자들의 연구 성과를 종합적으로 정리하여 〈표 7〉로 제시하였다.[11] 표에서 보듯이 학자들마다 추산치가 상당히 다르지만 아주 거칠게라도 뭉뚱그려 표현하면 은의 경우 16세기에 1만 5,000톤, 17세기에 3만 톤, 18세기에 5만 톤 정도 산출되었다고 할 수 있다.[12]

〈표 7〉에서 제시된 추산치 중에서 우선 문제가 되는 것은 훔볼트의 것이다. 훔볼트는 광물학, 지질학 등에 정통한 광산 엔지니어였고 또 그 자신이 이 수치

11) 이에 대한 분석은 Barrett(1990: 231-237)을 보라. 〈표 7〉에서 단순한 덧셈 잘못으로 보이는 오류는 수정하였다.

12) 일찍이 아트만은 17세기에 아메리카의 연평균 은 생산량을 300톤으로 계산한 바 있다. 이는 한 세기 동안 3만 톤이 생산되었다는 것과 정확히 같은 내용이다. 그러나 오늘날 대부분의 연구자들은 이 수치가 최소치이며 실제 생산량은 이보다 많을 것으로 추론한다. 앞의 수치는 '공식적인' 자료를 이용해서 계산한 결과인데, '비공식적인' 유통량, 즉 밀수량이 분명 대단히 많기 때문이다. Attman (1986), 특히 p. 332의 주 2를 보라.

표 7. 에스파냐령 및 포르투갈령 아메리카의 은과 금 생산량

(단위: 톤)

구분	16세기			17세기			18세기			합계		
	은	금	은 환산치	은	금	은 환산치	은	금	은 환산치	은	금	은 환산치
훔볼트			17,563			42,040			73,971			133,574
주트비어	17,128	327	20,823	34,008	606	42,431	58,530	1,614	84,354	109,666	2,547	147,608
메릴/리지웨이	16,925	280	20,089	34,435	590	42,636	51,080	1,620	75,380	102,440	2,490	138,105
모리노	7,500	150	9,120	26,168	158	28,459	39,157	1,400	61,417	72,825	2,708	98,996
슬리허 반 바트	11,175	629	18,644	27,640	420	33,734	58,366	1,485	81,970	97,182	2,587	133,348

출처: Barrett(1990: 228), Table 2.

를 얻기 위해 공식 기록들을 검토했다고 주장한 점을 고려하면 일단 이 수치도 참고할 만하다고 보인다(데츠카 아키라 2000: 99-101). 그렇더라도 문제는 그가 위의 추산치를 구한 데에 사용한 자료가 무엇인지 명확하게 제시하지 않았다는 점이다.

나머지 연구자들의 수치는 대체로 유사한 동향을 보이지만, 그 가운데 특기할 만한 사람은 모리노(Morineau 1974)이다. 언제나 기존의 연구 성과를 전면적으로 뒤집고 논쟁을 불러일으키는 것으로 유명한 학자답게 그는 다른 사람들과는 상당히 다른 수치를 제시하였다. 그의 연구의 장점은 기존 연구와는 완전히 다른 종류의 사료를 사용했다는 점이다. 그는 17-18세기 네덜란드의 상업신문들(corantos, gazettes)에서 아메리카로부터 들어오는 '보물선'(귀금속을 싣고 들어오는 배들) 도착 기사들 내용을 분석하였다. 그러므로 그의 수치는 다른 사람들 것과는 달리 아메리카의 '생산량'이 아니라 유럽 '도착량'이다. 그가 제시하는 수치가 다른 사람 것에 비해 25% 정도 낮은 것도 이 때문이다.

그의 수치에서 정말로 주목해 볼 점은 전체 수량보다도 차라리 시간대별 변화량이다. 이를 통해 모리노는 기존의 연구와는 매우 다른 결론을 도출한다. 지금까지 일반적인 추론은 16세기 말까지 유럽 내 귀금속 유입량이 늘어나서 16세기 말에서 17세기 초에 정점을 이루었다가 그 후 감소한다는 것이었다. 해밀튼이나 쇼뉘가 이런 주장을 하는 대표적인 학자들인데, 이들의 논지는 귀금

속 유입과 인플레이션을 연결시키는 것이었다. 즉 16세기에는 유럽에 귀금속이 대량 유입되었기 때문에 인플레이션이 일어났고, 17세기부터는 그 양이 감소했기 때문에 경기 침체에 빠졌으며, 다시 18세기에 브라질 금의 유입 증가로 이 상태에서 벗어나게 되었다는 것이다. 모리노의 해석은 이와는 전혀 다르다. 그의 조사에 의하면 17세기에 귀금속이 더 들어왔는데도 16세기에 시작된 인플레이션이 오히려 완화되었고, 18세기에는 다량의 금속(브라질 금과 멕시코 은)이 들어왔는데도 인플레이션이 그리 심하지 않았다는 것이다. 이에 따르면 귀금속 유입과 인플레이션 간의 상관관계를 주장하는 기존의 패러다임이 깨지게 된다. 귀금속 유입이 유럽 자본주의를 발전시킨 중요한 요소라는 지난 시대의 주장은 이미 설명력을 많이 상실했지만, 모리노의 견해는 그것을 더욱 허무는 데에 일조했다.

그렇지만 다시 전체 귀금속 '생산량'의 문제로 돌아가 보면 모리노의 주장이 다른 연구자들과 완전히 다른 것은 아니며 서로 합치될 수 있다. 〈표 7〉의 수치들을 보면 모리노의 수치가 다른 사람들이 제시한 수치에 비해 대체로 4만 톤(연간 135톤 정도) 정도 적다. 그런데 아메리카에서 필리핀을 거쳐 중국으로 유입된 은의 양이 상당히 많으므로, 유럽에 도착한 양과 필리핀을 통해 아시아로 유입된 양을 합친 양이 아메리카 생산량이라고 가정하면 모리노의 수치 역시 다른 사람들 것과 유사해진다.[13]

결과적으로 그의 주장 역시 1500-1800년 동안 아메리카의 은 생산량을 13-15만 톤으로 추산하는 다른 연구자들의 결론과 일치하게 된다.

일단 이 수치를 받아들인다면, 다음에 문제가 되는 것은 아메리카의 귀금속 생산이 세계 귀금속 생산 중에서 어느 정도의 비중을 차지하느냐이다. 이 역시

13) 문제는 아메리카에서 필리핀을 거쳐 중국으로 유입된 은의 양이 어느 정도인지 파악하기가 힘들다는 데에 있다. 테파스케 같은 일부 학자들은 16-17세기에 필리핀으로 유입된 은의 양이 유럽으로 유입된 양과 거의 같다는 주장을 하기도 하지만, 이는 유럽중심주의를 비판하기 위해 다소 과도한 주장을 하고 있다는 느낌을 받는다. 플린은 필리핀으로 간 은의 양을 1만 3,000톤으로 추산하지만 이 역시 명확한 증거는 부족한 추론임을 인정했다(Flynn 1991: 335).

표 8. 귀금속 생산과 아메리카의 비중 (단위: 톤)

연도	은			금				
	세계	아메리카	비중(%)	세계	아메리카	비중(%)	아프리카	유럽
1493-1600	23,000	17,000	74	714	280	39	255	148
1601-1700	40,000	34,000	85	900	590	66	200	100
1701-1800	57,000	51,000	90	1,900	1,620	85	170	108
합계	120,000	102,000	85	3,514	2,490	71	625	356

출처: Barrett(1990: 225).

바레트가 표로 정리한 바 있다.

〈표 8〉에 의하면 1493-1800년까지 세계 귀금속 생산 가운데 아메리카 대륙이 차지하는 비율은 은 85%, 금 71%여서 아메리카의 비중이 압도적이라고 표현해도 좋을 것이다. 더구나 그 비중은 갈수록 더 커져서, 18세기만 떼어서 보면 아메리카의 비중이 은 90%, 금 85%이다. 이 표의 내용대로라면 근대 세계에서 유통되었던 금과 은은 대부분 아메리카 대륙에서 생산되었다고 단언할 수 있다.

그러나 이에 대해서는 약간의 수정이 필요하다. 재론하겠지만 일본의 은 생산량이 상당히 많았던 점을 고려하면 적어도 17세기의 경우에는 아메리카의 비중이 다소 떨어질 가능성이 있다. 그러나 현재로서는 귀금속 생산 통계가 완전치 못하여 각 대륙의 비중이 어느 정도인지 수량적으로 명확히 단정짓기가 힘든 형편이다. 일본의 경우만 하더라도 인상적인 개별 수치만 제시될 뿐 일본의 생산량 전체에 대한 정확한 추산치는 구하기 힘들다. 일본이든 혹은 다른 지역이든 금과 은의 생산과 유통에 대한 연구가 많이 진척되면 〈표 8〉은 많이 수정될 것이다. 그렇지만 아메리카의 비중이 '압도적'(80-90% 이상)이라는 표현은 수정될 수 있을지 몰라도 아메리카의 생산이 세계 최대라는 사실 자체가 부정되지는 않을 것 같다.

아메리카 대륙에서 산출된 금과 은은 어떻게 되었을까?

우선 유럽인이 광산 채굴을 주도했으므로, 많은 양이 유럽 대륙으로 유입되었으리라고 짐작할 수 있다. 그렇다면 유럽에 들어온 금과 은은 그 다음에 어떻게 되었으며, 또 어떤 역할을 하였는가? 교과서적인 설명을 종합적으로 정리하면 이렇게 된다.

1. 에스파냐에 들어온 귀금속은 곧 유럽의 다른 나라들로 유출되었다. 16세기에 에스파냐는 군사적 · 정치적 측면에서는 강국이었지만 사회적 · 경제적으로는 후진 상태를 벗어나지 못했기 때문에 에스파냐 자체적으로 필요한 물품이나 신대륙에 수송해야 할 물품들을 외국에서 구입해야 했으며, 그에 따른 대금 결제 때문에 귀금속이 외부로 유출되었다. 에스파냐는 아메리카 대륙을 식민지로 삼고 있지만, 에스파냐 자신이 유럽의 다른 나라에 대해 아메리카 식민지와 같은 역할을 한 셈이다.

2. 따라서 아메리카산 은은 유럽 전역에 퍼졌다. 이것이 인플레이션을 유발했다. 이에 대해서는 피셔방정식(PQ=MV)을 가지고 설명하곤 한다. 화폐 유통 속도(V), 상품 거래량(Q)이 적어도 단기적으로는 크게 변화하지 않으므로 화폐량(M) 증가가 물가(P) 상승을 초래한다는 것이다.[14]

3. 인플레이션 효과는 차등적으로 나타난다. 곡가, 임금 등은 천천히 오르지만 공산품 가격은 상대적으로 더 빨리 상승했으며, 따라서 상공업 분야에 유리한

---

14) 피셔 방정식은 P = M · V/Q로 나타낼 수 있는데, 여기에서 V와 Q가 적어도 단기적으로는 일정하다고 보므로 P = f(M), 즉 M에 따라 P가 변한다는 아주 초보적인 논리이다. 그러나 이것이 실제 세계의 화폐 및 물가 현상을 정확히 나타내지는 못한다. 특히 V(화폐 유통 속도)가 무엇인지가 핵심 문제일 것이다. 전통 시장에서는 예컨대 계절적 요인(특히 농산물 수확과 처분)에 따른 화폐 수요의 진폭이 커서 지방 화폐의 유통이 계절마다 큰 차이를 보이며, 또 그 때문에 화폐를 사용하지 않고 잡아두는(保藏하는) 일이 빈번했다. 따라서 통화의 공급 증가가 반드시 전반적인 물가 상승에 관계되는 것도 아니고, 반대로 감소가 물가 하락을 가져오는 것도 아니다. 따라서 통화량 증가와 물가 등락을 단지 하나의 일차식으로 취급한 피셔 방정식은 신뢰하기 힘들다(구로다 아키노부 2005: 3, 10). 한 가지 더 고려할 점은 인플레이션은 귀금속 양의 일반적 증가보다는 '화폐로 사용된 귀금속 양'의 증가와 관련이 있다는 점이다. 많은 귀금속은 유럽에서 쓰이기보다 아시아와의 원거리 교역에 쓰였다. 그렇다면 아메리카에서 유럽으로 유입된 귀금속 중 어느 정도가 아시아로 유출되었으며 어느 정도가 유럽에 남았는가, 또 유럽에 남은 귀금속이 실제로 어느 만큼 화폐로 전환되었는가를 양적으로 확인해 봐야 한다(Boyer-Xambeu et al., *Private Money and Public Currencies*, pp. 160, 179, 고병권(2005: 87)에서 재인용).

환경이 조성되었다. 결국 은의 유입은 유럽 자본주의 발전을 촉진시키는 역할을 한 셈이다.

4. 한편 은은 점진적으로 '동쪽'으로 이동해 갔다. 첫째, 네덜란드와 영국, 프랑스 같은 서유럽 국가들이 소위 발틱 무역을 통해 동유럽의 곡물과 원재료를 수입하고 그 대금으로 은화를 송출했다. 이 은화를 받은 폴란드와 동프로이센 등 동유럽 국가는 러시아로 은을 보내고, 러시아 역시 더 동쪽의 아시아 방면으로 은을 보낸다. 둘째, 이탈리아를 필두로 여러 서유럽 국가들이 레반트 무역을 하면서 마찬가지로 은화를 지중해 동부 지방으로 보내고, 이곳에서는 또 캐러반 무역의 결과로 더 동쪽의 중동 및 중앙아시아 지역으로 은을 보낸다. 셋째, 인도 항로가 개척된 이후에는 더 큰 규모로 아시아로 은이 유출된다. 정리하자면 모든 경로(동유럽, 레반트 지역, 해상 교역로)를 통해 은이 유럽에서 아시아 방향으로 이동해 갔다.[15] 그 이유는 유럽이 아시아에서 사오는 물품은 많고 반대로 아시아에서 팔 만한 물품은 그리 많지 않았으므로 결국 결제를 위해서 아시아로 귀금속을 송출할 수밖에 없었기 때문이다.

5. 은의 유출은 아시아에 큰 영향을 미친다. 그것은 아시아 상업을 활성화시키기도 혹은 반대로 아시아의 부를 유출시킴으로써 발전을 저해시키기도 한다.

이상의 과정을 거칠게 다시 요약 · 정리하자면, 세계적인 귀금속 움직임은 유럽에서 먼저 자본주의가 성립 · 발전하는 데 일조했고, 또 유럽의 자본주의가 다른 대륙에 대해 영향력 — 좋은 의미든 나쁜 의미든 — 을 행사하도록 했다는 것

15) 네덜란드의 화폐 거래를 연구한 아트만은 여러 방면을 통해 귀금속이 아시아로 유출되는 것을 확인하였다. 그의 결론은 다음 표에 정리되어 있다(Attman 1983: 103).

네덜란드의 귀금속 수출(1600-1780) (단위: 백만 릭스달러/연)

거래 지역	1600	1650	1700	1750	1780
발틱 지역	2	2.5	2	2	3
레반트 지역	0.6	0.8	1	(1.5)	(1.5)
동아시아	0.3	0.4	2	3	3.5
총계	2.9	3.7	5	6.5	8.0

이다.

앞에서도 언급했듯이 이 각각의 과정에서 과연 그러한 설명이 맞는지 많은 문제가 제기되었고 실제로 오늘날 여러 실증 연구의 결과 그 가운데 많은 것들이 부정되었다. 아시아와 관련된 부분은 다음 장에서 거론하고 여기에서는 유럽 내부와 관련된 사항에 대해 간단히 언급하고 넘어가도록 하자.

귀금속 유입과 인플레이션의 연관을 강조한 사람으로는 해밀튼(E. J. Hamilton)과 케인즈(M. Keynes)가 있다.[16] 그러나 이들이 주장하는 것처럼 16-17세기에 인플레이션이 일어나고 특히 공산품 가격이 상대적으로 더 빨리 상승했다는 주장은 구체적인 경제사 연구 결과 부인되었다. 앞서 설명한 대로 은 유입과 물가 상승 및 하락이 시기적으로 맞지 않는다는 모리노의 논리를 참고할 필요가 있다. 자본주의 발전과 귀금속 유입과의 관계에 대한 설명을 구한다면 차라리 경제가 성장한 결과 그에 걸맞은 화폐 수요를 충족시키기 위해 외부의 귀금속을 찾아서 수입한 것이지 그 역이 아니라고 보는 것이 더 합리적일 것이다.

2. 동아시아의 귀금속

근대 이후 전 세계적인 은의 흐름이 대체로 '동진(東進)' 하는 경향을 보인다고 할 때 그 궁극적인 도착점은 중국이었다. 최근에는 세계적인 귀금속 흐름을 연구할 때 은의 채굴과 수송 측면보다 최종 수요자(end customer)인 중국의 수요에 더욱 주목하는 경향이 있다. 엄청난 덩치의 중국이 거대한 규모로 은을

16) Hamilton(1934). "Never in the annals of modern world has there existed so prolonged and so rich an opportunity for the businessman, the speculator and the profiteer. In these golden years modern capitalism was born."(Keynes 1930: 159)

수입한 것이 종국적으로 유럽과 아메리카에까지 지대한 영향을 미쳤다는 논리이다.

15-16세기 이후 전 세계의 은이 중국을 향해 움직인 것은 진정 세계사적인 사건이었다. 아메리카와 일본에서 생산된 은은 나가사키, 타이완, 인도, 인도차이나, 대서양, 케이프 호른, 아카풀코-마닐라 항로, 지중해, 홍해, 발트해, 러시아, 오토만 제국, 실크 로드 등 가능한 모든 경로를 통해 중국으로 들어왔다. 그런데 은이 중국을 향해 이동한 사실은 분명하지만 얼마 만큼 이동했는가 추산하기는 쉽지 않다. 바레트는 아메리카에서 유럽으로 들어온 은 중의 '일부'가 아시아로 이전되었으나 그래도 많은 양이 유럽 현지에 남아 축적되었다고 주장했다(Barrett 1990: 253). 그러나 플린은 오히려 유럽에 남은 것이 거의 없고 '대부분' 중국으로 이전해 갔다고 주장했다(Flynn 1990: 334). 이 문제는 아직 최종적인 답이 없는 상태이다.

그렇다면 왜 전 세계의 은이 중국으로 몰렸던 것일까? 그 이유는 사실 간단하다. 다른 지역에 비해 중국이 은의 가치를 높이 쳐주었기 때문이다. 〈표 9〉에 정리되어 있듯이 16세기에 금과 은 사이의 교환 비율을 보면 유럽에서는 대체로 1:12 수준이었던 반면 중국에서는 1:6-8 수준이었다. 유럽보다 중국에서 은 가치가 2배가량 높은 셈이므로 유럽에서 중국으로 은을 가져가기만 해도 큰 이윤을 남길 수 있었다.[17] 이를 조금 더 자세히 살펴보자.

16세기 내내 중국에서 금과 은의 교환 비율이 1:6이었던 반면 유럽에서는 1:12, 페르시아에서는 1:10, 인도에서는 1:8이었다(von Glahn 1996: 127).[18]

17) 금과 은 사이의 교환 비율의 지역 간 차이가 두 금속의 원거리 간 이동을 초래하는 현상은 아주 일찍부터 찾아볼 수 있다. 그리고 오늘날과 같은 청산소(clearing house)가 발달해 있지 않았으므로 모든 차액 결제를 위해 귀금속이 이동하는 양이 많을 수밖에 없다(Watson 1967: 1-34).

18) 중국과 마찬가지로 인도에서도 많은 양의 은을 수입했고 따라서 인도의 '은화(silverization)'라는 현상도 나타났다. 그러나 중국과 달리 은이 유입되기만 하고 외부로 나오지 않는 일은 없었다. 인도의 주변 여러 지역에서 인도로부터 은을 유입하는 사례가 여럿 알려져 있다(Moloughney and Xia 1989).

표 9. 중국, 일본, 에스파냐 제국에서 금은의 교환 비율 (금 1단위당 교환되는 은의 단위)

연도	중국	일본	에스파냐 제국
1566	–	–	12.12
1568	6.0	–	12.12
1571	–	7.37	12.12
1572	8.0	–	12.12
1575	–	10.34	12.12
1581	–	8.92	12.12
1588	–	9.15	12.12
1589	–	11.06	12.12
1594	–	10.34	12.12
1596	7.50	–	12.12
1604	–	10.99	12.12
1609	–	12.19	13.13
1615	–	11.38	13.13
1620	8.00	13.05	13.13
1622	–	14.00	13.13
1627-1644	10.00-13.00	–	13.13-15.45
1643	–	–	15.45

출처: Atwell(1982: 82).

즉 유럽에서 동쪽으로 멀리 갈수록 상대적으로 금의 가치가 낮아지고 은의 가치가 높아진다. 상인들은 유럽에서 페르시아와 인도로, 또 인도에서 중국으로 가서 거래할 때 은을 가지고 가서 지불하고 대신 금을 받아오면 그것만으로 높은 환차익을 얻게 된다. 특히 중국에서는 다른 어느 물품보다도 은을 선호하고 또 은 가치를 높이 평가하므로 중국 상품을 구하려면 은을 가지고 가는 것이 결정적으로 유리했다. 1569년에 도미니카 수도사인 가스파르 데 크루스(Gaspar de Cruz)는 "중국에서는 금화와 은화라는 것이 없고 그 대신 금과 은을 무게로 달아 거래한다. […] 중국에서 유리한 거래를 하려는 사람은 상품보다는 은을 가지고 간다"고 기록하였다.[19] 그 결과 신대륙의 은은 계속 중국으로 유입되었다. 이 상태는 16세기 중엽부터 시작되어 한 세기 동안 지속되었다. 그런데 장기간 은이 유입되다 보니 결국 중국의 은 가치가 떨어지지 않을 수 없었다. 드디어 1640년경에 이르면 이전 시대에 2배까지 차이가 났던 유럽과 중국 간 금은의 교환 비율이 거의 같아졌다.

그러나 18세기에 이르러서 지역 간에 금은 교환 비율이 차이가 지는 현상이 다시 나타났다. 그동안 중국 내 은 가치가 다시 상승했기 때문이다. 중국과 다른 지역 간 금은 교환 비율이 다르게 되었고, 이 환차(換差)로 인하여 다시 한번 전 세계의 은이 중국으로 유입되는 현상이 반복되었다. 이전 세기와 다른 점이 있다면 금은 교환 비율의 차이의 '정도' 그리고 그 교환 비율이 다시 균등해지기까지 걸린 '시간' 이다. 18세기 초에 중국에서 금과 은의 교환 비율은 1:10-11이었던 것에 비해 유럽에서는 1:14.5-14.8 수준이었다(von Glahn 1998: 57). 그러므로 이때에는 이전 시기에 비해 금은 간 교환 비율 차이가 상대적으로 작았다. 즉 16-17세기에는 중국의 은 가치가 유럽에 비해 100% 더 높았으나 18세기에는 50% 높았으므로 중국과 유럽 간 가치 차이의 '정도'가 절반에 불과했다. 또 은의 지속적인 유입으로 이 차이가 사라질 때까지 걸린 시간도 이전에는 100년이었던 데 비해 50년으로 줄었다.

18세기에 중국에 유입된 은은 멕시코 페소화 형태였다. 멕시코에서는 1732-1772년 중 모두 5억 개의 도스 문도스(Dos Mundos)화가 주조되었고, 1772-1822년 중에 9억 개의 부스토스(bustos) 페소가 주조되었는데, 이 가운데 많은 양이 중국, 인도, 필리핀을 비롯해서 전 세계로 퍼져 갔고, 이 화폐를 수입한 지역에서 지방 화폐로 통용되기도 했다.[20] 이 화폐들은 정확한 은 함유량 때문에 중국에서 가장 환영받는 화폐가 되었다.[21]

19) Flynn(2002: 394)에서 재인용.

20) 이처럼 발행국가가 아닌 다른 곳에서 사용되는 은화를 '무역은'이라 부른다. 아래에 나오는 인삼수입용 일본 은화도 그런 사례이다.

21) Diego G. Lopez Rosado, *Historia del peso mexicano, Mexico*, Fondo de Cultura Economica, 1975, p, 27, Flynn(2002: 409)에서 재인용.

이처럼 두 차례에 걸쳐 다량의 은이 유입된 후 중국에서는 은이 가장 중요한 결제 수단으로 확고히 자리잡게 되었다. 이러한 중국의 소위 '은화(銀化, silverization)'의 원인으로는 흔히 지폐 제도의 붕괴를 거론한다. 중국에서는 다른 어느 문명권에서보다 일찍 지폐를 발행했었다. 그런데 명대에 들어와서 지폐를 초과 발행하자 초인플레이션(hyper-inflation)이 일어나서 지폐 사용이 중단되었으며 이를 대신하는 지불 수단으로서 은이 유통되었다. 특히 은의 대규모 유통을 초래한 중요한 요인은 1570년대에 시행된 일조편법(一條鞭法)이었다. 모든 조세 수입을 은으로 통일하는 이 법이 시행됨으로써 이제 은은 공식화폐를 대신하게 되었다.[22] 중국 국내의 은 수요는 다시 조공 체제로 인해 주변 지역에 연쇄적으로 영향을 미쳤다. 조공국들은 중국과 상품 및 은의 유통을 규제하는 체계적인 규칙을 따르고 있었기 때문에 중국의 은 수요를 그대로 받아들여야 했다(Hamashita 1994: 97). 이처럼 엄청난 양의 은을 수입해야 했던 중국과 달리 유럽에서는 — 비록 중금주의(重金主義, bullionism)적 사고를 완전히 버리지는 못했지만 — 귀금속을 유출시켜 가면서 부를 획득했다. 유럽이 이런 여유를 누릴 수 있었던 것은 화폐 제도와 신용 제도가 발달했기 때문이다. 특히 17세기 말부터 영국에서 일어난 소위 '재정혁명'의 중요한 내용 중 하나인 신용 제도의 발달에 주목할 필요가 있다.[23]

22) 명대 이후 은이 유통되었지만 은화를 만들지는 않았다. 사람들은 은을 잘라서 사용했고, 그 계산단위(tael)는 무게 단위인 '냥'과 같은 것이었다. 17세기에 중국을 방문한 마가이양(Gabriel de Magaillans) 신부는 중국인들이 쇠가위를 들고 다니면서 거래 상품에 맞춰서 가위로 은 덩어리를 자르고 저울로 재서 사용한다고 기록하였다(Moloughney and Xia 1989: 54). 주의해야 할 점은, 중국의 화폐제가 불비하다는 것은 전국적인 차원에서 유통되는 화폐가 없다는 것일 뿐 각 지방 차원에서는 여러 다양한 화폐들이 유통되었다는 점이다. 중앙정부는 이러한 지방 화폐에 대해 전혀 간섭하지 않았다.

23) 각국 정부가 떠안고 있는 재정 문제의 해결책은 차입이었고 그 최종적인 방식은 영국에서 발전한 영구채(永久債)이다. 영국 정부가 일반인들에게 모집한 채권은 따로 정한 상환 기한이 없어서 이자를 무기한 지불하도록 되어 있다. 이 말은 곧 정부가 돈을 빌리기는 하되 그것을 다시 갚을 필요가 없다는 것을 뜻한다. 다만 확실하게 이자를 갚기만 하면 되며, 따라서 이 이자 부담을 위한 소득원을 확보하는 것이 중요하다. 이자 지불 금액은 조세로도 충분하다. 이때 정부에 돈을 빌려준 사람(채권 구입자)으로서는 만일 빌려준 돈을 되찾고자 하는 경우 정부로부터 상환받는 것이 아니라 채권 시장에서 매

1) 은 유입과 중국 경제

중국에 은이 대규모로 들어온 것은 엄연한 사실이지만 이에 대한 평가는 각양각색이다. 은의 유입은 중국 경제에 도움이 되었는가, 혹은 방해가 되었는가? 이에 대해서는 상반된 견해가 있다.

첫째, 은의 유입과 동시에 극적인 경제 성장이 이루어졌다는 주장이 있다. 무엇보다도 비단 산업이 대단히 발전했는데 이는 거대한 해외 수요에 맞추어 산업 재구조화를 이룬 사례에 해당한다.[24] 중국의 전통적인 비단 산업은 물론 이전부터 발달해 있었지만 은 수입을 위해 더욱 확대되었다. 단지 비단 산업만이 아니라 전반적으로 내수 산업과 상업이 은 유입 덕분에 활성화되었다는 것이 폰 글란(von Glahn 1996: 142)의 견해이다. "은 유입 시기가 중국 국내 경제의 상업화 시기와 일치한다"는 것이다. 이를 더욱 확대·발전시킨 것이 안드레 군더 프랑크의 『리오리엔트』이다. 그의 논지는 월러스틴(Wallerstein 1976; 월러스틴 1999)의 주장의 역상(逆像)이라고 할 만하다. 프랑크에 따르면 1500년 이후부터 노동의 국제 분업과 다각무역을 내용으로 하는 세계 경제가 존재했는데, 여기에서 생산과 부의 중심은 동아시아와 남아시아였다. 그가 특히 강조하는 것은 은의 흐름이다. 아시아로 들어온 은은 축장(蓄藏, hoarding)되어 버린 것

각하면 똑같은 결과를 얻는다. 그러므로 국가가 원하는 액수를 빌리되 그것을 갚을 필요가 없고, 국가에 돈을 빌려준 사람은 필요하면 시장에서 매각함으로써 되돌려받는 '신기한' 일이 가능해진 것이다. 국가는 단지 세금으로 이자를 지불하면서 채권을 합리적으로 관리하면 된다. 즉 이자 부담이 누적되어 감당할 수 없게 되는 사태를 막아야 하고, 그러기 위해서 재정 여건이 좋을 때마다 시장에서 이전에 발행한 채권을 구입하여 소각하면 관리가 가능하다. 이처럼 장기채의 안정적 발행을 통해 재정 문제를 혁신적인 방식으로 해결한 데에 핵심적인 제도들은 영국은행, 증권시장, 재정 관련 정부 기관들이었다. 영국의 재정혁명에 대한 결정적인 연구서로는 P. G. M. Dickson(1967)이 있다.

24) 비단은 당시 가장 수요가 큰 중국 상품 중 하나였다. 일본은 중국에 은을 수출하고 그 대가로 여러 중국 제품을 수입했지만 그 가운데 가장 중요한 것은 언제나 비단 제품들이었다. 소위 마닐라 갤리언 체제, 즉 멕시코의 아카풀코와 마닐라를 연결하는 항로 역시 아메리카의 은을 가지고 와서 중국의 비단을 수입해 가는 역할을 했다. 이 루트를 통해 아메리카로 수출된 중국 원견의 양이 어찌나 많은지 16세기 말에 "멕시코시티, 푸에블라, 오아사카 등지의 비단 메뉴팩처에서 원견 가공 산업에 종사하는 노동자의 수가 1만 4,000명이나 되었다."(Flynn and Giraldez 1994: 210)

이 아니라 생산 확대와 연결되었다.25 도식적으로 간단히 정리하자면, 월러스틴이 구상한 세계 체제에서 유럽이 주도권을 잡고 전 세계의 유통을 지배하게 된 중요한 계기의 하나는 유럽이 은의 흐름을 장악했다는 것인데, 프랑크는 그 논지를 뒤집어서 결국 그 은이 중국으로 들어왔기 때문에 중국 경제가 자극을 받아 발전했고 또 세계 체제의 중심지가 되었다고 주장한 것이다(프랑크 2003: 특히 3장). 은을 장악하는 곳에서 자본주의가 발전한 것이 사실이라면 최종적으로 은이 도착한 곳이 중국이므로 이곳에서 자본주의가 꽃피었다는 주장으로서, 일종의 중금주의라고 할 수 있는 이 주장은 사실 논리적으로는 매우 취약하다고 하지 않을 수 없다.

둘째, 중국에 유입된 은은 경제 '성장(growth)'을 가져왔으나 경제 '발전(development)'은 저해했다는 견해가 있다. 대개 교과서적인 설명에 따르면 성장은 '총생산의 증가'를 말하고 발전은 '노동 시간당 생산의 증가'를 가리키므로, 은의 유입이 성장을 가져왔으나 발전을 저해했다는 말은 중국 경제 전체적으로 '생산'은 증가했으나 '생산성'은 오히려 떨어졌다는 주장이 될 것이다. 이 문제를 다른 시각에서 접근하면, 은이 유입되면서 실질적으로 큰 부가 외부로 유출된 현상과도 연관된다. 즉 은 유입의 대가로 유출된 중국 상품이 사실은 막대한 노동력이 투입된 것이었으며, 따라서 화폐제의 불비로 인하여 결과적으로 막대한 노동력의 집적물이 싼값에 국외로 빠져나갔다는 것이다. 그 대표적인 상품으로 거론되는 것이 다름 아닌 비단 제품들이다. 사실 비단 제품은 중국의 대외 경제에서 대단히 높은 이윤을 가져다주었다. 비단 제품은 중국 국내 가격에 비해 해외 가격이 대단히 높았다. 특히 바타비아와 마닐라처럼 유럽인이 통제하는 동남아시아 시장은 중국인들이 안정되게 높은 이윤을 확보하는 창구 역할을 했다(Reid 1993: 318). 중국의 대외 교역을 거시적으로 보면 은과 비단 제품의 교환이라고 정리해도 무리가 아니다. 그런데 바로 이런 이유에서 중국

25) 이전에 여러 학자들이 아시아에서는 은이 축장되는 경향이 있으며 이것이 후진성의 표시라고 주장한 바 있다(Kindleberger 1989).

은 수출용 비단 제품 생산에 집착하게 되었다. 명대 말기부터 너무 많은 자원이 수출용 비단 생산에 묶여 있었는데, 이는 다른 분야의 고용을 감소시킨 것이므로, 비단 산업 분야를 빼고 계산하면 명대의 생산은 실제로는 감소했다고 볼 수 있다는 것이다(Flynn and Giráldez 1995: 206).

중국과 관련된 또 한 가지 중요한 문제는 17세기 중엽 이후 중국으로의 은 유입이 갑자기 줄면서 중국 경제가 큰 충격을 받았는가 하는 문제이다. 이 주장을 하는 대표적인 학자는 애트웰이다(Atwell 1982: 87-90). 그는 17세기 중엽에 중국의 은 수입이 여러 측면에서 방해를 받았으며 그 결과 은 유입량이 줄었다고 본다. 마닐라 루트의 경우 영국과 네덜란드 선박이 마닐라와 중국 사이의 항해를 방해했고, 펠리페 4세가 마닐라의 교역에 제한을 가했으며(1634-1635), 아카풀코의 시 정부가 부패로 붕괴되었다(1636). 무엇보다도 가장 큰 타격은 1639-1640년에 에스파냐인들이 필리핀에 거주하는 중국인 2만 명을 살해한 사건이었다(프랑크 2003: 87; Moloughney and Xia 1989: 64). 그 결과 1640년대에 마닐라를 통한 중국의 은 교역이 크게 쇠퇴했다. 또 포르투갈인들이 일본 은을 중국에 유입하던 것도 네덜란드의 방해와 일본의 쇄국으로 인하여 방해를 받았다. 또 중국 국내적으로 보면 청의 위협이 내란 상태로 이어져서 은의 퇴장(退藏) 현상이 일어났고 그 결과 은의 유통이 급격하게 줄었다. 이처럼 은의 수입은 줄고 국내에 남아 있는 은의 유통이 감소하게 되자 은에 기대고 있던 중국 경제는 심대한 타격을 받았으며, 명청 교체가 바로 이런 맥락에서 일어났다는 주장이다. 이것이 함의하는 바는 중국 경제가 세계 경제와 연결되었으며, 따라서 세계경제의 위기가 중국 경제의 위기를 초래했다는 것이다.

과연 그럴까? 이에 대한 반론은 중국 경제가 세계 경제 혹은 유럽 경제에 '종속' 되어 있다는 주장에 반기를 들고, 중국을 중심으로 한 동아시아 경제의 자립성을 강조한다. 예컨대 몰루니와 시아(Moloughney and Xia 1989: 51-53)는 명이 "세비야를 중심으로 하는 세계 경제의 한 모퉁이"가 아니라고 강조한다. 그들은 애트웰 같은 연구자의 주장이 유럽중심주의를 버리지 못했기 때문에 나오는 잘못된 주장이라고 단언한다. 유럽에 아메리카산 귀금속 유입이 감소했다고 해서 중국에도 은 수입이 감소했다고 단정할 수는 없다는 것이다. 결국 그들이 애써서 규명하려는 바는 17세기 중엽 이후에도 중국의 은 수입이 크게 줄지 않았다는 점이다.[26] 이 주장은 두 가지 내용으로 구성된다. 하나는 아메리카에서 유럽으로 가는 은 수출량이 줄어들었다고 해서 중국으로의 수출량이 준 것은 아니며, 어쩌면 유럽으로의 수출량이 준 만큼 중국으로의 수출량이 늘어날 수도 있다는 것이다.[27] 다른 하나는 일본으로부터의 은 수입이 대단히 중요하다는 주장이다(이에 대해서는 아래에서 재론할 것이다).[28]

사실 이상의 논의는 이 글에서 다루려는 주제인 화폐사의 영역을 넘어서서 중국 경제 전반에 대한 최근의 재평가 문제와 깊은 관련이 있다. 잭 골드스톤이 '캘리포니아 학파(The California school)' 라고 명명한 학자들이 중국의 19세기 이전 경제에 대해서 거시경제적인 재평가를 하면서, 구체적인 사실 분석을 통해 중국의 경제 수준이 영국과 다를 바 없는 수준이었다고 주장하였다. 이 논의에는 생산, 소득, 성장, 환경 등의 여러 문제들이 거론되는데, 이 가운데 화폐와 귀금속 역시 핵심 사항 중의 하나이다.[29]

---

26) 당연한 이야기이지만 명청 교체 역시 세계 경제와의 연관성과는 무관하게 중국 자체 내의 정치적인 요인에 의해 일어났다.

27) 이에 대한 보충 논리로서 마닐라 갤리온 항로까지 포함하면 아메리카에서 생산된 은의 1/3이 중국으로 갔다는 쇼뉘의 주장을 제시한다(Moloughney and Xia 1989: 52).

28) 이런 논의에서 고려해야 할 중요한 사항은 밀수 문제이다. 공식 자료를 통해 산출한 수치는 실제 모습과 아주 다를 수 있다. 그러나 과연 은 교역에서 밀수가 어느 정도 수준이었는지는 정확히 알 수가 없는 형편이다. 다만 예외적인 상황에서 밀수의 수준이 알려진 사례들이 있다. 1555년 카디스와 지브롤터 사이를 항해하던 선박이 침몰한 사건을 보면, 공식적으로 신고한 것은 15만 페소였는데 실제 회수한 액수는 그 2배였다. 다른 기록들을 보더라도 밀수는 공식적으로 신고한 액수의 40-90% 수준에 달했다. 마닐라를 오가는 항해 역시 밀수 액수가 대단히 크다는 점에 대해서는 연구자들이 모두 동의하지만, 다만 그것이 어느 정도였는지에 대해서는 합의를 보기 힘들다. Flynn and Giráldez(1997)의 Introduction, 그리고 Ch.2 Zacarías Moutoukias, "Una forma de oposición: el contrabando"를 참조하라.

29) 소위 '캘리포니아 학파' 에 속하는 학자들로는 Dennis O. Flynn, Richard von Glahn, Roy Bin Wong, Kenneth Pomeranz 등이 있다.

중국 경제만이 아니라 더 큰 맥락에서 보면 은의 가치 하락은 — 적어도 간접적인 방식으로 — 근대 세계의 주요 제국(帝國)들의 약화라는 세계사적인 영향을 미쳤다는 주장도 있다. 은으로 조세를 받는 중국과 오토만 제국의 재정 악화가 첫째 사례이다. 정해진 양의 은으로 조세를 받는 두 제국 정부로서는 은의 구매력 저하로 큰 타격을 입었다. 또 아메리카 광산의 은 채굴량의 1/8을 조세로 걷는 에스파냐 제국 역시 세계 은 유통량의 감소, 그리고 그에 따른 은 채굴량의 감소로 재정 악화를 겪게 되었다(Goldstone 1991: ch. 4). 물론 은 가치 하락만으로 모든 것을 설명할 수는 없지만 적어도 쇠퇴를 재촉한 한 원인으로 볼 수는 있을 것이다. 만일 이런 시각이 옳다면 은 교역의 증감은 실로 전 세계의 역사 흐름에 영향을 미치는 중요한 사건이다.

2) 일본의 귀금속 수출

이제 우리가 살펴봐야 할 중요한 문제는 일본의 금속(은, 금, 구리) 생산과 수출이다. 이는 화폐사 및 경제사 일반에서 대단히 중요한 요소이다. 일본에서는 16세기 중반부터 17세기까지 금광과 은광이 크게 개발되었다가 17세기 중엽에 쇠퇴했고, 그 대신 구리 생산이 증가했다. 광산 개발은 처음에는 다이묘들의 전쟁 준비를 위한 수입과 관련이 있었으나 곧 군사 문제보다는 상품 유통용으로 더 큰 중요성을 띠게 되었다. 특히 중국 비단을 수입하는 데에 필요한 결제 수단으로 은이 많이 사용되었다(Kobata 1965: 245). 중국과 일본 사이의 교역은 주로 푸젠 성 출신의 중국 배와 포르투갈 선박들이 담당하였다.

일본의 은 수출은 어느 정도 규모였을까?

이에 대해서는 정확한 통계 수치를 제시하기는 힘들고 다만 약간의 인상적인 수치들이 있을 뿐이다. 예컨대 16세기 말 이쿠노 은광(효고 현)에서 히데요시에게 보낸 은의 양이 1만 kg에 해당한다든지, 사도 광산의 연 생산량이 6-9만 kg 사이로 추정된다는 주장을 들 수 있다. 이런 자료들을 통해 코바타는 17세기

초 일본의 은 수출에 대한 과감한 추산치로 연 20만 kg을 제시했다. 만일 이런 정도의 은 수출이 실제로 한 세기 정도 지속되었다면 이는 상당히 중요한 경제적 의미를 가진다고 할 수 있을 것이다(Kobata 1965: 247).[30] 정확한 수치는 부족하지만 일반적으로 근대 초 일본은 멕시코에 이어 세계 2위의 은 산출국으로 자리매김된다.[31]

한 가지 지적할 점은 16세기와 17세기 초에 일본은 은을 수출했지만 그 대신 중국과 동남아시아에서 금을 수입했다는 점이다. 금과 은의 상대가치 면에서 일본의 금 가치가 높았기 때문이다. 1610년대에 중국에서 일본으로 금을 가지고 오면 60%의 환차익이 가능했다. 그러나 10년 후에 이것이 30%로 감소하고, 1640년경에는 거의 사라졌다. 귀금속 교역이 계속된 결과 지역 간 가치 차이가 차차 줄어들었기 때문이다.

이는 동남아시아와 일본 사이에서도 마찬가지였다. 17세기 초에는 인도차이나, 수마트라, 시암 등지의 금이 영국과 네덜란드의 배로 일본에 들어왔다. 예컨대 1617년 9월에 아유타야에서 코르넬리스 반 네이엔로데(Cornelis van Neijenroode)라는 네덜란드 동인도회사 직원이 암스테르담 본사에 보낸 편지에 의하면 아유타야의 주재원이 금을 사서 일본에 보냈는데 35-40%의 이익을 봤다는 것이다. 이런 기록들로 판단하건대 적어도 이 시기에는 동남아시아와

30) 플린은 16세기 말과 17세기 동안 일본에서 중국으로 수출된 은의 총량을 1만 톤 정도로 추산하였다. 이는 유럽에서 아시아로 유입되는 은의 2/3에 해당하고 아메리카에서 마닐라 경로를 통해 중국으로 유입되는 은의 양과 같은 것이다. 그러나 그의 추산은 아직은 불완전한 여러 연구들 가운데 최대치만을 취합한 결과로 보이므로 완전히 믿을 만한 것은 아니다(Flynn and Giráldez 2002: 335-336).

31) 일본의 은 생산 증대에서 중요한 기술이 연은분리법(鉛銀分離法)이었다. 대체로 은광석에 납이 많이 들어 있어서 은과 납을 분리하는 제련 기술 없이는 은 생산이 크게 늘어날 수 없었다. 멕시코의 은 광산에서 사용한 아말감법이 역사적으로 유명한 사례이다. 일본의 연은분리법은 원래 조선의 양인 김감불(金甘佛)과 노비 검동(儉同)이 16세기 초에 세계 최초로 개발한 것으로 알려졌다. 이 기술이 일본에 전해져서 일본의 은 생산이 비약적으로 증가하는 데에 매우 중요한 공헌을 한 데 비해 정작 '조선에서는 이 기술을 까먹었다'(선조실록)(한명기 2000: 162). 이 문제에 대해서는 더 자세한 실증 연구가 필요해 보인다. 한편 이 시대 일본 광업의 기술적 측면에 대해서는 테사 모리스 스즈키(1998: 60-67)를 참조하라.

일본 사이에 금 가치가 현격한 차이를 보였음을 알 수 있다. 그러나 동남아시아 지역에서 일본으로 금 수출이 지속된 결과 1640년경 금과 은의 가치 비율이 동아시아 전역에서 균등해졌다. 앞에서 언급한 것처럼 1640년경이 되면 아시아 내 여러 지역들 간 귀금속 가치의 차이 그리고 아시아와 유럽 간 귀금속 가치의 차이가 크게 줄어들었다. 아시아 내에서 아주 광범위한 지역에 걸친 귀금속 거래망이 형성되어 원격지 간 귀금속 가격의 조정이 이루어진 것이다(Kobata 1965: 254-255). 이는 자본주의적인 국제 시장 체제가 자리를 잡아 가는 표식으로 볼 수 있다.

이런 상황에서 17세기 후반에 아주 큰 변화가 생겼는데, 그것은 일본 자체의 은 수요가 증가하면서 은의 해외 수출이 금지된 것이다. 공식적으로는 1688년부터 일본 막부는 은 수출을 금지시키는 대신 구리를 수출했다. 이것이 현재까지 일반적으로 널리 이야기되는 점이다. 그런데 타시로는 대마도 소가(宗家) 문서를 연구하여 아주 새로운 견해를 제시하였다. 나가사키를 통해서는 은이 수출되지 못했지만 '대마도-조선' 루트를 통해 중국으로 약 60년 정도 더 오랫동안 은이 대량 수출되었다는 것이다(Kazui 1989: 99-100).[32]

대마도 번주 소가는 14세기에 이 섬을 장악하고 15세기에 조선과의 경제 · 외교 관계를 독점했다. 1590년대 임진왜란으로 이 관계가 일시 교란되었으나 1607년에 이 가문이 다시 쇼군 대신 조선과의 관계를 재정립하였다. 그 후 조선과 일본 중앙정부 모두 소가를 중개자로 인정했다. 그 후 대마도-조선 루트는 조선과 일본 간의 중요한 교역 통로일 뿐 아니라 여기에 더해서 일본이 중국 상품을 얻는 중요한 통로가 되었다.

소가의 여권을 가진 대마도 상인들은 1609년 외교 아그레망에 따라 연 20척의 배를 부산으로 보내게 되었지만 실제로는 여러 편법을 사용해서 배의 수를 늘렸다. 예컨대 큰 모선을 따라서 작은 배들이 동행하거나, 혹은 작은 배들의

32) 대마도종가문서(對馬島宗家文書)에 대해서는 정성일(2000: 13)의 설명을 참조하라.

경우 특별 임무 등을 이유로 1년에 두 번만이 아니라 여러 번 왕래하는 식이었다. 1709년의 기록에 의하면 두 지역 간에 90척의 배가 왕래했는데 이 가운데 30여 척의 작은 배들이 은을 수송했다(Kazui 1989: 101).

이 거래에서 조선은 세계 최대 은 수요자(중국)와 세계 2위의 은 공급자(일본) 사이에서 은 흐름의 중개인 역할을 했다. 조선 자체의 교역이 어느 정도 큰 규모였는지는 아직 불명확하다. 조선은 전적으로 중국과 일본 사이에 길만 빌려준 것일까, 아니면 동아시아의 화폐 · 상업망에 참여한 것일까? 이에 대해서는 더 많은 연구가 필요하다. 다만 조선의 대표적 상품인 인삼은 일본에서 수요가 상당히 컸으며, 이 때문에 상당액의 은이 조선에 유입된 것으로 보인다. 이와 관련된 특이한 현상 중의 하나가 일본 은화 개주 문제이다. 1601년에 일본은 은 함유량 80%의 케이초 은화(慶長銀)를 발행하여 이것으로 조선과 교역을 하다가 1697년에 64%짜리 저급 은화(元祿銀, 겐로쿠 은화)를 발행했다. 그런데 조선 관리들이 정확한 은 함유량을 파악하지 못해서 겐로쿠 은화의 은 함유량을 60-62%라고 강변했으며, 그래서 할 수 없이 63%로 인정했다는 기록이 있다. 그렇다면 할인율을 64/80가 아닌 63/80으로 계산하므로 일본 측에 불리하지만 교역을 늦출 수가 없으므로 이를 용인할 수밖에 없었다는 것이다. 1711년에는 일본에서 가장 질이 낮은 순도 20%의 은화를 발행했으나 이때에도 인삼 수입을 위해서 1710년에 은 함유량 80%짜리 수출용 특수 화폐(特鑄銀)를 제작했으며 이때 사용된 은의 양은 매년 5.3톤에 달했다(Kazui 1989: 102-104; 정성일 2000: 235-254). 이를 보면 인삼은 동아시아에서 대단히 중요한 국제 교역품이었고 이를 통해 조선으로도 은이 상당액 유입되지 않았을까 추론할 수 있다.

그러나 대마도를 통한 은 유출은 조선이 목적지가 아니라 최종적으로는 중국을 향한 것이었다. 조선에 들어온 은이 중국으로 가고 또 중국 상품이 다시 대마도로 전해지는 것은 조선의 사절 행렬이 담당했다. 동지사의 경우 공식 인원은 35명이지만 상인들을 포함하면 전체 인원은 300명 정도였다. 공식 수행원은 사무역(私貿易)용으로 인삼을 가져갈 수 있고, 나중에는 1인당 2,000-3,000

테일(Tael)의 은(75-113kg)을 지닐 수 있었다. 그러므로 35명의 공식 수행원만으로도 이 사절단은 최고 7만 4,000테일(2.8톤)의 은을 수송할 수 있었다. 어느 때 동지사는 8만 테일(3톤)의 은을 가져갔다고 한다(류승주 1970). 물론 여기에 밀수도 고려해야 하므로 은 유통량은 더 클 수도 있다.

이상의 연구 결과를 정리해 보면 다음과 같다. 아메리카 대륙에서 다량의 은이 생산되어 각 대륙으로 유통됨으로써 점차 대륙 간 화폐 유통 회로들이 다양하게 발전했다. 그렇다고 해서 세계적으로 매끄러운 순환 체계가 완성된 것은 결코 아니었다. 지난 시대의 연구자들은 아메리카 대륙의 은이 유럽으로 유입된 현상에만 주목하는 경향이 있었다. 그러나 중국과 일본 사이의 귀금속 수출입을 보더라도 세계 전체의 화폐 흐름을 유럽과 아메리카 사이의 관계만으로 재단하는 것이 얼마나 무리한 추론인지 분명하게 드러난다. 세계 여타 지역에 대한 연구가 집적되면 더욱 많은 수정이 이루어질 것이다.[33] 더욱 중요한 문제는 상층에서 점차 세계적인 차원에서 수평적 통합이 이루어져 간다고 하더라도 그것이 하층 시장(특히 농민 세계)까지 포괄하지는 않는다는 점이다. 이 문제를 이해하려면 귀금속이 아닌 '저급한' 화폐들을 살펴봐야 한다.

3. 구리 · 카우리 · 아편

지금까지 우리는 금과 은의 세계사적인 흐름을 고찰했다. 이 두 가지 귀금속이 전 지구적인 화폐 현상이라는 거대 서사의 주인공 역할을 한 것은 분명하다.

33) 동아시아사 혹은 세계사와 관련된 시각에서 조선의 화폐 유통을 연구할 필요가 있어 보인다. 조선에서는 임진왜란 당시 명군이 군자금으로 거액의 은을 가지고 들어온 것이 은 유통의 중요한 계기가 된 듯하다. 그러나 그 이후 시기에 중국 측의 은 요구로 상당히 큰 압박을 받았으며 따라서 일본으로부터 은 수입이 절실히 필요했다(한명기 1992). 이 시대 조선의 은 유통 사정과 동시에 전반적인 시대 상황에 대해서는 한명기(2000)를 참조할 것.

여기에서 은을 생산하는 아메리카와 주도적으로 네트워크를 구성한 유럽이 주요 주체였고, 최근에는 은의 최대 수요자로서 중요성을 인정받는 중국과 한때 세계 2위의 은 생산국이었던 일본의 역할도 주목받았다. 이런 것들이 세계 화폐사의 주요 내용이라는 점을 부인할 수는 없지만, 그렇다고 이것만이 전부는 아니다. 자칫 과도한 유럽중심주의와 중국중심주의로 귀결되는 것을 피하려면 금과 은 이외의 화폐에 대해서도 충분한 주의를 기울여야 한다. 그래야만 자연스럽게 세계의 광범위한 지역을 보게 되고, 또 주로 소액 거래를 하는 광범위한 사회층에 대해서도 살펴볼 수 있다. 예컨대 인도의 경제 문제를 다루고자 할 때 정말로 중요한 것은 인도 내부의 농촌 경제와 연관된 화폐 현상이며, 이 경우에는 금이나 은보다 구리가 훨씬 더 중요한 문제가 된다. 그러나 역사가들은 흔히 구리화폐에 대해서는 상대적으로 덜 주목해 왔다(Perlin 1986: 1038).

흔히 놓치기 쉬운 사실은 금이나 은에 비해 상대적으로 '저급한' 금속과 화폐 역시 대륙 간 원거리 교역의 중요 품목이었다는 점이다. 대표적인 것이 구리와 카우리 조개이다.

1) 동남아시아의 구리 시장

많은 연구자들이 금이나 은에 비해 구리에 대해서는 상대적으로 덜 주목했지만 구리는 대단히 중요한 화폐 기능을 담당한 금속이었다. 유럽에서는 17세기에 구리 화폐 주조가 급격히 증대하여 화폐사의 관점에서는 '구리의 시대'라고 부를 수 있을 정도였다. 중국에서 '은화'가 진행되는 동안 유럽에서는 '탈은화(de-silverization)'가 진행되고 있었던 것이다. 유럽에서 가장 중요한 구리 공급 지역은 스웨덴이었으나, 사실 일본의 구리 생산량은 스웨덴의 2배에 달했다(Glamann 1981: 174). 일본에서 수출되는 구리는 대부분 동남아시아까지 갔지만 일부는 유럽에까지 수출된 적도 있었다. 1657년에는 3만 9,140파운드, 1658년에는 100만 7,160파운드가 네덜란드로 수출된 것이다(Glamann 1953:

47, 56). 그러나 그 이후, 일본 구리는 더 이상 유럽으로 수출되지는 않고 인도와 동남아시아로 수출되는 데에 그쳤는데, 이 무역을 놓고 중국 상인들과 네덜란드 동인도회사가 경쟁을 벌였다.

동인도회사는 아시아와 유럽 간의 교역보다는 주로 아시아 내 여러 지역 간의 상품 유통 — 소위 '현지 무역' — 을 중개하면서 큰 이윤을 얻었다. 그들로서는 이 네트워크를 지속적으로 활성화시키는 것이 대단히 중요한 과제였다. 예컨대 인도네시아의 후추와 향신료, 코로만델의 직물, 대만의 가죽 제품 등을 매매하는 과정을 보면 한 곳에서 상품을 사서 다음 장소에서 팔고 다시 그곳의 상품을 구입하여 다른 곳에서 판매하는 일을 연속해서 수행하였다. 이 과정에서 큰 이윤이 남는 거래도 있지만, 때로는 그 자체로서는 오히려 손실을 보지만 전체 거래의 지속을 위해 할 수 없이 수행해야 하는 거래도 있다. 이런 복합적인 활동이 순조롭게 잘 이루어지도록 하려면 화폐나 금속 사용이 필수적이었다. 어떤 지역에서는 상품 대신 화폐와 금속으로만 결제를 하려고 하기 때문이다. 이때 동남아시아에서 특히 중요한 역할을 한 것이 바로 구리였다.

일본에서는 이전에도 구리를 수출했으나, 17세기 후반 새로운 동광이 개발되면서 생산과 수출이 급증했다. 연 생산량은 1668년에 9만 피컬(picul), 1700년에 8만 9,000피컬에 달했다가 그 후 점차 감소세로 돌아서서 1760-1770년대에는 4만 피컬 정도가 되었다(1피컬은 약 60kg이므로, 현재 단위로 환산하면 9만 피컬은 5,400톤, 4만 피컬은 3,600톤이다). 수출은 주로 네덜란드 동인도회사 선박이나 중국 정크 선을 이용해서 이루어졌다. 18세기에 수출량이 줄어들었다고는 해도 구리는 일본의 수출품 가운데 가장 큰 가치를 가진 상품의 하나였으며, 네덜란드 동인도회사는 여전히 이의 판매를 통해 큰 이윤을 얻었다(Shimada 2003: 43-44, 48).

일본 구리는 중국에 수출되어 화폐 주조에 쓰이기도 했지만, 동남아시아 지역이 전체 수출의 약 80%를 차지하였다. 주요 수출 지역은 벵골, 실론, 코로만델, 말라바르, 구자라트였으며, 그 가운데에서도 최대 수입처는 코로만델이었다. 동인도회사는 그동안 이 지역에서 직물을 구입하고 그 대금을 금으로 지불해 왔으나 점차 금 확보가 어려워지자 대신 구리를 지불 수단으로 사용하게 된 것이다. 그렇지만 구리 수출 지역은 고정된 것이 아니라 이윤 가능성에 따라 늘 변경되었다. 그 결과 18세기 초에는 유럽과 중동, 18세기 후반에는 인도네시아, 중국, 코친차이나 등지로도 구리가 수출되었다. 아시아 지역 내에서 구리 수요는 늘 있었으며, 또 대개 같은 양의 일본 구리가 유통되었다. 다만 최종적으로 어느 지역에 구리를 보낼 것인가는 그때그때의 이윤 가능성에 따라서 네덜란드 식민지 정부가 결정했다. 그 결과 구리 수출의 이윤은 아시아 여러 지역 간에 균등해져 갔다.

동남아시아에서 구리 무역을 중개하는 중요한 두 지역은 말라카와 바타비아였다. 흔히 볼 수 있는 거래 방식은 말라카를 통해서 인도로 구리를 수출하고, 인도에서는 면직물을 구입하여 태국으로 수출한 뒤, 태국의 소방목[34]이나 사슴가죽 등을 일본으로 수출하는 삼각무역이었다. 일본 구리로는 예컨대 구자라트 지방에서 동화를 만들어 사용하였다(구로다 아키노부 2005: 58).

그런데 18세기부터 여기에 변화가 생겼다. 구리에 대한 일본의 내수가 커졌기 때문에 일본 막부가 수출을 규제하는 정책을 편 것이다. 이에 따라 수출 가격도 상승했지만, 사실 네덜란드 동인도회사로서는 최종 판매 가격을 그만큼 올리면 되므로 구입 가격 상승은 큰 문제가 아니었고, 다만 물량 확보가 과제였다. 1715년부터 1년에 네덜란드 배 2척만 일본 입항이 가능했는데, 이 두 척의 배는 모두 구리를 싣고 바타비아를 경유하여 동남아시아 각지로 향했다.

동남아시아의 구리 교역에는 네덜란드 상인들 외에 여러 경쟁자들이 있었다. 중국 배들은 대개 중국 중부 연안으로 항해하지만 일부는 남중국과 동남아시아로도 갔다. 여기에 영국과 포르투갈 상인들도 개입했고 무슬림 상인들도 일본 구리를 취급했다. 이들은 아모이, 광저우, 통킹, 아유타야에서 구리를 구하여 말

34) 소방목(蘇方木, sappanwood)은 인도와 말레이반도 원산의 장미목 콩과의 작은 교목으로서 적색 염료의 재료가 된다.

라카를 경유한 다음 마드라스, 수라트 등지로 수출했다. 네덜란드 동인도회사는 이런 경쟁자들을 배제하기 위해 분투했다.

18세기 후반에 들어가면서 아시아 구리 교역의 여건이 또다시 크게 변화하였다. 일본 구리 수출량은 더욱 감소했고, 그런 가운데 중국 정부는 일본 구리를 가급적 많이 사들여오려고 노력했다. 그 결과 중국 선박이 거의 전부 자국으로 가버리고 동남아시아로는 오지 않게 되어서 네덜란드 동인도회사는 일시적으로 동남아시아 구리 교역을 독점함으로써 고이윤을 누렸다. 그러나 이 현상은 그리 오래가지 못했다. 이 모든 변전에 최종적인 종지부를 찍은 것은 영국 동인도회사의 개입이었다. 1760년 이후 이 회사가 유럽의 구리를 아시아로 들여오자 일본의 구리 교역은 종결되었다.

다시 강조하지만 은과 금만이 아니라 다른 화폐와 금속에도 주목할 때 지금까지 소홀히 했던 중요한 현상들을 자세히 파악할 수 있다. 약 100년에 걸쳐 일본 구리가 동남아시아 여러 곳에 수출된 것은 아시아 경제 발전에서 대단히 중요한 역할을 했던 것으로 보인다. 그러나 그것이 이 지역의 산업 생산이나 상업 발달에 어떻게 연관되었는지는 아직 불분명하며, 앞으로 더 자세한 연구를 통해 규명되어야 할 부분으로 남아 있다.

2) 카우리 조개

금속 이외의 다른 물질 역시 화폐 재료로서 중요한 역할을 수행했을 뿐 아니라 때로 원거리 교역의 대상이 되었다. 대표적인 것이 카우리 조개이다.

카우리 조개는 오랫동안 세계 여러 지역(실론, 벵골, 윈난 성, 페르시아만 지역, 특히 서아프리카 지역)에서 화폐 역할을 수행해 왔다. 화폐로 쓰이는 조개는 Cypraea moneta와 Cypraea annulus 두 종류인데, 전자는 몰디브 제도, 후자는 잔지바르 등 동아프리카 해안 지역에서 많이 난다. 특히 몰디브에서 생산되는 조개는 적어도 천 년 정도 화폐 기능을 했으며, 서아프리카와 벵골에서는

20세기까지 통용되었다. 카우리에 대한 가장 이른 시기의 기록 중 하나는 14세기의 이븐 바투타의 기록이다.

> 이 제도(몰디브 제도)에 사는 사람들은 조가비를 화폐로 사용한다. 조개는 바다에서 낚는 일종의 생물이다. 조개는 잡아서 구덩이 속에 넣으면 살은 빠지고 흰 뼈만 남는다. 그곳에서는 100개 조가비를 '야쓰야흐', 700개를 '팔', 1만 2,000개를 '카티', 10만 개를 '부쓰투'라고 한다. 금화 1 디나르에 4 부쓰투를, 때로는 10 부쓰투를 구입할 수 있다. 반잘라 사람들과는 조가비를 쌀과 교환한다. 조가비는 역시 반잘라 지방 사람들의 화폐이기도 하다. 예멘인들은 배의 바닥짐에 모래 대신 조가비를 쓴다. 흑인들도 자기 나라에서는 조가비를 화폐로 쓰는데, 말리와 주주에서는 금화 1 디나르에 1,150개 조가비가 거래되는 것을 봤다.(이븐 바투타 2001: 2권, 254)

역사적으로 카우리는 결코 '원시적인' 화폐가 아니었으며 몇 세기 동안 특히 서아프리카의 실제적인 요구에 부응하여 화폐 기능을 훌륭하게 수행해 왔지만, 현재 아프리카에서는 이것이 부끄러운 원시성의 잔재로 기억되고 있다고 한다(Johnson, M. 1971: 17-19). 인도의 경우에는 카우리가 전체 통화 중에서 상당히 큰 비중을 차지하고 있었다는 것이 수치적으로 밝혀졌다. 쿠타크(Cuttack)의 지방장관이었던 리차드슨이 1814년에 추산한 바에 의하면, 이 지방에서 유통되던 자본이 은 200만 루피인데, 그 구성은 금화 1, 은화 24, 동화 4, 카우리 11의 비율이었다고 한다. 카우리 하나가 은화의 1/5000의 가치밖에 안 되므로 개수로 보면 엄청나게 많은 카우리가 유통되고 있음을 알 수 있다(구로다 아키노부 2005: 84).

카우리 조개는 생산지와 실제 유통되는 곳이 다르므로 오랫동안 원거리 교역의 대상 품목이었다. 특히 서양인들이 이 교역에 손을 대면서 거래 규모가 커지고 성격도 변화했다. 근대 초에 포르투갈과 네덜란드 상인들이 카우리 거래를 시작했고 19세기에는 영국인들이 더욱 대규모로 거래를 해서 매년 100톤씩 아프리카에 수출했다. 카우리 교역은 한편으로 노예무역과 맞물려 있었기 때문에 노예무역이 축소되자 덩달아 줄었다가 팜오일 무역 때문에 다시 상승하였다

(Johnson, M. 1971: 22). 이처럼 카우리는 원시적인 화폐라는 느낌과는 달리 아시아, 아프리카, 유럽-대서양 경제와 모두 연관된 화폐로서 대륙 간 이동을 했다는 점에서는 아메리카의 은과 기본 성격이 다를 바 없다.

이 조개는 작고, 형태가 단일하며, 상대적으로 희귀하여 화폐 재료로서의 특징들을 다 갖추고 있다. 게다가 모조가 거의 불가능하다는 장점도 있다(Curtin 1983). 이런 점들을 놓고 보면 생산지에서 가까운 인도에서 카우리가 화폐로 쓰인 이유는 자명하다. 그런데 문제는 왜 그토록 멀리 떨어진 윈난(雲南) 지방이나 아프리카에서 이 조개를 수입하여 화폐로 사용했느냐는 점이다. 예컨대 4,000km 떨어진 서부 수단에서까지 이를 수입하여 화폐로 쓴 이유는 무엇일까? 일반적인 설명은 원래 아프리카에서 나는 다른 종류의 조개를 이미 화폐로 쓰고 있었는데, 인도와 접촉하던 북아프리카 상인들이 카우리를 전해 주자, 이 조개가 대신 사용되었으리라는 것이다. 카우리의 수입 가격이 워낙 싸다 보니 일종의 그레셤의 법칙이 작용해서 수입 조개가 원래 사용하던 조개를 대체했다는 것이다.[35] 이 가설을 증명해 줄 직접 증거는 아마도 찾기 힘들 테지만, 아프리카의 다른 지역에서 카우리와는 다른 조개가 쓰였다는 방증은 쉽게 찾을 수 있다. 북부앙골라의 루안다섬에서 쓰이는 은짐부(nzimbu 혹은 Olivancillaria nana (Lamarck))[36]라는 조개가 그것으로서, 이것은 콩고 왕국과 그 주변 지역에서 화폐로 널리 쓰였다. 포르투갈인들이 1500년 이후에 인도의 카우리 조개를 서부 아프리카에 도입했을 때에도 이 지역에서는 계속해서 이 조개를 화폐로 사용했다.

역사적으로 카우리 조개의 주요 생산지는 몰디브였다.[37] 그리고 오래전부터

35) 엄밀히 말하면 수입 조개의 품질이 더 좋아서 양화가 악화를 구축해 버린 '역(逆)그레셤의 법칙' 일 수도 있다.

36) 포르투갈인들이 와서 이를 보고 '짐보(zimbo)' 라고 불렀다.

37) 이에 대해서는 많은 기록들을 찾을 수 있다. "그들의 돈은 카우리이다. 여왕은 카우리를 자기 금고에 보관한다. […] 카우리 조개가 수면으로 올라오는데 그 안에 생물체가 들어 있다. 코코나무 가지를 물속에 던지면 카우리 조개들이 여기에 붙는다. 카우리는 알 캅타지(Al Kabtadj)라고 불린다"라는 아랍 기록(Sulaiman, c. 850-900)이 한 예이다(Vogel 1993: 222ff.).

몰디브에서 나는 카우리는 주변 지역으로 수출되었다. 이 상품은 워낙 가격이 싸므로 바닥짐38 방식으로 수출했다. 예컨대 1515년에 한 포르투갈 선박이 500킨탈(quintal=4.5 cottas; 1 cotta=12,000 cowries=25 lbs.)을 바닥짐으로 싣고 상토메로 운송한 기록이 있다(Vogel 1993: 226). 그러다가 이 교역의 중요성이 커지자 바닥짐이 아니라 정식 화물로 운송되기에 이르렀다. 급기야 17세기에는 배 한 척의 화물 전체가 카우리인 경우도 종종 볼 수 있었다. 파선 사고를 당해 몰디브에서 5년 동안 살아야 했던 피라르 드 라발(Pyrard de Laval)의 1602년 기록을 보자.

> 매년 30-40척의 배에 다른 짐은 없고 카우리만 실었다. 이 배들은 모두 벵골로 가서 이 조개가 높은 값에 팔렸다. 벵골 지방에서는 금과 은 그리고 다른 금속들이 많은데도 카우리 조개를 일상 화폐로 쓴다. 인도의 다른 지방의 상인들은 모두 카우리 조개를 수요가 많은 벵골 지방으로 보낸다. 이 조개는 몰디브 지방에서만 난다.

동쪽으로던 서쪽으로던 카우리 조개 수출은 큰 수익을 냈다. 몰디브에서는 카우리 1킨탈당 가격이 2실링 10페니였다. 그런데 벵골에서는 킨탈당 700레이스(reis), 즉 7실링에 해당하고, 포르투갈에서는 12-40실링 사이였다. 이와 같은 지역 간 가격 차이가 원거리 교역의 동인이었음은 물론이다(Vogel 1993: 227).

이 때문에 아시아 상인만이 아니라 유럽 상인들도 이 교역에 뛰어들었다. 포르투갈 국왕은 자국 상인들이 이 조개를 바닥짐으로 들여오는 것을 허용했으며(따라서 운송비를 물지 않았다) 이렇게 들여온 화물을 아프리카로 재수출하였다. 포르투갈 다음으로는 네덜란드 동인도회사가 이 무역에 활발히 참여해서 1669년과 1671년에 각각 2만 5,000파운드 이상을 수출한 기록이 있다. 이들은 몰디브에 와서 상품을 직접 구입하기도 하고 혹은 몰디브에서 실론으로 수출된

38) 바다에서 배가 항해할 때 무게중심이 아래에 있을수록 안전하므로 배의 제일 아래 선창에 무거운 짐을 싣게 되는데, 이는 대개 무게가 많이 나가지만 가치는 그리 크지 않은 상품이다.

상품을 구매하여 다른 곳에서 판매하기도 했다. 다음 시기에는 영국과 프랑스 상인들도 등장하여 경쟁을 벌였다(Johnson, M. 1971: 19-22). 이렇게 카우리 교역이 번성한 중요한 이유 중의 하나는 이것이 아프리카 노예무역과 긴밀히 연관되었기 때문이다. 그 때문에 이 교역은 19세기까지도 지속될 수 있었다(이에 비해 아래에서 보듯이 윈난 성에서는 카우리 교역이 17세기에 쇠퇴했다).

아프리카 내부의 화폐 거래 상황을 보면 대개 고액 거래에는 금이 쓰인 반면, 카우리는 소액 거래용으로 쓰였다. 따라서 카우리를 사용하는 거래는 그 지방의 일상생활 및 지방 경제와 긴밀한 관련을 맺게 된다. 지방마다 다른, 이 화폐를 세는 특이한 방식도 이와 관련이 있다. 1866년 세구(Segu) 지역을 여행하던 프랑스 관리 마주(Mage)의 기록에 따르면 이곳에서 카우리의 셈법은 다음과 같다.

8×10 = 100 (열이 여덟이면 백)
10×100 = 1,000
10×1,000 = 10,000
8×1,0000 = 100,000 (만이 여덟이면 십만)

그러므로 우리의 셈으로는 6만 4,000개가 이 셈법에서 10만 개가 되는 것이다. 카우리 조개를 손으로 세는 방법도 이에 맞추어져 있다. 사람들은 양손에 각각 5개씩 쥐며 계산하는데 이렇게 8번을 쥐면 그것을 100으로 친다(8×10). 그렇게 5번을 반복하고 조개를 모아놓는다(8×10×5). 여기까지를 한 번 더 해서 합친다(8×10×5×2). 그러면 이것이 1,000이 된다(우리의 셈으로는 800개인 것이 1,000이 된다).

이렇게 셈을 하는 이유는 무엇일까? 아마도 소매업자에게 일종의 할인 혜택을 주기 위한 것으로 이해된다. 예컨대 소금 상인은 '10만' 어치의 소금을 사올 때 실제로는 6만 4,000개의 카우리 조개만 지불한다. 그러나 이 소금을 소액 판매하면 실제로 10만 개의 카우리를 모두 받게 된다. 소금만이 아니라 다른 상품의 경우에도 중요한 거래 단위는 '10만' 이다(이것으로 말 2마리, 소 5-10마리,

혹은 5명의 노예를 살 수 있다는 기록이 있다). 상인들은 대개 '10만' 단위 이상으로 거래한 다음 그보다 작은 단위의 소액 거래를 하며, 이 과정에서 계산 단위 차이로 인한 이익을 추가로 누리는 것이다(Vogel 1993: 37-40).[39]

물론 이 화폐가 가진 단점은 분명하다. 우선 운반이 어렵고(튼튼한 남자 1명이 운반하는 한도가 2만 개인데 매우 힘든 일이라고 한다), 셈을 하는 데에 귀찮고 시간이 많이 걸린다(상인들이 데리고 있는 사람 여럿이 이 일을 담당하는데, 세는 도중에 문제가 생기면 복잡한 다툼이 일어났다). 그렇지만 이는 분명 아프리카 상업을 훌륭하게 뒷받침한 화폐였다. 지중해 항로와 희망봉 항로를 통해 지속적으로 유입된 카우리 조개는 안정적인 화폐 제도를 가능하게 했다. 양으로만 본다면 카우리는 금, 은, 구리 및 다른 어느 금속보다도 유통량이 컸다. 이미 16세기 중반에 포르투갈 선박들은 1년에 150톤의 카우리를 인도로부터 들여왔으며, 19세기에는 영국이 황금해안 한 곳에 수입한 양만 305톤에 달했다. 여기에 큰 변화가 찾아온 것은 19세기 후반이었다. 유럽인들이 잔지바르 지역에서 또 다른 종류의 조개 화폐(Cypraea annulus)를 대량으로 들여옴으로써 카우리의 인플레이션이 심화된 것이다. 이 화폐 가치는 1850년의 지수 100에서 1895년의 24(아크라와 휘다 지역) 혹은 13(라고스 지역)까지 떨어졌다. 그 결과 아주 외진 지역에서만 이 화폐가 계속 사용될 뿐 다른 지역에서는 화폐 기능을 상실하였다(Curtin 1983: 252-253).

3) 윈난 성의 사례

동남아시아의 카우리는 멀리 윈난 지방으로도 수출되었다. 윈난 지방에서 카우리가 화폐로 사용되는 사실로부터 이 지역의 경제가 상대적으로 저급한 수준

39) 이와 대비되는 현상으로 중국의 단맥(短陌)을 들 수 있다. 이는 고액 통화와 지방 화폐 간의 교환 비율을 지역 혹은 업종마다 개별적으로 다르게 환산하는 것을 가리킨다. 이는 심지어 20세기 초까지 지속되었다. 청 정부는 공식적으로 동전 980개를 1관(貫)으로 공포했지만 민간에서는 각각 950개, 490개, 180개 등을 1관으로 하는 여러 단맥이 혼용되었다(구로다 아키노부 2005: 112-113).

이었다는 점, 동시에 이 지역이 오랫동안 중국의 영향에서 벗어나 있었다는 점을 짐작할 수 있다. 역으로 16세기에 윈난 지방이 명의 영향권 아래 들어가면서 카우리 조개의 사용이 줄어들고 그 다음 세기에는 이 화폐 제도가 아예 붕괴된 것도 같은 맥락에서 해석할 수 있다.[40]

이 지역에서 언제부터 카우리가 화폐로 사용되었는지는 불명확하다. 고고학적 발굴 결과 춘추전국시대에 만들어진 드럼 모양의 용기에 카우리 조개가 가득 든 것을 발견했다. 그러나 이는 화폐로 쓰인 것이 아니라 부장품 및 의례용 물품으로 사용된 것으로 해석된다. 카우리 조개의 생긴 모습이 여성의 성기를 연상시키므로 풍요의 상징으로 쓰였다는 것이다(Vogel 1993: 216-218). 원대와 명대에 이 조개가 화폐로 쓰인 것은 확실하지만 그 이전 시기에 대해서는 아직 불명확한 점이 많다. 여러 기록으로 보건대 윈난 지방에서 카우리가 화폐로 비교적 널리 쓰이기 시작한 시기는 9세기로 추정된다.

동남아시아로부터 윈난 지방까지는 어떤 경로로 이 조개 화폐들이 운송되었을까? 아마도 육로로 운송되었으리라는 것이 정설이다.[41] 중국에서 윈난 지방의 카우리 사용에 대한 기록이 없는 것도 이 때문일 것이다. 만일 해로로 운송한다면 말라카 해협을 지나 중국 남부 해안으로 간 다음 다시 강을 따라 올라가야 하는데 이는 지나치게 먼 거리를 돌아가는 결과가 된다. 따라서 해로보다는 시암과 버마를 지나는 육로를 통해 윈난 지방으로 가져왔다는 것이 연구자들의 추론이다. 이에 대한 방증으로 랄프 피치(Ralph Fitch)라는 영국인의 기록을 들 수 있다. 그는 16세기 후반에 태국의 치앙마이와 중국 사이의 대상 무역에 대한 기록을 남겼다. 이에 따르면 많은 중국 상인들이 사향, 금, 은과 같은 중국 상품들을 가지고 온다고 되어 있는데, 그 가운데 아마도 가장 중요한 교역 관계

40) 윈난 지방은 소위 '남서 실크 로드'를 통해 동남아시아, 인도, 티베트와 연결되어 있었으며, 따라서 중국 문명과 동남아시아 문명을 연결하는 위치에 있었다고 할 수 있다. 전체적으로는 중국보다는 원래 동남아시아권에 더 가까운 성격을 띤다는 것이 학자들의 견해이다(Yang 2004: 293 map).

41) 그러나 이에 대한 반론도 많아서 카우리 조개는 해로를 통해 윈난 지방으로 수송되었다는 주장도 있다(Vogel 1993: 237ff.).

는 윈난 지방의 은과 동남아시아의 카우리의 교환이었을 것으로 추정된다. 윈난 지방의 은이 동남아시아로 수출되었으리라는 추론의 또 한 가지 근거는 벵골의 은 수입 사항이다. 벵골로 장기간 은이 유입된 것은 분명하지만 은이 어디에서 온 것인지는 아직 불확실하다. 연구자들은 이 은의 출처가 윈난 지방과 북부 샨 지방(Shan states)[42]일 것으로 추론한다(Deyell 1983). 벵골은 은의 가치가 높은 곳이며 따라서 은을 '빨아들이는' 곳이다. 앞에서 설명했듯이 중국 역시 지속적으로 은을 수입하는 곳이었으므로 벵골에 들어온 은의 출처는 중국일 수는 없고 윈난 지방일 가능성이 높은 것이다(Yang 2004: 304). 윈난 지방에서 은을 유출했다는 것은 이 지역과 중국이 경제적으로 별개의 권역이었다는 하나의 방증이다.

금과 은 가치의 지역 간 차이가 원거리 귀금속 교역을 불러일으켰다는 점을 앞에서 설명한 바 있다. 카우리 조개 역시 다른 주요 화폐와 상대적인 가치의 차이 및 그 변동에 따라 이동하였다. 여기에서 특히 중요한 것은 은 대비 카우리 가치의 변동일 것이다. 전문가들의 계산에 의하면, 원대에 카우리의 상대가치가 가장 높았고, 명대에 들어와서는 상대가치가 하락했으나 그래도 비교적 안정적인 상태를 유지하다가 17세기 중엽 이후 급격히 하락했다. 원대에는 이후 시대에 비해 카우리가 2.5-4배의 가치를 지녔던 것으로 보인다. 결정적인 전환점은 17세기이다. 이때 벵골에서는 카우리의 가치가 장기적으로 상승하는 데 비해 윈난 지방에서는 오히려 가치가 급락했으므로 이 지방으로 수출하는 것이 더 이상 채산성이 없어졌고 결국 카우리는 화폐 기능을 상실하였다(Vogel 1993: 310-319).

카우리 화폐의 사용처에 대해서는 상당히 많은 기록들이 남아 있다. 토지 구입, 종 제작과 같은 종교적 희사, 불경 제작 사업, 주택 매매, 책 · 직물 · 신발 등 각종 상품 구입, 단기 부채, 쌀값 산정 기준 등에 대한 여러 기록들로 볼 때

42) 샨 지방은 현재 미얀마 영토로서 미얀마, 윈난 성, 라오스 북부, 타이 북부와 인접한 해발 고도 1,000-1,500미터의 고원지대이다.

카우리는 화폐의 모든 기능을 잘 수행한 것이 분명하다. 다만 카우리는 주로 소액 거래용으로 쓰였다. 예컨대 1577년의 부채 기록을 보면 원금은 은으로 빌려주고 받되, 이자는 카우리로 받는 것으로 되어 있다. 카우리가 이처럼 적은 가치를 가진 터에 17세기 이후 가치가 갈수록 떨어지자 결국 화폐로서의 기능을 상실하고 종국에는 퇴출되기에 이른 것이다. 예컨대 종을 만들 때 여러 사람들이 희사한 기록을 보면 초기 기록은 은과 카우리 모두 기록되어 있으나 후기에는 카우리는 보이지 않는다. 카우리의 가치가 너무 저락하여 17세기 후반에는 카우리를 사용할 때 너무 많은 개수가 필요해서 무겁고 불편하다는 이야기가 많이 나온다.

윈난 당국은 카우리를 대체할 새로운 화폐를 도입하고자 했다. 물론 사람들이 오랫동안 익숙한 화폐를 버리고 새로운 제도를 도입한다는 데에 저항이 심했지만, 대체로 17세기 중엽에 카우리는 다른 화폐로 완전히 대체된 것으로 보인다. 새로운 화폐 주조는 여러 가지 요소들이 합쳐져서 작용했다. 명대 말에 윈난 경제가 크게 융성하자 이제 카우리 같은 '저급한' 화폐보다 좀 더 '발전된' 화폐가 필요했으리라는 점도 쉽게 짐작할 수 있다. 그러나 이와 함께 윈난 지방이 중국 문화권 내로 흡수됨으로써 제국 지배[43]의 상징인 화폐 주조를 받아들이게 된 측면도 고려해야 한다(Vogel 1993: 337).

1660-1680년대라는 비교적 짧은 기간 중에 윈난 지방에서 카우리가 퇴출된 이유는 무엇일까에 대해 아직도 명백한 답은 나오지 않았지만, 전 지구적 조망(global perspective)을 통해 이 문제를 보아야 한다는 주장을 참고할 만하다. 그것은 동남아시아와 남아시아에 유럽 세력이 들어옴으로써 기존 사회·경제 관계에 근본적인 변화가 초래되었다는 것이다. 어떤 학자는 유럽인들의 도래가 교역관계를 '교란' 시킴으로써 더 이상 카우리가 수입되지 못했다고 주장하고, 다른 학자는 대서양 노예무역이 크게 발전함으로써 아프리카 방면으로 카우리

43) 윈난 지방의 관점에서 보면 이는 '중국 식민주의(Chinese colonialism)' 라고 볼 수도 있을 것이다.

가 대량 유출되어서 윈난 지방으로 오지 못하게 되었다고 주장한다. 이와 동시에 명대에 일어난 한족의 유입을 중요 요인으로 거론하기도 한다. 약 200만 명의 한족이 윈난 지방으로 이주한 결과 한족이 최대 다수를 차지하게 되어서 사회 · 경제적으로 급격한 변화가 불가피했다는 것이다. 그리고 동시에 중국 정부가 의도적으로 구리 동전 주조를 시도하는 식으로 지배력을 강화해 가면서 화폐상의 변화가 일어난 것이다. 이처럼 윈난 지방의 카우리 화폐 문제는 중국 문명권과 동남아시아 문명권 안팎의 요소들이 결합하여 일어난 중요한 사안이다(Yang 2004: 310-311).

4) 아편: 화폐 현상

마지막으로 언급할 사례는 아편이다. 약간은 이상한 논의로 보일지 모르겠으나 아편 무역은 화폐와 관련된 중요한 현상의 하나로 볼 수 있다. 물론 아편 그 자체가 화폐라고 할 수는 없다. 그러나 아편이 유럽 제국주의 세력과 아시아 주요 국가 간에 장기간에 걸쳐 지속된 결제수단 부족 문제를 해결해 준 점은 화폐사의 관점에서 새롭게 주목해 볼 만하다. 역사상 중요한 아편 무역 현상은 이 책에서 다루는 시기 이후의 일이지만 기본적으로 유사한 화폐 현상이므로 흥미로운 비교 사례가 될 것이다.

유럽은 오랫동안 중국 상품을 수입하고 그 대금으로 은을 지불했으며 그 결과 장기간에 걸쳐 신대륙의 은이 중국에 유입된 사실은 앞에서 언급한 바와 같다. 그런데 18세기에 들어와서는 유럽의 중국 상품 수입이 한 차원 더 크게 확대되었다. 이는 특히 차의 수입과 관련이 있다. 유럽에서 18세기에 차 수요가 급증했고 따라서 차 수입 대금으로 거액이 필요하게 되었다.[44] 게다가 지불 수

44) 영국의 차 수요 급증 현상에 대해서는 제9장을 참조하라. 차와 함께 중국의 다기 수입도 엄청난 양이었음을 주목해야 한다. 차의 독점 판매가 시작되었던 1684년부터 도자기 수입을 중단한 1791년까지 수입된 자기는 2만 4,000톤, 도자기 개수로는 2억 개가 넘는 숫자였다. 이는 10세 이상의 영국인 1명당 5개꼴이었다(홉하우스 1997: 194).

단으로 필수적이었던 은의 확보가 매우 힘들어졌다. 유럽이 아메리카의 사탕수수, 담배 등을 많이 수입하게 되어서 이 지역으로도 대금 지불을 해야 했으므로 이전처럼 아메리카의 귀금속을 대량 들여올 수는 없게 된 것이다. 이런 심각한 결제 수단 부족 문제를 해결해 준 것이 다름 아닌 아편 무역이었다. 아편 무역은 실로 이전 세기의 '현지 무역'의 연장이며, 차 상인, 아편 상인, 맨체스터의 직물업자 간의 이해가 맞아떨어져서 벌어진 사태였던 것이다(Butel 1989: 113).

영국이 중국에 아편을 강제 판매하려고 하다가 급기야 아편전쟁에까지 이르게 되었다는 것은 주지의 사실이다. 영국인들은 이 전쟁이 '아편' 전쟁이 아니라 무역의 '자유'를 위한 전쟁이라고 강변했다. 아편이라는 가공할 물건을 판데 대한 도덕적 책임에 대해서는 자신들은 아편을 다만 중국 해안까지 수송했을 뿐이고 중국 선박이 상품을 인수한 다음부터는 자신들은 전혀 모르는 일이라는 가증스러운 주장을 폈다.[45] 그런데 당시 세계의 여론 중에는 이러한 영국의 주장을 긍정적으로 받아들이는 견해가 의외로 많다. 존 퀸시 애덤스(John Quincy Adams)는 그동안 중국은 외국인을 깔보았으며 중국의 '무례함'에 대한 영국의 대응은 전적으로 합당하다고 주장했다. 애덤스의 견해에 따르면 이 전쟁은 '고두(叩頭)'에 관한 전쟁이라는 것이다.[46]

그러나 이런 주장은 실제 사실을 왜곡하는 것이다. 아편전쟁은 다른 어떤 대의를 위한 것이기보다 당장 부족한 지불 수단의 확보가 중요한 목적이었다.

45) 물론 영국인들이 아편의 해악을 몰랐던 것은 결코 아니다. 인도의 식민지 총독 워렌 헤이스팅스 자신이 이런 말을 했다: "아편은 삶에 있어서 필수적인 품목이 아니라 하나의 파멸적인 사치품목이다. 이것은 오직 외국 무역의 대상으로서만 허가해야 한다. 앞날을 내다보는 정부의 과제는 국내 시장에서 아편을 추방해버리는 일이다."(쉬벨부쉬 2000: 244)

46) 서양인들이 황제를 접견할 때 노예처럼 머리를 조아리며 절을 하도록 만든 것은 외교관계에 어긋난 태도이며 모욕적이라는 주장이다. "Britain has the righteous cause, but to prove it, I have been obliged to show that the opium question is not the cause of the war. The cause of the war is the arrogant and insupportable pretention of China that she will hold commercial intercourse with the rest of mankind upon the insulting and degrading forms of lord and vassal."(Pomeranz and Topik 1999: 101-102)

18-20세기 중에 중국의 아편 수입은 실로 엄청난 규모로 증가했다. 1729-1800년 동안 아편 수입량은 20배 정도 증가했다. 그러나 이런 정도라면 아직 중국 사회와 국가를 붕괴시킬 정도는 아니었다. 워낙 고가의 사치품이었기 때문에 많은 사람이 아편을 사용할 수는 없었다. 중독자가 10만 명에 달했지만 중국의 전체 인구 3억에 비하면 파멸적인 정도는 아니었다.[47] 그러나 1818년에 더 싸고 강력한 파트나(Patna) 아편이 개발되면서 문제가 달라졌다. 파트나는 영국령 인도에서 생산되는 아편 상품의 한 브랜드로서 150년 동안 아편 무역과 동의어로 쓰일 정도로 많이 판매되었다. 이것은 캘커타, 싱가포르, 홍콩, 광둥을 비롯해서 아시아 전역에서 거래되었으며, 그래서 아시아의 어느 대도시에서나 볼 수 있는 상품이었다(Trocki 1999: 2). 1839년 중국의 수입량은 이미 1,000만 명의 중독자가 사용할 양이었다. 20세기 초에는 중국에 4,000만 명의 중독자가 생겼다. 중국으로서는 당장 엄청난 수의 시민들이 폐인으로 전락하는 심각한 사회 문제를 떠안게 된 데다가, 이로써 막대한 양의 은이 중국 밖으로 유출되어서 심각한 화폐 부족 문제에 시달리게 되었다. 반면 영국으로서는 이렇게 해서 얻은 거액의 은으로 무역 적자의 상당량을 상쇄할 수 있었다.

이처럼 아편 무역은 인도에서 중국으로 유해한 상품을 수출하여 중국의 은을 빨아들인 다음 이를 영국으로 송출하는 기제로 작용하였다.

1836년 인도의 수출 자료를 보면 실제로 아편이 가장 중요한 위치를 점하는 것을 확인할 수 있다. 〈표 10〉에서 보듯이 아편은 전체 수출액 가운데 1/3을 차지한다.

바로 이해에 중국이 수입한 아편 수입 액수는 1,800만 달러(400만 파운드)로서 이는 "단일 품목의 교역으로서 19세기에 가장 큰 것"이었다(Trocki 1999: 94, 98). 그 결과 거액의 은화가 중국에서 외국으로 빠져나갔다. 1814-1850년 사이 1억 5,000만 멕시코 달러가 유출되었는데 이는 이 나라 화폐 공급량 전체

47) 적어도 1830년 이전에는 아편이 워낙 고가품이라 극히 부유한 사람만 사용 가능했다. 영국과 미국의 조사에 의하면 이 시기에는 아편이 주로 진통제(pain-killer)로 사용되었다(Trocki 1999: 91).

표 10. 인도의 수출 통계(1836)

상품	양	가치(£)
아편	24,000통(1,640톤)	2,880,000
인디고	10,000,000 lb	2,500,000
원면	10,000,000 lb	1,500,000
면직물	불명	250,000
원견	1,600,000 lb	950,000
견직물	불명	200,000
곡물	468,750 qrs	375,000
설탕	16,000톤	256,000
초석	14,000톤	160,000
합계		9,071,000

출처: Trocki(1999: 97).

의 11%에 해당하는 거액이었다.

영국은 이렇게 해서 얻은 은을 가지고 그들의 식민 제국을 운영하였다. 전반적으로 세계 각국이 은 공급 부족에 시달리던 시기에 영국은 아편 무역으로 이 문제를 상당 부분 해결했던 것이다. 이는 20세기까지도 계속되었는데, 이 점을 1910년 당시의 통계 자료를 통해 확인해 보자(Pomeranz and Topik 1999: 104).

1910년 영국은 대서양 방면에서 1억 2,000만 파운드의 무역 적자를 기록했으나 이 가운데 많은 부분을 아시아에서 해결할 수 있었다. 영국은 중국에 대해 1,300만 파운드 그리고 인도에 대해 6,000만 파운드의 흑자를 기록했다. 그런데 인도는 중국과의 교역에서 막대한 흑자(2,000만 파운드)를 기록했고 다른 아시아 국가와의 교역에서도 거액의 흑자를 기록하였다(모두 합쳐서 4,500만 파운드). 결과적으로 인도는 중국을 비롯한 아시아 국가들로부터 돈을 끌어와서 영국에 공급하는 역할을 한 셈이다. 그 중요한 거래 물품 중 하나가 다름 아닌 아편이었다.

아편 무역을 연구한 트로키가 "아편 무역이 자본주의의 핵심"이라고 단정한 것은 분명 지나친 표현이다.48 유럽이 아편만 판매한 것은 아니며, 산업혁명을 거치면서 유럽의 공산품이 세계 각국으로 판매된 현상을 무시할 수는 없다. 그러나 산업혁명의 성과가 완전히 발휘되기까지는 아직 많은 시간이 필요했다. 그 과도기에 화폐 부족 문제의 해결을 도와준 것이 아편이었던 것이다. 그런 점에서 아편이 제국주의와 근대 자본주의가 원활하게 돌아가도록 만든 것은 분명하다. 역사상 처음으로 유럽이 은 대신 다른 물품을 대량으로 제공할 수 있게 되었다. 그러나 그 성격은 기본적으로 이전 시대의 귀금속 거래와 다를 바가 하나도 없었다. 즉 유럽은 다른 대륙에서 생산된 물품을 또 다른 대륙으로 송출함으로써 그들이 필요로 하는 물품을 확보했던 것이다.

결론

화폐의 관점에서 보면 15-18세기는 무엇보다 귀금속 화폐가 세계적으로 유통된 시대였다. 상품 화폐, 지폐, 신용 화폐(예컨대 환어음) 등이 동시에 존재했지만 기본적으로 금속과 금속 화폐가 세계적으로 유통되었다. 무엇보다도 아메리카 대륙에서 대규모 은광이 개발되어 은이 전 세계에 유통되었고 이것이 세계의 통합성을 강화시켰다는 점이 많이 거론되었다. 이는 분명한 사실이지만, 단 은의 생산 · 유통만으로 모든 것을 설명할 수는 없다. 구리와 카우리, 심지어 아편과 같은 특별한 사례에서 보았듯이 실상은 훨씬 복잡해서, 지난날 교과서에서 흔히 기술했던 것처럼 '유럽의 은 수출' 중심으로 세계 경제사를 재단하는 것은 실로 무모한 일이라는 것을 알 수 있다. 구리의 경우 중국의 동화 주조의 증가, 일본 내의 생산과 자체 수요, 동남아시아의 시장 상황, 영국과 네덜란

48) "Not only did they <drugs> come together with modern capitalism, but I would argue that they were the sine qua non of capitalism. That is to say, without drug and drug economies, capitalism could not have come into being."(Trocki 1999: 28)

드 양국 동인도회사 간의 경쟁, 현지 상인들의 참여와 배제 등이 복잡하게 얽혀 있다. 또 카우리의 경우 원거리 교역과 아프리카 내의 경제 · 사회 · 문화가 함께 작동하는 것을 확인하였다. 화폐 현상의 배후에서 정치 · 경제 · 사회 · 문화의 여러 요소들이 다양하게 관계를 맺고 있는 측면들을 고려해야 화폐 현상도 이해할 수 있다는 것이 평범하지만 매우 중요한 사항이다. 이런 복잡다기한 화폐 현상들이 어쨌든 전 지구적으로 그리고 중층적으로 관계를 맺으면서 세계의 사회 · 경제가 서로 연결되고 발전과 수탈이 이루어졌다는 점을 주시해야 한다.

제 6 장

노예무역:
근대 세계의 비극

역사의 초기 시대부터 오늘날까지 여러 형태의 예속 노동이 존재해 왔다. 대부분의 사회에서는 다른 사람들의 지배하에서 거의 아무런 보상 없이 힘든 일을 해야 하는 사람들이 있다. 그 가운데에서 특히 자유를 완전히 상실한 채 사회 구조의 최하층에 위치한 사람들을 '노예'라 부를 수 있을 것이다.[1]

1) 우리 역사에서 노예와 유사한 개념은 '노비'일 것이다. 노비는 어떤 존재였을까? 『한국민족문화사전』의 '노비' 항에 따르면, 노비란 "전통 신분제 사회에서의 최하층 신분이며, 보통 종이라 불렀는데, 노는 사내종, 비는 계집종을 뜻한다. […] 그 시원은 고조선의 법률에 '물건을 훔친 자는 그 집의 노비로 삼는다'고 하였고, 부여의 법률에 '살인자의 가족은 노비로 삼는다'고 하여 특정 범죄자를 노비로 삼았다. […] 그 후 채무자, 극빈자, 전쟁포로 등도 노비가 되었는데, 이는 생산력의 증대와 함께 노비가 중요생산담당자로 등장하면서 그 수요가 급증하였던 것이다. 특히 정복전쟁이 치열했던 삼국시대 전쟁포로는 가장 중요한 노비 공급원이었으며 이들을 국가기관이나 참전 장수에게 지급하였다. 그리하여 국가기관에 예속된 공노비, 개인에게 소속된 사노비의 구별이 나타나게 되었으며 이들은 대부분 국가나 귀족의 농장에서 농경에 사역되었을 것으로 보인다. […] 우리의 노비제가 다른 나라에 비해 그 사회적 · 법률적 처지에 있어 더욱 가혹했던 것은 그들의 신분세전(身分世傳)에서 찾아볼 수 있다. 고려시대 이래로 부모가 노비인 경우는 말할 것도 없고 부모 가운데 어느 한편만이라도 노비 신분이면 그 자녀는 노비가 되어 대대로 노비로 삼았다. 또 천자수모(賤者隨母)라 하여 노비가 된 그 자녀는 모의 상전이 소유권자이나 모가 양인일 경우 부의 상전에 딸렸다." 이 설명대로라면 우리나라의 노비는 곧 노예라고 해도 틀린 말이 아니다. 그러나 예컨대 미국의 한국사학자인 팔레(James B. Palais) 교수가 주장하듯이 고려와 조선 사회(11-18세기 초)가 '노예제 사회'(노예가 사회 · 경제 구조의 핵심 사항임을 전제로 한다)라고 할 수 있는가는 다른 문제이며, 더 많은 논의가 필요하다.

역사적으로 많은 사회에 노예가 존재했던 것은 분명한 사실이다. 또 노예를 공급하기 위해 근거리 혹은 원거리에서 노예를 사고파는 일 역시 흔히 볼 수 있는 현상이었다. 그러나 근대에 볼 수 있는 정말로 특기할 만한 일은 인종주의에 근거한 대규모의 대륙 간 노예무역이다. 유럽인들이 주도하여 아프리카 대륙으로부터 아메리카 대륙으로 300년이 넘게 지속적으로 노예를 끌고 간 대서양 노예무역은 근대 세계 최대의 비극 중 하나이다. 1천만 명이 넘는 아프리카 흑인들이 송출된 이 현상을 어떻게 이해해야 할까?

사실 아프리카에서는 대서양 너머 아메리카로 노예가 팔려가기 이전에 이미 자체 내에 노예제가 광범위하게 존재했었다. 분명 이것이 대서양 노예무역의 발전과 연관이 있을 것으로 보인다. 이렇게 내부적으로 배태되어 있던 요소가 근대 이후 발달한 외부 요소와 연결되어서 대규모의 대륙 간 노예무역이 형성되었던 것이다. 그러나 아프리카의 기존 노예제와 유럽인이 주도하는 대서양 노예무역은 구체적으로 어떤 관계가 있었을까?

여기에는 두 가지 견해가 있다(Thornton 1998: 73-74).

하나는 아프리카의 희생을 강조하는 견해이다. 로드니(W. Rodney), 러브조이(P. Lovejoy)와 같은 학자들은 대서양 노예무역이 아프리카 내부의 노예제를 심하게 악화시켰다고 주장한다. 이들은 노예무역이 더 많은 전쟁을 불러왔고 사회적 불평등을 심화시켰음을 강조한다.

다른 하나는 아프리카의 '자율성'을 강조하는 소위 '수정주의' 견해이다. 페이지(J. D. Fage)나 엘티스(David Eltis) 같은 학자들로 대표되는 이 견해는 결국 노예무역이 아프리카 사회에 결정적인 악영향을 미치지는 않았다는 주장으로 귀결된다. 기존의 노예제와 노예거래가 유럽인들에 의해 악용되었던 것은 분명하나, 아프리카 사회들로서는 외부의 노예 수요 증가에 대응했을 뿐이며, 사회·경제적 그리고 인구학적 손실도 그리 크지 않았다고 주장한다.

오해를 피하기 위해 우선 두 번째 견해에 대해 약간의 부연 설명을 할 필요가 있을 듯하다.

이 두 번째 견해는 노예무역의 해악을 최소화함으로써 유럽인들의 '죄악'에 대해 면죄부를 주려는 의견으로 보일지 모른다. 그러나 이 견해를 주장하는 사람들의 원래 의도는 그와는 정반대로 유럽중심주의를 수정하자는 것이었다. 아프리카인들의 피해만 강조하다 보면 결국 아프리카인들은 단지 외부 세력에 의해 끌려 가서 속절없이 죽음에 이르는 무능력한 존재로 그려질 뿐이다. 그들은 "유럽인들이 건네주는 술과 구슬을 받고 자신의 아내와 조카를 팔아먹는" 어리석은 인간들로 묘사되고, 노예무역의 해악은 극히 과장되어 아프리카는 일말의 희망도 없는 무지몽매한 대륙으로 그려지며, 끌려 간 노예들은 아무런 의미 없이 죽음을 맞이하는 것으로 서술된다. 그러나 노예무역의 실상이 그처럼 단순하지는 않다. 노예무역은 아프리카의 내부 구조 속에서 나온 것인 만큼 아프리카인들의 참여에 의해 이루어졌으며, 그들은 그런 출혈을 충분히 이겨냈고, 또 아메리카에 송출된 사람들 역시 고난을 이겨내고 결국은 근대 세계의 형성에 특정한 몫을 했다는 점을 강조한다는 것이다. 근대 대서양 문명의 형성에 아프리카인들이 기여한 것은 종교(부두교), 음식(검보 수프, 바비큐 소스 등), 음악(재즈), 언어(여러 종류의 크레올 언어)로부터 벼농사에 이르기까지 여러 수준에 걸쳐 여러 종류를 생각해 볼 수 있다(Manning 1993: 293). 즉 사악한 행위든 희생이든 혹은 문화적 기여든 모든 면에서 아프리카인들 역시 역사의 중요한 주체였음을 밝히는 것이 이들의 의도이다. 물론 그런 좋은 의도에도 불구하고 이 주장이 내포하고 있는 위험성 역시 분명하며 따라서 이런 문제점까지 고려하면서 매우 조심스럽게 이 주제에 접근할 필요가 있다.

1. 아프리카 내부의 노예제와 노예교역

대서양 노예무역은 아프리카 내부의 노예제 및 노예교역을 기반으로 하여 형성되었다고 할 수 있다. 그러나 원래 이 내부 현상들은 인류사상 최악의 인간 착취 현상 중 하나인 대륙 간 노예무역과는 다른 맥락에서 나타난 것이다.

아프리카의 노예제는 다른 문명권과는 다른 법적 · 제도적 구조 속에서 생겨났다. 다른 문명권에서는 대개 토지 소유가 우선적인 요인인데 비해 아프리카의 여러 지역에서는 사람의 소유가 우선적인 요인이었다. 이곳에서는 많은 경우 토지의 사적 소유라는 것이 아예 부재하든지 혹은 기껏해야 2차적인 의미를 가졌다(Thornton 1998: 75-95).

토지 소유권이란 무슨 뜻인가? 유럽의 귀족이 특정 토지를 소유한다고 할 때 실제 그것이 의미하는 바는 결국 그 토지의 생산물을 취할 수 있는 권리를 뜻한다. 즉 토지라는 생산 요소의 일부를 장악하고 그것을 근거로 생산의 결과물 일부를 차지하는 것이다. 그런데 많은 아프리카 사회에서는 이와는 다른 개념이 적용되었다. 어떤 땅에 이미 누군가가 농사를 짓고 있지 않는 한 다른 사람들 — 자유민이든 노예든 — 이 그 땅을 경작하는 것이 허용된다. 이처럼 '토지'는 비교적 자유롭게 접근 가능한 여건에서 지배자는 '사람'을 지배함으로써 생산물을 차지하였다.

개념적으로 아프리카 사회에서 왕은 한 지역을 지배하는 것이 아니라 국민을 지배하는 것이고 그래서 전체 인민들에게 조세를 요구한다. 귀족 역시 이와 비슷하게 토지 소유가 아니라 사람의 소유를 통해 소득을 취한다. 그러므로 아프리카 사회에서 국왕과 귀족은 지주가 아니라 노예주이다. 유럽에서는 영토 정복 전쟁이 자주 일어나지만 아프리카에서는 노예획득(enslavement) 전쟁이 빈번하다.[2] 이처럼 사유 토지 대신 사유 노동이 사회 구성의 근간이 된다는 점이 아프리카사의 중요한 특징이라 할 수 있다.

노예가 되는 데에는 전쟁, 채무, 범죄, 기근 등의 요소를 생각할 수 있다(Adas 1993: 172-177). 전쟁 포로가 노예가 되는 것은 아주 일반적인 현상이었다. 1680년대 세구(Segu)에서처럼 대규모 내전이 벌어졌을 때 포로들이 많이 생겨났는데 이들은 처형되지 않으면 노예로 팔려 갔다. 황금해안 배후지의 아산테 왕국은 이웃 지역과 전쟁을 계속했고, 전쟁 후에도 지속되는 봉기들을 진압해야 했으므로 포로들이 많이 생겨났다. 이 왕국은 이들을 해안 지역에서 노예로

2) 16-17세기의 기록들은 밤에 카누를 타고 마을에 조용히 접근해서 사람들을 잡아가는 전투를 많이 언급한다. 아프리카의 여러 국가들 가운데에서도 규모가 큰 국가들은 영토 전쟁을 자주 했지만 그 이하 중소 국가들(니제르 강 하구 유역의 누페, 이갈라 등 인구 5-15만 정도 국가들이 중급 규모이고, 그 아래 인구가 2-3만 명, 심지어는 3,000-5,000명에 불과한 소규모 국가들이 많이 존재했다)에서는 노예 획득 전쟁이 자주 벌어졌다(Thornton 1998: 104-107).

팔았다. 전쟁 포로를 노예로 파는 정도를 넘어서 아예 노예 획득을 목적으로 하는 전쟁을 하기도 했다. 해안 지역에서 노예 가격이 오르면 주변 지역 지배자들이 포로 획득을 위해 전투를 개시하는 것이다. 이보다 위험이 적은 방식은 범죄인을 노예로 판매하는 것이다. 간통을 저지른 부인을 노예로 처분하는 경우도 알려져 있고, 심지어 젊고 아름다운 부인을 이용해서 희생자를 끌어들여 범죄자로 만든 다음 판매하는 속칭 '꽃뱀'의 사례도 없지 않다. 이런 극적인 일들이 아니더라도 예컨대 기근이 심해서 살기 힘들어졌을 때 버려지는 사람들이 노예가 되는 일도 빈번했다. 1746년과 1754년 세네갈에 대흉작이 들었을 때 많은 노예들이 생겨난 일, 1780년대에 앙골라에서 가뭄으로 극심한 흉작이 벌어졌을 때 노예 매매가 이전 시대에 비해 2배로 늘었고 콩고강 하구에 유럽 각국 노예상들이 몰려들었으며 이때 노예 가격이 하락한 사례 등이 이를 단적으로 보여 준다.

아메리카 대륙에서 노예가 극심한 착취의 대상이었다는 점은 잘 알려져 있다. 아프리카에서도 물론 가혹한 처우를 받는 노예가 많았으나 훨씬 나은 조건 속에서 살아가는 노예들도 적지 않았다. 통상적인 농사일을 하는 노예는 일반 농민들과 다를 바가 없었으며, 상공업 활동에 종사하는 노예들도 많이 있었다. 노예가 행정관료, 군인, 국왕의 조언자가 되기도 하고, 반대로 일반인들이 힘든 일을 하기도 한다. 따라서 많은 경우 노예의 처우는 아메리카의 플랜테이션의 노예와는 비교할 수 없을 정도로 좋았다. 유럽인들의 기록에 이들을 보고 "이름만 노예"라고 했던 이유가 이 때문이다.[3] 지배 집단의 관점에서 보면 대개 토지는 부족하지 않으므로 토지에 투자할 필요가 없는 대신 여유 재산을 노예에 투자하여 노동력을 확보해 둘 필요가 있었다. 이처럼 노예는 투자 대상이고 부의 과시 수단이며 세력을 증대시키는 수단이었다. 따라서 굳이 소모적인 방식

3) 비교적 여건이 좋은 노예로는 군인으로 일하는 노예, 일반 농가에서 주인과 함께 살며 일하는 노예 등을 생각할 수 있다. 대개 처음 끌려온 노예들은 아주 열악한 조건에서 강제 노동을 하지만 다음 세대부터는 조건이 개선되는 경우가 많았다. 문제는 광산 채굴이나 운반 같은 힘든 일을 맡아서 해야 하는 노예들이 계속 필요했기 때문에 지속적으로 새 노예들을 들여와야 했다는 점이다(올리버 2001: 187-188).

으로 노예들을 혹사시킬 이유가 없었다. 그러므로 아프리카에서 아주 보편적으로 사용된 노예는 다른 문명권의 노예와는 성격이 달랐다. "아프리카에 노예가 광범위하게 존재한다"는 말은 분명히 맞지만 신대륙의 플랜테이션에서 받은 인상을 그대로 아프리카에 투사해서는 안 된다.4

노예제는 아프리카 전체에 퍼져 있었고 노예의 확보, 구매, 수송, 판매 등은 사회의 통상적인 요소였다. 그러나 문제는 이들이 다른 대륙으로 팔려 가서 성격이 전혀 다른 노예제로 들어가게 되었다는 점이다. 어쨌든 아프리카 사회에 내재해 있던 인신의 소유와 판매 가능성이 대서양 노예무역의 씨앗으로 작용한 것은 분명하다. 이를 개념적으로 정리하면 사회 내에서 고용되는 내부 노예(domestic slave)가 사회 외부로 판매 · 처분되는 교역 노예(trade slave)가 되었을 때 흔히 인격권이 전적으로 부인된 가산 노예(chattel slave)로 신분이 악화되었다고 표현할 수 있을 것이다. 범죄자나 전쟁 포로가 외부 사회에서 노예가 되었을 때가 전형적인 사례일 것이다. 말하자면 대서양 노예무역은 이 현상의 극단적 형태라 할 수 있다.

일반적으로 최악의 조건을 강요당하는 가산 노예는 외국인 혹은 이방인이기 쉬운데, 대서양 노예무역은 그 경향이 대규모로 확대된 사례이다. 완전한 의미의 이방인을 만들어서 가혹하게 착취하기 위해 '흑인=노예'라는 새로운 개념, 즉 최악의 인종주의가 만들어졌다. 이것이야말로 다른 시대, 다른 사회의 노예제 · 노예무역과 근대 대서양 노예무역의 핵심적인 차이라 할 것이다.

4) 아프리카 내부의 노예들은 여건이 대단히 양호하기 때문에 이들이 노예가 아니라는 주장도 제기되었다. 로드니(Walter Rodney)가 대표적인 학자로서 그는 "유럽인이 도착하기 전에는 아프리카에 노예라는 것이 없었다"고 주장하였다. 이니코리(J. Inikori) 역시 서유럽의 수요가 노예제를 가져왔다고 주장했다. 그러나 이에 대한 반론도 만만치 않다. 페이지(J. D. Fage)는 로드니가 어퍼기니아 해안이라는 한정된 지역을 조사한 결과를 지나치게 일반화했다고 비판하였다. 외부 요인은 단지 흐름을 촉진시킨 것에 불과하며, 아프리카 내부의 시스템은 아프리카인이 스스로 만들었다는 것이다. 그는 외부의 자극을 통해 아프리카의 모든 시스템이 만들어지는 것처럼 보는 것이야말로 아프리카 역사에 대한 부정적인 왜곡이라고 이야기한다. 그는 여행기 기록들을 이용해서 아프리카에 노예 제도가 존재한다는 점을 확인했다(Rodney 1966: 432-443; Fage 1969: 289-310).

1) 대서양 노예무역 이전의 노예거래

아프리카 대륙에서는 아주 오래 전부터 노예교역이 행해지고 있었다. 이 분야의 전문가인 오스틴(Austen 1992: 214-248)은 아프리카 내륙에서 지중해 방향으로 노예를 송출한 노예무역 자료들을 정리하고 수치 계산을 시도한 바 있다. 그가 수집한 기록 가운데 사하라 이남 지역에서 이집트 지역으로 향한 노예무역의 일부 사례들을 예로 들어 살펴보도록 하자.

no.8 1420년 "상부 이집트에서 세금 명목으로 (1,800명의) 노예들을 사로잡아서 카이로로 보냄"

no.11 1560년 "연례 조공으로 흑인 노예들을 팔레스타인을 거쳐서 이스탄불로 보냄"

no.12 1570년대 "카이로에서 장이 서는 시기에 수천 명의 흑인 노예가 매매됨"(프랑스 여행자 피농(Pinon)의 언급)

no.13 1581년 "카이로의 시장에서 한 번에 400명 이상의 노예들이 거래되며 대부분 흑인임"(프랑스 여행자 팔레른(Palerne)의 언급)

no.16 1588년 "매년 캐러반이 많은 흑인 노예들을 이집트로 들여오는데 여기에서 오토만 제국의 여타 지역으로 재수출됨"(독일 여행자 카이헬(Keichel)의 언급)

no.22 1665-1666년 "매년 이집트에 3,000-4,000명의 노예들이 유입되며, 카이로 시장에서 하루에 800-1,000명의 노예들을 볼 수 있음"(에스파냐-벨기에 여행자 곤잘레스(Gonzales)의 언급)

no.29 1768-1798년 "이집트의 노예 수입의 최대치는 3,000-4,000명임"(카이로의 노예시장 감시인)

이 사례로부터 우리는 몇 가지 중요한 사실들을 파악할 수 있다.

우선 아프리카 자체 내의 노예무역이 대단히 오래 전에 시작되어 장기간 지속되었다는 점, 노예무역의 규모가 시기에 따라 오르내린다는 점을 알 수 있고, 언급된 코멘트들을 통해 소략하나마 노예무역의 여러 양상들을 짐작할 수 있다. 예컨대 캐러반을 통해 많은 흑인 노예들이 카이로 시장에 유입되어 거래되고, 이 가운데 상당수가 다시 외국으로 재수출된다는 점을 알 수 있다.

카이로의 노예 시장 흑인 여자 노예의 매매를 위해 검사를 하는 모습(Renault 1985: 42)

그의 연구를 통해 수량적인 파악도 가능할까? 그는 자신이 수집한 자료들을 종합하여 〈표 11〉과 같은 추산치를 제시하였다. 그러나 사실 그가 이용한 자료를 통해서는 개략적인 짐작을 할 수는 있으나 정확한 수치를 얻을 수는 없고 다만 '크기의 규모(ordre de grandeur)'를 알 수 있는 정도이다. 〈표 11〉에 따르면 1400-1900년 기간 동안 이집트 지역으로 향한 노예무역의 '규모'는 약 160만 명 수준이다.

표 11. 이집트의 노예무역(1400-1900)

연도	연평균	소계
1400-1820	3,000	1,260,000
1820-1829	5,000	50,000
1830-1839	10,000	100,000
1840-1849	5,000	50,000
1850-1859	3,500	35,000
1860-1869	10,000	100,000
1870-1877	2,000	16,000
1878-1900	500	11,000
총계	1,622,000	

출처: Austen(1992: 219).

이상에서 이집트의 경우를 예로 들어 보았는데, 오스틴은 마찬가지 방식으로 북아프리카 각 지역 그리고 동쪽의 아시아 여러 지역으로 팔려 간 노예의 추산치를 차례로 구하였다. 그 결과를 종합해 보면 7세기부터 19세기까지 사하라 사막을 넘어 북쪽으로 강제 송출된 노예는 모두 940만 명으로 추정되며, 이 가운데 25% 정도의 사람들이 죽거나 사막 내의 오아시스 공동체에 남게 되었고, 그 나머지 사람들은 모로코나 이집트로 끌려 갔다. 또 같은 기간 중에 약 500만 명이 홍해를 건너 아라비아반도로, 또 인도양을 건너 서남아시아 여러 지역으로 송출되었다. 이 모든 사항들을 다 더해서 그는 아프리카 대륙을 횡단하는 노예무역의 전체 규모를 1,440만 명으로 추산했다. 이 수치는 아래에서 언급할 대서양 노예무역의 노예 송출 수치와 비교해 볼 필요가 있다. 여기에서 우리는 북부아프리카와 아시아로 끌려 간 노예의 수가 사실은 신대륙 방향의 대서양 노예무역과 비슷하거나 더 많다는 매우 충격적인 결론에 이르게 된다. 물론 오스틴의 연구 방법이 안고 있는 문제점 때문에 이 수치의 정확성에 대해 확신할 수 없는 형편이다. 그러나 대서양 노예무역 이전 시기부터, 또 그 이후 시기까지도 아프리카 내륙과 바다를 건너 북쪽과 동쪽으로 막대한 규모의 원거리 노예무역이 수행되었다는 점은 분명히 기억해야 할 중요한 사실이다.

그렇다면 다음에 제기되는 문제는 북쪽과 동쪽 방향의 노예무역의 성격이 어떠한가, 그리고 대서양 노예무역과의 차이는 무엇인가 하는 점이다. 이 문제에 대한 답을 구하기 위해서는 팔려 간 노예들이 어떤 용도에 쓰였고 어떠한 대우를 받았느냐 하는 점이 매우 중요한 사항이며, 따라서 노예 수입 지역에 대한 연구 사례들을 검토해 봐야 한다. 이 문제에 대해서는 아직 연구 성과가 부족한 형편이지만 몇 가지 사례들을 통해 중요한 양태들을 파악할 수는 있다. 일례로 오토만 제국 지배하의 키프로스에 대한 제닝스의 연구를 보도록 하자(Jennings 1987).

그는 사법 기록을 검토하여 몇 가지 중요한 사실들을 밝혀냈다. 많은 노예들이 수단[5] 출신으로 알려졌는데, 이들은 아랍 무슬림 상인들이 캐러반을 이용하여 카이로에서 나일강을 따라 서쪽으로 가서 구입한 노예들이다.[6] 또 키프로스에서는 노예해방이 비교적 빈번했는데, 이는 코란에 노예해방이 자비로운 행태로 기록되어 있어서 그 영향을 받은 것으로 보인다.[7] 노예들의 '용도'에 대해서 제닝스는 이렇게 정리한다: 백인 여성은 첩이 되는 반면 흑인 여성은 대개 가사를 맡고 일부만이 첩이 되었다. 백인 남성은 도시 상공업 분야에 종사하되 일부 가사를 담당하지만, 흑인 남성은 주로 가사를 담당한다.

연구의 대상이 되는 자료가 충분히 크지 않기 때문에 단정짓기 힘들지만, 어

5) 다르푸르(Dar Fur)와 신나르(Sinnar) 지방의 백나일과 청나일이 합쳐지는 지역 근처이다.

6) 주의해야 할 점은 오토만 제국에는 아프리카만이 아니라 주변 여러 지역들로부터 노예들이 들어왔다는 사실이다. 이 연구에서도 노예 출신지를 보면 러시아, 왈라키아, 헝가리, 그루지아, 크로아티아, 그리스 등 제법 다양하다. 그 가운데 가장 큰 비중을 차지하는 것은 아프리카 흑인 노예들이다(Jennings 1987: 295).

7) 해방된 흑인들의 이름을 보면 모두 무슬림으로 보인다. 이는 사람들의 이름을 기록하는 관행에서 추론할 수 있다. 서기들이 이름을 기록할 때 무슬림은 ibn, bn(=son of)을 쓰고 비무슬림은 veled를 쓰며, 또 자유민은 nam kismene를 사용하는데, 흑인 노예의 경우에는 nam zenci를 쓴다. 예를 들어 Mustafa bn Mehmed nam kismene(무스타파 븐 메흐메드라는 자유민, 즉 무슬림) 같은 식이다. 이런 자료를 통해 많은 흑인 노예들이 이슬람교를 받아들인 다음 해방된 것을 확인할 수 있다(Jennings 1987: 298-299).

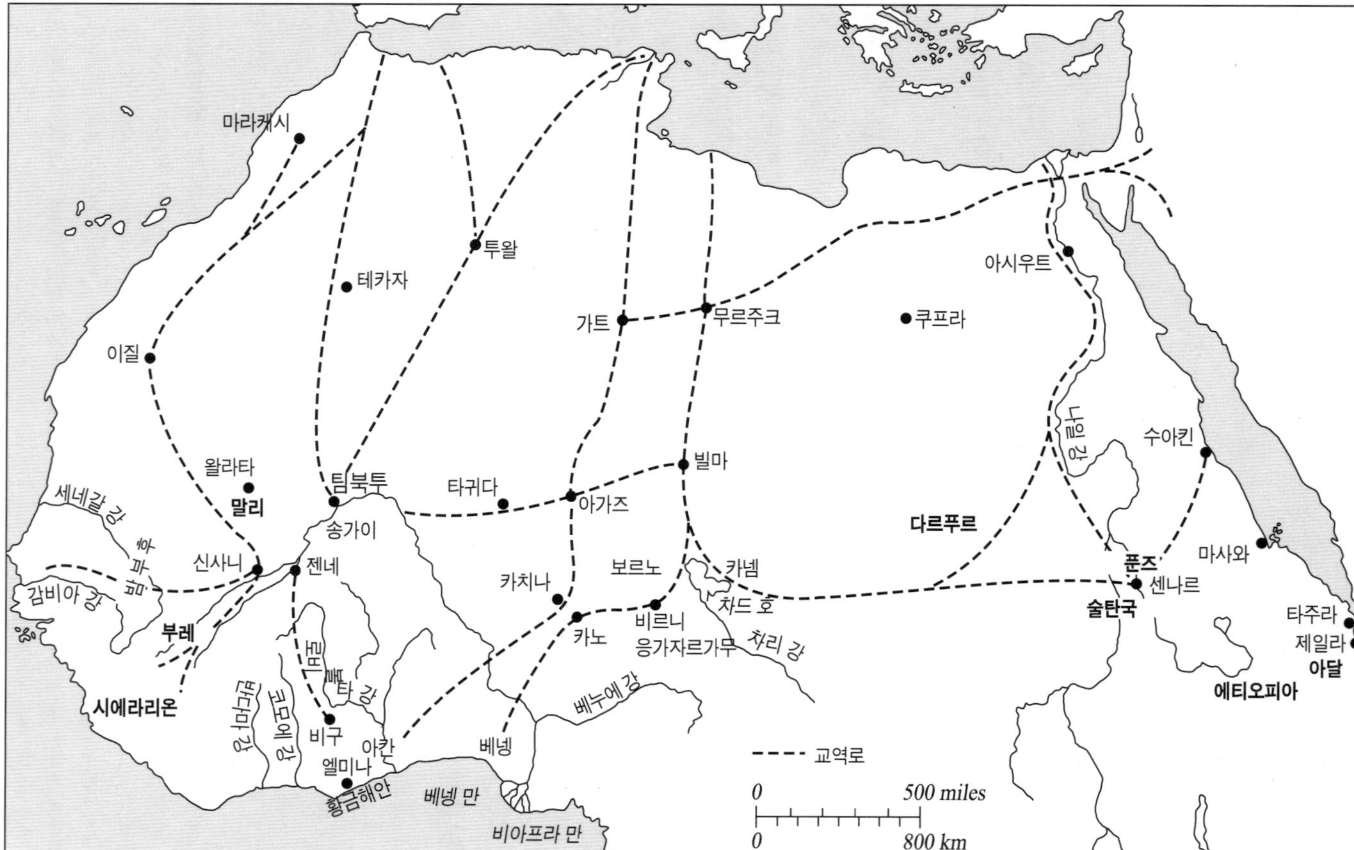

16세기 북아프리카 이슬람권의 노예무역(Walvin 2005: 26)

쨌든 이 연구에서 우리가 받는 인상은 오토만 제국의 영토 내로 아프리카인 노예들이 상당히 많이 들어왔으며, 그들은 대개 가내 노예 혹은 다양한 직종의 하급 일을 맡아서 할 뿐 아메리카의 플랜테이션에서처럼 대규모 강제 노역을 하지는 않는다는 점이다. 대체로 이것이 아프리카 북쪽과 동쪽으로 향하는 노예무역의 성격에 대한 일반적 설명이라 할 수 있다. 즉 대서양을 건너 신대륙으로 갔던 노예들과는 달리 '하인' 유형의 노예들이 많았으며 그 가운데에는 '성적인 봉사'를 강요받는 경우도 많았고, 전체적으로는 비교적 '부드러운' 노예제였다는 것이다. 대서양 노예무역과 아메리카의 플랜테이션의 가공할 상황과 비교하면 '상대적으로는' 그런 주장을 할 수도 있다. 그러나 이 방면의 노예무역 역시 끔찍한 일이었다는 점은 분명하다.

2) 인도와 페르시아

인도와 페르시아 방면의 원거리 노예무역에 대해서는 비교적 많은 사실이 알려져 있다.

과거에 인도에 있는 이슬람계 아프리카인들 공동체를 합쉬(habshi)라고 불렀는데, 이들의 조상들은 아랍 상인에 의해 노예로 팔려 왔거나 이웃 국가의 노예군인으로 들어왔을 것으로 추정된다. 그들 대부분은 아마도 아비시니아인이었을 것이다. '합쉬'라는 말은 원래 '아비시니아'에서 유래했지만, 나중에는 더 넓은 의미로 모든 흑인들을 지칭하게 된 것으로 보인다.[8] 그러나 사실 이븐 바투타의 여행기 외에는 이들에 대한 기록이 그리 많지는 않다. 그는 합쉬들이 "인도 전역에 존재"하며, 많은 경우 군인이 되지만 때로는 지방 태수나 유력한 환관이 되기도 하고 큰 권력을 잡기도 했다고 기술한다. 1459-1481년 동안 벵

8) 포르투갈인들은 '합쉬'라는 말을 반투족 혹은 수단계 흑인들을 지칭하는 용어로 사용했다. 한편 '시디(sidi)'라는 말도 있는데 엄밀히 이야기하면 이 말은 인도 서안의 아프리카 출신 항해인들을 가리키는 반면 '합쉬'는 인도 내륙에 거주하는 아프리카 출신 사람들을 가리켰다. 그러나 나중에는 두 용어가 혼용되었다(Irwin 1977: 137).

골의 샤가 8,000명의 아프리카 출신 노예들을 거느리고 있다거나, 아흐마다바드(Ahmadabad)에 5,000명의 합쉬들이 공직에 있다는 1537년의 기록 같은 것이 그런 예들이다. 이를 보면 합쉬들이 상당히 많이 들어와서 군인, 각종 공직자, 하인 등 다양한 종류의 노동을 제공했다는 것을 알 수 있다(Pescatello 1977: 27-29).

원래 아프리카인들을 인도로 들여온 사람들은 아랍 상인들이었다. 그들은 동아프리카 해안의 소팔라로부터 소말리아에 이르는 지역에서 노예무역을 하였다. 아프리카화된 무슬림들이 내륙 지역의 반투족과 거래를 하면서 인도의 구슬과 직물을 주고 아프리카의 황금이나 상아와 함께 노예를 받아 간 것이다. 그런데 유럽인들이 인도양에 들어온 이후에도 이 지역의 아프리카인 노예무역이 중단되지는 않았다. 유럽인들은 무슬림 상인들을 노예화해 버리고 그들 자신이 반투족과 거래하였다. 유럽인들이 아프리카 동해안 지역의 노예들을 인도로 데리고 온 기록들을 보면 결국 유럽인들이 이전의 노예무역을 그대로 이어받았다고 할 수 있다.9

인도에 들어온 아프리카인들의 처지는 어떠했을까? 그들은 분명 가산 노예는 아니었다(Pescatello 1977: 37-42). 이들은 물론 종속적인 강제 노동을 해야 했지만 아메리카에 끌려 간 흑인 노예와는 사정이 달랐다. 이들은 우선 군인으로 많이 고용되었다. 특히 고아와 실론에서는 군사력을 아프리카 노예들에 크게 의존했다. 아프리카 출신 노예들은 그 외에도 여러 다양한 하급 직종의 일들을 맡아서 했다. 이 점은 피에트로 델라 바예(Pietro della Valle)라는 인물이 남긴

9) "From Mosambique great numbers of these Caffres are carried into India, and many times they sell a man or woman that is growne to their full strength for two or three Dukats... the cause why so many slaves and captives of all nations are bought to sell in India, is, because everie ten or twelve miles, or rather in every Village and towne, there is a severall King, one of them not like another... are in warres, and those that on both sides are taken they keep for slaves..."(*Linschoten Voyage* (London Hakluyt, I, 1885), I, pp.70-71, 264-265, Pescatello(1977: 30)에서 재인용).

가마 타는 여인들 가마를 탈 때는 비단옷 입은 흑인 노예들을 가마꾼으로 썼다(Chandeigne 1996: 158).

고아에 대한 기술을 보면 알 수 있다. 이 도시에서는 상품 거래가 이루어지는 중앙 광장에서 노예가 매매되었는데 노예판매자는 노예들의 능력, 기술, 힘, 건강 등을 과시하고, 구매자들은 여러 질문을 던지면서 노예들을 머리부터 발끝까지 자세히 살펴보았다. 노예들 역시 주인이 바뀌는 이 시점에서 최선을 다해서 구매자의 욕구를 부추기려고 했다.

그의 기록에 의하면 아프리카인만이 아니라 인도의 여러 지역 출신들 노예도 존재하고, 때로는 아주 아름다운 백인 소녀들도 있다. 그러나 "여자 노예 가운데 가장 마음에 끌리는 노예들은 모잠비크의 카피르들(Cafres de Moçambique) 등 아프리카 출신 노예들이었다. 이들은 아주 짙은 피부색과 곱슬거리는 머리카락을 가지고 있는데, 이들은 기니의 흑인 여자들(negressses of guinea)이라고 불렸다." 이런 기록을 보면 많은 아프리카 출신 여성들이 성적 욕구의 대상이 되었던 것으로 보인다.

인도에 들어온 유럽인들은 이 상태를 그대로 물려받았다. 포르투갈의 하급귀족(fidalgo)들은 많은 노예들을 소유하고서 온갖 잡다한 일들을 시켰다. 포르투갈인들은 양산 받쳐 주는 노예들을 동반하고 길거리에 나서고, 여성들은 가마를 탈 때 비단옷을 입은 흑인 노예 4명을 가마꾼으로 썼다. 마드라스의 포르투갈인들은 "밤이나 낮이나 십여 명의 여자 노예들(mosses)이 온몸을 마사지하고 주무르지 않으면 쉴 수 없었다." 어떤 시기에는 흑인 노예들이 '사치품' 혹은 권위의 과시용으로 쓰이기도 했다.

신부들은 흑인들의 "고통과 고생"이 너무 심하다는 기록을 남겼고 국왕에게 그들을 보호해야 한다고 건의했지만 실상 그들 역시 노예들을 많이 부리고 있었다. 이런 이중적인 태도는 상인들도 마찬가지였다. 노예해방은 그리 흔하지 않았다. 흑인들이 설사 기독교로 개종한 다음에도 대개는 다른 사람들에게 판매해 버렸던 것이다.

아시아의 포르투갈인들 사회에 수없이 많은 흑인 노예들이 존재했다는 사실은 여러 기록에서 확인할 수 있다. 고아에 있는 산타 모니카 수녀원에서는 이곳에 배치된 120명의 노예들만으로는 부족하다고 불평했다. 장인들도 15-20명의 여자 노예들을 소유하고, 재판관과 법률가들은 85명의 여자 노예들을 거느리고, 부유한 귀부인은 심지어 300명 이상의 노예들을 거느리기도 했다![10]

10) 이탈리아인 여행자 카레리(Careri)는 17세기 인도에 아프리카 출신 노예들이 많다는 기록을 남겼다: "There are also abundance of Cafres and blacks; for there are Portuguese that keep thirty, or forty, and the least six or twelve; to carry their umbrella, and Andora, and other mean Employments; nor are they at any other charge to keep them, but a Dish of Rice at noon, and another at Night for they have no other Garments but what they brought out of their

이처럼 많은 노예들을 고용할 수 있었던 데에는 아프리카에서 끊임없이 흑인 노예들이 유입되어서 노예 가격이 매우 저렴했기 때문이다. 아프리카 동해안에서 인도 서해로 노예를 송출하는 현상은 19세기까지도 계속되었다(Pescatello 1977: 46).

이 연구 결과들을 종합하면 다음과 같이 정리할 수 있다.

첫째, 인도에서는 아주 오래 전부터 아프리카 흑인 노예들이 사용되었으며, 포르투갈인들이 들어온 다음에도 이 현상은 계속되었다. 둘째, 아프리카인들은 많은 일들을 할 수 있으므로 교역에서 높은 가치를 지녔다. 흑인들은 때로는 권위의 과시 용도로 쓰이기도 하고 때로는 성적 착취(amorous duties)에 이용되기도 했으나 가장 일반적인 지위는 '군인'과 '하인'이었다고 말할 수 있다. 그들은 때로 가혹 행위를 당하기도 했지만, 다른 지역과 비교해 보면 비교적 나은 대우를 받은 셈이다.

지금까지 살펴본 연구들은 아프리카의 동쪽과 북쪽으로 향하는 기존의 노예무역이 대서양 노예무역에 비해 비교적 온건한 성격이었다는 점을 강조하는 경향이 크다. 그러나 이때 온건하다는 것이 과연 어느 정도인지에 대해서 다시 생각해 볼 필요가 있다. 최근의 연구들은 이 방면의 노예무역과 노예제가 결코 인간적이지는 않았다는 점을 보여 준다(Pétré-Grenouilleau 2003: 52-55). 사실 사하라 사막을 통과하는 노예무역의 참상은 대서양 노예무역에 비해 별반 차이가 없었다. 2-3개월 정도 걸리는 여행 기간은 대서양 항해 기간과 거의 일치한다. 밤과 낮 사이의 큰 일교차, 비적 떼의 습격, 모래폭풍 등의 험한 조건 속에서 노예 수송 캐러반은 수천 km를 이동해야 했다. 1875년 벵가지(현 리비아) 주재 영국 특사는 "이 가련한 사람들은 12시간 동안 물 한 잔과 한 줌의 옥수수만 먹으며 타는 듯한 불볕 아래에서 벌거벗은 채 위도 23도를 걸어서 주파했다"라고 기록했다. 이런 상황에서 사망률이 20%나 되는 것은 당연한 일이

Mothers Wombs."(Pescatello 1977: 43-44)

었다.

아메리카 플랜테이션과 비교해서 인종주의가 상대적으로 덜 심했다는 기존의 주장 역시 재고할 필요가 있다. 흑인들이 맡은 일을 잘 하도록 만들려면 감시하고 위협하고 체벌을 가해야 한다는 주장이 아무런 거리낌 없이 제기되었다. 이 문제를 연구한 위베르 데샹(Hubert Dechamps)은 차드를 예로 들며 "경멸의 위계(hierarchie du mépris)"라는 용어를 사용했다. "북부의 백인 아랍인은 중부의 흑인 아랍인을 경멸하고, 흑인 아랍인들은 바기르미 지역의 이슬람 흑인을 경멸하며, 또 이슬람 흑인들은 남부의 이교도 흑인들을 경멸한다."[11]

노예들이 비교적 편한 가내 노예로만 사용된 것이 아니라 강제 노역을 한 사례들 또한 알려져 있다. 무슬림 상인들에 의해 잔지바르(아프리카 동해안의 섬)로 보내진 흑인 노예들은 중소 규모의 경작지나 대규모 플랜테이션의 농업 활동에 고용되어서 정향, 코코넛, 벼, 고구마, 사탕수수를 재배했다. 이곳에서 노예들의 연 사망률은 무려 20-30%에 달했다.

아시아 지역에 들어온 흑인 노예들이 '강제 집단 노동자'로 사용된 사례 역시 없지 않다(다만 현재 알려진 사례는 비교적 후대의 일이다). 18-19세기에 동아프리카로부터 이란으로 송출된 노예가 그런 사례이다. 이 시기에 이란에서는 제국 지배 질서가 깨지고 소영주의 세력이 증대했으며 영국의 지배권이 확대되었다. 이와 같은 변화 가운데 진주, 대추야자, 면, 원모, 아편 등의 수출이 확대되었고 따라서 많은 노동력이 필요하게 되었다. 바로 그 노동력을 공급한 것이 동아프리카 출신의 흑인 노예들이었다. 따라서 이때 흑인 노예는 '하인'이 아니라 '강제 노동자'로서 들어온 것이다. 이들은 농업 노동자, 관개사업 노동자, 진주잡이 잠수부 등으로 일했다(Ricks 1988: 60, 65).

동아프리카에서 이란으로 들어온 노예 노동력 수치를 정리하면 〈표 12〉와 같다.

---

11) Hubert Deschamps, *Histoire de la traite des Noirs*, Paris, 1970, Pétré-Grenouilleau(2003: 55)에서 재인용.

표 12. 동아프리카에서 이란으로 송출한 노예

연도	연 수입(명)	총수입(명)	증가 비율(%)
1722-1782	500-600	30,000-36,000	0
1782-1842	800-1,000	48,000-60,000	60-66
1842-1872	2,000-3,000	60,000-90,000	300-400
1872-1902	50-100	1,500-3,000	–90 - –84

출처: Ricks(1988: 67).

비교적 단기간에 걸친 현상이긴 하지만 이는 아시아 방면으로 항상 '하인' 유형의 노예만 들어온 것은 아니며 여건에 따라 아메리카에서와 같은 집단 노동력으로서 흑인 노예들이 유입되기도 했다는 점을 보여 준다.

이상의 연구들을 통해 볼 때 우리는 다음과 같은 점들을 확인하게 된다. 첫째, 아프리카 사회 구조 내에 노예제가 깊이 뿌리박고 있었으며, 둘째, 대서양 노예무역 이전부터 (그리고 그 이후 시기까지도) 아프리카 내륙 북부 지역이나 지중해 방면 혹은 인도양 방면으로 향하는 원거리 노예무역이 존재했다는 사실이다. 근대 대서양 노예무역은 분명 이와 같은 여건을 배경으로 해서 발달한 것으로 보인다. 그러나 동시에 우리가 지적할 사실은 기존의 노예무역과 대서양 노예무역의 성격이 확연히 다르다는 점이다. 그러므로 기존 노예무역이 자연스럽게 확대 · 발전해서 대서양 노예무역이 되었다고 보기는 힘들다. 사상 유례 없이 비극적인 성격의 노예무역이 만들어진 데에는 새로운 세계 경제 체제의 형성과 관련이 있다.

2. 근대 대서양 노예무역

유럽인이 처음 아프리카인을 포획 · 노예화한 것은 1441년에 포르투갈인들이 모리타니아 해안에서 10명의 주민을 잡아간 때이다.[12] 한 번 노예무역의 가능성이 확인되자 급격한 변화가 뒤따랐다. 곧바로 3년 뒤에 300명의 아프리카인이 리스본으로 끌려 간 것이다. 포르투갈은 1482년에 상·호르헤델미나에 요새화된 상업 기지를 건설해서 노예무역의 본부로 삼았다. 이렇게 해서 근대 최대의 비극이 본격적으로 진행되었다.

1) 수치 계산

대서양 노예무역을 이해하는 데에 가장 기본적인 사실은 과연 몇 명의 노예들이 대서양을 건너 아메리카 대륙에 도착했는가 하는 점이다. 이는 우선 그 자체로서 흥미로운 문제일 뿐 아니라 노예무역의 다른 여러 문제들을 설명해 나가는 기본 출발점이기도 하다. 이 문제에 대해 연구자가 어떤 수치를 제시하는가를 보면 그의 입장이 어떤 것인지 대개 짐작할 수 있을 정도로 이 수치는 중요한 의미를 띤다. 이 문제가 많은 연구자들의 치열한 논쟁거리가 되었던 것도 그런 이유에서이다.

현재 송출 노예 수에 대한 정설은 아프리카 해안에서 배를 타고 '출발'한 사람을 기준으로 1,100만 명이다.[13] 송출 노예 수치는 대서양 노예무역 연구사의 핵심 사항인 만큼 이전의 연구들을 간략히 일별해 보는 것도 흥미로운 일이다. 그동안 제시된 추산치는 400만 명에서부터 1억 명까지 다양하지만 그중 비교적 의미 있는 연구 결과들을 정리하면 〈표 13〉과 같다.

이 가운데 가장 중요한 것은 커틴(Curtin)의 연구(표의 5번)이다. 1969년에 출판된 그의 책은 노예무역 수치에 관한 연구에서 한 획을 그은 중요한 저작으로 평가된다. 그 이전의 연구들이 박약한 근거 위에서 무리한 추산을 했던 반면 커틴은 비교적 엄밀한 방법론을 사용하여 상당히 설득력 있는 수치를 제시하였다. 그의 연구 결론은 1451-1870년의 기간 중에 아메리카 대륙과 일부 대서양

12) 이 시기에 대한 일반적인 서술 자료로는 de Zurara(1936)가 있다.

13) 아래에서 소개할, 1999년에 케임브리지대학에서 출판된 새로운 자료집을 이용한 연구 결과이다.

표 13. 대서양 노예무역 수치에 관한 기존 연구들(1450-1867)

출처	도착	출발(10%)*	출발(15%)*	출발(20%)*
1. Owen	15,520,000	17,244,000	18,259,000	19,400,000
2. Dunbar	13,887,500	15,431,000	16,338,000	17,359,000
3. Kuczynski	14,650,000	16,278,000	17,235,000	18,313,000
4. Deerr	11,970,000	13,300,000	14,082,000	14,963,000
5. Curtin	9,566,100	10,629,000	11,254,000	11,957,600
6. Inikori	13,392,000	15,400,000		
7. Rawley	11,345,000	12,606,000	13,348,000	14,181,000
8. Lovejoy	9,778,500	11,642,000		

* 괄호 안의 수치(10, 15, 20%)는 해상에서 사망한 노예의 비율 가정치.
출처: Lovejoy(1982: 496), tab.8.

지역에 '도착' 한 흑인들 수가 약 950만 명이라는 것이다(Curtin 1969).

그 이후 수십 년 동안 이 수치를 놓고 많은 연구자들이 치열한 논쟁을 전개했다.[14]

커틴에 대한 가장 강력한 비판자 중 한 사람은 이니코리(Inikori)로서 그는 커틴이 추산치를 너무 낮게 잡고 있다고 비판하였다. 이니코리의 여러 연구들은 유럽인들의 사악한 행위를 비판하는 성격이 강하며, 그래서 아프리카의 피해를 가급적 크게 잡으려는 경향이 있다. 그 외에도 여러 학자들은 대체로 커틴의 방법론을 받아들이되 부분적인 자료들을 더 정밀하게 연구하여 얻은 결과를 바탕으로 수정치를 제시하였다. 예컨대 스타인(Robert Stein)은 18세기 프랑스 노예무역에 대해서 커틴보다 21.4% 높은 수치를 제시했고, 앤스티(R. Anstey)는 1761-1807년 기간 동안 영국 노예무역에 대해 10.3%, 그리고 노예무역 전체에 대해서는 18.3% 더 높은 결과를 제시하였다(Lovejoy 1982: 474-475).[15]

14) 이하 논쟁의 전개에 대해서는 Lovejoy(1982)를 중심으로 정리하였다.

15) 『아프리카 역사 저널(*Journal of African History*)』이 1976년에 이 문제를 특집으로 정하여 이니코리, 커틴, 앤스티, 드레셔(Seymour Drescher) 등 여러 학자들이 논쟁에 참여하였다. *Journal of African History*, vol.16 (1976).

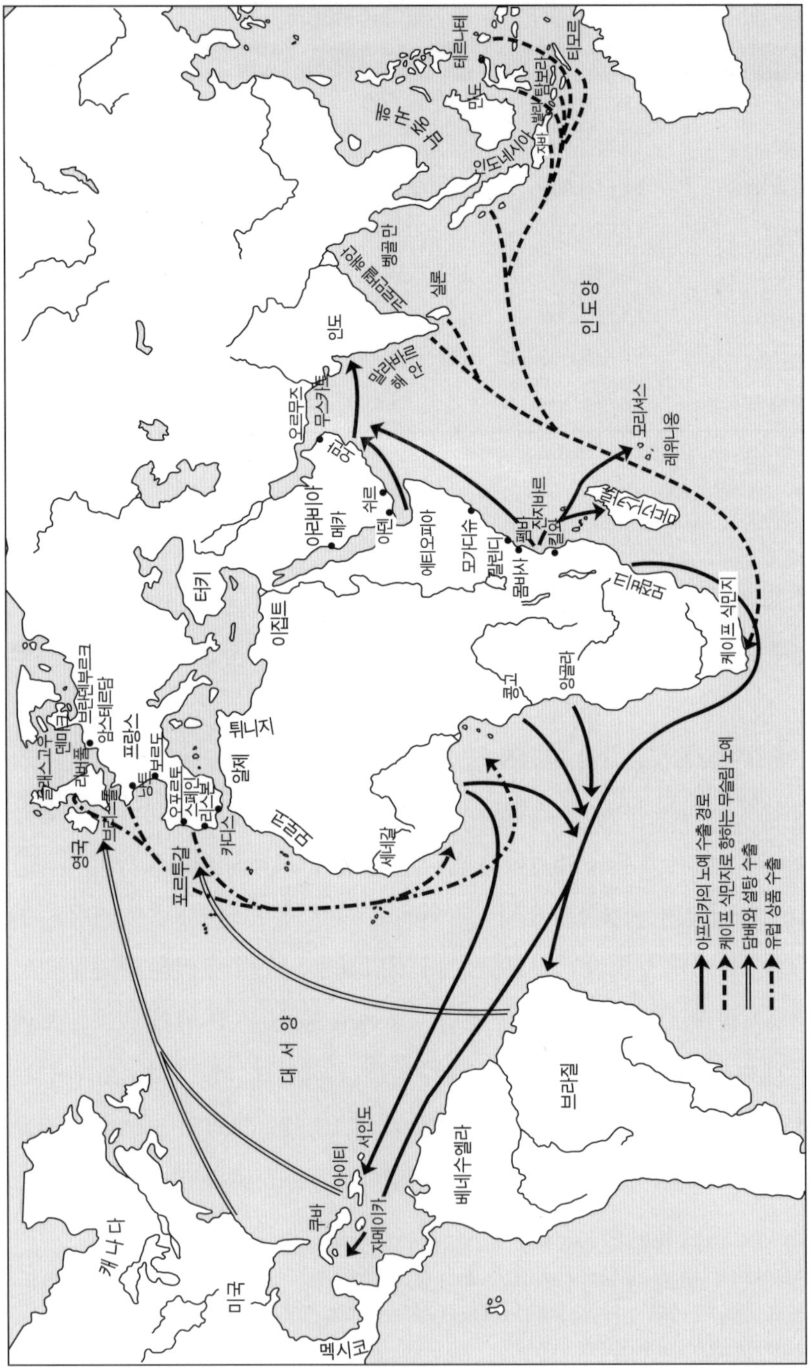

1800년경 대서양과 인도양의 노예무역(Walvin 2005: 68)

이렇게 많은 연구자들이 커틴의 수치를 비판했는데, 최종적인 결과가 매우 흥미롭게 나타났다. 서로가 서로의 차이를 상쇄한 것이다! 어떤 학자가 한 부문에서 커틴의 수치가 너무 낮다고 주장하면, 다른 학자는 다른 부문에서 커틴의 수치가 너무 높다고 주장하는 식이다. 전반적으로 커틴의 수치는 18세기 것이 너무 높고 19세기 것은 너무 낮다는 평가를 받는다. 이 점에서도 역시 두 시기에 대한 수정치가 서로 상쇄하는 결과를 가져와서 이를 종합하면 원래 커틴이 제시한 수치와 20만 명 정도의 차이밖에 나지 않는다. 그리하여 20세기 말까지 "약 950만 명 도착"이라는 그의 수치는 변함없는 정설의 위치를 유지하였다.

2) 새로운 자료와 새로운 추산

이런 논쟁은 1999년에 케임브리지대학에서 새로운 자료집을 CD 형태로 내놓으면서 완전히 다른 차원으로 전개되었다(Eltis et al. 1999). 이 자료는 약 2만 6,000회의 노예무역 항해 기록들을 분석하여 그 내용을 전산화한 것이다. 그 결과를 보면 총량에서는 앞에서 제시한 커틴의 수와 큰 차이가 없으나 훨씬 더 흥미로운 분석 내용들을 얻을 수 있다.

〈표 14〉는 노예 송출 총량과 함께 시기별 변화 그리고 노예무역을 수행한 국가별 비중을 나타낸다.

여기에서는 1519-1867년 기간 중 약 1,100만 명이 아프리카 해안을 떠난 것으로 집계되었다. 커틴은 약 950만 명이 아메리카의 여러 지역에 '도착'한 것으로 제시했는데, 대서양 항해 중 노예들의 사망률을 12-15%로 잡았으므로 이 점을 감안하면 그 역시 아프리카 해안을 떠난 노예의 수를 약 1,100만 명으로 제시한 셈이다. 놀랍게도 커틴의 수치는 전혀 새로운 자료와 방법론을 통해 얻어낸 수치와 다시 일치하게 되었다.

노예 송출 수의 변화를 시기별로 보면 18세기 2/4분기부터 급증하여 19세기 2/4분기까지 높은 수준을 유지한 것을 알 수 있다. 이 시기에는 매 25년마다

표 14. 아프리카 노예의 송출 (단위: 천 명)

연도	영국	프랑스	에스파냐	네덜란드	미/서	덴마크	포르투갈	합 계	연평균
1519-1600	2.0						264.1	266.1	3.3
1601-1650	23.0			39.9			439.5	502.4	4.1
1651-1675	115.2	5.9		59.5		0.2	53.7	234.5	9.4
1676-1700	243.3	34.1		97.4		15.4	161.1	551.3	22.1
1701-1725	380.9	106.3		74.5	11.0	16.7	378.3	967.7	38.7
1726-1750	490.5	253.9		76.4	44.5	7.6	405.6	1,278.5	51.2
1751-1775	859.1	321.5	1.0	118.2	89.1	13.4	472.9	1,875.2	75.0
1776-1800	741.3	419.5	8.6	34.2	54.3	30.4	626.2	1,914.5	76.6
1801-1825	257.0	217.9	204.8	1.3	81.1	10.5	871.6	1,644.2	65.8
1826-1850		94.1	279.2				1,247.7	1,621.0	64.8
1851-1867		3.2	23.4				154.2	180.8	10.6
전체 기간	3,112.3	1,456.4	517	501.4	280	94.2	5,074.9	11,036.2	30.4
%	28.2	13.2	4.7	4.5	2.5	0.9	46.0	100.0	

미/서 = 미국, 영국령 서인도제도
포르투갈 = 포르투갈과 브라질
출처: Postma(2003: 36), Table 3.1.

약 128만 명부터 190만 명까지 대서양을 건넜는데, 이를 연평균으로 계산하면 5만 명부터 7만 6,000명에 이른다.

국가별로 보면 포르투갈(브라질 포함)이 전체의 46%로서 압도적으로 큰 비중을 차지한다. 영국은 총량에서는 28.2%로서 2위를 차지했지만 핵심 시기인 1651-1800년 기간 중에는 1위였다. 전체 총량에서 포르투갈이 1위를 차지한 것은 19세기에 들어서 영국을 비롯한 주요 국가들이 노예무역을 중단하여 포르투갈의 교역이 갑자기 증가했기 때문이다. 그 외에 프랑스가 13.2%로서 3위를 차지했고, 나머지 국가들은 모두 5% 미만의 비중을 차지한다.

한 가지 특기할 점은 에스파냐의 비중이 대단히 낮다는 점이다. 노예를 수입하는 지역이 주로 에스파냐 식민지임에도 정작 에스파냐의 노예무역 비중이 낮은 이유는 무엇일까? 그것은 에스파냐가 아시엔토를 통해 다른 국가에게 노예 무역을 위임했기 때문이다. 1595년에 처음 도입된 이 제도는 1년에 일정한 수의 — 대체로 수천 명 수준이었다 — 노예를 에스파냐 식민지에 공급한다는 내용의 계약이었다. 처음에는 포르투갈의 수송업자들이 거의 전적으로 이를 맡아서 처리했다. 그러나 1640년에 포르투갈이 에스파냐와의 병합 상태로부터 벗어나 독립을 되찾으면서 양국 관계가 극히 악화된 이후 다른 국가들이 아시엔토를 이어받았다. 1664년부터 1692년까지 네덜란드 서인도회사가 계약을 맺었고 프랑스가 그 뒤를 이어 잠시 이 업무를 수행한 다음 1713-1750년까지 영국 회사들이 이를 물려받았다. 에스파냐는 19세기에 가서야 아프리카에 자체 거점을 마련하여 노예를 스스로 조달하였다(Postma 2003: 9).

다음으로 아프리카의 노예 송출 지역을 살펴보자. 〈표 15〉를 보면 44.2%가 중서부 아프리카에서 출발했으며 베넹 만, 비아프라 만, 황금해안이 각각 18.4%, 13.7%, 9.4%를 차지한다. 그래서 현재의 세네갈에서부터 카메룬에 이르는 해안 지역이 노예무역의 최대 대상지임을 알 수 있다. 한편 동남아프리카 지역은 오늘날의 모잠비크와 탄자니아를 가리키는데 아프리카 서해안 지역 중

표 15. 아프리카 노예의 송출 지역

지역	노예 송출 수(명)	비율(%)
세네감비아	497,500	4.5
시에라리온	411,700	3.7
윈드워드 코스트	180,000	1.7
황금해안	1,035,200	9.4
베넹 만	2,030,600	18.4
비아프라 만	1,515,900	13.7
중서부 아프리카	4,880,500	44.2
동남아프리카	484,500	4.4
전체	11,036,200	100.0

출처: Postma(2003: 40), Table 3.2.

표 16. 아프리카 노예의 도착지

목적지	노예 수(명)	비율(%)
북아메리카 영국 식민지	361,100	3.8
브리티시 리워즈	304,900	3.2
브리티시 윈즈워즈, 트리니다드	362,000	3.8
자메이카	1,077,100	11.2
바바도스	494,200	5.2
기니아, 수리남	385,700	4.0
프렌치 윈즈워즈	305,200	3.2
산토도밍고	787,400	8.2
에스파냐령 미주 본토	430,300	4.5
에스파냐령 캐리비언	791,900	8.3
네덜란드령 캐리비언	124,700	1.3
브라질 동북부	876,100	9.1
바이아	1,008,000	10.5
브라질 남동부	2,017,900	21.1
기타 아메리카 지역	118,700	1.2
아프리카	130,800	1.4
합계	9,576,000	100.0

출처: Postma(2003: 41), Table 3.3.

심이었던 노예무역이 1800년 이후에 이곳에까지 퍼져 왔음을 알 수 있다. 표에서 보듯이 이 지역의 비중은 4.4%로서 비교적 작지만 항해 거리가 길기 때문에 노예들의 사망률이 높은 것으로 알려져 있다.

그 다음 문제는 노예들이 어느 곳으로 송출되었는가이다. 이는 〈표 16〉에 정리되어 있다. 노예들은 아메리카의 광범위한 지역으로 흩어져 갔지만 그 가운데에서도 큰 비중을 차지하는 곳은 브라질 남동부(21.1%), 자메이카(11.2%), 바이아(10.5%) 등지로서, 이 세 지역만 합쳐도 전체의 40%가 넘는다. 대부분의 노예들은 첫 번째 도착지 가까운 곳에서 일을 시작했지만 운이 안 좋은 사람들은 도착지에서부터 다시 한번 장거리 항해를 해야 했다. 쿠라사오와 자메이카에 도착한 사람 중 일부가 카르타헤나, 베라크루스, 포르토벨로 등지로 가기 위해 또다시 대양을 건너는 배에 올라탔고, 최악의 경우에는 다시 그곳에서 페루까지 육로 여행을 해야 했다.

브라질이 가장 중요한 노예 수요처가 된 이유는 이 지역에서 16세기 후반에 사탕수수 재배가 확대되었기 때문이다. 사탕수수 플랜테이션은 아프리카 노예 노동이 가장 많이 사용된 부문이다. 브라질에는 1550년경에 처음 아프리카 노예가 들어왔고 1600년경에는 흑인 노예가 플랜테이션에서 가장 중요한 노동력 제공원이 되었다. 브라질이 노예를 많이 수입하게 된 또 하나의 중요한 요소는 1690년에 발견된 미나스제라이스 금광이었다. 그 외에도 커피, 인디고, 담배, 면화 등도 노예 노동을 많이 필요로 하는 분야였다.

사탕수수 플랜테이션이 노예가 가장 많이 고용된 분야였으므로, 노예무역의 팽창과 확산은 사탕수수 재배의 확산과 깊은 관련이 있다. 브라질에서 시작된 사탕수수 재배는 곧 서인도제도로 퍼져 갔다. 이렇게 된 데에는 네덜란드의 영향이 결정적이었다. 네덜란드는 1630년대에 포르투갈령 브라질 북부 지역을 일시 점령했지만 곧 축출되었다. 그러나 이 일시적인 지배 점령은 이후 아메리카의 역사에 항구적인 영향을 미치게 되었다. 브라질에서 쫓겨난 네덜란드인들이 사탕수수를 서인도제도로 가지고 가서 재배했기 때문이다. 이제 사탕수수는 서인도제도의 여러 섬에 급격하게 확산되었고 이에 따라 노예 수입도 덩달아 크게 확대되었다. 영국은 바베이도스와 자메이카, 프랑스는 산토도밍고, 마르티니크, 과들루프 등지에서 사탕수수 플랜테이션을 건설했다.

17세기 후반이 이런 변화의 결정적인 전환점이라 할 수 있다. 이 시점 이후로 노예 수입이 크게 확대되었고 노예제 플랜테이션이 완전히 자리잡게 된 것이다. 예컨대 바베이도스 지역에서는 1660년대까지 유럽인 노예가 큰 비중을 차지했으나 이 이후 아프리카 노예 노동이 더 중요하게 되었다. 사탕수수 재배 지역에서 노예가 부족하게 되었을 때 서아프리카의 해안 지역, 그중에서도 볼 타강 동쪽으로부터 오늘날 라고스에 이르는 지역에서 노예를 실어 왔다. 이곳을 포르투갈인들은 미나(Mina) 해안이라고 부르지만 영어로는 더 솔직하게 노예해안이라고 부른다(Miller 1991: 123-124).

브라질과 서인도제도에 비해 북아메리카에서는 노예 도입이 상대적으로 늦었다. 영국과 네덜란드가 이 지역에 건설한 식민지에서 플랜테이션 발달이 뒤처졌기 때문이다. 그 결과 노예 도입도 지체되었고 노예의 수도 많지 않았다. 18세기에 북아메리카 지역에서 담배, 인디고, 쌀, 면화 재배가 확대되면서 흑인 노예의 수도 증가하기 시작했다. 그러나 대규모 플랜테이션 방식이 아니었기 때문에 전체 노예무역 중 이 지역이 차지하는 비중은 상대적으로 작은 것이 사실이다(Postma 2003: 12-13).

CD-ROM 자료에서 알 수 있는 또 한 가지 중요한 변수는 항해 중의 사망률이다. 이 점에 대해서도 그동안 많은 논란이 있었지만 새로운 자료집은 상당히 많은 건수의 관련 기록을 포함하고 있으므로 이 문제에 대해서도 어느 정도의 실마리를 제공한다. 원래 노예란 사업자의 입장에서는 대단히 많은 투자를 필요로 하는 귀한 '상품'이므로 반드시 건강한 상태로 대서양을 건너게 해야 했고, 만일 수송 중에 노예가 죽으면 사망자의 성별과 나이, 사망 원인 등을 기록했다. 이런 기록은 전체 자료의 1/5에 남아 있는데 이를 분석해 보면 평균 12%의 사람들이 항해 중 사망한 것으로 나타난다. 물론 이는 항해 지역별로 또 시기별로 편차가 크다. 대체로 17세기에는 사망률이 22%에 이를 정도로 높았다가 그 다음 시기부터 낮아져서 18세기 말에는 10%가 되었고, 19세기에 노예무역 자체가 불법화되고 난 후 다시 12%로 높아졌다(Postma 2003: 43-44; Klein et al. 2001: 93-118).[16] 한편 지역별로도 사망률의 차이가 상당히 컸다. 예컨대 비아프라 만에서 출발하는 항해는 사망률이 17.4%로 높지만 중서부 아프리카

16) 이때의 사망률은 대략 3개월 정도 소요되는 대서양 항해 기간 내의 사망률만 가리킨다. 그 이전과 이후 시기까지 합쳐서 계산할 수 있는 자료가 있다면 노예무역 전 과정의 사망률은 훨씬 높아질 것이다.

에서 출발하는 항해의 경우에는 9.5%이다. 사망률은 다른 어떤 요소보다도 거의 전적으로 항해 거리에 비례해서 커지는 것으로 보인다.

3) 노예무역의 사업 경영

이제 노예무역이 어떤 방식으로 수행되었는지 알아보자.

노예무역은 대체로 국가가 후원하는 회사 방식으로 이루어졌다. 영국의 왕립 아프리카회사(English Royal Africa Company), 네덜란드 서인도회사, 프랑스 기니아회사 등이 그런 사례들이다. 이 회사들은 기본적으로 개인 사업자가 민간 자본을 모아서 운영하는 방식이었지만 동시에 국가의 지원을 절실히 필요로 했다. 이는 제1장에서 언급한 대로 자본과 폭력이 적당히 결합한 사례라 할 수 있다.

이 회사들은 아프리카 해안에 거래 거점을 두어야 했다(Postma 2003: 14-15). 이곳에 요새를 건설하여 안전을 확보하는 것이 무엇보다도 중요한 일이었다. 이들의 안전을 가장 크게 위협하는 것은 아프리카인들이 아니라 다른 유럽 경쟁자였는데, 이 점은 요새의 대포가 내륙 방면이 아니라 바다를 향해 설치되어 있다는 점에서 알 수 있다. 유럽 경쟁자 중에는 다른 나라 상인만 있는 것이 아니라 정부가 부여한 독점권에 저항하여 '자유 무역'을 주장하는 자국 상인들도 포함되어 있었다. 이런 경쟁자들을 경계하면서 요새를 거점으로 해서 내륙의 노예 공급선을 확보하여 거래를 하는 방식을 성채 무역(castle trade)이라고 한다. 그러나 조만간 이런 사업 방식에도 변화가 일어나서 아프리카 노예의 구입 방식이 달라졌다. 성채에서 기다리기만 하면 아프리카 측의 중간상인들이 노예들을 데리고 오던 때가 지나고 유럽 상인들 스스로 해안을 돌아다니며 노예 판매인을 찾아야 하게 되었다. 때로는 긴 보트를 타고 강 상류로 올라가서 아프리카 상인과 접촉을 시도했다. 이런 방식을 코스팅(coasting)이라 한다.

시간이 흐르면서 점차 비공식 정주민들이 생겨나서 이들이 유럽 상인들과 아프리카인들 사이에 중개인 역할을 하기 시작했다. 이들을 란사도스(lançados)라 부른다(Thomas 1997: 338, 388). 대체로 1520년대부터 생겨난 이 집단은 대개 카보 베르데 출신이며 여기에 일부 유대인들이 합류했다.[17] 이들이 현지 여인들과 결혼해서 낳은 아이들이 전형적인 중개인 집단이 되었다. 무역업자들은 모두 이들의 존재를 알고 있었으며, 심지어 1655년의 네덜란드 여행 가이드북에서는 이 사람들('포르투갈인' 이라고 칭했다)에게 어떤 선물을 주어야 하는지 기록되어 있을 정도였다. 콩고와 응돈고 같은 지역에서는 현지인들도 이들을 선호하여 포르투갈 정부가 이들에 대해 항의할 때 현지 지배자들이 이들의 공동체를 보호해 주었다. 포르투갈 정부 측은 란사도스의 중개에 의존하는 대신 자국 관리들이 통제하는 곳(feiras)에서 사업을 하도록 강제하려고 했으나 잘 지켜지지 않았다.

어느 한 지역에서 구입한 노예들의 수요가 충분치 못한 경우나 아프리카 상인들이 너무 높은 가격을 부르는 경우, 노예상들은 배를 타고 연안을 따라 항해하여 이웃 지역으로 가서 노예를 구매했다. 이런 식으로 여러 곳을 다니면서 충분한 노예들을 확보하기까지는 짧아도 4-6주, 대개는 3-4개월이 소요되었다(Haudrère 2003: 59). 그런데 이렇게 노예 구입이 어려워지고 시간이 많이 소요되면 이전에 미리 확보해 놓은 노예들이 해안 지역에서 혹은 배의 선창에서 너무 오랜 시간을 기다리게 된다. 이런 시간 지체는 사업에 극히 불리한 요소였다. 이 사업에서 핵심적인 요소는 노예 가격이 제일 높을 때 현지에 도착하는 것이었다. 대개는 수확 철에 노예 가격이 가장 높았으나 지역마다 수확 철이 달랐기 때문에 노예무역업자로서는 시간을 맞추는 것이 쉽지 않았다. 그들은 가급적 빨리 아메리카 대륙까지 오가기 위해 작고 빠른 배를 이용하였다. 아메리카에서 아프리카로 들여오는 회항 상품은 거의 없었고, 때로는 바닥짐(ballast)

17) 이들 가운데 많은 사람들이 '신기독교도', 즉 기독교로 개종한 유대인으로서 많은 경우 기독교는 위장에 불과하고 원래의 종교를 유지하였다.

만으로 돌아오기도 했다. 한편 아메리카에서 유럽으로 상품을 수출하는 것은 따로 정기적인 항로가 만들어졌으므로 노예무역의 회항 상품으로 그런 상품 수송을 할 필요는 없었다. 이렇게 보면 전통적으로 대서양 무역을 설명하던 삼각무역이라는 개념은 수정이 필요하다. '개념적으로' 각 대륙이 상품을 보내고 다른 대륙에서 다른 상품을 받는다는 의미에서는 삼각무역이라는 말이 맞을 수 있지만 실제로 선박들이 세 대륙을 오가며 삼각무역을 하는 경우는 비교적 드물었으며 대개는 아프리카와 아메리카 두 지역을 오가는(bilateral) 항로가 일반적이었다.

유럽인들은 아프리카의 해안 지역에만 머물렀을 뿐 내륙 깊이로는 거의 진입해 들어가지 못했다. 이런 사정은 19세기까지 계속되었다. 아마도 앙골라에 들어간 포르투갈인들이 유일한 예외였을 것이다. 따라서 이 무역은 아프리카인들의 통제하에 있었다. 아프리카 지배자들은 때로 그들의 사업 파트너가 마음에 들지 않을 경우 갈아치우기도 했다. 예컨대 1730년대에 아가자(Agaja) 왕은 노예해안에서 네덜란드인들을 축출해 버리고 그 대신 포르투갈인들에게 거래 거점 건설을 허락했다.

유럽 상인들이 노예를 살 때 필요한 수출 상품으로는 직물, 알코올, 총, 화약, 철물, 구리, 도구, 거울, 구슬 등이 있고 몰디브의 카우리 조개처럼 재수출 상품도 있다. 이 가운데 가장 큰 비중을 차지하는 상품은 직물이었다(Thomas 1997: 319ff.). 특히 아시아 직물을 수입해서 재수출하는 경우가 많았다. 이런 상품 목록을 보면 싸구려 물품을 건네주고 노예를 사왔다는 과거의 주장은 신화에 불과하다는 것을 알 수 있다.[18] 노예를 구득하는 대가로 수출한 상품은 비싼 공산품이었다. 이 상품들의 주된 용도는 지배층의 위세를 과시하는 것이었다. 무

18) 1680년 감비아강 하구에서 거래된 한 청년 노예를 구매하는 데에는 5.5파운드의 상품들이 필요했다. 이는 총 17자루, 혹은 200리터의 브랜디, 혹은 349kg의 철에 해당하며, 현지 가치로 환산하면 한 사람이 6년 동안 먹을 수 있는 기장에 해당한다. 이는 결코 싸구려 물품이 아니었다(Adas 1993: 174). 한편 노예의 '가격'은 하나의 화폐 혹은 상품으로 표시되는 것이 아니라 한 '바구니'의 상품 구성으로 표시된다. 가격이 오른다는 것은 이 바구니 안에 들어가는 상품의 양과 질이 올라간다는 것을 뜻한다.

엇보다도 다양한 수입 직물이 그런 용도로 쓰였다. 특히 인도에서 생산되는 다양한 종류의 면직물이 매우 중요했다.[19] 아프리카의 여러 국가들의 지배층은 특이한 색깔, 디자인, 질감, 모양을 가진 외국산 직물들을 전시하는 것이 자신들의 위세를 드러내는 중요한 방편이었다. 예컨대 1624년에 로앙고의 왕이 죽었을 때 장례식장에는 대량의 직물들을 전시하였다. 이런 이유로 아프리카의 여러 지역에서 한편으로 직물을 수출하면서 동시에 다른 직물들을 수입하는 것이다.[20] 구슬과 같은 다른 장식물들도 이렇게 설명할 수 있다.

한 가지 특별히 언급할 상품은 총과 화약이다. 아프리카의 지배층은 총을 어떤 용도로 썼을까? 과거의 주장은 수입된 총이 노예를 포획하는 데에 쓰였다는 것이었다. 이는 노예를 팔아 얻은 무기로 다시 노예를 삼는다는 주장, 즉 '노예-총-노예'라는 악순환의 논리이다. 이를 주장하는 사람들의 문제의식은 해외(유럽) 요소가 아프리카 내부의 폭력성을 더욱 악화시켰다는 점을 고발하는 것이었다(Inikori 1982: Introduction, 45-51).[21] 이런 측면이 없지는 않았을 터이지만, 여기에는 아주 심각한 문제가 있다. 아프리카로 수출한 총의 품질이 아주 저급해서 이것으로는 전쟁이나 포로 획득에 큰 도움이 되지 않았다는 것이다. 따라서 총과 화약은 왕을 비롯한 지배층의 위세 과시가 주된 용처였을 것으로 보인다.

아프리카에서 노예매매는 결국 이러한 수입·수출품의 '수요·공급'에 따라 가격이 결정되었다. 즉 노예무역은 기본적으로 경제 법칙에 따른다는 점을 주

19) 아프리카 문화에서 직물은 의례적·상징적 의미를 띠는 물품이며, 사회적 지위를 표현하는 수단이었다. 따라서 흔히 생각하는 것처럼 아프리카 시장이 인도 직물 가운데에서도 싸구려 물품의 덤핑 시장이었다는 것은 사실과 다르며, 고급 직물들이 많이 수입되었다(Adenaike 1998).

20) 많은 학자들이 무시하는 점은 아프리카의 여러 국가들이 유럽 직물을 수입만 하는 것이 아니라 자국 직물을 유럽에 수출하기도 했다는 점이다. 즉 직물이 없어서 수입하는 것이 아니라 위세의 과시용으로 여러 종류의 직물이 필요했기 때문에 수입한 것이다(Thornton 1998: 49-52). 아프리카의 전통적인 직물 생산, 특히 라피아라는 특이한 직물에 대해서는 Vansina(1998)를 참조할 것.

21) 이니코리는 직물, 솥, 그릇류 등 여러 물품과 총의 영국 구매가와 아프리카 판매가를 비교하여 총을 판매하는 것이 가장 이윤이 컸다는 점을 밝혔다.

목해야 한다. 문자 그대로 인간이 상품이 되어서 거래된 것이다. 그러나 이 '가격 결정'은 완전히 자유로운 시장 메커니즘에 의해 조정되는 방식은 아니었다. 이 시장은 완전한 자유 시장도 아니고 그렇다고 어느 한편이 완전히 통제하는 시장도 아니었다. 노예를 구매하는 유럽 상인들이나 노예를 판매하는 아프리카인들이나 모두 자신들에게 유리하게 거래를 하기 위해 노력했으나 그렇다고 어느 한편이 전부 장악하지는 못했다. 그러나 전반적으로 아프리카인들에게 유리하게 거래가 결정되었던 것은 분명하다. 앞에서 설명했듯이 유럽인들은 해안 지역에만 머물며 내륙 지역으로부터의 노예 공급에 의존할 수밖에 없었기 때문이다. 게다가 유럽 상인들 간에도 경쟁이 극심했다. 예컨대 포르투갈 상인들이 노예무역을 하는 지역에 다른 나라 상인들이 계속 접근을 시도하는가 하면 — 특히 1621년에 설립된 네덜란드의 서인도회사가 포르투갈의 영토와 상업 지역들을 많이 공격했고 다음 시기에는 영국도 이 경쟁에 참여했다 — 심지어 포르투갈의 무허가 상인들도 국왕이 정한 독점권을 존중하지 않고 달려들었다.[22] 따라서 유럽 상인들은 아프리카 권력자들과 조약을 맺어서 노예 공급 거래선을 확보하는 데에 전력을 다했다.

이런 여건에서 아프리카 상인들이 유리한 지위를 점한 것은 분명하지만 그렇다고 그들이 시장을 완전히 통제하지는 못했다. 아프리카의 국가 권력은 '선물'이라는 명목으로 일종의 조세를 수취하였다. 이는 거래가 일어나는 시장 자체의 안전을 확보해 주는 데 따른 비용인 셈이다. 예컨대 베넹의 왕은 시장의 개시와 마감을 마음대로 결정하는 권한을 행사했다. 아프리카의 무역에는 각종 위험 요소들이 있기 때문에 무엇보다도 안전 보장 조치가 필요했다. 그렇지 않을 경우 아프리카 상인들은 그들 자신이 노예로 잡혀갈 위험마저 있었고, 유럽 상인들은 그들의 몫을 지불받지 못할 위험을 안고 있었다. 이런 사태를 피하려

22) 포르투갈 국왕은 처음에 노예무역을 일반 상인들에게 허락해 주는 대신 조세를 받는 방식을 취하다가 직접 왕실 선박을 보내는 독점 무역으로 정책을 바꾸려고 했지만, 실제로는 독점권을 임대해 주는 방식을 계속 취하였다(Postma 2003: 59).

면 권력 당국의 보호가 필수적이었다. 국가는 실제 거래 내부에는 개입하지 않는 대신 이런 방식으로 수익을 추구했으므로 시장 상황은 독점이 아니라 경쟁적으로 남게 된 것이다(Postma 2003: 69-70).

노예무역의 수익성은 어느 정도였을까?

이는 오랫동안 열띤 논쟁의 대상이었다. 트리니다드토바고의 수상을 지낸 역사학자 에릭 윌리엄스(Williams 1944)는 노예무역의 수익성이 평균 100-300%에 달할 정도로 엄청나게 높았다고 주장하였다. 그의 이름을 따서 노예무역의 수익률이 아주 높다고 주장하는 것을 '윌리엄스 테제'라고 부른다. 그러나 1970년대 이후 실증적인 연구 결과 이 주장은 부정되었다. 예컨대 18세기 네덜란드의 노예무역에 대한 연구를 보면, 모두 159회의 항해 중 113회가 5% 이상의 이윤을 기록했고(88%, 37%의 이윤이 한 번씩 있다), 14회는 본전치기였고 32회는 손해를 기록했다(-48%, -37%가 한 번씩 있다). 전체 평균은 대략 5%였다. 그러나 이 사업이 대부분 1년 이상 걸렸던 점을 고려하면 연 수익률로는 대략 3%에 해당한다. 당시 수익률이 10%면 아주 좋은 사업에 해당했는데 적어도 네덜란드의 노예무역은 여기에 해당하지 않는다. 윌리엄스가 주장하는 대로 100-300%의 수익성은 한마디로 불가능한 이야기이다. 현재 거의 모든 연구자들의 결론은 노예무역의 수익성이 당시 다른 사업보다 결코 높지 않은 수준이었다는 것이다. 노예 구입 가격이 높고, 아프리카 상인들에게 넘겨주어야 하는 물품들이 비싼 데다가 원거리에서 수송해 와야 했으며, 또 이 사업을 위해 고가의 선박과 의장(艤裝)을 필요로 하기 때문이다.[23]

노예무역의 수익률 문제는 유럽의 발전과 연결되는 흥미로운 주제이다. 윌리

23) 노예무역을 수행했던 낭트의 상인 쇼랑(Chaurand)은 사신에서 이렇게 썼다: "우리는 한 번의 사업으로 성공을 거두는 것이 아닙니다. 노예 판매 액수를 보고 노예무역이 유리한 사업이라고 믿지 마십시오. 누군가가 우리에게 자본을 되돌려주고 자기가 대신 이 사업을 하겠다고 나서면 기쁘겠습니다." 낭트와 보르도의 대상인들이 큰 부를 쌓은 것은 노예무역보다는 다른 식민지 상품 거래 때문이었다. 물론 그러한 식민지 상품 거래를 위해서 노예무역이 필요했다는 것은 다시 고려해야 할 사안이다(Haudrère 2003: 58).

엄스 식의 논의는 노예무역에서 생겨난 고수익이 바로 산업혁명의 자본으로 전환되었다는 것이다. 사실 산업혁명과 해외 무역과의 관계에 대해서는 역사가들의 의견이 엇갈린다. 대체로 중남미 지역 역사가들은 노예무역과 플랜테이션이 영국의 산업 발전에 지대한 공헌을 했다고 주장한다. 그러나 과연 어느 정도로 '지대한' 공헌을 했는가, 또 구체적으로 어떤 과정을 통해 영향을 미쳤는가는 매우 복잡한 문제이다. 서인도제도의 노예제 플랜테이션 경제가 영국의 산업생산에 미친 영향을 조사한 리차드슨의 연구의 결론은 양자 간에 분명 관계가 있으나 그것은 복잡한 과정을 거친 간접적 영향이라는 것이다. 그 과정을 간략히 요약하면 다음과 같다. 우선 영국령 서인도제도의 사탕수수 플랜테이션은 높은 수익을 올려서 그것으로 노예 수입을 지속하였다. 그리고 이곳에서 생산되는 설탕은 영국과 북아메리카의 영국 식민지로 많이 팔렸다. 이렇게 설탕 수출로 소득이 증가한 서인도제도는 반대 방향으로 영국의 공산품을 더 많이 수입했다. 18세기 중엽에 영국의 산업 성장 중 해외 부문이 크게 증가했는데, 이때 아메리카의 기여도가 매우 높았다.[24] 이상의 인과관계를 종합하여 노예무역과 영국의 경제 성장과의 관계를 추론하면, 영국의 경제 성장에 대해 공헌하는 주요 동력은 영국 내 설탕 수요의 증가이며 이것이 '결과적으로' 서인도제도에 대한 공산품 수출과 서인도제도의 노예 구입 증가를 초래했다. 이런 과정을 거치는 동안 전반적으로 서인도제도-영국-아프리카 간의 경제적 상관성이 높아졌다고 할 수 있다(Richardson 1987).[25]

그러므로 18세기 3/4분기부터 서인도제도는 영국 산업의 변화와 수출 증대

24) 영국의 수출 증가 가운데 서인도제도로의 수출이 약 35% 정도 차지하는 것으로 추산된다.

25) 설탕 소비량 증가 문제, 그리고 이것과 산업혁명과의 연관성 문제는 실로 복잡한 문제이다. 모키르의 연구에 의하면, 영국에서 1790-1840년 동안 설탕(그리고 여기에 더해서 차와 커피까지) 소비량은 거의 증가하지 않았다. 그렇다면 이는 산업혁명에 대한 소위 '비관론'(산업혁명의 과실이 노동자 계급에게는 돌아가지 않았다는 해석)의 논거가 될 수도 있을 것이다. 그러나 1750년 이전과 1840년 이후에는 소비 증가가 뚜렷하므로 오히려 다른 해석도 가능하다. 경제 성장은 더 일찍 시작되었고 그 효과는 더 늦게 나타났다는 것이다(Mokyr 1988: 69-92).

에 상당히 큰 역할을 했지만 그것은 에릭 윌리엄스가 생각한 만큼은 아니며, 또 그 과정도 결코 단순치 않다. 노예무역의 거대한 수익이 곧바로 산업혁명의 초기 자본으로 전환되었다든지, 노예무역상 자신 혹은 그들의 후손이 산업 자본가가 되었다는 주장은 설득력이 없다.

4) 아프리카의 내부

그동안 노예무역 연구의 맹점 중 하나는 아프리카인들이 가장 큰 희생을 치른 이 엄청난 사건에 대해 정작 아프리카 내부의 측면이 무시되었다는 점이다. 기존 연구들은 대체로 유럽인들이 얼마나 많은 노예들을 수송했는가, 그것으로 어느 정도의 이윤을 얻었는가, 그리하여 신대륙에서 어떤 사업을 수행할 수 있었는가 등에 초점이 맞추어졌다. 다만 때때로 대단히 감성적인 언어로 아프리카가 엄청난 희생을 치렀다는 점을 이야기할 뿐 아프리카 내부에서 구체적으로 어떤 일이 일어났는가에 대해서는 사실상 연구가 크게 진척되지 않았다. 물론 그 이유는 아프리카 내부의 사정을 증언해 줄 자료가 부족했기 때문이다.

내륙 지역에서 노예를 끌고 해안 지역까지 오는 과정은 충분히 짐작할 수 있듯이 대개는 지옥 같은 상황의 연속이었다. 영양실조, 질병, 그 외에 노예들이 겪어야 하는 말할 수 없는 고통으로 인해 노상에서 수많은 사람들이 죽었다. 팔려 가는 노예들은 내륙에서 해안까지 매일 40여 km씩 걸어서 이동했다.[26] 18세기 후반에 루안다에서 일하던 경험 많은 한 상인의 추산에 의하면 내지에서 노예들을 구매해서 해안까지 오는 동안 죽는 노예는 약 40%에 이른다고 한다(Miller 1988: 384-385).[27] 노예들이 잡혀 와서 배를 타기 전까지 감금되어 있

26) 노예들의 내륙 이송 과정에서 쇠사슬을 차고 걸어간 것으로 이야기되지만 이는 사실이 아니다. 만일 그렇게 하면 쇠사슬에 쓸려서 생긴 상처로 인해 노예의 판매 가격이 떨어질 우려가 있기 때문이다 (Haudrère 2003: 59).

27) 그러나 아래에서 소개하는 에퀴아노의 기록에서는 중간의 사망률이 그리 높지 않다는 느낌을 받는다. 지역, 시기, 혹은 개별 사례마다 사망률이 다를 수 있다는 점을 염두에 두어야 할 것이다. 에퀴아노는

던 수용소는 거의 짐승우리에 가까웠다.28 벵겔라(Benguela)에 있던 수용소의 실상은 거의 믿을 수 없을 정도이다. 심한 경우 높이 3미터의 벽으로 둘러싸인 17m^2의 수용소에 200명의 노예들이 돼지, 염소와 함께 기거했으며, 각자 겨우 누울 수 있는 정도의 공간밖에 없었다. "대개 퀸탈 안에는 200, 300명, 때로는 400명 노예들이 머물며 먹고 잠자고 그 외의 모든 필요를 다 해치워야 했기 때문에 이곳으로부터 썩은 독기(毒氣)가 주변 집들과 도시를 오염시켰다. 말린 생선이 노예들의 주식이었으므로 퀸탈의 벽이나 초가집 지붕 위에서 생선들을 말렸고 이 냄새가 공중 보건을 크게 해쳤다."(Miller 1988: 384-391) 썩은 생선 냄새에다가 노예들의 설사, 시체 썩는 냄새까지 더해졌다. 완전히 벌거벗은 사람들이 화톳불 하나 없는 맨땅에서 냉기를 참아가며, 배설물 속에서 웅크린 채 며칠, 혹은 몇 주씩 기다리는 것이다.

대체로 17세기 중엽에 이르면 대서양 횡단 노예무역 규모가 사하라 횡단 노예무역 규모를 상회하게 된 것으로 보인다. 급기야 18세기에는 동아프리카에까지 노예무역이 확대되었다. 이에 따라 노예들이 내륙 지역에서 해안까지 이동하는 거리도 멀어졌다. 베넹은 그 거리가 100km이고, 밤바라(Bambara)는 무려 600km에 달했다. 이런 원거리 이동은 이송 노예들의 사망률을 높게 만드는 중요한 요소였다(Manning 1993: 286). 노예무역의 확대와 함께 나타난 중요한 현상이 밀러(Miller 1988: 140-169)가 말하는 중부아프리카의 노예화 프런티어(slaving frontiers)의 동쪽 확장이었다. 밀러의 연구에 의하면 유럽의 노예상인들이 아프리카 내부에 자금을 대주면서 노예 공급을 강요했고 그 결과 노예화 현상 자체가 동쪽으로 계속 확대되었다는 것이다. 이는 18세기 중에 노예 수요가 증가했고 이로 인해 가격이 상승하여 노예 구입 지역이 확대되었다는 것을 뜻한다. 18세기 중에 노예 가격은 지속적으로 상승하였다. 노예무역은 가

논란의 여지가 있지만, 노예로 아메리카에 잡혀갔다가 후일 글을 배워 자신의 생애에 대한 글을 남긴 얼마 안 되는 인물로 알려져 있다(Equiano 2003).

28) 실제로 이 수용소를 가리키는 단어인 '퀸탈(quintal)'은 농장의 축사라는 의미로도 쓰였다.

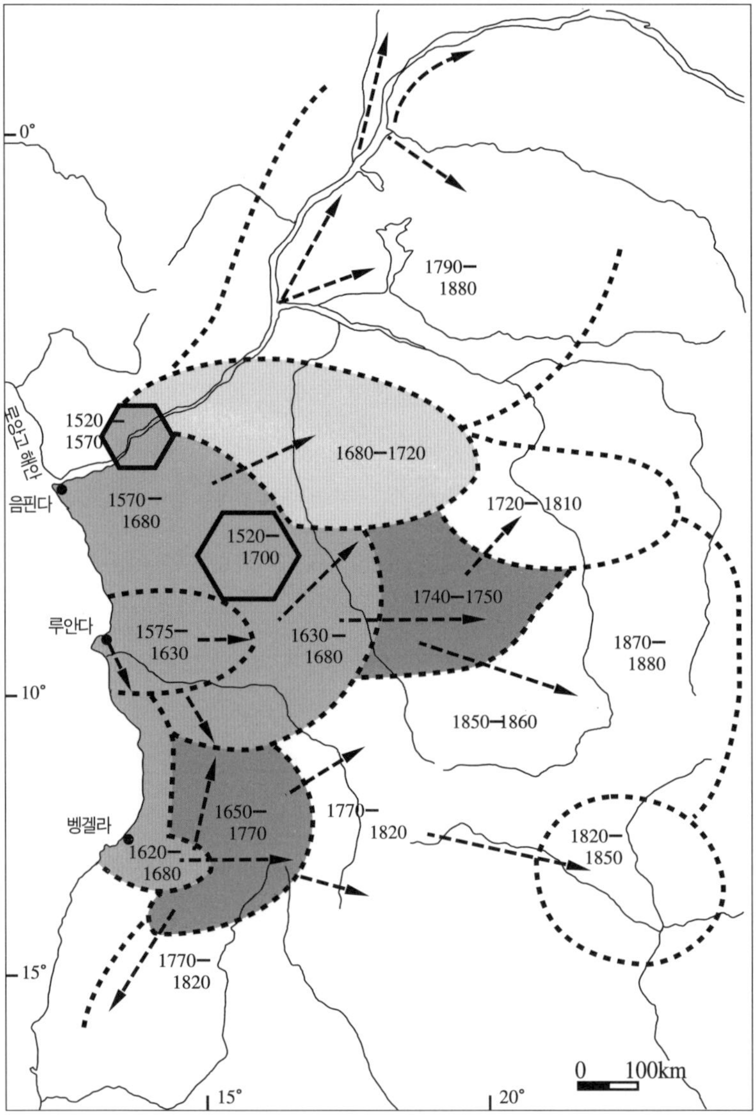

중부아프리카의 노예화 프런티어(Miller 1988: 148)

격 탄력성이 큰 편이라고 이야기된다. 가격이 오르면 곧 노예판매가 비교적 빠르게 반응하여 확대되는 것이다. 그런데 한 지역에서 지속적으로 노예를 공급할 수는 없다. 예컨대 세네감비아에서 많은 노예를 공급하고 나면 그 지역에서는 더 이상 노예를 충당할 수 없는 때가 오고 그러면 그 이웃 지역으로 노예매매가 확산된다. 이런 식으로 노예화 및 노예매매가 점차 내륙으로 확산되며, 그러는 동안 이전에 노예 유출로 큰 타격을 입었던 곳에서 인구 회복이 서서히 일어난 것이다(Adas 1993: 180-181).

해당 지역에서는 노예무역의 확대가 아프리카 내부의 노예제의 성격을 변화시켰을 것이다. 전반적으로 노예들의 지위가 더 열악해지고 특히 여자 노예들이 증가했을 것으로 보인다. 스코틀랜드 여행자인 파크(Mungo Park)가 18세기 말에 세네갈과 니제르 지역을 여행하면서 관찰한 바에 의하면 이 지역 인구의 다수가 노예인데, 이들은 주인과 떨어져서 살며 야자, 땅콩, 커피, 얌, 면화 같은 환금작물을 재배하였다. 이 기록을 보면 이전 시기에 비해 가내 노예 대신 농장에서 강제 노동을 하는 노예가 증가한 인상을 받는다. 이렇게 이전보다 더 악화된 조건에서 살아가는 노예들이 증가한 원인은 전쟁과 기근 때문인 것으로 보인다. 절망적인 상황에 몰린 사람들이 가족 성원의 일부를 팔아 버렸기 때문이다. 다만 이 전쟁이 순전히 내부적인 요인 때문에 일어난 것인지 유럽의 노예 수요가 관련이 있는지는 논쟁에도 불구하고 결론이 나지 않은 상태이다(Manning 1993: 288-289).

노예무역이 아프리카 내부에 미친 영향 가운데 가장 중요한 것 중의 하나는 인구 문제이다. 노예무역은 해당 지역에서 전체 인구를 감소시켰는가? 인구 구성을 변화시켰는가? 그리고 그런 변화들은 전반적으로 아프리카 사회에 어떤 영향을 미쳤는가?

노예무역이 대규모로 이루어진 지역에서는 시기에 따라 전체 인구가 감소했을 가능성은 얼마든지 있다. 그러나 그 기간이 지나면 인구가 다시 회복되어서 장기적으로는 노예무역 기간 중 아프리카의 인구가 줄지는 않았다고 정리할 수 있다.[29] 여기에는 옥수수, 마니옥, 고구마와 같은 신작물의 기여도 컸지만, 기

29) 이와 비교할 만한 사례는 19세기 유럽의 인구가 아메리카로 이동한 일이다. 19세기 100년 동안 1,500만 명이 유럽에서 아메리카로 이민을 떠났지만, 이 시기에 유럽인구는 오히려 증가했다.

본적으로는 여성이 남성보다 많은 인구 구조 때문이었다.

인구에 미치는 노예무역의 영향 문제는 절대 수치보다는 인구 구조를 따지는 것이 더 중요해 보인다(Thornton 1983: 39). 대서양 노예무역에서 여성보다는 남성이 더 많이 잡혀갔다는 점은 이미 거론한 바 있다. 이것이 아메리카 플랜테이션에서 흑인 노예의 인구학적 재생산이 어려워지는 한 요인으로 작용했지만, 아프리카의 입장에서는 — 적어도 인구학적으로는 — 불행 중 다행으로 인구 궤멸을 완화시키는 요인으로 작용하였다. 출산할 여성들이 많다는 점이 인구를 유지시키는 방향으로 작용한 것이다.[30]

그러나 사회 · 경제적으로 남성의 부족은 물론 심각한 문제를 일으켰다.

우선 일할 나이의 남성 부족 현상이 심했다. 노예무역이 대규모로 행해졌던 곳일수록 남성 부족의 폐해가 컸다. 노예무역의 대상지였던 지역에서는 대체로 남성 대 여성 비율이 80/100 정도였으며, 심지어 앙골라에서는 이 수치가 40-50까지 떨어졌다. 이것은 당연히 남은 여성들에게 큰 부담이 되었다. 어린이를 포함한 피부양인구의 비중이 과도하게 높아진 것이다. 이 비율은 노예무역 이전에는 67/100이었는데 이후에는 85/100가 되었다(즉 과거에는 노동인구 100명이 나머지 사람 67명을 부양했는데 그 수가 85명으로 늘어난 것이다). 무엇보다도 농사에 큰 지장이 초래되었다. 개간, 나무 베기, 뿌리 뽑기 등 남자가 하던 힘든 일을 여성이 하게 되었으며, 결과적으로 생산성이 떨어졌다. 그 외에 사냥, 어업, 목축 등의 분야도 마찬가지로 사정이 악화되었다.

남녀 성비의 차이는 사회적으로도 매우 큰 영향을 미쳤다. 우선 일부다처제가 극심하게 되었다. 신부 쪽이 요구하는 값(bridewealth)이 하락하고 결혼의 안정성이 약화되었다. 1669년 프란시스쿠 드 레무스 코엘류(Francisco de Lemos Coelho)라는 포르투갈인이 남긴 비사고(Bissagos) 제도에 관한 기록을 보면 "일부다처 현상이 어찌나 심한지 부인을 20-30명 둔 사람까지 있고 1명의

30) 아메리카 노예 인구의 성비와 아프리카 송출 노예의 성비 문제는 아래에서 재론할 것이다.

부인만 둔 사람은 단 1명도 없었다. […] 집집마다 아이들이 하도 많아서 벌집의 벌들 같았다." 이런 상황에서 여자들의 신분이 낮아지는 것은 자명했다. 여자 노예의 획득이 쉬워져서 집에는 이런 여자 노예들이 온갖 종류의 일을 했다. 테이세이라 다 모타(Teixeira da Mota)의 기록(Bissau 1686)에 의하면 귀족이 여자 노예를 부인으로 들인 다음 약간이라도 불쾌하게 하면 당장 팔아 버리며, 이때 아이까지 딸려서 팔아 버리는데 그 아이가 자기 아이인데도 전혀 상관하지 않는다는 것이다(Thornton 1983: 42).

이런 비극적인 사태를 어떻게 이해해야 할 것인가? 그러나 그 현상이 비극적이라는 것과 전체적인 의미가 무엇인가는 구분해서 살펴볼 필요가 있다. 냉정하게 이야기하면 아프리카의 입장에서 노예무역은 그들의 자율적인 경제 구조의 한 가지(branch)에 불과했다. 세네감비아의 사례를 보자(Adas 1993: 186). 이 지역에서는 16-17세기에 소가죽을 주로 수출했다. 1680년대에 가서 노예무역의 비중이 커져서 전체 수출 중 노예가 차지하는 비중이 50%를 넘었으며, 이후 1780년경까지는 줄곧 60-90%를 차지했다. 1790년대에 들어서자 세네갈 고무가 중요해졌고 1830년대가 되면 이 상품이 노예무역의 3배가 되었다. 마지막으로 1850년대부터는 땅콩이 세네갈 고무를 대체했다. 인간이 단순히 상품의 한 종류로서 '처리' 된다는 것이 노예무역의 비극인 것이다.

5) 중간항해

노예무역의 역사에서 가장 비극적인 부분의 하나는 배의 화물칸에 갇혀 대서양을 건너는 단계인 '중간항해(middle passage)' 이다. 중간항해는 대체로 50-80일 정도 걸리지만, 짧으면 한 달, 길면 6개월까지도 걸렸다. 이미 육로로 먼 거리를 이동해서 쇠약해질 대로 쇠약해진 사람들이 최악의 상황에서 장기간 배를 타는 것은 극도의 고통을 안겨주었다.

노예무역에 사용되는 선박은 대개 100-300톤급이었다(Thomas 1997:

305ff.). 큰 배에는 500명 정도, 작은 배에는 100명 정도가 승선하였다. 19세기에 노예무역이 금지되어 불법무역 단계에 들어갔을 때 1,000명을 태울 수 있는 큰 배가 등장했으나 그것은 예외에 속하고 대체로는 소형 배들이 사용되었다. 노예들은 악명 높은 좁은 공간에 실려서 대서양을 건널 수밖에 없었다. 목수들은 노예 수송에 맞도록 배의 구조를 고쳤다. 데크 사이에 단(platform)을 설치해서 구획을 만들어 남녀 노예를 구분해 놓았다. 이것은 수송 도중 일어날 수 있는 봉기를 막거나 최소한 지체시키는 부수적인 효과도 있었다.[31]

중간항해의 실상을 알려주는 자료로는 알론소 데 산도발(Alonso de Sandoval)이 남긴 자세한 기록이 있다(Thornton 1998: 153-159). 그는 17세기 초 카르타헤나로 가는 항해에 대해 면밀히 조사하고 그 과정에서 노예들과 인터뷰한 결과를 기록해 두었다.

노예들은 "해도 달도 볼 수 없는" 밑바닥 선창에서 6명씩 긴 체인(corrientes)으로 묶이고 다시 2명씩 발에 족쇄를 찼다. 이것은 물론 노예들의 도주나 자살을 막기 위한 조치였다. 선창의 앞쪽에는 남자, 뒤쪽에는 여자들이 자리 잡았다. 선창의 공기는 너무 나빠서 건강에 극히 안 좋았다. 이곳에 촛불을 켜 들고 들어가면 산소 부족으로 불이 꺼질 정도였다. 따라서 노예들의 건강을 위해서 가끔씩 갑판으로 데리고 나와서 운동을 시켜 줄 필요가 있었다.

상인들은 가능한 한 많은 노예들을 태우려고 했다. 그러므로 만일 항해 기간이 길어지면 단지 불편한 정도가 아니라 위험한 상황에 몰렸다. 많은 노예들을 실으면 그만큼 물과 식량을 실을 공간이 부족하게 되기 때문이다. 포르투갈의 규정에는 충분한 물과 식량을 싣도록 되어 있었으나 왕실 무역선만 이 규정을 지켰을 뿐 개인 선박들은 이를 준수하지 않았다. 산도발에 의하면 노예들은 하루에 한 끼 식사만 제공되었는데, "중간 크기 사발 하나의 옥수수나 조로 된 죽"과 단지 하나에 담긴 물이 전부였다. 다른 나라 업자들의 경우도 크게 다르

31) 이와 같은 선박 구조를 보더라도 삼각무역이 수행되지 않았다는 것을 알 수 있다. 노예 수송선은 이 작업에 맞게 특별한 구조를 하고 있었기 때문에 다른 상품을 싣기에는 불편했다.

지는 않았다. 피터 모르타머(Pieter Mortamer)의 기록에 의하면 네덜란드인들이 운영하는 루안다-브라질 항로에서는 "약간의 팜 오일과 삶은 옥수수"를 제공하였다. 그는 식량도 더 늘리고 특히 물을 더 공급해야 노예가 죽지 않고 이송되어 더 큰 이익을 남긴다면서 개선을 촉구했다. 프랑스 선박의 기록을 보면 아침 10시, 저녁 5시에 두 번 식사를 제공하는데, 마니옥, 옥수수, 담배에다가 콩과 죽이 포함되어 있으며, 가끔 지방, 라드 등이 더해졌다. 전반적으로 노예무역선에는 식량과 물 부족이 심각한 문제였다. 따라서 많은 사람들이 탈수증으로 큰 고생을 했다. 대개 이들은 처음 바다 여행을 하는 사람들이었으므로 멀미 때문에 많이 토했다. 가장 무서운 것은 이질, 티푸스, 홍역, 황열병, 천연두 같은 병이었다. 자연히 사망률이 매우 높았다. 사망률은 항로마다 달라서 예컨대 베넹-상토메 항로는 5-10%였고, 콩고에서 출항하는 경우는 1-15%로 변화가 심했다. 특히 에스파냐령 서인도제도로 가는 경우에는 15-20%까지 치솟았고, 앙골라에서 카르타헤나로 가는 항로는 무려 30%를 넘었다.[32]

이 항해는 그야말로 고통의 극한 상태였다. 배의 일부 지점에서만 용변을 보게 되었는데, 모두 사슬에 묶여 있었기 때문에 이동이 쉽지 않았다. 그래서 많은 경우에 자신, 혹은 남의 용변 위에서 누운 상태로 항해했다. 이것이 또한 질병 확산의 중요한 원인이었다(Postma 2003: 24). 이들은 육체적 · 정신적으로 큰 충격을 받은 상태에서 거의 해골이 되어서 도착했다. 토사물, 오줌, 대변, 땀 등으로 인해 여행 말미에는 냄새가 더 이상 참을 수 없을 정도가 되었다. 나중에 뉴욕이 되는 뉴 암스테르담에서는 냄새 때문에 노예선이 항구에 도착한 것을 알 수 있었고, 또 이 배에 들어가서 일하는 사람들은 한 시간만 그곳에서 일해도 병이 든다고 할 정도였다.

노예들은 또 상륙하면 곧 잡아먹힌다거나 그들의 몸에서 기름을 짠다는 등의 루머에 시달렸다. 이것은 거의 모든 노예들이 공통적으로 겪는 아주 보편적인

32) 의사가 환자의 기록을 적어 두는 경우가 많았다. 이에 따르면 사망 원인의 2/3는 말라리아, 황열병, 복통이었고 천연두, 괴혈병 및 봉기와 자살 등이 추가되었다(Postma 2003: 25).

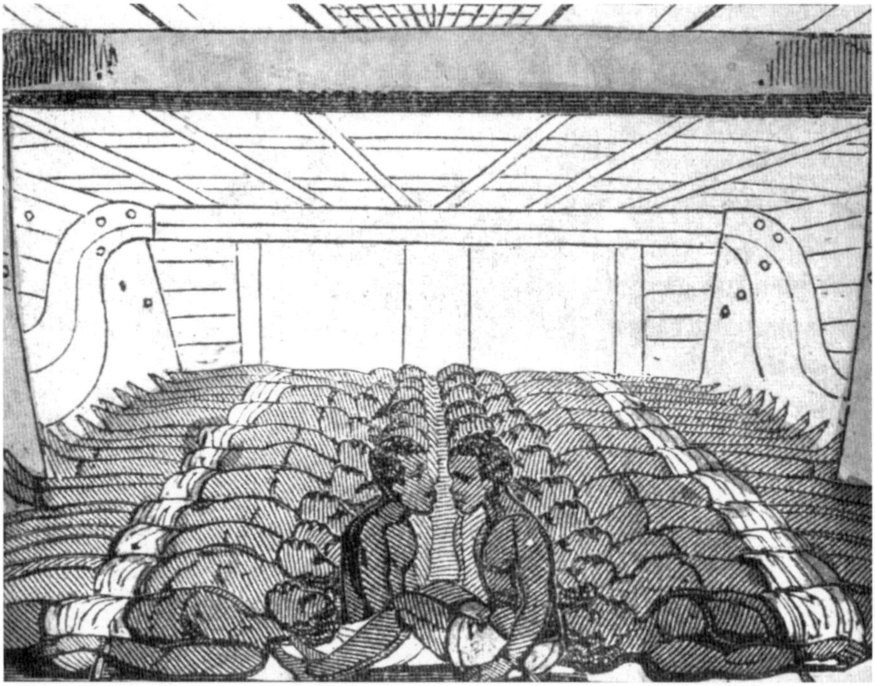

중간항해 1826년 영국의 어린이용 책에 그려진 삽화는 중간항해에서 흑인 노예들이 얼마나 큰 고통과 공포를 경험했는지를 숨김없이 전달하고 있다(Lepore 2000: 136).

현상이었다. 나중에 기록을 남긴 콩고 출신의 호세 몬솔로(Jose Monzolo) 역시 에스파냐인들이 자기를 가지고 기름을 짤 것이며, 선박에 나부끼는 붉은 깃발들은 노예들의 피로 염색한 것으로 생각했다고 말했다. 에퀴아노의 회고록에도 유사한 내용이 있다. 해안가로 끌려온 그는 난생 처음 바다를 보고 거대한 유럽 배에 강제로 올라타서 백인들과 만나는 충격적인 경험을 했다.

> 나는 이제 사악한 영들의 세계로 들어왔으며, 그들이 나를 죽일 것이라고 확신했다. 우리와 너무나도 다른 그들의 얼굴, 긴 머리카락, 내가 여태까지 들어본 어느 말과도 다른 그들의 말, 이런 것들이 합쳐져서 나의 확신을 더욱 분명하게 만들었다. 그때 내가 본 것이 어찌나 큰 두려움을 자아냈는지, 내가 설사 만 개의 세상을 소유하고 있더라도 그것들을 다 내주고 내 나라의 가장 천한 노예가 되었으면 좋겠다고 생각했다. 배 안을 둘러보았더니 구리로 만든 커다란 보일러가 있고, 제각각으로 생긴 수많은 흑인들이 사슬

에 묶여 있었는데, 모두들 낙담하고 슬픔에 찬 얼굴을 하고 있었다. 이제 내 운명이 어떠할지 의심의 여지 없이 분명해 보였고, 두려움과 고뇌가 덮쳐 와서 나는 꼼짝하지 못한 채 기절했다. 약간 정신이 들었을 때 나를 배 안으로 끌고 왔던 흑인들이 돈을 지불받고 있는 것이 보였다. 그들은 내 기운을 복돋아주기 위해 말을 걸어왔지만 아무 소용이 없었다. 나는 그들에게 저 무시무시한 모습에 빨간 얼굴, 긴 머리를 한 백인들이 우리를 잡아먹는 거냐고 물었다. 그들은 아니라고 답해 주었다.(Equiano 2003: 55)[33]

목적지에 도착하면 이들은 우선 전염병 검사를 거쳤다. 만일 전염병이 의심되면 격리(quarantine) 상태에 들어갔고, 이 상태는 재검사 후에 연장될 수도 있었다. 장기간의 고통스러운 대서양 항해를 겪고 난 후 다시 오랫동안 하선하지 못하는 사태는 사람의 진을 빼는 일이었다. 해안에 올라오면 몸 상태에 따라 노예들을 분류했다. 병자와 불구자들은 미리 경매를 통해 판매하고 '일등급(prime)'으로 분류된 사람들은 개별적으로 판매했다. 노예를 구매하는 영국 상인들의 특이한 관습 중에 '스크램블(scramble, '쟁탈' 의 의미로 보인다)'이라는 것이 있는데, 가격과 시간을 미리 정해 둔 다음, 신호와 함께 구매자들이 노예들에게 달려들어서 자기 소유를 주장하는 방식이었다. 그러나 노예거래는 점차 경매 방식이 일반적이 되었다. 지불 방식은 대개 1/3을 현찰로 주고 나머지는 1-3년 기간의 환어음으로 지불했다. 또 물물교환 방식도 여전히 많이 사용되어서 노예판매대금 대신 설탕이나 커피로 지불받는 경우도 많았다(Haudrère 2003: 60; Postma 2003: 30-31).

그나마 처음 도착한 곳에서 정착하는 경우는 다행이지만, 이곳에서 다시 페루까지 보내지는 노예들도 있었는데, 이 여행은 대서양을 건너는 것만큼 혹은 그 이상으로 힘든 일이었다. 한 상인의 기록에 의하면 카르타헤나에서 리마로

33) 이 기록의 사실성에 대해서는 최근 논란이 있다는 점을 지적해 두어야 할 것이다. 에퀴아노가 과연 아프리카에서 태어나서 중간항해를 실제 경험하며 아메리카에 온 것인지 의심스럽다는 견해가 있다. 그는 실제로는 아메리카에서 태어난 사람이며, 다만 다른 사람의 경험을 듣고 마치 자신의 이야기인 듯 기록했을 가능성이 제기되었다. 이에 대해서는 더 자세한 연구를 기다려야 할 것이다.

가는 여행에서는 사망률이 10-15%에 달했다(Thornton 1998: 161).

중간항해는 해상 사고의 위험성도 컸으며, 사고가 일어날 때마다 많은 노예들이 목숨을 잃었다. 1737년에 있었던 뢰스덴(Leusden) 호의 경우를 보자(Postma 2003: 26-27). 이 배는 서아프리카의 엘 미나에서 716명의 노예를 태우고 11월 19일에 출발하여 수리남으로 향해 갔다. 도착하기 며칠 전인 1738년 1월 1일에 폭풍우를 만나서 배가 기울고 물이 찼다. 그러나 배에는 구명정이 부족했다. 이 상황에서 선원들은 갑판의 해치를 닫아 버려서 그 안에 있던 노예들이 모두 익사했다. 마침 갑판에서 사역을 하던 14명의 노예만 살아남을 수 있었다. 이들과 73명의 선원은 1월 4일에 파라마리보에 도착했다(생존 노예들은 이곳에서 판매처분되었다). 서인도회사 측이 사고 조사를 했을 때 선원들은 만일 노예들을 갑판 위로 내놓았으면 모두 구명정을 타느라고 싸우다가 다 죽었을 것이라고 주장했다.

이런 유의 사건 가운데 가장 비인간적인 사례로 꼽히는 것은 종(Zong) 호 사건일 것이다. 이 배의 선장은 노예를 태우고 항해하던 중에 물이 부족해지자 132명의 흑인을 바다로 던져서 익사시켰다. 1783년에 사업주는 법원에 이 사건으로 입은 손해를 보험회사가 보전해 주어야 한다고 요구해 왔다. 그가 당한 사건은 보험약관상 "해상 위험"에 속한다는 것이다. 법원의 판결은 놀랍게도 "말을 바다에 던진 것과 마찬가지 경우"에 해당하므로 흑인 1명당 30파운드의 보상을 하라는 것이었다. 그런 행위가 살인 범죄라는 생각은 누구도 하지 않았다(Williams 1944: 46).

사실 노예무역선에 타는 것은 선원들로서도 최악의 일거리였다. 이 배의 노동 조건은 건강에 극히 안 좋은 것으로 악명높았다. 다소 놀라운 점은 선원 사망률이 노예 사망률보다 높다는 점이다. 1715-1774년 기간 중 낭트의 노예무역에 관한 연구를 보면 항해 중 노예의 사망률이 14.5%인 반면 선원의 사망률은 평균 20%(범위는 15-25% 사이)였다. 1780년대 영국 항구에서 떠난 노예선 116척에 대한 연구에서도 선원들의 질병 사망률이 21%였다(Curtin 1968:

204). 노예 사망률보다 선원 사망률이 더 높은 이유는 노예보다 항해 기간이 더 길기 때문일 것이다. 선원들은 우선 유럽에서 아프리카로 항해해 가고(1단계), 아프리카 해안에서 머문 다음(2단계), 아메리카의 항구까지 항해한 후(3단계) 다시 귀환 항해를 했다(4단계). 이 가운데 두 번째 단계(아프리카 해안)가 가장 위험해서 전체 사망의 45.8%를 차지했고, 3단계가 27.9%, 4단계가 25.2%를 차지했다. 사업자의 관점에서 보면 노예를 살려서 대서양을 건너는 것이 일차 목표이지 선원을 살리는 것은 2차 목표였기 때문에 선원들은 어떤 면에서 더 위험한 처지에 놓였다고 할 수 있다(Postma 2003: 47).

대서양 항해 중에 저항이 없지는 않았다. 노예들의 저항 방식은 우선 음식을 거부하거나 바다로 뛰어드는 것이었다. 이들은 죽으면 고향으로 돌아간다고 믿었기 때문이다. 이런 사태를 막기 위해 어떤 선장들은 그런 행위를 기도한 노예들의 손발을 자름으로써 다른 노예들에게 겁을 주기도 했다. 또 흑인들끼리 서로 감시하게 만들기도 했다.[34]

그러나 단순히 수동적인 저항만이 아니라 더 적극적으로 봉기를 하는 경우도 적지 않았다.[35] 케임브리지대학의 CD-ROM 자료에 의하면 선상 봉기가 있었던 사례가 전체 항해 중 10%에 달했다. 사실 절망적인 상황에 놓인 노예들로서는 위험을 감수할 만했다. 특히 어퍼기니아 출신 노예들이 저항하는 경우가 많았는데, 이는 아마도 아프리카 내 경험의 산물일 것이다. 특히 점심시간이 반란의 호기여서 이때 노예들이 배 전체를 장악하거나 유럽인 선원들을 모두 살해하는 일도 일어났다.

노예로 팔려 가는 것을 피하는 또 한 가지 길은 도주였다. 그러나 그 성공 가

34) "We have some 30 or 40 gold coast negroes make guardians and overseers of Whidaw(Whydah) negroes and sleep among them in order to give us notice, if they can discover any caballing or plotting among them, which trust they will charge with great diligence. I have been inform'd that some commanders have cut off the legs and arms of the most wilful, to terrify the rest."(Rathbone 1985: 177-178)

35) 강력한 전사 부족 출신들은 내륙 지역에서 해안으로 가는 도중 노예상들을 공격하고 도주하는 수도 많았다. 이런 전통 때문에 해상에서도 저항과 공격 행위가 자주 일어났다(Rathbone 1985: 174-176).

능성이 그리 높아 보이지는 않는다. 도주했던 사람들이 다른 곳에서 잡혀서 보상금과 교환되어 다시 끌려오거나 다른 곳에서 팔리곤 했다. 때로는 도망 노예들이 모여서 그들의 사회를 건설한 경우도 있었다. 아메리카의 마룬(maroon, 탈주 노예) 사회의 전조들이 아프리카 본토 바로 바깥에 나타났던 것이다. 특히 많은 섬들이 있는 어퍼기니아 만이 그런 후보지였다. 예컨대 1788년 로켈(Rokel) 하구(河口)에 있던 덴마크 선박에서 도주한 노예들이 프리타운(Freetown)에서 몇 마일 떨어진 곳에 '탈주자 타운(Deserters' Town)'을 건설하였다. 그런데 이런 이야기들을 보면 불행하게도 몇 달 후, 심지어는 몇 년 후 모두 다시 잡혀오는 것으로 이야기가 끝나곤 한다(Rathbone 1985: 183).

저항, 도주, 자살 등의 대응들이 거의 대부분 실패로 돌아가고 많은 노예들은 끔찍한 경험 끝에 아메리카로 보내졌다. 중간항해는 결코 회복되지 못하는 정신적 충격을 안겨 주었고, 그 결과 흑인 노예들은 수동적이고 순종적인 상태가 되어서 아메리카에 도착했다.

3. 플랜테이션과 식민지의 노예

대서양 노예무역으로 아메리카 대륙에는 엄청나게 많은 수의 아프리카인들이 들어왔다. 그들은 인류사에서 유례를 찾기 힘들 정도의 고통을 당하면서 새로운 문명을 건설하는 데에 기여했다. 오늘날 대서양 세계는 그들의 희생을 기초로 해서 건설되었다고 해야 마땅하다. 그러나 아프리카인들만이 노예제와 노예무역의 희생자인 것은 아니다. 아메리카 인디언들, 인도와 중국을 비롯한 아시아 출신 쿨리들, 유럽의 하층민들이 모두 식민지에서 고통스러운 강제 노동을 강요당했다. 이 절에서는 특히 아프리카 출신 노예들의 희생과 기여, 저항과 해방 등을 고찰해 보고자 한다.

1) 인디오의 노예화

유럽인들이 아메리카의 여러 지역을 정복하고 식민 사회를 건설하기 시작하면서 곧바로 노동력 부족 문제에 봉착하게 되었다. 결국 이 문제를 해결하는 방편으로 아프리카 흑인 노예들이 들어왔지만 그보다 먼저 시도했던 방안 중 하나는 인디오들의 노예화였다. 에스파냐인들은 처음에는 거래를 통해서 인디오 노동력을 얻기도 했지만 곧 폭력적인 방법으로 포로를 잡아와 노예로 삼았다. 산토도밍고 지사인 니콜라스 데 오반도의 발의로 1503년에 이사벨라 여왕에 의해 원주민 강제 노동이 합법화되었다. 국왕 칙령의 원래 의도는 원주민들에게 일을 시키되 이들은 강제 노역자가 아니라 자유민이므로 노동에 대한 보수를 지급하고 무엇보다도 이들을 기독교로 개종시킨다는 것이었다. 아주 좋게 해석하자면 보호의 의미가 없지 않았으나 대서양을 사이에 두고 멀리 떨어져 있는 상황에서 설사 왕이 선한 의지를 가지고 있다 해도 실제로는 그런 의도가 전혀 지켜지지 않았다. 노동력 할당 제도(repartimiento)는 마을의 젊은이들을 유출시켜서 공동체의 해체를 초래하였다. 제도 자체가 스스로의 기반을 무너뜨리는 요소를 안고 있었던 것이다(Bitterli 1989: 35).

지금까지 이와 같은 인디오의 노예화 문제는 아예 무시하거나 큰 비중이 없는 것으로 치부하곤 했으나 이는 결코 작은 문제가 아니며 본격적인 연구가 필요한 문제이다(Monteiro 1988).

그동안 인디오들에 대한 견해는 어찌 보면 흑인 노예에 대한 시각보다도 더 부정적이었다. 그들이 왜 노예가 되지 않았는가를 묻고(그러므로 질문 자체도 틀린 것이다) 그들이 너무 약하고 미개해서 — 인디오들은 신석기 문화 수준에 있었다고 주장하기도 한다 — 플랜테이션에서의 생활 조건을 감당하지 못하기 때문에 차라리 흑인 노예로 눈을 돌렸다고 답하는 식이었다.

그러나 이는 사실이 아니다. 일부 지역에서는 조직적으로 인디오 사회를 공격하여 유럽인 거주지로 이송한 다음 노예로 부렸다. 특히 과라니(Guarani)족이 중요한 사례이다. 이들은 마을을 이루고 사는 농민들이어서 노예화하면 쓰임새가 좋았고, 또 포르투갈의 동맹인 투피(Tupi)족과 전투관계에 있었기 때문에 포로로 많이 잡혀오게 되었다. 특히 세르탕 두스 파투스(Sertão dos Patos)와 세르탕 두스 카리조스(Sertão dos Carijós) 두 지역에서 노예화가 진행되었으나[36] 물론 과라니족만이 아니라 원정 중에 만나는 다른 종족들(Tememinó, Tupinaé족 등)도 희생당했다. 이 가운데 특히 테메미노족은 과라니족을 공격하는 부족으로 삼았다. 흔히 하는 수법으로서 적의 적을 이용하는 방식이었다.

1628-1632년 동안 과라니족 포로 공급이 정점에 달했다. 이 시기에 인디오에 대한 통제권을 놓고 파라과이의 에스파냐인들, 상파울루의 포르투갈 식민주들(파울리스타), 예수회 선교사들 사이에 경쟁이 벌어졌다. 파울리스타들은 인디오 노예화에 방해가 되는 예수회 선교사들을 공격해서 과이라(Guairá) 지역의 선교사 15명 중 13명을 살해하는 사건도 발생했다.

자유로운 인디오를 노예화하는 과정은 지극히 폭력적이었다. 바르톨로메우 페르난데스 지 파리아(Bartolomeu Fernandes de Faria, 그는 200명 이상의 흑인 및 인디오 노예 소유주였다)의 노예로 잡힌 조아나 지 시케리아(Joana de Siqueira)는 후일 이에 대한 증언을 이렇게 했다. 1718년 파리아의 부하들이 길을 가는 일행을 습격하여 그녀의 연인과 친구들을 살해하고 그녀를 파리아에게 데리고 갔다.

> 바르톨로메우 페르난데스는 그녀에게 '이리 와라. 너는 이제부터 나의 하녀가 되는 거다' 하고 말했다. 그러고는 치마를 올리라고 명령하고 막대기를 다리 사이에 끼우고, 자기 아들과 다른 한 사람에게 그녀를 채찍질하라고 시켰다. 두 사람은 피가 흠뻑 나도록 때렸다. 바르톨로메우 페르난데스는 이제부터 그가 그녀의 주인이라는 것을 잘 알라고 때린 것이라고 말했다. 상처가 나은 다음 바르톨로메우 페르난데스는 그녀를 농장에 데리고 가서 티포이아(Tipoia, 포대 옷)를 입히고 지금까지 일을 시켰다.(Monteiro 1988: 124)

36) 이 지역에 사는 과라니족들을 카리조스(Carijós), 파투스(Patos), 아라샤(Araxá) 등으로 부른다.

그야말로 백주 대낮에 노상에서 사람을 살해하고 납치하여 폭력적으로 노예로 삼은 것이다.

과라니족에 대한 공격은 1630년대에 정점에 이르렀다가 그 이후 쇠퇴했고, 그 대신 다른 부족들에 대한 공격이 늘었다. 그러나 이 단계에 이르면 노예화 작업이 점차 한계에 이르렀다. 인구 저밀도 지역으로 들어가서 사람을 잡아오는 것이 힘들었을 뿐 아니라, 유럽인 거주 지역으로 데리고 오면 유럽에서 들어온 병균 때문에 병사하는 사람이 많았다. 여기에 더해서 도주와 반란도 자주 일어났다(특히 과이아나(Guaianá), 과룰류스(Guarulhos) 족이 대표적이다).

노예를 포획해 오는 것만큼이나 힘들었던 문제는 일을 잘하는 노예로 길들이는 일이었다. 유순하고 명령에 순종하는 하급 계층을 만드는 것이 목표였는데 그런 방편의 하나가 '기독교도 인디오'로 만드는 것이었다. 이런 일을 위해 이데올로기적인 조작이 필요했다. 식민주들은 인디오들의 인신과 재산에 대한 통제권을 가지되 이 관계가 공식적으로 노예제가 아니라고 주장하였다. 인디오들은 "강요된 자유 노동자(forced free labor)"라는 것이다. "인디오들은 포르투갈의 법에 따라 자유이다. 다만 이 지방의 관행에 따라 그들은 강요된 하인이다." 유럽인들이 이런 식의 모순된 주장을 하는 중요한 근거는 인디오들을 문명화·기독교화시켜 주었다는 것이다.[37] 유럽인들의 용법을 보면 '리브리(livre, 자유인)'라는 말 대신 늘 '포후(forro, 해방된 사람)'라는 용어를 썼는데 이는 곧 인디오들의 자연 상태는 예속적이라는 것을 전제로 한다.[38]

37) 17세기의 유명한 노예 포획자인 도밍구스 조르지 벨류(Domingos Jorge Velho)는 다음과 같이 말하였다: "If <after conquest> we use them in our fields, we do them no injustice for this is as much to support them and their children as to support ours. Far from enslaving them, we render them an unremunerated service by teaching them to till, plant, and work for their livelihood, something which until the Whites teach them they know not how to do." 또 프라두(Maria do Prado)라는 노예 소유주는 죽을 때 이런 말을 했다: "I declare that I do not own any captive slaves but I only possess ninety souls of the native heathen, as is the common practice, whom I have always treated as my children and in the same form I leave them to my heirs."(Monteiro 1988: 113-114)

인디오들은 자유를 찾아 도주를 시도하기도 했다. 그런데 그 상황을 보면 특이한 사실을 알게 된다. 이들은 숲속으로 도주하는 것보다는 광야(sertão)로 도주하는데, 이 의미는 그들 자신이 다른 인디오들을 노예화하는 부대에 참여한다는 것이다! 혹은 다른 주인에게로 도망가는 경우도 있는데 이럴 때에는 힘있고 부유한 다른 노예주들은 자기 휘하로 들어온 인디오 노예들을 내주려고 하지 않았다.

이런 식으로 인디오들에 대한 통제권은 18세기 초까지도 흔들림 없이 지속되었다. 그러나 인디오 노예만으로는 식민지 사회의 운영이 힘들게 되었고 새로운 노동력 공급원이 필요하게 되었다.

2) 백인 노예에서 흑인 노예로

인디오 노예로부터 아프리카 노예로 전환하는 중간 단계로서 유럽인 하층민들을 노동력 공급원으로 하는 계약제 노예(indentured)가 있었다.[39] 말하자면 단기간 '백인 노예제'가 있었던 것이다. 그 계약 내용은 대개 사용주가 대서양을 건너는 선박 운임을 대주고 아메리카에 온 다음 정해진 기간 동안 일을 하되 그동안 음식과 최소한의 의복을 제공하고 또 계약 기간 후 떠날 때 정착에 필요

---

38) 인디오를 가리키는 용어들을 보면 '페사스 두 제니투 지 테하(peças do genito de terra, 원주민 이방인)', '네그루스 다 테하(negros da terra, 원주민 흑인)' 같은 것들이 있다. 이에 비해 아프리카 흑인들은 '페사스 두 제니투 다 기네(peças do genito da Guiné, 기니아인)', '네그루스 다 기네(negros da Guiné, 기니아 흑인)' 등으로 불렸다. 그런데 점차 많은 수의 아프리카인들이 들어오면서 차이가 더 뚜렷해졌다. 17세기 말경에는 '제니투 두 카벨루 코헤디우(genito do cabelo corredio, 直毛의 이방인)', '젠치 파르다(gente parda, 검은 피부 사람들)', '아드미니스트라두스(administrados, 행정대상 사람들)', 그리고 아프리카인들은 투피어로 '타파뉴누스(Tapanhunos, 검은 타푸이인)'라고 불렀다(Monteiro 1988: 114).

39) Indentured란 원래 문서 작성 방식에서 나온 말이다. 과거에 문서 작성법은 계약 내용을 한 종이에 두 번 쓰고 가운데 부분을 톱니(dent) 모양으로 잘라서 양측 당사자가 나누어 가지는 식이었다(혹시 문서의 진위 여부를 따질 필요가 있을 때에는 양측이 문서를 대보았을 때 톱니 모양의 자른 부분이 들어맞는지를 가지고 확인하였다).

한 토지와 돈을 주는 것이었다. 계약 조건대로라면 유럽의 무토지 농민들로서는 한번 해 볼 만한 조건이라고 할 수도 있다. 그러나 실제로는 기꺼이 참여하려는 사람이 많지 않았기 때문에 온갖 유인책이나 강제력, 심지어 노골적인 유괴(kidnapping)[40]도 서슴지 않았다. 어른들은 술, 아이들은 고기를 주며 꾀어냈고, 교도소로 찾아가서 재소자들을 서인도로 '초대'했으며, 도피 중인 범죄자들은 스스로 서인도행 배에 올라탔다. 이처럼 "구세계 사회의 온갖 부랑자들을 신세계에 쏟아 붓는 행위"에 대해 분개한 벤자민 프랭클린은 만일 아메리카의 방울뱀들을 모아서 영국으로 보내면 만족하겠느냐며 항의하기도 했다(Williams 1944: 10-12).

계약제 노예들의 여건은 결코 만만한 것이 아니었다. 농장주인들은 그들이 들인 돈을 최대한 뽑으려고 했기 때문에 가혹하게 일을 시켰다. 계약제 노예 생활을 했던 한 사람은 이런 증언을 한다. "해가 뜨자마자 십장이 호각을 불어서 사람들을 집합시키고 정렬한다. 그러고는 곧 일이 시작된다. 십장은 언제나 막대기를 하나 들고 있는데 우리는 그것을 리아나(열대 덩굴 식물)라고 불렀다. 누군가가 잠깐이라도 일을 하지 않고 멈추면 그는 마치 갤리 선에서 노 젓는 노예들에게 하듯 매질을 했다. […] 험한 대우, 마음의 고통과 병 때문에 많은 사람들이 죽었다." 이런 사정이 유럽에도 알려지는 바람에 지원자는 더욱 줄었다. 과들루프의 경우를 보면 1656년에는 1만 2,000명의 계약제 노예들이 있었지만, 1671년에는 3,000명으로 줄었다(Haudrère 2003: 57).

그러나 이런 노동자들을 고용한 신대륙의 고용주들 역시 불만에 싸이기는 마찬가지였다. 계약 노동자들이 너무 쉽게 자유를 얻는다는 것이다. 사용주들은 노동 기간을 연장하든지 조건을 악화시키는 식으로 계약을 위반하는 경우가 많았다. 자연히 계약 노동자들도 도주, 태업, 탄원 등으로 대응했다. 따라서 고용

40) Kidnapping이라는 단어의 어원이 다름 아니라 어린아이를 유괴하여 신대륙으로 보내는 범죄 행위에서 유래했다. kid=child, nap(nab)=snatch. *American Heritage Dictionary, online Etymology Dictionary*.

주들로서는 비용도 많이 들고 골치 아픈 방식을 피하려고 했다. 그것이 곧 흑인 노예 도입으로 귀결되었다.

흑인 노예 도입은 다음 몇 가지 점들이 작용하였다(Thornton 1998: 136-142).

첫째, 인디오들의 노예화에 대한 반대가 거세었기 때문에 노동력을 바깥에서 구해 와야 했다. 여기에는 특히 라스카사스 같은 인디언 보호자들의 논의가 아주 중요한 역할을 했다. 그는 인디언에 대한 가혹한 착취 현실을 고발하고 인디오들에 대한 인간적 처우를 주장하였다. 당시에는 신학자들 사이에 인디언이 과연 진정한 인간으로서 영혼을 가지고 있는가 하는 문제를 놓고 논쟁을 벌이던 시기였다.[41] 라스카사스는 인디언들도 유럽인들과 같은 존재, 이성을 가지고 있고 신의 은총으로 구원을 받을 수 있는 존재라고 주장했다. 그런데 이런 근거에서 흑인 노예를 대안으로 들여왔다면 아주 심각한 문제가 제기된다. 인디언들은 '인간' 대접을 받을 만하지만 흑인들은 아예 그런 자격이 박탈당한 존재가 되기 때문이다. 이들은 완전한 이방인, 거의 동물과 같은 존재로 격하되었다. 이는 결국 검은 피부에 대한 편견, 즉 인종주의로 연결되는 문제이다.[42]

둘째, 노동력으로서 흑인들의 가치가 높았다. 그러나 이 점에서도 이데올로기적인 왜곡이 있을 수 있다. "백인들에 비해 흑인들이 더운 지방에서도 일을 잘 한다"는 식의 주장은 단지 흑인들에게 일을 강요하기 위한 왜곡일 뿐이다. 흑인들이 본격적으로 도입되기 이전 시대에는 유럽인들도 열대 기후에서 얼마든지 일을 잘 했기 때문이다. 흑인들의 노동력 가치가 높은 이유는 다른 데에 있다. 무엇보다도 그들은 신대륙에 만연한 질병에 대해 비교적 적응이 잘 되어 있었다. 그들의 고향에서 이미 말라리아 같은 병에 익숙해 있었으므로 인디언들에 비해 전염병의 피해가 덜한 편이었다. 또 한 가지 결정적인 요인은 그들이

41) 교황 바오로 3세는 1537년에 칙령(sublimus deus)을 통해 "인디언들은 진정으로 인간이며 가톨릭 신앙을 이해할 수 있다"고 선언했다(Palmer 1998: Introduction, xiii). 문제는 흑인들에 대해서는 이런 논쟁조차 없었다는 점이다.

42) 이베리아 지역에서는 이전부터 흑인들을 저급한 인간으로 취급하는 전통이 있었다(Sweet 1997).

유용한 기술들을 가지고 있었다는 점이다. 예컨대 아메리카에는 원래 말과 소가 없기 때문에 인디언들이 목축에 익숙하지 않았지만 아프리카의 많은 지역에서는 이미 말과 목축에 익숙해 있었다. 풀라, 만딩고 같은 부족들이 대표적인데 이들은 아메리카에서 목축인(vaqueros, ganaderos)이 되었다. 아프리카의 벼농사법을 들여온 것도 흥미로운 사례이다(Carney 2001). 또 황금해안 지역에서 온 사람들 중에는 숙련된 잠수부들이 있어서 이들이 진주잡이가 되기도 했다.

최근에 학자들이 강조하는 점은 무엇보다도 경제적 조건, 즉 노동력 구매 가격이 유리하다는 점이다. 백인 계약제 노예를 고용했을 때보다 흑인 노예를 고용했을 때 경제적 효과가 훨씬 좋았던 것이다. 구입 비용이 적게 들고, 한번 고용하면 장기간 일을 시킬 수 있고, 질병에 강하며, 여러 기술을 보유하고 있다는 점들이 함께 작용해서 흑인 노예제가 정착되었다.

3) 인구 구성

아메리카 노예제에서 중요한 문제 중의 하나는 그들의 인구 구성이다.

1820년까지 아메리카에 도착한 아프리카 흑인 수는 800-900만 명인 반면 유럽인은 240만 명에 불과했다. 그런데 이 시점에서 백인 인구는 1,200만 명이고 흑인 인구는 1,100만 명으로서 반대 결과가 나타났다. 이는 곧 흑인들의 인구 재생산에 심각한 문제가 있었다는 말이 된다. 즉 흑인들의 사망률이 높고 출생률이 너무 낮았던 것이다(Eltis 1983: 278).

기거스(Geggus 1989)의 실증 연구를 통해 흑인 노예들의 인구 규모와 그 구성 문제에 대해서 알아보도록 하자.

그는 다음 두 자료를 분석하였다: 첫째, 1714-1792년 기간 중 프랑스 선박으로 수송한 17만 7,000명의 노예 자료(Répertoire des expéditions négrières of Jean Mettas and Serge Daget), 둘째, 1721-1797년 기간 중 400건에 달하는 산토도밍고의 플랜테이션 재산목록 자료(estate inventories). 그는 이 자료들을 가

표 17. 노예의 성비

구분	프랑스 선박으로 운송한 노예		산토도밍고 노예	
	성비(a)	수(b)	성비(c)	수(d)
세네감비아	161	12,545	214	1,380
시에라리온	134	2,450	84	206
윈드워드코스트	175	3,205	120	253
황금해안	163	8,910	151	633
베넹 만	161	41,121		
비아프라 만	117	4,685	103	1,245
콩고-앙골라	212	63,280		
남동아프리카	229	1,204	219	137
노예해안			99	4,552
중부아프리카			166	4,928
평균/합계	179	137,400	133	13,334

출처: Geggus(1989), Table 2, Table 4를 가지고 재구성. 원 논문의 단순 계산 오류는 수정하였다.

지고 남녀 비율과 연령 비율을 조사하고 다시 그것들을 지역별로 비교하였다.

우선 아프리카를 떠날 때의 남녀 비율을 보자(표 17의 a와 b). 그가 분석한 자료 전체에서 남녀 구성은 여성 100명당 남성 179명으로서(179/100) 남성 비중이 높았다. 그러나 흔히 이야기하는 바대로 "남성 2 대 여성 1(200/100)"의 비율은 아니다. 남성이 압도적으로 많은 비율(예컨대 300/100)은 19세기에 가서야 나타나는 현상이다.

지역별로 보면 남녀 비율은 상당한 큰 차이를 보인다. 가장 수치가 높은 지역은 남동아프리카로서 229/100이고 가장 낮은 지역은 비아프라 지역으로서 117/100이었다.

이를 아메리카에 살고 있는 노예의 성비(표 17의 c와 d)와 비교하면 흥미로운 결과를 얻게 된다. 두 자료가 모두 존재하는 지역들을 보면 거의 대부분 대서양을 건널 당시보다 플랜테이션에서 일할 당시 남성 비율이 낮아진다. 전체 평균을 보면 179에서 133으로 감소했다. 아프리카 해안을 떠날 때에는 남성이 여성에 비해 80% 정도 더 많았지만 아메리카 대륙에서 살아가면서 남성이 더 많이 사망함으로써 차이가 약 30% 정도로 줄어든 것이다.[43]

조금 더 자세한 분석을 시도해 보자.

우선 남성 비중이 비아프라 지역에서 상대적으로 낮고 중부아프리카와 남동아프리카에서 높다는 점을 주목할 필요가 있다. 이 차이는 어디에서 오는 것일까?

기거스(Geggus 1989: 37-38)의 추론은 다음과 같다.

첫째, 노예들이 해안까지 이동하는 거리가 길수록 남성의 비중이 높다. 특히 남성 비율이 높은 곳은 250마일 이상 내륙으로 들어간 곳들(Chamba, Banmana, Nupe, Hausa)이었다. 아마도 이런 내륙 지역에서는 북아프리카와 중동의 하렘으로 송출하는 여자 노예 수요가 컸기 때문에 반대 방향의 대서양 노예무역에서 남성 비중이 상대적으로 커졌을 것이다. 또 여행 거리가 길면 여성의 생존율이 떨어졌으리라고도 짐작할 수 있다.

둘째, 현지에서 여자 노예의 가치가 높았다. 연구자들이 흔히 지적하는 바에 의하면 모계사회와 남자 노예 유출 비율 사이에 상관관계가 높다. 모계사회에서는 '노예-부인(slave-wife)'에 대한 수요가 높았는데 그 이유는 이런 여성들을 통해 남성이 가족에 대한 통제권을 행사하기 때문이다. 어쨌든 분명한 것은 남성 비중이 120 이하인 곳은 모두 부계사회였고, 모계사회에서는 모두 그 수치가 130 이상이었다는 점이다.

셋째, 여성이 농사일을 하는 사회일수록 '남성을 내다 파는' 경향이 강했다. 이는 중요한 식량 공급원인 여성의 가치를 높게 쳐주었기 때문이라고 해석할 수밖에 없다.[44]

43) 다만 세네감비아 출신 노예들만 예외로서 이들은 161/100의 낮은 비율로 들어와서 214/100로 높아졌다. 이는 설명하기 힘든 예외적인 현상이라고 할 것이다.

44) 이 점을 역설적으로 설명해 주는 사례가 얌 재배 지역의 경우이다. 비아프라의 이그보, 이비비오 지역에서는 얌이 최상급 작물 취급을 받고 또 오직 남자만 특권적으로 얌 농사를 짓는 것으로 되어 있다. 그 결과 다른 지역에 비해 이곳에서는 여자 노예의 비율이 높다. CD-ROM 자료를 보면 1650-1700년 중 비아프라에서는 여자 노예 비율이 45%에 이른다(Postma 2003: 46).

여기에 두 가지 보충적인 요인들도 생각할 수 있다. 첫째, 노예의 성비는 해당 사회의 노예 용도에 영향을 받는다는 점이다. 군인, 관료, 혹은 국가농장을 많이 운영하는 사회(Oyo, Dahomey 혹은 the Fulbe-ruled Jalonka of Futa Jallon 등지)일수록 남자 노예를 내다 팔지 않고 잡아두는 경향이 강하다. 둘째, 노예 포획 방식에 따라 다른 결과가 나온다. 전투 끝에 포로를 잡는 방식이 강한 곳에서는 남자 노예의 비중이 높고, 납치, 습격 등이 중요한 노예 포획 방식인 곳에서는 여성과 어린이가 잡혀갈 비중이 높다.

이상에서 설명한 '아프리카 요인'이 노예의 성비를 결정하는 중요한 요소임에 틀림없다. 아프리카에서는 여자 노예의 값이 남자 노예의 2배에 달했을 정도로 여자 노예에 대한 수요가 컸으므로 남성이 외부로 유출될 가능성이 높았던 것이다. 그러나 이와 동시에 '아메리카 요인'을 함께 고려해야 한다. 즉 플랜테이션에서 남자 노예에 대한 수요가 높았기 때문에 더욱 남자 노예를 많이 들여왔으리라는 것이다. 다시 말해서 상대적으로 아메리카에서는 남자 노예에 대한 수요가 크고 아프리카 측에서는 여자 노예에 대한 수요가 크다는 점이 노예무역에서 남성 비율이 높은 점을 설명한다는 것이다.

17세기에 남자 노예 비중이 낮았다가 18세기에 높아지는 것도 이런 맥락에서 설명 가능하다. 사탕수수 재배가 확대되면서 남자 노예 노동이 더욱 많이 요구되고 그래서 남자 노예의 가치가 증가하게 되었다.

이런 경향들이 장기간 지속되다가 19세기에 가서 전체적인 면모가 크게 변화했다. 이때에는 남성 비중이 높은 지역들에 더욱 집중해서 노예를 구매했으며 그 결과 남자 노예 비중이 이전보다도 훨씬 더 높아졌다.

결론적으로 대서양 노예무역이 이루어지던 대부분의 시기에 아프리카에서 여성들보다 훨씬 많은 남성들이 아메리카로 끌려감으로써 아메리카의 흑인 인구가 증가하지 못하고 정체하였으며, 또 그 때문에 계속해서 흑인 노예를 들여오는 사태가 벌어졌다고 할 수 있다.

4) 노예 사용 사회: 북아메리카 식민지, 그리고 저항

노예는 중남미의 플랜테이션과 광산만이 아니라 영국령 북아메리카에서도 광범위하게 존재했다.

이곳에 흑인 노예가 언제 처음 들어왔느냐는 아직 논란거리이다. 예컨대 1619년에 버지니아에 "20여 명의 흑인들(twenty and odd Negroes)"이 도착했다는 기록이 있는데 이때의 흑인의 지위가 정확히 무엇인지 불명확하다. 그러나 사실 '최초'의 사건이 중요한 것은 아니다. 조만간 인종주의에 근거한 노예제가 미국 사회 내에 뿌리내린 것은 분명하기 때문이다. 당시 버지니아 주민들은 아프리카인들이 태생적으로 열등한 인종이며 신에 의해 영원히 노예로 결정되었다는 확신을 가지고 있었다. 물론 이런 신념은 다른 지역에서도 찾아볼 수 있으나, 이곳에서 새로운 현상은 이런 인종주의가 사회 구성의 핵심 개념으로 자리잡았고, 체계적이고 끈질기게 남게 되었다는 점이다(Vaughan 1989: 311-354).

버지니아에서 백인 계약 노동자들의 가격이 상승하자 1680-1690년대에 흑인 노예가 지배적인 노동력이 되었다(Deyle 1989). 이 시기에 흑인 노예들이 대거 들어온 것은 분명하다. 이로부터 10년 전만 해도 체사피크 만에 2,000명 남짓한 노예들이 유입되었던 데 비해 이제는 매년 7,000명 이상의 노예들이 들어오고 있었다. 이 지역의 노예 수입 수치에 대해 커틴의 고전적인 연구 역시 18세기 전반이 정점이었다고 밝히고 있다. 그에 따르면 영국령 북아메리카 지역에는 1700-1720년 사이에 매년 1,000명이 수입되다가 다음 20년 중에는 2,500명으로 상승했고, 1740년대 5,000명으로 정점에 달한 다음 하락하기 시작했다. 제임스 롤리(James Rawley)의 추산에 의하면 1620-1870년 사이에 현 미국 영토가 될 지역에 들어온 흑인 노예의 수는 약 60만 명이며 이 중 대다수는 18세기에 들어왔다. 그리고 초기에는 서인도제도에서 노예가 들어왔으나 18세기에는 아프리카에서 '직수입'했다. 예컨대 1700-1740년 중 5만 4,000명의 흑인이 체사피크 만으로 들어왔는데 아프리카에서 바로 들어오지 않은 사람은 5,000명에 불과했다.

최초로 미국 선박으로 노예를 수입한 사례는 1683년 매사추세츠 주의 세일럼(Salem)에 입항한 디자이어(Desire) 호이다. 1700년경에는 보스턴이 뉴잉글랜드 전체에 서인도제도 노예를 공급하는 중심지가 되었다. 이 시기에는 어느 한 도시가 중요한 것이 아니고 뉴잉글랜드 전체가 식민지 노예무역을 수행했다고 할 수 있다(Deyle 1989: 109-110). 이 무렵에는 미국에서도 노예가 중요한 노동력 공급원으로 자리잡아 갔다. 특히 사우스캐롤라이나와 조지아 같은 남부 지역에서 노예수입이 증가했다. 이 시기에 남부의 농장주들은 여분의 자본을 모두 노예에 투입하고 있었다.[45] 아프리카로부터 미국 남부로 노예를 들여오는 사업은 우선 영국 자본이 큰 비중을 차지했지만 아메리카의 유력한 상인들 역시 활발하게 참여하였다. 필라델피아의 로버트 엘리스(Robert Ellis) 같은 대상인은 노예무역을 위해 자신만의 부두를 몇 개 소유하고 있을 정도였다(Deyle 1989: 113). 노예무역은 배 건조와 수리, 특히 럼주 생산업과 같은 분야와 긴밀한 연관이 있었기 때문에 뉴잉글랜드 경제 발전에 중요한 동력을 제공했다.

북아메리카의 노예거래에 대해서는 많은 점들이 알려져 있다.

노예판매는 항구에서 이루어지는데 현찰, 신용, 현물 등 여러 방식으로 결제가 이루어졌으며, 경매도 벌어졌다. '최상품'은 15-25세 사이의 건강한 남자였다. 찰스턴(Charleston)의 한 상인이 서인도에 있는 그의 대리인(agent)에게 보낸 주문을 보면 "15-16세의 소년소녀를 보내되 그 가운데 2/3는 소년, 1/3은 소녀로 보낼 것(to send expecially Boys & Girls of about 15 ot 16 years of Age of which 2/3 Boys & 1/3 Girls)"을 요청하였다. 작은 사례이지만 남자 노예에 대한 수요가 여자 노예에 비해 2배 정도 된다는 것을 여기에서도 확인할 수 있다. 이렇게 남녀 비율이 차이가 나기 때문에 더더욱 인구의 '재생산'이 힘들어

45) 미국의 흑인 노예들은 주로 사우스캐롤라이나와 조지아에서 담배, 벼, 인디고를 경작했으나 1793년에 조면기(繰綿機, cotton gin)와 함께 미시시피 서쪽으로 멀리 퍼지게 되었다(Postma 2003: 78).

지고 따라서 계속 노예를 구매해야 했다.46 노예들은 도착하자마자 곧바로 플랜테이션에서 수확에 동원되었다.

미국의 노예무역 역시 지극히 비인간적인 면모들을 띠고 있다(Deyle 1989: 115-119). 우선 항구에 여자 노예들이 들어올 때 모두 벌거벗고 들어오는 것이 문제가 되었다. 1702년의 기록에 필라델피아의 한 상인이 서인도의 대리인에게 "여자들은 옷을 입혀서 보내라"는 부탁을 하면서 "벌거벗고 다니는 것은 이곳 관습에 맞지 않으며 그래서 사람들이 그들을 사려고 하지 않을 것(it not being a Custom here for ym to go Naked—people will not buy ym So)"이라고 충고하였다.

식민지 내의 노예교역은 대사업은 아니지만 꾸준히 발달해 갔다. 19세기 이전에는 대개 남쪽에서 북쪽으로 노예가 팔려 갔는데 이를 보면 아마 남쪽에 너무 많은 노예들이 들어왔을 가능성이 있다. 그런데 대개는 아프든지 말썽부리는 노예들을 보내 버리려고 하므로 북부 주들은 주간(州間) 고관세로 이를 막으려고 했다. 1721년 사우스캐롤라이나 주의회는 아프리카에서 바로 들어오는 노예가 아닌 자에 대해서는 3배의 관세를 물리는 조치를 취하였다.

시간이 흐르면서 점차 아메리카 현지에서 태어난 노예가 증가하였다. 고용주들은 외국에서 들여온 노예보다는 이런 사람들을 선호하였다. 그래서 주간 교역보다 자체 교역이 증가하였다. 판매 공고에는 현지에서 태어났다는 사실을 강조하곤 했고 특히 영어 잘하는 노예는 값이 올라갔다.

신문에는 노예거래에 관한 광고가 자주 실렸다. 1704년에 나온 미국 최초의 주간지인 『보스턴 뉴스레터(*Boston News-Letter*)』에는 거의 첫 호부터 노예판매 광고가 게재되었다. 이 자료를 보면 당시 노예에 대한 사람들의 태도가 어떤지 짐작할 수 있다. 노예주는 그가 팔려고 하는 노예가 "도둑, 창녀, 술꾼이 아닌(neither a Thief, Whore, nor Drunkard)" 성실한 노예임을 강조하였다. 대체로

46) 노예주들의 무정한 표현을 빌리자면 양육보다는 구매(buy rather than breed)에 의존했다.

노예주들의 가장 큰 불만의 하나는 음주 문제였다. 그리고 노예에게 아이가 생기면 노예주들은 아주 귀찮아했고 그래서 팔아 버리려고 했다. 뉴욕의 한 주인이 여자 노예를 판매 처분하려 하는데 그 이유는 "노예가 너무 자주 아이를 낳아서 주인이 그런 불편을 감내하기 힘들기 때문(she breeds too fast for her Owner to put up with such Inconvenience)"이라는 것이다. 노예 부부를 판매하는데 "아이가 생긴다는 점 외에 다른 결점은 없다(for no Fault, save getting of Children)"라고 언급한 사례도 있다. 반대로 불임은 아주 좋은 장점으로 쳤다. 한 광고에는 노예가 결혼한 지 오래되었는데 아이가 없다는 점을 광고하였다. 판매 이유가 "노예에게 정이 들어서(slave affections)"라는 경우도 있다. 노예의 가정은 아예 무시하기 일쑤였다. 보스턴의 한 주인이 19세의 여성과 6개월짜리 아이를 파는데, 그 조건은 "함께든 따로따로든(together or apart)" 가능하다는 것이었다. 만일 노예의 결점을 숨기고 판매했을 때 문제가 법원에까지 가기도 했다. 법원은 대개 한 번 팔면 그것으로 영원히 끝이라고 판결을 내렸다.

노예들이 전혀 인간적인 대접을 받지 못했다는 점은 분명하다. 누구든지 자기 노예를 매매하는 데 대해서 도덕적 문제를 제기하지 않았다. 노예판매는 그저 하나의 거래관계라고 생각했던 것이다. 유명한 박애주의자이며 소위 '자유의 요람' 이라고 불리는 패늘 홀(Faneuil Hall)을 보스턴 시에 헌정한 피터 패늘(Peter Faneuil)은 사실 노예 매매를 통해서 재산을 모은 사람이었다. 존 핸콕(John Hancock)이나 로버트 모리스(Robert Morris) 같은 미국혁명 당시의 중요 인사들도 모두 노예를 수입한 사람들이었다.

결론적으로 노예 매매는 식민지 아메리카 경제의 핵심 요소였다. 노예 거래는 누구도 문제 삼지 않는 완전히 확립된 현상이었다. 이 관점에서 보면 미국은 '자유의 나라' 가 아니라 '노예 소유의 나라' 였다.

이런 사회에서 노예들이 저항하기란 쉽지 않았을 테지만 그렇다고 그들이 반드시 압제에 굴복하지만은 않았다. 여기에는 아프리카에서의 저항의 문화가 작용했으리라고 생각할 수 있다(Rathbone 1985: 173-174). 일부 부족 출신이 유독 반항적이라고 알려진 것이 이와 관련이 있을 것이다. 특히 여자 노예들은 신분적인 측면과 성적인 측면에서 이중으로 압박을 받았지만 그들이 전적으로 순종적이지는 않았다(Bush 1985).

원래 아프리카에서는 남성들이 힘든 노동을 하고 여성은 가벼운 일을 했는데 플랜테이션에서는 이를 무시하고 여성들에게도 똑같이 힘든 일을 부과하였다. 여자 노예들은 사탕수수를 베는 밭일이나 설탕정제 및 럼주 생산 같은 분야의 힘든 일을 모두 담당했다. 그 결과 플랜테이션 농장에서 여성은 핵심적인 위치를 차지하였다. 이는 노예 가격에 그대로 반영되었다. 1807년에 남자 노예 값이 50-70파운드이고 여자 노예 값이 56-60파운드여서 큰 차이가 없었다. 여성들은 임신과 출산이 큰 부담이었으나 대체로 출산 전 6주 전까지, 그리고 출산 후 3주 이내에 다시 일을 했다. 이런 힘든 여건이 노예들의 출산율이 낮아지게 된 중요한 요인이었다.

이런 불리한 여건 때문에 여성의 저항이 심할 수밖에 없었다. 이 점을 말해주는 자료 중의 하나로서 런던 상인 가문인 킹(Thomas and William King)의 기록이 있다. 그들은 1820년대 초에 여자 노예들의 저항 행위와 그에 대한 처벌을 기록해 두었다. 이 가문은 그라나다, 영국령 기아나, 도미니카에 플랜테이션을 가지고 있었는데 이곳에서 대리인들이 각 개인의 잘못과 그에 대한 처벌을 기록해 둔 것이다. 위반 사항으로는 오만(insolence), 과도한 게으름(excessive laziness), 불복종(disobedience), 싸움(quarrelling), 난폭행위(disorderly conduct), 그리고 무엇보다도 도전적인 행위(defiant behaviour)가 많았다. 1830년 1-6월 사이에 콰쉬바(Quasheba)라는 여성은 "일하러 가기를 거부(refusing to go to work)"했고, 캐롤라인은 "관리인과 감시인에게 욕을 하였다(abusing the manager and overseer)."

노예주는 이런 태도에 대해 심한 처벌을 했다. 원래 여성들에 대해서는 채찍질을 하지 않는 것으로 되어 있지만 실제로는 이를 무자비하게 시행했다. 엘리자라는 노예는 "밭에서 폭력적인 행위를 했고 […] 일꾼들 앞에서 야단칠 때 주인에게 심한 모욕을 한" 데 대해 채찍으로 20대를 맞았다. 저메인이라는 노예는 "의도적으로 밭의 사탕수수를 망치고 […] 의도적으로 의무를 방기"한 데 대해 15대를 맞았다.

노예들은 태업, 좀도둑질, 게으름 등 온갖 방식으로 저항했다. 백인 여성들은 자기네들이 차라리 노예라고 하소연을 하곤 했고 시달리다 못해 노예들을 팔아치우려고 했다. 게다가 여자 노예들은 주인들이 알아듣지 못하는 크레올 언어를 사용하고 여기에 비꼬는 말투와 풍자가 교묘히 섞인 욕을 했다. 이는 분명 저항정신을 만들어 내고 유지하는 기능을 했을 것이다.

여자 노예들은 비공식적으로 시장 체제를 만들어 냈다. 이는 크레올 노예사회를 만들어 내는 데에 핵심적인 기능을 했다. 이들은 자기 텃밭을 소유하고 있어서 토요일 오후와 일요일에 이곳을 돌보고 그 잉여를 시장에 내다팔았다. 만일 주인이 이것을 건드리면 아주 심하게 저항했다. 이렇게 만든 상품을 매매하는 시장에서 여성들은 중개인(higglers)이 되었고 여기에서 바구니와 음식을 팔았다. 게다가 이런 기회를 이용해서 도주하기도 했다. 노예해방 이후 이 시장 체제는 더욱 크게 발달했다.

노예들은 주류 사회에 속하지 않는 그들만의 체제를 준비하고 있었던 것이다.

5) 해방

마지막으로 살펴볼 주제는 19세기의 노예해방 운동이다.

대체로 19세기 이전에는 노예제와 노예무역을 당연한 것으로 치부하는 것이 대세였지만 일부 계몽주의 사상가들에 의해 노예제가 반인륜적인 제도라는 각성이 생겨나기 시작했다. 레날 신부와 같은 인물이 대표적인 사례이다.[47] 또

47) 레날의 『두 인도의 역사』는 식민지 지배에 대한 유럽의 자기반성의 텍스트이며 노예해방의 이데올로기 형성에 자양분을 제공한 것은 맞지만 그 의도가 전적으로 순수한 것은 아니었다. 이 텍스트는 '계

노예들의 봉기와 탈주(maroon)가 지속적으로 일어났는데 이것이 노예제 폐지론을 추동하는 중요한 동력의 하나였다. 브라질의 바이아 지역에서는 1807-1835년 사이에 아홉 번 봉기가 일어났다. 1762-1763년에 네덜란드 식민지인 베르비스(오늘날 기아나) 지역은 거의 노예들의 통제하에 들어갔다. 또 1790년대에는 산토도밍고에서 독립의 아버지라고 불리는 투생 루베르튀르(1744-1803)가 노예해방 운동을 주도했다. 그 자신은 프랑스 감옥에서 사망했으나, 그의 후계자인 장자크 데살린이 1804년에 이 나라를 아이티라는 이름으로 독립시켰다.[48] 19세기 중에 차례로 각국이 노예무역을 포기했고, 최종적으로 쿠바와 브라질도 여기에 동참했다.[49]

여기에서 특히 우리의 흥미를 끄는 것은 영국의 노예제 폐지 운동이다. 1807년에 영국과 미국은 노예무역을 불법화시켰고, 더 나아가서 영국은 1819년에 노예무역 감시 함대(anti-slave trade squadron)까지 창설했다. 왜 그동안 가장 노예무역을 활발히 주도해 왔던 영국이 이 시기에 노예제 폐지 운동에 앞장섰을까? 영국의 노예해방 운동에 대해 윌리엄스는 이것 역시 그들의 경제적 이해에 따른 행위에 불과하다고 이야기했다. 즉 더 이상 큰 수익을 얻을 수 없게 되었을 때 노예폐지 운동이 일어났다는 것이다. 그러나 최근 연구는 이 당시 노예무역과 노예식민지가 대단히 번성했음을 밝히고 있다. 따라서 문제는 그처럼 단순한 것이 아니다. 그렇다면 왜 영국에서는 자신들의 이익을 포기하면서까지

몽된 유럽' 이 자신의 잘못을 고쳐야 한다고 주장하지만, '나머지 세계' 를 이끄는 것은 여전히 유럽이라는 것을 전제로 하고 있다. 다만 지난 시대 기독교와 군대 중심의 식민 지배 대신 계몽과 문명으로 대체된 것이다. 즉 그의 사고는 "반식민주의 자체라기보다는 지난 시대의 식민화 전략을 비판하고 이성에 입각한 새로운 식민지 체제를 수립하려는 의도에 입각해 있었다." 그는 노예 소유주들의 잔인성을 비판했지만 노예제와 그 원리를 부정하지는 않았다. 결론적으로 그의 주장은 개량 식민주의라 부를 수 있을 것이다(권윤경 2002: 52-53).

48) 노예들의 봉기는 빈번했지만 결국 최종적인 성공을 거둔 것은 이것이 유일한 사례라 할 수 있다 (Palmer 1998: xxvii).

49) 흑인 노예 도입이 줄거나 아예 사라지고 난 이후 아메리카의 농장주들은 눈을 아시아로 돌려서 중국, 인도, 인도네시아의 계약 노동자 — 이들을 쿨리(coolie, 苦力)라고 부른다 — 들을 불러왔다. 하와이와 멕시코의 사탕수수 농장으로 간 한인 1세대 이주민들이 바로 이런 흐름 속에 있었다.

노예폐지 운동을 하였을까?

이 문제에 대해서는 영국의 리버풀을 중심으로 살펴보도록 하겠다(Drescher 1988).

리버풀은 1780년대만 해도 가장 중요한 노예무역항이었다. 그런데 1787년에 갑자기 전국적인 노예폐지 운동(abolitionism)에 직면하게 되었다. 이것은 심대한 이데올로기적 · 문화적 공격이었다. 사실 그때까지 리버풀의 노예무역업자들은 자신들이 행하는 사업에 대해 아무런 후회도 없고 전혀 흔들리지 않았다. 이 도시의 사업가들은 전통적으로 자수성가한 사람의 심성을 가지고 있어서 오직 부(富)만이 최고 관심사이며 노예제폐지론 같은 것은 속물근성의 발로 정도로 치부하고 있었다. 심지어 박애주의적 성향이 강한 퀘이커 교도들도 노예무역사업에 투자했던 자금을 회수하지 않았다. 이런 태도는 예컨대 리버풀의 역사를 다룬 책에서 노예무역이 '정상적'인 사업이라는 주장을 한 데에서 찾을 수 있다.50 결과적으로 노예제 폐지론은 정치적으로 강력하지 않았기 때문에 거의 무시되었었다. 1771-1772년의 유명한 서머싯 사건(Somerset case, 식민지의 노예가 영국에 들어왔을 때의 법적 신분은 더 이상 노예가 아니라는 판결이 나왔다) 당시에도 리버풀에서는 아예 논란이 되지 않았다. 다만 최종 판결이 났을 때 별다른 언급 없이 사실만 보도되었고, 이에 대한 사람들의 반응 역시 미미했다. 1799년 10월 1일에 14세의 흑인이 리버풀의 공공경매에 나온다는 소식이 아마도 영국 신문에 실린 노예거래의 마지막 사례일 것이다.

리버풀에서는 공식 만찬에서 아프리카 무역의 발전을 위해서 건배할 정도였으므로, 이곳의 철물업자가 흑인에게 채우는 체인과 차꼬를 전시한 데에 대해 이웃 도시인 맨체스터가 비난했을 때 이곳 시민들은 놀라움을 표했다. 1791년에 최초의 노예무역 폐지 법안이 부결되었을 때 교회 종을 타종하여 축하했다가 다음해에 이것이 뒤집혀지자 폭도들이 해방론에 호의적인 인사들 집에 가서

50) *An Essay Towards the History of Liverpool*, Drescher(1988: 131)에서 재인용.

위협한 일도 리버풀의 이런 분위기를 잘 말해 준다.

영국의 다른 지역에서 폐지론이 한참 논의되던 무렵에 리버풀에서는 오히려 노예무역을 옹호하는 글들이 나왔다. 이 텍스트들을 보면 당시의 분위기를 잘 파악할 수 있다.

1788년에 '리버풀의 레이먼드 해리스 목사(Reverend Raymond Harris of Liverpool)'의 이름으로 『노예무역의 정당성에 대한 성경 연구(*Scriptural Researches on the Licitness of the Slave Trade*)』라는 소책자가 출판되어서 런던에 광범위하게 퍼졌다. 그 내용은 노예제를 옹호하는 데에 편리한 성경 구절들을 모아놓은 것이었다. 그런데 곧 이 작자가 실제로는 에스파냐에서 쫓겨나서 리버풀에 정착한 예수회 인사인 오르마사(Don Raymond Hormaza)라는 인물임이 밝혀졌다. 이에 대해 "영국인에게 맞지 않고 에스파냐 예수회 인사에게나 맞는 글"이라는 주장도 제기되었지만, 놀랍게도 리버풀 시 의회는 저자에게 그런 좋은 내용의 글을 쓴 데 대해 100파운드를 지불하며 격려했다.

다음해에는 존 워커(John Walker)라는 인물이 쓴 『리버풀의 도시와 교역에 대한 서술적 시(*Descriptive Poem on the Town and Trade of Liverpool*)』가 나왔는데 그 내용은 노예무역이 종교적으로 오히려 좋은 일이라는 전형적인 주장이었다. 노예무역은 아프리카인들을 문명의 땅에 데리고 왔고 그들의 혼란스러운 마음에 지식을 전해 주었으며, 예수를 알게 해 주었고 심지어 일부에게는 영국에서 자유를 찾아 주었다는 것이다. 그 결과 영국에서 하인으로 지내는 것이 아프리카에서 왕으로 사는 것보다도 더 큰 즐거움이라는 결론을 내렸다. 사실 이런 유의 주장은 새로운 것이 아니고 늘 있었던 것이지만, 영국에서 노예폐지론이 한참 등장하던 시기에 일부러 이런 주장을 편다는 것은 분명 주목할 일이다.

그러나 노예제를 '미화'하는 것까지는 그들이 생각하기에도 너무 무리한 주장으로 보였던지, 노예제는 현실적으로 어쩔 수 없는 일이라는 정도의 합리화가 더 자주 등장했다(Drescher 1988: 136). 예컨대 노예무역은 아주 오래된 것이고 초기 기독교도에 의해 인정된 것이며, 특히 리버풀의 무역 중에 노예무역이 워낙 큰 비중을 차지하므로 현실을 인정해야 한다는 식이다. 윌리엄 모스(William Moss)는 『리버풀 가이드(*The Liverpool Guide*)』에서 노예제와 노예무역은 기독교 세계 외에는 세계 대부분 지역에 널리 퍼져 있으며, 아프리카인들은 더 강한 이웃에게 잡아먹히게 되어 있다는 논리를 폈다. 노예제는 야만적이지만 아프리카인들 역시 아직 야만인이며, 따라서 노예제를 바로 폐지하기보다는 차라리 서서히 개선하는 것이 낫다고 주장했다. 유럽이 아닌 다른 지역의 노예제는 더 나쁜 성격이라는 것이다.

1805년경에 드디어 이런 노예제 옹호론에 대한 공격이 나타나기 시작했다. 리버풀 신문에서 노예 상인 때문에 리버풀 전체 시민들이 마치 노예무역으로 먹고사는 인상을 준다는 식의 공격이 실렸다. 1807년에 가면 드디어 노예무역은 수치라는 주장이 보이기 시작한다. 한번 분위기가 바뀌자 사람들의 태도가 아주 급격하게 바뀌어 갔다. 1814년 영불 평화조약의 결과 프랑스가 5년 동안 노예무역을 재개할 권리를 인정받자 영국에서 강력한 비난이 일어났는데, 이때 리버풀에서 놀랍게도 3만 명이 서명에 참가했다. 이때쯤이면 리버풀은 영국에서 가장 중요한 노예 폐지론 중심지역으로 변했다.

중요한 노예무역항이 노예 폐지론의 중심지역으로 변모한 것은 매우 특이한 일이다. 로드아일랜드와 낭트 같은 다른 노예무역항에서는 이런 일이 일어나지 않았다. 리버풀은 이후 급속한 산업화로 면모를 완전히 일신해서 중요한 산업도시로 거듭났다.

리버풀의 이런 변화를 어떻게 이해할 수 있을까?

영국인들이 정말로 자신들의 이익을 모두 저버리고 갑자기 박애주의로 돌아섰다고 보기는 힘들다. 한편으로 노예제 폐지를 주장하면서 다른 한편으로 실익을 챙긴 측면도 놓쳐서는 안 된다. 브라질과 같은 노예제 국가에서 생산된 설탕의 소비와 교역에 대한 1841년의 논쟁에서 파머스톤 자작이 어떤 논지를 폈는지 보면 그 실상을 잘 알 수 있다. 영국이 브라질에 면직물을 팔려고 하자 브라질은 설탕과 커피로 결제하겠다고 제안한다. 그러나 이는 노예제에 반대한다는 원칙에 어긋나는 일이다. 이 상황에서 영국인들이 동원한 방법은 다음과 같다.

> 당신네들의 설탕과 커피는 노예노동으로 생산된 것입니다. 우리는 원칙을 지키는 사람들이오. 따라서 노예노동으로 나온 물건을 사서 쓴다는 것은 우리의 양심이 허락지 않는 일이오. […] 이렇게 말하지만 우리는 사업가라서 브라질 사람들이 곤경에서 벗어나게 도와주고 싶습니다. 우리는 그들에게 이렇게 말합니다. 우리 가까이에는 부지런하고 잘 사는 독일인들이 4,000만 명이나 살고 있소. 그들은 우리만큼 양심적이진 않으니 당신네 설탕을 그들에게 팔도록 하시오. 그들은 당신네한테서 설탕을 살 것이고, 그러면 당신들은 그들에게서 받은 돈으로 우리 면제품을 사면 되잖소.(민츠 1998: 144)

이런 식으로 브라질 사람들이 설탕을 팔 수 있도록 '사업가' 영국인들은 여러모로 도움을 준다. 독일로 설탕을 운반하는 선박이 모자라면 영국 선박을 빌려주고, 독일인들이 정제된 하얀 설탕을 선호하므로 브라질 사람 대신 정제를 해 준다. "노예노동으로 생산된 설탕을 소비하는 것은 죄악이지만 그것을 정제하는 것은 아무런 잘못이 없다"는 주장이다. 그래도 남는 문제는 독일에 파는 것보다 훨씬 많은 양의 설탕이 남는다는 것이다. 그러면 결국 영국인들이 남는 양을 사들여서 서인도제도와 오스트레일리아로 보낸다. 파머스톤은 결론적으로 이런 제안을 내놓는다. "우리가 직접 당신들의 남는 물건을 사들이겠소. 대신 우리 국내에서 소비할 수는 없소. 왜냐하면 우리는 양심적인 사람들이기 때문이오. 차라리 그것을 서인도제도와 오스트레일리아로 보내겠소. 거기는 흑인과 식민지 주민들뿐이니 무슨 양심 따위를 운운할 자격이 있겠소?"(민츠 1998: 144-146)

그러나 영국인들이 위선적이라 몰래 노예 및 설탕 무역을 하며 실제로는 이익을 취하고 있었다는 식으로 모든 것을 설명할 수는 없다. 일부 그런 측면이 있다는 것과 대세의 흐름은 분명 구분해야 한다. 영국이 부분적인 이익을 버리면서도 노예제 혹은 노예무역에 반대하고 나선 것은 더 큰 틀에서 봐야 한다. 이것은 즉각적인 작은 이익을 추구하기보다 보편적인 가치를 주장하면서 더 큰 이익을 추구하는 단계, 즉 영국 제국주의가 산업화된 세계경제의 최정점을 차지하는 단계로 나아가는 과정에서 일어난 현상이라고 보아야 할 것이다. 이는 해적을 통해 이익을 취하던 상태에서 오히려 발 벗고 나서서 해적을 퇴치하는 단계로 나아간 것이 실제적으로 영국의 이익에 부합되는 것과 유사한 일이다.

결론

노예무역은 분명 근대사 최대의 비극 중 하나이다. 이보다 더 명백하게 근대의 폭력성을 보여 주는 사례는 없을 것이다. 1,000만 명 이상의 사람들이 죽음으로 내몰리거나 혹은 죽음보다 더한 고통을 겪어야 했다. 근대 세계의 발전은 이러한 희생 위에서 이루어졌음을 기억해야 한다.

그러나 우리는 여기에서 희생과 발전을 구분하여 생각해 볼 필요가 있다. 그들의 희생이 곧바로 근대 경제의 발전에 연결되지는 않는다는 점은 이미 앞에서 언급한 바 있다. 대서양 세계 전체, 혹은 근대 세계사 전체 속에서 노예무역의 의미를 찾는다면 차라리 주변성(marginality)으로 정리할 수 있을 것이다.

근대에 경제 성장이 이루어지는 영역은 노예무역과 직접적 관련성이 적은 다른 분야였다. 노예무역과 노예제는 근대 경제 성장 시스템 전체에서 주변적인 위치를 차지했다. 그것은 저생산성, 저성장, 고위험을 특징으로 하며, 실제로 이 사업을 가장 적극적으로 추진하는 국가들도 포르투갈처럼 경제 성장에서 뒤쳐진 후진국이다. 이는 마치 오늘날 임금착취형 산업 구조가 후진국 경제의 특징인 것과 유사하다. 말하자면 착취 정도는 크지만 그로 인한 수익성은 낮은 분야인 것이다. 바꾸어 말하면 바로 그와 같은 성격 때문에 후진국에 그런 분야가 주어졌고, 또 낮은 수익성 때문에 착취에 의존한 것이다. 그렇다면 착취 현상은 전체 경제 성장과 관련이 없는 것일까? 그런 의미보다는 고수익이 직접 발생하지는 않지만 전체 시스템이 유지되도록 만드는 역할을 했다고 이해해야 할 것이다. 즉 노예무역은 수익은 낮지만 그래도 세계 경제 전체적으로 볼 때 반드시 필요한 분야였던 것이다.

세계 경제 전체뿐 아니라 한 국가의 경제를 보더라도 유사한 점을 찾을 수 있다(Miller 1991: 125-126). 원래 리스본에서도 경쟁력 없는 사람들이 노예무역 사업에 뛰어들었다. 당시 최고의 수익성이 기대되던 아시아 향신료 교역 같은 사업에 참여하지 못하는 자들이 노예무역을 주도했다. 포르투갈의 노예무역은 유대인, 집시, 추방자 등 주력 부분에서 배제된 자들이 몰려들어서 시작한 것이었으며, 진짜 돈 있는 사업가들은 간접적으로 참여할 뿐이었다. 대상인들은 금융 분야와 같은 고급 업무를 담당하고, 어렵고 힘들며 수익성이 낮은 '천한' 분야는 불리한 위치의 사람들에게 미룬 셈이다.

사실 포르투갈이 점차 다른 국가에 비해 상대적으로 밀리면서 더욱 노예무역을 많이 담당하게 된 것도 같은 맥락이다. 그들로서는 사탕수수 재배, 귀금속 채광, 향신료 무역 같은 유리한 영역들로부터 배제되어 갔기 때문에 노예무역이라는 저급한 분야로 내몰렸다. 이 나라는 1580년부터 60년 동안 에스파냐에 왕실이 합병된 다음 1640년에 해방되었으나 이를 계기로 더 변방의 위치로 밀리게 되었다. 그 후 영국과 우호적인 관계를 맺게 되고(왕실 간 결혼 관계로 양국이 가까워졌다) 유명한 메수엔 조약(1702)으로 양국 간 교역도 확대되었으나, 이는 결과적으로 포르투갈의 국내 산업 발전의 실패를 재확인하는 꼴이었다(그런 가운데에서도 영국과의 거래선은 유력한 상인들이 독점하고 힘이 약한 상인들은 앙골라 무역에 매달렸다). 말하자면 포르투갈은 영국이나 프랑스와의 경쟁을 피하기 위해서 노예무역으로 도피했고, 더 나아가서 노예무역에 특화하게 되었다. 이런 식으로 포르투갈 노예무역은 대서양 경제의 주류 밖에서 돌아갔던 것이다.

이런 현상은 다른 국가들에서도 발견할 수 있다(Miller 1991: 147-148). 네덜란드에서도 암스테르담은 좋은 기회들이 얼마든지 있으므로 굳이 노예무역을 할 필요가 없었다. 젤란드(Zeeland)가 이 사업에 뛰어든 것이 그런 이유이다. 영국에서도 런던이 아닌 브리스톨이나 리버풀 같은 '외항들(outports)'이 노예무역에 참여하였다. 프랑스에서도 루앙, 보르도와 같은 큰 항구는 노예무역에 관심을 두지 않은 반면 낭트 및 브르타뉴의 소항구들이 적극적이었다. 노예무역은 변방 지역들이 주로 담당하는 변방의 분야였다.

선두 국가들이 이익을 취하는 과정에서 일어난 근대의 가장 잔혹한 폭력은 변방의 영역으로 내맡겨진 것이다.

제3부 세계화 · 지역화된 문화

근대사는 곧 세계화의 역사라고 해도 과언이 아니다. 오늘날 사람들은 세계의 다른 지역들과 어떤 식으로든 관계를 가질 수밖에 없으며, 홀로 고립되어 살아갈 수는 없다. 우리의 의식주, 언어와 심성, 자연 환경까지 포함해서 우리를 구성하고 우리를 둘러싼 모든 것들이 근대 세계의 (재)구조화 과정에서 만들어진 것들이다. 근대 세계는 이전 시대에 형성된 많은 것들이 뒤섞이면서 새롭게 구성되었다.

그러나 다른 한편 우리가 나날이 살아가는 기본 틀은 여전히 한국, 일본, 중국 같은 국가 혹은 기껏해야 동아시아와 같은 지역 수준이라고 볼 수도 있다. '세계'라는 것이 구체적인 실체로 존재하는 것은 아니다. 세계가 정말로 완벽하게 통합되어 전 지구적으로 사람들의 삶과 의식이 완전히 동질화되었다고 할 수는 없다. 다시 말하면 '세계'라고 지칭되는 외부 세계의 힘이 강하게 미친다 하더라도 결국 그것은 '지역'의 사정과 필요에 의해 걸러져서 수용되기 십상이다.

세계와 지역, 그리고 세계화와 지역화, 이 두 가지 차원의 문제를 어떻게 이해할 것인가? '경제'와 '문화' 간의 관계라는 관점에서 생각의 실마리를 찾아보도록 하자.

'경제'는 특히 세계화의 힘으로 작용하는 경향이 강하다. 그것은 곧 시장의 세계적인 확대를 의미한다. 시간이 갈수록 상품, 노동, 자본 등의 요소들은 국경을 넘어 전 세계로 확산되어 갔다. 시장의 힘은 강력한 용해력(溶解力)으로 작용하여 대개 그 어떤 장애도 넘어가곤 한다. 예컨대 인도의 면직물은 뛰어난 품질과 싼 가격으로 세계 최고의 경쟁력을 지니고 있었기 때문에 유럽 각국의 이해 당사자들의 완강한 저항에도 불구하고 유럽 시장을 석권했으나, 다음 시대에는 산업혁명의 결과 오히려 영국의 공장에서 생산된 싼 면직물이 인도 시장을 지배하게 되었다. 이러한 경향의 귀결이 결국 오늘날 전 지구적인 시장 네트워크의 형성이라 할 수 있다.

그러나 다른 한편으로 '경제' 혹은 '시장'이 정말로 무제한적인 힘을 행사하지는 못한다는 점도 지적해야 한다. 상품을 소비한다는 것은 단순히 물질적인 행위일 뿐 아니라 문화적 해석의 행위이기도 하다. 코코아를 예로 들어보자. 원래 아메리카에서 코코아는 신들과 왕에게 바쳐진 음식이거나 전쟁에 나가는 전사들만이 맛볼 수 있는 고귀한 물품이었다. 그러나 이것이 유럽에 전해진 후에는 주로 가톨릭 지역의 귀족들이 마시는 음료가 되었다가 오늘날에는 주로 여성들이나 어린이들이 즐기는 식품이 되었다. '문화'는 이런 식으로 '경제'의 힘을 변형 혹은 왜곡시키고 걸러내는 필터 역할을 한다. 말하자면 경제적인 요소들이 세계화의 주축이 되는 요소로서 세계 모든 지역을 하나로 통합하는 방향으로 이끌어나가는 한편 문화적인 요소들이 지역 차원에서 그런 흐름을 저지하기도 하고 변형시키기는 역할을 한다.

그러나 이렇게만 이야기해서 끝나는 것도 아니다. 문화 역시 불변의 것은 아니기 때문이다. 특히 현재 우리 사회는 워낙 빠르게 변화하는 중이어서 대략 10년 정도 시간이 흐르면 사람들의 생활 패턴, 사고방식, 감성 등이 이전과는 비교할 수 없을 정도로 바뀌게 된다. 그런 변화를 가져온 중요한 요인 중의 하나는 분명 경제적 발전임에 틀림없다. 경제적 여건의 변화는 곧 사람들의 사고방식과 생활양식에 심대한 변화를 초래하지 않을 수 없다. 문화가 경제에 영향을 미치지만 동시에 경제가 문화에 영향을 미치지 않을 수 없는 것이다. 게다가 이제는 문화 역시 반드시 지역적인 것만은 아니어서 그 자체가 세계화의 중요한 요소로 떠오르고 있다. 한 지역의 문화 요소들이 다른 지역으로 보급되는 현상 역시 가속적으로 이루어지고 있다.

그러므로 근대 세계에서는 세계화와 지역화가 동시에 이루어지고 있다고 봐야 한다. 지역적인 요소가 세계로 퍼지기도 하고, 세계의 영향을 받으며 지역적인 요소가 진화하기도 한다. 우리는 물질적으로든 정신적으로든 세계적인 차원과 지역적 · 지방적 차원을 중층적으로 경험하며 사는 것이 아닐까?

무엇보다도 이런 현상이 이미 수백 년 전부터 시작된 현상임을 주목하자. 우리가 미처 알지 못하는 새에 우리 일상의 모든 측면에서 부단한 변화가 일어났다. 우리를 둘러싸고 있는 자연 환경마저 단순히 생물학적인 현상이 아니라 근대 이후 해양 팽창 과정에서 변형되고 새롭게 적응한 결과이다. 우리 내면 세계의 가장 근간이 되는 종교 역시 마찬가지이다. 유럽의 팽창은 곧 기독교의 전파라는 현상으로 나타났는데, 세계의 여러 지역에서는 이 외래 종교의 충격 아래서 여러 다양한 방식의 반응을 나타냈다. 세계의 언어들과 그 분포 역시 해양 팽창의 시대 이후 더욱 빠른 변화를 보였다. 과학 기술의 전파나 음식물의 보급 등도 우리의 삶의 기본 양태를 심층적으로 변화시켰다. 이처럼 우리의 삶은 근대 세계라는 큰 틀 속에서 만들어진 결을 따라 흘러가고 있다.

제7장

환경과 인간

대항해시대는 지구 환경 변화의 중요한 기점이라 할 만하다. 15세기 이후 전 세계가 해양을 통해 서로 접촉하게 되면서 광범위한 생태계 변화가 초래되었다. 이 시대에는 전 세계의 사람들이 대규모로 이동하면서 그와 함께 생태계의 여러 요소들 역시 대규모로 교환되었다. 말, 소, 밀, 옥수수, 담배 같은 가축과 작물들 외에도 인간의 의도와 무관하게 수많은 동식물들이 외부 세계로 전해졌고 더 나아가서 말라리아, 티푸스, 황열병 등 온갖 전염병을 일으키는 병원균들이 대륙 간 이동을 했다. 그동안 바다가 갈라놓았던 것을 근대 초에 인간이 새로이 뒤섞었다. 이렇게 해서 현재 우리가 살아가는 환경의 틀이 이 시대에 윤곽이 잡혔다고 해도 과언이 아니다. 오늘날 우리의 삶이 전개되는 기본 구조를 만들어 낸 이 변화야말로 어쩌면 해양 팽창의 가장 중요한 측면이라고 할 수도 있을 것이다.

대항해시대에 일어난 생태계의 변화에 대해 단순히 사실만 열거할 것이 아니라 그것을 체계적으로 설명할 틀이 필요하다. 이 장에서는 우선 해양 팽창과 생태계의 변화를 함께 설명하는 기본 개념을 비판적으로 살펴보기로 하겠다. 그리고 근대 세계에서 일어난 중요한 환경 변화의 여러 측면들, 그리고 환경 파괴의 문제들을 구체적으로 분석할 것이다. 그 가운데 인류사에 심대한 영향을 미친 전염병 문제는 매우 중요한 주제이므로 따로 떼어 고찰할 것이다.

1. 생물학적 교환

자연 상태에서도 생태계 간에 동물과 식물, 미생물이 끊임없이 이동 · 교환되지만, 인간의 활동은 이를 더욱 촉진시키는 중요한 요인이다. 사람들이 대규모로 그리고 빠른 속도로 이동할 때 생물들이 함께 이동하게 되기 때문이다. 그것은 소나 말, 혹은 밀, 옥수수처럼 사람들이 의도적으로 옮긴 것일 수도 있고, 쥐나 병원균처럼 비의도적으로 옮긴 것일 수도 있다. 이슬람권의 대팽창, 몽골 제국 건설, 콜럼버스의 항해 등 어떤 계기로 인해 그때까지 서로 떨어져서 진화해 왔던 생태계들이 갑자기 서로 접촉하게 될 때 생물들의 이동과 교환이 급격히 일어난다. 그 가운데에서도 특히 영향력이 컸던 사건은 근대에 해상 교류가 급속히 확대되면서 전 세계적으로 생물학적 교환(biological exchange)이 가속화된 현상일 것이다.

근대에 들어와서 인간의 이주로 인해 자연 환경은 급속도로 변화하였다. 아메리카 대륙에서는 버펄로가 멸종 직전에 이르기까지 개체 수가 줄어든 대신 이미 1만 년 전에 사라졌던 말과 소가 유럽에서 들어와서, 19세기에는 말을 탄 카우보이가 거대한 소떼를 몰고 가는 것이 남북아메리카 평원의 전형적인 모습이 되었다. 삼림이 빽빽하게 들어차 있던 뉴질랜드는 숲이 많이 사라지고 그 대신 한없이 넓은 벌판 위에 양떼가 노니는 풍광으로 변했다. 신대륙 원산의 감자와 옥수수가 아시아와 유럽, 아프리카의 밭에서 자라나고, 인도가 원산지로 알려진 사탕수수는 중동 지역과 지중해 지역을 거쳐 서인도제도와 남아메리카에 이르기까지 지구를 한 바퀴 돌며 전파되었고, 그 결과 만들어진 플랜테이션은 수많은 아프리카 흑인 노예들의 불행을 초래하였다.

이런 변화는 어떤 과정을 거쳐 일어났을까? 우리는 이 현상을 어떻게 이해할 수 있을까?

1) 생태제국주의

환경 변화 문제를 다룬 가장 종합적이고 체계적인 이론의 하나가 앨프레드 크로스비의 '생태제국주의'라는 개념이다(크로스비 2000, 2006). 우선 이 개념을 이해할 필요가 있다.

크로스비는 근대에 유럽인들이 아메리카, 오스트레일리아, 뉴질랜드 등지에서 선주민들을 몰아내고 그들이 원래 살던 유럽 세계와 흡사한 식민지 — 그것을 그는 네오유럽(Neo-Europe)이라고 명명한다 — 를 재창조하는 데에 성공한 사실에 주목했다. 마치 벌떼가 분봉(分蜂)하여 새로운 벌집을 만들듯이 구대륙 세계의 일부가 신대륙에 이식되는 방식으로 식민지를 만들어 낸 일이 어떻게 해서 가능했을까? 또 그런 일들이 왜 다른 곳이 아니고 '네오유럽'에서만 성공했을까? 이에 대한 답으로 크로스비는 생태 변화라는 요소를 든다. 소위 '유럽의 팽창'을 인간만의 팽창이 아니라 생태계 전체의 팽창으로 봐야 한다는 주장이다.

네오유럽 지역들은 유럽과 멀리 떨어져 있으면서도 기후가 비슷하다는 특징을 가지고 있다. 기후가 비슷하면 유럽의 자연 생태계가 그대로 옮겨 가는 데에 유리한 조건이 된다. 그 때문에 우선 유럽인들이 이주하여 그곳에 적응하는 데에 편했을 뿐 아니라, 유럽의 가축과 식물, 더 나아가서 병원균까지 유입되어 현지의 사람과 동식물을 구축(驅逐)하고 유럽의 생태계를 복제하듯이 재구성할 수 있었던 것이다.

네오유럽이 형성되는 과정은 구체적으로 이런 식이다(크로스비 2000: 175ff).

유럽인들은 아메리카 대륙에 도착하자 곧 목재와 연료를 얻기 위해 삼림을 황폐화시켰다. 여기에 더해서 유럽에서 함께 들여온 엄청난 수의 가축들이 풀을 지나치게 뜯어먹음으로써 기존 초지를 훼손시켰다. 그 결과 백인이 정착한 신대륙 땅은 점차 나대지가 되어 갔다. 이런 맨땅에는 유럽산 식물들이 퍼져 갔다. 여기에서 특히 주목할 현상이 '잡초(weed)'의 번식이다. 통상 '잡초'는 인간이 원하지 않는 쓸모없는 풀 가운데 생명력이 대단히 강하여 제거하기 힘든 식물을 가리킨다. 그러나 크로스비가 말하는 잡초는 개념이 다르다. 잡초는 '제2차 자연 천이의 선구 식물', 즉 어떤 이유에서든 빈 땅이 생겼을 때 그곳을 차지하여(colonize) 장악하는 능력이 뛰어난 식물이며, 따라서 그 자체가 좋다 나쁘다고 이야기할 일은 아니다. 호밀과 귀리도 원래는 잡초에 속했다. 잡초는 토양의 유실을 막는 동시에 동물들의 사료가 되어 생태계를 보호하는 대단히 중요한 역할을 한다. 그런데 특기할 점은 아메리카 대륙에서 빈 땅이 생기자 유럽산 식물들이 그러한 의미의 잡초가 되어 대단한 기세로 팽창해 갔다는 사실이다. 클로버와 같은 식물만이 아니라 유럽에서는 '잡초'라고 부르기 힘든 식물도 잡초처럼 퍼져 나갔다. 복숭아가 대표적인 경우였다. 사람들이 복숭아를 먹고 버리면 그 복숭아씨에서 싹이 나서 얼마 후 그 지역 전체가 복숭아로 덮일 정도로 빨리 번식했다. 그리하여 후대의 사람들은 복숭아의 원산지가 아메리카라고 착각하게 되었다. 외래종 식물들이 신대륙에서 이처럼 '폭력적으로'(!) 퍼지는 예들은 그 외에도 많이 찾을 수 있다. 다윈이 부에노스아이레스에 왔을 때 본 바에 의하면 우루과이에 퍼진 유럽산 엉겅퀴가 어찌나 잘 자라났는지 말이나 사람이 뚫고 지나갈 수 없을 정도였다. 다윈은 "한 식물이 그렇게 거대한 규모로 토착 식물을 침탈한 사례가 기록으로 남아 있을지 의심스럽다"라고 언급했다. 19세기 중반에 말을 탄 사람 높이만큼 자라난 엉겅퀴를 본 W. H. 허드슨은 이 엉겅퀴가 "바퀴벌레처럼" 퍼진다고 표현하였다.

그렇다면 왜 남아메리카 전체가 복숭아나 엉겅퀴로 덮이지는 않았을까? 이런 잡초성 식물은 "살아남을 수는 있으나 성공하는 법은 거의 없다." 이들의 기능은 불안정한 땅을 장악하여 토양을 안정시키고 직사광선을 차단함으로써 다른 식물이 자라기 좋게 만드는 일이다. 그러나 긴급 상황이 끝나고 나면 이 식물들은 더 느리지만 더 크고 억세게 자라는 식물들에게 자신의 자리를 양보한다. 잡초는 불안정한 땅으로는 잘 침투하지만 안정된 환경에서는 오히려 힘을 발휘하지 못한다. 그리하여 이제 밀이나 보리 같은 다른 유럽산 작물들이 자리를 잡는 단계로 넘어가게 된다.

통계 자료를 보면 캐나다의 잡초의 60%, 미국의 잡초의 50% 이상이 유럽산이다. 호주에서는 귀화식물 수가 800종이나 된다. 이처럼 유럽의 식물이 네오유럽을 장악하게 되면 이번에는 이것이 유럽산 가축의 대규모 확산을 가능하게 한다(폰팅 1996: 266-269). 유럽산 식물이 퍼지는 현상과 유럽산 가축이 널리 보급되는 현상은 함께 일어나는 것이다. 소나 말 같은 유럽 가축들이 들어와서 아메리카의 풀들을 먹어 치우는 데다가 배설물을 뿌리고 짓밟아 놓는 바람에 이런 데에 익숙하지 않은 원주 식물들이 점차 외래종 식물들에게 자리를 내주게 된다. 무엇보다도 원래 소와 말이 없었던 아메리카 대륙이 근대 이후 엄청난 수의 소와 말이 가득 찬 대륙으로 변한 사실을 주목할 만하다. 1700년경 남아메리카의 팜파 지역에는 5,000만 마리의 소가 있었던 것으로 추산되며, 더구나 이 소들은 거의 야생 상태로 돌아갔다.[1] 말 역시 마찬가지로서 한 번 아메리카 대륙에 도입되자 그 수가 막대하게 늘어난 데다가 그 가운데 많은 수가 야생마가 되었다.[2] 외래종 말과 소는 아메리카 대륙에 특이한 카우보이 문화 혹은 가우초 문화를 형성시켰다.

그 외에도 네오유럽에는 원래 그곳에 없던 동물들이 급속히 퍼져 나가는 현상을 자주 볼 수 있다. 호주에는 2,000만 마리가 넘는 돼지가 있을 뿐 아니라 흥미롭게도 아라비아보다 더 많은 수의 야생 낙타가 존재한다. 호주 내륙의 사막 지대에서 사용하기 위해 19세기 말에 들여온 낙타들이 야생 상태로 돌아가 버린 것이다. 뉴질랜드와 북아메리카에 벌이 들어온 것 역시 인간이 양봉 사업을 위해 의도적으로 들여온 결과이다.

유럽인들의 입장에서는 유럽산 동식물의 보급이 긍정적인 의미를 띠는 일이겠지만, 해당 지역의 기존 생태계는 외래종의 침입으로 가공할 피해를 입은 셈이다. 때로는 외래종 동식물의 지나친 확산이 생태계 재앙으로 변하기도 했다. 1859년에 호주에 들여온 토끼는 그 후 엄청난 속도로 불어나서 1905년에는 5억 마리에 달하였다![3] 이것이 생태계에 너무 큰 피해를 가져오자 호주 당국은

1) 호주에도 소가 엄청나게 늘어났다. 만일 이 상태 그대로 두었다면 호주는 양 대신 소가 지배적인 나라가 되었을 터이나 산업혁명 시기에 양모 수요의 증가로 말미암아 사정이 바뀌게 되었다. 호주의 소들은 거의 야생 상태로 돌아가서 송아지들이 사슴처럼 빠르게 뛰고 2미터의 울타리를 뛰어넘었다고 한다. 이들은 방목 상태로 지냈기 때문에 자신들이 사람에 의해 소유되고 있다는 사실 자체를 몰랐을 것이다. 이 소들이 너무나 많이 번식해서 1824년에는 길잃은 소들에 대한 도살령이 내려졌다(크로스비 2000: 209-211).

2) 멕시코에서 야생마를 '메스테뇨(mestenõ)' 라고 불렀는데 이것이 와전되어 미국에서 야생마를 '머스탱(mustang)' 이라고 부르게 되었다. 1950년대 말까지 캐나다와 미국 서부를 배회하던 이 야생마들은 거친 성격의 대명사였다.

3) 호주에 토끼를 들여온 이유는 영국계 이주민들이 자신들이 떠나온 고향과 친숙한 분위기를 만들기 위해서였다. 즉 여우 사냥을 하기 위해 여우를 들여오고 다음으로는 여우의 먹이로 토끼를 들여온 것이다. 토끼가 미친 엄청난 피해를 생각해 보면 그런 이유 때문에 들여왔다는 것이 믿기지 않을 정도이다. 또 한 가지 이와 비슷한 사례는 두 종류의 해충을 없애기 위한 방편으로 1935년에 두꺼비(Cane Toad)를 들여온 일이다. 수명이 20년인 데다가 독성이 있어서 호주의 어느 동물도 이 두꺼비를 잡아

토끼를 멸종시키기로 결정하였다. 호주에서 결정한 방법은 다발성 점액종(粘液腫) 균을 도입하는 것이었다. 점액종 바이러스는 원래 브라질의 야생 토끼에게 있던 것인데 이종(異種)인 유럽의 집토끼에게 치명적인 유행병을 일으킨다는 것이 관찰되었다. 첫해에 점액종에 감염된 토끼의 사망률은 99.8%에 달했다. 그러나 천성적으로 이 병균에 대해 면역 체계를 가지고 있는 토끼가 살아남아서 이것들이 다시 급격히 번식하였다. 두 번째 해에는 사망률이 90%로 떨어지고 그 다음 해에는 더 떨어지는 식이 되어서 급기야는 25%까지 떨어졌다. 그리하여 이 바이러스는 토끼에게 덜 치명적인 질병을 일으키게 되었고 결국 토끼의 개체 수가 예전과 같은 수준으로 늘어났다(다이아몬드 1996: 303-304).[4]

이 비슷한 사례들은 그 외에도 많이 있다. 1420년경에 마데이라 제도의 포르투산투에 최초의 정착자가 토끼를 들여왔을 때에도 이것이 너무 퍼져서 식생이 완전히 황폐화되었으며, 결국 이 섬의 토양이 드러나고 부식되어서 사람이 살 수 없을 정도가 되었다. 1810년에 세인트헬레나섬에 데려온 염소, 또 마셜 군도에 들어온 새로운 종의 쥐 역시 유사한 사례이다.[5]

이처럼 외래종 동식물은 해당 지역 주민들에게 큰 피해를 입힐 수 있었다. 마리아나 제도에 예수회 신부들이 들어오고 난 후에 이런 일이 벌어졌을 때 현지의 추장은 이런 이야기를 했다.

먹지 못했다. 그리고 암컷은 1년에 3만 개의 알을 낳을 수 있기 때문에 결국 광범위한 지역으로 퍼져나갔다. 이는 해충 구제 작업의 일환으로 인간이 벌인 일 가운데 가장 심각한 실수 중의 하나로 꼽힌다(Diamond 2005: 391-392, 408).

4) 토끼를 없애는 데 사용한 방법으로는 그 외에도 토끼굴 없애기(갈아엎기, 폭파하기, 연기 집어넣기), 독 묻은 미끼, 사냥개와 족제비를 이용한 사냥, 천적(고양이와 여우) 풀어놓기, 토끼를 막는 담장 세우기, 생물학적 처치(myxoma virus, rabbit flea) 등을 들 수 있다. 호주와 뉴질랜드의 토끼 처치 협동 프로그램에 대해서는 다음 사이트를 보라: http://www.csiro.au/communication/rabbits/qa1.htm (Australia and New Zealand Rabbit Calicivirus Disease Program).

5) 마셜 군도에 원래 있던 토종 쥐(Polynesian rat, 일명 kiore)는 식량 역할을 하는 이로운 동물이었다. 이에 비해 새로 들어온 노르웨이산 쥐는 생태계 전체에 큰 해를 끼쳤다. 이 쥐는 번식력이 좋아서 한 쌍이 3년 만에 2,000만 마리까지 늘어날 수 있으며, 특히 이 쥐들이 새알을 많이 먹어서 새들에게 큰 피해를 주었다. 마셜 군도에서는 쥐 때문에 '쥐가 우글거리다' 라는 뜻을 가진 kkijdikdik라는 새로운 단어가 만들어질 정도였다(McNeill, R. 1999: 73-74).

그들[에스파냐인]이 섬에 도착하기 전에 우리는 해충이라는 것을 몰랐다. 쥐, 파리, 모기, 그 외에 우리를 괴롭히는 작은 동물들이 있었던가? 이런 것들은 모두 그들이 우리에게 전해 준 아름다운 선물이다. […] 그 사람들은 우리에게 병을 가져다주었지만 치료책은 가르쳐 주지 않았다.(Gunn 2003: 81, 주 12)

2) 구대륙에서 신대륙으로

이상의 사례들을 다시 생각해 보면 매우 흥미롭고도 신기한 사실을 알게 된다. 구대륙(유라시아)의 동식물들은 신대륙(아메리카와 호주, 뉴질랜드)에 널리 퍼졌지만 그 반대의 경우는 거의 없었다. 그 이유는 무엇일까? 구대륙의 동식물이 신대륙 동식물과의 싸움에서 늘 이기는 이유는 무엇일까? 반대로 신대륙의 동식물이 구대륙에서 급속하게 퍼지는 것은 불가능할까?

크로스비는 신대륙의 동식물이 구대륙에 널리 보급된 경우는 거의 없다고 단언한다. 북아메리카에서 가장 강한 종류의 생물들도 유럽에 발을 붙이지 못했다. 19세기 중반에 호주와 뉴질랜드 원산 식물은 한 종도 영국에 귀화하지 못했다. 동식물이 "서쪽으로 이동하는 것은 허용하지만 동쪽으로 이동하는 것은 막는 어떤 보이지 않는 장벽이 존재하는 것 같다."[6] 동식물의 보급은 언제나 구대륙에서 신대륙으로 향하는 일방적인 현상이었다는 것이다.

크로스비는 그 이유를 다음과 같이 설명한다(크로스비 2000: 310ff).

유라시아 대륙의 생물상이 신대륙들(네오유럽)의 생물상에 비해 훨씬 크고 복잡하게 진화해 왔다는 것이 핵심 사항이다. 2억 년 전 지구상에는 하나의 대륙(판게아, Pangaea)만 존재했다가, 이것이 점차 갈라져서 현재와 같은 여러 대륙으로 분리되었다. 생태계 역시 하나의 거대한 단일체였으나, 바닷물로 대륙들이 고립된 이후 각 대륙의 생태계들이 독자적으로 진화해 갔다. 그중에서 가장

6) E. W. 클레이폴의 말이다(크로스비 2000: 193). 신대륙에서 구대륙으로 전파된 사례로는 칠면조를 들 수 있지만 이것이 구대륙을 석권하는 강력한 야생조가 되지는 않았다.

규모가 큰 유라시아 대륙에서는 생태계 역시 다른 지역에 비해 훨씬 크고 복잡하게 되었으며, 그래서 이 지역의 생물들은 상대적으로 훨씬 더 치열한 생존경쟁 속에서 살아가게 되었고 따라서 더 강하게 진화해 갔다. 유라시아 대륙과 여타 대륙의 동식물의 차이는 비유하자면 시베리아의 호랑이와 호주의 캥거루 간의 차이와 같다. 동식물만이 아니라 심지어는 유라시아의 세균도 마찬가지의 이유에서 더 강하게 진화했고, 또 사람과 동물들 역시 이런 세균에 대해 더 강한 면역 체계를 갖추어 나갔다. 결국 유라시아의 생태계 전체가 훨씬 강한 상태가 되었던 것이다. 서로 떨어져 진화해 왔던 각 대륙의 생물들이 15세기 말부터 인간의 해상 활동 때문에 갑자기 조우했을 때 유라시아의 생물들이 다른 대륙들의 생물들을 누르고 일방적으로 승리해 나간 배경이 이것이다.

이러한 급격한 생태계의 변화가 인간의 활동에 의해 초래되었고 또 그러한 생태계의 변화가 때로 인간의 문화 현상과 긴밀하게 연관되었다는 것이 크로스비의 설명의 강점이다. 이를 재미있게 설명하는 것이 "북아메리카 대평원의 버펄로들이 죽으면서 수우족 여인들이 성병에 걸렸다"는 아이로니컬한 현상이다(크로스비 2000: 334-335). 원래 대평원 지역에서는 버펄로와 식물들 간에 탄탄한 균형이 이루어져 있었다. 이곳 자생 식물들은 버펄로 무리가 짓밟는 것에 이미 적응해 있어서 잘 살아갈 수 있었지만 그렇지 못한 다른 식물들은 이곳에 들어오기가 힘들었다. 수우족 인디언들이 이 버펄로를 사냥했지만, 그 수가 얼마 되지 않았기 때문에 버펄로는 자연 복원이 가능했다(폰팅 1996: 262).[7] 그런데 백인들이 소총을 가지고 이곳에 들어와서 버펄로를 대량으로 사냥하자 이 균형이 깨지기 시작했다. 버펄로의 수가 줄어들자 지금까지 진입하지 못했던 가축과 목초가 들어왔다. 이로 인해 다시 버펄로 수가 더욱 줄어드는 현상이 연쇄적

7) 인디언들이 죽인 버펄로 수는 연 30만 마리 정도로서 이 정도면 자연 회복이 가능했다. 그런데 1830년대 이후 백인들이 한 해에 200만 마리 이상을 사냥하면서 문제가 달라졌다. 1871년 이후부터는 버펄로 가죽이 제품화되면서 한 해 300만 마리씩 사냥하게 되었다. 드디어 1890년대에 이르자 멸종 위기에 처하게 된 버펄로는 오늘날 몇몇 보호구역에서 겨우 연명하게 되었다.

으로 일어났고, 그 결과 인디언의 독자 생활 기반이 무너지기 시작했다. 가난해진 수우족 여인들이 매춘을 하기 시작했고 성병이 퍼져 갔다. 그 결과 수우족의 출산율이 떨어지고 전체적으로 인구가 감소했다. 그들이 사라져 간 자리에 백인과 흑인들이 밀려들어 왔다. 이제 외래인, 소, 돼지, 말, 밀, 잡초, 그리고 신식 헛간의 쥐까지 완전히 새로운 문화와 생태계가 '세트 메뉴(set menu)'로 들어서게 된 것이다. 이것은 생태계와 문화 현상이 어우러져 유럽화가 진행된 흥미로운 사례이다.

크로스비의 설명은 유럽의 해외 팽창을 생태계 전체와 연관하여 본다는 점에서 신선하고 또 자극적이다. 그런 점에서 그의 논지는 참고할 만한 가치가 크다. 그러나 주의할 점이 없지 않다. 그의 논리는 인간 행위의 의미를 축소시킬 우려가 크다. 이 점에서 그의 책의 장점이 곧 단점이 될 수 있다. 그의 책은 자칫 서구 제국주의의 폐해에 대해 면죄부를 줄 가능성이 있다. 유럽인이 아메리카와 호주, 뉴질랜드 등을 지배하게 된 것은 인간의 힘을 벗어난 지구 환경 전체의 거대한 힘의 결과로서 필연적인 과정이었다는 논지가 되기 때문이다. 그 역시 인간의 역할을 전적으로 부정하지는 않지만 아무래도 결정적인 것은 생태 요소이다.

더 나아가서 이 책의 논리적 귀결은 현재 세계에서 생태적으로 가장 중요한 공헌을 하는 네오유럽 지역을 보호해야 한다는 것이다(네오유럽은 현재 세계에서 가장 중요한 식량 생산 지역이다). 아래에서 보듯이 근대 이후 세계의 생태계를 가장 크게 파괴시킨 주체인 유럽인과 그들의 후손이 오히려 생태계의 보호자로서 강조되는 것은 과학이라는 이름으로 위장된 이데올로기라는 비판을 면하기 어려워 보인다.

3) 크로스비에 대한 비판

이데올로기 문제는 차치하더라도 크로스비의 이론이 과연 타당한지 검증할 필요가 있다. 그의 이론에 대한 비판적인 사례 연구로는 호주의 태평양 연안의 우림(雨林) 지역을 살펴본 프로스트(Frost 1999)의 논문이 있다. 이에 의하면 호주는 크로스비의 설명과는 다른 양상을 보인다.

프로스트가 주목한 호주의 태평양 연안 지역에는 열대우림과 유칼립투스 삼림이 펼쳐져 있다. 키가 100-300피트에 달하고 줄기가 아주 굵은 이 나무들은 해안 지대에 약 150미터 폭의 띠 모양으로 아주 빽빽한 삼림을 이루고 있었다. 이 숲은 아주 오랫동안 자연 산불에 적응하여 살아온 데다가, 여기에 더해서 10만 년 전에 이곳에 도착한 호주 선주민들(aborigine)의 화경 방식에도 이미 적응한 상태였다.[8] 유럽인들이 처음 호주에 도착한 18세기 말에 이곳 삼림은 이와 같은 장기간의 진화 과정을 거쳐 안정적인 생태계를 이루고 있는 상태였다.

유럽인들이 처음 호주에 도착했을 때에는 경작에 매우 유리한 광활한 대지를 이용하여 농사와 목축을 했다.[9] 그러다가 1870년부터 삼림 지역 개간을 시작해서 1880-1910년 동안 본격적으로 숲을 벌채해 나갔다. 이를 위해서 주로 불을 지르는 방식이 사용되었다. 도끼질, 나무껍질 벗기기 등을 통해 나무를 고사시키고 이 상태로 한 철을 보낸 다음 건기에 불을 지르는 것이다. 이렇게 해서 재가 쌓이면 그 위에 씨를 직접 뿌려 농사를 시작했다. 이렇게 해서 엄청난 규

8) 자연 상태에서 산불은 항상 나쁜 것이 아니라 오히려 생태계 전체가 살아나가는 한 방식으로서 바람직한 효과를 내기도 한다. 많은 나라에서 삼림 보호 정책으로서 산불을 최대한 억제하려고 노력하지만 이것이 오히려 초대형 산불을 초래해서 큰 피해를 줄 수 있으며, 이에 비해 벼락 등에 의해 일어나는 자연 산불은 장기적으로 삼림의 건강한 순환에 중요한 역할을 한다는 사실이 최근에 밝혀졌다. 미국 몬태나 주의 숲에 대한 연구 결과를 보면 자연 산불은 10년에 한 번 정도 일어난다. 이곳 수종인 판다로사소나무(Ponderosa)는 목피가 2인치여서 불에 강하며(실제로 미국의 국립공원의 큰 나무들 가운데 수령이 천 년 이상 되는 나무들은 그동안 여러 차례 산불을 겪으며 살아남았기 때문에 불에 탄 흔적이 보인다), 따라서 작은 산불은 견뎌낸다. 그 대신 불에 약한 더글러스전나무 등속이 제거된다. 이런 나무들만 태우기 때문에 자연 산불은 규모가 작고 산정상까지 불길이 올라가는 일은 거의 없다. 그러나 최근에 인공적으로 산불을 막은 결과 자잘한 나무들이 우거져서 일단 산불이 났을 경우 걷잡을 수 없을 정도로 불이 커지곤 한다(Diamond 2005: 44-45).

9) 널리 퍼져 있는 오해 중의 하나는 현재 사람들이 거주하는 호주의 땅이 숲으로 덮여 있다가 인간에 의해 개간되었다고 믿는 것이다. 실제로는 나무가 거의 없는 초지가 많이 있었으며, 이곳은 유럽 출신 농부들이 볼 때 경작이 따로 필요 없을 정도로 지력이 좋았다(Rolls 1997: 38-40).

모의 숲이 사라졌다.

이제 이 다음 상태를 주목해 보자. 크로스비의 말대로라면 외래종 동식물들이 이 빈 자리를 차지해야 한다. 그러나 실제로는 다른 일이 일어났다.

첫째, 원래의 숲이 도로 자라났다. 그 이유는 기존 수종이 불에 강하게 진화해 왔기 때문이다. 일부 수종은 큰불이 일어나고 나서 숲이 갱신될 때 오히려 더 잘 자라기도 한다. 이때 삼림의 회복력은 놀라울 정도였다. 먼저 땅속에 숨어 있던 씨가 발아하여 빠른 속도로 성장한다. 이들의 수명은 30-40년 정도로서 비교적 짧지만 다른 나무들을 보호하여 잘 자라도록 하는 역할을 맡아서 한다. 이것은 원래 자연 상태에서 산불이 났을 때 일어나는 일이므로, 유럽인들이 숲에 불을 지른 것은 자연 현상을 반복한 셈이다. 따라서 사람들이 끊임없이 노력을 기울이지 않는 한 이 지역의 나무들을 없애는 것은 지극히 힘든 일이었다.

둘째, 기존의 곤충들이 큰 위력을 발휘했다. 원래 이곳의 식물들은 벌레의 피해를 막기 위해 스스로 독소(toxin)를 분비하도록 진화했으나 수입종은 이런 식의 대비가 되어 있지 않았다. 그래서 개간 지역에 심은 수입 작물들은 해충에 매우 취약했다. 예컨대 호밀을 심으면 곧 '송충이' 수백만 마리가 생겨나서 갉아먹었고, 초지 역시 마찬가지여서 이 지역의 토착 벌레들이 풀을 다 갉아먹는 바람에 소들이 굶어 죽을 지경이 되었다.

셋째, 구대륙 작물들이 이 지역의 새와 동물들로부터 피해를 크게 입었다. 대표적인 동물로 월러비(wallaby, 캥거루 비슷한 작은 동물)를 들 수 있다. 작물을 심은 곳이면 어김없이 밤에 월러비가 나타나서 작물들을 먹어 치워서 유럽산 작물들이 퍼져 나가는 것이 방해를 받았다.

넷째, 토종 육식동물들의 폐해가 컸다. 양이나 닭 등은 독수리 종류나 딩고의 좋은 먹이가 되었다. 이 동물들은 아직 개간이 안 된 숲속에 숨어 있다가 밤에 나와서 가축들을 잡아먹어서 농민들을 곤경에 빠뜨리곤 했다.

크로스비의 설명과는 달리 토종 동식물에 비해 수입종들이 일으키는 피해는 오히려 덜한 편이었다. 앞에서 호주에 들여온 토끼들이 큰 피해를 입힌 사실을 설명했지만 한 가지 덧붙여 이야기할 점은 초기에는 유럽 토끼가 호주에 발을 못 붙였다가 80년이 지나서야 개체 수가 크게 늘었다는 점이다.

이주민들은 예상치 못한 피해를 줄이기 위해 계속 숲을 개간해야 했다. 농민들은 2-3년마다 덤불숲을 없애야 했는데 이는 대단히 큰 노력과 비용을 요하는 힘든 일이었다. 이 일이 특히 힘들었던 이유는 토종 식물들의 자기 방어 기제가 아주 강력했기 때문이다. 칼풀(sword grass) 잎에 베면 깊은 상처가 나며, 스팅크우드(stinkwood)는 소들에게 독과 같았다. 스팅잉트리(stinging tree)는 거의 독가스 같은 향을 내는데 이 나무를 베고 난 직후 냄새를 맡으면 구토를 하고 코피를 흘리게 된다. 게다가 이 나무에 피부가 닿으면 때로는 수 주 동안 지속되는 격통을 느꼈다. 이런 식물들 때문에 농민들의 개간 작업은 실로 큰 고역이었다.

호주의 사례를 놓고 볼 때 크로스비의 이론은 적어도 부분적인 수정을 요한다. 호주의 우림은 아주 강하고 적응력이 높은 생태계이다. 그동안 빙하기, 기후 변화, 불(자연 산불과 현지민의 화경)에 모두 적응하면서 진화한 상태이기 때문이다. 따라서 개간 작업 후 외래종이 아니라 토종 동식물들이 도로 증가하는 현상이 벌어진 것이다. 이주민들로서는 끊임없이 재개간 작업을 해야 했으므로 결국 한계지에서는 경작을 포기하였다. 물론 많은 외래종 동식물들이 호주에 들어온 것은 사실이지만, 크로스비가 설명하듯이 마치 막강한 침략군이 속수무책의 원주민들을 몰아내며 진입해 들어오는 것처럼 묘사하는 것은 잘못이다.

프로스트의 연구는 크로스비의 이론틀이 전적으로 맞아떨어지지는 않는다는 사실을 말해 준다. 구대륙의 생태계가 자연스럽게 혹은 저절로 신대륙 생태계를 압도하는 것만은 아니다. 크로스비의 이론틀을 참고할 때에는 반드시 이런 수정사항을 염두에 둘 필요가 있다.

이상에서 크로스비의 이론과 그에 대한 비판을 살펴보았다. 크로스비의 개념에 의하면 근대 초의 해상 팽창은 2억 년 전부터 진행되어 온 각 대륙의 독자적인 진화 결과가 갑자기 서로 맞부딪침으로써 지구 생태계상의 격변이 일어난 사건이다. 그 결과는 유럽의 생태계가 나머지 지구상의 광범위한 지역에 복제되듯이 형성되었다는 것이다. 이러한 그의 이론은 세계의 환경 변화를 이해하는 배경으로서 참고할 만하다. 그렇지만 그의 거대 이론은 호주 사례에서 보았듯이 각 지역의 실제 현실을 설명할 때 맞지 않는 측면이 있다. 유라시아 대륙 이외의 생태계가 그가 주장한 것처럼 전적으로 무기력하지는 않다. 크로스비 이론의 또 한 가지 중요한 논점은 생태계의 변화는 인간의 힘을 초월하는 거대한 힘의 결과이며, 인간은 이 거대한 변화의 물결을 타고 함께 갔을 뿐이라는 것이다. 이 점에서도 크로스비의 이론에 대해 비판적으로 생각해 볼 필요가 있다. 과연 근대 세계에서 일어난 생태계의 변화에서 인간의 몫은 얼마만큼일까? 인간은 단지 그동안 누적되어 온 생태계 내의 내적 동력을 우연히 발화시킨 것에 불과한 것일까? 그런 것 같지는 않다. 인간은 다른 어느 생물종보다도 자연계에 큰 영향을 미쳐 왔다. 아래에서 보듯이 환경의 변화가 인간에게 큰 영향을 미친 것만큼이나 인간이 환경에 미친 영향도 크다는 점을 염두에 두어야 한다.

2. 세계적인 환경 파괴

유럽의 팽창은 세계의 자연 환경에 대단히 파괴적인 영향을 미쳤다. 유럽인들이 처음 해외 여러 지역에 나갔을 때 흔히 인간의 손이 거의 닿지 않은 상태의 자연 환경을 접하는 경우가 많았다(폰팅 1996: 259ff.). 1658년 북아메리카의 슈피리어 호에 도착한 피에르 라디송(Pierre Radisson)이라는 프랑스 탐험가는 "이곳에는 물고기가 잔뜩 있고 철갑상어는 엄청나게 크며 창꼬치는 길이가 2미터나 된다. 연대 하나를 한 달 동안 먹여 살릴 식량도 몇 시간이면 구할 수 있다"고 기록하였다. 30년 후 플로리다에 도착한 정착민들은 이 지역에 새가 너무 많아서 금세 새알을 배에 하나 가득 실을 수 있다고 적었다. 18세기 말에 쿡 선장이 호주에 갔을 때에는 물고기가 어찌나 많은지 "그물을 뚫을 지경"이었다. 그들이 볼 때 해외의 자연은 무한한 자원을 제공하는 것으로 보였다. 그러나 자연 자원은 결코 무한하지 않았다. 근대에 들어와서 많은 곳의 자연 환경은 인간의 손에 의해 크게 훼손되기 시작했다.

1) 멸종

유럽인들이 해외로 나가서 접한 풍요로운 자연 환경은 소진되지 않는 무진장의 식량 공급원으로 보였다. 그러나 마구잡이로 동물들을 잡아들인 결과 곧 멸종되는 사례들이 생겨났다. 1681년에 인간 때문에 지구상에서 영원히 사라진 도도새는 '멸종'의 개념이 생겨나게 된 아주 중요한 사례이다(Grove 1995: 146-147).

물론 자연 상태에서도 멸종되는 동식물들은 계속 있었다. 그리고 도도새 이전에도 인간에 의해 멸종당한 사례들이 있었다. 예컨대 현재의 소의 조상 격인 오록스(aurochs)는 삼림 황폐화 때문에 기원전 2000년경에 영국에서부터 먼저 사라졌고, 유럽 대륙에서도 점차 수가 줄다가 마지막 남은 한 마리가 1627년 폴란드 숲에서 죽음으로써 멸종되었다. 날지 못하는 새 종류인 큰바다쇠오리(auk)도 잘 알려진 사례이다. 이 새는 원래 대서양 연안을 따라 스코틀랜드, 웨스턴 군도, 오크니, 셰틀랜드, 아이슬란드 등지에 많이 서식하고 있었다. 이 새는 잡기가 매우 쉬워서, 1540년의 기록에는 30분 만에 배 2척에 이 새를 하나 가득 잡아온다고 기록되어 있다. 새알도 식용으로 쓰였는데, 이 새는 1년에 한 번 알을 낳기 때문에 이렇게 사람들이 새알을 수집하면 번식이 크게 저해될 수밖에 없었다. 그 결과 이 새는 18세기에 영국 해안에서부터 사라지기 시작해서 1844년에 마지막 한 쌍이 아이슬란드에서 죽음으로써 완전히 멸종되었다. 이 새들은 너무 편한 세계에서 살다 보니 날지 못하고 도망도 제대로 못 가고 알도 자주 못 낳는 방향으로 진화했다는 점에서 '자기 잘못'(!)도 있겠지만 멸종의 최종 책임은 분명 인간에게 있다(폰팅 1996: 254).[10]

인간에 의해 멸종된 동물 중 아마도 가장 극적인 사례는 아메리카 대륙의 나그네비둘기(passenger pigeon)일 것이다(폰팅 1996: 262-265). 17-19세기의 기록을 보면 이 새의 수가 실로 엄청났다는 것을 알 수 있다. "며칠씩이나 새들로 하늘이 뒤덮일 때가 있고, 새떼가 안 보이는 시간은 반나절도 안 되었다"(1854년 뉴욕주 웨인 군); "아침 7시반부터 오후 4시 사이에는 머리 위를 나그네비둘기 떼가 늘 뒤덮었다"(1873년 미시간 주 새기노). "총을 한 발 쏘면 30-40마리가 잡히고 언덕에서 나뭇조각만 던져도 여러 마리를 잡을 수 있다. 나무 한 그루에 90여 개의 둥지가 있기도 하고, 새들 둥지의 무게 때문에 가지가 부러지거나 뿌리가 뽑히기도 했다." 당시 이 새의 수는 약 10조 마리였을 것으로 추산된다. 이렇게까지 번식한 데에는 천적이 거의 없었기 때문일 것이다. 그런데 드디어 백인이라는 가공할 천적이 등장했다. 인간들은 이 새를 무차별적으로 포획한 데다가, 삼림을 황폐화시킴으로써 이 새의 먹이인 도토리, 밤 같은 것들이 크게 줄어들었다. 이 새의 고기는 아주 맛이 좋았기 때문에 곧 대량 포획의 대상이 되었다. 워낙 이 새가 많다 보니 사격 연습용으로 사용되기도 했다. 초기에는 한 해 25만 마리 정도 이 새를 잡았지만 그 정도 포획으로는 멸종까지 이르지는 않았다. 그러나 곧 사냥꾼 조직과 운송업자들이 기업화하여 대도시에 고기를 공급하기 시작했고, 특히 철도를 이용한 고기 조달 사업이 본격화되면서 사정이 달라졌다. 이 시기부터는 사업 기록이 잘 보관되어 있어서 어느 정도 포획이 이루어졌는지 비교적 잘 알 수 있다. 예를 들어 1860년 7월 23일에는 하루 동안 23만 마리 이상의 새를 잡아서 동부 지역으로 보냈다. 이런 식의 남획 결

10) 사람이 직접 원인이 되어서 멸종한 경우도 있지만 인간을 따라 들어온 생물들 때문에 다른 동물들이 큰 피해를 입는 경우도 함께 생각해 볼 필요가 있다. 예컨대 호주 동부 해안의 로드하우섬에 쥐가 들어온 이후 12종의 새 가운데 7종이 사라진 것이 한 예이다.

과 그 많던 나그네비둘기가 극적으로 감소되어 갔다. 드디어 1914년 마지막 남은 새가 새장에서 죽음으로써 이 새는 지구상에서 멸종되었다.

나그네비둘기는 유럽의 팽창이 가져온 환경 파괴 문제에 대해 증언하는 대단히 흥미로운 주제이다. 그런데 이 사례는 단지 인간의 파괴적 행위에 의해 한 종이 멸종했다는 단순한 사실에 그치는 것이 아니라 그 이상의 내용을 담고 있다. 최근의 연구는 이 새가 멸종된 사실만큼이나 이 새의 개체 수가 그토록 늘었던 이유 역시 유럽인들 때문이라고 밝히고 있다(만 2005: 456-464).

이 새가 그토록 엄청나게 많았던 시기에는 유럽 출신 이주민들만이 아니라 인디언들 역시 이 새를 사냥해서 식량으로 이용하였다. 1782년 세네카족의 포로가 된 호레이쇼 존스는 인디언들의 새 사냥에 동행하게 되었다. 인디언들은 거의 도망도 못 가는 이 새들을 막대기로 잡고 심지어 아이들도 새 모가지를 비틀어서 잡아 왔다. 인디언들이나 백인들 모두 이때에는 이 새를 신의 선물 정도로 생각한 것이 당연하다. 그렇다면 한 가지 의문이 든다. 그렇게 수가 많고 잡기도 쉽다면 과거에 인디언들은 왜 힘들게 일하는 대신 이 새들을 주식으로 삼지 않았을까? 그러나 유적지를 보면 그런 흔적은 하나도 없다(만일 이 새를 주식으로 삼았다면 이 새 뼈가 대량 발견되었어야 마땅하다).

사실 유럽인의 도래 이전에는 이 새의 수가 그리 많지 않았던 것으로 보인다. 이 새가 그렇게 폭발적으로 늘어났던 것은 생태계 교란의 결과 일어난 현상이었다. 결정적인 요인은 인디언 인구의 감소이다. 인디언은 아메리카의 생태계에서 '핵심종'[11]이었다. 1492년 이후 인디언 수가 급격히 줄면서 아메리카는 '과부'가 되었다. 갑자기 통제력을 잃은 생태계는 격변을 겪었는데, 그 결과 외래종만이 아니라 일부 천연종도 고삐에서 풀린 듯 폭발적으로 개체 수가 늘어났다. 백인들이 본 엄청난 나그네비둘기는 그와 같은 격렬한 변화의 와중에서 일어난 이상 현상 중 하나였던 것이다.

11) 다른 많은 종들의 생존과 개체 수에 영향을 미치는 종을 핵심종이라 한다. 핵심종은 자신이 속한 생태계 균형에 중요한 역할을 한다. 이것이 제거되면 생태 공동체 구성원들에게 큰 변화가 일어난다.

최초의 식민지 개척자들이 본 아메리카 대륙은 사냥감이 넘쳐나는 곳이지만 이곳이 원래부터 그랬던 것은 분명 아니다. 콜럼버스 이전 아메리카 대륙은 말하자면 인간의 붓으로 그려 온 그림이다. 여기에는 계단식 밭을 비롯해서 인공 둔덕들, 강에 설치한 어살들이 있었고, 숲도 많이 개간된 상태였다. 무엇보다도 인디언들은 계속 불을 놓는 방식으로 자연을 그들이 원하는 방식으로 통제하고 있었다. 그런데 유럽인들의 도래로 인디언 인구가 급감하자 이런 체제가 무너져서 '원시 자연' 상태가 조장되었다. 신대륙에 대해 유럽인들이 그리는 이미지인 에덴동산은 유럽인들이 자기도 모르게 만든 셈이다. 그러므로 유럽인들은 원시 야생 지대를 파괴한 것이 아니라 오히려 만들었다. 더 정확히 말하면 '원시 자연'을 만들고 나서 다시 파괴한 것이다.

2) 삼림 파괴

오늘날 전 세계 자원의 소진과 그로 인한 환경 파괴의 위험성에 대한 소리가 높다. 그중 특히 심각한 것, 그리고 오랜 기간 동안 진행된 현상이 삼림 파괴이다. 특히 유럽인들의 해외 이주 과정에서 대규모 삼림 파괴가 자주 일어났다. 유럽의 대외 진출의 계기로서 흔히 향신료나 금을 들지만, 서유럽의 삼림 자원 고갈로 목재를 찾아나선 것 역시 매우 중요한 요인이었다. 유럽은 연료로서의 나무, 조선 용 혹은 통 제조용 재목, 특히 마스트용 거대한 목재 등을 긴급히 필요하게 되었다(이시 히로유키 외 2001: 190-194).

유럽인이 해외로 나갔을 때 처음 마주친 지역은 마데이라, 카나리아 제도 등 아프리카 서해안의 섬들이었다.[12] 이 섬들은 처음에 원양 항해 선박들의 중간 기착지 기능을 했으나, 곧 풍부한 삼림 자원을 이용한 각종 사업이 개발되었고

12) 유럽인들이 처음 도착했을 때 이 섬들은 모두 울창한 숲으로 덮여 있었다. 마데이라라는 이름 자체가 '나무'라는 뜻이다(포르투갈어로 이솔라 데 마데이라(isola de Madeira)는 '나무 섬'이라는 뜻이다. 포르투갈의 대서사시인 카몽이슈는 이 섬을 두고 "나무로 된 보석"이라고 표현했다(펄린 2002: 275-276).

그 결과 극적인 인구 감소와 자연 파괴 현상을 겪었다. 이 섬들에서 일어난 일들은 앞으로 아메리카 대륙에서 일어나는 사태의 축소판이었다.

카나리아 제도의 경우를 보자(Parsons 1981).

이 섬에는 관체족(Guanche people)이라 불리는 사람들이 살고 있었다. 이들은 아마도 기원전에 북아프리카에서 염소, 양, 돼지를 가지고 이곳에 도착했던 것으로 보인다. 이들은 신석기 문화 상태에서 섬에 들어왔다가 다른 지역과 접촉이 끊어진 까닭에 그 수준에서 문화 수준이 정체되었다. 애초에 이 사람들은 강력한 유럽 세력 앞에서 적수가 되지 못했다. 이들은 유럽인의 해외 팽창 과정에서 첫 번째로 절멸당한 사람들이었다.

인구 궤멸은 자연 환경의 파괴와 함께 이루어졌다. 특히 유럽인들의 도착 직후부터 시작된 극심한 삼림 훼손이 심각한 문제였다. 유럽인 거주자 수의 증가로 인한 자연스러운 삼림 개발도 문제였지만 무엇보다도 제당 공장의 목재 수요가 결정적이었다. 이 사업은 연료를 대량으로 필요로 했기 때문이다. 1560년대 테네리페와 그란 카나리아에 각각 12곳, 라팔마 4곳, 고메라 1곳에 제당 공장이 설립되자 숲은 급속히 사라져 갔다. "제당공장이 얼마나 많은 나무를 집어삼키는지는 직접 보기 전에는 믿지 못할 것"이라고 당대인은 증언한 바 있는데, 실제로 마데이라나 서인도제도의 제당 공장은 매년 90에이커의 삼림을 없애 버렸다(펄린 2002: 285). 원래 마데이라섬은 울창한 소나무 숲으로 유명했으나 18세기의 여행 기록에는 더 이상 소나무 이야기가 나오지 않는다. 심지어 솔방울마저 비료로 사용했으므로 소나무의 번식이 더욱 방해받았고, 급기야 19세기에 이르면 완전히 자취를 감추었다.

카나리아 제도보다 훨씬 더 큰 규모의 삼림 파괴가 이루어진 사례로는 브라질이 있다(Miller, S. 1994).

브라질은 울창한 열대 삼림으로 덮여 있으며, 이 지역의 첫 수출품도 목재였다. 그런데 이곳에서도 역시 제당 공장이 들어서면서 삼림이 크게 훼손되었다. 1758년 바이아의 제당 공장들은 하루에 3,300m^3 이상의 땔나무를 소진시켰다

(한 곳에서 하루 평균 18.3m³가 필요했다). 사실 이 사업은 땔나무를 구하는 작업에 4,000명 정도가 고용될 정도로 연료 확보가 중요한 작업이었다. 그래서 제당 공장이 들어선 지역의 숲이 급속도로 사라져 갔는데, 한 번 벌채한 숲은 회복되는 데 최소한 20년이 걸렸다. 이런 이유로 세계 최대의 삼림 자원 지역인 브라질에서도 18세기 말이 되면 목재 위기를 맞게 되었다.[13]

그 외에도 땔나무가 많이 쓰이는 분야로는 럼주 생산, 요업, 벽돌, 양회, 피혁업 등 여러 종류가 있었고, 인구 증가로 각 가정에서 쓰는 연료 수요도 만만치 않은 양에 달했다. 또 땔감이 아니라 재목이 들어가는 분야로서 건축과 조선업도 성장하고 있었으므로 역시 많은 양의 목재를 필요로 했다. 큰 배 한 척을 건조하는 데 들어가는 목재의 양은 상상을 초월하는 정도여서 17세기에 출판된 한 조선업 입문서에 의하면 "두 마리의 튼튼한 말이 끄는 수레 1,800대 분"에 해당하며, 그것은 "하나의 숲 전체를 없앨 정도이고, 상당히 큰 도시의 몇몇 지역을 건설하기에 충분한 양"이었다(Caron 1676: 266-267).[14] 근대 이후 서유럽에서 임산물이 그토록 큰 문제가 된 이유는 충분히 짐작할 수 있다. 인간이 다루는 가장 중요한 물질이 나무였던 시대에 사회와 경제가 확대되면서 이용 가능한 숲이 거의 사라졌기 때문에 심각한 위기에 빠지지 않을 수 없었던 것이다. 수령 100년 이상의 큰키나무가 남아 있는 지역은 동유럽의 발틱 연안 지역과 노르웨이 정도였으며, 따라서 16세기 이후 동유럽과 스칸디나비아 지역으로부

13) 물론 이때 브라질의 삼림이 전부 사라졌다는 의미는 아니다. 사실 이론상 나무는 얼마든지 있다. 문제는 접근 가능성이다. 언제나 목재 관련 사업에서는 수송비가 핵심 문제였다. 운반이 사실상 불가능한 먼 숲 속의 나무들은 목재업의 관점에서는 존재하지 않는 것이나 마찬가지이다. 더구나 이 지역의 나무는 물에 뜨지 않을 정도로 무겁기 때문에 뗏목 수송 방식이 불가능했고, 배에 실어서 운반해야 했다. 그만큼 노동 비용과 운송 비용이 더 커질 수밖에 없다(Miller, S. 1994: 12-13). 1822년에 브라질이 독립할 때에도 국가 전체로 보면 여전히 엄청난 삼림이 존재했다. 이 숲을 더욱 파괴한 것은 19-20세기의 커피 재배이다(Pomeranz and Topik 1999: 118).

14) 좀바르트의 다음 지적도 참고할 만하다. "중간 크기의 전함 한 척을 위해 완전히 자란 훌륭한 참나무 4,000그루가 필요하다."(Sombart 1917: 1139) 이상의 자료는 주경철(1992: 185-187)에서 이미 인용하였다.

터 서유럽으로 임산물을 들여오는 무역이 대규모로 조직되었다(주경철 1992; 주경철 1993). 그런 가운데에서도 가장 긴급하게 필요로 했던 것은 마스트재이다. 큰 배, 특히 군함의 마스트로 쓸 수 있으려면 키가 큰 나무가 필요했는데, 유럽 각국에서 경쟁적으로 조선을 하면서 큰키나무가 사라져서 마스트재를 구하기가 극히 힘들어졌다. 마스트재의 확보는 당시 유럽 각국의 가장 긴급한 현안 중 하나였다. 결국 유럽 내에서 적당한 목재를 구하기 힘들게 되자 아메리카나 인도에서까지 목재를 수입하기에 이르렀다.[15]

식민지 개발과 유럽으로의 목재 수출 등 여러 요인들이 작용하여 북아메리카의 삼림 역시 크게 축소되었다.[16] 대서양에서 미시시피강까지, 그리고 캐나다 남부 북위 47도부터 캐롤라이나의 해안 평야까지의 지역 내에는 유럽인 도래 당시에는 4억 3,100만 에이커의 숲이 있었으나 오늘날에는 1,900만 에이커밖에 남지 않았다. 원래 숲의 4.4%로 축소된 것이다(Jones 1974: 513).[17]

숲의 감소는 때로 상상하기 힘든 정도로 심각한 환경 문제를 야기했다. 토양 유실, 침식, 시냇물의 증발 같은 현상이 나타나는가 하면 잡초와 해충, 해조(害鳥), 해수(害獸)가 급증하는 일도 벌어졌다. 원래의 빽빽한 숲에서는 큰키나무 아래에서 아주 작은 지역에 갇혀 살던 이전 동식물들이 삼림이 변화되면서 갑자기 폭발적으로 증가한 것이다. 농업 활동을 저해하는 이런 동식물들은 말하자면 인간이 만들어 낸(man-made) 것이라 할 수 있다(Jones 1974: 513).[18]

19세기 이전 시대만 해도 삼림 훼손은 당장 이용할 수 있는 목재 부족 정도의

15) 예컨대 프랑스 군함 건조와 목재 공급 문제에 대해서는 Bamford(1956)를 보라.

16) 메릴랜드와 버지니아의 사례를 보면, 이 지역은 토질은 좋으나 삼림으로 덮여 있어서 농사가 힘들었다. 이주민들은 처음에는 이 지역의 화경(swidden) 방식을 채용했다. 즉 일부 삼림을 불태우고 농사를 지은 다음 이웃 지역으로 옮겨 가는 방식으로 순환을 함으로써 장기적으로는 숲이 다시 복원되도록 하고자 하였다. 그러나 점차 인구가 늘면서 이런 방식을 취할 수 없게 되었고 결국은 유럽의 농사 방식을 따르게 되었다(Percy 1992: 66-74).

17) 북아메리카에서는 1850년경까지 삼림 벌채는 환경 파괴라는 부정적 의미보다는 개척이라는 긍정적 의미를 띠었다(Grove 1995: 199).

18) 앞에서 언급한 나그네비둘기의 폭발적 증가 역시 이런 맥락에서 이해할 수 있다.

문제였다. 그러나 이제 열대 우림의 감소는 지구 전체 생태계의 균형을 파괴한다는 우려를 낳고 있다. 전 세계 육지의 6%를 차지하는 열대삼림은 지구상의 모든 1차 생산물의 40%를 생산하며 지구상의 모든 동식물의 절반가량을 품고 있기 때문이다(폰팅 1996: 44-45).[19]

3) 경작 방식의 변화와 삼림 파괴

직접 나무를 벌채하는 방식이 아니더라도 유럽인들이 도입한 새로운 사회·경제 조직 자체가 자연 환경을 크게 변형시키기도 했다. 새로운 작물이 전파되고 기존 농업 체제와는 다른 새로운 농업 및 목축업 시스템이 형성되면 당연히 기존 사회·경제 시스템과 충돌할 수밖에 없다. 기존 시스템이 대개 그 지역의 자연 생태계와 균형을 이루고 있는 상태인데 여기에 큰 변화가 생기면 환경 문제가 악화되는 경우가 많았다. 유럽인들은 그들이 들여온 작물이나 가축을 중심으로 새로 구성한 시스템이 더 높은 생산성을 보인다고 주장하지만 이때의 생산성이나 효율성은 어떤 기준에 의한 것인가에 따라 다른 판단이 나올 수 있다. 흔히 선주민들은 적은 노동으로도 그들이 살아가는 데에 충분한 생산물을 얻었고 그래서 더 여유있는 생활을 영위했으며, 또 이런 방식이 장기적으로 이 지역의 자연 생태계가 안정적인 상태로 지속되는 데에 유리했다.

그러한 사례의 하나가 타이노족[20]의 코누코 체제이다(Richards 2003: 317-318).

타이노족은 소위 코누코(conuco)라고 불리는 농업 체제에서 마니옥과 고구마를 경작하였다. 이들은 마을을 둘러싸고 있는 경지에 괭이를 사용해서 높이

19) 열대 삼림에 살고 있는 생명체는 수도 많을 뿐 아니라 종류도 매우 다양하다. 10km²의 땅 안에는 1,500종의 화초 식물, 750종의 나무, 125종의 포유동물, 400종의 새, 100종의 파충류, 60종의 양서류, 150종의 나비와 약 5만 종의 곤충이 살고 있다(cf. 열대 삼림 전체에는 약 2,000만 종의 곤충이 있다). 이런 점들을 놓고 볼 때 열대우림의 파괴가 지구 전체적으로 얼마나 큰 피해를 가져오는지 짐작할 수 있다.

20) 타이노족은 콜럼버스의 도착 이전 시기에 바하마 제도, 대안틸레스 및 소안틸레스 제도에 살았던 사람들을 가리킨다.

1-2미터, 둘레 1.5미터 정도의 흙무덤들을 질서있게 만들어 놓고 이 안에 마니옥과 고구마의 커팅(cutting, 꺾꽂이용 插穗), 호박과 콩의 종자 같은 것들을 집어넣어 두었다. 농사를 시작하려면 우선 나무의 껍질을 고리 모양으로 벗겨내고 쓰러뜨린 다음 건기 말에 태움으로써 삼림을 없앤다. 이렇게 함으로써 토양에 인과 칼슘, 마그네슘이 차게 되면 대체로 15-20년 동안 농사를 지을 수 있다. 그 후 지력이 고갈되기 시작하면 이 땅을 약 30년 정도 방치해서 지력이 회복되도록 만들며, 그 후에 다시 불을 지르고 경작하는 일을 반복한다.

라스 카사스 신부의 관찰에 의하면 코누코 체제는 영양학적으로 대단히 높은 수준의 생활을 보장해 주었다. "20명이 하루 6시간씩 한 달 동안 일하면 그런 코누코를 형성하는데 이것으로 300명이 2년 동안 먹을 식량을 얻는다." 타이노족 여인들은 쓴맛이 나는 마니옥에서 독성을 품은 시안산(cyanic acid)을 없애는 기술을 알고 있어서 이것으로 효모를 사용하지 않는 빵과 카사바(Cassava)라고 부르는 음식을 만들었다(카사바는 나중에 아프리카에 전해져서 아주 중요한 식량이 되었다). 타이노족은 그 외에도 옥수수, 땅콩, 호리병박(calabash), 후추, 과일, 면화, 감자 등을 작은 텃밭에서 재배했다. 이런 식의 경작을 통해 그들은 충분하고 균형잡힌 영양을 얻을 수 있었으며, 그래서 당시 유럽인의 기준으로 보면 상당히 건강한 삶을 살고 있었다(Richards 2003: 317-318). 그들로서는 안정된 삶의 기반을 마련해 주었던 이 체제를 버리고 굳이 다른 체제를 도입할 이유는 없었다.

또 하나의 유사한 사례로서 누벨칼레도니섬을 들 수 있다(Barrau 1980: 253-265).

태평양 남서부에 있는 누벨칼레도니섬에는 1774년에 유럽인으로서는 처음 제임스 쿡이 왔었고 그 후 1853년에 프랑스 식민지가 되었다. 이 지역의 '개발'에는 오스트레일리아 모델이 적용되었다. 1859년 소 1,000마리를 오스트레일리아에서 도입했는데, 그 수가 계속 늘어나 1883년 8만 8,000마리가 되었고, 현재는 10만 마리 정도가 되었다. 가축은 백인 정주(white settlement)의 핵심 사항이라 할 수 있으나, 그로 인해 현지인은 산지로 쫓겨나게 되었다. 이 현상을 직접 목도한 뷔퐁(Buffon)에 의하면 "울타리 치지 않은 땅에 가축을 풀어놓은 다음 성경에 있는 말처럼 '생육하고 번성하여 땅에 충만하라'고 말한다. 이 가축들은 전혀 손을 대지 않고 방치한다. 수가 너무 늘어난 가축들이 목초지를 완전히 소진시키고 나면 다른 땅으로 옮겨 간다. 행정 당국이 그렇게 하도록 내버려두는 탓에 다른 곳의 초지 역시 이런 식으로 소진된다." 이런 과도한 목축의 증가로 초지의 질이 떨어지고 그 결과 가축의 수와 질이 하락하면 호주에서 새로운 종의 소와 목초지 유지 기술을 도입하였다.

흔히 근대적인 신기술의 도입은 일반적인 자원 이용 방식이 아니라 특화된 방식으로 이행해 가는데 이것이 대개 오늘날의 환경 문제를 가져온 원인이 된다. 식민경제는 그 지역에서 자생적으로 발달한 토지 이용 방식이 아니라 전혀 다른 환경에서 만들어진 시스템을 가지고 들어온다. 그리고는 최대 이윤을 목표로 아주 극단적으로 새 방식을 밀어붙이는 경향이 있다. 앞에서 언급한 두 경우 모두 그들이 원래 가지고 있던 일반성 지향 사회(generalizing society)와 유럽식의 특화 지향 사회(specializing society) 사이의 충돌 끝에 스스로의 기반이 무너지는 피해를 본 사례이다.[21]

21) 여기에서 주의할 점이 한 가지 있다. 근대적인 신기술 도입 이전의 자생적 자원 이용 방식으로 흔히 화전(swidden)을 들곤 한다. 예컨대 기어츠는 열대 우림 지역에서는 화전이 자연 자원을 이용하는 데 효과적인 방식이라고 이야기한 바 있다. 그러나 화전은 오히려 현대 문명과 만나고 나서야 크게 발전한 것이다. 숲에 불을 지른다는 것이 생각만큼 쉽지 않은 일이기 때문이다. 불을 붙이려면 우선 나무를 쓰러뜨려야 하는데, 돌도끼로 그 작업을 하면 엄청난 노력이 소요된다. 실제 실험한 결과에 따르면 돌도끼로 직경 1.2미터의 나무를 넘어뜨리는 데 115시간이 걸린다. 이는 매일 8시간씩 3주의 노동에 해당하는 작업량이다! 그러므로 돌도끼로 1,800평의 화전을 일구려면 하루 8시간씩 153일 동안 일해야 한다. 반면 쇠도끼로는 나무 하나 넘어뜨리는 데 3시간이면 되고, 1,800평 화전을 일구는 데 8일이면 충분하다. 도구의 차이가 20배의 효율성의 차이를 가져오는 것이다. 유럽인들의 도구를 접한 인디언들이 그것을 그토록 탐낸 이유가 여기에 있다. 아마존 인디언들은 원래 사냥을 하고 숲 속의 다른 음식을 찾으러 돌아다니는 생활을 했으나 이 17세기에 철제 도구를 습득하자 그때 가서야 영구정착이 본격화되었다. 그만큼 철제 도구들은 이 지역 전체에서 혁신적인 영향력을 미치게 되었다. 에스파냐인들은 황금을 갈구했지만 인디언들에게는 철이 황금이나 마찬가지였다. 그러므로 나무를 불태우는 방식의 농업이 오래된 풍습이라는 것은 신화이고, 이는 사실상 '현대의 침입'이다. 열대우림 감소 역시 이 현상과 깊은 관련이 있다(만 2005: 415-417, 428-432).

이 점을 조금 더 명확하게 보여 주는 사례로 멕시코의 바예 델 메스키탈 지역에 대한 멜빌의 연구를 살펴보자. 이 지역은 곡물 중심 체제에서 목축 중심 체제로 바뀜으로써 심각한 환경 변화를 겪은 지역이다(Melville 1990: 24-53).

바예 델 메스키탈 지역은 현재는 아주 황량한 지역이지만, 16세기 이전에는 좋은 토양과 많은 인구를 자랑하던 곳이었다. 유럽인의 정복 후 27년이 지난 시기(1548년)에만 해도 에스파냐인이 조사한 바에 의하면 이곳은 지력이 아주 좋아서 훌륭한 밀 수확을 기대하던 곳이었다. 그러던 이 지역에 16세기 말부터 사막화가 진행되었다. 그 이유는 무엇일까? 식민 당국이 수행한 각종 토지 조사 자료를 근거로 한 연구에 의하면 축산의 급격한 증가, 원주민 인구 감소, 양목축의 증가 등이 심각한 생태 변화로 귀결된 것이다.

에스파냐인들은 1520년대부터 이 지역에 소, 말, 양, 돼지를 들여오기 시작했고 1530년대에 본격적으로 축산업이 발전하기 시작했다. 특히 양의 증가가 결정적이었다. 1550년대에 양이 1,000두에서 3,900두로 거의 4배로 증가했는데, 이때쯤이면 양이 고산지대에 적응해서 다른 가축들은 점차 다른 초지나 숲으로 내몰리기 시작했다. 이것이 이 지역의 생활방식과 환경을 극단적으로 변화시켰다. 이 변화는 기본적으로 곡물 재배와 목축 사이의 갈등이라는 관점에서 살펴볼 수 있다.

남아메리카를 정복한 이후 콘키스타도르(conquistador)들은 엔코미엔다 체제를 통해 인디오들의 공물과 노동을 일종의 전리품으로 수취하였다. 이때 유럽인 지배자들은 공물과 부역 노동을 특정한 종류로 바치도록 지정할 수 있었으므로 이를 이용하여 여러 다양한 사업을 벌일 수는 있었지만, 다만 토지에 대한 권리를 가지고 있지는 못했다. 이 말은 유럽인 지배자들이 이 체제를 통해 무엇을 생산할지 결정할 수는 있지만 실제 생산 과정에서는 인디오의 토지와 노동에 의존할 수밖에 없었다는 것을 뜻한다. 그러므로 엔코미엔다는 기존의 마을 생산 체제를 기반으로 삼을 수밖에 없었다. 그러나 이상의 사실은 곡물 생산 부문에만 관련된 사항일 뿐, 축산 부문은 이런 틀을 벗어날 수 있었다.

새롭게 발전한 축산업은 인디오의 땅과 노동에 의존하지 않았다. 목초는 공동 재산이어서 토지 소유와는 일단 무관했고, 또 흑인 노예들을 목동으로 사용했으므로 인디오의 노동에 종속되지 않았다. 즉 축산업은 엔코미엔다 체제 '밖에서' 그것과 '평행하게' 존재하였다. 따라서 이 체제는 자연 환경과 사회 조직 양면에서 모두 기존 방식의 틈새를 이용하여 발전해 갔다. 조만간 농경과 목축 사이에 심각한 긴장과 갈등이 벌어졌다. 무엇보다도 큰 문제가 된 것은 농업 지역 내의 공유 목초지에 양들이 풀을 뜯으러 들어오는 일이었다. 이때 현지인 농민들과 흑인 목동 사이에 폭력적인 다툼이 자주 벌어지곤 했다. 이 상황에서 유럽인 지배자들은 그들이 통제하기 힘든 곡물 생산보다는 목축의 확대를 선호했다. 결국 폭력적인 방식을 동원하여 기존 체제를 누르고 목양 사업이 크게 확대되었다.

그러나 양의 수가 늘어남에 따라 자연 자원이 황폐화되어 갔다. 그래서 1560-1570년대에 이루어지던 집약적 목축이 불가능해지고 1580년대에는 조방적 목축으로 바뀌게 된다. 목축의 증가로 인한 환경 변화의 구체적인 과정을 정리하면 다음과 같다.

수가 증가한 양들이 풀들을 먹어치우면서 이 지역의 토지가 나지로 변한다(1560-1570년대). → 1560년대에 건조지대 식물들이 침입하기 시작하지만 이때에는 양 숫자가 많은 데다가 목동들의 노력(태우기)으로 이것이 저지된다. → 1570년대에 양들이 목초를 과도하게 먹어치우고 잡초 태우기를 반복한 결과 목초가 자라지 않게 된다. → 양 숫자가 줄어든다. → 건조지대 식물들이 크게 증가한다. → 지표면이 석질화(石質化)하고 물이 투과하지 못하는 경질지층(硬質地層, hard-pan layer)이 형성되어 풀의 생장에 적대적인 미생물환경이 만들어진다. → 이것이 더욱 건조지대 식물들 증가를 초래한다.

멜빌의 연구에 따르면 에스파냐인들의 영향을 크게 받은 지역일수록 이런 변화가 강하게 나타났다. 이는 시간이 흐를수록 커져 가는 육류 수요와도 관련이 있다. 늘어나는 육류 소비를 만족시키기 위해 이 지역에 목축 중심의 라티푼디아가 만들어졌고 이것이 환경을 악화시키는 중요한 요인으로 작용했다. 환경 조건이 점차 악화되면서 대규모 소유지만이 살아남을 수 있었고 이 역시 농민보다는 목축업자만 남게 되는 결과를 가져왔다. 이 모든 것이 사막화를 진척시키는 악순환으로 이어졌다. 최종적으로는 양마저 살아남기 힘든 지경에 이르렀으니, 양은 자신의 생활 기반을 스스로 파괴한 셈이다.[22]

4) 동물의 남획

다음으로는 동물 남획의 폐해에 대해 알아보도록 하자.

특히 큰 주목을 받았고 많은 연구의 대상이 된 동물은 대표적인 모피 동물인 비버이다. 모피가 상류 사회의 특권적인 의상이 되면서 모피 무역이 크게 확대되었다. 유럽에서 모피 수요가 크게 늘자 곧 유럽 지역 내에서 모피 동물의 수가 급격히 줄었고, 따라서 모피를 구하는 업자들은 점차 동쪽의 먼 삼림 지역으로 진출해 갔다. 그러나 이 지역에서도 조만간 같은 일이 일어났다. 동유럽과 러시아에서까지 모피 동물들을 구하기 힘들어지자 사냥꾼들이 시베리아까지 진출했으나 18세기가 되면 이제 이곳에서도 비버, 해달, 흰여우, 푸른여우 같은 동물들을 찾아보기 힘들어졌다. 모피를 찾아 나선 사냥꾼들은 급기야 베링해협을 넘어 아메리카 대륙으로 건너가서 북아메리카 해안 지역을 따라 남하하기까지 했다.[23]

아메리카 대륙은 모피 동물의 마지막 제공처로 보였다. 대서양을 넘어 북아메리카 동부 지역에 도착한 유럽인들은 알공킨, 휴런, 이로쿼이 족 등 인디언들에게 소소한 물품들을 주고 대신 모피를 받는 물물교환 방식으로 이 상품을 획

22) 이와 유사하게 말의 도입 역시 중요한 문제이다. 통상 아메리카에 말이 들어온 것이 현지 주민들과 이 주민들의 삶 그리고 그 양자 간의 관계에 미친 영향에 대해 많이 언급하지만 생태 환경에도 큰 영향을 미쳤다. 이에 대해서는 Flores(1991: 465-485)를 보라.

23) 인디언 전도 사업을 벌이던 에스파냐 출신 신부와 러시아 사냥꾼이 캘리포니아 해안에서 서로 만났다는 에피소드가 전한다.

표 18. 북아메리카의 모피 수집량(연평균)

구분	1700-1763	1780-1799	증가율(%)	1830-1849	증가율(%)
비버	179,268	263,976	47.3	77,654	-70.6
미국너구리	91,637	225,115	145.7	322,759	43.4
담비(marten)	51,315	88,856	73.2	130,283	46.6
여우	18,411	20,360	10.6	79,056	288.3
곰	16,033	26,833	67.4	13,229	-50.7
밍크	15,730	20,680	31.5	144,719	599.8
수달	11,525	36,326	215.2	20,169	-44.5
사향뒤쥐	10,432	177,736	1,603.8	849,865	378.2
스라소니	10,179	17,277	69.7	35,443	105.1
북미담비(fisher)	3,373	8,480	151.4	10,412	22.8
늑대	1,830	16,461	799.5	8,899	-45.9
오소리	608	1,430	135.2	1,318	-7.8
합계	410,341	903,530	120.2	1,693,806	87.5

출처: Richards(2003: 511).

득했다.[24] 특히 인디언들에게 총이 알려지고 난 후 사냥은 더욱 대규모로 진행되었다. 〈표 18〉은 북아메리카 지역에서 비버를 비롯한 모피 동물들이 얼마나 엄청난 규모로 남획되었는지 보여 준다.

표에서 보듯이 18세기 중엽까지 한 해 평균 40만 마리 이상의 동물들이 잡혔고 18세기 말엽에 가면 한 해 평균 90만 마리, 그 다음 세기에 이르면 무려 매년 170만 마리에 가까운 동물이 잡혔다는 점은 유럽의 모피 수요가 신대륙 생태계에 얼마나 큰 압박을 가했는지 잘 말해 준다. 전체 모피 수집량의 증가를 보면 1700-1763년 기간부터 1780-1799년 기간까지 120%, 다시 1830-1849년 기간까지 90%에 가까운 증가를 보였다. 전체적으로 19세기까지 모피 수요

24) 백인들이 건네 준 물건들은 나이프, 솥, 담요, 직물 같은 일상품과 유리구슬 같은 장식품들이었다. 가장 문제가 된 것은 술이었다. 많은 인디언들에게 집단적인 알코올중독 현상이 일어났다(Richards 2003: 465, 474).

는 계속 증가했다. 모피 동물 가운데 가장 큰 비중을 차지한 것은 비버였다. 18세기 전반에는 연평균 18만 마리에 가까운 수가 잡혔으며, 18세기 말이 되면 연평균 26만 마리나 잡혔다. 그러다가 19세기 중엽이 되면 7-8만 마리로 급감한다. 이것은 이전 시대와 비교하면 70%나 감소한 수치이다. 19세기에도 전반적으로 포획 동물 수가 급증했지만 일부 동물들은 벌써 감소세로 돌아섰다. 그런 동물로는 곰, 수달, 늑대, 오소리 등이 있지만 감소 비율이나 절대수에서 가장 큰 것은 비버였다. 이는 과도한 사냥으로 비버가 멸종 위기에 몰렸음을 말해준다.

비버는 성질상 덫에 잘 걸려서 비교적 쉽게 사냥할 수 있는 동물로 알려져 있다. 그런데 비버는 번식률이 낮기 때문에 사냥꾼들이 한 지역에서 집중적으로 잡고 나면 그 지역에서는 거의 비버가 사라질 지경이 된다는 것이 문제였다. 비버를 주로 식량으로 이용하는 현지 인디언들은 비버를 멸종 위기에 몰아넣을 정도로 남획하지는 않았으나 유럽의 모피 수요와 연결되어 비버 사냥을 하게 된 이후에는 실제로 한 지역에서 비버가 완전히 사라지는 일이 벌어졌다. 그러면 다시 이웃 지역으로 사냥터를 옮겨 갔다. 1610년까지 허드슨강(미국 뉴욕주 동부를 흐르는 강)에 비버가 살았지만 1640년에는 사라졌고, 그러자 세인트로렌스강 주변 지역으로 사냥꾼들이 이동해 갔다. 그러나 18세기 말에는 이 지역도 끝장나서 19세기 초에는 태평양 연안 지역만이 마지막 남은 모피 동물(비버와 수달)의 대량 서식지가 되었다. 그러나 불행하게도 이 지역 역시 40년 이내에 이런 동물들이 사라질 위험에 처하게 되었다.[25]

비버의 남획은 단지 한 종의 동물의 피해로 끝나는 문제가 아니었다. 그 이유는 자연 생태계에서 비버가 핵심종이기 때문이다. 비버가 끊임없이 만들어 내

25) 모피 동물들의 수가 크게 줄어든 18세기 말에는 대안으로 바다표범 가죽이 유행하였다. 그러나 곧 이 동물도 한 지역씩 차례로 사라져 갔다. 예를 들어 호주 배스 해협 부근은 처음 유럽인이 도착했을 때 엄청난 바다표범 떼에 놀랄 정도였다. 그러나 1805년 한 사냥철에만 10만 마리를 사냥할 정도로 남획이 이루어지자 곧 수가 격감했다(폰팅 1996: 282-283).

는 작은 저수지는 많은 유기물들을 담게 되고 다시 부영양화 과정을 거쳐서 늪지처럼 된다. 그리고 이곳이 특이한 식생대를 형성한다. 비버 댐은 자연 생태계에서 생물지구화학 주기(biogeochemical cycle)상 중요한 위치를 차지하고 있었던 것이다. 그런데 이런 기능을 하는 비버의 개체 수가 급감함으로써 이 지역 생태계 전체가 크게 훼손된 것이다(Richards 2003: 510-514).

모피 교역은 비버를 비롯해서 10여 종의 모피 동물들을 멸종 직전까지 몰아갔다. 그 가운데 일부는 실제로 북동부 아메리카에서 사라져 버렸고 그 나머지는 모피 사냥의 광풍이 지나간 이후 남은 개체들로부터 겨우 자연 증가에 성공한 후 보호동물이 되어 살아남게 되었다.

그런데 비버는 자연 환경 파괴의 폐해에 대해 유럽인들 스스로 깨닫게 되어 어떤 조치를 강구해야 한다는 의식을 갖도록 만든 사례로서도 큰 의미를 가진다. 비버 개체 수의 급격한 감소를 목도한 유럽인들은 자연 자원이 무제한이 아니며 조만간 사업의 기반이 끝장나리라는 것을 깨달았다. 그리하여 아무런 고려 없이 자연 자원을 착취하기보다는 관리해 가며 이용하자는 생각을 하기에 이르렀다. 이런 사고가 바로 오늘날의 자연 보호 의식과 완전히 같다고 할 수는 없다. 단지 자신의 지배권이 확고하게 되었을 경우 자원을 소진시켜 버리는 약탈 방식 대신 조금 더 장기적으로 이용할 수 있는 진일보한 이용 방식을 발전시켰다고 보는 것이 타당한 평가이리라. 비버의 멸종 위험을 깨달은 허드슨 회사가 그런 노력을 기울였다(Ray 1975).

이 회사는 1821-1850년 동안 캐나다 서부에서 비버 보호 계획을 구상했다. 그것은 지나친 경쟁적 남획을 피하고 모피 동물들을 지속산출기반(sustained-yield basis)을 통해 공급한다는 것이었다. 이 계획이 제대로 준수되기 위해서는 지역 상인과 사냥꾼들이 회사의 장기 프로그램에 협력해야만 했다. 이것은 성공했을까? 이 회사가 동물들의 멸종을 막으려는 안을 실제로 기획하고 그것을 실천하기 위해 노력했던 것은 부인할 수 없는 사실이다. 그러나 비버가 멸종을 피한 것은 결코 이 회사의 노력 덕분이 아니었다. 단적으로 이야기해서 비버가 살아남은 이유는 결국 유행이 바뀌었기 때문이다. 모피 가격이 너무 오르자 유럽에서 실크 모자가 새로 유행하게 되었다. 그래서 비버는 살아남았으나 대신 사향뒤쥐, 담비 같은 다른 동물들이 수난을 겪게 되었다(폰팅 1996: 281). 사실 모피 동물의 보호 계획에 무관심하기는 인디언들도 마찬가지였다. 그들은 오랫동안 그들이 가지고 있던 전통적인 관념대로 사냥감들은 자연이 인간에게 주는 선물이며, 동물들의 영혼을 달래주는 적절한 의식(儀式)을 치러 주면 비버는 언제나 풍부하게 될 것이라고만 생각했던 것이다.[26] 결국 유럽에서 비버 모피 수요가 감소한 것이 결정적으로 비버의 멸종을 막았을 뿐이다.[27]

유럽 팽창이 전적으로 환경 파괴만 일삼았다는 견해는 사실과 다르다. 식민 세력은 원래 모순적이고 이질적이고 양면적인 양태를 보이는 것이다. 이들은 환경 변화에 대해 심사숙고하고 보호주의를 강구한 측면도 있다. 또 다른 면에서 보면 식민지 이전 시대에는 자연과 인간 사이에 균형잡힌 황금기였으리라는 막연한 개념 역시 사실과 다르다. 유럽인만이 지구 환경을 파괴한 것은 아니며, 어떤 사회가 자신의 생활 근거를 스스로 파괴한 사례는 얼마든지 있다.[28] 다만 유럽의 팽창이 이전과는 비교할 수 없을 정도로, 질적으로 다른 차원의 폐해를 가한 것은 분명하다. 역설적으로 이렇게 심각한 환경 파괴를 일으킨 까닭에 유럽인들은 스스로 '자연보호'의 개념을 만들어 내게 되었다. 17-18세기에 유럽에서 자연에 대한 새로운 개념, 더 나아가서 '자연보호'라는 개념의 단초가 등

26) 인디언들의 사냥 동물에 대한 태도와 종교적 관념 등에 대한 연구로는 Martin(1978)을 참고하라.

27) 이와 유사한 사례로 네덜란드 동인도회사가 자바의 삼림 자원을 보호하려 한 조치를 들 수 있다. 이들은 귀중한 티크 목재원을 보호하기 위해 벌채할 수 있는 나무의 길이와 굵기를 정하는 정책도 취해 보고, 삼림을 여러 구역으로 나누어서 관리하며 구역별로 돌아가며 벌목하는 장기 플랜을 세우기도 했다. 그러나 이런 보호 조치들 역시 대개는 당장의 필요 앞에서 실효를 거두지 못했다(Boomgaard 1992).

28) 흔히 유럽인들 때문에 일어난 멸종만 강조하는 경향이 있지만 사실은 유럽의 팽창 이전에도 심각한 자연 환경 파괴의 사례들이 많이 있다. 서기 1000년 이전에 열대 태평양 섬들에 인간이 도착하면서 2,000종 이상의 새들이 멸종했는데, 이는 전체 조류 종의 20%가 사라진 것이었다(Jones 2003: 215-219).

장한 것은 특기할 사실이다(Grove 1993).[29]

3. 전염병

문명권 간의 생물학적 교환 가운데 병원균의 이동은 특히 주목할 만한 현상으로서 여기에서 따로 자세히 논할 필요가 있다. 우선 인간의 면역 체계와 병원균 간의 관계 및 그 진화에 대한 일반적인 설명이 필요하다.

1) 맥닐의 법칙

인간 사회는 질병과 떼려야 뗄 수 없는 관계를 이루며 살아왔다. 각 문명권은 그 나름의 질병 체계를 가지고 있고 또 그에 대한 체계적인 대응방식을 발전시켰다. 사람들이 대체로 어떤 병을 앓는가, 또 어떤 의료 체계를 유지하는가는 각 문명마다 달랐다. 그런데 근대 이후 각 문명권이 해양을 통해 급격하게 상호 소통하면서 병원균이 전 지구적인 차원으로 퍼져 갔고, 세계 여러 지역에서 충격적인 양태로 전염병이 창궐했다. 이 현상을 어떻게 체계적으로 이해할 것인가?

인체는 병원균에 대한 면역 체계를 가지고 있다. 병원균이 인체에 들어오면 면역 체계가 이것을 막아낸다. 그러면 다시 병원균도 이에 적응하여 변이(mutation)를 거듭한다. 이런 식의 상호 적응 과정을 거치면서 오랜 기간이 경과하면 결국 인체 면역 체계와 병원균은 적절한 균형 상태를 이루게 된다. 여기에서 주목할 점은 이런 균형 상태가 한 개인의 차원이 아니라 한 사회 혹은 문

29) 식민 세력의 자연 보호 개념은 특히 여러 박물학자와 과학자들이 등장하여 영향을 미친 덕분이다. 이런 사상은 1840년대에 가서 완전히 자리잡았다. 이 환경 보호 정책이 근거하는 작가들은 프랑스와 독일의 낭만주의 과학자들, 특히 알렉산더 폰 훔볼트였다.

명권 차원에서 이루어지는 것이며, 또 시간이 지나면서 그 자체가 점차 진화해 간다는 사실이다. 그런데 만일 어떤 이유에서든 한 사회의 면역 체계가 대처하지 못하는 외부의 병원균이 갑자기 들이닥칠 경우 가공할 질병이 발생할 수 있다. 이 병은 처음에 많은 사람을 죽음으로 몰아간다. 그러나 세대가 지나면서 사람들이 점차 이 병에 대해 면역을 갖추어 나가면 이 병원균 역시 차차 완화된 형태로 이 사회에 '정착' 하게 된다. 사실 병원균의 입장에서도 지나치게 퍼져서 숙주들이 몰살되면 그들 역시 멸종될 수밖에 없으므로 숙주인 사람들과 적절한 평형 관계를 이루는 것이 종의 보존에 유리하다. 병원균은 대개 신생아들이 주로 걸리되 한 번 병을 이기고 나면 평생 면역력을 갖추게 되는 소위 소아 전염병의 형태로 정착한다. 홍역이 전형적인 사례이다. 그 결과 특정 문명권은 오랜 진화 과정 끝에 이런 질병들을 다수 '보유' 하게 된다. 그 지역 사람들은 이런 병들에 익숙해 있어서 설사 그 병에 걸리더라도 병세가 대개 유순하게 마련이지만, 만일 다른 지역 사람들이 이곳에 와서 그 병에 걸릴 경우 급성 질병을 앓고 사망할 수도 있을 것이다. 이런 관점에서 보면 한 '문명권' 은 고유한 질병 풀(pool)을 가지고 있다는 점에서 그 자체가 '질병권' 이 된다.[30]

이제 우리가 주목하려는 것은 서로 다른 문명권-질병권의 병원균이 교환될 때 일어나는 가공할 질병의 발발 사례들이다. 면역을 갖춘 사람들에게는 거의 해가 되지 않는 병원균들이 이웃 지역 사람들에게 엄청난 피해를 입히는 사태가 역사상 종종 일어났으며, 문명 초기부터 이에 관한 여러 기록들이 남아 있

30) 이상의 사실들을 개념적으로 조금 더 명확하게 정리하면 다음과 같다. 기생 생물과 숙주 사이의 적응은 유행성, 풍토성, 공생이라 불리는 여러 단계에 걸쳐 있다. 처녀 인구집단(virgin population, 어떠한 세균에도 감염된 적이 없어서 면역력이 없는 집단)에 들어온 세균은 종종 모든 연령에 걸쳐 급성 질환을 일으킨다. 이것은 유행병의 고전적인 형태이다. 그것이 전 세계에 퍼진다면 범유행성(pandemic)이라 불린다. 생존자는 대개 재감염에 의해 더 나은 방어 능력을 갖추기 마련이다. 세대를 거듭할수록 추가 방어기전이 발달한다. 그 질병은 마침내 한 지역에 국한된, 흔하지만 강도가 약한 감염병이나 일상적인 소아전염병이 된다. 기생생물과 숙주가 더 잘 적응한다면 공생 관계가 된다. 여기서 세균과 숙주는 상호 관용(mutual tolerance) 관계를 이루거나 심지어는 상호 이득이 되는 편리공생(commensalism) 관계가 된다(카렌 2001: 36).

다. 이스라엘인들이 “젖과 꿀이 흐르는 땅”을 찾아서 이주할 때 야훼가 한 다음의 약속을 보라: “야훼께서 모든 병을 물리쳐 주실 것이다. 너희가 일찍이 이집트에서 앓던 온갖 나쁜 질병에 걸리지 않게 해 주시고, 너희를 미워하는 사람들이나 그 병에 걸리게 하실 것이다.”[31] 종교적 의미를 떼어놓고 이 문장을 보면 병원균과 면역 체계 사이의 불일치로 인한 가공할 전염병 사태를 가리킨다는 것을 알 수 있다. 조밀한 인구가 오랜 기간 거주해 온 나일강 유역은 앞서 설명한 각종 ‘문명병’ 들을 보유한 지역이었다. 이곳 주민들은 그 병들에 대해 면역력을 가지고 있으므로 큰 해를 입지 않지만, 이 가운데 많은 사람들이 한번에 외부 지역으로 나갈 경우 다른 지역 사람들에게는 치명적인 병균들을 보유한 ‘숙주’ 들이 대규모로 몰려오는 셈이다. 문명권 사람들이 주변 지역에서 흩어져 사는 집단을 쉽게 정복하는 데에는 사실 이런 전염병의 효과가 크게 작용하였다(맥닐 1998: 97-99). 이를 일반화하여 ‘맥닐의 법칙’ 이라 부른다.

이 현상이 가장 뚜렷하게 나타난 것이 콜럼버스 이후 구대륙과 신대륙 사람들 간의 조우이다. 전염병 발발이라는 시각에서 볼 때 유럽인들의 해외 진출은 엄청난 사건이었다. 그야말로 ‘생물학적인 판도라의 상자’ 가 열린 것이다. 세계 각 지역 사람들이 단기간에 서로 접촉하게 됨으로써 전 지구적인 병원균의 확산이 일어났다. 이때 병원균들에 대한 사람들의 면역 체계에 따라 생물학적 영향이 매우 다르게 나타났다. 앞에서 설명했듯이 아시아는 생태학적으로 강한 곳이어서 유럽 팽창으로 인한 생물학적 피해가 덜한 편이었다. 오히려 아시아 대륙은 역사적으로 흑사병, 콜레라 등의 질병을 수출한 사례가 많다.[32] 아프리카 역시 생물학적으로 다른 지역과 다르게 진화했고 그 결과 타 대륙 사람들에게는 낯선 질병들을 많이 지니고 있어서 이것이 유럽인들의 침투를 막는 데 중

31) 신명기 7:15, 『공동번역성서』.

32) 물론 여기에서 기묘한 유럽 중심주의의 가능성을 조심해야 한다. 대개 흑사병은 몽골이나 중국에서, 콜레라는 인도에서, 에이즈는 아프리카에서 유럽으로 들어온 것으로 되어 있다. 그러나 아래에서 논하듯이 질병의 발생지는 아직 오리무중인 경우가 많다. 그런데 나쁜 것은 우선 비유럽 지역에서 유럽으로 들어오는 것으로 단정짓는 경향이 강하다.

요한 역할을 했다. 이에 비해 가장 큰 피해를 입은 곳은 아메리카 대륙이다. 이곳에서는 때로 한 지역의 인구 전체가 몰살되는 경우도 발생했다. 태평양·오세아니아 지역 역시 큰 피해를 입었으나 섬들이 떨어져 있는 까닭에 아메리카에서처럼 대규모 피해를 입지는 않았다.

해상 팽창 시대에 신대륙은 과연 어느 정도 피해를 입었는가?

이 점에 대해 이야기하려면 우선 콜럼버스 이전 아메리카 대륙의 인구가 어느 정도인지 알아야 한다. 물론 정확한 수치를 알 수는 없고 다만 여러 학자들의 추산만 있을 뿐이다. 그 추산치는 매우 다양해서 850만 명으로부터 1억이 훨씬 넘는 수치까지 범위가 넓지만(Kiple and Beck 1997: xix) 5,000만 명 이하이기는 힘들고 1억 명을 넘지는 못하리라는 것이 대체적인 견해이다.

아메리카 대륙 전체의 인구는 고사하고 때로는 섬 하나의 인구 추산치도 연구자마다 엄청나게 다를 수 있다. 예컨대 1492년경 이스파뇰라섬의 인구 추산 연구들을 보면 최소 6만 명으로부터 최대 800만 명까지 범위가 극도로 확대되어 있다. 이렇게 된 이유는 인구 통계가 있을 수 없는 상황에서 후기의 인구 감소를 보고 그 이전 시대 인구를 역산하는 불확실한 방법을 쓰기 때문이다(Cook 1993).

하여튼 1518년에 이르면 이스파뇰라섬의 인구는 고작 3만 명에 불과하게 되었다. 이러한 급격한 인구 감소의 원인이 전적으로 전염병에 의한 것인지 집단자살, 살인, 유산, 가혹 행위 등이 전염병만큼이나 중요한 요인이었는지에 대해서 의견이 일치하지 않는다. 여러 증거들로 볼 때 1492년부터 1518년 사이에 여러 차례 전염병이 들어왔고 이와 함께 기아, 과로, 유럽인들의 착취 등이 함께 작용하여[33] 인구가 감소했다는 것이 대체로 받아들여지는 설명이다.[34]

33) 이 요소들은 그 자체로서도 사람을 죽음으로 내몰기도 하지만 인체를 약하게 만들어서 질병에 걸리기 쉽게 만드는 역할을 하므로 간접적으로 질병 원인과 다시 연결된다.

34) 라스카사스는 인디오들을 옹호하고 유럽인들의 착취와 가혹 행위를 통렬히 고발했다. 그렇지만 그 역시 인디오들이 질병으로 많이 죽었다는 사실을 알고 있었을 것이다. 그러나 그 점을 강조하면 자신의 주장이 약화되므로 이 점을 일부러 언급하지 않았을 것으로 보인다(Cook 1993: 239).

표 19. 1492년경 이스파뇰라섬의 원주민 인구 추산치 (단위: 천 명)

출처	추산치	출처	추산치
Verlinden(1973)	60,000	Moya Pons(1971)	1,000,000
Amiama(1959)	100,000	Zambardino(1978)	1,000,000
Rosenblat(1954, 1976)	100,000-500,000	Denevan(1992)	1,000,000
Lipschutz(1966)	377,559	Guerra(1988)	1,100,000
Moya Pons(1987)	500,000	Denevan(1976)	1,950,000
Cordova(1968)*	500,000-750,000	Watts(1987)	3,000,000-4,000,000
N. D. Cook(1993)	600,000	Borah and Cook(1971)	7,975,000

* 1494년 자료.
출처: Cook(1993: 215).

전염병과 인구 감소에 대해 비교적 연구가 잘 되어 있는 곳으로는 중부멕시코 지역을 들 수 있다. 〈표 20〉에서 보는 것처럼 1548년에 이 지역의 인구는 630만 명으로 추산되는데, 1580년에는 190만 명 미만, 그리고 1608년에는 약 100만 명으로 감소했다. 1608년의 인구는 1548년에 비해 1/6로 감소한 것이다!(해안 지역의 경우만 보면 그 비율이 1/7로 더 심하다.) 그러나 1548년의 인구도 이미 그 이전 시대에 비해 크게 줄어든 것이 분명하다. 이는 1532년의 추산치와 비교하면 알 수 있다.

이렇게 유럽인들의 도착 이후 선주민 인구가 크게 감소하는 현상은 아메리카의 많은 지역에서 관찰할 수 있다. 잉카 지역은 1572년에 130만 명이었던 인구가 1620년에 60만 명이 되었고, 캐나다 지역은 17세기 초에 30만 명이었던 인구가 18세기 초에는 10만 명으로, 또 오늘날의 미국에 해당하는 지역의 경우에는 더욱 극적이어서 1500년에 500만 명이었던 인구가 1800년에 6만 명이 된 것으로 추산된다(Livi-Bacci 1989: 51).

따라서 아메리카 대륙 전체에 걸쳐서 광범위한 인구 궤멸 현상이 일어났으며, 여기에서 새로운 전염병이 결정적인 원인이었다는 기존 연구들의 결론을 재확인할 수 있다.

표 20. 중부 멕시코의 인구(1532-1608) (단위: 천 명, %)

연도	인구수			연 인구증가율*		
	고원	해안	전체	고원	해안	전체
1532	11,226	5,645	16,871	–	–	–
1548	4,765	1,535	6,300	−5.4	−8.1	−6.2
1568	2,231	418	2,649	−3.8	−6.5	−4.3
1580	1,631	260	1,891	−2.6	−4.0	−2.8
1595	1,125	247	1,372	−2.5	−0.3	−2.1
1608	852	217	1,069	−2.1	−1.0	−1.9
1532-1608				−3.4	−4.3	−3.6
1548-1608				−2.9	−3.3	−3.0

* 이전 시대에 대한 증가율.

출처: S. F. Cook and W. Borah, *Essays in Population History, Mexico and the Carribean*, UC Berkeley, 1971, vol. 1, p. 82, Livi-Bacci(1989: 53)에서 재인용.

2) 아메리카의 전염병들

아메리카 대륙에 들어온 전염병들로는 어떤 것들이 있을까?

최초로 발병한 것으로는 돼지인플루엔자가 유력하다. 1493년 9월 25일에 카디스를 떠난 콜럼버스의 2차 여행을 보면 선단에 1,500명의 사람들과 구대륙의 여러 동식물이 있었는데, 특히 주목되는 것이 8마리의 암돼지이다. 이 선단의 여러 사람들이 병에 걸렸다는 기록들을 놓고 보면, 아마도 돼지인플루엔자가 서인도제도에 전파되었을 가능성이 크다. 그 외에도 티푸스와 천연두 등이 제일 먼저 유입되었을 가능성도 있다.[35]

35) 유라시아 대륙에서 많은 병은 동물에게서 전해진 것들, 즉 인수공통전염병(人獸共通傳染病)이다. 천연두, 결핵, 디프테리아는 소, 홍역은 개, 독감은 돼지와 닭에게서 옮아온 것이다. 인간은 1만 년이나 되는 가축과의 공통 생활에서 개와는 65종, 소와는 55종, 양과는 46종, 돼지와는 42종이나 되는 질병을 공유하며 살아왔다(이시 히로유키 2001: 178). 아메리카에서는 이런 가축들이 없었기 때문에 당연히 역사적으로 이런 전염병에 대한 면역력을 기를 수가 없었던 것이다. 그러나 물론 유럽인들의 도

이후 유럽 선박들이 빈번하게 출입하게 되자 각종 구대륙 전염병들이 아메리카 대륙을 휩쓸었다. 그 가운데 가장 큰 피해를 입힌 천연두는 분명 초기에 들어온 전염병 중 하나이다. 이 병은 푸에르토리코를 거쳐 멕시코로 들어갔고, 아스텍 제국을 황폐화시킨 다음 중앙아메리카로 퍼져 갔다. 특이한 점은 피사로가 도착하기도 전에 이 병이 잉카 제국을 휩쓸었다는 점이다.[36] 아마도 다른 지역을 거쳐 이 병이 전염되어 왔기 때문일 것이며, 이것이 피사로의 정복 시에 힘을 덜어 주었을 것으로 보인다. '사람피온(sarampion)'으로 알려진 홍역은 대체로 1530년대 초에 서인도제도에서 멕시코를 거쳐 중앙아메리카로 퍼진 것으로 보인다. 1545년에는 아스텍 언어로 '마트라사후아텔(matlazahuatel)'이라는 이름으로 알려진 병이 돌았는데, 이는 티푸스일 것으로 보인다. 1557년에는 인플루엔자가 퍼졌고, 1574-1576년에 '마트라사후아텔'(혹은 '코코리스틸'이라 불리기도 했다)이, 그리고 1580-1590년대에 다시 천연두가 돌았다.[37] 16세기 중에 아메리카 대륙에 퍼졌던 질병들은 〈표 21〉에 정리하였다.

산체스 알보르노스라는 당대인의 증언에 의하면 이런 전염병들은 17세기 중에는 10년에 한 번꼴로 유행했지만 그 다음 세기부터는 더 불규칙하게 되었으며 동시에 지역적으로 한정된 곳에서 빈발하였다고 한다. 분명 살아남은 인디언들에게 항체가 형성되기 시작했고, 따라서 이 병들이 이제는 풍토병(endemic)이 되었을 것이다. 17세기 후반부터 인디언 인구가 회복되는 것도 이

래 이전에 아메리카에 질병이 전혀 없는 에덴동산처럼 생각해서는 안 된다. 간염, 소아마비, 각종 장내 기생충, 뇌염, 관절염, 핀타(pinta, 열대 백반성 피부염), 결핵, 특히 이곳에만 있는 병으로서 샤가스 씨 병(Chagas' disease), 아메리카 흑열병(American leishmaniasis) 등이 있다(Kiple and Beck 1997: xx).

36) 페루 지역은 아주 늦게 18세기에 가서야 전염병이 돌았다는 일설이 있었으나 사실은 그렇지 않다. 이에 대해서는 Dobyns(1963: 493-515)를 보라.

37) 이처럼 당시의 질병을 가리키는 용어, 병세에 대한 설명 등이 모호한 것이 큰 문제이다. 예컨대 16세기 기록에는 '비루엘라스(viruelas)'라는 단어가 자주 반복되는데, 이는 주로 발진과 농포를 가리킨다. 이 단어는 대개 천연두라고 번역하지만 사실 정확하게 어떤 병인지는 알 수 없으며 아마도 홍역, 수두, 티푸스를 모두 지칭할 가능성이 있다(Crosby 1967: 324).

표 21. 아메리카 대륙에 퍼졌던 전염병들

시기	안데스 지역	멕시코	멕시코 분지 지역의 농업 상황
1520-1521		후에이 자후아틀(huey zahuatl, '큰 나병') 천연두. 한 흑인 노예에 의해 유입, 인구의 25-50% 사망 추정	
1524-1528	천연두, 인구의 1/3-1/2 사망		1528 홍수, 옥수수 농사 실패
1530-1532	홍역과 천연두, 사망률 25-30%	1531-1532 홍역, 천연두	
1541			한파
1545-1548	페스트와 티푸스, 사망률 20%	코코리즈틸(cocoliztil, '대질병'), 흑사병, 티푸스, 홍역, 인구 1/3 사망	1544-1551 흉작과 곡가 상승
1558-1560	천연두, 홍역, 인플루엔자	1559 흑사병 혹은 티푸스	1558 기근
1576-1581		코코리즈틸, 인구 40% 사망	1576-1579 가뭄, 기근
1585-1591	천연두, 홍역, 티푸스, 인플루엔자, 인구의 50-60% 사망		1590 홍수
1595-1597		홍역, 티푸스, 이하선염, 병세는 심각했으나 사망률은 그리 높지 않음	1592-1594 메뚜기 떼 피해, 가뭄, 냉해

출처: Calvo(1994: 31).

와 관련이 있을 것으로 보인다(Livi-Bacci 1989: 54-55).

여러 전염병 가운데 신대륙에 가장 큰 피해를 입힌 천연두에 대해서는 조금 더 면밀한 고찰이 필요하다(카렌 2001: 156-162).[38]

천연두는 로마 시대에 발병한 적이 있으나, 십자군 시대에 유럽에 다시 들어

38) '천연두'라는 말은 원래 일본어이고 우리말로는 '두창'이라 한다. 그렇지만 워낙 '천연두' 라는 용어가 널리 쓰이므로 이 책에서도 이 용어를 쓰기로 한다.

온 것으로 보인다. 십자군 원정군이 귀향하면서 이 병원균을 가지고 들어왔으리라는 것이 일반적인 추론이다. 초기 상황은 잘 알려져 있지 않으나, 대체로 1500년 무렵이면 이 병도 안정화 단계에 들어가서 소아전염병 형태의 풍토병으로 정착했다. 문제는 이 병원균이 선박을 타고 아메리카 대륙에 도착했을 때이다. 15세기 말에 서인도제도에 에스파냐인들이 도착했을 때 이 병이 함께 옮겨온 것으로 보인다. 그렇지만 사실 이 점에 대해서도 의문점들이 많다. 예를 들면, 이스파뇰라섬에 콜럼버스가 1492년에 도착한 후 오랫동안 천연두에 관한 기록이 없다가 26년이 지난 1518년에 가서야 처음 발생한 것으로 기록되었다. 그동안 이 병이 발생하지 않았던 것일까, 아니면 단지 기록되지 않았던 것일까?[39] 분명한 것은 20여 년이 지난 후 이 병이 신대륙에서 범유행병(pandemic)이 되었다는 사실이다.

1518년부터 천연두가 본격적으로 유행했다. 이 병은 이스파뇰라섬의 아라와크 인디언의 절반 내지 1/3을 죽였고 푸에르토리코와 쿠바로도 번졌다. 이 병으로 인해 서인도제도의 여러 섬들의 인구가 궤멸하였다. 그러나 이보다 더 큰 피해를 입은 곳은 아메리카 본토이다.

1521년 코르테스는 300명의 에스파냐 병사와 일부 원주민 동맹군으로 아스텍 제국을 공격하기 시작했다. 석 달 뒤 테노치티틀란이 함락되었고 몬테수마와 그 계승자를 포함한 주민의 절반이 죽었다. 운하는 시체들로 가득 찼다. 코르테스는 "인디언들의 시체를 밟지 않고는 발도 디딜 수 없었다"고 썼다. 많은

39) 이 문제에 대해서는 병원균이 과연 어떻게 해서 대서양을 건너 전파되었을까 하는 점을 고려해야 한다. 천연두 병균은 환자의 몸속에서 짧은 기간 동안만 머물 수 있다. 이 병에 걸리면 12일 정도의 잠복기를 거친 후 고열과 구토에 시달린 뒤 사나흘 정도 지나면 특유의 발진이 생긴다. 살아남은 환자의 발진은 말라붙어 일주일에서 열흘 정도 지나면 딱지가 앉고 이것이 떨어져 나가면 이 병 특유의 얽은 자국을 남기게 된다. 이 전 과정이 한 달 정도밖에 걸리지 않으며 이후에 환자는 죽거나 면역력을 갖추게 되는 것이다. 이 병은 인간에서 인간으로 전염되므로 구대륙에서 신대륙으로 이 병이 옮아 가려면 이 병을 앓는 사람 자신이 대서양을 건너야 한다. 당시 대서양 항해는 여러 주일이 걸렸으므로 이 조건이 만족되는 것이 사실은 용이하지가 않다. 이 때문에 천연두의 침입이 지체되었을 가능성이 있다(크로스비 2006: 95-96).

사람들은 코르테스의 공격이 아니라 천연두의 공격을 받고 죽었다. 유럽인들이 아스텍 제국에 도착했을 때에는 이미 이들보다 먼저 병원균이 시내에 들이닥쳐서 코르테스가 공격을 시작했을 때에는 천연두가 심각한 상태로 발병해 있었던 것이다.

이 상태는 소위 '처녀 인구 집단'에 전염병이 발병했을 때 병독성이 얼마나 심각한지 잘 보여 준다. 희생자들은 머리부터 발끝까지 고름집으로 뒤덮여 움직일 때마다 살점이 떨어져 나갔다. 생존자들은 곰보자국이 남거나 장님이 되었다.

천연두가 다른 병보다 더욱 심각한 전염력을 가진 것은 이 병의 특성 때문이었다. 천연두는 발병할 때까지 10-14일가량의 잠복기가 있기 때문에 겉으로 건강한 피난민들도 증상을 보이기 전에 수백 킬로미터를 이동할 수 있었다. 이 때문에 1530년대부터 천연두는 팜파스에서 오대호까지 아메리카 대륙을 뒤덮듯이 퍼지면서 유럽인 정복자들의 앞길을 터주었다.

천연두 다음에는 홍역이 뒤따랐다. 1529년 쿠바의 홍역 유행은 천연두에서 겨우 살아남은 주민의 2/3를 죽였다. 2년 뒤 이 병은 온두라스의 인구 절반을 죽이고 멕시코를 덮쳐 엄청난 피해를 입힌 다음 중앙아메리카를 거쳐 잉카 제국까지 공격했다. 천연두와 홍역의 사망자 수는 여기서 10만 명에 달했으며, 때로는 도시나 부족 전체가 멸망해서 특정 문화와 언어가 사라지기도 했다. 불행의 목록은 여기에서 그치지 않았다. 볼거리, 장티푸스, 발진티푸스, 인플루엔자, 디프테리아, 성홍열 등이 뒤를 이었다. 어떤 유행병은 오늘날까지 정체가 확인되지 않고 있다. 1546년 페루에서 발병하여 사람만이 아니라 야마와 양떼까지 몰살시킨 병이 무엇이었는지는 아직까지 밝혀지지 않았다.**40**

외래 전염병의 폐해는 중남미에만 한정된 것은 아니었다. 유럽인들이 북아메

40) "이 병은 아주 심한 두통에다가 발열이 동반되는데, 나중에 두통은 왼쪽 귀로 이동한다. 병세가 아주 심해지면서 2-3일 내에 죽는다." 대개 이런 정도의 묘사에 그치기 때문에 어떤 병인지는 짐작에 그치기 일쑤이다(Cook 1993: 115).

리카 지역에 이주해 오면서 이곳의 원주민들에게도 엄청난 시련이 닥쳐왔다. 윌리엄 브래드포드의 증언에 의하면 1634년에 나라간세트족과 코네티컷족에 전염병이 퍼져서 인디언들이 몰살당하기 시작했다. "그들은 병든 양처럼 죽었다. […] 그렇지만 놀라운 신의 은총으로 영국인들 중에는 죽는 사람이 한 명도 없었다." 유럽인들은 이미 면역력을 가지고 있어서 아무런 해를 입지 않으나 그렇지 못한 인디언들에게는 가공할 병세를 일으켜서 그들만 죽어 나가는 사태가 반복된 것이다(Duffy 1951: 237).[41] 장기적으로 보면 유사한 사태가 이후에도 계속되어서, 마지막 고립 지대인 호주나 태평양의 여러 섬들, 하와이 등지에 뒤늦게 유럽 전염병이 퍼져서 인구가 궤멸되는 현상을 볼 수 있다.[42]

이런 질병이 신대륙 인구를 급감시킨 것은 분명하다. 1568년 코르테스가 멕시코에 도착한 지 50년이 못 되어 원래 2,500-3,000만 명이었던 인구가 300만 명으로 줄었다. 어떤 추산에 의하면 16세기에 멕시코에서는 천연두 한 가지로만 1,800만 명이 죽었다고 한다. 에스파냐의 인구 조사에 의하면 1553-1791년 사이에 잉카의 인구가 800만 명에서 100만 명으로 줄었다. 만일 콜럼버스 이전 신대륙의 인구가 1억 명이라는 추산이 맞다면 질병으로 인한 인구 감소가 90%나 되었던 것이다. 이는 아마도 세계사에서 가장 참혹한 인구 감소의 사례라 할 것이다. 이것은 흑사병보다 더 큰 재앙이었으며 그 영향은 무려 4세기가 넘도록 지속되었다.[43]

41) 브래드포드가 만든 (『나라간세트 인디언 언어 어휘집』(*Key into the Language of America*, 1643)의 '질병' 항에 있는 아홉 가지 단어 및 숙어들은 당시 사정을 증언해 준다. 그가 수집한 표현은 모두 유럽에서 건너온 전염병과 관련된 것들이다(영어 번역만 옮기면 다음과 같다): I have swelling/ He is swelled/ All his body is swelled/ He hath the Pox/ The Pox/ The Last Pox/ He hath the plague/ The Plague/ The great plague."(Sherburne 1973: 488)

42) 호주의 원주민들의 새로운 전염병에 희생당하는 사태에 대해서는 Campbell(1983: 536-556), 그리고 하와이의 사례는 Stannard(1990: 325-350)를 보라.

43) 물론 이는 전염병의 피해를 최대치로 계산했을 때에 해당하는 일이다. 가장 심각한 전염병인 천연두라 해도 치사율이 30% 정도라는 주장도 있다. 그러나 실제 천연두의 사망률은 이보다는 높았을 것으

3) 전염병의 정신적 · 사회적 충격

아메리카의 인구가 급감한 중요한 원인이 전염병이라는 데 대해서는 대부분 동의하겠지만, 문제는 이것만이 유일한 혹은 가장 중요한 요인인가 하는 점이다. 아마도 전염병이라는 생물학적 요인에다가 사회적 요인이 함께 작용한 것으로 보아야 할 것이다(Cook 1993: 125).

전염병의 충격을 받은 인디언 사회는 궤멸 상태에 빠졌다. 당시 인디언들의 대량 사망에 대해 유럽인들은 이런 기록을 남겼다.

> 하느님의 손이 그들을 치명적으로 강하게 내리치셔서 그들이 무더기로 죽어 갔다. 집에 누워서 죽어 간 사람들도 있고, 멀리 도망가다가 죽은 사람들도 있다. 매장할 사람이 없으므로 시체가 땅 위에 그대로 놓여 있었다. 수많은 사람들이 살던 곳에 오직 한 명만 살아남아서 다른 사람들에게 어떤 일이 일어났는지 말해 주었다. 살아남은 사람들이 죽은 사람들을 매장하지 못해서 까마귀, 솔개, 해충들이 시체를 파먹었다. 내가 이곳에 온 이후, 예전에 사람들이 많이 살던 곳에 뼈와 해골이 즐비하게 놓여 있는 모습을 많이 보았다. 그런 광경이 너무나 엄청나서 매사추세츠 근처의 숲속을 여행할 때 나는 그곳이 새로운 골고다 언덕으로 보였다.[44]

전염병은 유럽인들의 지배권을 확고하게 하는 데에 결정적인 효과를 낸 것이 분명하다. 이는 우선 인디언 지도층 인사들을 쓰러뜨림으로써 권력 구조를 뒤흔들었기 때문에 유럽인들의 침략에 대한 군사적 저항을 불가능하게 만들었

로 보인다. 1960년대 초에 천연두 백신을 투여받지 않은 7,000여 명의 남부 인도인들에 대한 연구를 보면 감염자의 43%가 사망했다. 물론 16세기에 안데스 주민들은 격리 조치를 하지 않았을 터이므로 더 큰 피해를 입었을 것이다. 1999년 UN 발표 자료에 의하면 1500년대 세계 인구는 약 5억 명으로 추산되는데, 천연두로 인한 사망자 수가 8,000만 명에서 1억 명 사이라면 세계 인구의 1/5을 죽음으로 몰아넣은 셈이다. 이런 추산이 맞다면 천연두는 인류 역사상 최악의 병이라 할 만하다(만 2005: 129, 139). 천연두는 1979년에 WHO가 완전히 박멸된 것으로 선언하였다.

44) Thomas Morton, *New English Canaan*, 1637, reprint in New York, 1967, pp. 132-133, Lepore(2000: 148)에서 재인용.

다.[45] 또 심리적으로도 지대한 영향을 미치지 않을 수 없었다. 즉 유럽인들에게는 우월감을, 인디언들에게는 열패감을 안겨주었다. 당시 유럽인들은 전염병 발발을 그들의 신앙 체계 속에서 왜곡하여 이해했다. 1548년 산토도밍고의 총독은 이 섬의 100만 인구가 500명으로 줄었다는 사실을 언급하며 "신도 그런 못생기고 타락하고 죄많은 인간을 만든 것을 후회하셨을 것이다. 그들이 죽은 것은 신의 뜻이다"라고 결론을 내렸다. 또 매사추세츠 만 정착지의 초대 지사 존 윈스럽(John Winthrop)은 "신이 우리가 가질 수 있도록 땅을 청소해 주셨다"라고 썼다(다이아몬드 1996: 289).[46]

이러한 가공할 질병의 발발에 대해 인디언들은 어떻게 생각했을까? 휴런족의 한 여인은 예수회 신부가 나타난 이후 병이 돌고 사람들이 많이 죽은 것을 알게 되자 그 신부[47]들을 내쫓거나 죽여야 한다고 주장했다. 그들 역시 이 이해하기 힘든 초유의 사건을 초자연적인 힘의 작용으로 이해하려고 했다. 그들이 볼 때에 이는 악마 같은 백인들의 사악한 힘이 불러일으킨 사건이었다.

> 블랙 로브들이 주문을 걸어서 우리들을 죽게 만든 겁니다. [⋯] 그들이 나타났을 때까지는 우리 모두 건강하게 잘 지내지 않았습니까. 그런데 그들이 나타나자마자 서너 명만 빼고 모두 죽었습니다. 그들이 다른 곳으로 가면 또 똑같은 일이 벌어집니다. 다른 마을에서 그들이 어떤 집을 방문하면 마침 그 집에 가지 않았던 사람들만 무사히 죽음과 병을 피했습니다. 그 사람들이 소위 기도라는 것을 하면서 입술을 움직일 때면 입에서 주문이 흘러나오는 것을 못 봤습니까? 그들이 책을 읽을 때에도 마찬가지입니다. 그 사람들 집에는 큰 나무 막대기[총]가 있는데 그거로 아주 큰 소리를 내면서 마술을 사방에 퍼뜨리는 겁니다. 만일 그들을 빨리 죽이지 않으면 그들이 우리를 멸망시킬 것이고, 젊은 사람이나 늙은 사람이나 한 사람도 남지 못할 거예요.(Davis 1995: 111-112)

45) 테노치티틀란에서 패퇴하던 에스파냐 병사들을 공격하라고 지시했던 쿠이틀라우악이 병으로 쓰러진 것이 대표적인 사례이다. 그를 비롯해서 아스텍 제국 내의 지도자들, 그리고 아스텍 동맹 세력들의 지도자들 역시 다수 병으로 사망한 후 명령 체계의 고리가 끊어진 것이다(크로스비 2006: 108).

46) 미국의 백인들은 호전적인 아메리카 원주민들을 몰살시킬 목적으로 천연두 환자가 쓰던 담요를 선물하기도 했다.

47) 당시 인디언들은 검은 옷을 입은 사제들을 블랙 로브(Black Robe, '검은 법복')라고 불렀다.

4) 특이한 사례: 매독 문제

여기에서 이런 질문을 던질 수 있다. 유럽의 질병이 아메리카 대륙에 엄청난 피해를 입혔듯이 아메리카의 질병이 유럽에 엄청난 피해를 입힌 일은 없을까? 앞에서 살펴본 크로스비의 논리처럼 구대륙의 생물종이 신대륙 생물종보다 압도적으로 강하기 때문에 병원균 역시 한쪽 방향으로만 맹독성을 드러낸 것일까? 이와 관련하여 가장 논란이 되는 문제는 매독이다.

전통적으로 유럽 내 매독의 첫 발병에 관한 기술은 1490년대의 이탈리아 전쟁을 들곤 한다(카렌 2001: 189).

1495년 프랑스의 샤를 8세가 5만 명의 용병으로 구성된 군대를 이끌고 나폴리를 포위했다. 플랑드르, 가스코뉴, 스위스, 이탈리아, 에스파냐인으로 구성된 이 군대에는 800명의 위안부도 끼어 있었다. 이 군대가 2월 말에 나폴리를 점령한 직후 약탈과 방탕한 생활이 펼쳐졌다. 그 후 군인과 매춘부들이 전 유럽으로 귀환했는데, 바로 그 후 새로운 종류의 성병이 나타나기 시작한 것이다.

당시 이 병의 병세는 아주 복잡했다. 생식기 종창으로 시작하여 전신에 피부 발진에 이은 농양과 딱지가 나타났다. 종창은 뼈를 파고들어가 코, 입술, 눈, 목구멍, 성기를 파괴하는 궤양이 되었다. 근육과 사지의 뼈가 몹시 아픈 증세를 보이다가 수년 혹은 수개월 안에 죽음에 이르기도 했다. 1495년 8월에 있었던 막시밀리안 1세의 포고령은 이 병에 대한 최초의 공식 언급 중의 하나인데, 대개 예상할 수 있듯이 전에 본 적이 없는 이 새로운 병이 불경함에 대한 신의 처벌이라고 주장했다. 피렌체에서 묵시론적인 설교를 하던 도미니칸 수사 사보나롤라 역시 매독이 말세의 징표라고 주장했다. 당대 사람들 모두 이 병은 이전에는 없었던 새로운 병이고 전염성이며 섹스와 관련이 있다는 사실을 파악했다.

매독은 곧 유럽 전역으로 퍼졌다. 1495년 말 프랑스, 스위스, 독일에서 커다란 공포를 불러일으킨 이 병은 1500년까지는 덴마크, 스웨덴, 네덜란드, 영국, 스코틀랜드, 헝가리, 그리스, 폴란드, 러시아로 전파되었다. 그리고는 대항해

시대에 걸맞게 선원과 군인에 의해 지구 곳곳으로 매독이 퍼져 갔다. 1520년경에는 아프리카 북쪽과 남쪽, 중동, 그리고 중국의 해안에 상륙했고 곧 일본에 들어갔다. 급기야 시베리아, 오스트레일리아, 오세아니아 같은 오지에까지 이 병이 완전히 퍼졌다. 아마도 이처럼 빠른 속도로 병이 퍼진 것은 극히 드문 사례일 것이다. 이 병과 관련된 유명한 사실 중의 하나는 병의 기원을 늘 다른 지역으로 돌리려 했다는 것이다. 프랑스에서는 이탈리아 병, 이탈리아 · 독일 · 영국에서는 프랑스 병, 네덜란드에서는 에스파냐 병, 포르투갈에서는 카스티야 병, 러시아에서는 폴란드 병, 터키에서는 기독교병, 일본에서는 포르투갈 병 혹은 중국병이라고 불렀다. 그야말로 역사상 가장 남에게 미루고 싶은 병이라 할 만하다.[48] 이런 별칭이 아니라 정식 병명으로서 가장 공통적인 이름은 대발진(great pox)인데 이는 전형적인 초기 증상인 발진 때문이었다.

이 병의 가장 큰 논란거리는 과연 이 병이 어디에서 기원했는가이다. 특히 알려진 첫 발병 시기가 콜럼버스의 귀환 직후인 1490년대라는 점 때문에 신대륙의 질병이 유입된 것인지가 뜨거운 논쟁거리였다. 이 문제에 대해서는 현재까지도 치열한 논란이 지속되고 있으며 명확한 답을 내리지 못하는 형편이다. 이에 대해서 현재 세 가지 가설이 제기되었다(Baker and Armelagos 1988: 703-704).

가설 1: '콜럼버스 교환설'이라 불리며, 크로스비가 대표적인 주창자이다. 매독은 아메리카에서 기원한 병으로서 1493년에 콜럼버스의 승무원들에 의해 유럽에 들어왔다고 주장한다.

가설 2: 매독은 콜럼버스 이전에 원래 유럽에 존재했던 병이며, 나병(leprosy)과 너무나 유사하여 서로 구분되지 않았다가 1490년대 가서야 이것이 별개의 병이라는 것이 인식되었다고 보는 설이다.

가설 3: 일원론적 가설(unitarian hypothesis)이라 부를 수 있는 이 설은 콜럼

48) 우리나라에는 16세기 초 중국에서 이 병이 들어온 듯한데, 당시에는 양매창(楊梅瘡)이라는 이름으로 불렸다(카렌 2001: 353).

버스 시대에 매독의 보급인자는 구대륙과 신대륙 모두에 존재했으나 지역마다 다른 병으로 나타났다고 설명한다. 이 주장에 따르면 핀타(pinta), 요즈(yaws), 비(非)성병 매독(non-venereal syphilis), 성병 매독(venereal syphilis)의 네 가지 병이 모두 트레포네마 팔리덤(Treponema pallidum)이라는 균에 의해 일어나는 병이라는 것이다.

이 가운데 어느 것이 타당한지 현재로서는 단정할 수 없는 형편이다. 의학사가들은 신대륙과 구대륙 각 지역에서 지난 시대의 사체를 찾아 부검까지 하며 이 병의 기원을 규명하려고 하지만 최종적인 결론은 아직 내리지 못했다. 사실 구체적인 증거가 파악되기 이전 시대에 얼마나 오랫동안 이 병이 존재했는지 알 수가 없다는 것이 이런 문제의 어려움이다. 예컨대 후천성 면역결핍증(AIDS)의 경우를 보더라도 세인트루이스의 한 10대 소년이 1969년에 의문의 죽음을 당하고 난 후 보관된 그의 사체 조직에서 뒤늦게 이 병의 바이러스를 확인하였다. 그 후 이 병의 기원에 대해서 아프리카의 원숭이, 아이티인들, 남성 동성애자, 구소련과 미국의 생물학무기 실험실 등 여러 가설들이 제기되었다. 이처럼 현대의 질병에 대해서도 병의 기원을 찾는 것은 매우 힘든 문제이다. 하물며 수백 년 전의 질병의 기원에 대해서는 말할 나위가 없다. 이런 모든 난점을 감안한 후 베이커는 가장 가능성이 높은 가설로 '콜럼버스 교환설'을 지지한다(Baker and Armelagos 1988: 720). 이 병은 세계적인 생물학적 교환의 중요한 한 사례임에 틀림없으나, 아직까지 최종적인 답은 없는 난제로 남아 있다.[49]

5) 질병의 세계화

대항해시대에 세계적인 전염병의 확산으로부터 자유로운 곳은 거의 없었다.

49) 정작 이 설을 강하게 주장했던 크로스비는 그의 『콜럼버스가 바꾼 세계』의 재판을 내면서 2003년판 서문에서 자신이 매독의 사례를 지나치게 과장했으며 이것이 '신대륙의 복수'라는 식의 비유를 든 것이 잘못이라고 했다. '복수'라고 할 만한 것이 있다면 차라리 담배였다는 것이다(크로스비 2006: 21-24).

인간의 이동은 곧 병원균의 새로운 이동을 의미했고 새로운 전염병의 확산을 초래했다. 그 가운데 특히 흥미로운 몇 가지 사례를 살펴보자.

아프리카가 원산지로서 신대륙을 거쳐 세계로 퍼져 간 질병으로는 황열병과 말라리아가 있다. 두 병은 모두 모기에 의해 옮겨졌으나, 구체적인 전파 과정은 달랐다(하마다 아쓰오 2004: 65-66, 74-75; 카렌 2001: 165, 168).

황열병 바이러스를 옮기는 모기는 열대숲모기(Aedes aegypti)라 불리는 종이었다. 황열병은 급성 감염증이어서 이 병에 걸린 사람이 감염 상태로 대서양을 건너 병을 퍼뜨린다는 것은 불가능했다. 따라서 병원균의 매개체인 모기가 대서양을 넘어 병을 전한 것으로 생각된다. 이 모기는 깨끗한 물이 아니라 물통 속의 고인 물에서도 살아남을 수 있기 때문에 병원균을 보유한 채 세대 교체를 하면서 선박을 통해 대서양을 건널 수 있었을 것이다. 그 후 이 바이러스는 신대륙의 원숭이들에게서 먼저 서식처를 발견했다. 이 병은 매개체가 있는 곳마다 그리고 온도가 22도 이상 되는 곳마다 생존이 가능했다. 아프리카에서는 황열병이 풍토병으로 자리잡았기 때문에 사람들이 이 병에 대해 면역력을 가졌으나, 신대륙에서는 백인이나 인디언 모두 이 병에 취약했다. 흥미로운 점은 흑인들도 신대륙에서 태어난 사람들은 이 병에 대한 면역력을 가지지 못했다는 점이다. 이 병의 별명인 '노란 깃발(yellow jack)'은 원래 배에 열병 환자가 있다는 표시로 올린 노란색 깃발에서 유래한 것이다. 대양을 항해하던 배에서 이 병에 걸린 환자가 한 명 나타나면 심지어 그 배에 탔던 사람들 전원이 병사하여 유령선처럼 된 빈 배가 바다를 떠도는 일도 종종 있을 만큼 이 병의 증세는 심각하고 또 대책이 없었다. 이런 병이 신대륙의 여러 지역을 강타하면서 심각한 충격을 주었다. 벤자민 러시(Benjamin Rush)의 말에 의하면 "악수를 하는 오랜 풍습이 사라졌고 많은 이들은 손만 내밀어도 모욕을 당했다고 생각한다." 이 병의 유행은 한때 뉴욕과 보스턴을 마비시킬 정도였다.

이에 비해 말라리아는 모기가 아니라 환자 자신이 노예선을 타고 신대륙에 들어와서 퍼뜨린 것으로 보인다. 황열병을 옮기는 열대숲모기와 달리 학질모기

(Anopheles gambiae)는 깨끗한 물이 아니면 부화되지 않으므로 이 모기가 대서양을 건너기는 불가능하기 때문이다. 그 대신 이 병은 감염 상태가 만성적으로 지속되므로 환자가 감염된 상태 그대로 대서양을 건너 신대륙에 병원균을 퍼뜨리는 것이 가능했을 것이다. 수경 벼농사나 화전은 이 병이 퍼지는 데에 이상적 환경을 만들어 주었다. 이 병 역시 대단히 넓은 지역으로 퍼져가서, 라틴아메리카로부터 미시시피 계곡을 거쳐 뉴잉글랜드까지 덮쳤다. 말라리아는 흑인 노예들의 아메리카 유입과 깊은 관련을 가진 병이다.50 노예주들은 막연히 흑인들이 열대 농장에서 일을 하는 데에 더 알맞은 '인종'이라고 믿었는데, 물론 이런 주장은 인종과는 전혀 무관한 문제이지만 결과적으로는 일리가 있는 말이 되었다. 아프리카 출신 흑인 노예들은 어릴 때부터 원충에 노출되어 생긴 겸상적혈구(鎌狀赤血球, sickle cell) 형질을 가지고 있어서 말라리아에 강했기 때문이다(Curtin 1968: 207). 특기할 점은 아메리카에서 태어난 흑인들은 그렇지 못했기 때문에 말라리아로부터 안전하지 않았고 따라서 이 병의 희생자가 되었다는 점이다. 백인들이 말라리아와 황열병으로 인해 큰 피해를 입은 반면 흑인들의 피해가 훨씬 작았다는 사실은 서인도제도에 노동력 제공원으로 흑인들이 대거 들어오게 되는 중요한 요인이 되었다(Guerra 1966: 23-35). 이것은 면역의 문제이지 인종과는 무관하지만 유럽인들은 이것을 곧 인종주의와 연관지어 막연하게 흑인들이 열대 지역의 노동에 알맞은 인종이라는 식의 이데올로기를 만들었고, 이에 대한 반대 심리로서 그들 자신은 열대 지역에 대한 공포심을 키웠다(Kuppermann 1984: 212-240). 사실 말라리아를 '세계화' 한 것은 유럽인들이었지만 정작 그들 자신은 책임을 흑인들에게 돌렸다. 유럽인들은 원주민들 마을 1마일 내에 집을 짓지 말고, 원주민 아이들을 절대 집에 들여놓지 말라는 식의 충고를 받았다. 아무런 근거는 없지만 성인들보다는 아이들 피 속에

50) 노예무역의 확대와 함께 말라리아가 북아메리카까지 확산된 데 대해서는 Rutman(1976: 31-60)을 보라.

말라리아 원충이 더 많으리라고 믿었던 것이다. 유럽인이 진출한 세계 전역에서 아파르트헤이트(인종 분리) 정책을 편 데에는 여러 이유를 들 수 있겠으나 그 가운데 중요한 요소 중 하나는 강한 위생 의식, 그중에서도 특히 말라리아에 대한 공포심이었다(홉하우스 1997: 37-38).

시간이 지나면서 신대륙에 정착한 병원균들은 이제 그들의 조상과는 특성이 다른 균주들로 진화했다. 원래 같은 병원균에서 유래한 병이라도 이곳에서는 병세가 다르게 되었고 그에 대한 사람들의 면역 체계 역시 달라졌다. 이에 따른 특이한 현상이 나타났다. 예컨대 영국의 옥스퍼드 대학이나 케임브리지 대학으로 유학을 떠난 부유한 미국 청년들이 구대륙의 천연두에 걸려 죽거나 곰보자국이 생겨 귀국했다. 천연두에 대한 두려움이 너무나 커서 이것이 미국 대학들 설립의 한 요인이 되었다고 할 정도였다. 흥미로운 점은 영국 유학을 마치고 다시 미국으로 돌아온 학생들이 이번에는 다시 신대륙의 미생물과 질병에 재적응해야 했다는 점이다. 이 비슷한 현상은 19세기 초에 아프리카로 돌아간 흑인 해방 노예들에게도 나타났다.

이런 모든 병들이 비교적 안전한 소아전염병이 된 것은 19세기의 일이다. 그동안 사람들이 새로운 병에 대한 면역체계를 발전시켜 나갔고 또 사회적 환경 면에서도 모든 인구 밀집성 질병을 풍토병으로 유지시킬 수 있을 만큼 도시 인구가 성장했기 때문이다.

그리하여 아메리카 대륙에서는 전염병의 충격이 어느 정도 완화되었지만, 세계의 다른 오지에서 새로운 전염병이 발발하는 현상이 재연되었다. 유럽인들이 시베리아를 횡단할 때 천연두와 인플루엔자 균이 전해졌고, 현지 여성들에게는 매독을 건네주었다. 18세기에 제임스 쿡 선장과 부하들이 폴리네시아를 방문했을 때에는 결핵을 옮겨서 큰 피해를 주었다. 1853년에 하와이에, 1874-1875년에 피지에 홍역이 전해졌을 때에는 현지민의 20% 정도가 이 병으로 죽었다(피지 제도의 인구 15만 명 중 4만 명이 사망했다).[51] 최근의 사례로는 1968년에 베네수엘라 북쪽 지방과 브라질의 경계에 위치한 야나모노 부족에 홍역이 전파된 사건을 들 수 있다. 이때에는 현대 의학의 도움에도 불구하고 사망률이 10%에 달했다(Livi-Bacci 1989: 55).

사실 새로운 전염병의 발발은 지금도 일어나는 현재 진행형의 일이다. 현재 가장 문제가 되는 것 중 하나는 아시아 조류독감이다. 이 병은 동남아시아에서 수천만 마리의 조류를 죽이고 사람도 감염시켜 수십 명이 사망했다. 그런데 최근 과학자들의 연구에 의하면 1918-1919년 세계를 휩쓸어 5,000만 명의 생명을 앗아간 스페인독감 바이러스의 유전자 해독 결과 이것이 현재 아시아 조류독감과 거의 완전히 일치하는 것으로 판명났다. 스페인독감 바이러스는 결국 '사람에게 적응된 조류독감' 이었다고 결론이 내려졌다.[52] 조류독감 병원균은 원래 조류 사이에서 생명 사이클을 이루고 있다. 문제는 이 사이클이 사람을 포함시키는 경우 — 변이유전자에 의해 인간 숙주에 적응할 수 있게 된 경우 — 사람은 그에 대해 전혀 면역력을 갖추지 못한 상태에서 극심한 피해를 입을 수 있다는 점이다.

결론: 고독하고 잔인한 괴물?

해상 팽창은 환경 차원에서 판도라의 상자를 연 것이나 다름없다. 각 지역에서 따로 진화해 가던 생물들이 일시에 서로 조우하면서 자연 환경에는 더 이상 돌이킬 수 없는 변화가 가속적으로 일어났다. 각종 병원균의 이동은 때로 수많은 사람들을 죽음으로 몰아넣었고, 낯선 동식물들이 들어와 퍼져 갔다. 외부 생물종의 확산만이 아니라 기존의 생물종들도 갑작스러운 변화로 인해 때로는 급격한 개체 수 증가가 일어나기도 하고 때로는 멸종당하기도 했다. 전 지구적으로 거대한 생태 환경의 변화가 일어난 것이야말로 근대에 일어난 가장 중요한

51) 특히 하와이에 대한 연구로는 Stannard(1990)를 참조할 것.

52) 『의협신문』 인터넷 판 2005년 10월 6일 자.

변화라고 할 수도 있다.

이런 환경의 변화는 전 세계에 균질한 영향을 미쳤을까?

분명 그렇지 않았다는 느낌을 받는다. 크로스비의 이론이 어느 정도 보편적으로 적용될 수 있는지 현재로서 단정지을 수는 없으나 현상적으로 구대륙보다 신대륙(아메리카와 호주, 뉴질랜드 등)에서 생태학적 변화가 대규모로 일어난 것은 분명해 보인다. 그리고 그렇게 큰 변화 혹은 피해의 이면에는 자연 현상 그 자체의 힘만이 아니라 인간의 힘이 함께 작동한 것으로 해석해야 할 것이다. 전염병의 피해에 대해 다시 생각해 보자. 우리는 콜럼버스 이후 구대륙의 전염병이 신대륙으로 들어가서 엄청난 피해를 입힌 사실을 확인하였다. 그러나 이것이 순전히 병원균만의 일로 해석할 수는 없다. 당시 전염병이 매우 높은 치사율을 보인 것은 사실이지만 이 자체로 모든 것을 설명하는 것은 무리이다. 별도의 간섭이 없다면 인구는 원래의 수준을 회복했을 것이다. 유럽에서 14-15세기에 흑사병으로 인해 인구의 1/3이 감소했지만 머지않아 원래의 인구 수준으로 되돌아간 것이 그 점을 말해 준다. 가정이지만, 흑사병과 함께 칭기즈칸의 군대가 들이닥쳤다면 유럽에는 어떤 일이 일어났을까? 아마도 유럽인구는 궤멸하고 문명이 붕괴되었을 것이다(크로스비 2006: 27-28). 아메리카 인디언들에게 닥친 운명이 바로 이와 같은 사태였다. 전염병의 가공할 피해와 인간의 잔혹한 탄압이 서로 상승 작용을 불러일으켰던 것이다.

유럽은 한편으로 전 지구적 생태 환경의 변화를 초래했고, 다른 한편으로 그 변화를 이용하여 자신의 힘을 배가시켰다. 유럽은 자신의 내부 지역에서 구하기 힘든 자원을 외부 대륙에서 조달하였다. 유럽의 삼림 자원이 고갈되어 심각한 자원 부족 위기에 직면했을 때 아메리카 대륙에서 목재를 수입한 사실을 언급하였다. 철과 플라스틱 및 기타 다양한 물질들이 일반화된 오늘날의 관점에서는 그 의미를 파악하기 힘들지만, 사람들이 접하는 거의 모든 물건들이 나무로 되어 있고 동시에 가장 중요한 연료가 나무였던 그 당시에 목재는 실로 핵심적인 자원이었다.[53] 이런 상황에서 목재 부족은 오늘날의 석유 고갈과 같은 의미를 띠는 문제였던 것이다. 목탄 부족이 제철업의 위기를 가져왔고 이것이 석탄을 이용한 철강 생산 개발로 이어졌다는 점, 프랑스 혁명 전야에 농촌의 가장 빈번한 문제가 공유림의 이용과 관련된 문제였다는 점을 생각해 보라. 대서양을 넘으면서까지 목재를 실어간 이유가 여기에 있었던 것이다. 목재를 하나의 사례로 들었지만, 사실 유럽은 심각한 자원 부족 문제, 혹은 더 일반적으로 표현해서 '생태계의 한계에 봉착한 문제'를 외부에서 해결했다. 설탕, 염료, 직물, 목재 등은 모두 막대한 인력과 동시에 생태적 요소가 투입되어야 하는 물품들이다. 이것을 해외에서 조달한다는 것은 유럽이 직면했던 생태 문제의 부담을 외부 사회에 전가시킴으로써 해결한 셈이다. 포머란츠(Pomeranz 2000)는 유럽에서 산업혁명이 가능했던 중요한 요인 중 하나를 여기에서 찾는다.

이렇게 보면 유럽의 산업화는 해외 생태계의 파괴 위에 건설되었다고 할 수 있다. 무리한 자원 개발은 심각한 생태계 위기를 초래할 수 있다. 섬과 같은 작은 생태계는 심지어 기후마저 바뀌기도 했다(Grove 1995: 114). 이런 일들이 흔히 전 세계 주민들의 삶을 피폐하게 만들다 못해 아예 삶의 기반을 파괴하곤 했다. 서구 문명의 침투에 대한 저항이 흔히 '어머니인 자연'의 파괴에 대한 고발로 이어지는 것도 자연스러운 귀결이다.

잉카 문명의 후예인 올란타이탐보는 「세계 인민에게 드리는 선언문」에서 서구 문명의 공격성을 이렇게 비판하였다.

> 서구 문명은 다른 문명에 비해 우월하기 때문이 아니라 가공할 정도로 공격적이기 때문에 우리에게 강요되었다. [⋯] 서구 문명은 비인간화되고 자연법에 어긋나는 사회들을 낳았을 뿐 아니라, 주변 환경, 강, 바다를 오염시키고 숲을 없애고 사람이 살아가는 데에 필요한 자원을 희소화시킴으로써 우리가 살아가는 지구의 큰 부분을 파괴했다. [⋯] 그 결과 서구 문명은 고독하고 잔인한 괴물을 만들어 냈다.(Métraux 1983: 178-180)

53) 목재를 태워서 가공한 각종 목회(木灰) 상품들(ash, potash, Wedasche)의 중요성도 간과해서는 안 된다. 이 상품들은 표백, 염색, 유리, 가죽 등 각종 산업에 필수품이었다.

이처럼 문명 비판론적인 성격을 띠는 환경론자들의 주장은 분명 귀담아 들을 내용이 있지만, 그렇다고 그들의 과거회귀적인 주장이 환경 문제를 해결하는 방안이 될 수 있는지는 의심스럽다. 이들이 제시하는 전통적인 아이유(ayllu) 공동체 같은 것이 대안이 될 수 있을까? 자연 친화적인 소규모 공동체에서 가난하지만 평화로운 삶을 살아간다는 것은 설사 이상적인 측면이 있다고 해도 현대 사회에서는 실현이 거의 불가능해 보이며, 따라서 그 모델을 곧바로 현대 사회에 적용할 수는 없다.

자연 보호 개념에 대해서도 한 번 더 생각해 볼 점이 있다. 이와 관련된 가장 유명한 문건 중의 하나는 1854년 스쿼미시 부족의 시애틀 추장이 미국 대통령에게 보낸 편지로서, 이는 백인 정착자들이 인디언과 북아메리카 대륙의 자연 환경을 어떻게 다루었는지에 대해 항의한 내용이다.

> 짐승이 없다면 인간은 무엇입니까? 모든 짐승이 사라진다면 인간은 영혼의 외로움으로 죽어갈 것입니다. 짐승에게 일어난 일은 인간에게도 일어나기 때문이지요. 우리가 자녀에게 가르쳤던 것을 당신의 자녀들에게도 가르치십시오. 땅은 그들이 어머니라고. 땅의 운명은 땅의 자손의 운명이 될 것입니다. 지구가 인간에게 속한 것이 아니라 인간이 지구에 속한 것입니다. 인간은 생명의 거미줄을 짜는 것이 아니라 그것을 지탱하고 있을 뿐입니다. 거미줄에게 가하는 일은 자신에게 가하는 일입니다.(폰팅 1996: 239)

그런데 이 감명 깊은 서한이 사실은 백인의 손을 탄 글이라는 사실은 그리 널리 알려지지 않았다(Krech III, 1999). 사실 인디언들은 자연을 '보호'한다는 개념조차 필요 없었던 사람들이다. 사회가 '인위적인' 노력을 기울임으로써 자연을 '자연답게' 보호한다는 것이야말로 어쩌면 가장 서구적인 개념인 것이다(Grove 1995: Ch. 7). 더구나 자연 환경을 '보호'하는 정도를 넘어 '개선'시킨다는 오만한 태도가 오히려 자연 환경을 파괴하는 일도 일어났다.[54] 자연 환경

54) 예를 들면 호주에서 자연에 대한 엔지니어링(engineering)을 통해 황무지를 옥토로 만든다는 의도에서 가뜩이나 부족한 물을 뿌린 결과 염분화가 크게 진척되는 결과가 초래되었다. 이와 유사한 것으로

에 대한 개념, 정책, 그와 관련된 갖가지 작용과 부작용까지도 서구의 영향 아래 살고 있는 것이 근대 사회의 냉정한 현실이다.

오늘날 인류가 풀어야 할 가장 긴급하고도 심각한 현안으로 떠오른 생태 환경 문제는 500년 전에 세계 각 문명이 바다를 통해 서로 소통하기 시작한 때부터 본격적으로 나타난 문제이다. 자연 환경을 원래 있는 그대로 보존(preservation)하는 것이 옳은가, 혹은 인간이 그 속에서 살며 이용하는 가운데 보호(conservation)하는 것이 옳은가, 과학 기술의 힘을 이용하여 개선시키는 것이 옳은가? 이는 실로 답하기 어려운 문제이다. 넓은 역사적 안목에서 이 문제를 보면, 곧바로 답을 찾을 수는 없다 하더라도 적어도 문제의 성격이 무엇인지 파악하는 데에는 도움이 될 것이다.

서 '풍토적응협회(Acclimatization Societies)'가 만들어져서 호주에서 영국으로 까치를 보내고, 영국에서 호주로 나이팅게일을 보내는 식의 일을 했지만 결과는 대개 실패로 끝나거나, 더 나쁘게는 예기치 않은 재앙을 낳기도 했다(Rolls 1997: 41).

제8장

기독교의 충격:
사회의 위기와 의식의 위기

근대 유럽 문명은 곧 기독교 문명이다. 근대 초 유럽인들의 해외 팽창 역시 기독교 세계의 확대라고 해도 과언이 아니다. 해상 팽창의 전위에 있던 유럽 국가들은 기독교 전도를 가장 중요한 목표로 내세우곤 했고, 자신들의 사업이 곧 신의 부름에 응답하는 것이라고 확신했다. 다른 문명권 사람들에 대한 정치적 · 군사적 혹은 경제적 정복은 — 멕시코에서 전도하던 신부들의 표현을 그대로 따른다면 — '영혼의 정복'과 떼려야 뗄 수 없는 관계에 있었다. 근대 세계에서 여러 문명이 서로 만나고 교류하며 충돌하면서 일어난 여러 현상 가운데 가장 중요한 요소의 하나는 바로 기독교 전도와 그것이 가져온 엄청난 충격이라 하지 않을 수 없다.

이번 장에서 다루고자 하는 내용이 기독교 전도의 역사는 아니다. 그보다는 기독교라는 외부의 종교 문화를 맞이한 여러 사회가 어떤 위기를 맞이했으며 어떤 대응을 하였는가, 그 결과는 어떻게 나타났는가를 보려는 것이다. 그동안 연구자들은 흔히 '선교사' 측의 입장에서 '전도'의 문제만을 보려고 했으며 그 결과 '피전도자(missionized)'의 목소리를 듣기 힘들다는 비판을 받곤 했다.[1] 또 최근의 연구들은 유럽이 언제나 자기 문화 요소들을 강요하기만 하고 비유럽인들은 그것을 수용하느냐 마느냐의 선택을 강요당하기만 했던 것은 아니며, 실상은 훨씬 더 심층적이고 복합적이라는 점을 강조한다. 오히려 기독교가 현지 문화 요소들을 흡수하는 현상도 많았다는 것이다.[2]

---

1) 이 점을 비판한 가장 대표적인 연구서로는 Wachtel(1971)을 들 수 있다.

2) 스티븐 캐플란(Steven Kaplan)은 기독교가 상이한 현지 문화와 마주쳤을 때 그 사이에서 어떤 관계가 형성될 수 있는가에 대해서 여섯 가지의 유형으로 나누어 정리한 바 있다. 이런 정리에 대해서 많은 비판이 이루어질 수 있지만 우선 우리의 연구를 위해 참고해 볼 수 있을 것이다.

한 가지 사전에 밝힐 점은 기독교 전파가 이 장의 주제라고 하지만 개신교보다는 가톨릭에 더 많은 부분이 할애되리라는 점이다. 그 이유는 사실 단순하다. 우리가 조명하려는 시대에 유럽 바깥으로 활발하게 나아간 쪽이 가톨릭이기 때문이다. 개신교 측의 전도 활동은 이 책이 다루는 시기의 후반 이후의 일이다.[3]

전 세계적으로 전도의 양상 및 결과는 천차만별이었다. 기독교 개종이 많이 된 지역으로는 라틴아메리카, 필리핀 등을 들 수 있고, 그렇지 않은 지역으로는 인도, 중국, 일본, 동남아시아, 중동 지역을 들 수 있다. 기독교 개종 과정에서도 라틴아메리카와 필리핀에서는 정치적 · 군사적 정복이 중요한 요인으로 작용했지만 다른 지역에서는 그렇지 않았다. 영국이 인도를 지배했어도 기독교 개종은 별로 이루어지지 않았던 점, 또 유럽의 식민지 지배를 받은 아프리카의 여러 지역들 간에도 기독교 전도의 양태가 아주 다양했던 점도 고려해야 할 요소이다. 기독교 수용의 결과를 보더라도 라틴아메리카와 필리핀은 기독교화가 문명과 사회의 기본 구조를 변화시킬 정도로 영향이 컸던 데 비해

- toleration: 기존 관습을 할 수 없이 인정하는 것으로서 예컨대 일부다처제를 용인하는 것.
- translation: 기독교의 이념과 관념 등을 해당 문화의 것으로 바꾸어 이해하는 것. 예컨대 성령의 개념을 '지방 재판소의 관리' 에 비교하여 이해하는 것.
- assimilation: 비기독교 요소를 기독교 의식 속에 차용하는 것. 예컨대 아프리카 장례 절차 중 일부를 수용하는 것.
- Christianization: 현지의 의식과 관례 등을 기독교 식으로 재창조하는 것. 예컨대 성인식을 기독교 내로 들여와 이용하는 것.
- acculturation: 기존 관습이 기독교 가치에 맞다고 판단되는 경우 이를 보존하는 것. 예컨대 아프리카 공동체 문화를 보존하는 것.
- incorporation: 외래의 개념을 기독교에 포함시켜서 기독교 자체를 넓히는 것; 해방신학에 이런 경향이 있다고 이야기된다.

3) 지금까지 개신교도들은 초기에 해외 전도에 큰 관심이 없었다고 생각해 왔지만, 전혀 없었던 것은 아니다. 예를 들어 인도의 탕크바르에 루터파가 선교 사업을 수행하고 이를 덴마크 왕 프레데릭 4세가 후원한 사례가 있고, 네덜란드인들이 대만과 스리랑카의 일부 주민들을 개신교로 포교한 사례도 있다. 이 문제에 대해서는 앞으로 더 많은 연구가 필요하다(Benz 1954: 28-29).

사하라 이남 아프리카는 그런 식의 급격한 재구조화가 이루어지지는 않았고 다만 종교적 믿음, 행태, 예배의 양식 등에서만 변화가 있었다. 기독교와 접하고 난 후 어떤 곳에서는 기독교적 시간관, 역사관, 구원관 등이 수용되었고, 어떤 곳에서는 구약과 신약의 내러티브를 수용하되 그것이 기독교화보다는 기존 신앙 체계의 재편으로 이어지기도 했으며, 또 어떤 곳에서는 기존 신앙 체계가 기독교의 침투에 대해 대단히 완강하게 저항하기도 했다(Kaplan 1995: 1–4).[4] 이처럼 완전한 변형으로부터 완전한 거부 사이에 넓은 스펙트럼이 존재한다.

여기에서 강조하려는 바는 기독교 전도는 단지 믿음의 문제만이 아니라 일부일처제로부터 서구식 의상에 이르기까지 유럽 문화의 여러 요소들과 어우러져서 전해진다는 점이다. 이런 것들이 해당 지역의 문화 요소들과 충돌하리라는 것은 쉽게 짐작할 수 있다. 이때 유럽인들은 흔히 자신이 옳다고 확신하는 유럽의 문화 요소들을 강요하게 마련이었다. 예컨대 일부다처제(polygamy)는 대개 선교사들이 용납하기 힘든 요소로 간주하여 억압하려고 했으며, 이 때문에 유럽의 종교가 자기중심적이고 오만한 자세를 보이기 십상이었다.[5]

이처럼 종교 문제는 단선적이고 일면적인 접근을 불허한다. 이런 점들을 염두에 두고 이 장에서는 '기독교의 전도'라는 좁은 관점이 아니라 광범위한 문화 교류의 흐름 속에서 상이한 종교 문화가 어떻게 접촉하고 충돌하는지를 보고자 한다.

4) 우리나라의 경우도 흥미로운 사례이다. 한국의 종교 문화는 구한말까지 유교, 불교, 정령숭배 등 여러 요소들의 중층다원적 조화를 이루고 있었다가 서구 기독교의 유입에 의해 큰 충격을 받게 되었다. 이것은 단지 새로운 종교가 하나 더 유입되는 데 그친 것이 아니라 우리의 종교 일반에 큰 영향을 미쳤던 것으로 보인다. 김종서 교수의 정리대로 이제 한국 종교는 기독교라는 완전히 색다른 경험을 하고 난 다음에 새로운 종교의 가능성이 열렸으며, 그 결과 최재우의 동학, 혹은 스스로 상제임을 주장하는 증산교 등의 새로운 종교 현상이 나타나게 된다(김종서 2001: 246).

5) 특히 아프리카에서 가톨릭 교리에 저항하게 된 요소 중의 하나가 혼수(嫂婚, levirate, 과부가 죽은 남편의 형제 중 하나와 결혼하는 것) 문제였다. 죽은 형제의 과부를 남은 형제들이 돌봐주되 그 대신 섹스가 가능한 것이 동아프리카의 관습이었다. cf. Kirwen(1979). 이를 두고 아프리카의 원시적인 풍습이라고 할지 모르지만 사실은 유럽에서도 유사한 사례가 없지 않다. 스파르타와 베네치아의 귀족들 역시 일처다부(一妻多夫, polyandry)의 관습이 있었다(Jones 2006: 34, 37).

1. 유럽의 전도 방식

우선 유럽인들이 근대 초에 어떤 자세로 해외 선교에 임했는가를 보도록 하자.

1) 포르투갈과 에스파냐

유럽의 기독교 전파는 많은 경우 칼끝으로 이루어졌다.[6] 유럽 대륙 내부든 외부든 간에 기독교 전파의 역사는 정복의 역사였다. 서유럽 중심부로부터 유럽 변방 지역 그리고 그 너머로 지배권이 확대되는 과정은 우선 무력으로 정복하고 그 다음에 기독교를 강요하는 방식이었다. 샤를마뉴의 지배를 받은 작센족, 독일 기사단들의 공격을 받았던 동유럽의 발트족이 모두 이런 식으로 기독교 문명권으로 흡수되었다.

칼과 십자가의 결합을 가장 잘 나타내는 말이 '십자군'일 것이다. 기독교 신앙을 지키고 확대하기 위해 칼을 휘두르다가 죽은 자는 곧바로 천국으로 가리

6) 이는 실론의 예수회 신부가 한 말이다: "all agree on one thing that the Portuguese made their converts at the point of the sword."(Boxer 1965: 77)

라는 교황의 축복 아래 십자군들은 종교적 확신 속에서 무력을 휘둘렀다. 가장 대표적인 사례는 11-14세기에 예루살렘의 예수 성묘를 찾기 위해 이슬람권을 공격한 사건으로서, 이것이 우리가 통상 '십자군'이라고 지칭하는 현상이다. 그러나 이것만이 유일한 십자군 운동은 아니다. 예컨대 8세기에 이슬람 세력의 지배하에 들어간 이베리아반도를 공격하여 기독교권으로 회복하겠다는 레콩키스타(Reconquista) 역시 같은 성격의 운동이다. 성스러운 칼끝은 '외부' 만이 아니라 '내부' 로도 향했다. 알비 파, 후스 파와 같이 이단 판정을 받은 집단들 역시 십자군에 의해 가차없이 진압당하고 죽음을 맞이했다(Black 2004: 74). 이렇게 보면 중세 유럽 사회에서는 동서 방향 모두, 또 유럽 내외로 모두 기독교의 이름으로 칼을 휘두르는 상태에 있었던 셈이다. 이 연장선상에서 근대 초에 세계 각지로 나아가는 전도 사업에 피 냄새가 묻어 있는 것 역시 자연스러운 일이었다.

포르투갈이나 에스파냐 같은 가톨릭 국가의 해외 팽창 사업은 흔히 교황으로부터 십자군으로 인정받는 칙서(Rex regum)를 받았다. 예컨대 1415년의 세우타 공략은 요한 22세로부터 인둘겐티아(Indulgentia, 과거에는 면죄부라고 번역했던 용어이다) 칙서를 받음으로써 공식적으로 십자군이 되었다. 7월 28일에 포르투갈 함대가 라고스 항을 떠날 때 국왕 고해 사제가 교황칙서를 읽고 그에 따라 병사들 전체가 집단으로 죄의 사면(absolution)을 받았다. 다음 교황인 마르티누스 5세 역시 '무어인'을 공격하는 병사 그리고 여기에 비용을 부담하는 모든 사람들에게 인둘겐티아를 허락한다는 칙서를 발표했다. 이는 앞으로 계속 발행될 십자군 칙서의 모델이 되었다(de Witte 1958: 687-690, 702). 이런 식으로 유럽인의 군사적 공격은 종교적 성격을 띠고 선교는 군사적 성격을 띠게 되었다. 예를 들어 1434년에 카나리아 제도를 공격하여 점령한 포르투갈인들은 그들의 행위가 전도 및 문명화 사업이라고 주장하고 곧 400여 명의 사람에게 세례를 주었다. 이를 피한 나머지 주민들은 산으로 도망갔다. 그러나 포르투갈인들은 보급이 바닥나자 곧바로 자신들이 세례를 해 준 주민들을 공격하고 약탈했다. 이런 식의 모순에 찬 전도-정복은 이후 아시아와 아메리카에서도 반복되었다.

기독교와 무력이 연관된 이 시대의 해외 전도 사업은 자연히 국가와 연결된다는 특징을 띠었다. 이 시대 유럽의 해외 팽창이 국가가 주도하는 사업이었고, 또 기독교가 국가 이데올로기로서 작동한다는 점을 볼 때 국가 주도 혹은 국가 후원의 해외 전도는 당연한 귀결이었다. 그 결과 해외 팽창에 앞장선 국가들이 곧 해외 전도의 주역이 되었다. 이 현상이 특히 현저하게 드러나는 사례로 이베리아반도의 두 국가인 포르투갈과 에스파냐를 들 수 있다.[7]

우선 그 전면에 있던 포르투갈을 살펴보도록 하자.

포르투갈은 세속적 정복과 종교적 전도가 결합된 전형적인 사례이다. 디오구 두 코투(Diogo do Couto)라는 연대기 작가가 1612년에 한 말을 그대로 옮기자면 "포르투갈 국왕은 언제나 동방의 정복에 대해서 영적인 힘과 세속적인 힘 두 가지를 결합하려는 목표를 가지고 있었으며, 이 가운데 한 가지는 다른 것 없이는 행사할 수 없다."(Boxer 1965: 77) 포르투갈인들에게는 자신들의 해외 사업이 이방인들을 올바른 신앙의 품으로 인도하리라는 의식이 강했다. 그리하여

---

7) 이베리아반도는 8세기 초에 아프리카 북단으로부터 들어온 이슬람 세력에 의해 지배되었다가 오랜 기간을 거쳐 기독교 기사들이 이슬람 세력을 몰아내고 기독교권을 '회복'하는 소위 레콩키스타(Reconquista) 운동을 겪었다. 칼로 기독교를 지킨다는 의식은 이 지역의 역사에서 자연스럽게 성장해 갔던 것이다. 그래서 이 두 나라가 해외로 나아갈 때 무력과 종교가 강하게 연결된 것도 이런 맥락에서 이해할 수 있다.

'전도 국가(Alferes da Fé)' 혹은 '해외 교회의 보호자(Padroado Real, Royal Patronage of Church Overseas)'라는 개념을 소중히 여겼다(Boxer 1991: 231).

당시 교황청은 종교 개혁 시기인 이 당시 개신교의 성장에 대응해야 하는 초미의 문제, 그리고 터키에 대항하는 문제 등에 주력하느라고 해외 선교 사업은 포르투갈과 에스파냐에 거의 위임한 상태였다. 두 나라의 국왕은 교황으로부터 위임받은 이런 미션을 대단히 진지하게 받아들였다. 그 때문에 세속적인 힘, 다름 아닌 군사력과 선교가 맞물리는 경향이 더욱 강화되었다.

곧 각국 간의 치열한 선교 경쟁이 전개되었다. 해외 선교의 최전선에 포르투갈이 나가 있고, 이에 대해 에스파냐, 프랑스 등이 도전하는 양태가 벌어진 것이다. 중국, 인도, 아메리카 등지의 거대한 제국들을 자신의 힘으로 기독교화함으로써 자신의 영향하에 두려는 것은 '순수한' 의도와 '불순한' 의도가 뒤섞여 있었다고 하지 않을 수 없다. 그리하여 곳곳에서 전도의 주도권을 놓고 유럽 국가 간 충돌이 일어났다. 예컨대 1565년부터 필리핀에 에스파냐의 수사들이 도착했는데, 당시 필리핀은 중국과 일본 전도의 디딤돌로 간주되어 대단히 중요한 의미를 띠는 곳이었다. 에스파냐로서는 아시아 전도 사업에서 포르투갈의 독점을 더 이상 방관하지 않겠다는 의도를 노골적으로 드러낸 것이다.

이런 국제적 경쟁의 이면에는 교황청의 막후 조종이 작동하고 있었던 것으로 보인다. 사실 그동안 포르투갈이 교황청의 동의 아래 해외 전도에 앞장섰다고는 하지만 그것이 지나쳐서 이제는 교황청의 권위마저 깎는 듯한 인상을 주던 터라 교황청이 에스파냐의 사업에 힘을 실어 주기 시작했던 것이다. 1608년 교황 바오로 5세는 그동안 포르투갈에게 허락했던 아시아 전도의 독점을 철회하고 에스파냐의 탁발승단(Mendican Orders)의 전도 사업을 인정했다. 원래 포르투갈의 전도 사업은 전적으로 예수회에 맡겨져 있었다. 초기 해외 전도는 예수회가 주관하고 이를 포르투갈 정부가 뒤에서 후원하는 형태였다. 따라서 예수회 이외의 다른 교단들이 전도 사업에 나선다는 것은 곧 포르투갈의 '독점 체제'를 공격하는 의미였다.

그런데 얼마후 교황청은 포르투갈의 교회 보호(Padroada)만이 아니라 에스파냐의 교회 보호(Patronato) 역시 교황의 권위에 해롭다는 것을 인식하게 되었다. 그래서 이렇게 특정 국가의 힘을 빌려 전도 사업을 운영할 것이 아니라 전도 사업을 총괄하고 통제하는 교황청 산하 기관을 두고자 했다.[8] 동시에 이베리아 국가들의 독과점을 완화하기 위해 프랑스와 이탈리아의 교단들에게도 해외 선교에 나설 것을 부추겼다. 그 가운데 가장 중요한 단체 중의 하나는 프랑스의 파리 외방전교회(Société des Missions Etrangères de Paris)였다. 이들은 1658년에 창설된 후 교황과 포교성성(布敎聖省)의 승인을 받아 아시아로 선교사들을 파견했다(Boxer 1991: 232-236).[9]

포르투갈은 이에 대해 강력하게 저항했다. 국왕 주앙 4세가 고아(Goa) 대주교에 내린 명령은, 포르투갈 국왕의 허락을 받고 리스본에서 떠난 사람이 아닌 다른 전도사들은 결코 받아들이지 말라는 것이었다. 그런 자들은 체포해서 첫 번째 배편으로 유럽으로 되돌려 보내되, 그 사람의 '옷에 맞게'(다시 말해서 그 사람의 신분에 맞게) 점잖게 대하라는 내용이었다. 이처럼 포르투갈 국왕의 명령은 그나마 부드러운 측면도 없지 않으나 아시아 현지의 반응은 더 격렬했다. 고아 대주교 측에서 로마에 있는 추기경 오르시니에게 보낸 편지는 포르투갈에서 국왕의 허락을 받지 않고 오는 주교들을 공공장소에서 교수형에 처하겠다고 단언하는 내용이었다! 포르투갈 선교사들에 대한 다른 나라 선교사들의 반감도 만만치 않게 컸다. 루이 14세의 후원하에 선교 사업을 하던 장 드 퐁트네(Jean de Fonteney) 신부는 본국에서 더 많은 신부를 데려오기 위해 귀국하던 중에 에스파냐 출신의 아우구스투스 수사와 만나서 다음과 같은 대화를 나누었다.

8) 이것이 아래에서 설명하는 포교성성(布敎聖省, Propaganda Fide)이다.

9) 파리 외방전교회는 우리나라의 가톨릭 전도와도 깊은 관련이 있다. 1831년에 베이징의 브뤼기에르 주교가 조선 대목(代牧)으로 임명되었고, 1837년에 2대 대목인 앵베르 주교와 샤스탕 신부가 입국해서 1845년에 김대건 신부를 배출시켰다. 그러나 기해박해(1839)와 병인박해(1866) 당시 파리 외방전교회 소속 선교사 24명이 순교하였다. 이들과 한국인 순교자들의 기념비가 파리의 외방전교회 본부에 세워져 있다.

퐁트네: "나는 포르투갈 신부들을 모두 내쫓기 전에는 쉬지 않을 거요. 그리고 그 목적을 이루기 위해서 가능하면 많은 프랑스 예수회 신부들을 데리고 올 거요."
아우구스투스: "우리 역시 다른 나라[포르투갈] 국왕에게 속한 주교들에게는 결코 복종하지 않을 겁니다."(Boxer 1991: 236, 241)[10]

이런 상황을 보면 종교 문제를 세속 권력에게 맡긴다는 것이 얼마나 위험한 일인지 알 수 있다. 교황청이 스스로 해외 전도 문제를 담당하든지 적어도 그것을 잘 통제해야 한다는 생각을 하게 된 것도 무리는 아니다. 이런 의도에서 만들어진 대표적인 기관이 포교성성이었다.

2) 포교성성

포교성성은 공식적으로 1622년 6월 22일에 설립되었다.[11] 이 기관의 기원에 대해서는 여러 가지 설이 있다. 1613년 토마스 아 예수(Thomas à Jesu)의 책, 1588년 식스투스 5세의 교황청 재조직, 그레고리오 13세가 해외 식민지 지역과 유럽 내 신교도 지역 포교를 위해 설립한 추기경위원회, 1567년 방드빌(Vendeville)의 계획안 등이 자주 거론되는 요소들이다(Griffin 1930: 295). 아마도 이런 여러 흐름들이 상호 영향을 미치면서 서서히 진화한 결과로 포교성성이 설립되었다고 보아도 좋을 것이다. 그동안 여러 선교 사업 간 일이 중첩되고 갈등이 많았기 때문에 어떤 식으로든 종합적인 관리가 필요하다고 느낀 것은 분명하다.

10) 아래에서 자세히 보게 될 전례 논쟁 역시 이런 국제 간의 갈등과 관련이 있다. 포르투갈의 후원을 받는 예수회가 유교의 제사를 용인하자는 주장을 한 데 대해 에스파냐의 교단들이 강하게 비판하고 나선 것이다.

11) 모든 성(省, Congregationes)들은 추기경들과 약간의 주교들로 구성되어 있으며 다양한 행정 영역에 따라 고유한 임무들이 주어진다. 클레멘스 8세는 1599년 '포교성(Congregatio de Propaganda Fide)'을 설립했지만 몇 년 후 그 활동이 중지되었으며, 그레고리오 15세(교황령 Inscrutabili Divinae, 1622. 6. 22)가 재설립하여 오늘에 이르게 되었다. 현재는 인류복음화성(Congregatio pro Gentium Evangelizatione)이라고 불린다(http://www.cbck.or.kr/library/apostolic/%B1%E2%B1%B8.htm).

한 가지 중요한 점은 이 기관의 설립이 종교 개혁 시기인 당시 한참 성장하던 개신교들에 대한 대응 방식의 하나라는 점이다. 이 점은 이 기관 설립과 관련된 교황 그레고리우스 15세의 교황칙서의 한 구절에서 분명하게 읽을 수 있다.

> 우리의 적이 북쪽의 좋은 밭에 이단의 소굴을 만들어서 수많은 영혼들이 이미 파멸했고, 여러 왕국과 주들이 부당하게도 그리스도로부터 빼앗겼도다.(Griffin 1930: 309-310)

사실 유럽 내에서 상실한 그들의 영향력을 다른 편에서 보충하기 위해 가톨릭이 해외 선교에 그토록 큰 의미를 부여하고 여러 사업을 벌였다고 해석할 여지는 충분하다. 그리하여 교황청이 중심이 되어 전 세계에 가톨릭 신앙을 체계적이고 조직적으로 전도하겠다는 야심찬 계획을 품게 된 것이다.[12] 이 기관은 장기간 서서히 정비되어 가다가 대체로 1650년경에 제도적으로 완성되었다고 본다. 그때에도 여러 교단과 각국의 국왕들은 이 기관에 대해 견제를 늦추지 않았는데, 사실 그들로서는 이전 교황들로부터 받은 여러 특권과 권한을 빼앗겼다고 생각했기 때문이다.

따라서 원래 의도대로 이 기관이 해외 전도 사업을 전부 책임지고 수행하거나 잘 통제한 것은 아니었다. 그런데도 이 기관이 우리에게 흥미로운 이유는 이 기관의 설립과 운영 과정의 분석을 통해서 당시의 종교적 흐름을 파악할 수 있기 때문이다(Donnelly 1988: 179-198).

많은 학자들은 포교성성 설립에 중요한 역할을 한 인물로서 안토니오 포세비노(Antonio Possevino)를 거론한다. 그는 전 세계를 기독교화 — 더 정확하게 말하자면 가톨릭화 — 한다는 야심찬 안을 구상하였다. 물론 그의 안 자체가 너무 방대하고 너무 많은 희생을 필요로 하므로 어차피 실천은 쉽지 않은 안이었지

12) "Let them superintend all missions for the preaching and teaching of the Gospel and Catholic doctrine, and appoint and change the necessary ministers. We do also grant to them full, free and ample authority and power to transport and execute all business, necessary or expedient for the good of the missions."(Griffin 1930: 310-311)

만, 여기에서 강조하고 싶은 바는 이 안을 통해 유럽인들이 가진 전도에 대한 인식을 잘 알 수 있다는 점이다.

그는 자신의 안을 만드는 과정에서 당시 세계 여러 지역에 나가 있던 유명한 선교사들을 만나서 정보를 얻었다. 멕시코와 남아메리카에서 15년간 활동하다가 온 인물인 호세 데 아코스타(José de Acosta), 마테오 리치와 동행하여 중국에서 선교 활동을 하던 미켈레 루지에리(Michele Ruggieri), 멕시코, 필리핀, 마카오, 캉통 등지에서 선교사업을 하던 알론소 산체스(Alonso Sanchez) 등이 그런 인물이다. 특히 이 세 번째 인물은 세계 전도와 관련된 거대한 안을 마련해 놓고 있었다. 그는 에스파냐의 힘으로 십자군을 일으켜서 중국과 일본을 정복하고 기독교화하자는 생각을 가지고 있었다.

이처럼 여러 사람들에게 청취한 의견들은 포세비노가 출판한 『비블리오 셀렉타(*Bibliotheca selecta*)』라는 책 속에 녹아들어 갔다. 사실 이 책은 특정한 주제의 연구서라기보다는 당대의 중요한 종교 문제에 대해 간략한 설명과 관련 서지 사항들을 제공하는 책이고, 일반 독자들보다는 전문 연구자들을 위한 책이었다. 이 책의 내용 가운데 당대의 전도 사업의 분위기를 잘 말해 주는 사례로는 이 책의 제5장을 들 수 있다. 이는 종교적 목적을 위한 사관학교를 설립하자는 내용이었다. 원래 이 안의 초안에 해당하는 아이디어를 제공했던 방드빌은 복음화와 동시에 이슬람에 대한 십자군 운동을 제안한 바 있다. 십자군 안은 당시 교황 피우스 5세에게 대단히 매력적으로 보인 듯하다. 포세비노 역시 1582년에 베네치아에 사관학교 설립을 제안하였다. 근대 초 세계 전도 기획에는 여전히 무력에 의한 정복과 그에 뒤이은 강제 포교가 큰 비중을 차지하고 있었던 것이다.

3) 유럽의 종교인가 세계의 종교인가?

여기에서 우리는 이런 질문을 던질 수 있다. 기독교는 유럽의 종교인가 세계의 종교인가?

물론 원론적으로는 세계 모든 사람들의 영혼을 구하는 것이 전도의 목적이며 따라서 기독교는 당연히 세계의 종교라고 주장할지 모른다. 그러나 현실적으로는 유럽의 종교, 그리고 지배자의 종교로 귀결될 가능성이 매우 컸다. 그야말로 "신앙은 유럽이고 유럽이 신앙(The Faith is Europe, Europe is the Faith)"[13]이었던 것이다.

이런 면이 가장 첨예하게 드러나는 부분이 과연 현지인 사제 서품이 가능한가 하는 문제였다. 비유럽 지역 사람들 자신이 사제가 될 수 있는가, 혹은 그들은 그런 능력이 전혀 없으므로 반드시 유럽인 사제가 와서 그들을 인도해야 하는가?

적어도 동남아시아 지역의 사례를 보건대 초기에 유럽인들은 현지인 사제의 가능성에 대해 극도로 의심했다(Boxer 1991: 250-253). 안토니오 고메스라는 수사는 인도와 동남아시아 사람들에 대해 이들은 대부분 정신적 자질이 저열하므로 포르투갈 신부들이 없다면 아무것도 이룰 수 없다고 주장했다. 이곳의 포르투갈 신자들은 인도인 혹은 혼혈 사제들에게는 고해를 하러 가지 않고 오직 포르투갈 신부에게만 가기 때문이라는 것이다. 마테오 리치는 이와 관련하여 다음과 같은 비판적인 이야기를 한 바 있다.

> 올해 철학 강의가 개설되었습니다. 그러나 새로 결정된 사항 하나에 대해 모두가 승복하지는 않은 듯합니다. 그것은 원주민, 즉 인도 주민의 자녀들은 철학 강의를 들을 수 없다는 결정입니다. 이는 중요한 사항이라 생각되므로 자세히 알려드리겠습니다. […] 그들이 섣불리 문자 등을 배우게 되면 교만해져서 곤란하며, 말단 자리에 있고 싶어하지 않을 것이고 […] 철학이나 신학을 잘 모르는 이 지방에 와 있는 서양인들이 모두 바보 취급을 받을지 모른다는 것입니다.(히라카와 스케히로 2002: 70-71)

마테오 리치가 비판하는 사람들의 의견에 의하면 인도인들은 기껏해야 유럽

---

13) 이는 20세기 초반의 유명한 작가인 벨록(Hilaire Belloc)의 말이다. 인용한 문구는 아직도 가톨릭 호교론의 중요한 사례로 인용된다.

신부의 보조 인력으로서만 의미가 있다는 것이다. 이런 생각을 아주 정직하게 표출한 사례로는 고아에 온 한 예수회 방문자가 1568년에 총장(General)에게 보낸 다음과 같은 편지를 들 수 있다.

> 제 개인적인 생각으로는 이 사람들을 잘 교육시키고 교리를 잘 훈련시키면 그들 중 몇 명은 신부를 보조하는 데에 쓸 수 있을 것입니다. 그리고 시간이 지나면 아주 소수를 신부로 받아들일 수도 있을 겁니다. 그래야만 우리 구주 예수께서 우리를 위해 죽은 것처럼 우리가 모든 민족에 대해 완전히 문을 닫는 것을 피할 수 있으니까요.(Boxer 1991: 251)

고아에 설립된 신학교는 대체로 이런 생각에 따라 운영된 것으로 보인다. 1556년 기록에는 121명의 학생들의 출신이 알려져 있다. 유럽 출생 포르투갈인 19명, 아시아에서 포르투갈인 부모 사이에서 태어난 자 10명, "메스티조(Eurasians)" 15명, "말라바르인" 13명, 카나리아와 마라타인 21명, 중국인 15명, 벵골인 5명, 페구인 2명, "카피르"(동아프리카인) 3명, 구자라트인 1명, 아르메니아인 1명, 무어인(이슬람교 신도였다가 개종한 자) 5명, 아비시니아인 6명, 데칸 지방 출신 5명이었다. 이들의 나이는 모두 13-15세 사이였다. 이 학교에서는 현지 젊은이들을 모집하여 가톨릭 전도의 선구로 삼고자 했으므로 공부시키는 내용은 유럽의 예수회 학교 커리큘럼과 유사했고 여기에 더해서 현지어를 계속 공부해서 자기 말을 잊지 않도록 했다. 그러나 이 학교의 태도가 모호했다는 점은 정작 현지인 사제 서품을 받은 사람이 극소수에 불과했다는 데에서 알 수 있다. 예수회 신부로 서품을 받은 인도인은 크리스티안 브라민(Christian Brahmin)이라는 사람 단 1명이었다(1773년). 예수회는 그나마 동아시아인들에게는 상대적으로 호의적이었으나 특히 인도인에 대해서는 인종주의적인 편견이 컸다. 중국, 일본, 한국, 베트남 사람들에게 신학교의 문호를 더 개방해야 한다고 이야기한 발리냐노(Alessandro Valignano, 1539-1606)[14]도 인도인에 대해

14) 이탈리아 출신의 예수회 선교사로서 특히 일본에 가톨릭을 전파하는 데에 크게 기여한 인물이다.

서는 "이 검은 종족 사람들(dusky races)은 대단히 멍청하고 사악하며, 저열한 영혼을 가지고 있습니다"라는 무지막지한 발언을 서슴지 않았다. 혼혈인들은 교회의 공직 체계 안에서 상층으로 올라가는 데에 명백한 차별을 받았다. 심지어는 유럽인이라 하더라도 아시아에서 태어난 사람들은 차별을 당할 정도였다. 유럽 출신 수사들은 아시아 출생 백인들에 대해 그들이 비록 백인 부부 사이에서 태어났다고 하더라도 어릴 때 인도인 아야(ayah, 유모)의 젖을 먹고 자랐기 때문에 피가 더럽혀졌다고 비판했다. 1641년에 필리핀에 설립된 신학교의 규정은 이러한 인종주의적 편견이 노골적으로 드러나 있다. 이 신학교 설립 규정 중 하나는 다음의 내용을 담고 있다.

> 학생은 4대조까지 순수한 혈통이어야 하며 유대인 혹은 무어인 피가 섞여서는 안 된다. 또 흑인이나 벵골인 혹은 그 비슷한 민족의 피가 섞여서도 안 된다. 그리고 필리핀인의 혈통이 1/4이 되어서도 안 된다.(Boxer 1970: 93)

인도의 경우에는 인종 차별 문제와 함께 카스트 제도라는 또 하나의 큰 문제에 부딪치지 않을 수 없었다. 기독교는 현지의 이런 강력한 제도 및 관습과 타협하였다. 이는 인도의 재속신부가 거의 전부 브라만 카스트 출신이라는 점에서 명백히 드러난다. 포르투갈인들은 1540년대 이후 브라만 카스트 사람들에게 채찍과 당근 정책을 통해 대규모로 개종을 강요했다. 그런데 이들은 기독교로 개종한 후에도 다른 하층 카스트 사람들과는 결혼하지 않았고, 마찬가지로 하층 카스트 사람들 역시 상층 카스트 사람들을 계속 숭앙했다. 심지어는 상층 카스트 사람들이 수드라 카스트 같은 하층 카스트 사람들을 자기 교회에서 축출하거나 교회의 뒤쪽 구석에 앉힐 정도였다(Boxer 1991: 254).

그러므로 유럽의 선교사들은 한편으로 세계인의 영혼을 구하겠다는 성스러운 목표를 내걸면서 다른 한편으로 그들을 무시하는 모순에 빠지게 되었다. 그 결과는 흔히 강제 개종이라는 강압적인 방식으로 귀결되었다. 이런 모순된 태도가 드러나는 사례로 1567년 고아의 교회위원회의 결의 사항을 들 수 있다(Boxer 1965: 79). 그것은 다음 3개의 규정으로 되어 있다.

1. 트렌트 공의회에서 규정한 정통 로마 가톨릭 신앙 이외의 모든 종교는 본질적으로 그른 것이며 그 자체가 해로운 것이다.
2. 포르투갈 국왕은 가톨릭 종교를 확장할 의무를 지며, 국가의 세속적인 힘은 교회의 영적인 힘을 돕는 데 사용할 수 있다.
3. 개종은 무력으로 해서는 안 된다. 신의 은총은 오직 그분에 의해서만 굳건하게 되기 때문이다.

이 규정을 보면 분명히 2항과 3항이 모순된다. 3항에서는 종교 문제에 무력 사용을 금한다고 명백하게 규정하고 있지만, 2항에서는 세속의 힘, 즉 정치 군사력을 영적인 문제에 이용하는 것으로 규정한 것이다. 인도에서 실제 일어난 일은 3항에 규정된 내용과는 반대되는 일 투성이였다. 이후에 나온 칙령들의 내용은 모든 이교 사원 파괴, 모스크에서 기도할 때 모하메드의 이름을 부르는 것 금지, 비기독교 승려와 성직자 추방, 코란을 비롯한 다른 종교의 서적 압수, 불교도와 힌두교도의 이웃 지역 사원 방문 금지, 성지순례단의 이 지역 통과 금지, 힌두교도들이 종교적 의미로 강에서 목욕하는 것 금지, 비기독교 간 개종 금지(오직 기독교로의 개종만 가능했다), 단혼(여러 부인을 두는 경우 그중 1명과만 정식 결혼해야 했다), 고아를 기독교도 후견인 혹은 양부모에게 맡기도록 하고 또 부모 중 한쪽이 기독교로 개종하면 아이와 모든 재산이 그쪽으로 가도록 하는 조치, 기독교도는 비기독교도 집에 머물 수 없다는 금지(다만 사업상의 방문만 가능했다) 등이었다. 또 모든 '이교도'의 가족 구성원을 조사하여 장부를 만든 다음 50명 단위로 일요일에 기독교 선전(propaganda)을 듣도록 했으며, 이를 안 지키면 고액의 벌금을 물렸다. 이는 역사상 보기 드물게 체계적이고도 가혹한 탄압의 사례이다. 물론 이 조치들을 문자 그대로 시행하지는 않았지만, '이교도'로서 살아가는 것이 결코 쉽지는 않았음을 짐작할 수 있다(Gunn 2003: 104-

105).[15]

결국 실제 전도는 무력을 통한 강제 개종의 방식으로 이루어졌다. 강압적인 전도의 사례는 쉽게 찾을 수 있다. 예컨대 마라타의 여인들과 아이들을 잡아서 감옥에 가둔 다음 음식을 제한함으로써 고통을 가하면서 기독교 개종을 강요한 사례가 알려져 있다. 그리고 다른 종교 사원 파괴를 특히 많이 자행했다(Boxer 1970: 83-86).[16]

이질적인 문화권 속에 들어가서 다른 종교를 전도하는 것은 결코 쉬운 일이 아니다. 유럽 선교사들이 강제력에 의존해서 이 문제를 해결하려 했던 것도 그 때문이다. 그러나 설사 강제력을 행사하려고 해도 그것이 항상 가능하지는 않았다. 예컨대 중국과 같이 제국 질서가 탄탄하게 자리잡은 곳에서는 강제력의 사용은 애초에 불가능했고 심지어는 평화적인 전도조차 쉽지 않았다.

이제 아메리카와 아시아에서 구체적으로 어떤 일이 일어났는가를 보도록 하자.

2. 아메리카 대륙의 기독교화

오늘날 아메리카 대륙은 기독교화가 가장 많이 진척된 지역일 것이다. 정작 유럽에서는 오랜 기간 동안 '탈기독교화' 가 진행된 반면 오늘날 아메리카의 여러 국가에서는 그들이 유럽보다 더 기독교적이라고 주장한다. 그러나 이는 결

15) 종교재판소(Holy Inquisition)는 1560년 4월 2일, 총독인 브라간사의 명령으로 인도의 고아에 세워졌다가 1812년에 해체되었다(다만 중간의 폼발 시대에 잠정적으로 활동이 중단된 적이 있었다). 종교재판소는 특히 이 지역에서 브라민을 많이 축출했는데 힌두교도들은 이를 그들의 종교에 대한 정면 공격으로 해석했다.

16) 그러나 오르무즈의 모스크, 마카오의 불교 사원과 도교 사원처럼 신도가 너무 많아서 위험한 지역에서는 감히 이런 일을 하지 못했다.

코 평화적인 과정을 거쳐서 이루어진 것은 아니었다.

1) 인디언들이 종교를 버려야 할 이유가 있을까?

근대 초에 유럽인들이 아메리카 대륙에 왔을 때 그들은 대단히 공격적으로 — 실제 무력을 사용했다는 의미에서든 혹은 전도에 임하는 그들의 태도 면에서든 — 전도를 했다.

그들은 인디언들에게 종교가 없기 때문에 기독교 전도가 용이할 것이라는 안이하면서도 오만한 생각을 했다. 타이노족을 만난 콜럼버스부터 이미 그런 생각을 했었다. 인디언들에게 종교가 없고 특히 기독교를 모른다는 사실을 어떻게든 설명하기 위해서 유럽인들은 그럴듯한 여러 설들을 만들어 냈다. 예컨대 라피토(Joseph François Lafitau, 1681-1746)[17]는 인디언들이 야만인 단계에서 아메리카 대륙으로 이전해 왔는데, — 아시아와 아메리카 대륙이 육로(land-bridge)로 연결된 때에 이곳에 왔다는 것인데, 우연히도 최근의 과학적 설명 방식과 비슷하다 — 그러다 보니 원래 기독교를 알지 못했던지 혹은 예전에 알았으나 유럽과 떨어지는 바람에 서서히 잊어버렸다고 주장했다. 그러나 이들은 이성을 가지고 있으므로 기독교 신학과 믿음을 받아들일 수 있는 자질을 가지고 있다고 보았다. 이들은 인류사 보편으로부터 떨어져 있었기 때문에, 비유하자면 인류사의 유아기 상태에 있으며, 따라서 타락으로부터 자유롭고 또 그렇기 때문에 순진해서 개종이 쉽다는 것이다.[18]

그러나 실제 인디언들에게 종교 혹은 종교적 사고가 없다는 것은 어불성설이

17) 프랑스 출신의 예수회 전도사로서 북아메리카의 이로쿼이족 사회에 들어가 전도 활동을 하고 이때 경험한 내용을 저술로 남겼다.

18) 또 다른 사례로 자크 카르티에를 들 수 있다. 그 역시 인디언 전도를 너무 쉽게 생각하는 경향이 있었다. 1602년 '누벨 프랑스 회사'의 특허장에도 이런 내용이 나온다. "믿음으로 인도되고 그것을 고백한 '야만인(savage)'들은 프랑스인으로 간주하며, 만일 그들이 원하면 프랑스에 와서 살 수 있고 또 원래 프랑스에서 태어난 사람과 마찬가지로 재산을 획득할 수 있다."(Bitterli 1989: 96-97)

다. 유럽인들은 기독교가 아닌 종교는 기껏해야 미신이고 따라서 종교가 없는 것이나 마찬가지라고 생각하는 경향이 있었다.[19] 그러나 그것은 사실이 아니었다. 인디언들은 복잡한 신화와 종교 체계를 가지고 있었다. 인디언들 역시 처음 백인들의 기독교를 접했을 때 그 실체를 정확히 이해할 수 없었다. 이런 상호 오해는 심각한 충돌로 이어지기도 했다. 예컨대 타이노족은 제미(zemi, 영혼을 나타내는 아이콘)를 중심으로 하는 복잡한 종교 체계를 가지고 있었다. 그들은 이 제미에게 의탁하여 예언을 구하거나 땅의 생산력 증진을 희구했다. 후일, 에스파냐인들이 성모상과 십자가상을 주었을 때 이들은 그것 역시 일종의 제미라고 생각했다. 그리하여 그 위에 오줌을 누고 땅에 묻어서 땅의 생산력을 높이려고 했다. 이들의 종교를 이해하지 못한 에스파냐인들은 이들을 처형했다(Lepore 2000: 42-43). 이것은 상이한 문화 간에 서로 종교적인 내용을 이해하는 것이 어렵다는 사실과 동시에 유럽인들의 무지막지한 대응 방식을 보여 주는 한 사례이다.

백인들에게는 인디언들의 종교적 내용이 허술해 보인다 할지라도 그것은 그들의 세계관이고 우주관으로서 그들의 삶을 인도하는 기본 틀이었다. 어느 날 갑자기 낯선 사람들이 나타나서 그들의 존재의 기본 틀을 바꿔라 말아라 할 이유가 없었다. 인디언들의 태도는 "우리는 우리 종교를 믿고 유럽인들은 그들의 종교를 믿으면 될 뿐 기존 종교를 굳이 바꿀 필요가 없다"는 것이었다.

> 당신은 우리에게 좋은 이야기를 해주었습니다. 당신 이야기 중에 사실이 아니라고 할 것은 하나도 없습니다. 그렇지만 그것은 바다를 건너온 당신들에게 필요한 신입니다. 우

19) 개화기 때 우리나라에 찾아온 서양인들의 언술에서도 이런 점을 찾을 수 있다. 1883년 한국에 왔던 미국인 로웰이나 1886년 내한하여 육영공원 교사를 지낸 길모어가 한국에는 종교가 없으며 다만 낡고 원시적인 악령 숭배만이 잔존해 있다고 한 언급, 1894년 이후 한국을 네 차례 방문했던 비숍 여사가 한국인의 일상생활 속에 수많은 종교적 양식들을 지니고 있으나 정작 자신의 종교가 무엇인지 물으면 이것이라고 대답할 만한 것을 마음에 갖고 있지 않다는 언급 등이 그런 사례이다. 이들의 언급은 물론 그들이 이해하지 못한 남의 나라의 종교를 폄하한 것이지 우리에게 종교적 관념 자체가 없는 것은 아니다(김종서 2001: 232).

리가 사는 이 세계는 당신이 사는 곳과 아주 다르기 때문에 우리에게 또 다른 하늘이 있어야 하고 또 거기에 이르는 또 다른 길이 있어야 한다고 생각하지 않습니까?[20]

기독교의 내용은 인디언들에게는 너무나 생소했다(Bitterli 1989: 101-104). 무엇보다도 인디언 언어에는 죄, 참회, 은총, 신앙 같은 개념이 없었다. 이런 상태에서 기독교를 전도하려면 죄의식이 없는 이 사람들에게 일단 죄의식을 불어넣고 그 다음에 그에 대해 용서받으라고 하는 격이니, 그것이 결코 쉬운 일은 아니었다. 언어를 이해해야 전도가 가능한 것이므로 선교사들은 인디언 언어의 습득에 많은 노력을 기울여야 했다(이것이 오늘날 인디언 언어 연구에 매우 귀중한 자료가 되었다).[21] 휴런족의 경우 프랑스 선교사들의 노력으로 1645년에는 세례받은 사람이 145명 정도 되었으며 풍차, 빵집, 양조장, 학교, 병원, 교회를 세우고 프랑스어로 대화를 나누기에 이르렀다. 이런 노력들이 그럭저럭 잘 될 것처럼 보였지만, 결국 실패로 끝나고 말았다. "휴런족들은 예수회 신부들이 가르치려는 내용에 대해 전혀 흥미를 느끼지 않는다"는 것이 분명한 결론이었다. 유럽인과는 완전히 다른 심성을 가진 사람들에게 기독교의 본질을 전하려는 것이 처음부터 무리였던 것이다. 대개 병든 사람들에게 전도가 성공하는 듯 보였지만 그들도 병이 나으면 모든 것을 다 잊어버렸다. 그러나 예수회 신부들은 아이들이 열심히 교회에 나오고 노래를 따라 부르고 기도 구절을 외워대는 표면적인 현상들을 보고 그들이 전도에 성공했다고 기록하였다. 그러나 나중에 이런 것들이 전부 호기심과 계산의 결과라는 것을 알고 나면 한숨을 쉬었다.

인디언들은 기독교에 대해 무관심했을 뿐 아니라 갈수록 비판적이 되었다. 때로 인디언들의 비판은 아주 신랄했다. 죽어 가는 한 인디언은 이런 말을 했다: "나는 천국에 가고 싶지 않다, 천국에 가면 사람들을 굶겨 죽이는 프랑스놈

20) A Huron Indian questioning Jean de Brébeuf, a Jesuit missionary(1635), Lepore(2000: 96)에서 재인용.

21) 제9장을 참조하라.

들만 가득할 테니까 … 사냥도, 여자도, 축제도, 전쟁도 없는 천국은 정말 재미없는 곳이다."22

유럽인들의 오해와는 달리 인디언들은 고등 종교가 없거나 지성이 결여되어 있는 것이 결코 아니었다. 더구나 그들의 종교는 다른 어느 곳에서보다 더한 정도로 이 세계 속의 물질적 · 정신적 삶과 긴밀히 연결되어 있었다.23 그러므로 기독교를 받아들인다는 것은 자신과 자신을 둘러싼 공동체 전체의 뿌리를 뒤엎는 일이 될 것이다. 그럴진대 전도사들의 말 몇 마디로 그들이 곧바로 자신들의 종교를 버리고 기독교를 받아들일 가능성은 없었다. 따라서 기독교 전도의 역사는 '설득'의 과정이기보다는 강압적으로 상대방 문화를 패망시키고 정복해 버리든지 혹은 전도사 자신이 극단적으로 피학적인 방식으로 인디언 사회에 충격을 가하는 이야기가 되기 십상이다.

몇몇 지역의 전도 사례를 통해 이 점을 살펴보도록 하자.

---

22) 라스카사스의 기록에서도 이와 유사한 내용을 볼 수 있다. 쿠바의 한 부족의 추장인 하투에이(Hatuey)는 기독교도들을 피해 도망다니다가 붙잡혀서 사형에 처해지게 되었다. 사형 집행 직전에 프란체스코 파 수도사가 그에게 구원과 천국, 지옥 등에 대해 설명하고 회개하라는 말을 하였다. "추장은 만일 기독교 신앙을 받아들이지 않는다면 지옥에 가서 영원한 고통을 받는다는 말을 들었다. 추장은 수사에게 모든 기독교도들은 천국에 갔느냐고 물었다. 그렇다는 대답을 듣자 그는 차라리 지옥으로 가겠다고 말했다."(Las Casas 1965: 45)

23) 인디오 사회가 얼마나 종교와 세속의 삶이 조화를 이루는지는 잉카 제국의 수도 쿠스코의 와카이파타 광장을 묘사하는 글에서 짐작할 수 있다. 가로 188미터 세로 165미터 넓이의 이 광장에는 "바닥 전체가 태평양에서 실어온 흰 모래로 덮여 있었다. 날마다 일꾼들이 갈퀴질로 모래를 평평하게 했다. 광장의 삼면은 거대한 저택과 신전으로 둘러싸였다. 건물들 정면에는 거대한 황금판이 가로질러 있었다. 고산지대의 태양이 와카이파타를 비추면 수평의 흰 모래와 수직의 황금판들이 어우러져 그 공간은 빛의 원형극장이 되었다. 이 광장은 제국과 우주의 중심이었다. 거대한 광장으로부터 4개의 중심도로가 뻗어 나갔고, 그 도로들을 경계로 제국 전체가 4구역으로 나뉘었다. […] 와카이파타로부터 거미줄처럼 뻗어 나간 41개의 길들은 영적인 힘을 가진 선들로 여겨져 제케라고 불렸다. 그 선들은 우물과 무덤, 동굴, 신전, 밭, 기념비 등 풍경 속의 신성한 요소들을 서로 이어주었다. 쿠스코 주변에는 이런 와카(성지)가 400곳 이상 존재했으며, 수도 주변의 풍경은 이렇듯 땅의 힘들로 가득 차 있었다. 제케 선들은 또한 1주일이 8일인 41주로 이루어진 잉카족 달력 역할을 했다."(만 2005: 107-109)

2) 제국의 정복: 칼과 종교

멕시코와 페루의 기독교 개종은 선교의 역사에서 매우 중요한 한 페이지이다. 오늘날 이 지역은 가톨릭교회가 가장 확고하게 자리잡은 곳에 속한다. 처음 전도를 위해 남아메리카에 온 신부들 역시 이런 점을 깊이 인식하고 있었다. 예컨대 처음 멕시코에 들어온 프란체스코 사제 중 하나인 모토리니아(Motolinia)에게 멕시코 개종은 신앙의 서진(西進)에서 결정적인 단계로서 세계사적인 의미를 가진 것으로 비쳤다. 최종적으로는 중국을 개종시켜 전 세계의 기독교화를 완성하는 것이 목표인데, 멕시코의 기독교화는 그런 과정의 중간 단계라는 것이다. 그가 볼 때 멕시코는 이집트와 유사했다. 이교 지역이었다가 열광적 신앙을 갖게 된다는 점도 그렇지만 우선 황야가 많아서 은자와 명상의 나라라는 점에서도 같다는 것이다. 따라서 멕시코는 고난 끝에 새로운 이스라엘이 될 것이며, 이런 점에서 코르테스는 모세와 같은 인물로 칭송을 받아 마땅하다고 보았다(Brading 1984: 523-524).

그러나 현실적으로 기독교의 전도는 결코 순탄치 않은 과정을 겪었다. 무엇보다도 신부의 수가 너무 적었다. 추키토(Chuquito) 지방을 보면 1567년에 현지 주민은 6만 명인데 신부는 16-18명으로서, 인구 3,500명당 사제가 1명 수준이었다. 게다가 이 사제들은 현지 언어를 거의 몰랐다(Wachtel 1971: 229-230). 이런 상황에서 사람들과 영혼의 교감을 통해 전도한다는 것은 처음부터 불가능한 일이었다. 예수회의 호세 데 안히에타처럼 "이런 종류의 사람들에게는 가장 좋은 가르침은 칼과 창을 통해서 하는 것"이라고 생각하게 되었다(Shapiro 1987: 128).

사제들은 남아메리카의 기독교화를 '영혼의 정복(spiritual conquest)'이라는 관점에서 보았다. 사제들은 강압적인 방식을 사용하는 데에 전혀 주저하지 않았으니, 인디언의 우상과 신전 때려 부수기, 매질, 감금, 추방 같은 야만적인 방식이 일상적으로 사용되었다. 이전의 종교를 지키려는 귀족은 화형에 처해졌고, '미신' 적인 요소들과 섞인 절충주의(syncretism)를 발견하자 수백 명을 감금하고 고문하는 야만적인 탄압을 가했다. 이런 방식으로 대규모 강제 개종이 실시되었다.

모토리니아는 "이틀 동안 1만 4,000명에게 세례를 주었다"라고 자랑했다. 니카라과에 들어간 한 수사는 자신의 행적을 꼼꼼하게 기록했는데, 이에 따르면 1538년 9월부터 1539년 3월까지 5만 2,558명에게 세례를 준 것으로 되어 있다. 그러나 그 실상을 보면, 니카라과의 인디언들은 설교 한 번 듣고 — 그나마 통역을 통해서 — 세례를 받은 다음 곧 잊어먹은 것에 불과하다. 라스카사스는 이런 개종 방식에 대해 대단히 비판적이었다. 그가 볼 때에는 이것은 용서하지 못할 일들이었다. 그의 생각에 전도는 설득, 애정, 이성의 작업이어야 하며 따라서 어디까지나 평화로운 방식이어야 한다. 개종을 위해서 전쟁이 필요하다는 모토리니아의 주장에 대해 그는 전쟁은 살인 행위일 뿐이며, 가톨릭 신앙을 전투구호로 사용한 자들은 예수의 종이 아니라 악마의 자식이라고 비판했다. 칼 끝으로 복음을 전하려는 자는 마호메트의 방식이라는 것이다(Brading 1984: 527, 531).[24]

모토리니아와 라스카사스는 이후 에스파냐 본국에서 글을 통해 논쟁을 벌였다. 모토리니아가 볼 때 라스카사스가 주장하는 방식은 무모하기 짝이 없는 일이었다. 아무런 보호 조치 없이 복음을 전하다가는 너무 쉽게 희생자가 될 수 있다. 사실 아스텍 제국의 지배자들 역시 처음부터 그곳에 살았던 사람들이 아니라 다른 지역으로부터 들어온 정복자들이었으며, 따라서 이 나라 역시 무력 정복과 인신 희생 위에 세워진 국가라는 점에서는 에스파냐와 같다는 것이다. 또 라스카사스는 몇 마일 걸어온 늙은 인디언에게 교리 지식이 부족하다고 세례를 거부했는데 이것은 과연 옳은 태도란 말인가?[25]

24) 사실 이 비유 자체가 옳지 않다. 흔히 이슬람의 전도 방식에 대해 '코란이냐 칼이냐' 라는 식의 이야기를 하면서 폭력적인 방식이었다고 하지만 기독교와 비교하면 오히려 평화적인 방식이었다. 코란과 칼을 모두 거부하는 대신 세금을 바치는 또 다른 방식도 가능했기 때문이다.

실제 일어난 일은 라스카사스보다는 모토리니아의 길을 따랐다. 즉 강력한 탄압으로 강제 개종을 하는 식이었다. 그러나 그렇게 해서 이루어진 개종이란 어떤 것이었을까?

유럽인들은 인디언들이 믿는 신들을 악마의 발현이라고 보았던 반면, 인디언들은 기독교를 일종의 우상 숭배로 받아들였다. 그리고 기존의 전통 신앙과 그들에게 강요된 기독교를 동시에 받아들였다. 인디언들의 신앙을 지켜본 사람은 이런 설명을 했다. “인디언들은 예수 그리스도와 악마를 함께 숭배한다. 양자는 서로 조화를 이룰 수 있고 서로 친척이라는 것이다. [⋯] 그들은 삼위일체의 신비, 신과의 합일, 예수 그리스도의 수난과 죽음, 성모의 무염수태, 미사, 부활 같은 교리를 잘 이해하지 못하고 의심을 품는다.” 1579년의 문서도 인디언들은 단지 가톨릭의 의식을 흉내만 내고 있으며, 아메리카를 처음 정복할 때와 거의 차이가 없는 상태라고 언급하고 있다(Wachtel 1971: 232).

유럽인의 정복과 제국의 몰락 이후 이전의 ‘제국 종교’라 할 만한 것들은 사라졌지만 와카,[26] 별, 천둥 등을 숭상하는 고대 종교는 심지어 오늘날까지도 이어져 오고 있다. 17세기 초에 ‘우상 숭배’를 뿌리뽑겠다는 운동이 대대적으로 일어난 것은 역설적으로 이런 전통 종교가 사라지지 않고 계속 존재한다는 반증이었다. 17세기에 전염병이 심하게 퍼졌을 때 일부 종교계 인사들이 십자가와 성상 같은 기독교 상징물들을 버리라고 주장하고 나섰다. 이들에 의하면 기독교라는 외래 종교가 침투하고 와카에 대한 숭배가 약해져서 그에 대한 징

25) 이런 식의 논쟁은 단순히 개인적인 충돌만은 아니며, 교회와 전도를 바라보는 기본적인 시각의 차이에서 나온 것이다. 모토리니아는 천년왕국적인 생각을 강하게 품고 있는 인물로서, 피오레의 요아킴과 같은 경향을 띤다. 그가 볼 때 대규모 전도는 새로운 시대를 증명하는 것이다. 위대한 사업을 하려면 시간이 없으며, 방법을 가리지 말고 속도를 내야 한다는 것이 그의 주장이다. 이에 비해 라스카사스는 아우구스티누스적인 인물이다. 그가 볼 때에 선택된 자만 예정된 구원을 받을 뿐이며, 모든 인간의 구원이란 환상이다. 그의 견해에 따르면 공포와 증오를 통해 구원을 얻는 것은 불가능하며, 개종 이전에 정당한 사회를 건설해야 한다(Brading 1984: 531-533).

26) Huaca 혹은 Waka. 안데스 지역에서 숭배의 대상이 되는 신성한 대상물로서 흔히 큰 바위와 같은 자연물인 경우가 많다.

벌로 전염병이 퍼졌다는 것이다. 사실 기독교가 널리 퍼졌다고는 해도 기존 종교는 사라진 것이 아니라 기독교와 공존했다. 1612년의 한 기록에 의하면 투쿤(Tucun) 지역에서는 여전히 큰 바위 와카를 숭배하여 늘 여자 1명이 이를 지키고 정기적으로 술을 바치며 축제를 벌였다. "매년 투쿤의 모든 사람들이 함께 모여서 다 같이 밭을 갈고 여기에서 수확한 옥수수와 다른 곡물들을 이 와카에 바친다." 흥미롭고도 중요한 사실은 이런 와카가 교회 근처에 위치한다는 점이다. 1613년 와크라(Huacra) 지역을 방문한 한 사람의 기록을 보자. "우리는 교회 문 옆에 와크라팜파(Huacrapampa)라 불리는 거대한 와카가 있다는 것을 알게 되었다. 그리고 교회의 제단 뒤에도 피차시낙(Pichacinac)이라 불리는 또 다른 와카가 있었다. 이런 불쾌한 사실을 알고 나서 우리는 제단을 뒤집고 그 밑의 흙을 뒤져보았다. 그러자 거기에 100개 이상의 사냥용 창이 나왔는데, 이것들은 와카에 바친 희생 동물들의 피를 적신 것들이었다." 이 지역에서 기독교와 전통 종교는 그야말로 공존해 있었던 것이다.

사실 기독교와 전통 종교가 이런 식으로 '물리적으로' 가까이 존재하게 된 이유는 유럽인들 때문이기도 하다. 종교적인 '정복'이 일어날 때 힘이 강한 새 종교가 기존 종교의 성지를 부수고 그 자리에 자신들의 성지를 구축하는 것은 잘 알려진 사실이다. 예컨대 파리의 노트르담 성당 자리는 기독교화가 되기 이전 고대 종교의 성지였다. 멕시코시티의 대성당 역시 고대 제국 종교의 성지를 파괴하고 그 자리에 건립하였다. 마찬가지 심성에서 남아메리카 주민들은 새로운 종교와 그들의 전통 종교를 같은 장소에 위치시킨 것이다.

주민들이 기독교의 신을 받아들였지만, 그들 생각에 기독교 신은 인간사에는 간여하지 못하며, 그 대신 태양, 달, 와카가 직접적으로 그들의 일에 영향을 미친다고 본다. 인류학자들은 오늘날 이 사회에서 여전히 유사한 종교적 내용들을 확인하였다. 이곳 주민들의 생각에 예수는 주민들과 '분리'되어 있으며, 그들을 직접 보호하는 것은 주변의 여러 산들이다. 그들이 볼 때 기독교 신은 주로 백인들에게 호의적인 영향을 미친다. 이런 식으로 기독교와 전통 종교 간의 관계는 '혼융' 보다는 '병존' 에 가깝다. 물론 전통 종교는 완전히 드러나지는 않고 은밀하게 숨어 있는 상태이다. 기독교는 '억압자' 의 측면에 서 있고 전통 종교는 '피억압자' 의 측면에 서 있다. 식민지 시대 내내 대립되는 두 가치 체계 혹은 서로 대립적인 두 세계가 이런 식으로 대면하고 있었다는 것은 정복의 트라우마(Trauma, 정신적 상처)가 일상적으로 지속되고 있다는 것을 말해 준다 (Wachtel 1971: 235-241).

결과적으로 기독교는 오랜 기간 동안 남아메리카 주민들의 영혼을 완전히 정복하지는 못한 상태였다.

3) 산개한 인디언들의 경우

정착 생활이 아닌 유목 혹은 수렵 생활을 하는 인디언의 경우 전도하는 사람 입장에서도 일이 훨씬 어렵게 된다. 잉카, 마야, 아스텍처럼 공간적으로 집중되어 있으면 최소한 그들에게 어떻게 접근하느냐는 분명하게 눈에 보이지만, 넓은 지역에 걸쳐 산재해 있는 인디언들은 우선 그들을 일일이 찾아다니거나 불러 모아야 하기 때문이다. 캘리포니아 인디언들에 대한 전도가 그런 사례이다.

미국 서부 지역은 유럽인들이 가장 뒤늦게 식민화를 한 곳이다. 유럽인이 최초로 캘리포니아에 왔을 무렵 이곳에는 소수의 인디언들이 수렵 · 채집 활동을 주로 하고 여기에 약간의 초보적인 농업이 더해진 가난한 상태에서 살고 있었다. 그리고 그들 간에 완전히 다른 언어를 사용해서 서로 분열되어 있는 상태였다. 이들에 대한 유럽인들의 관찰 내용은 너무나 달라서 일반화하는 것이 불가능할 정도이다. 누구는 이곳 인디언들이 무지하고 야만적이라 하고, 누구는 따뜻하고 친절하다고 하며, 누구는 사납고 적대적인 이교도라는 점을 강조하고, 누구는 종교적이며 기독교에 호의적이라고 이야기하였다. 이는 의사소통이 힘든 상황에서 차라리 유럽인들이 그들 자신이 보고 싶어 하는 바 그대로, 즉 자기 환상 속에서 생각하는 바를 기록한 것에 가까워 보인다.[27] 그런 환상 가운데 하나가 인디언에 대한 전도와 관련이 있었다. 유럽인들의 기록 가운데 이곳의 인디언들이 성모상을 보더니 무릎을 꿇고 기도하더라는 내용이 있다. 이 이야기가 에스파냐 선교사들의 귀에 들어가자 곧 "인디언들이 그들을 애타게 기다리는 중"이라는 믿음으로 변한 것이다(Kelsey 1985: 494-499).

에스파냐인들은 멕시코로부터 태평양 연안을 따라 식민화를 시작했고 18세기 후반에 크게 확대되었다.[28] 이 식민화의 선두에 선 사람들이 전도사들이었다. 이들은 선교원(mission, 미션)과 프레지디오(presidio, 요새)가 합쳐진 본부를 지어나가는 식으로 팽창해 나갔다. 처음에 도착한 선교사들은 예수회 신부들이었다. 이들은 캘리포니아에 17개의 선교원을 건립하고 약 1만 2,000명을 개종시켰다고 한다. 예수회의 세력이 몰락한 다음에는 프란체스코회가 그 뒤를 이었다. 특히 주목할 인물은 후니페로 세라(Junipero Serra)이다. 그는 1769년 산디에고에 선교회를 세운 이후 13년 동안 모두 9곳에 선교회를 설립했다.

선교사들이 황야에서 본 인디언들은 참으로 난감한 상태에 있었다. 무엇보다도 이 인디언들은 굶주려 있었다.[29] 자콥 베게르(Jacob Baegert) 신부의 기록에 의하면 "그들은 씹고 삼킬 수 있는 것이라면 무엇이든 다 먹었다." 원래 이들은 농사를 짓고 음식을 보관한다는 개념이 없고, 무엇이든 훔쳐 먹는 버릇이 있었다. 가축을 보면 일단 잡아먹고 보고, 선교원의 마당에 있는 식물들도 뽑아서

27) 캘리포니아(California)라는 이름 자체가 벌써 유럽인들의 환상을 나타내는 것이다. 1524년에 코르테스가 멕시코로부터 파견한 탐사선 선원들이 이 지역 해안에서 한 인디언 여인을 보았는데 그녀가 너무나 매력적으로 보였다. 이 당시에 여인들만 사는 환상의 섬을 무대로 한 소설이 유행했는데 그 섬 이름이 캘리포니아였다. 이것이 발단이 되어 캘리포니아라는 이름이 유행하기 시작했다. 얼마 후 다른 탐사선이 산타 크루스 지역의 한 섬에 상륙했을 때, 그곳이 너무나 메마르고 척박해서 농담으로 그 섬을 캘리포니아라고 불렀는데, 이 이름이 이 지역 전체를 가리키는 것으로 확대되었다(Kelsey 1985: 494-499).

28) 그래서 오늘날 이 지역의 이름들이 에스파냐어로 많이 되어 있다: 로스앤젤레스(Los Angeles), 샌프란시스코(San Francisco), 산호세(San Jose) 등.

29) 오늘날 캘리포니아는 댐을 건설하고 지하수를 이용하여 농사를 지어서 미국 전역에 농산물을 판매하고 있지만, 원래의 기후 조건대로라면 겨울만 빼고는 1년 내내 비가 오지 않아서 농사짓기가 매우 힘들다.

먹곤 했다. 게다가 이들의 문화에서는 섹스가 가장 중요한 오락이었다. 이성과 동성, 어른과 아이, 기혼과 미혼, 가족이나 친척 등의 구분 없이 성행위를 했고, 심지어 사람과 짐승의 구분마저 없었다! 선교사들은 최소한 아이들에게는 교육을 통해 이런 일들을 막으려고 했지만, 인디언들이 선교원에 단기간만 머무르다 떠나기 때문에 그 시도들은 실패로 끝났다. 인디언들은 때가 되면 미련 없이 떠났으며, 특히 도토리 줍는 계절이 오면 한 사람도 남아 있지 않고 모두 자기 마을로 돌아갔다.

이런 상황에서 유럽인들이 들어오고 매독이 퍼져서 인구가 급격히 감소했다. 여기에 각종 전염병, 낙태, 부모의 무성의, 음식 부족, 유아 살해 같은 여러 요인이 더해져서 사태는 심각하게 악화되었다. 캘리포니아 인디언들에 대한 전도는 바로 이런 무너지는 사회에 대해 행해진 것이었다(Kelsey 1985: 502-504).

후니페로 세라의 선교 전략은 식량이 부족한 시기에 인디언들에게 음식을 주어서 그들이 선교원에 2-4주 정도 머물게 한 다음 그 기간에 교리를 교육시킨다는 것이었다.

밥을 준다는 것은 분명 중요한 매력이었다. 이들은 엄청난 양의 고기, 과일, 채소, 빵을 제공받았다. 산타바바라 선교원의 경우 1인당 하루 4kg의 음식을 먹는 외에 식사 중간마다 씨앗, 견과류, 과일 등을 계속 먹었다! 선교원을 감독하러 온 인사는 "사람이 하루 세 번씩 저렇게 기름진 음식을 저렇게 많이 먹을 수 있다는 것이 나에게는 믿어지지가 않았다"는 기록을 남겼다.

인디언들이 선교원에 머무는 동안에는 매일 기도하고 교리를 암송하면서 제법 빠듯한 생활을 했다. 그러나 그렇다고 해서 이들이 기독교 혹은 더 일반적으로 정주 생활을 쉽게 받아들인 것은 아니다. 이 사람들은 기독교를 의식적으로 거부했다기보다는 차라리 무관심했다. 이 사람들에 대한 묘사 가운데 자주 나오는 말은 이들이 어린아이 같다는 것이다. 그들은 세례를 받고는 곧 잊어먹었다. 그들은 한 곳에 머물면서 노동을 하며 산다는 것 자체를 도저히 감내하지 못하고 금세 도망갔다. 선교사들은 결국 이런 식으로는 전도가 불가능하다는 사실을 깨닫게 되었다.

이런 상황에서 선교사들이 생각한 것은 감금과 강제 개종이었다. 수도사들은 인디언들을 개종시킨 후 정주촌에서 살게 했다. 이곳에 들어온 인디언들은 음식과 의복을 받는 대신 일을 해야 했는데, 때로는 아주 가혹한 조건에서 건축, 농사, 공업 노역을 했다. 이런 때에 제일 먼저 문제가 되는 것은 전염병이었다. 이전에 전혀 겪지 못했던 질병이 돌면서 인구가 줄어드는 현상은 이 지역에서도 반복되었다. 1769년에 30만 명이었던 이곳 인디언 인구는 1821년에 20만 명으로 줄었다. 이 점에 대해서는 유럽인들 자신도 잘 알고 있었다. 한 프란체스코 수도사에 의하면 "그들은 자유롭게 잘 살고 있었는데, 우리가 그들을 기독교와 공동체 생활에 묶어 두자마자 살이 찌고 병들고 죽었다."

선교원 안에 살게 된 사람들은 차차 정상적인 식사, 아이 돌보기, 농사와 목축 등을 배워 나갔다. 그러나 그동안에도 인구는 계속 감소했다. 천연두, 홍역, 이질 등의 전염병이 심했고 무엇보다도 매독이 큰 문제였다. 이 때문에 신생아의 3/4이 1-2년 내에 사망하였다. 그리고 전통적인 인구 조절 방식인 낙태가 중단되지 않았다. 결국 인디언 수가 감소하고 그들의 언어와 문화가 사라져 갔다. 서구 문화의 유입과 기독교 전도는 불행히도 이 사회의 몰락으로 귀결되었다.

세라는 몬터레이에서 사망하여 그곳에 묻혔다. 현재 몬터레이에는 태평양이 보이는 아름다운 풍광의 바닷가에 아주 고풍스러운 선교회 건물이 남아 있고 이 밑에 세라의 시신이 묻혀 있다. 그를 어떻게 판단해야 할까? 그의 노력으로 수천 명의 인디언이 개종했다는 점을 놓고 보면 그는 가톨릭교회에서 판단하듯 선교의 영웅이라 할 수 있다. 그러나 다른 관점에서 보면 인디언들은 자유를 잃고 강제 노역을 하는 노예의 삶을 살다가 병에 걸려 죽은 것이라 할 수 있다. 1988년 교황 요한바오로 2세가 몬터레이를 방문해서 세라를 복자(福者)로 시성했을 때 많은 인디언들이 모여 항의한 것도 이 때문이다.

4) 피학적 전도

대개 선교사들의 열의는 의심의 여지 없이 진실한 것이었다. 그러나 과도한 열의가 오히려 문제가 될 수도 있었다. 휴런족 사회에 들어간 예수회 신부들의 사례를 보면 전도 열정이 지나쳐서 피학적인 성향을 드러낼 정도였다(Bitterli 1989: 104-105). 그들은 전도 사업을 악마와 싸우는 시련의 과정으로 파악하고 있었던 듯하다. 그래서 순교를 병적인 환상 속에서 미화했으며, 그 결과 고문과 식인 풍습의 희생이 되는 것을 꿈꾸었다. 때로는 가까스로 목숨을 건진 사람들이 다시 사지로 들어가면서 환희 속에서 순교를 준비하였다.

휴런족에게 전도하기 위해 1644년에 내륙으로 들어갔던 프랑수아-조세프 브레사니 신부는 모호크족에게 사로잡혀서 두 달 동안 잔인한 고문을 당하다가 가까스로 네덜란드인에게 구출되었다. 1650년에 건강 문제 때문에 프랑스로 귀환한 그는 신대륙에 있을 때의 기억을 되살려 1657년에 그 지역 지도를 작성하였다. 이 지도와 생생한 선교 기록은 당시 유럽인들에게 깊은 인상을 주었고 많은 선교사들에게 순교의 꿈을 심어 주었다(Lepore 2000: 87).

선교사들의 삶은 실로 고난의 연속이었다. 예수회 신부인 프랑수아 드 크레피욀(François de Crepieul)의 표현에 의하면 그들의 삶은 "길고 느린 순교 과정"이었다. 그는 25년 동안 신대륙에서 일하다가 1697년에 떠나면서 후임자에게 도움이 될 만한 내용을 기록해 두었다. 그는 이곳 생활이 얼마나 힘들며 희생이 큰지 17개 사항으로 정리하였다. 그중 몇 가지를 보자.

> 4조. 우리는 우르간(접시)으로 밥을 먹는데 이것은 깨끗이 하거나 닦는 법이 거의 없으며, 대부분 기름에 전 가죽으로 훔치거나 개가 핥아 논다. 우리는 먹을 게 있거나 누군가 먹을 것을 주면 먹고 그렇지 않으면 못 먹는다. 때로 고기는 반만 익혀져 있으며, 특히 연기로 훈제한 고기는 너무나 질기다.
>
> 10조. 연기가 너무 강해서 눈에서 눈물이 나올 정도이다. 그래서 잠을 잘 때에는 누군가가 눈에다가 소금을 뿌려놓은 듯한 느낌이 든다.

16조. 날씨가 아주 추운 때에는 오두막이 완성될 때까지 2-3시간 동안 추위와 연기 때문에 아주 큰 고생을 한다. 땀에 젖은 셔츠와 젖은 양말 때문에 추위로 감각이 없어진다.

가장 심각한 문제는 선교사들이 이로쿼이족이나 모호크족(휴런족과 갈등 상태에 있던 부족들)에 잡혀가서 고문당할 위험이 상존했다는 점이다. 선교사 자신들은 잘 모르고 있었지만 이 지역의 인디언 부족들 사이에는 전투와 외교 관계가 아주 복잡하게 얽혀 있었다. 그 와중에 어느 한편에 끼어들어간 유럽인들이 상대방 부족의 공격을 받고 포로로 끌려가거나 살해당하는 일이 종종 일어났다. 불행하게도 이로쿼이족은 포로에게 가능한 한 가장 고통스러운 고문을 가하는 관습이 있었는데 예수회 신부들 가운데 그 희생자들이 생긴 것이다. 그 가운데 이삭 조그(Isaac Jogue)는 예외적으로 살아 돌아와서 기록을 남겼다.[30]

그는 1642년에 내륙 지역으로 전도를 떠났다가 모호크족 공격대에게 사로잡혀서 간다우아게라는 마을로 끌려갔다. 그곳에서 언제 처형될지 모르는 상태에서 끔찍한 고통을 받으며 몇 달을 보냈다.

그들은 나를 칼로 찌르고 전쟁용 곤봉으로 내리쳐서 반쯤 죽은 상태로 땅에 쓰러뜨렸다. 내가 다시 숨을 몰아쉬자 나를 때리는 데에 참여하지 않았던 사람들이 모여들더니 그들의 이로 내 손톱을 물어서 뽑았다. 그들은 차례로 내 둘째 손가락을 물어뜯었는데, 손톱이 사라진 그 손가락은 마치 2개의 맷돌 사이에 가는 듯한 극심한 통증을 안겨주었고, 마침내 작은 뼈 조각이 튀어나왔다. […] 마을로 가자 사람들이 다시 달려들어 때리기 시작했다. 머리, 목을 비롯해서 온몸에 다시 소나기처럼 매질이 떨어졌다. 그들은 내

30) 캐나다에 전도를 하러 간 예수회 신부들은 본국에 자세한 보고서를 보냈다. 방대한 양에 이르는 이 기록들은 역사학, 인류학, 종교학, 지리학 등 여러 분야에서 매우 귀중한 정보를 제공하는 탁월한 사료이다. 이 문서들은 1890년대에 편집되어 73권의 책으로 출판되었다. Reuben G. Thwaites ed., *The Jesuit Relations and Allied Documents*, 73 vols., Cleveland: Burrows Brothers, 1896-1900. 이 자료의 중요 내용을 소개하는 간편한 선집으로는 Allen Greer ed., *The Jesuit Relations, Natives and Missionaries in Seventeenth-Century North America*, Boston-New York, Bedford/St. Martin's, 2000. 본서에서는 주로 Greer의 책을 참조했으나 필요한 경우 일부 내용을 Thwaites의 판에서 보충하였다.

손가락 하나를 불에 태우고 다른 손가락을 이로 짓씹더니, 이미 악마 같은 격분 속에서 찢겨진 다른 손가락들을 죄고 비틀었다. 그리고 상처를 그들의 손톱으로 할퀴었다. 내 힘이 빠져 나가자 내 팔과 허벅지에 불을 갖다 댔다. […] 며칠 후 마을의 어떤 여인에게 나를 데려가더니 그녀에게 내 엄지손가락을 자르라고 시켰다. 몇 번인가 그녀는 거절했으나 나중에는 결국 왼손의 엄지손가락을 잘랐다. 이런 '애무'는 다른 사람들에도 돌아가며 했다. 그녀가 내 엄지손가락을 땅에 던졌으므로 나는 그것을 집어서 신에게 바치고자 했다. 그런데 다른 프랑스인 두 사람이 내가 그렇게 하는 것을 보더니, 만일 이 야만인들이 그것을 보면 나에게 그 잘려진 엄지손가락을 삼키게 시킬 것이라고 말해서 나는 그것을 멀리 던져 버렸다. 그들은 다른 프랑스인 1명에게는 더 큰 고통을 가하기 위해 굴껍질로 엄지손가락을 잘랐다. […] 저녁에는 우리를 아이들이 노는 곳으로 데려갔다. 아이들에게 잔인성을 가르쳐 주기 위해서 그런 것 같았다. 아이들은 우리를 나무껍질 위에 눕혀서 손과 발을 기둥에 꼭 묶은 다음 뜨거운 석탄과 재를 우리 배 위에 던져서 우리를 구우면서 즐거워하였다.(Greer 2000: 157-168)

그는 운좋게도 허드슨 강변의 네덜란드인 거주지로 탈출하여 가까스로 목숨을 구할 수 있었고 또 유럽으로 돌아가게 되었다. 그런데 놀랍게도 그는 4년 뒤인 1646년에 다시 캐나다로 되돌아갔다. 이 시기에는 프랑스와 이로쿼이족 사이에 휴전이 맺어졌는데, 이삭 조그는 이로쿼이 언어를 구사할 수 있었기 때문에 외교 업무를 부여받고 인디언 사회로 들어간 것이다. 그러나 이번에는 그가 마술사라는 의심을 받고 갑작스러운 가격을 받고 — 다행히 이번에는 장기간의 고문을 받지는 않은 채 — 사망했다.

캐나다에 들어온 예수회는 무력 정복을 꿈꾼 것이 아니라 오히려 정반대로 극도의 피학적인 전도 방식을 택했다. 이것이 과연 어느 정도로 효과적이었는지 판단하기는 힘들다. 그러나 이들의 이런 방식에 호응하여 기독교를 받아들인 극적인 사례가 없지 않다. 인디언 소녀 카테이 테카퀴타가 그런 사례이다(Lepore 2000: 100-102; Greer 2000: 171 ff.).

그녀는 1656년에 퀘벡 근처 간다우아그라는 곳의 모호크족 마을에서 모호크족 아버지와 알공킨족 어머니 사이에서 태어났다. 그녀의 어머니는 이때 이미 가톨릭으로 개종해 있었다. 부모는 카테이가 4세 때 모두 천연두로 사망하였다. 그 후 그녀는 이 마을에 찾아온 예수회 신부들의 설교를 듣고 개종을 결심했다. 그녀는 1676년에 세례를 받고 세례명을 시에나의 카테리나로 정하였다. 그녀는 대단히 신실한 가톨릭 신자가 되었다. 그녀는 결혼을 거부하고 자신을 심하게 학대하는 성격의 자기정화를 시행하였다.

> 그녀는 언제나 고통에 대한 사랑을 새기며 명상에 잠겼다. 그녀가 자기 육신을 괴롭히는 방식들을 고안해 내는 데에 얼마나 교묘한지는 말로 하기 힘들 정도이다. 때로는 맨발로 눈과 얼음 위를 걸어서 모든 감각을 잃을 정도가 되었다. 때로는 침대에 가시를 덮었다. 사흘 동안 계속해서 가시달린 나뭇가지 위를 굴러서 가시가 온몸에 박혀 말로 할 수 없는 고통을 느끼기도 했다. 언젠가는 전쟁 포로들한테 하는 것처럼 그녀의 발을 불로 태워서 자신을 예수의 노예로 낙인찍고자 했다.(Greer 2000: 182-183)

그녀가 사망한 후 그녀의 이야기가 보고되어서 그녀는 성인으로 시성(諡聖)되었다. 그녀는 아메리카 원주민 여성으로 처음 성인이 되었다.

이런 일련의 사례에서 감지할 수 있듯이, 기독교의 전도와 수용은 정체성의 위기와 관련을 가지기 쉽다. 이는 개인적으로나 사회 전체적으로나 마찬가지이다. 평화적이고 안정적인 전도라는 것은 실로 일어나기 어려운 예외적인 일이다. 정상적인 사회보다는 대개 위기에 빠진 사회, 무너지는 사회에서 전도와 개종의 가능성이 높은 것이다.

아래 인용문은 도더스웜프라는 한 인디언의 개종 기록인데, 이를 보면 역으로 개종이 얼마나 마음 내키지 않고 힘든 일인가, 얼마나 예외적인 일인가를 알 수 있다.[31]

> 내가 신에게 기도하기 전에, 영국인들의 집에 가면 영국인들은 나에게 신에게 기도하라고 자주 이야기했습니다. 그렇지만 나는 많은 친구들이 있는데 그들이 나를 사랑하고 나도 그들을 사랑하지만 그들은 신에게 기도하지 않았으므로 나도 기도하지 않았습니

---

31) 뉴잉글랜드의 인디언들은 개종을 하려면 교회의 장로들 앞에서 자신의 죄를 고해해야 했다. 이 인용문은 그런 고해 기록이다(Lepore 2000: 160-163).

다. 그렇지만 나는 마음속으로 만일 내 친구들이 모두 죽고 나는 산다면 나는 신에게 기도하겠다고 생각했습니다. 그런데 곧 신은 정말로 그렇게 해서 나는 살았지만 내 친구들은 거의 남은 사람이 없을 정도로 모두 죽었습니다. 그래서 내 마음은 두려워졌고 신에게 기도해야겠다고 마음먹었지만 그런데도 신에게 기도하는 것이 부끄러웠습니다. 그렇지만 내가 밥을 먹으면서 신에게 기도하지 않으면 그것도 부끄러웠습니다. 그래서 나는 이중으로 부끄러웠습니다. 그때 당신들이 우리에게 와서 우리에게 '신에게 기도하라' 고 가르치고 말해 주었습니다. 그 다음에 내 마음은 강해져서 더 이상 기도하는 것이 부끄럽지 않게 되었고 그래서 신에게 기도하게 되었습니다. 그렇지만 처음에는 나는 신이나 영생을 생각하지 않았고 다만 영국인들이 나를 사랑하고 내가 영국인들을 사랑해야 한다는 것만 생각했습니다. 그렇지만 다음에 나는 신의 계명으로 인해서 죄가 무엇인지 알게 되었고 그래서 내 죄, 그러니까 욕망과 노름 같은 것들을 보게 되었습니다.

인디언의 어눌한 영어를 옮긴 이 텍스트를 보면, 그의 주변 사람들이 모두 죽어서 새로운 공동체를 찾아야 할 필요 때문에 그가 기독교를 받아들인 것임을 알 수 있다. 개종은 사회와 가족의 '위기의 산물' 인 것이다(Bitterli 1989: 48).

5) 절충주의

여기에서 한 번 더 과감한 질문을 던져 보자. 기독교화가 이루어졌다고 할 때 그 종교적 내용은 과연 어떤 것일까? 유럽의 기독교와 완전히 같은 내용일까? 여기에 자세한 답을 할 수는 없다. 다만 한 가지 주목할 사실은 인디언들의 개종에 흔히 절충주의의 요소가 보인다는 점이다. 즉 그들의 기존 종교를 완전히 버리지 않고 그 신앙의 개념을 필터로 삼아 가톨릭을 받아들이는 것이다.

예컨대 페루의 경우를 보면, 1532년에 에스파냐인이 페루에 처음 왔을 때 이곳에는 잉카의 고유한 국가 신앙이 존재했고, 사제층과 정교한 신화가 존재했는데, 페루인들은 이 기존 신앙을 통해 가톨릭 신앙의 내용을 걸러서 "안데스 가톨릭 신앙"이라 할 만한 것을 형성하여 받아들였다.32

가톨릭 신앙과 인디언의 신앙 사이에 우연찮게 일치하는 내용들이 있기 때문에 절충이 가능했던 측면도 생각해 볼 수 있다. 앞에서 언급한 아메리카 최초의 여성 성인인 카테리나의 경우를 다시 생각해 보자. 그녀는 어떻게 해서 이국 종교에 그토록 몰두하게 된 것일까? 이에 대해서 기독교와 이로쿼이족 신앙이 유사한 요소를 공유하기 때문이라는 견해가 있다. 우선 성가족의 개념이 유사하다. 마리아와 안나로 이루어진 가톨릭의 여성성이 이로쿼이 인디언의 모계 사회의 성격과 통하였다. 또 그들의 창세 신화를 보면 천녀(天女, Sky Woman)가 거북이 등에 내려와 이 세계의 생물들을 낳았다고 하는데 이 역시 성모 마리아의 무염시태(無染始胎)와 유사하다고 볼 수 있다. 그 외에도 묵주가 인디언의 웜펌 구슬과 유사하고, 또 가톨릭의 세례와 통하는 유사 요소 역시 이야기된다(두 종교에서 모두 물은 재생의 상징이다). 그녀만이 아니라 가톨릭을 받아들인 다른 여인들 역시 가톨릭 신앙과 의식을 그들 자신의 전통적인 신앙 속으로 끌어들여서 새로운 종류의 혼합 종교처럼 만들어 냈을 가능성이 있다(Lepore 2000: 100-102).

이런 측면을 유럽 전도사들이 의도적으로 이용하는 수도 있다(Shapiro 1987). 브라질과 파라과이 중간 지역에 사는 투피-과라니족을 찾아간 선교사들은 — 이 사례는 영화 〈미션〉에 소개되어 더욱 유명해졌다 — 과라니족 신화에서 기독교와 유사해 보이는 요소를 찾아서 기독교의 내용을 설명하려고 했다. 이런 차용이 분명 위험성을 내포하고 있음을 그들도 모르지 않았지만 그들은 이런 요소들이 하느님이 복음을 위해 일부러 심어놓은 씨앗이라고 견강부회했다. 그들로서는 어떻게 해서든지 기독교의 메시지를 인디오들에게 전해야 했기 때문이다.

32) 하나의 예로 구아마 포마라는 16세기 페루의 지식인이 쓴 세계사를 분석한 Szeninski(1995)를 참조하라. 그의 분석을 정리하면 다음과 같다: 안데스의 우주관에서 이 세계는 상층과 하층 2개의 층으로 나뉘어 있다. 우리가 사는 이 하층 세계의 모든 존재는 — 인간이건 짐승, 식물, 혹은 돌이건 간에 — 다 상층 세계에 자신의 별이 있다. 모든 정상적인 존재는 상부 세계와 하부 세계 사이에 균형이 잡혀 있어야 한다. 예수가 한 일은 카이 파차(우리가 사는 세계)에서의 삶과 죽음을 통해 모든 세계를 연결하였고, 그래서 균형과 질서의 기초를 만든 것이다. 예수 이전에 인간은 상부 세계와의 접촉과 지식이 없었다. 인간은 신과 하늘에 대해 제대로 알고 숭배하는 법을 몰랐기 때문에 죄를 짓고 벌을 받았다. 그런데 예수 이래 인간은 상부세계(예수, 성부, 성령, 마리아 등이 사는 곳)와 연결하는 특별한 지식을 가지게 되었다.

기독교 전도를 하는 데에 무엇보다도 기독교와 같은 의미의 신과 악마라는 개념 및 용어가 없다는 것이 문제였다. 선교사들은 과라니족 신화에서 그나마 유사한 요소들을 찾아냈다. 우선 천둥 번개와 비를 일으키는 신인 투팡(Tupã)을 '신'으로 삼고 숲에서 사는 사악한 영인 유루파리(Yurupari) 혹은 지로파리(Giropari)를 악마로 삼았다. 그리고 놀랍게도 이 신화에서 홍수로 인해 세계가 파괴된 적이 있다는 내용을 발견했다. 당연히 선교사들은 이것이 노아의 홍수를 가리키는 것으로 해석했다. 또 기독교 전승 가운데 먼 이방(특히 인도)에 전도를 갔다고 하는 도마(Thomas) 성인과 유사한 요소로 이 지역 신화상의 영웅인 '수메'를 차용하였다. 토마는 프랑스어로 토메(Thomé)인데 이름이 다소 비슷해 보이는 '수메'가 바로 그 성인이라고 주장한 것이다! 그리고 신성한 바위에 새겨진 수메의 발자국 역시 토마의 것이라고 해석하였다. 이런 식의 억지 해석은 인디오들도 마찬가지였다. 인디언들은 백인을 마이라(Maira) 혹은 바라이바(Varaiba)라고 불렀는데 이는 강력한 샤만 마이라-몬나(Maira-Monan)의 후예라는 의미이다. 이 샤만은 과거에 지상에 살다가 박해를 받고 하늘로 올라간 인물인데, 유럽인이 그 대신 선물을 가지고 돌아왔다고 본 것이다.

선교사들은 인디언들이 그들이 하는 말을 아주 열심히 경청한다는 보고를 하였다. 그러나 그 내막은 실로 다른 것이었으니, 유럽인이 전하려는 것과 인디언이 들으려는 것은 서로 다른 내용이었다.

6) 기독교의 수용

그렇다면 기독교는 전혀 전파되지 못했단 말인가? 표면적으로 기독교를 받아들인 것처럼 보이는 경우에도 기실 그것은 거짓이거나 피상적이거나 혹은 유럽의 기독교와는 다른 '제3의 종교'로서 받아들인 것인가? 그렇지는 않다. 기독교를 받아들인 사람들에게는 분명 진실한 전도가 이루어졌다고 보아야 한다(Axtell 1988: 102-108).

많은 사람들이 인디언들의 개종은 진실한 개종이 아니었다고 주장한다. 그 내용은 대개 다음과 같은 것들이다. 인디언들은 성경의 내용과 신학적 내용을 거의 이해하지 못했으며, 다만 유럽인들의 공격에 대한 대응으로서 기독교를 받아들이는 척했으나, 이것은 자신들의 실제 상태를 숨기기 위한 방편이거나, 혹은 이윤을 얻기 위한 것이었다. 퀘벡에 모여드는 인디언들은 '밀-뱀장어 기독교도(wheat-and-eel Christian)' 라고 불렸는데, 이는 유럽인들에게서 담배, 브랜디, 셔츠 같은 물품을 받기 위해 설교를 듣는 척한 것에 불과했다는 의미에서 붙여진 이름이다. 인디언들의 기존 종교는 매우 강고했으며, 따라서 이전 종교를 거의 버리지 않았고, 설사 기독교를 받아들였다 해도 절충주의적인 내용이었다. 표면적인 현상을 보고 인디언들이 개종했다고 판단했지만 선교사들이 그들에게 속은 것이다. 선교사들의 전도 태도에도 문제가 있어서 이들은 기독교 교리를 있는 그대로 전하려고 하기보다는 핵심적인 신앙의 내용만 알리는 데에 그쳤다(유럽 기준으로 보면 어린이들이 배우는 정도의 내용들에 불과하다는 것이다). 그리고 아름다운 다성악 음악과 멋진 제단, 옷, 향, 엄숙한 의식, 메달 등의 요소들이 동원되었고 여기에 더해서 시계와 같은 문명의 산물들을 보여 주었는데, 인디언들은 이런 것들에 어린아이처럼 매혹당한 것이다. 그러나 인디언들은 실제로는 종교적인 내용과 관련해서는 적대적이거나, 더 나쁘게는 무관심으로 일관했다. 1673년에 한 예수회 신부가 한 말에 의하면 "인디언들은 그들에게 말하는 내용에 대해 반대하는 적이 거의 없고, 가르치는 내용 전부 인정한다." 그들은 무조건 예(oui!) 하고 답하고는 숲으로 들어가면서 '변절(apostasy)' 하여 완전히 원래 생활로 돌아간다. 사실 인디언들의 축제(특히 폭식), 일부다처, 샤만, 부적 같은 요소들을 금지시키는 데 대해 그들의 저항이 심해서 쉽게 기독교를 받아들이기 어려웠다. 이런 비판적인 견해에 의하면 개종자는 극소수였고 그나마 그들의 신앙이 올바른 믿음인지 의심스럽다는 것이다.

그러나 소수일망정 고통스러운 과정 끝에 기독교를 수용한 인디오들은 진정으로 기독교를 받아들였다고 봐야 할 것이다. 때로 가톨릭 신부가 너무 쉽게 세례를 준다는 일종의 '신화' 와 같은 비판도 있지만 이는 사실이 아니다. 예를 들어 최초로 세례를 받은 휴런족 사람은 3년 동안 교리문답을 공부하고 테스트를 거쳐서 세례를 받았다. 청교도들 역시 그들이 전도하는 사람들에 대해 엄격한 심사를 거쳤다. 이런 과정을 거쳐 개종한 사람들이 진실로 기독교를 받아들였다고 볼 수 있는 방증은 역설적으로 인디언들이 개종 후에 기독교에 대해 제기하는 날카로운 질문들이다. 그들이 성경, 기독교 역사, 교리에 관한 질문을 던지면 신부와 목사들이 어쩔 줄 모른 채 대답을 하지 못했다는 기록이 많이 있다. 그만큼 그들은 자신들이 직면했던 영혼의 문제에 대해 깊이 있게 따지고 성찰했던 것이다.

그들이 새 종교를 받아들인 데에는 그것이 새로운 감정적 욕구와 지적인 갈증을 해결해 주는 요소가 있기 때문이다. 사실 이 욕구라는 것 역시 유럽인이 들어오면서 형성된 것이다. 특히 새로운 질병으로 수많은 사람들이 죽을 때 일부 살아남은 자들에게는 긴급한 질문들이 제기되었다. 그들로서는 기존의 규범이 무너진 이상 새로운 규범이 필요하게 되었다. 절충주의의 가능성이 분명 있지만, 그렇다고 해서 그것이 제3의 종교라고 할 수는 없다. 충격과 고통 끝에 개종자들은 결국 새로운 종교를 수용한 것이다.

3. 아시아와 기독교

아시아는 아메리카 대륙에 비해 전반적으로 문명 질서 혹은 제국 질서가 쉽게 무너지지 않았다. 적어도 제국주의 시대 이전에는 유럽인들의 도래가 즉각적인 붕괴의 위협이라고 할 수는 없었다. 종교 분야 역시 같은 관점에서 이해할 수 있다. 많은 경우 기독교와 접촉한다고 해서 곧바로 기존 종교들이 쉽게 무너지거나 변형될 소인은 상대적으로 적었다고 판단된다.

기독교 선교의 영향은 지역마다 상이했다. 중국에서는 점진적인 변화 가능성을 확인한 정도였고, 일본은 완전한 거부에 가까웠다. 중동 지역은 이슬람에 의해 기독교가 저지당한 편이었고, 태국에서는 상당히 지속적인 노력을 경주했음에도 불구하고 거의 성과가 없었다.[33] 인도와 동남아시아에서는 포르투갈의 식민화가 진행된 지역에서 부분적으로 기독교화가 이루어졌으나 그것은 힌두교, 불교, 이슬람교의 바다 속에 있는 작은 섬과 같았다. 완전한 문화적 변용이 일어날 정도로 가톨릭을 받아들인 지역은 필리핀 정도에 불과하다. 그런 가운데 한국은 매우 독특하게도 뒤늦은 시기에 중국의 매개를 통해 기독교를 '서학'의 형태로 받아들였다.

1) 중국

아시아 전도의 선구자는 예수회였다. 나바레트 출신의 로욜라(Ignatius Loyola, 1491-1556)가 1540년에 세운 예수회는 엄격한 훈련과 교육을 통해 교황에 절대 복종하는 '첨병'이 되고자 했다. 이들은 유럽에서는 가톨릭 종교 개혁의 선봉이었고, 유럽 이외의 지역에서는 우선 위그노(신교도)들의 '침투'를 막는 역할을 했을 뿐 아니라(플로리다, 브라질, 캐나다 등) 더 나아가서 세계 각지로 가톨

33) 태국에서 기독교는 가톨릭이든 개신교든 오랜 기간 집중적인 노력을 경주했음에도 불구하고 거의 '침투'에 성공하지 못했다. 먼저 17세기에 가톨릭 선교사들이 도착했다. 프랑스 예수회 선교사들은 아유타야의 왕궁에 들어와서 나라이 국왕에게 전도하려고 했으나 실패했다. 1688년 외국인에 저항하는 성격의 혁명이 일어나서 국왕이 살해되고 예수회의 노력이 물거품이 되었다. 약 한 세기 반 정도 지나서 이번에는 개신교 선교사들이 들어왔다. 미국의 장로교를 비롯한 여러 종파의 선교사들은 관용적인 태도에 고무되어 심지어 국왕 몽쿠트를 개종시키려고 했으나 실패했다. 태국인들은 '근대화'에 대한 이들의 공헌을 받아들였지만(예컨대 근대 의학) 국왕이나 일반 국민 모두 기독교 자체는 수용하지 않았다. 할 수 없이 장로교 선교사들은 북부 변방의 치앙마이 지역으로 들어갔다. 출라롱코른 국왕의 "관용령(Edict of Toleration)" 덕분에 방콕에서보다는 더 큰 성공을 거두었으나 신도 수는 여전히 소수에 불과했다. 대체로 중국 화교나 고산지대 사람들이 기독교를 수용하는 비율이 상대적으로 높았다. 그러나 전반적으로 오늘날까지도 태국에서 기독교는 매우 제한적인 현상에 불과하다. 왜 성공을 거두지 못했는가? 기독교와 테라바다 불교 사이에 기본적인 세계관이 다르기 때문이다. 여기에 기독교 쪽의 비타협적인 태도도 작용한 것으로 보인다(Cohen 1995: 34-36).

릭 신앙을 전도하러 나아갔다. 예수회는 16세기 중엽부터 전 지구적인 약진을 하고 있었다(1547년 콩고, 1548년 모로코, 1549년 일본과 브라질, 1557년 에티오피아, 1560년대 멕시코, 페루, 캐나다). 이들은 서양 고전, 논리학, 수학, 자연과학 등의 분야에서 상당한 정도의 소양을 쌓고 그것을 바탕으로 전도를 하려고 했다. 이들이 당대 최고 수준의 '과학자'라고 할 수는 없지만 최신 과학 지식을 흡수한 엘리트인 것은 분명하며 이것이 그들의 선교 전략에서 대단히 중요한 역할을 했다. 그리고 선교의 필수 요소가 언어였기 때문에 대부분의 예수회 인사들은 어학 능력이 뛰어났다. 마테오 리치가 중국 사회에 깊숙이 진입할 수 있었던 것도 중국 고전들을 해독하고 한문 저작을 쓸 수 있을 정도의 어학 실력을 갖추었기 때문이다.

예수회(Societas Iesu)는 하느님의 군대라는 자기 확신을 가지고 있었다. 이때 '회'라는 것은 에스파냐어의 꼼파냐(compana)를 로욜라가 라틴어(societas)로 옮긴 것인데, 원래 부대를 뜻한다. 그만큼 전투적으로 세계 전도를 하겠다는 의지가 강했다. 회원 대다수는 평생 교단 운영에 대해 아무런 발언권도 가지지 못한다. 총장은 종신제이고 이름도 '제네랄(general, 장군)'이다. 그만큼 이들은 철저한 복종과 엄격한 규율로 무장하고 있었다. 다만 의복은 의외로 제복을 택하지 않았으므로 나중에 마테오 리치가 자유롭게 승복과 유복(儒服)을 바꿔입을 수 있었다(히라카와 스케히로 2002: 59-60).[34]

중국과 일본에 전도를 시도한 초기의 중요한 인물 중의 한 사람이 사비에르(Francisco Xavier)였다. 그는 1541년 리스본에서 고아로 갔다가 인도, 말라카, 암본, 테르나테 등지를 거쳐 1549년에 일본에 도착했고, 다시 중국 진입을 기도하려고 일본에서 중국으로 가던 중 1552년에 사망했다. 그는 일본과 중국의 상황에 대해 자기 나름의 판단을 하고 나서, 이 두 지역의 기독교화에 큰 희망을 걸었었다. 물론 그런 판단이 정확한 것은 아니었고 오늘날의 입장에서 보면

34) 만일 예수회도 구세군처럼 정복을 착용했다면 마테오 리치의 선교 전략은 달라졌을 것이다.

많은 착각을 하고 있었다. 1552년 1월 29일 자로 된 그의 편지를 보자.

> 중국은 일본 바로 옆에 있으며, 이곳에서 불교의 교의가 일본으로 건너왔습니다. 중국은 넓은 나라이며 평화롭고 전쟁 같은 것이 없다고 합니다. 그곳에 있는 포르투갈인의 글에 따르면, 중국에서는 정의가 매우 존중되고 있으며 그리스도교 세계의 어느 나라보다도 바른 정치가 이루어지고 있다고 합니다. 그리고 제가 일본과 그 외의 나라에서 살핀 바로는, 중국인은 아주 교양이 있고 일본인보다 영리합니다. 또한 중국은 물자가 넘쳐나며 인구도 대단히 많아 수많은 대도시가 있습니다. […] 올해 안에 저는 중국 황제가 있는 곳으로 가려고 합니다. 중국은 우리 주 예수 그리스도의 신앙을 선교하기에 적합한 곳입니다. 또한 중국이 그리스도교 신앙을 받아들인다면, 일본인이 중국에서 전해진 종교를 불신하는 마음을 일으키게 하는 데 아주 도움이 될 것입니다. 일본은 '량포'(寧波)라는 중국의 중요한 도시에서 80리그밖에 떨어져 있지 않습니다.(히라카와 스케히로 2002: 46-47)

그는 황제를 개종시킴으로써 중국 전체를 개종시킨 다음 중국의 영향으로 일본 역시 불교를 버리게 만든다는 거대한 계획을 구상했던 것이다. 예수회 선교사들은 이런 식으로 어느 지역에 가서 그곳의 지도자를 개종시킴으로써 위로부터(top-down) 출발하여 그 지역 전체를 개종시키는 전략을 썼다. 아마도 로마 황제의 개종으로 로마가 기독교 제국이 된 사례 — 이렇게 해석하는 것이 옳고 그른지 여부는 차치하고 — 가 모범이 되었을 것이다. 이는 또 다른 예수회 신부로서 중국에서 활동했던 루제리의 보고서에 명백하게 나타난다.

> 선교의 핵심은 중국 황제가 황궁으로 신부를 부르고 싶다는 마음이 들게 하는 것입니다. 황제가 신부에게 설교 허가를 내 주고, 황제가 그리스도교 교리를 채용해 그 가르침을 빠짐없이 들려준다면, 불교 종파를 하찮게 여기는 중국인들은 곧 그리스도교의 가르침에 기울어질 것입니다.(루제리의 보고서, 1580. 11. 12)[35]

그러나 중국의 입장에서 이런 방식은 받아들이기 어려운 일이었다. 기존의 문명 질서가 엄연하게 자리잡고 있고, 유교가 정치 이데올로기이자 생활의 탄

35) 히라카와 스케히로(2002: 104)에서 재인용.

탄한 규범으로 자리잡은 중국에서 전혀 이질적인 종교가 들어와서 기존 질서와 충돌한다는 것은 용납되기 힘든 일이었다.36

이런 상황에서 전도를 위해서는 적어도 잠정적으로 기독교가 기존 종교와 타협하는 수밖에 없었다. 마테오 리치의 사례가 이를 잘 보여 준다.

1583년 마테오 리치는 조경부(肇慶府)에 처음 들어와 자리를 잡은 후 조금씩 베이징 가까운 지역으로 이주해 갔다. 이 무렵에 그는 기독교 전파의 강력한 적수가 불교라고 생각하고는 스스로 불교 승려처럼 행동하였다. 불교 승려의 옷을 입고 교회당에는 조경부 지사 왕반(王泮)이 쓴 "선화사서래정토(僊花寺西來淨土)"라는 편액을 걸었다. 그의 선임인 루제리가 가톨릭 교리서를 한역하여 출판한 책인 『천주실의(天主實義)』의 원명은 『신편서축국천주실의(新編西竺國天主實義)』이고 편저자 이름도 '천축국승집(天竺國僧輯)'으로 되어 있었다(강재언 1990: 18). 이렇게 불교를 연상시키는 외양을 한 채 불교 교리를 집중 공격했다. 마침 불교에 나오는 천국과 지옥은 기독교에서 말하는 것과 적어도 외형적으로 유사했다. 『천주실의』에서 중국 선비와 서양 선비가 만나 대화하는 중에 그것을 이렇게 설명하였다.

> 중국 선비(中士)가 말한다: 만일 내세의 천당과 지옥을 말씀하신다면, 그것은 바로 불교입니다. 우리 유가에서는 그런 것을 믿지 아니합니다.
>
> 서양 선비(西士)가 대답한다: 그것이 무슨 말씀이십니까? 불교에서 살인을 경계하고 유교 역시 사람들이 법도를 어지럽히고 살인하는 것을 금합니다. 그렇다면 유교와 불교가 같습니까? 봉황도 날고 박쥐도 날아다닙니다. 그렇다면 봉황과 박쥐가 같습니까? 사물은 한두 개의 실상이 서로 비슷하더라도 그 실체는 크게 다르며 같지 아니합니다. 천주교는 오래 된 종교이고, 석가모니는 서방 사람이니 반드시 그[천주교] 이론을 훔쳐서 들었을 것입니다. 무릇 사특한 도리(邪道)를 전하고자 하는데, 서너 개의 바른 말을 섞어 넣지 아니하면, 누가 그것을 믿겠습니까? 석가모니는 천주와 천당 지옥에 관한 뜻을 [천주교로부터] 빌려 가짐으로써 자기의 사사로운 뜻과 사특한 도리를 전했습니다. 우리들이 올바

36) 국가 내부에 국가를 초월하는 듯한 새로운 집단이 세력을 키워 나가는 현상에 대해서는 오늘날에도 중국 정부 당국이 꺼려하고 때로 심한 탄압을 가한다. 이는 파룬궁 사태에서도 보이는 일이다.

른 도리를 전하는데, 어찌 저들이 [빌려 간 것을] 제쳐 두고 강론하지 않겠습니까? 석가모니가 미처 태어나기도 전에 천주교인들은 이미 그런 이론을 가지고 있었습니다.[37]

그런데 약 10년이 지나서 어느 정도 중국 사정을 알게 된 다음에는 마테오 리치는 수염도 기르고 옷도 승복에서 유복으로 갈아입었다. 중국 선교에서 문제가 되는 것은 불교가 아니라 유교라는 점을 인식했고, 또 불교와 기독교는 전혀 양립할 수 없는 반면 유교는 충분히 기독교와 양립할 수 있으리라고 판단했기 때문이다. 그는 스스로 유교의 내용을 이해하고 받아들여서 기독교를 유교와 절충함으로써 중국 황제와 지식인 사회, 더 나아가서 중국인 전체에게 전파하고자 했다.

이때 문제가 된 것은 공자의 성격이었다. 공자에게 신성을 인정하면 다른 신을 인정하지 않는 기독교와의 공존은 불가능하게 된다. 그래서 마테오 리치는 유교를 종교가 아닌 도덕으로 파악했고, 공자를 받드는 의례도 종교적인 성격의 것이 아니라고 주장했다. 유교는 통치를 위해 유용한 '아카데미아'라는 것이다. 실제로 이런 태도가 당대 지식인들의 생각과 일치하는 부분이 있었을 것이다. 중국 지식인들이 완전히 기독교 교리를 다 이해하고 거기에 동의하여 개종했다기보다는 리마두(利瑪竇, 마테오 리치의 중국식 이름)가 말하는 천주가 중국의 옛 경전에 있는 상제라는 해석을 곧이곧대로 받아들였을 가능성이 크다. 1622년에 황제에게 천주교를 비판하는 상소가 올려졌을 때 이에 맞서 서광계(徐光啓), 이지조(李之藻), 양정균(楊廷筠) 같은 인물들이 천주교를 옹호하는 상소를 올렸는데 그 내용은 "그들의 사천(事天)의 학(學)은 진실로 왕화(王化)를 보익(補益)하고 유술(儒術)을 좌우(左右)하고 불법(佛法)을 구정(救正)하는 것"이라는 주장이었다. 즉 천주교의 사천주(事天主)는 사상제(事上帝)와 같다는 것인데,

37) 만일 시간 선후로만 보자면 오히려 기독교가 불교에서 천국 · 지옥 개념을 훔쳤다고 할 수도 있을 것이다. 그렇다면 리치는 석가모니가 언제 적 인물인지 모르고 있었던 것일까? 그럴지도 모른다. 혹은 다른 가능성도 있다. 초기 한문 서학서(西學書)에서는 천주에 대한 신앙을 가지고 있는 종교로서 고교(古教), 즉 유태교와 신교(新教), 즉 기독교를 함께 언급하고 있다. 따라서 여기에서 리치가 말하는 천주교는 유태교일 가능성도 있다(마테오 리치 1998: 121-122, 주 10).

아마 그들은 진실로 이렇게 생각했을 가능성이 크다(강재언 1990: 22). 이런 식이 아니라면 도대체 어떻게 기독교 교리를 중국에 소개할 수 있단 말인가?

결정적인 문제로 떠오른 것은 잘 알려진 대로 전례논쟁이다. 하늘에 제사 지내고 공자를 모시고 조상신을 숭앙하는 것[祭天 祀孔 崇祖]이 과연 기독교의 본질적인 내용과 합치되는가? 이 문제를 어떻게든 해결하지 않으면 중국 내지 유교 문화권에 기독교를 전도하는 것은 벽에 부딪히게 된다.

스케히로 교수(2002: 726)는 마테오 리치의 전략을 이렇게 설명하였다: 마테오 리치는 서양인에게 설명할 때에는 조상 숭배에 종교적 성격이 없다고 말하고, 다만 유학자는 마치 고인의 영혼이 존재하는 '것처럼' 제사를 지낸다고 주장했다. 그러나 동양인에게 설명할 때에는, 고인의 영혼은 언제나 불멸하기 때문에 유교에서 고인을 제사 지내는 것이라고 강조했다. 서양 기독교 신자를 위한 해석과 동양의 유학자를 위한 해석이 다른 것은, 좋게 말하자면 마테오 리치의 적응 정책에 고민이 있었던 것이고, 나쁘게 말하자면 마테오 리치가 교활한 것이다. 마테오 리치는 기독교와 유교 모두를 존중해야 하는 입장에 있었고, 이 두 가지의 공존을 원하는 마음이 우선했기 때문에, 서양용과 동양용 두 가지를 만들어 낸 것이다. 그는 자신의 한문 저술과 이탈리아어 저술의 모순을 지적하는 사람이 적어도 중국에서는 나올 염려가 없다고 생각했던 것이 틀림없다.

사실 황제와 중국인 지식인들은 기독교보다는 서양의 과학 기술 문명에 대해 더 큰 관심을 가지고 있었다. 그리고 또 이것을 의도적으로 이용한 것이 예수회의 중요한 선교 전략이었다.[38] 그것은 우선 황제들의 태도에서 분명히 읽을 수

38) 예수회의 선교 전략은 과학을 통해서 황제의 신임을 얻어 곧바로 위로부터 전도하겠다는 것이었다. 그들이 생각하는 모델은 로마 제국의 콘스탄티누스 황제의 개종이었다(Jami 1992: 79). 예수회 신부들은 과학의 내용을 전달하기보다 '과학하는' 법을 전달했다는 데에 더 큰 의의가 있다고 할 수 있다. 따라서 부분적으로 그들이 전한 과학 내용에 오류가 있다고 하더라도 그것이 결정적으로 큰 문제라고 할 수는 없을 것이다. 사실 그들의 의도는 과학의 전달 그 자체가 아니라, 그 우수한 과학이 기독교권의 산물이라는 점을 강조하는 것이었다. 일식을 잘 예측한다는 것은 결국 기독교 신학의 우수성에 대한 간접적 증거라는 식이다. 자연은 신의 피조물이므로 자연에 대한 정확한 지식은 곧 신에 대한 바른 이해로 귀결되며, 그것이 결국 가톨릭이야말로 올바른 신앙이라는 점을 증명해 주리라는 믿음이 이

있다. 강희제만 하더라도 유럽 선교사들로부터 스스로 수학을 배울 정도로 유럽 과학과 기술에 관심을 가지고 있었다.[39] 황제는 십자가보다는 시계에 더 마음이 간 것이다. 그런데 전례문제는 지금까지 수행했던 예수회의 전략을 흐뜨려놓고 말았다.

예수회의 선교사들이 조상과 공자를 받들어 행하는 숭배 의식이 기독교 신자의 의무에 반(反)하는 것이 아닌 세속적 행사일 뿐이라고 주장한 데에는 중국 문명권 속에서 어떻게든 기독교 교리를 전파해야 한다는 현실적인 고려가 들어 있었으나, 교황청은 이를 이해하지 못했다. 혹은 이해하려고 하지 않았다. 예수회에 적대적인 다른 교단들은 예수회의 타협적인 태도, 신앙보다는 과학을 통해 간접적으로 접근하려는 자세를 신랄하게 비판했다. 한 예로 마닐라에서 활동 중이던 나바레트라는 수사는 "나는 우리 전도사들이 중국에서 손에 시계와 지도를 들고 있는 모습을 보는 것보다는 목에 십자가를 두르고 있는 모습을 보고 싶다"라고 말하기도 했다(Wallis 1965: 43).

중국 전도는 예수회가 먼저 시작했으나, 이 '독점 상태'에 대해 다른 교단들이 도전하고 나선 것이다(강재언 1990: 85-87). 그리하여 도미니칸 회나 프란체스코 회도 중국에 선교사를 보내기 시작했다. 앞에서 설명한 대로 이런 변화의 배후에는 포르투갈과 에스파냐의 갈등이 있었다. 예수회는 '위로부터' 전도하여 중국 전체를 기독교화한다는 전략을 취하였다. 가장 위로는 황제로부터 시작해서 사대부층에 접근했고 따라서 유교 전례와 타협하는 것은 불가피했다. 그런데 다른 교단들은 민중들에게 바로 접근했고, 그 때문에 제사와 같은 것들

뒤에 깔려 있었던 것이다(Needham 1996).

39) 강희제 당시 프랑스의 루이 14세가 예수회 신부들을 보냈을 때 의도적으로 수학에 능통한 사람들을 선발했다. 이들의 명칭 자체가 "국왕의 수학자들(the King's Mathematicians)"이었다. 그 결과 중국 내에서 예수회 사이에 프랑스 측과 포르투갈 측이 대립하는 현상이 벌어졌다. 이때의 수학 내용은 대개 캘린더 제작을 위한 계산법 위주였다. 이들이 전한 수학은 17-18세기 수학이라기보다는 르네상스 수학에 가까웠으며, 그래서 데카르트, 뉴튼, 라이프니츠 등의 업적은 전달되지 못했다(Jami 1992: 80).

이 미신이라고 폭탄선언을 할 수 있었다. 그들은 중국 문화를 이해하려는 노력을 하지 않았고 다만 "이교도를 개종시킨다"는 오만한 자세로 임했다. 그리고 예수회처럼 과학, 예술, 문학 등에 대한 다양한 소양을 키우기보다는 오직 신학 위주의 학습을 받고 아시아로 떠났다.

1642년에 도미니칸 회의 모랄레스가 교황청에 제사에 대한 의견을 구하는 것으로 문제를 공식 제기했다. 이에 대해 예수회는 1700년 교황청에 자신들의 의견을 정리하여 보냈다. 즉 경천(敬天), 사군친(事君親), 경사장(敬師長)은 미신이 아니라 천하의 통의(通義)라는 강희제의 견해를 전하고 자신들의 타협주의는 불가피하다고 주장했다. 그러나 교황 클레멘스 11세(1700-1721)는 1704년에 중국 전례에 참여하는 것을 금지하는 교황칙서(Ex illa die)를 발표했다. 분노한 강희제는 "서양인들과 같은 소인과 어찌 중국의 큰 도리에 관해 이야기할 수 있겠는가 의심치 않을 수 없다. […] 앞으로 서양인은 중국에서 선교할 필요가 없다"고 선언했다. 그러고는 1706년부터 소위 급표(給票) 정책을 폈다. 선교사들을 선별하여 유교 전례에 참여하는 사람들에게는 거주증명서(표)를 주고 나머지는 추방한다는 것이다.

사실 강희제로 말하면 수학에 관심이 있어서 수학에 정통한 선교사들과 매일 2-3시간씩 수학을 논할 정도였지만, 이를 통해 황제를 개종하고 더 나아가서 중국 전체를 선교하겠다는 전략은 애초에 가능성이 없었다. 강희제가 수학을 좋아하는 것과 기독교를 받아들인다는 것은 전혀 별개의 일이었다. 강희제는 『주자전서(朱子全書)』를 편찬할 정도로 주자학을 확고부동한 기본으로 삼은 인물이었다.[40]

1742년, 건륭 7년에 나온 교황의 마지막 교서로 전례 논쟁은 종지부를 찍었

40) 우리나라에는 한역된 서적을 통해 서학이라는 이름으로 천주교가 소개되었다. 이에 대해서 예컨대 이수광은 객관적으로 그들의 주장을 전하는 편이었던 데 비해 유몽인은 대단히 비판적이었다. 천당지옥설에 대해서는 유교의 내용과 맞지 않고, 성직자의 불사혼취(不事婚娶)는 인륜에 어긋난다는 것이다(강재언 1990: 29, 83).

다. 이는 모든 미해결 의문점에 대해 예수회 쪽에 불리한 판정을 내린 것으로, 이렇게 해서 어떤 형식으로든 선교사가 중국의 관습에 적응하는 것은 금지되었다. 1773년에 예수회는 해산되었고[41] 중국 선교는 라자로 회가 이어받았다.[42]

중국의 사례는 기존의 문명을 완전히 부정하고 새로운 질서를 주입하는 것이 불가능하다면 결국 절충주의 외에는 길이 없다는 것을 잘 보여 준다.[43]

2) 일본

일본이 예수회 선교사들을 접하는 과정 역시 중국만큼이나 파란만장하다.

41) 종교와 정치가 뒤섞인 갈등을 겪는 과정에서 예수회는 유럽 내에서 심한 공격을 받고 18세기에 큰 위기를 맞았다. 가장 큰 지지 국가였던 포르투갈에서도 1758년 폼발 정권 당시 공격을 당했고 프랑스에서도 루이 14세가 프랑스 내 모든 예수회 학교를 폐쇄시켰으며 에스파냐의 카를로스 2세(1665-1760) 역시 예수회를 국외로 축출했다. 결국은 1769년에 교황청이 예수회를 공식적으로 해산시켰다가 1814년에 가서 교황 피우스 7세에 의해 복원되었다(Gunn 2003: 109).

42) 교황청은 제국주의 시대에는 아시아의 조상 숭배를 전적으로 부정했으나, 20세기에 들어와서는 다시 타협적인 태도를 취하지 않을 수 없었다. 가톨릭교회 안에서 이 문제에 대한 최종 결정이 나온 것은 교황 피우스 12세 때인 1939년 12월 8일의 일이다. "가톨릭계 학교에서 공자상을 장식하는 것은 부정하다고 생각할 만한 것이 아니다. […] 그 앞에서 머리를 숙여 인사해도 괜찮다." 그리고 "죽은 사람의 상(像) 앞에서나, 단지 이름이 쓰여 있을 뿐인 묘표(墓標) 앞에서 머리를 숙이는 등의 시민적 경의의 표명은 용인될 수 있는 적법한 행위로 간주되어야 한다."(히라카와 스케히로 2002: 184, 718-719)

43) 절충주의의 한 방식은 선교사들이 중국 고전을 그들의 필요에 따라 자의적으로 해석하는 것이다. 안토니오 카바예로(Antonio Caballero, 중국명 利安當, 1601-1669)가 저술한 『천유인(天儒印)』(1664)은 라이프니츠 같은 유럽 지식인들에게 많이 읽히며 중국을 이해하는 자료로 많이 이용된 책이다. 이 책에서는 중국의 고전들이 많이 언급된다. 예컨대 『대학』의 '천지명명(天之明命)'에 대해서, 天을 주희는 물리적인 하늘[蒼蒼], 창조주[主宰], 원리[理] 등으로 나누어 구분하여 이해하였던 데 비해 그는 전적으로 창조주로만 파악했는데, 이는 그가 준거로 삼고 있는 기독교적인 내용과 어떻게든 유사한 방향으로 해석하려고 했기 때문이다. 親과 新의 논쟁('在親民' 혹은 '在新民')도 그는 다른 주장과는 상관 없이 무조건 親(loving)으로 해석하는 데에 찬성하는데, 물론 그 이유는 그래야 기독교와 가까워지기 때문이다. 또 至善에 대해서도 주희는 이를 事理當然之極也(fulfilling the highest obligations of principle)로 해석하지만, 그는 굳이 천주(天主)와 연관지어서 생각하려고 한다. 그러나 때로는 그의 이런 해석이 억지스러울 때도 많다. 탕 임금의 세숫대야에 "苟日新日日新又日新"을 쓰고 얼굴을 닦은 고사를 두고 그는 신의 은총으로 영혼을 닦는 것으로 해석했다. 이는 다시 말해서 기독교의 세례와 같은 것으로 본 것이다. 그러나 사실 세례는 매일 하는 것이 아니므로 전혀 합당하지 않은 해석이지만 그는 굳이 이런 식으로 강변하곤 했다(Mungello 1978).

일본에 처음 도착한 유럽인들은 큐슈섬 해안의 작은 섬인 다네가시마에 중국 정크 선이 표류했을 때 이 배에 타고 있던 포르투갈 상인들이었다. 이를 계기로 일본이 총포를 비롯한 여러 서구 문물을 알게 되는 동시에 일본이 본격적으로 유럽인에게 알려지게 되었다. 얼마 후 사비에르가 일본에 도착했는데, 이때부터가 복서가 말하는 소위 일본의 "기독교의 세기"이다.[44]

사비에르(1506-1552)는 인도, 말라카 등지를 거쳐서 일본에 도착했다. 그는 중간에 말라카에서 야지로라는 일본인을 만나서 그를 개종시키고 하인으로 삼았는데, 그로부터 일본에 대한 이야기를 듣고 일본 전도를 꿈꾸게 되었다고 한다. 일본이 인구가 많고 번영하는 곳으로서 전도 전망이 아주 높은 곳으로 생각한 것이다. 1549년 일본에 도착했을 때 그가 일본에 대해 대단히 좋은 인상을 받았다는 것은 그의 기록에서 분명하다.[45]

그는 일본어를 몰라서 힘들어 했으나[46] 사비에르가 온 이후 기독교 개종이 크게 진척된 것은 사실이다. 특히 큐슈 지방에서 많은 사람이 개종했는데, 이 지역의 일부 다이묘들은 기독교를 받아들이면 통상이 확대될 것으로 믿고 이를 추진했으며, 포르투갈 식민지 본부가 있는 고아에 선교사를 보내줄 것을 부탁하는 편지를 보낼 정도였다.

사비에르 도착 후 10년 뒤인 1559년경에는 큐슈 지방에 자리잡은 선교사들이 수도를 목표로 삼게 되었다. 당시 권력을 장악한 오다 노부나가가 불교 세력

44) 이하 일본의 초기 기독교 접촉 과정은 Boxer(1967)와 Plutschow(1983)의 내용을 요약 정리한 것이다.

45) 사비에르의 편지 전문은 복서의 책의 부록으로 영문 번역되어 있다. 앞부분은 다음과 같이 시작된다: "일본인들은 지금까지 우리가 만나고 발견한 사람들 가운데 최상의 사람들입니다. 이방인들 가운데 일본인과 유사한 종족을 다시 볼 수는 없을 것입니다. 이들은 매너가 좋고 전반적으로 선량하며 사악하지 않습니다. 그들은 이 세상 어느 것보다도 명예를 높이 여기는 민족입니다."(Boxer 1967: appendix I, 401-405)

46) 사실 그는 어학에 대단히 소질이 많다고 인정받는 바였으나, 일본에 도착해서 바로 이 낯선 언어를 단시일 내에 익히기는 힘들었을 것이다: "우리는 그들 사이에 마치 나무 목상 같았습니다. 그들은 우리에게 여러 가지 이야기를 했지만 우리는 그 언어를 이해하지 못했기 때문에 침묵할 수밖에 없었지요. 우리는 말을 배우는 어린아이와 같았습니다."(Boxer 1967: 39)

을 누르기 위해 기독교에 호의적이었다는 점이 호기로 받아들여졌다. 개종자 수는 1571년에 3만, 1579년에 13만, 1582년에 15만 명으로 추산된다(물론 이는 결코 정확한 수치는 아니다).

초기의 접촉 과정에서 한 가지 주목할 사실은 포르투갈인들과 일본인들이 교역을 하는 과정에서 크고 작은 갈등이 빚어졌을 때 선교사들이 중간에서 이 갈등을 풀어주는 매개 역할을 했다는 점이다. 포르투갈 선박을 서로 유치하려는 지역간 경쟁 과정에서 선장과 선원 몇 명이 사망하는 사건도 있었고, 항구 시설에 불을 지르는 사건도 일어났으며, 1581년에는 일본인이 포르투갈인을 살해하는 사건으로 서로 무력 대결 상태에 들어가기도 했다. 이런 갈등을 완화시키기 위해서 때로 예수회가 일본의 항구를 인수받아서 세금과 징수금을 대신 받아서 관리하기도 했다. 예수회가 이런 봉사를 제공한 것은 다이묘들의 호의를 얻어야 했기 때문이다. 이런 식으로 선교사들과 현지인들은 서로 상대방을 이용하여 세를 넓히거나 이득을 취하고자 했다. 바로 이런 점이 일본의 기독교 전도의 중요한 특징이다.

16세기 중엽에 일본에 기독교가 전래된 후 기독교는 급속히 확산되었다가 큰 충격 끝에 갑자기 쇠퇴하였다. 그렇게 된 중요한 이유 중의 하나는 무엇보다도 정치 지도자들이 종교를 자신의 목적에 이용하려 했기 때문이다(Howes 1995: 76). 17세기 초에 권력을 잡은 새로운 정치 엘리트층이 볼 때 기독교 세력이 그들의 정적과 제휴하고 있는 것은 참을 수 없는 일이었으며, 따라서 곧 기독교를 탄압하기 시작했다. 이런 점에서 초기 일본 기독교의 빠른 성공과 그에 뒤이은 급속한 쇠퇴는 정치계와의 결탁 여부라는 요소를 통해 함께 설명할 수 있다. 도요토미 히데요시가 천주교 금교령(禁教令)을 내리자 소수 인사만 제외하고 대부분의 영주들이 곧바로 배교한 것이 그 증거이다.

일본 국내 정치의 격변과 기독교 수용이 연관된 과정에서 큰 변화가 일어난 시점은 1586년 사츠마 다이묘인 시마즈(島津)의 군대가 나가사키 시를 공격해서 점령한 때이다. 기독교 다이묘인 오토마 소린이 도요토미 히데요시에게 탄

원하자 그는 1587년에 군대를 보내 시마즈를 축출했다. 이 시기에 나가사키와 규슈 전체를 포함하여 일본의 거의 전역이 히데요시의 통제 아래 들어갔다. 선교사들과 일본인 신자들이 볼 때 이는 극히 유리한 상황이었다. 히데요시는 오다 노부나가와 마찬가지로 기독교에 호의적이었기 때문이다. 예수회 선교사인 루이스 프로이스(Luis Frois, 1532-1597)는, 만일 기독교가 여색에 대해 비판적이지만 않았다면 아마 히데요시 자신이 기독교로 개종했을지도 모른다고 이야기했다.[47] 그렇지만 정작 히데요시는 한편으로 기독교에 대해 의심하기 시작했다. 기독교도가 예상보다 많은 데다가 외국인들이 일본의 교역을 통제하는 것으로 보였기 때문이다. 마침 그의 부하들이 기독교에 대해 부정적으로 보고하기 시작했다. 기독교 다이묘들이 부하들을 강제로 개종시키고, 또 선교사들과 개종자들이 불교 사원과 신도(神道) 사당을 불태우는 사건들이 일어나자 그는 태도를 바꾸었다. 이 시기의 일은 비교적 소상하게 알려져 있다(Boxer 1967: 145-148).

1587년 히데요시는 그와 가까이 지내던 코엘류(Coelho) 신부를 갑자기 불러들여서 그에게 다음과 같은 네 가지 공격적인 질문을 던졌다.

1. 파드레(신부)들은 왜 그렇게 열심히 개종을 시도하는가? 그리고 왜 그 때문에 폭력까지 사용하는가?
2. 그들은 왜 불교와 신도 사원을 불태우며, 심지어 승려들을 살해하는가?
3. 그들은 왜 말이나 소처럼 유용한 동물들을 잡아먹는가?
4. 포르투갈인들은 왜 일본인들을 잡아서 노예로 파는가?

이날을 계기로 그는 선교사들을 추방하는 칙령을 내렸다. 이때까지 그가 자신들에게 호의적이라고 생각했던 사람들에게 이것은 마른하늘에 날벼락 같은 사건이었다.

47) 프로이스가 쓴 『일본사』에 대한 번역과 해설로는 국립진주박물관(2003) 참조.

히데요시는 선교사들의 재산을 압수하고 나가사키 시민들에게 막대한 벌금을 물리고 무기들을 빼앗았다. 그리고 모든 성당과 십자가들을 부수라고 명령했다. 그러나 이때에는 명령이 문자 그대로 실행되지는 않았다. 성당은 일시적으로 폐쇄되었을 뿐 파괴되지는 않았다. 선교사들도 일본에 그대로 남았다. 적어도 이때까지는 기독교도들에게 당장의 위험은 없어 보였다(Plutschow 1983: 18-19).

큰 사건은 그 이후 다른 곳에서 터졌다(Boxer 1967: 165-166). 에스파냐가 일본 선교를 위해 1593년에 프란체스코 수도사들을 파견했다. 그런데 그 직후인 1596년에 에스파냐의 갤리언 선인 산 펠리페(San Felipe) 호가 마닐라에서 멕시코로 가던 중에 시코쿠(四國) 근해에서 조난당했다. 지방 다이묘가 이 배의 화물을 압수하였고 선원들이 그 화물을 되찾으려는 과정에서 문제가 발생했다. 프란시스코 데 올린다르크(Francisco de Olindark)라는 선원이 아마도 히데요시에게 압력을 가해서 화물을 찾겠다는 생각에서였는지, 에스파냐 국왕의 힘은 기독교도 덕분에 팽창하는 것이며, 병사들의 도착 이전에 이미 수사들의 노력으로 에스파냐의 정복이 한결 쉬워진다고 이야기했다. 이미 1570년경부터 불교도들이 그와 같은 이유에서 기독교도들이 위험한 존재라고 주장해 왔는데 똑같은 내용을 에스파냐인 자신이 확인해 준 셈이다. 히데요시는 아주 빠르고 확실하게 대응했다. 화물을 압수한 것은 물론이고, 많은 프란체스코 수사들과 동조자들을 사형에 처했다. 26명의 희생자들은 교토에서 나가사키까지 끌려가서 니시자카(西坂) 언덕에서 십자가 형에 처해졌다(1597. 2. 5).[48]

이 사건 이후에 곧바로 일본에서 기독교가 사라졌다든지 유럽과의 관계가 단

48) 최연소자인 이바라키 루이스라는 12세 일본 아이는 기독교를 부인하면 목숨을 구했을 텐데 "천국", "예수", "마리아"를 외치며 순교했다. 13세의 소년으로서 일본인 아버지와 일본인 어머니 사이에서 태어난 안토니오는 슬퍼하는 어머니를 위로하며 죽어 갔다. 십자가 형은 2개의 창을 옆구리에서 찔러 반대편 어깨 쪽으로 꿰뚫는 것이어서 오래 고통을 받지 않고 죽는 것이어서 그나마 다행이었다. 이 26명의 순교자들은 1862년에 성인으로 시성되었다(Plutschow 1983: 21; http://www8.ocn.ne.jp/%7emartyrs/).

절된 것은 아니었다. 포르투갈과 에스파냐 배는 계속 들어왔고 일본 측으로서도 계속 통상을 원했다. 그런 이유에서 새로운 권력자 도쿠가와 이에야스도 당분간은 기독교에 대해 포용 정책을 폈다. 기독교를 억압하면 통상에 불리할 것으로 예상했기 때문이다. 그러나 여러 사건이 일어나서 그의 태도가 변화해 갔다. 예컨대 그의 참모 중의 한 사람에게 기독교도의 연줄을 이용해서 뇌물을 주려다가 발각된 궁정 내부의 부정 사건이 대표적이다. 이에야스는 두 사람 모두 처형한 다음 1614년에 모든 선교사들에게 추방령을 내렸다(Boxer 1967: 314-317).

이 무렵에 기독교도들이 참회의 행진을 벌였는데, 이는 실로 피학적 성격의 극치였다. 당대 기록을 보면 1천 명 이상의 고해자들이 행진했고, 그 가운데에는 많은 유력자 남녀도 섞여 있었다. 베르나르디노 데 아빌라 히론 신부는 이런 기록을 남겼다.

> 그들 중에는 죄가 무엇인지, 양심이 무엇인지 알지도 못할 너무 어린 아이도 있었다. 열정이 너무 심한 경우도 보았다. 한 사람은 손과 발이 완전히 꽁꽁 묶인 채 허벅지에 칼을 한 자루 꽂고는 깡총거리며 행렬을 따라가고 있었다. 산토 도밍고 교회에서 고해자들이 이 사람을 토마스 델 에스피리투 신부에게 소개하자 그 신부가 이 사람의 다리에 꽂힌 칼을 뽑았다. 이 사람은 자신의 자해가 죄가 아니라 신에게 기쁨을 가져다 줄 것으로 믿었다. 그와 다른 몇 사람이 상처 때문에 죽었다. 신부들은 사람들에게 자신의 몸을 해치지 말고 하느님이 더 기뻐하실 방법으로 경배를 하라고 이야기했다.(Plutschow 1983: 34-35)

같은 해인 1614년에 이에야스는 도요토미 히데요시 파를 공격하였다. 오사카 성을 공격하는 과정에서 많은 기독교도들이 목숨을 잃었다. 이에야스의 사망 이후 기독교도 처형은 더욱 늘었다. 일본을 떠나라는 당국의 명령에 따르지 않고 몰래 남아 있던 선교사들과 일본인 기독교도들은 발견될 때마다 사형에 처해졌다. 화형, 할복, 참수, 십자가형, 바다에 빠뜨리는 익사, 분뇨 통에 머리를 거꾸로 집어넣는 처형, 운젠 온천물로 화상을 입혀 죽이기 등 온갖 엽기적인 처형이 이루어졌다. 그러나 이럴 때 흔히 있는 일이지만 가혹한 탄압이 오히려 신앙의 강화를 불러왔다. 그러면 또 정부 당국이 더 가혹한 탄압을 가하는 악순환이 이어졌다. 숨어 있는 신자를 찾아내기 위해 기독교들에게 형언할 수 없는 악형이 가해졌다. 볏짚으로 된 옷을 입히고 불지르기, 얼굴과 성기에 불로 낙인 찍기, 손가락과 발가락 뽑기, 아들이 어머니를 강간하게 하기, 어머니를 아이들이 보는 앞에서 숫말로 강간하기, 펄펄 끓는 물을 국자로 떠서 자기 몸과 다른 사람 몸에 붓게 하기, 머리를 아래로 내려뜨린 자세로 십자가에 묶어두기, 바닷가에 세운 가건물에 가두어서 썰물과 밀물에 씻기도록 하기, 유황 온천 위에 세운 집에 가두어서 숨이 막히도록 하고는 끓는 물을 부어서 화상입히기 등 과연 인간이 저지른 짓인가 의심이 들 정도의 극단적인 고문이 행해졌다. 일본에 와 있던 네덜란드인 캠퍼의 말에 의하면 일본인은 단지 예수와 마리아의 이름만 알 뿐 기독교 교리에 대해서는 거의 모르는 상태인데도 신앙을 버리고 자유를 찾기보다는 그런 고문을 당하면서 죽음을 택했다고 한다(Plutschow 1983: 36-37). 이는 정치적 · 경제적 격변 상황에서 새로운 종교의 도입이 극단적인 가학성과 피학성을 띠게 되는 사실을 증언하는 중요한 사례의 하나이다.

기독교에 대한 마지막 대탄압은 1637년에 일어났다. 시마바라 지역에서 기독교에 대한 극심한 탄압과 가혹한 징세에 항의하여 대규모 봉기가 일어난 것이다. 봉기의 발단은 기독교 탄압에 가장 열심이었던 시게하라 다이묘의 한 집사가 한 기독교도 여성을 고문하자 이를 보다 못한 그녀의 아버지가 그 집사를 살해한 사건이었다. 곧 이 지역 주민 3만 7,000명이 봉기하여 하라 성(原城)에서 농성하였다. 에도 정부는 처음에 4만 명의 군대를 보내 이를 진압하려고 했으나 격퇴당하였다. 그래서 다시 12만 명의 군대를 보냈다. 이때 네덜란드인들은 그들이 가톨릭 교도가 아니라는 점을 보이기 위해 반란군들의 성에 포격을 가함으로써 에도 정부를 도왔고 결국 그 덕분에 일본과의 통상을 독점할 수 있었다(Howes 1995: 78).[49] 이 진압 과정에서 봉기에 참여한 사람들 거의 대부분이 죽음을 맞았고 한동안 시체가 그대로 방치되었다.

에도 정부는 봉기의 배후에 기독교가 있다는 생각을 해서 더 확실하게 기독교 세력을 뿌리 뽑고자 했다. 그들은 십자가와 마리아 상을 만들어서 이것을 사람들이 지나가면서 밟게 하고 이것을 거부하는 자는 기독교도로 판명나게 하는 방법을 고안했다. 마을마다 차례로 시행한 이 행사의 기록(날짜, 밟은 사람 및 그 가족 등)을 잘 보관했기 때문에 이것이 중요한 인구사 연구 자료로 이용될 정도이다. 그러고는 네거리에 '악마 같은 종교'인 기독교를 금지한다는 표시판을 세웠다.[50] 이런 정도의 심한 탄압을 피해가기는 힘들었을 것이다. 19세기에 개신교도 선교사들이 왔을 때에는 엘리트와 민중 모두 기독교에 대해 저항하는 태도가 마음 깊숙이 박힌 상태였다. 결국 일본에서 기독교의 정착은 실패로 끝났다.

다만 박해를 피해 기독교를 믿는 사람들은 대단히 특이한 방식을 취하며 지하로 숨는 수밖에 없었다. 이들을 '카쿠레 기리시탄'이라 부른다. 이들은 기독교도라는 사실이 발각되어 처형당하는 것을 피하기 위해 마리아 상을 관음보살상과 유사하게 만들었다. 이것이 소위 '마리아 칸논(マリア觀音)'이다. 지하로 들어간 기독교도들은 십자가 대신 연꽃을 안고 있는 식의 마리아 상을 만들고 여기에 기도를 드렸다. 그래야만 생존이 가능했기 때문이지만, 결국 이는 기독교와 불교가 교묘하게 합쳐진 형태로 나아가게 되었고 기독교의 의미는 많이 약해지는 결과를 가져올 수밖에 없었다.[51]

결국 중국과 일본에서는 기독교 전도가 큰 결실을 맺지는 못했다. 그것은 기존 문명이 워낙 강하게 버티고 있었기 때문이었다. 그 내부로 깊숙이 들어가는

49) 네덜란드의 통상 대표였던 쿠크바커(Koeckebacker)는 쇼군이 충성의 표시를 보이라는 말을 하자 '드 리프(De Ryp)' 호를 보내 모두 425발의 포격을 가했다. 그러나 네덜란드인들의 도움을 받는 것은 체면을 잃는 일이라는 사무라이들의 항의 때문에 이 배는 곧 되돌려 보냈다. 다음에는 중국인들이 화약에 대해 많은 지식을 가지고 있다고 믿었기 때문에 나가사키의 중국인 구역에 도움을 청하기도 했다(Plutschow 1983: 41).

50) 이런 반(反)기독교 표시판은 1873년 메이지 정부에 가서야 폐지되었다(Howes 1995: 78).

51) Gunn(2003: 106); http://www.aisf.or.jp/~jaanus/deta/m/mariakannon.htm.

것은 사회 전체가 위기 상황에 빠졌을 때이다.[52] 그리고 그때에도 마테오 리치의 경우에서 보듯이 현지 문화와 어느 정도 타협을 하면서 진입을 시도하는 수밖에 없었다.

아시아에서 기독교 선교가 가장 성공한 지역 중 하나로 필리핀을 들 수 있을 터인데, 이처럼 아시아 문명권의 변경 지역이라 할 수 있는 곳에서만 기독교화가 성공적이었다는 점은 기존 문명이 탄탄하게 자리잡은 지역에서는 새로운 종교의 포교가 어렵다는 일반화를 역으로 확인해 주는 사례로 해석할 수 있다.[53]

결론

이상에서 우리는 유럽 기독교 문화가 전 세계 여러 지역에서 다른 종교 문화와 조우했을 때 어떤 일이 일어났는지 살펴보았다. 지금까지 이야기한 사항을 정리하면 다음과 같이 될 것이다.

첫째, 기독교와 다른 종교 간의 만남은 문화적 대충돌이었다. 그것은 오늘날의 관점에서 생각하는 내면적인 믿음의 문제보다 훨씬 더 포괄적인 의미를 지

52) 1678년에 베르비스트가 베이징으로부터 세계의 예수회에 호소하는 형식의 글을 보냈다. 이 당시 예수회가 박해를 받아 많은 선교사들을 잃은 데다가 새로 중국에 들어왔던 선교사들도 병으로 많이 죽었기 때문에 일시적으로 선교사가 태부족이 된 상황이었다. 이 글에서 그는 "지금 중국에서 한족과 만주족은 전투에 몰두하여 다른 일에 엄두를 낼 여유가 없습니다. 따라서 쇄국주의를 고수하는 중화제국이 문호를 개방한 것이나 다름없습니다. 그러므로 선교사가 중국으로 오기에는 지금이야말로 다시없는 좋은 기회입니다"라고 썼다(강재언 1990: 48).

53) 필리핀에 처음 기독교를 전하려고 시도했던 인물은 마젤란이었다. 그는 종교적 열정에 사로잡혀 이 지역의 추장 후마본과 그의 처첩 40명 그리고 일반인들 500명의 세례를 직접 주관했고 그 후 1주일 만에 다시 800명에게 세례를 주었다. 그러나 곧 전투에 휘말려서 그 자신이 사망했고 그의 노력은 물거품이 되었다. 1565년에 에스파냐의 배가 다시 이곳에 왔을 때에는 남아메리카의 경험이 있었기 때문에 이전과는 달리 침착하게 접근하였다. 신부들은 비사야어를 열심히 공부해서 유창하게 설교하였고, 현지민들에게 무조건 세례를 하는 것이 아니라 이교도로 지낸 과거를 참회하도록 하고, 단혼을 강요하며, 몇 가지 기도문을 암송하는 시험을 거쳤다. 그리고 많은 물질적인 원조를 제공했다. 이런 과정을 거치면서 필리핀 주민들은 가톨릭을 받아들이게 되었다(Phelan 1955: 3-23).

닌 일이었다.

둘째, 기독교 전도는 결코 쉬운 일이 아니었다. 특히 중국이나 아랍권처럼 기존 문명이 탄탄하게 자리잡은 곳일수록 진입이 더 어려웠다. 역으로 어떤 사회가 위기에 처했을 때 새로운 종교의 전파라는 입장에서는 좋은 기회를 맞이하게 된다.

셋째, 전도를 위해 충격적인 방법을 사용하게 된다. '사랑'을 전하기 위해 무력에 의존하든지, 혹은 그 반대로 전도사들 자신이 극도의 피학성을 보이기도 한다.

넷째, 절충주의가 보인다. 여러 지역에서 기존 문화 요소를 통해 기독교를 해석하고 그 결과 두 요소들이 섞이는 것을 확인할 수 있었다.

기독교 전도는 결코 용이한 일이 아니었고, 또 전도의 대상이 되었던 사람들 입장에서도 충격이 컸다. 앞에서 살펴보았듯이 기독교를 접한 각 지역의 대응 결과는 천차만별이다. 그러나 유럽의 강력한 물질적 공세와 함께 밀어닥친 기독교의 공세는 해당 사회를 깊은 충격에 빠트린 것은 분명하다.

제9장

문화의 교류:
언어 · 음식 · 과학 기술

지금까지 대항해시대에 세계 여러 지역 간에 일어난 다양한 종류의 소통과 교환 현상들을 살펴보았다. 우리는 그것을 총칭하여 넓은 의미의 문화적 교류라고 말할 수 있을 것이다. 각 사회의 생활양식과 사고방식의 중요 요소들이 오고가면서 사람들의 일상생활은 크게 변화되었다.

이 장에서는 문화 현상 가운데 특히 중요한 세 가지 부문 — 언어, 음식, 과학 기술 — 을 선별해서 보고자 한다.

다른 문명권 사람들 간의 접촉은 우선 언어의 차이를 극복하지 않고는 불가능하므로 상대방의 언어를 이해하든지 내 편의 언어를 가르치려는 노력을 경주하게 된다. 전 지구적인 차원에서 일어난 대규모 인간 접촉은 실로 복잡한 언어 현상을 유발하였다. 여러 언어들이 다른 지역으로 전파되고, 서로 섞여서 새로운 언어가 만들어지기도 하며, 또 그 과정에서 많은 언어들이 사멸해 갔다. 오늘날 남아메리카에서 기존 언어들 대신 에스파냐어와 포르투갈어가 공용어로 사용되고, 영어가 세계적으로 널리 통용되게 된 일이 대표적인 언어 현상이다.

대항해시대에는 이처럼 물질적 혹은 정신적 문화 요소들이 활발하게 교류되었다. 그 가운데 식량 자원이나 음식과 관련된 것들의 중요성은 아무리 강조해도 지나치지 않다. 각 지역의 작물과 가축들이 전 세계로 보급됨으로써 세계의 농업 체제와 음식상에 큰 변화가 일어났다. 그 영향은 그동안 미처 상상하지 못했던 이상으로 클 수 있다. 예컨대 중국 인구의 지속적인 증가야말로 세계사의 배후에서 강력한 영향력을 행사하는 변수라 할 수 있는데, 이 현상은 아메리카 기원의 작물 보급과 긴밀히 연관되어 있다. 현대 세계를 특징짓는 과학과 기술의 발전 역시 세계적인 차원의 상호 소통 속에서 발전했다. 그것은 한편으로 인류의 삶을 풍요롭게 만들어 주었지만 다른 한편으로 그 자체가 막강한 힘의 발현으로서 그 힘을 선점한 세력이 다른 사람들을 지배하는 계기로 작용하였다.

바다를 통해 들이닥친 근대 세계의 파도는 세계인의 일상적인 삶, 내면 세계, 언어에까지 지워지지 않는 각인을 남겼다.

1. 언어상의 변화

현재 전 세계에는 6,000-7,000개의 언어가 존재하는 것으로 추산된다. 그런데 그 언어를 사용하는 사람들의 분포는 지극히 불균등하다. 만다린 중국어 사용자는 약 9억 명으로서 세계 인구의 1/6에 해당한다. 그 다음으로 영어와 에스파냐어 사용자가 각각 3억 명씩이다. 이에 비해 절반 이상의 언어는 사용자 수가 5,000명이 되지 않고, 특히 그 가운데 약 1,000개 정도의 언어는 사용자 수가 10여 명에 불과하다(Ostler 2005: 7). 이 '소수자 언어' 들은 그야말로 멸종 위기에 몰려 있다.[1]

오늘날의 이런 언어 분포 상태가 만들어지는 과정에서 중요한 분기점은 분명 근대 초의 해양 팽창일 것이다. 이 시기에 무엇보다도 유럽 언어들이 널리 퍼져 갔다. 이는 북아메리카가 영어권과 프랑스어권이 되고, 남아메리카가 에스파냐어권과 포르투갈어권이 되었으며, 또 아시아의 인도, 필리핀, 말레이시아, 싱가포르 등지에서 영어가 공용어가 된 데에서 명백히 알 수 있다. 16세기 이후 많

1) 2100년 이전에 현재 세계 언어 6,000개 중 절반이 사라질 것이라고 추측하는 학자들도 있지만 정말로 그렇게 될는지는 물론 아무도 장담할 수 없다. 사실 금세기 중에 사라질 언어의 수가 얼마가 될지 추산한 결과를 보면 최소 300개로부터 최대 5,400개까지 차이가 너무 크게 난다(Jones 2006: 93).

은 언어들이 바다를 건너 전 세계로 퍼져 갔다. 그 이전 시대에는 언어의 확산이 육지를 통해 이루어졌기 때문에 우선 그 확산 범위와 속도가 제한적이었고 또 중요 지역을 중심으로 서서히 팽창하는 양태를 보였다. 그러나 바다를 통해 언중(言衆)이 팽창하는 시대가 되자 일부 언어들은 대륙 단위로 급속히 퍼져갔던 것이다.

언어를 이렇게 퍼뜨린 원동력은 무엇일까? 근대 이전에는 문자를 통한 교양 문화나 종교 같은 것이 중요한 요소였지만 근대 이후에는 '칼의 힘'이 결정적이었다. 대항해시대에 언어의 확산은 '침투(infiltration)' 방식으로 이루어졌다. 그것은 비교적 소수의 사람들이 정복을 통해 지배적인 공동체를 형성한 후 이로부터 광범위한 피지배민층으로 정복자의 언어가 확산되는 방식을 말한다. 그 다음 과정으로 19세기 이후에 유럽인들이 대규모로 이동함으로써 앞 시대에 형성된 유럽 언어들의 지배력이 확고하게 굳어졌다(Ostler 2005: 24).

유럽 언어들의 광범위한 확산은 세계 20대 언어 분포를 나타내는 그래프에서 확인할 수 있다. 이 그래프는 "제1언어와 제2언어를 쓰는 사람들 수"를 기준으로 해서 작성되었다.[2] 이 그래프는 여러 가지 점에서 흥미롭다.

우선 이 20개 언어의 사용 인구가 전 세계 인구의 57%나 차지하며, 그 가운데에서 상위 12개 언어(만다린 중국어로부터 한국어까지) 사용 인구만으로도 세계 인구의 절반을 차지한다는 점이 특기할 만하다. 그것은 곧 나머지 수많은 언어의 사용 인구가 매우 소수라는 사실을 말해 준다. 이 목록에서 찾아낼 수 있는 또 한 가지 특징은 이 언어들이 거의 대부분 적어도 천 년 정도 중앙집권화된 정치체를 이루고 있던 지역의 언어라는 점이다. 일반적으로 소규모 정치체의 언어는 대규모 언중이 사용하는 언어로 성장할 수 없다는 점을 알 수 있다.

20대 주요 언어는 두 종류로 나누어 볼 수 있다. 첫 번째는 원래 그 언어를 사

2) 예컨대 한국어와 영어를 사용하는 한국계-미국인(Korean-American)의 경우에는 한국어 인구와 영어 인구에 모두 계산될 것이다.

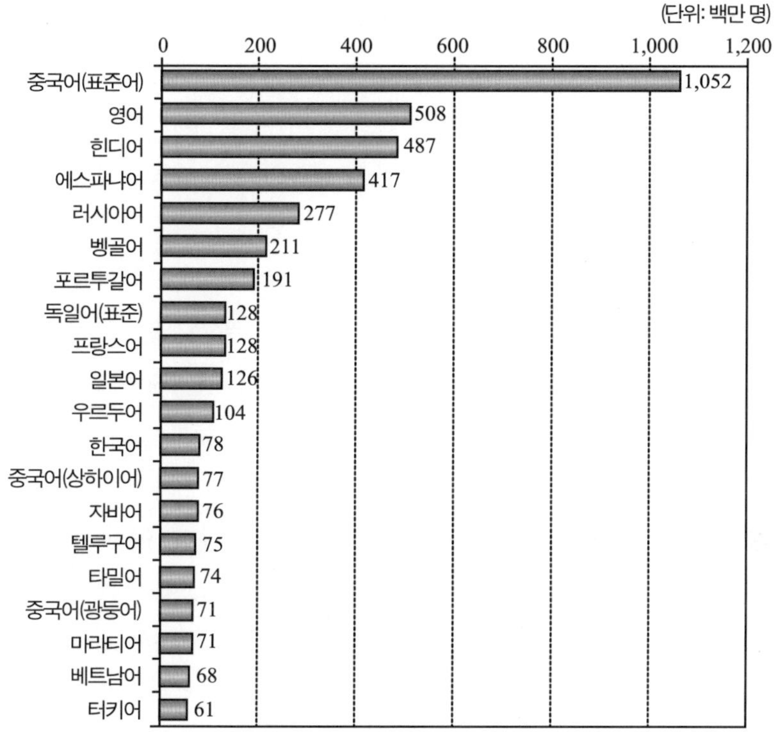

세계 20대 언어(Ostler 2005: 526)

용하는 인구 자체가 많은 경우이다. 대체로 중국어를 비롯한 동양 언어가 이에 해당한다. 이 언어들은 중심지에 거대한 인구 집단이 있고 이들이 주변 지역으로 확산되는 방식으로 퍼져 갔다. 두 번째는 원격지로 언어가 팽창해 간 경우로서, 아랍어, 영어, 에스파냐어, 포르투갈어 등이 이에 해당한다.

우리가 특히 주목하는 것은 이 가운데 두 번째 경우이다. 그런데 이처럼 '제국주의적' 팽창의 결과 언어가 확산된 사례들은 제법 있으나, 그 가운데 정말로 세계적인 중요성을 띠는 언어(우리 기준으로는 '20대 언어'에 드는 언어)가 된 것은 유럽 언어들뿐이다. 아랍권과 터키 세력이 팽창했을 때 아랍어와 터키어가 중동 및 아나톨리아의 언어들을 많이 대체하긴 했으나 그 결과는 유럽 언어들과는 상당히 다르다. 아랍어는 아예 20대 언어에 들지 못하고, 터키어는 그 목록에 들기는 하지만 그것은 팽창의 결과라기보다는 자체 인구가 워낙 많기 때문이었다.

오늘날 세계 언어의 판도가 형성된 이면에는 이와 같이 근대 세계의 역사가 작용했고 그중에서 특히 유럽 국가들의 해상 팽창이 극히 중요한 현상이었음을 알 수 있다(Ostler 2005: 526-529). 물론 예외적인 현상이 없지 않아서 네덜란드는 유럽의 주요 식민 세력 가운데 하나였으나 이 목록에 자국 언어를 올리지는 못했다. 다른 유럽 국가들의 경우 어떤 지역을 식민지로 삼으면 그 나라 언어의 영향이 대단히 강하게 남는데 네덜란드는 그렇지 않다. 예컨대 인도네시아에는 탈식민화 이후 오늘날 네덜란드어를 할 줄 아는 사람이 많지 않다. 이는 네덜란드 제국주의의 중요한 특징으로 보이며, 흥미로운 비교 연구 주제가 될 것이다.[3]

세계화된 유럽 언어 가운데 특히 중요한 역할을 하는 것은 영어이다. 영어는 현재 제1언어로 영어를 사용하는 사람보다 제2언어로 사용하는 사람의 수가 더 많다는 특징을 보인다.[4] 영어는 잉글랜드의 언어에서 그야말로 세계의 언어로 변화한 것이다. 영어는 장차 어떤 변화를 겪을 것인가? 전문가들에 의하면 지난날 라틴어가 그랬던 것처럼 영어가 여러 개의 개별 언어로 분화될 가능성도 없지 않다고 한다. 라틴어는 로마 제국이라는 지지대가 사라지자 사멸하고 그 대신 몇 개의 로만스 언어(프랑스어, 이탈리아어, 에스파냐어 등)로 분화되었다. 미국이라는 초강대국의 지지와 영어의 보편화는 로마 제국과 라틴어의 관계와 유사해 보이지만 장차 어떤 결과로 귀결될지는 물론 누구도 예측할 수 없다.[5]

3) 제2장에서 본 것처럼 프리야이층의 간접 지배 성격이 워낙 강해서 일반 민중들이 아예 네덜란드어를 배우지 않아도 됐기 때문일 것이다.

4) 영어는 "어쩌면 지난 300년 동안의 단일 수출품 가운데 가장 중요한 품목일지 모른다. 오늘날 3억 5,000만 명의 사람들이 영어를 모국어로 사용하며 약 4억 5,000만 명이 제2외국어로 영어를 사용한다. 이는 지구상에 살고 있는 사람 7명에 1명꼴이다."(퍼거슨 2006: 472)

5) 영어에 대한 다른 언어 사용자들의 저항도 중요한 요소이다. 이와 관련된 흥미로운 에피소드가 있다. 한 이탈리아 학자가 학술회의에서 영어로 논문을 발표하려고 하자 그 자리에 있던 페르낭 브로델이 벌떡 일어나서 이렇게 이야기했다고 한다: "왜 아름다운 당신 언어를 두고 '그런 야만적인 언어(cette langue barbare)'를 사용하려고 합니까?" 발표자는 곧 이탈리아어로 말하기 시작했고 그러자 많은 사람들이 회의장을 떠났다(Jones 2006: 93-94, 228).

1) 언어의 습득

근대 초에 해외로 나아간 유럽인들이 제일 먼저 겪게 되는 문제는 언어 소통의 어려움이었다. 현지인 중에 유럽 언어를 배워서 통역 역할을 하는 사람이 생겨났으나 그 수가 극히 적었을 뿐 아니라 이들의 통역 수준도 완벽과는 거리가 멀었다. 코르테스가 멕시코를 공격할 때 도와주었던 말린체라는 여인은 특별한 경우이다. 그러나 그녀의 통역 역시 쉬운 일은 아니었다.

유럽인들이 찾아왔을 때 몬테수마는 신을 맞이한다고 생각했으므로 대단히 장중한 어조로 환영의 말을 하였다. 그가 말한 나후아틀어를 말린체가 유카탄 마야어로 통역하면 헤로니모 데 아길라르라는 수사가 이를 에스파냐어로 번역하였다. 코르테스가 에스파냐어로 대답하는 말은 역순으로 번역되어 몬테수마에게 전해졌다. 이렇게 여러 차례 번역된 말이 원래의 뜻과 뉘앙스를 잘 살려내기는 힘들었을 것이다.

> "Toteukyoe, otikmihiyowiltih otikmoziyawiltih"
> 주님이시여, 당신은 큰 고생을 하셨고 매우 지치셨습니다.

아메리카 현지인들과 의사소통이 힘들자 아예 이들 중 몇 명을 유럽으로 데려가서 유럽 언어를 가르쳐 통역의 수준을 높이자는 방안이 제기되었다. 사실 콜럼버스가 이미 이런 실험을 한 바 있다. 그는 인디언들 몇 명을 납치해서 에스파냐로 데려가서 기독교 세례를 한 후 카스티야어를 가르쳤다. 그러나 그중 몇 명은 유럽에서 병에 걸려 죽었고 나머지 사람들도 고향에 돌아오자마자 다 도망가고 한 사람만 남았다. 에스파냐에서 디에고 콜론이라는 이름까지 부여받은 이 사람은 유럽인과 원주민 사이에 통역을 시도해 보았으나 제대로 되지 않았다. 콜럼버스는 아메리카 인디언들이 모두 똑같은 언어를 사용한다고 믿을 정도로 현지 상황에 무지했으나 디에고의 사례를 통해서 서인도제도만 해도 대단히 많은 언어가 존재한다는 사실을 알게 되었다(Ostler 2005: 341).[6]

말린체 말린체(Malinche) 혹은 말리날리(Malinalli)라 불리는 여성은 1502-1505년 사이에 아스텍 제국의 한 마을에서 태어났다. 그녀의 아버지가 사망하고 어머니는 재혼하였는데 여기에서 아들이 태어나자 어머니는 그녀를 노예로 팔아 버렸다. 코르테스가 이 마을에 왔을 때 마을 사람들은 에스파냐 병사들에게 그녀를 포함한 20명의 여성을 '선물'로 제공했다. 말린체는 코르테스의 정부가 되어서 아들을 낳았고, 나중에 다른 에스파냐 병사와 결혼해서 살았다. 그녀는 태어난 마을의 언어인 나후아틀어 외에 마야어를 할 줄 알았고 에스파냐어를 빨리 익혔다. 그래서 늘 코르테스와 동행하며 통역 역할을 했다. 아스텍 인들은 존경을 뜻하는 접미사 che를 붙여서 그녀를 말리날리 라 말린체(Malinalli La Malinche)라고 부르기도 했고 항상 코르테스와 다니므로 코르테스 엘 말린체(Cortés El Malinche)라고도 불렀지만 에스파냐인들은 간단히 도냐 마리나(Doña Marina)라고 불렀다. 이와 같은 그녀의 개인사를 보면 흔히 이야기하듯이 그녀를 '민족의 배신자'라고 부르는 것은 온당치 않아 보인다. 오히려 민족이 그녀를 배신했다고 보는 것이 타당하다(Lepore 2000: 60).

정복과 약탈 수준이라면 몰라도 교역, 식민 지배, 전도 등의 단계가 되면 훨씬 진척된 수준의 의사소통이 필수불가결해진다. 따라서 본격적인 언어 연구를 하지 않을 수 없다. 초기에 가장 큰 공헌을 한 사람들은 예수회 신부를 비롯한 가톨릭 선교사들이었다. 이들은 아메리카나 중국, 혹은 그 어디든 그 지방 언어를 완전히 터득하지 않고서는 전도가 무망하다는 것을 깨달았다. 그래서 이들은 어휘 수첩 제작을 시작으로 체계적인 언어 연구를 하고 때로 해당 언어의 문자화를 시도하였다. 예컨대 신대륙 최초의 사전을 만든 알론소 데 몰리나(Alonso de Molina, 멕시코로 간 프란체스코 수사)가 대표적인 인물이다.[7]

캐나다의 휴런족에 전도를 시도했던 브레뵈프 신부는 "휴런족 언어가 당신의 아퀴나스요 당신의 아리스토텔레스라고 생각하라"고 쓴 바 있다. 이는 선교사에게 언어 습득이 얼마나 중요한 일인지를 잘 말해 주는 표현이다. 그러나 낯선 언어를 유창하게 말하게 되고 또 미묘한 개념을 완전히 이해하는 것은 결코 쉬운 일이 아니었다. 이들로서는 별다른 언어 습득 방법이 있는 것이 아니고, 문법이 정리되지도 않았고 사전도 없는 상태에서 무조건 인디언 사이에 들어가 함께 생활하면서 그들 언어를 따라 배우는 수밖에 없었다.[8]

상대방 언어를 어느 정도 익힌다고 해도 어려운 문제는 여전히 남는다. 선교사가 전달하려는 기독교 개념 혹은 유럽 문명의 내용에 상응하는 개념이 다른

6) 콜럼버스는 인디오들이 타락한 에스파냐어를 더듬거리며 말한다고 생각할 정도로 자기중심적이었다. 따라서 많은 오해가 발생했다. 인디오들이 자신을 카리바(Cariba)라고 하자 그는 이를 카니바(Caniba)로 듣고는 칸(황제)이 사는 곳과 가깝다고 생각했다. 또는 이탈리아어의 카네(cane, 개)와 연관지어서 근처에 '견두인(犬頭人)'이 있을 것으로 생각하기도 했다(Bitterli 1989: 9).

7) 알론소 데 몰리나(1513-1579)는 신부이자 언어학자이다. 그는 코르테스의 점령 직후 멕시코로 들어와서 한편으로 설교를 하고 한편으로 나후아틀어를 연구해서 곧 나후아틀어로 설교할 수 있을 정도가 되었다. 그는 연구 성과를 정리하여 1571년에 『카스티야어-나후아틀어 어휘집(*Vocabulario en Lengua Castelliona y Mexicana*)』을 펴냈다. 이는 아메리카 대륙에서 처음 출판된 최초의 사전이었다. 이 사전이 선교사들만이 아니라 식민 정책 입안자에도 도움을 준 것은 물론이다(Gunn 2003: 224ff.)

8) 이런 과정에서 1632년에 가브리엘 사가르(Gabriel Sagard) 신부가 5대호 주변 지역(휴런 지방)의 주요 언어에 대한 132쪽짜리 사전을 편찬했는데, 이는 오늘날까지 중요한 자료로 남아 있다.

지역의 언어에 부재한 경우가 많기 때문이다. 설사 유사해 보이는 개념이 있다고 하더라도 그것은 표면적인 유사성에 불과하지 실제로는 대단히 다른 개념인 수도 많다. 예컨대 인디언들에게도 '신'이라는 말이 있지만 그들이 신을 찾는 것은 의례적 혹은 실용적 이유에서이다. 기근이 닥쳤을 때 또는 전쟁 전에 도움을 청하는 것이지 기독교적인 신 개념과는 본질적으로 다른 것이다. 이런 어려움 때문에 그들 언어를 배우기보다 차라리 그들에게 유럽 언어를 가르치는 것이 낫다고 생각한 것도 무리가 아니다. 특히 어린이들에게 일찍부터 언어를 가르치는 것이 낫다는 생각에서 프랑스인들은 1635년 퀘벡에 학교를 설립했다(하버드대학보다 2년 앞선 것이라고 한다). 그러나 이 계획들은 모두 실패했다. 또 어린이들을 프랑스로 데리고 가서 교육시키는 계획도 시행해 보았으나 대개 결핵으로 사망해서 이 역시 실패로 끝났다(Bitterli 1989: 100-102).

이런 어려움을 겪으면서도 유럽인들은 세계의 언어 연구를 계속하여, 17-18세기 중에는 타밀어, 말레이어, 페르시아어, 일본어, 중국어 등 세계 여러 언어들에 대한 연구서들이 출판되었다. 그리고 점차 세계의 언어와 문화에 대한 연구 중심지들이 생겨나기에 이르렀다. 당연한 일이지만 식민지 팽창을 주도했던 국가가 이 연구 역시 주도했다. 예컨대 레이덴(Leiden)대학은 동양 언어 혹은 더 넓게 말해서 동양학 연구의 중심지로 떠올랐다. 원래 네덜란드가 사상과 출판의 자유를 옹호하는 전통이 강한 데다가 아시아 교역과 식민화의 선두주자가 된 만큼 이 분야에서도 앞서 나간 것이다.

그러나 해외 언어 연구의 중심지는 최종적으로 파리로 이동하였다. 대표적인 성과의 하나는 앙드레 뒤 리에르(André du Ryer)가 1647년에 코란을 번역 출판한 일이다. 물론 그 목적은 이슬람 세계를 공정하고도 객관적으로 이해하려는 것이라고 할 수는 없다. '적을 더 잘 알기 위해서'(!) 번역을 했다는 것이다. 코란의 프랑스어 번역은 20세기 초에 와서야 무슬림들에 의해 제대로 이루어졌지만, 그 이전에 리에르의 프랑스 번역본은 다른 나라의 코란 번역의 기초가 되었다. 사이드가 말하듯 파리는 오리엔탈리즘의 수도가 되었다. 그 중요한 기관 중의 하나가 1795년에 설립된 동양언어연구원이었다. 이 기관에서는 아랍어, 터키어, 페르시아어, 말레이어를 체계적으로 연구하고 교육하였다.[9]

유럽에서 대학과 권위 있는 기관을 중심으로 세계의 언어와 문화를 체계적으로 연구하고 특히 다른 문명권의 문학 · 사상의 고전 작품들을 번역한 데 비해 다른 문명권의 유럽 이해는 훨씬 못 미쳤다. 유럽에는 코란이 번역되어 있는 데 비해 유럽 책 가운데 이슬람권에서 번역된 것이 드물고, 유럽에는 유교 경전의 일부와 힌두 텍스트들까지 번역되어 있지만 중국과 인도는 유럽의 종교, 정치, 언어에 대해 그와 같은 정도로 잘 알지는 못했다. 17-18세기에 다른 문명에 대한 심층적인 이해라는 면에서 유럽은 분명 다른 지역보다 앞서갔다(Pomeranz 2000: 42).

물론 다른 문명에 대한 유럽의 이해는 피상적일 수 있고 오리엔탈리즘적인 왜곡이 심한 것도 분명하다. 유럽은 그들이 원하는 방식으로 왜곡해서 다른 문명을 규정하고 이해했다. 그리고 이런 연구를 통해 얻어진 지식은 최종적으로 식민 제국 건설을 위한 기초 자료로 이용되었다. 유럽 각국의 타 문명 연구는 순수한 학문적 활동이라기보다는 식민주의 권력 싸움에 가까웠다. 18세기부터 동양학 연구에서 영어, 프랑스어, 네덜란드어 간에 치열한 주도권 경쟁이 일어난 것도 이와 관련이 있다.

이런 맥락에서 보면 유럽의 외국어 연구는 오리엔탈리즘의 강화, 더 나아가서 식민 지배에 핵심적인 역할을 했다. 그것은 권력화(empowerment)와 배제(displacement)의 과정이었다. 필리핀에서 타갈로그 어 기록이 사라진 대신 에스파냐어가 권력 언어가 된 점, 베트남어가 알파벳으로 기록되게 된 점, 인도와 말레이시아에서 영어, 인도네시아에서 네덜란드어가 행정어가 된 점이 그런 사

9) 프랑스는 전통적으로 레반트 지역과 긴밀한 외교 통상 관계를 유지해 왔으므로 수준 높은 통역이 절실히 필요했다. 그래서 1669년에 콜베르가 통역사 양성 학교를 세웠다(Ecole des Jeunes de Langues). 프랑스 혁명이 한참이던 1795년에 혁명 정부는 국립도서관 부속으로 동양언어특수학교(Ecole Spéciales des Langues Orientales)를 설립하였다. 이 학교의 설립 목적은 "정치와 통상에 유용한 언어 교육"으로 명시하였다. 이 학교는 그 후 발전을 계속해서 오늘날에는 파리 3대학 소속의 국립동양언어문명연구소(Institut National des Langues et Civilisation Orientales, INALCO)가 되었으며, 약 90개의 언어를 연구하고 교육하는 초대형 기관이 되었다.

례들이다.

그러나 유럽의 언어적 지배와 배제 현상이 절대적인 것은 아니었다는 점도 함께 지적해야 온당하다. 영국의 강력한 압박에 대해 중국어, 아랍어, 페르시아어 사용권은 이에 강하게 저항했다. 그 가운데에서도 일본은 매우 특이한 사례라 할 수 있다. 그들은 우선 철저히 문호를 봉쇄하고 난 후 그들 스스로 외국 언어와 문화를 열심히 학습하였다. 자체적으로 통역사들을 길러내서 외국어 사전을 만들고 외국 서적들을 번역하는 이들의 노력은 철저히 통제된 방식으로 외국 문화를 수용하는 매우 특이한 문화 수용 사례이다(이 점은 아래 '과학 기술 전파' 절에서 재론할 것이다). 또 독자적인 언어와 문자를 지켜낸 한국의 사례 역시 세계사적인 관점에서 보면 특기할 만한 경우라 할 것이다.

2) 링구아 프랑카, 피진, 크레올

여러 지역 간에 어떤 식으로든 접촉과 교류가 일어날 때 공통적으로 소통할 수 있는 언어, 즉 링구아 프랑카(lingua franca)가 정해진다.

흔히 지적하는 바이지만 여러 문화 현상 중에 가장 안정적인 것이 언어이다. 언어는 물론 장기적으로 변화하지만 짧은 시간에 급속하게 변할 수는 없다. 또 외국어 학습은 대단히 힘든 일이다. 바로 그 때문에 여러 문화 요소 가운데 언어가 가장 살아남기 어렵다는 것이 언어의 패러독스이다. 언어가 유연하게 변화 · 적응하는 것이 불가능하므로 언어의 충돌이 일어날 때 힘이 약한 언어는 자칫 그대로 도태될 가능성이 있다. 그렇지 않으면, 제3의 언어로 소통하는 현상이 일어난다. 광둥 상인과 베이징 상인이 만나서 영어로 비즈니스를 하는 것과 같은 이치이다. 유럽인들이 아프리카와 아시아, 아메리카로 가서 교역할 때 우선 유럽 언어가 해당 지역의 여러 언어들을 제치고 링구아 프랑카로 기능하곤 했다. 이 상황에서 여러 언어 요소들이 뒤섞이면 피진(pidgin)이 되고 이것이 더 발전하면 크레올 언어(creole)가 만들어진다.

피진은 둘 혹은 그 이상의 상이한 언어가 만났을 때 임시로 형성된 초보적인 언어이다. 당연히 문법 구조는 매우 단순하고 다만 필요한 단어들을 기존 언어에서 빌려와서 사용한다. 의사소통에서 중요한 것은 문법보다는 단어이다. 어떤 사람이 문법은 다 틀리지만 아는 단어를 쓰면 알아듣기 쉬우나 문법은 정통한데 단어가 틀리면 알아듣지 못한다.

이렇게 형성된 임시 언어가 시간이 흘러 어느 정도 정착 단계에 들어서면 — 예컨대 새로 태어난 아이가 이 언어를 배우는 단계가 되면 — 새로운 변화가 시작된다. 단순했던 문법이 점차 복잡한 발전을 한다. 이때 원래의 모어(母語, parent languages)의 문법 요소보다는 현지에서 일어나는 혁신이 더 큰 영향을 미친다고 한다. 이럴 경우 이 언어는 상당히 안정적인 언어로 자리잡게 된다. 때로 이 과정이 아주 빠르게 진행되어서 톡피신(Tok Pisin) 같은 언어는 처음 피진 단계에서 안정적인 언어로 자리잡는 데 90년 정도밖에 소요되지 않았다.[10] 이 단계에 도달한 언어는 이제 크레올이라고 불리게 된다. 크레올은 대개 해당 지역에서 제2의 언어로 기능하기 쉽다. 그래서 때로는 공식 언어로 공인받기도 하고 (톡피신이 그런 사례이다) 때로는 모어의 압박으로 인해 쇠퇴의 길을 밟기도 한다 (하와이에서 형성되었던 크레올이 그런 예이다).

크레올 현상은 국제적인 교류가 일어나는 곳이면 어디든지 일어날 수 있으므로 전 세계에 여러 유형의 크레올 언어들이 존재한다. 크레올 언어는 근간을 이루는 언어에 따라 아랍어 크레올, 말레이어 크레올 식으로 분류한다. 우리가 주목하려는 것은 15세기 이후 급격하게 해상 팽창을 하면서 형성된 포르투갈어 크레올이다.

포르투갈은 유럽에서 가장 먼저 해외로 진출했기 때문에 아프리카와 아메리

10) 톡피신은 파푸아뉴기니와 뉴기니섬에서 사용되는 크레올이다. Tok은 talk, Pisin은 피진(pidgin)을 가리킨다. 이 언어는 파푸아뉴기니의 공식 언어 중 하나이며 약 400만 명이 제2언어로 사용하고 약 10만 명이 제1언어로 사용한다. 영어가 기반이 되어 만들어진 이 크레올은 뉴기니아 피진, 멜라네시아 피진 영어, 혹은 네오 멜라네시안 등으로도 불린다.

카, 아시아의 광범위한 지역에서 아주 오랫동안 포르투갈어가 링구아 프랑카 역할을 했다. 당연히 포르투갈어와 다른 언어가 결합된 크레올도 다양하게 만들어졌다.

사실 크레올이라는 말 자체가 포르투갈어 *crioulo*에서 나왔는데, 이는 *criar*(양육하다)와 *olo*(집, 특히 아프리카의 포르투갈 식민지의 특유한 집)가 합쳐져서 만들어진 단어라는 것이 정설이다. 포르투갈인 아버지와 아프리카인 어머니 사이에서 태어난 아이들은 노예로 버려진 것이 아니라 어머니의 집(olo)에서 양육(criar)되었고 곧 아버지의 집에서 하인으로 일했다. 이들의 언어가 크레올로 발전한 것이다.

포르투갈어 크레올은 카보 베르데, 상토메 같은 아프리카 섬들에서 16세기 중엽부터 형성되었을 것으로 추정된다(Thornton 1998: 213-220). 그 후 포르투갈인들이 아프리카 해안을 따라 내려와서 교역을 하게 되면서 이들과 아프리카인들 상업 파트너 사이에 포르투갈어가 널리 쓰이다가 이것이 변형된 포르투갈어 크레올이 형성되었다. 당시 네덜란드나 프랑스 여행자들의 기록에는 아프리카에 가보니 모든 사람들이 "변형된 포르투갈어"를 말하고 있다는 내용이 자주 나온다. 외국인 여행자들은 의사소통을 위해서 이 언어를 배워야 했다. 물론 포르투갈 다음에 다른 유럽 국가들이 교역 상대국이 되었을 때에는 다른 유럽 언어들(프랑스어, 네덜란드어)이 퍼지고 그 언어들을 중심으로 한 크레올 언어들이 생겨났다. 그렇지만 그 가운데 가장 널리 쓰이는 것은 여전히 포르투갈어 크레올이었다. 이는 처음 자리잡은 자의 특권이라고 할 만한 현상이다. 결국 이것이 아프리카 해안 지역의 주요 교역 언어로 자리잡았다.

또 한 가지 특기할 점은 이 크레올 언어가 아메리카로 옮겨간 사실이다.[11] 아프리카인들은 같은 동향인들 간에 자기 언어를 사용하고 이민족 간의 의사소통

11) Haitan Creole, Jamaican Patois, 네덜란드 서인도의 papiamento, 사우스캐롤라이나의 Gullah 등이 대표적인 크레올 언어이다. 이 언어들의 어휘는 대체로 유럽 및 아프리카 언어에서 왔고, 문법은 주로 아프리카 언어를 근간으로 한다(Manning 1993: 286, 293).

은 인공어(人工語)인 크레올을 사용하였다. 그런데 노예무역의 결과 크레올이 아메리카로 전해지면서 새로운 현상이 나타났다. 흑인 노예 중 크레올을 말할 수 있는 사람들이 다수 아메리카에 노예로 끌려 갔고, 이 사람들이 중심이 되어 다른 아프리카인에게 크레올을 전수해 주었을 것으로 보인다. 여러 지역에서 들어온 노예들 사이에, 그리고 이 노예들과 농장 주인 사이에 의사소통이 필요했지만 농장 주인들은 노예들에게 자신의 언어를 가르쳐 주거나 그 자신이 여러 아프리카 언어들을 배울 수 없었다. 결국 해결책은 모든 노예들이 알아들을 수 있는 언어로 의사소통을 하는 것이었다. 농장주인은 노예 가운데 크레올을 말할 수 있는 사람을 찾아서 자신을 돕는 역할을 맡기고 다른 노예들은 크레올을 따라 배우도록 했다. 이런 과정에서 아메리카 크레올(lengua de San Tomé 라고 부른다)이 형성되고 확대되었다.

아프리카에서는 크레올이 모국어로 사용된 적은 없었다. 그러나 아메리카에서 태어난 아이들에게는 이 언어가 일상에서 쓰는 모국어였다. 그렇다고 해서 흑인 노예들이 자신의 고향 언어를 모두 잊어버리지는 않았다. 이들은 말하자면 새로운 의미의 이중 언어생활을 했다. 일반적인 의사소통에는 크레올을 사용하고 동향 사람들끼리는 고향 언어를 말하게 된 것이다. 그래서 여러 아프리카 언어들이 신대륙에서 아주 오랫동안 유지되었다. 특히 노래와 의식에서 아프리카 언어들이 오랫동안 보존되었고, 이것이 때로 그들의 오랜 '민족의식'의 고양에 이용되기도 했다. 예를 들면 18세기에 브라질에서 흑인들이 국왕에게 앙골라 언어로 성가를 부를 수 있게 해 달라는 탄원을 한 기록이 있다(Thornton 1998: 217).

3) 여러 언어에 미친 영향: 포르투갈어의 예

세계의 광범위한 지역 간에 교류가 확대되면서 외국어의 영향력이 커졌다. 특히 주목할 사례가 포르투갈어이다. 오늘날 포르투갈어는 포르투갈 본국 외에 브라질이라는 광대한 지역에서 공식 언어로 사용되지만 이제는 정치, 종교, 학문 등의 영역에서 예전만큼 중요한 언어라고 할 수는 없다. 그러나 16-18세기에는 포르투갈어가 세계 여러 지역에서 가장 중요한 외국어였고, 말하자면 오늘날의 영어에 해당했다.

포르투갈의 아시아 팽창은 교역과 전도를 중요한 목표로 삼았다. 제2장에서 설명했듯이 이들은 아시아의 어느 한 국가 전체를 지배하지는 못하고 중요한 거점들을 장악한 다음 그곳들을 해로로 연결하여 교역하는 방식을 취했다. 그 결과 아주 넓은 지역에 걸쳐 상업망이 건설되었다. 이는 언어적으로도 중요한 의미를 지닌 일이었다. 포르투갈인들과 교역하는 아시아 · 아프리카 상인들은 포르투갈어를 링구아 프랑카로 받아들여 사용하게 되었다. 이를 예시하는 몇 가지 흥미로운 사례들이 있다.[12] 1551년에 영국인 토마스 윈덤(Thomas Wyndham)이 포르투갈 동행인인 안토니오 핀테아도(Antonio Pinteado)와 황금해안을 방문했을 때 이들은 베넹의 국왕과 포르투갈어로 대화를 나눌 수 있었다. 국왕은 어릴 때부터 포르투갈어를 알고 있었다고 한다. 1600년에 일본에 최초로 도착한 영국인 윌 애덤스(Will Adams)는 쇼군 도쿠가와 이에야스가 포르투갈어 통역을 데리고 와서야 대화가 가능했다. 1606년에 가스파르 데 산 베르나르디노(Gaspar de San Bernardino) 수사가 항해 중에 식수를 구하기 위해 페르시아에 상륙했을 때 놀랍게도 그 지방의 군사령관이 포르투갈어로 말을 건넸다.

> "Padre, quem te trouxe a esta terra tam lange da India?"
> 신부님, 이 먼 인디아에 어쩐 일로 오셨습니까?

이런 사례들은 유럽인들이 접근한 광범위한 지역에서 포르투갈어가 전해졌음을 말해 준다.

일단 포르투갈어가 널리 사용되자 포르투갈인들의 상업적 영향력이 줄어든

12) 이하 몇 가지 사례들은 Ostler(2005: 388-389)에서 얻은 것들이다.

다음에도 이 언어가 지속적으로 사용되었다. 18세기에 한 프랑스인은 이렇게 설명했다.

> 유럽 상관(商館)과 거래를 하는 힌두인, 무어인, 아랍인, 페르시아인, 파르시인, 유대인, 아르메니아인, 그리고 통역으로 일하고자 하는 유색인들 모두 이 언어[포르투갈어]를 말하지 않을 수 없다. 게다가 인도에 정착한 유럽인들 사이에도 이 언어가 대화 수단이 되었다.(Ostler 2005: 388-389)

1704년에 네덜란드 동인도회사 실론 지사는 이 섬에서는 포르투갈어를 말하면 통하지 않는 곳이 없다고 증언했고, 19세기에 들어서도 영국인 목사 제임스 코디너(James Cordiner)는 이상한 형태로 변형된 포르투갈어는 배우기도 편하고 워낙 여러 지역에서 통하기 때문에 수많은 방언들을 배우기보다는 이것 하나를 배우는 것이 유용하다고 설명했다. 그 언어는 피진(pidgin)화가 진행되고 여기에 다른 언어들의 영향을 강하게 받아들인 포르투갈어였다. 문법은 단순화되어 있어서 예컨대 복잡한 동사변화 같은 규칙은 사라져 버렸다. 디우(Diu)에서 사용되는 포르투갈어는 심지어 복수형을 만드는 규칙까지 변형되었다. 포르투갈어로 '개', '아들'은 각각 cão, filho이고 정상적인 포르투갈어에서는 그 복수형이 cães, filhos이지만 디우에서는 cão-cão와 fi-fi가 되었다!

네덜란드, 영국, 프랑스 등 다른 유럽인들이 도래한 이후 포르투갈의 세력이 약화되자 포르투갈어 사용도 어느 정도 감소했다. 그러나 이 언어가 아시아의 여러 언어들에 미친 영향은 여전히 컸다.

이 점은 특히 여러 언어에 포르투갈 단어들이 들어가 있는 데에서 확인할 수 있다. 예컨대 영어에도 여러 경로를 거쳐 포르투갈 단어들이 들어가 있다. picul(피컬, 중국의 중량 단위), tael(무게단위, 냥), mace(육두구) 등은 포르투갈 단어들이 아시아 여러 언어에 들어갔다가 영어로 다시 들어가 정착한 것들이고, shroff(환전상), factor(대리인, 주재원), amah(유모), coolie(일꾼), lascar(선원), catamaran(뗏목배) 등은 인도어에서 포르투갈어로 들어갔다가 다시 영어로 들어간 것들이며, chit(어음), mandarin(관리), junk(중국 배), pirate(해적), typhoon(태풍) 등은 중국계 언어가 포르투갈어에 들어갔다가 영어로 들어간 것들이다. porcelain(자기), parasol(양산), palanquin(가마), calico(면직물 종류), taffeta(호박단, 직물 종류) 같은 중요한 교역어들, banana(바나나), mango(망고), papaya(파파야), coconut(코코넛) 같은 과일 이름들, 심지어 buffalo(물소), alligator(악어), mosquito(모기) 같은 동물 이름들도 모두 포르투갈계 단어들이다.

우리에게 특히 흥미로운 점은 일본어에 포르투갈어 단어들이 많이 들어갔고 이 가운데 많은 수가 우리말에도 전해졌다는 점이다(Kim Tai Whan 1976). 일본이 처음 접한 유럽인은 포르투갈인들이었으며, 오랫동안 그들의 영향을 받았다. 이때 접한 많은 유럽 문물들은 포르투갈어 이름과 함께 유입되었다. 그런데 이 단어들이 당시 한자로 쓰여졌기 때문에 오늘날에는 그 어원이 원래 포르투갈어라는 사실을 잘 모르는 수도 있다. 워낙 일본어는 외국어 차용어에 관대한 편이며 또 한 번 유입된 단어들이 지속적으로 남는 특징이 있다. 그래서 포르투갈어 외에도 에스파냐어, 네덜란드어, 프랑스어, 영어 단어들이 많이 들어왔고 그래서 어느 외래어의 어원이 정확히 어느 나라 말인지 불분명한 사례들도 많다. 한 번 단어가 유입된 다음 후대에 들어온 유사한 외국어 단어로 인해 더 '강화' 되는 현상도 짐작할 수 있다. 예컨대 우리나라나 일본이나 모두 예전에 '컵' 을 '고뿌' 라고 많이 불렀는데 이는 원래 포르투갈어에서 들어온 것으로 추정된다. 그러나 네덜란드어의 kop가 어원일 가능성도 없지 않다. 어느 경우에나 나중에 영어의 cup이 들어오면서 이 단어는 더욱 강하게 자리잡았고 영어의 영향으로 '고뿌' 보다는 '컵' 으로 발음이 바뀌게 되었다.

이런 식으로 원래 포르투갈어 어원인데 잘못 알고 있는 경우가 많다. 몇 가지 사례를 보면 다음과 같다.[13]

다바코	실제 어원 포르투갈어 tobacco	잘못 알려진 어원 영어 tobacco

13) 모두 일본어에 들어갔다가 한때 우리말에서도 사용되었고 일부는 현재에도 사용되는 단어들이다.

보당	포르투갈어 botão	영어 button
빵	포르투갈어 pão	프랑스어 pain
사분[14]	포르투갈어 sabão	프랑스어 savon

우리나라에도 포르투갈어 단어들이 많이 유입되었다. 메리야스, 오르간, 카나리아, 비로도, 카스테라, 베란다, 템푸라 등이 그런 사례들이다. 이 가운데 일부는 정작 일본에서는 사라져 가는데 우리나라에서는 계속 사용되는 말도 있다. '조끼' 라는 말이 그런 사례이다.[15]

남아메리카 사람들이 에스파냐어와 포르투갈어를 말하고, 인도, 필리핀, 말레이시아, 싱가포르 사람들이 영어를 말하며, 아프리카의 많은 나라 사람들이 프랑스어를 말하는 것은 지난 500년 동안 유럽의 지배력이 얼마나 강했는가를 단적으로 말해 준다. 오늘날 영어가 얼마나 강력한 힘을 행사하는지를 보면 똑같은 현상이 현재에도 지속 · 강화되고 있음을 알 수 있다. 혹은 우리말에서 찾을 있는 외래어 단어들을 보면 우리의 내면 세계가 일찍부터 바다 너머로부터 들어온 영향을 강하게 받고 있었다는 사실도 확인할 수 있다. 우리가 나날이 사용하는 언어에는 이미 우리도 모르는 사이에 근대 사회의 역사적 변화, 특히 세계 문명들의 상호 교류의 흔적들이 녹아 있다.

2. 음식과 일상생활의 변화

우리의 일상생활에서 가장 중요한 요소 중의 하나는 음식이다. 근대 이후 우

14) '사분' 은 일부 지방에서 비누의 뜻으로 사용되던 말이다.

15) 이상의 사례들에서 사실 이 말의 어원이 포르투갈어가 100% 맞다고 할 수 없는 것들도 있다. '조끼' 의 경우도 포르투갈어의 jacqueta가 원래 어원일 것으로 추정하지만, 네덜란드어의 jak, 영어의 jacket가 어원일 가능성도 있다. 오늘날 일본에서 '조끼' 라는 단어는 나이든 사람들만 쓰고 젊은이들은 영어의 vest에서 나온 '베스토' 를 많이 사용한다.

리 삶에 일어난 매우 중요한 변화의 하나는 일부 한정된 지역에서만 보유하던 작물과 가축이 세계 여러 지역으로 확산되어서 세계의 농업 체제와 음식 체제가 바뀐 일이다.

주요 작물과 가축의 전파 상황은 〈표 22〉에 정리했다. 이 표에서 보듯이 동식물의 확산 과정은 실상 '세계 각지에서 세계 각지로' 퍼져 나갔다고 할 만큼 원산지와 전파 지점이 다양하다.

때로는 이 전파 과정이 아주 복잡하거나 의외의 방식을 따라서 후대의 관찰자에게는 신비롭게 보일 때도 있다. 소위 '아나톨리아 미스터리(Anatolian mystery)'가 대표적인 현상이다(Andrews 1993: 194-204). 이는 중부 아메리카의 음식물들인 옥수수, 콩류, 스쿼시, 고추(Capsicum) — 그리고 여기에 더해서 칠면조까지 — 등이 이베리아반도보다 오히려 터키, 특히 아나톨리아 지방에 훨씬 많이 보급된 것을 말한다. 이 작물의 보급은 중부 아메리카를 식민지로 보유한 에스파냐보다도 포르투갈인들에 의해 이루어졌다.[16] 그들은 이 작물들을 대서양의 여러 섬들과 앙골라, 모잠비크, 인도, 오토만 제국 등지로 가져왔고 다시 이 지역들로부터 주변의 여러 지역으로 보급시켰다. 그리하여 1530년경이면

표 22. 작물과 가축의 전파

지역	주요 작물과 가축
동남아시아	사탕수수, 쌀, 오렌지, 레몬, 라임, 시금치, 가지, 바나나
유럽	밀, 보리, 오트밀, 양, 소, 말, 돼지, 벌, 토끼
아메리카	옥수수, 담배, 감자, 토마토, 카사바, 코코아, 고무, 파인애플, 아보카도, 후추, 스쿼시, 호박, 사이잘, 땅콩
아프리카	경질 밀, 당밀, 커피

주: 이 표에서 가리키는 지역은 주요 작물과 가축 '전파'의 중요한 지점이며, 반드시 '원산지'를 말하는 것은 아니다. 아래에서 땅콩에 대한 논의가 나오기 때문에 땅콩이 아메리카(정확히 말하면 남아메리카) 작물이라는 점을 추가하였다.

출처: 폰팅(1996: 178).

16) 토르데시야스 조약에도 불구하고 포르투갈인들은 에스파냐 식민지와 활발한 교역을 했다.

아나톨리아에 아메리카의 작물들이 들어와서 자리를 잡았고 이로부터 동유럽과 동지중해 지역, 인도의 음식에 큰 영향을 미쳤다. 오늘날 인도 음식의 매운 맛 때문에 많은 사람들이 고추의 원산지가 아메리카가 아니라 인도라고 착각할 정도가 되었다. 이 현상을 보면 작물과 음식물의 보급이 생각보다 훨씬 복잡한 현상임을 알 수 있다.

1) 식물의 전파: 옥수수의 사례

식물(食物)의 전파와 수용은 생물학적 요인만이 아니라 문화적 요인과 합쳐져야만 가능한 일이다. 근대에 전 세계적으로 전파된 가장 중요한 작물 중의 하나인 옥수수가 필리핀에 전파된 사례를 통해 이 점을 알아보도록 하자.

현재 필리핀의 주요 작물은 쌀과 옥수수이다(유네스코 한국위원회 2000: 440-441). 이 가운데 아메리카 대륙이 원산지인 옥수수는 콜럼버스 시대 이후에 필리핀에 들어왔을 것이다. 현재 얻을 수 있는 자료로 볼 때 1560년대 후반부터 1570년대 중반 사이에 에스파냐인이 필리핀 중부 지역을 빈번히 방문하면서 옥수수가 널리 전파되었을 것으로 보인다. 그러나 다른 지역과 마찬가지로 필리핀에서도 옥수수는 처음 도입되었을 때에는 별로 환영받지 못한 존재였다. 이 점은 당시의 여러 기록에서 잘 나타난다(Spencer 1975: 5-7).

그런데 필리핀에서는 옥수수의 전파에 문제점이 하나 더 있었다. 그것은 옥수수를 조리하는 데 필요한 기술이 함께 전달되지 못한 것이다. 원래 멕시코에서는 독특한 '껍질 벗기기(nixtamalization)' 기술이 사용되었다(만 2005: 284; 코 2000: 42-43). 사실 이 방법이 알려지기 전에는 아메리카에서도 옥수수가 별로 환영받지 못한 존재였다고 한다. 올멕족이 이 방법을 발견하고 나서부터 옥수수가 중부아메리카 주민 식량의 4/5를 차지할 정도의 큰 비중을 차지하게 되었고 따라서 아메리카 여러 문명의 핵심 작물이 되었다.[17]

17) 아메리카 문명에서 옥수수가 얼마나 중요한 역할을 했는지는 신들이 인간을 옥수수로 만들었다는 그

올멕족 이전에는 옥수수의 딱딱한 알갱이를 부드럽게 하기 위해서 단순히 삶거나 절구에 찧거나 맷돌로 갈아 가루로 만드는 것이 전부였다. 그러나 올멕족은 전혀 다른 방법을 개발했다. 우선 백회, 숯, 또는 구운 달팽이 껍질을 넣어 옥수수를 삶고 하룻밤 동안 식힌다. 다음 날 아침 알갱이를 싸고 있는 투명한 껍질, 곧 곡식의 껍데기를 물로 씻어 골라낸다. 이 과정을 거치면 옥수수를 훨씬 쉽게 갈 수 있으며 반죽이 부드럽게 된다. 이 반죽을 아스텍족의 언어인 나후아틀어로는 닉스타말리(nixtamalli) 혹은 닉스타말이라 하고, 에스파냐어로는 마사(masa)라 한다.

이 방법은 주부들에게 편리하다는 이점만이 아니라 영양학적으로 아주 큰 장점이 있었다. 단백질에 대한 알칼리 작용으로 아미노산이 증가함으로써 옥수수의 영양가가 극적으로 높아지기 때문이다. 옥수수가 유럽에 전해졌을 때 이 방법이 함께 알려지지는 않았다. 유럽에서는 굳이 그렇게 하지 않아도 강력한 제분기로 가루를 낼 수 있었기 때문이다. 그렇지만 이렇게 되면 영양학적인 장점을 버린 결과가 되고 만다. 그래서 옥수수를 주식으로 하는 지역에서는 펠라그라 같은 결핍성 질병이 창궐하였다.

마찬가지로 필리핀에도 닉스타말 방법이 전해지지 못했다. 이 조리법은 여성들에 의해 전달될 수밖에 없었는데 필리핀에는 소수의 백인 여성들이 있었으나 멕시코 기술을 직접 전할 멕시코 여인은 거의 없었을 것이다. 닉스타말 기술이 없다면 최소한 유럽처럼 옥수수 알을 갈아서 가루로 만드는 기술이 있어야 한다. 그런데 필리핀에는 제분 기술마저 발달해 있지 않았다. 그래서 옥수수가 본격적으로 확산되기 위해서는 어떻게든 이 문제가 선결되어야 했다.

들의 신화에서 알 수 있다. "옥수수를 먹으면 힘이 솟고 살이 오른다는 것을 익히 알았던 신들은 옥수수로 인간을 만들기로 했다. 옥수수로 인간의 몸과 근육을 만들고, 피 또한 옥수수로 만들기로 한 것이다. 옥수수는 신들의 인간 형성 작업에 사용된 유일한 원료였다. 우리의 창조자들은 직접 인간의 모습을 만들기로 했으며, 만드는 방법에 대해 논의한 후, 팔과 다리는 노란 옥수수와 하얀 옥수수로 만들었고, 몸속에는 옥수수 덩어리를 집어넣었다. 그렇게 해서 모두 4명의 옥수수 인간이 창조되었다." (고혜선 1999: 121-122)

필리핀에서 이 문제를 푼 것은 중국과 접촉이 늘면서 중국의 제분 기술이 도입된 이후이다.

중국에서는 사정이 또 달랐다. 윈난 지역과 동남 해안 지역처럼 옥수수를 일찍 받아들인 곳에서는 옥수수를 푸성귀(green vegetable)로 이용하는 외에 곡분용 곡물로도 이용했다. 그렇게 한 데에는 제분 기술이 발전해 있었기 때문이다. 중국과 필리핀 사이에 해상 교역이 활성화되고 사람들 간의 교류가 많아지면서 이 제분 기술이 필리핀에 들어왔을 것으로 보인다(Spencer 1975: 9-11).

이 이후 필리핀의 일부 지역에서 옥수수의 중요성이 매우 커졌다. 세부(Cebu)가 대표적이다. 원래 이 지역에서는 벼를 재배하지 못하는 밭에다가 기장(millet)을 재배했으나 옥수수의 높은 생산성을 알게 된 이후 옥수수 재배가 더 확산되었다. 1800년 이후 세부를 비롯한 비사야 지역의 인구가 급격히 증가한 것은 분명 옥수수의 전파와 관련이 있다(Spencer 1975: 14-15). 옥수수는 필리핀에서 아주 적응을 잘해서 현재 이 나라의 재배 가능한 지역에는 모두 퍼져 간 것으로 보인다.

이처럼 어느 한 식물이 널리 전파되는 것은 단순히 그 식물이 지닌 장점만으로 되는 문제가 아니라, 인간의 의도적 노력, 그것도 여러 나라의 문화와 기술이 함께 작용하여 이루어지는 것이다.

2) 선택적 수용

근대 이후 감자, 옥수수, 토마토 등 아메리카산 작물이 유럽과 아시아 등지에 전파된 사실을 많이 거론하고 연구하지만[18] 반대로 유럽산 작물이 아메리카로 전파된 과정에 대해서는 상대적으로 덜 거론된다. 유럽 작물은 아메리카에 무

18) 안데스 산지의 인디오들은 세계의 다른 어느 지역보다도 다양한 작물들을 이용하고 있었다. 그들은 자기 텃밭에서 식용 · 약용 · 공업원재료용으로 40여 종의 작물들을 재배하였다. 이렇게 다양한 작물을 이용할 수 있게 된 이유는 우선 기후가 다양하고(안데스 산악 지역에서는 고도에 따라 기후가 달라진다) 이 지역에 다양한 문명들이 발전했기 때문일 것이다(Métraux 1983: 55).

차별적으로 전파된 것처럼 서술되곤 했는데 여기에는 전반적으로 아메리카 문명 일반이 유럽의 강력한 침투 앞에 무력했다는 이미지가 많이 투영된 듯하다.[19] 즉 생태계의 초월적인 힘과 유럽인의 강력한 힘 앞에 인디오 문화가 쉽게 무너졌으며, 유럽의 동식물이 널리 전파되는 현상 역시 전반적인 '유럽의 침탈'의 한 가지로 이해되는 경향이 있다. 그러나 실상은 그렇게 단순하지 않다. 중부 안데스 지역(페루, 에콰도르, 볼리비아)에 대한 한 연구를 예로 삼아 이 점을 비판적으로 살펴보도록 하자.

1540년대부터 남아메리카 서부 지역에 에스파냐의 물질문명 요소들이 많이 들어오기 시작했다. 1555년경부터는 이런 것들이 대체로 현지 문화에 정착하여 동식물과 농기구 등이 재생산되기에 이르렀다. 즉 이때는 인디오들이 서구 문화와 접촉하면서 많은 것들을 배우던 시기였다. 당시 엔코미엔다 체제는 강제 노역을 통해 인디오들을 수탈한 것은 분명하지만, 그래도 긍정적인 역할을 한 점이 있다면 인디오들이 유럽 문화의 도구 사용, 작물 재배, 동물 사육 등을 배우는 기회를 제공했다는 점이다(Gade 1992: 462-465).

유럽 작물들이 안데스 산지에 전파된 것은 우선 이곳 기후가 유럽과 유사하기 때문이었다. 해안 지역은 열대 기후이지만 고도가 올라가면서 더운 기후는 많이 완화된다. 그리고 대단히 정확한 강수 주기 때문에 밭갈기, 파종, 수확의 리듬이 정해진다. 이 리듬은 이베리아 지역과는 여름과 겨울이 반대라는 점 외에는 비슷하였고 특히 추수 기간은 우연찮게 지구 반대편의 두 지역 모두 5월로 같아서 이때 추수 축제인 성 이시도르(농부의 수호 성인) 축제가 열렸다.

정복 이후 100년 이내에 안데스 지역의 농부들은 외래종 가운에 10여 가지 주요 작물과 또 10여 가지 부수 작물을 재배하게 되었다. 이는 원래 에스파냐인들이 가지고 온 목록 가운데 절반에 못 미치는 숫자였다. 이것은 그동안 그들

19) 박물학자 뷔퐁에 의하면 인디언은 아메리카의 열등성을 보여 주는 가장 눈에 띄는 사례이다. 인디언은 기술, 정치적 조직력, 군사력, 질병에 대한 면역력, 지능, 그리고 무엇보다도 여인에 대한 정열 면에서 저열하다고 주장했다! 그러나 오늘날 인디언들이 다른 어느 사람들만큼이나 성생활에서 정열적이라는 데에는 의심의 여지가 없다(크로스비 2006: 65).

에게 맞는 요소만 선택적으로 추려내었음을 가리킨다. 특히 곡물 가운데에서는 밀과 보리만이 완전히 성공적으로 정착했다. 안데스 주민들은 밀을 가지고 수프를 만들기도 하지만 점차 빵을 선호하게 되었다. 보리는 낟알, 짚, 줄기를 모두 이용했으며, 또 훌륭한 말 사료로 이용할 수 있다는 점도 좋은 평가를 받았고, 특히 밀과 비교해 볼 때 더 건조한 지역에서 재배 가능하다는 장점도 가지고 있었다.

유럽산 식물 가운데 이 지역에 도입된 것만큼이나 도입되지 않은 것들도 주목할 만하다. 중요 곡물 가운데 귀리, 호밀, 기장, 벼 등은 끝내 안데스 고원지대에 도입되지 못했다. 그리고 야채류 가운데 순무, 부추, 파스닙(parsnip), 선모(仙茅, salsify), 사탕무 등도 들어오지 못했다. 이는 안데스 주민들이 자신의 농업 · 식량 시스템을 변경할 때 스스로 원하는 것만을 취하고 원치 않는 것은 피한 결과이다.

새 작물의 도입 때문에 일부 재래종 작물이 사라져 갔다. 예컨대 밀 경작이 확대됨에 따라 키오나(quinoa, 남미 원산의 명아주속 일년초 식물로서 씨를 식용으로 한다)의 재배가 축소되었다. 이 작물은 쓴맛을 내는 성분을 없애기 위해 여러 번 씻어야 하는 단점 때문에 밀에 비해 불리했던 것이다. 그 외에도 기존 식물 중 오카(oca), 우유쿠(ullucu), 아뉴(añu), 마카(maca) 같은 일부 작물들이 크게 쇠퇴하였다. 이런 일련의 변화 가운데에서 가장 중요한 것 중의 하나는 이 지역 내에 — 특히 해발 3,500미터 아래 지역에 — 감자가 크게 확산되었다는 점이다.

외래종 가축 역시 많이 도입되었다. 이는 유럽인들의 정복 이후 인디오 인구의 급격한 감소와 짝을 이루는 현상이다. 목축은 인구 감소로 생겨난 버려진 땅의 잡초로 키울 수 있고 어린이들을 목동으로 이용할 수 있다는 점도 유리한 요소로 작용했다. 또 정복 이전부터 지속되어 온 공유지 전통도 여기에 일조했다. 원래 안데스 지역에서 짐 끄는 동물로 이용되던 야마는 현지 환경에 잘 적응해 있었지만 힘이 부족했다. 그런데 이베리아 산악 지대에서 이용하던 노새와 당나귀가 안데스 산지에도 아주 잘 적응하여 중요한 가축이 되었다(Gade 1992:

467).[20] 염소와 돼지 역시 많이 키웠다. 원래 유럽에서는 도토리를 이용해 돼지를 키웠으나 이 지역에는 도토리가 없으므로 마을 내의 쓰레기 음식, 이삭, 인분을 이용하여 키웠다. 또 닭도 들어와서 수가 크게 증가했는데, 그 결과 기존의 중요한 가금류인 머스코비덕(Muscovy duck, 열대 아메리카산 오리)의 수가 감소했다. 알과 고기를 얻는 점에서 이 새는 닭에 비해 불리했기 때문이다. 그러나 닭 외의 다른 가금류는 거의 들어오지 못했다. 아마도 가장 중요한 귀화 동물은 양일 것이다. 안데스 지역에서는 1560년쯤이면 이미 양이 사육되기 시작했고 17세기에는 이 지역 경제에 완전히 자리 잡아서 양모와 고기, 때로는 양유를 공급했다. 반대로 안데스 지역에서 '거부'한 중요한 가축으로는 소가 있다. 소는 이 지역 환경에 맞지 않아서 결코 큰 성공을 거두지 못했다.

생태 환경을 다룬 제7장에서 우리는 멕시코 일부 지역에서 양 도입이 극히 파괴적인 결과를 가져온 사례를 보았다. 자연 환경을 고려하지 않은 채 유럽의 동식물을 무리하게 들여온 것이 자연 환경과 경제적 기반을 무너뜨렸던 것이다. 이에 비해 안데스 지역에서는 현지 주민이 주도적으로 현지 생태계의 사정에 맞는 요소들을 도입했기 때문에 그와 같은 피해를 겪지 않고 성공할 수 있었다.

중부 안데스 지역 주민들은 외부 요소들 중에 우수한 성질을 지닌 것이라면 어느 것도 마다하지 않고 받아들였다. 이들은 1531년경부터 에스파냐인들이 이베리아로부터, 또는 남아메리카의 다른 지역으로부터 들여온 여러 요소들 가운데 그들의 생활을 윤택하게 할 만한 것들만 선택적으로 수용했다. 이때의 선택 과정은 고원지대라는 특이한 환경에 이미 만들어진 기존 요소들과의 경쟁이었다. 그 계기는 인구 감소로 인한 기존 농업 · 환경 체제(agroecosystem, 안데스

20) 가축화에 대한 보편적인 문화적 금기 같은 것은 없는 듯하다. 반투족 농경민은 소와 양을 받아들이고 난 다음 세력이 크게 강화되어서 사하라 이남 지역의 수렵채집민들을 몰아내는 힘을 얻었다. 아메리카의 여러 인디언 부족들이 말을 받아들여서 능숙한 기마민족이 되었다. 나바호 인디언들은 양을 받아들인 다음 사회가 완전히 바뀌었는데, 특히 아름다운 양털 담요로 유명해졌다(다이아몬드 1996: 242-243).

식 농업 · 축산업 체제)의 변화였다. 대체로 1550-1560년경에 이 체제가 재건되는 과정에서 유럽산 요소들이 들어와서 기존 요소들과 어우러진 것이다.

3) 신작물 도입의 과정과 결과: 중국의 사례

새로운 작물과 가축의 전파는 지역에 따라 실로 엄청난 변화를 초래했다. 그 가운데 특히 주목할 만한 사례는 중국의 인구 증가이다.

중국의 인구 상황은 그 자체만으로 분명 세계사적인 현상이라 할 만하다. 현재 중국의 인구는 세계 인구의 1/5을 차지한다.[21] 중국의 인구 증가는 물론 한두 가지 요소만으로 설명할 수는 없으나 분명한 사실은 안정적인 식량 확보 없이는 인구 증가가 불가능했으리라는 점이다. 여기에서 신대륙 작물들의 도입은 결정적인 역할을 했다(Marks 1998: 309-311). 이런 관점에서 고구마, 땅콩, 옥수수, 담배 같은 작물들이 16세기에 중국의 농업 체계 내에 자리 잡은 과정에 대해서는 면밀한 고찰이 필요하다.

신작물은 구체적으로 어떤 과정을 거쳐 중국에 도입되었을까?

이 주제에 중요한 공헌을 한 연구자는 호 핑티 교수이다. 그는 중국 남부 지방에 땅콩, 고구마, 옥수수가 도입되는 과정을 중국 사료를 통해 추적했다(Ho 1955: 191-201).[22]

21) 유엔인구기금(UNFPA)과 인구보건복지협회가 2007년 6월에 발표한 '2007 세계인구현황보고서'에 따르면 2006년 말 기준 세계 총인구는 66억 1,590만 명으로 집계되었다. 중국은 13억 3,140만 명으로 세계 인구 중 약 20%를 차지한다. 인도 11억 3,560만 명, 미국 3억 390만 명, 인도네시아 2억 2,800만 명, 브라질 1억 9,100만 명으로서 이상 5개 국가 인구를 합치면 32억에 육박하여 세계 인구의 거의 절반을 차지한다. 남한은 4,810만 명으로 세계 25위며, 북한은 2,270만 명으로 세계 48위의 인구 규모이다.

22) 이 논문은 중국의 신작물 도입에 관한 흥미로운 정보를 많이 담고 있어서 유용하다. 그런데 원래 저자의 문제의식은 실증적인 연구를 통해 전-콜럼버스 도입설을 비판하는 것이었다. 콜럼버스 이후 유럽인의 항해로 인해 신작물들이 전파되었다는 것이 후-콜럼버스 도입설(post-columbian introduction)이고, 콜럼버스의 항해 수 세기 전에 이미 아메리카로부터 폴리네시아 등 태평양 지역에 여러 작물들이 서서히 전파되었으리라는 것이 전-콜럼버스 도입설(pre-columbian introduction)이다. 유럽인들이 도착하기 전에 이미 뉴질랜드에서 아메리카 원산의 고구마가 재배되었다는 점이 전-콜럼버

땅콩의 경우 그는 16세기 전반기의 인물인 황성증(黃省曾, 1490-1540)의 기록을 제시한다.

> 한 종류의 덩이줄기(tuber)는 껍질이 노랗고 속은 하얗다. 아주 맛이 좋아서 먹을 만하다. 그 줄기와 가지는 잠두(broad bean)와 비슷하지만 더 가늘다. 이는 향우(香芋)라 한다. 또 다른 종류로는 꽃이 포도 비슷한 줄기 위에 달려 있다. 꽃이 떨어지고 나면 꼬투리가 땅속에서 자라기 시작한다. 이를 낙화생(落花生)이라 한다. 두 가지 모두 치아팅 지방에서 난다.

이때의 낙화생은 땅콩을 가리키는 것이 분명하다. 식물이 자라나는 모습에 대한 서술도 그렇고, 특히 다른 식물을 낙화생이라고 부른 경우가 한 번도 없기 때문이다. 아마도 이것이 땅콩에 대한 중국 최초의 기술일 것이다.

위의 기록은 연대가 확실치 않지만 16세기 전반의 기록임에는 틀림없다. 땅콩을 언급한 뒷시기의 기록들(常熟縣志, 1538, 學圃雜疏, 1559) 모두 그 내용은 대개 위의 기록과 비슷하다. 이런 자료들로 보건대 16세기 전반 혹은 중엽부터 양쯔강 남쪽의 모래땅에서 땅콩이 재배된 것은 확실해 보인다. 그러나 이 기록들 모두 땅콩이 어디에서 유래된 것인지에 대해서는 밝히지 않았다. 다만 그 다음 시기의 기록들이 모두 땅콩이 처음 도입된 지역으로 푸젠 성을 거론한다. 사실 푸젠 성에는 일찍이 포르투갈 상인들이 들어왔고, 또 이 지역 상인들이 남양군도를 오갔기 때문에 해외에서 이곳으로 땅콩이 들어왔으리라고 자연스럽게 추론할 수 있다. 그리고 다음으로는 푸젠 성과 상하이 사이에 면화 상인들이 오갔기 때문에 이런 접촉 과정에서 땅콩이 북쪽으로 전파되었으리라는 점도 추론해 볼 수 있다. 그러나 100% 정확한 증거가 없는 상황에서 곧바로 그렇게 단정할 수는 없다. 어쩌면 포르투갈 상인들에 의해 양쯔강 하류 지역으로 직접 땅콩이 들어왔을 가능성도 배제할 수는 없다.

스 도입설의 한 방증이 될 것이다. 이에 대해서는 더 많은 연구가 있어야 확정될 것이지만, 현재는 후콜럼버스 도입설이 정설이다.

신작물들이 언제, 어떤 경로를 통해 들어왔는지는 대부분 이처럼 여러 가능성이 열려 있다.

고구마의 경우도 마찬가지이다. 고구마에 대한 기록은 1594년 푸젠 성의 순무(巡撫)가 이를 구황작물로 널리 보급하라는 지시를 내린 것이 최초의 기록으로 알려져 왔었다. 그러나 호 교수는 이해가 흉년이었기 때문에 고구마가 순무의 관심을 끌어서 기록되었을 뿐 실제로는 그 이전에 고구마가 도입되었을 것으로 본다. 고구마가 푸젠 성에 들어온 경로는 바다를 통해 들어왔다는 설과 윈난 지방으로부터 육로를 통해 들어왔다는 두 가지 설이 있다.

첫 번째 설과 관련해서는 이런 기록이 있다. 하나는 진진룽(陣振龍)이라는 상인이 필리핀의 루손에서 고구마를 들여왔는데 1590년대에 푸젠 성에 심한 흉년이 들었을 때 그 아들인 진경륜(陣經綸)이 순무에게 소개했다는 것이다. 이것이 사실이라면 1594년 이전 약 한 세대 전에 푸젠 성에 고구마가 도입되었다고 추론할 수 있다.

두 번째 설에 대해서는 윈난 성의 기록이 있다. 여기에서는 1563년에 버마 가까운 타리(大里)라는 곳에서 고구마를 재배하는 사실이 기록되어 있다. 이것이 사실이라면 고구마는 인도와 버마를 통해 육로로 들어왔을 가능성도 있다.

옥수수 역시 사정이 비슷하다. 1555년의 쿵센(鞏縣)의 역사 기록에 옥수수가 언급되어 있는데 이를 보면 이 이전 약 20-30년 전에 인도나 버마를 통해 육로로 들어왔을 가능성이 있다. 그 외에 많은 기록들이 옥수수가 '서번(西番)' 에서 들어왔다고 언급하는데 이 당시 '서번' 이라는 말은 티베트가 아니라 버마 쪽을 가리켰다고 한다. 그리고 서번 사람들이 16세기 중엽에 베이징의 황실에 옥수수를 공물로 올렸다는 기록도 있는데, 이 때문에 옥수수를 '위마이(御麥)' 라고 불렀으며 또 민간에서는 같은 발음이지만 글자가 다른 '위마이(玉麥)' 라고 불렀다고 한다.[23] 그러나 이런 기록들이 있다고 해서 육로 도입설이 확실한 것은 아니다. 옥수수가 바다를 통해 들어왔을 가능성 역시 없지 않다. 아우구스투스파 수사인 마르티노 데 에라다(Martino de Herrada)가 1577년에 푸젠 성 남부 지방에서 옥수수를 재배하는 것을 보고 기록한 글이 그에 대한 방증이다.

이상 세 가지 신작물의 도입 과정에 대한 기록들을 간략히 살펴보았는데, 여기에서 우리가 짐작할 수 있는 것은 작물의 전파는 단순하게 한 번에 이루어지지 않는다는 점이다. 그보다는 여행자, 상인, 관리 등 여러 종류의 사람들을 통해 여러 번에 걸쳐 작물이 들어왔다고 보는 것이 타당하다. 처음 도입되었을 때에는 무시되었다가 나중에 다시 들어왔을 때 넓은 지역에 본격적으로 재배되는 경우도 많았을 것이다. 이는 아무리 좋은 속성을 가지고 있는 작물이라고 해도 어느 지방에 들어가기 위해서는 그 지방의 필요에 정확히 맞아떨어져야 하며, 그래서 그 지방의 사회 · 경제적 그리고 문화적 용인을 받아야만 한다는 것을 말해 준다.

모든 외래 작물이 골고루 보급된 것은 아니어서 17세기에는 고구마가 훨씬 더 널리 퍼진 반면 옥수수는 상대적으로 덜 환영받았다. 고구마가 더 환영을 받은 이유는 "재배가 쉽고, 잎은 돼지에게 줄 수 있으며, 뿌리는 술을 담을 수 있고 또 말려서 보관하는 데에 편하기 때문"이었다. 무엇보다도 마른 땅에서 잘 자라는 데다가 생산성이 워낙 좋기 때문에 기근 시에 구황작물로 더할 나위 없이 좋은 성질을 가졌기 때문이다. 1무(畝)의 땅에 고구마를 심으면 한 집안이 먹고 살 수 있다는 것이 그 당시의 계산이었다.[24] 다시 말해서 고구마는 재배가 편하고 사용처가 많고 생산성이 높기 때문에 널리 퍼졌다는 것이다. 그런데 이것이 타당한 설명이라 할 수 있을까? 옥수수 역시 정확하게 이 세 가지 조건을 다 갖추지 않았던가. 그런데 왜 옥수수는 고구마만큼 환영받지 못했을까? 그것은 고구마보다 입맛에 맞지 않았기 때문이라고 할 수밖에 없다('맛'의 문제

23) 옥수수를 공물로 올렸다는 것은 이 작물이 서번에도 도입된 지 얼마 되지 않아서 아직 진기한 상품임을 말해 준다.

24) 당대 중국인들의 기록에 의하면 "고구마는 오곡과 경쟁하지 않으면서도 척박하고 짠 땅에서도 잘 자란다. [⋯] 천주 사람들은 1근에 1전도 안 되는 가격에 팔기 때문에 2근이면 배부르게 먹을 수 있다. 그래서 노인이나 어린이, 그리고 거리의 걸인, 심지어 닭과 개까지도 먹을 수 있다." 특히 양쯔강 이남에서는 지역에 따라 서민의 5-6개월치 식량이었으므로 사람들은 고구마를 쌀처럼 중요시했다(강판권 2007: 496).

에 대해서는 아래에서 재론할 것이다).

대단히 중요한 사실 한 가지는 중국에 들어온 아메리카 대륙산 신작물들이 대개 메마른 산지에서 재배되었다는 점이다. 기존의 경지를 건드리지 않은 채 노는 땅에 추가로 고수확 작물을 재배할 수 있게 된 것이 중국 인구 증가의 비결이었던 것이다. 이것은 수 세기 동안 발전되어 온 중국의 관개 기술 덕분이었다. 예컨대 1572년에 광둥 순무는 "광둥 동부 산지에서 가난한 사람들은 모두 고구마를 재배한다"는 기록을 남겼다(Marks 1998: 309-311). 신작물들이 금세 중국인들의 입맛을 사로잡은 것은 아니어서 널리 전파되기까지 상당한 시간이 걸린 것은 분명하다. 강남에서는 16세기에 땅콩을 재배했고, 이 세기 말엽에는 윈난과 허난에서 옥수수를, 그리고 같은 시기에 푸젠과 광둥에서 고구마를 재배하기 시작했다. 어쨌든 18세기 중엽에 이르면 위에서 언급한 작물들은 윤작 체계 속에 들어가 자리 잡음으로써 농민들 세계 속에 완전히 편입되었다. 중국의 인구가 18세기부터 크게 증가한 데에는 이런 작물이 분명 큰 공헌을 했다. 중국 인구의 급증은 우선 중국사에서 극히 중요한 요소일 뿐 아니라 더 나아가서 세계사에 영향을 미치는 상수(常數)라고 할 것이다.[25]

고구마는 중국만이 아니라 아시아의 여러 지방에서 인구 증가를 가능하게 한 대단히 중요한 작물이다. 우리나라와 일본에서도 고구마는 대표적인 구황작물이 되었다. 일본에서는 고구마를 일반적으로 사츠마이모라고 하지만 일명 카라이모라고도 했는데 이는 '중국에서 들어온 마'라는 듯이다. 현재 정설은 고구마가 필리핀을 거쳐서 중국 혹은 류큐를 경유하여 1621년 규슈에 상륙했다는 것이다.[26] 특이한 점은 대마도에서 고구마가 '고오꼬오이모'라고 불린다는 점

25) "옥수수가 확실하게 자리잡는 것은 18세기에 인구가 급증하여 벼를 재배하는 평지 이외에도 언덕과 산지를 개간해야 할 필요가 있을 때였다. 이때에도 중국 사람들의 일부가 그들이 좋아하는 음식을 포기한 것은 필요에 의한 것이었지 취향 때문은 아니었다. 이제 옥수수는 중국 북부의 넓은 지역을 장악했고 더 나아가서 조선 방향으로 퍼져 갔다. 그 덕분에 북부의 전통적인 작물인 조와 수수에 옥수수가 덧붙여졌고, 이것은 인구가 훨씬 많았던 남부 중국과 북부 중국 사이에 균형을 이루도록 했다."(브로델 1995-1997, 1권: 226) 이 책의 제1장에서 이야기한 것처럼, 세계 인구에서 중국 인구가 차지하는 비중은 1500년에 23%였다가 1820년에 37%로 커졌다.

이다. '고오꼬오'는 '효행(孝行)'을 뜻하는데, 흉년에 주민들이 고구마로 부모에게 효행을 했다는 데에서 유래했다고 한다. 이 역시 고구마가 구황작물로 중요한 역할을 했다는 증거이다. 우리말의 '고구마'라는 말이 '고오꼬오이모'에서 유래했다는 일설이 있는데, 이것이 대마도를 통해 우리나라에 고구마가 유입되었다는 한 방증이다.

뉴기니 사례 역시 흥미롭다. 이 섬의 저지대 사람들은 물고기를 잡아먹어서 단백질이 모자라지 않았지만 고지대 사람들은 동물성 단백질이 아주 부족했다. 이곳 주민들이 많이 먹는 타로토란의 경우 단백질 함량이 1% 미만으로서 백미, 콩류, 밀류에 비해 아주 적었다. 이 지역의 어린이들이 흔히 올챙이배를 하고 있는데 이는 양은 많지만 단백질이 부족한 식사를 하는 사람들의 전형적인 특징이다. 이곳 사람들이 생쥐, 개구리, 거미 등을 잡아먹는 점, 고인의 뇌를 친척들이 모여서 나누어 먹는 특이한 장례 풍습 같은 것들은 가능한 모든 기회를 이용해서 단백질을 섭취해야 하는 필요와 관련이 있을 것이다. 이럴 때 단백질 부족과 전체적인 열량 부족 문제를 해결해 준 것이 다름 아닌 고구마였다. 고구마는 필리핀을 통해서 이곳에 들어온 것으로 보이며, 고지대에서도 잘 자라고 성장 속도가 빠르며 재배 면적당 그리고 노동 시간당 생산량이 높다는 점이 이곳에서도 큰 강점으로 작용했다. 그 결과 고지대의 인구 폭발 현상이 일어났다(다이아몬드 1996: 222-223).

4) 새로운 작물의 정착 과정

고수확, 높은 영양학적 가치, 재배의 이점 등 훌륭한 특징들을 골고루 갖춘 신작물이 어느 지역에 소개되었다 하더라도 그것이 곧바로 널리 재배되는 것은 아니다. 그런 작물들이 기존 체제 내로 들어가기까지는 때로 수백 년이 걸리기

26) 오늘날 고구마는 일본에서 세 번째 중요한 작물이며, 또 일본은 중국에 이어 세계 2위의 고구마 생산국이다.

도 한다. 감자나 옥수수 같은 신대륙의 작물들이 유럽에 들어온 과정을 보아도 사람들이 그것을 완전히 받아들이는 데에는 아주 오랜 시간이 걸렸다는 것을 알 수 있다. 기존의 농업 체제와 음식 체제가 긴밀히 연결되어 있는 상황에서 빈자리를 뚫고 들어가는 것이 결코 쉬운 일이 아닌 것이다.

사회의 완강한 저항을 뚫고 자기 자리를 차지하게 되는 계기는 대개 기근이었다. 기존 체제가 심각한 위기에 노출되었을 때 이미 들어와 있던 작물의 높은 생산성에 새삼 눈을 돌리게 되기 때문이다.

유럽에서 16세기는 인구가 증가한 시기이다. 당시의 생산 여건에서 인구 증가는 조만간 식량 부족 사태를 초래했다. 이 문제의 해결을 위해 여러 가지 새로운 작물들을 시험하게 되었다. 이미 유럽에 들어와 있던 벼와 메밀의 재배가 확산되었을 뿐 아니라,[27] 아메리카산 신작물인 옥수수와 감자가 재배되기 시작했다.

옥수수는 1493년에 콜럼버스가 에스파냐에 들여온 것으로 보인다. 16세기 초에는 카스티야, 안달루시아, 카탈루냐, 그리고 1520년경에는 포르투갈에서 옥수수가 재배된 것을 확인할 수 있고, 그 후에 프랑스, 이탈리아, 판노니아(도나우 강 중류 우안의 헝가리 분지 지역), 발칸 지역 등지로 보급되었다. 그러나 이 시기에 옥수수를 주곡으로 재배하는 일은 거의 없었고, 휴경지에 심었다가 사료로 사용하거나 가끔 텃밭에서 재배하는 정도였다. 이런 식인지라 옥수수에 대한 문서 기록이 많지 않다. 문서 기록은 대개 지주의 일과 직접 관련이 있을 때 작성하는 법인데 옥수수처럼 '숨어서 존재하는 곡물'의 경우에는 당연히 언급이 적을 수밖에 없다. 농민들은 옥수수의 엄청난 수확량과 영양 면에서의 탁월한 장점을 곧 깨달았을 것이다. 그렇다면 옥수수는 곧 전 유럽으로 확산되었을까? 결코 그렇지 않다. 사람들은 새로운 작물에 대해 여전히 확신을 가지지

27) 벼는 에스파냐에 들어왔다가 이탈리아의 롬바르디아에 도입되었다는 것이 일반적인 정설이지만, 시칠리아의 아랍인을 통해서 유럽에 들어왔을 가능성도 있다. 메밀은 이미 2세기 전에 유럽에 들어와 있었다가 16세기부터 본격적으로 전파되기 시작했다(몬타리니 2001: 161-162).

못하였다. 이런 상황에서 16세기 후반에 인구 압력이 완화되자 옥수수는 기존의 장벽을 뚫고 들어가는 데에 실패했다. 다시 한번 진입 기회를 맞이하려면 18세기까지 기다려야 했다.28

감자 역시 비슷한 과정을 거쳤다. 감자는 비교적 늦은 시기인 1539년 페루에서 처음 눈에 띄었다. 이 무렵에 에스파냐에 들어온 후 이탈리아에 전해진 다음 '타르투폴로(tartufolo)' 라는 이름을 가지게 되었다.29 감자를 식용으로 사용한 초기 기록 중 하나는 1573년 세비야의 상그레 병원의 물품 구입 목록이다. 조만간 독일과 영국(이곳에는 월터 롤리에 의해 아메리카에서 감자가 직접 도입되었다)에서 감자를 식용으로 사용한 사례들이 보인다. 그러나 감자 역시 큰 성공을 거둔 것은 18세기의 일이다.

유럽에서 18세기는 다시 인구가 크게 증가하고 정치, 경제, 문화 등 모든 면에서 활기를 띠었던 시대이다. 그러나 여기에는 중요한 해석상의 문제가 제기된다. 이 시기의 '팽창' 과 '활기' 는 다만 상층에 국한되었던 현상이며 하층의 사람들은 오히려 대단히 심각한 위기에 몰렸기 때문이다. 인구 증가는 결국 빈민층의 확대로 이어졌는데, 14세기 중세 말의 위기와 다른 점은 단적으로 말해서 14세기에는 많은 사람들이 죽음으로 끝났던 데 비해 18세기에는 죽음은 면한 대신 영양부족에 시달렸다는 점이다. 18세기는 일반 대중들이 역사상 '가장 못 먹은' 시대로 기록될 만하다. 그나마 죽지 않고 생존해서 인구가 늘었다는 것이 발전의 한 양태라 할 수 있을까? 하여튼 늘어나는 인구를 부양한 데에 공헌한 주요 요소가 감자와 옥수수의 보급인 것은 분명하다.30 18세기의 기록을

28) 밀과 호밀 빵에 익숙한 유럽인들에게 옥수수는 분명 낯선 음식이었다. 그러나 생존의 문제 앞에서는 그런 취향 문제가 부차적이 된다는 분명한 증거는 아메리카 대륙에 건너간 청교도들이 옥수수를 쉽게 받아들였다는 사실이다.

29) 유럽에서 최고급 버섯인 송로버섯(truffle)에 빗대어 백색 송로버섯이라 한 것이니 첫 이름만은 과도하게 좋은 편이었다.

30) 유럽에서 18세기에 왜 인구가 증가했는가에 대한 설명은 결코 쉬운 문제가 아니다. 사망률 감소가 결정적인 요소였다는 지난 시대의 정설이나 출산율 증가를 주장하는 새로운 설, 혹은 산업혁명, 농업 발

보면 수확량 대 파종량의 비율이 호밀의 경우 6 대 1인데 비해 옥수수는 무려 80 대 1이었다. 굶어 죽기 직전인 상황에서 전통적인 미각을 고집할 여유가 없었으니, 감자와 옥수수 같은 고수확 작물의 도입은 필연적이었다.

이렇게 해서 밀과 호밀 중심이었던 농민들의 음식 구성에서 옥수수와 감자의 비중이 커졌다. 이와 같은 음식상의 변화가 사회 · 경제 구조의 변화를 가져오지 않을 수 없었다.

앞에서 언급했듯이 과거에 옥수수는 농민들이 몰래 재배하는 작물이었다. 그런데 18세기에는 오히려 지주들이 옥수수 재배를 권장하였다. 지주들은 농민들에게 옥수수를 남겨주고 대신 밀을 수거해서 판매했으며, 이에 대해 농민들이 거세게 반발했으니, 16세기와는 상황이 정반대가 되었다. 이제 옥수수는 하층의 대표적인 작물이 되었다. 특히 문제가 된 것은 다른 음식물을 먹지 못하고 전적으로 옥수수에만 의존할 때 발생하는 펠라그라 병이었다. 니코틴산을 함유하는 비타민 B_3의 결핍으로 인해 생기는 이 병은 온몸에 고름이 나는 상처가 생기고 광기가 발작하다가 결국 사망하는 가공할 질병이었다. 이 병은 1730년경 에스파냐의 아스투리아스 지역에서 처음 확인되었고 곧 이탈리아 북부를 비롯해서 옥수수 소비가 확대된 지역을 따라 퍼져 갔다.

감자 역시 옥수수와 마찬가지로 대규모 기근을 계기로 해서 널리 보급되었다. 감자의 높은 생산성을 알게 된 지역에서는 국가나 지배층이 농민들에게 감자 경작을 강요하였다. 감자 역시 옥수수와 마찬가지로 처음에는 하층민 음식으로 알려졌으며 이 때문에 감자 보급의 노력은 큰 저항에 부딪혔다(몬타리니 2001: 95, 105-106). 1770년 나폴리가 기근에 시달렸을 때 구호품으로 감자가 나왔으나 사람들은 만지려고 하지도 않았다. 프로이센에서는 감자가 연주창, 구루병, 결핵을 일으킨다는 두려움에 떨었다. 러시아에서는 예카테리나 여제가

달, 전쟁 요인 등 다른 요소를 가지고 분석하려는 모든 설명이 다 결정적인 취약점들을 가지고 있다. 이런 요소들을 점검한 끝에 내린 한 연구자의 '최소한의 결론'은 18세기에 감자가 보급된 것이 중요한 요인(major factor)이라는 점이다(Langer 1963: 16).

감자가 훌륭한 음식임을 선포했지만 동방정교회 근본주의자들은 감자가 성경에 나오지 않는다는 이유로 반발했고 중부 러시아 농민들은 감자가 콜레라를 일으킨다는 믿음 때문에 받아들이려 하지 않았다. 프랑스에서는 계몽운동 시기에 선각자들이 감자의 장점들을 인식하고 감자 보급을 위해 농민들을 설득하려는 노력을 경주했지만 농민들은 전혀 계몽되려 하지 않았다. 그러나 아무리 상층에서 감자 도입을 강요해도 안 되었던 문제가 기근이 들자 저절로 풀렸다.

사실 감자는 좋은 장점들을 많이 가지고 있었으며, 옥수수와 달리 감자에만 거의 전적으로 의존해도 영양학적인 문제가 그리 심각하지는 않았다. 감자 연구서는 장점들을 다음과 같이 정리한다(주커먼 2000: 17-18).

첫째, 모진 바람에 노출된 해발 3,500미터 고원지대에서 경작 가능한 만큼 추위에 강하고 생명력이 강하다. 사실 안데스 산지는 한낮의 강렬한 태양, 밤중의 추위, 하루 중 온도가 0-16도에 이르는 큰 일교차, 특히 1년의 절반이 건기이고 심지어 비 한 방울 오지 않기도 하는 불리한 기후 여건에 있었기 때문에 이런 지역에서 자라나는 감자는 다른 지역에서도 쉽게 적응할 수 있었다.

둘째, 대단히 다양한 종을 자랑한다. 감자는 야생종만 약 230종이고 또 많은 개량종이 있으므로 풍토에 맞게 골라서 경작할 수 있다. 자연 상태에서 감자는 호두만 한 크기에 쓴맛이 강해서 이용 가치가 크지 않았는데, 인디오들의 노력으로 700여 종의 품종이 개발되었다.

셋째, 경작지가 좁은 지역에서 협소한 땅에 삽과 사람 손만으로 재배가 가능할 정도로 쉽다.

넷째, 보관이 편하다. 남미에서는 수확한 감자의 일부를 밤새 얼려 물기를 뺀 다음 추뇨(chuño)라는 동결 건조 식품으로 만드는데, 이는 끓는 물에 넣으면 금세 부드러워지므로 손쉽게 먹을 수 있는 대단히 훌륭한 인스턴트 식품이었다. 추뇨는 밀폐된 저장고에서 10년 이상 저장 가능했다!

다섯째, 영양가가 높다. 칼슘과 비타민 A와 D만 보강하면(이는 우유와 유제품으로 해결할 수 있다) 필수 영양소를 모두 섭취하게 된다. 생감자에는 비타민 C

도 들어 있어서 괴혈병 예방도 가능했다.

여섯째, 연료나 주방 기구 없이도 쉽고 신속하게 조리가 가능했다. 이 때문에 특히 하층민들에게 유리했는데, 사실은 바로 이 점이 오히려 감자가 하층민의 음식이라는 이미지로 굳어지는 계기가 되었다. 잘 알려진 바와 같이 감자는 특히 아일랜드에 널리 보급되었으나, 오히려 지나치게 감자 한 가지에 의존하게 된 상황에서 감자마름병이 퍼졌을 때 대재앙을 겪었다.[31]

감자나 옥수수 같은 신작물의 보급이라는 단일 요소만으로 농업, 음식, 사회경제적 변화 등을 모두 설명하려는 것은 무모한 일이지만, 적어도 그러한 중대한 현상의 물질적 기반을 형성한 요소였던 것은 분명하다.

5) '맛'을 찾아서

인간은 '필요'에 지배받기만 하는 존재가 아니라 '욕망'의 주체이기도 하다. '맛'을 추구하는 인간의 본성 같은 것이 별로 중요해 보이지 않을지 몰라도 때로는 이것이 세계사적인 사건들의 배후에서 작용한다.

역사상 가장 널리 알려진 사례는 후추일 것이다. 후추는 중세 유럽의 많은 사람들이 꿈꾸던 아시아의 교역 상품이었다. 왜 그렇게 후추를 구하려고 했던가? 그동안 많은 책들이 다음과 같은 잘못된 답을 제시하곤 했다: '유럽에서는 육류 소비가 많은데, 냉장 시설이 없었으므로 고기가 곧 변질되었다. 그래서 상한 맛을 숨기기 위해서 강한 향신료가 필요했다', 혹은 '후추를 듬뿍 묻혀서 고기를 보관하는 데에 썼다'. 그러나 이는 사실이 아니다. 후추는 워낙 비싼 물품이

31) 아일랜드에서는 18세기 말이 되면 감자가 주식이 되었다고 할 수 있다. 19세기에 들어서자 농민들은 하루 평균 2.5kg의 감자를 소비했고 1년 단위로 치면 1톤 이상을 소비했다. 1845년부터 감자마름병이 돌아서 감자 수확이 큰 피해를 입기 시작했으며, 지역에 따라서는 수확의 90%까지 피해를 입었다. 18-19세기에 아일랜드 인구가 엄청난 속도로 증가한 것도 여러 원인 가운데 분명 감자의 보급이 중요한 역할을 했을 것이며, 또 1840년대 이후 인구의 1/3 정도가 사망하거나 이민을 가게 된 것도 감자 농사의 실패가 결정적인 요소였다(주커먼 2000: passim).

었기 때문에 고기를 보관하는 용도로 쓰일 수 없었다(고기 값보다 후추 값이 훨씬 비쌌다). 후추를 그렇게 열정적으로 찾은 이유는 다른 이유가 아니라 바로 매운 맛 자체를 즐겼기 때문이다. 오늘날에는 유럽 음식들이 대체로 부드러운 맛이지만, 중세 유럽의 음식은 오늘날의 인도 음식과 비슷할 정도로 매웠다고 한다. 많은 사람들이 매운맛을 추구하고 또 매울수록 고급이었기 때문에 부자 권력자들일수록 많은 후추를 사용했다. 한 마디로 후추는 높은 지위의 상징이었다. 이 시기에 사람들은 향신료를 음식에 사용하는 외에 보석처럼 서로 선물하고 수집하였다. 후추는 식탁 위에 전시되었다가 몸속으로 섭취되는 권력의 표시였다. 이럴 때에 맛은 사회적 · 문화적, 심지어 정치적 현상이었다(쉬벨부쉬 2000: 19-23).

어떤 사회건 대개 그 지역 사람들이 좋아하고 또 공고히 지키려고 하는 '맛의 구조'가 있게 마련이다. 한 사회에서 특정한 맛을 내는 물질이 다른 지역에 전해지면 처음에는 대부분 거부 반응을 일으키기 쉽다. 그러나 그중 일부는 여러 번의 노력 끝에 결국 다른 사회로 전파되는 데에 성공한다. 그러나 그 과정에서 이전 사회에서 그 음식에 대해 내리던 문화적 해석은 흔히 왜곡되거나 완전히 새롭게 변형되기도 한다.

대표적인 예로서 코코아를 들 수 있다.32 마야를 비롯한 아메리카 문명에서 코코아는 원래 신에게 바치는 최고의 식품, 혹은 지배자나 귀족, 전사들의 음료였다. 초기에 이 음료에는 칠리 페퍼와 같은 향신료를 첨가해서 맛이 쓰고 강했으며, 옥수수를 이용해서 걸쭉하게 만들었다. 마야와 아스텍족이 여기에 바닐

32) '카카오'라는 말은 나무를 가리킨다. 린네가 붙인 학명은 Theobroma Cacao로서 앞부분의 테오브로마는 그리스어로 '신들의 음식'(어떤 이유에서 그런 이름을 붙였는지는 밝혀지지 않았다)이라는 뜻이고, 뒷부분의 카카오는 아메리카 원주민이 부르던 이름이었다. 이 나무의 열매를 카카오 콩이라 하는데, 이를 건조시키고 기계 처리를 통해 콩에서 채취한 지방분을 '카카오 버터' 또는 '코코아 버터'라 한다. 그 뒤에 남는 고형분이 '코코아'다. 카카오 버터는 고급 초콜릿을 만드는 외에 화장품이나 의약품 등으로 다양하게 사용되는 가치가 높은 상품이다. 마야 인디언이 부르던 코코아라는 말을 에스파냐인들이 변형시켜서 만든 말이 초콜릿(유럽의 각국어에서 쇼콜라, 쇼콜라데, 초콜릿 등 여러 가지 발음으로 불린다)이다. 영어의 초콜릿이라는 말은 따뜻한 음료(우리말로 코코아라고 부르는 음료)와 막대 모양의 과자를 모두 가리킨다(코 2000: 20, 32-33).

라와 꿀을 집어넣어서 맛을 완화시킨 후에야 우리에게 익숙한 맛이 나게 되었다(Pomeranz and Topik 1999: 82). 그런데 에스파냐인들에 의해 이 음료가 이베리아반도에 들어왔다가 다시 프랑스를 비롯한 여러 나라로 보급되었을 때 이 음료는 전혀 다른 방식으로 이용되었다(쉬벨부쉬 2000: 105-112). 이 음료는 특히 에스파냐와 이탈리아를 비롯한 남부 유럽의 가톨릭 지역을 대표하는 음료가 되었다. 코코아는 카페인은 적고 약간의 테오브로민을 함유하는데, 이것의 작용은 커피와 유사하지만 훨씬 약해서 중앙 신경 체계가 인식할 만한 자극을 미치지 않는다. 그래서 자극효과가 적은 대신 훨씬 더 큰 영양가를 가지고 있다. 이런 이유로 코코아는 유럽 귀족의 음료가 되었으며 특히 아침 식사에 자주 이용되었다. 그 결과 아침부터 맑은 정신으로 활동하는 부르주아의 음료, 그리고 정신적 가치를 강조하는 프로테스탄트 음료인 커피와 대조적으로 코코아는 여유 있고 유희적이며, 심지어는 성적인 의도와 통하는 것으로 간주되었다. 이런 바로크적 · 가톨릭적 육체성을 대변하던 이 음료는 구체제와 함께 몰락했다가 19세기에 또 다른 의미의 음식으로 재탄생했다. 그것은 어린이들의 음료로 각광받는 오늘날의 코코아(영어로는 hot chocolate)와 널판지형 초콜릿으로 분화했다. 그리하여 과거에는 권력과 영광을 대변했던 음식이 이제는 부르주아 사회에서 권력과 책임으로부터 배제된 사람들(어린이와 여성)이 즐기는 음식으로 크게 변화하였다.

이런 식으로 각 지역의 문화권에서 독특한 지위를 누리던 여러 음식물들이 대항해시대에 세계의 여러 지역으로 퍼지면서 변형되거나 완전히 새롭게 갱신된 의미를 가지고 자리잡으면서 세계인의 일상생활에 큰 영향을 미쳤다. 터키를 비롯한 이슬람권, 유럽과 미국, 그리고 한국 사회에서 커피가 없다면 얼마나 많은 사람들의 삶이 달라지겠는가. 차가 없는 영국 사회는 포도주 없는 프랑스 사회와 같을 것이다. 이처럼 어떤 사회에서 매우 중요한 의미를 띠는 관습이 근대 이후 외부의 영향으로 새로 만들어진 경우가 많다.

그 가운데에서도 특히 주목할 만한 대표적인 음식물들을 살펴보도록 하자.

흔히 단맛을 내는 물질의 가장 대표적인 물질인 설탕에 대해서는 많은 연구들이 있다.[33] 사탕수수는 인도가 원산지로서 중동 지역을 거쳐 지중해 지역으로 보급되었고, 그 다음에 아프리카 서해안의 섬들을 거쳐 서인도제도와 브라질로 확산되었다. 지금껏 설탕이 처음 들어왔을 때 이를 거부한 지역은 한 곳도 없다고 한다. 인간은 (어쩌면 포유류 전체가) 단맛에 대해 호의를 가지고 있는 듯이 보인다. 그러나 이 달콤한 물질의 생산을 위해서는 얼마나 큰 대가를 치러야 했던가. 노예무역을 다룬 제6장에서 보았듯이, 흰 설탕을 생산하기 위해 수많은 검은 노예들이 강제로 그들의 고향에서 신대륙의 플랜테이션으로 끌려가 비참한 삶을 살아야 했다.

신대륙의 노예들이 생산한 설탕은 구대륙의 노동자의 생활에 지대한 영향을 미쳤다. 설탕이 고급 소비재에서 일상적인 소비재가 되고 더 나아가서 오늘날 소위 정크 푸드(junk food)의 대표적인 첨가물이 되는 장기적인 과정을 거치면서 노동자들의 값싼 열량 공급원 역할을 하게 된 것이다. 산업혁명기 이후 노동자들의 전반적인 칼로리 섭취가 증가하는 데에 설탕이 기여한 몫은 매우 컸다. 잼을 바른 빵, 당밀 푸딩, 비스킷, 과일 파이, 롤 빵, 캔디 등 설탕이 다양한 형태로 변형되어 밀가루 형태의 복합탄수화물과 조화를 이룬 음식들이 홍수를 이루었다. 여기에 더해 차에 설탕을 듬뿍 넣어 마시는 습관이 일반화된 것 역시 노동자들이 열량을 추가로 공급받는 한 방식이었다.[34] 19세기 말에 이르면 설탕은 전체 칼로리 섭취의 14%를 차지했다(민츠 1998: 255, 271-279). 그런데 흥

33) 대표적으로 시드니 민츠의 책이 있다: 민츠(1998).

34) 특히 영국에서 차 수요가 급증해서, 1650년과 1700년 사이에 영국의 차 수입이 총 18만 1,545파운드였는데 그 다음 반 세기 동안 4,000만 파운드가 되었다. 이는 200배의 증가를 말한다(그러나 이는 관세 자료를 가지고 계산한 결과이며 밀수를 고려하면 더 컸을 가능성이 있다)(쉬벨부쉬 2000: 98-99). 다른 지역에 비해서 왜 영국에서 그렇게 차 수요가 증가했는지 이유는 정확히 밝혀지지 않았지만, 흥미로운 점은 설탕 섭취가 무시하지 못할 중요한 요소라는 사실이다. 즉 차에 설탕을 듬뿍 첨가해서 마심으로써 수분과 열량을 동시에 공급받았다. 이것이 이전의 진과 맥주를 대신하는 대표적인 음료가 되었다. 이는 또한 노동 중에 음주를 하던 이전의 노동 문화가 큰 변화를 겪는 과정과도 관련이 있다(Butel 1989: 86).

미로운 점은 노동계급의 가정 내에서 모든 사람들이 똑같이 설탕을 통해 열량을 공급받는 것이 아니라 가족들 간의 차별성이 생겨났다는 점이다. 19세기 중 쇠고기 소비가 증가한 것은 사실이지만, 동물성 식품은 노동을 하며 임금을 받아오는 가장이 주로 소비했고, 나머지 가족들은 설탕 소비에 의존했다. "고기는 오로지 아버지만 먹었으며, 어머니도 그것을 당연하게 받아들였다." 노동하는 남편이 매일 고기와 베이컨을 먹는 동안 아내와 아이들은 고작 일주일에 한 번 정도 고기를 먹는 데에 만족했다. 남편에게 충분한 음식을 주기 위해서 아내와 어린아이들은 "습관적으로 부족한 식사를 하고 있다"는 것이 엄연한 사실이며, 부족한 열량을 얻기 위해서는 '자당(蔗糖)', 즉 설탕을 먹었다. 이와 같은 영국의 상황은 곧 전 세계적으로 반복되었다. 설탕은 가난한 노동자들의 칼로리 부족을 보충하는 데에 도움이 되었으며, 산업노동자들이 휴식 시간에 가장 많이 먹는 식품이 되었다. 값비싼 단백질 식품은 주로 성인 남자가 독식하고, 자당은 주로 여성과 아이들이 먹는다는 소비 도식이 굳어져 갔다. 심지어 영양실조로 인한 학령 전 아동들의 사망은 사실상 가장 널리 사용되던 인구 억제 방법이었다.

단맛 못지않게 흥미로운 것이 매운맛의 확산이다. 매운 맛을 추구하는 인간의 욕구는 단맛에 대한 추구만큼이나 강력한 것임에 틀림없다. 예컨대 우리나라의 음식을 보더라도 매운맛이 상당히 강해서 외국 여행을 하는 경우 고추의 매운맛이 빠진 음식만을 먹다 보면 매우 큰 불편을 느끼곤 한다.

매운맛을 내는 대표적인 음식물인 고추의 원산지는 남미의 볼리비아로 추정된다. 콜럼버스가 서인도제도에 도착했을 때 이곳에는 이미 고추가 전파되어 있었는데, 그는 이곳 주민들이 '아히'라고 부르던 고추가 유럽인들이 그토록 탐내던 아시아의 후추와 비슷한 상품으로 보고 에스파냐로 실어 날랐다. 그러나 에스파냐에 들어온 고추는 큰 성공을 거두지는 못했다. 그 대신 고추는 전혀 다른 방향으로 퍼져 나갔다. 포르투갈 상인들이 브라질의 페르남부쿠에서 고추를 발견하고 이를 아프리카 서해안과 인도양으로 보낸 것이다. 이런 지점들로부터 말라카를 거쳐 마카오와 일본, 필리핀으로 전파되었고, 이곳에서 태평양을 건너 북아메리카에 도착했다. 고추가 지구를 한 바퀴 돌아 온 것이다. 이때까지 걸린 시간은 50년이 채 못 되니, 매운맛을 사람들이 받아들이는 것이 얼마나 큰 흡인력과 중독성을 가진 것인지 짐작할 수 있다(나지 2002: 36-38).

앞에서 '아나톨리아의 미스터리'라고 불리는 현상에 대해 설명했지만 고추를 비롯한 여러 음식물의 전파 과정은 통상 생각하는 경로와는 달리 매우 복잡한 길을 거쳐 가기도 한다. 우리나라와 일본에 고추가 전파되는 과정 역시 마찬가지이며, 아직까지 그 과정이 완전히 밝혀지지 않아서 여러 이설들이 존재한다. 우리나라의 여러 문헌에는 일본을 통해 고추가 들어온 것으로 되어 있지만, 일본에서는 오히려 한국을 통해 고추가 들어왔다는 기록이 많다.[35]

우리나라의 대표적 음식인 김치 역시 고추의 도입 이후에야 오늘날과 같은 맛을 지니게 되었다고 할 수 있을 것이다.[36] 우리나라에서 언제부터 김치를 먹었는가 하는 문제는 사실 김치를 어떻게 정의하느냐에 따라 달라지는 문제이다. 채소류를 절여서 보관하며 먹는 것을 김치라고 한다면 멀리 고대로까지 거슬러 올라가겠지만, 파, 마늘 등의 향신료가 가미되는 양념형 김치가 등장한 것은 고려시대의 일이다. 그리고 무엇보다도 현재 우리에게 익숙한 대로 고춧가루가 들어가서 매운 김치가 만들어진 것은 물론 고추가 우리나라에 도입된 조선 중기 이후이다. 또 통이 크고 알찬 통배추가 이 땅에서 육종 재배되기 시작하여 무와 오이, 가지에 앞서서 배추가 김치의 주재료로 자리잡기 시작한 것은 조선시대 말에 이르러서이다. 오늘날과 같은 통배추 김치의 원형은 1800년이

35) 이수광의 『지봉유설(芝峰類說)』(1614)에는 고추를 남만초(南蠻椒)라고 부르며 왜국에서 왔기에 왜겨자라고 부른다고 되어 있고, 이규경의 『오주연문장전산고(五洲衍文長箋散稿)』(1850년경)에는 번초, 고초, 남만초 등의 명칭과 함께 도입경로에 관한 기록이 나오는데, 임진왜란 이후 담배 · 호박과 함께 고추가 일본에서 도입되었다고 설명한다. 한편 일본의 기록들을 보면, 가이바라 에키켄(貝原益軒)의 『야마토혼조(大和本草)』(1709)에는 도요토미 히데요시가 조선에서 고추씨를 가져왔기 때문에 고추를 고려후추(高麗胡椒)라고 부른다고 되어 있고, 1775년에 나온 사전류 책인 『부쓰루이쇼코(物類稱呼)』에도 고추가 조선에서 들어왔다고 되어 있다(나지(2002)에 실려 있는 김진석의 해설, 「〈한국의 창〉 한국 고추가 아름답게 매운 까닭」, pp. 313-315).

36) 풀무원김치박물관 자료(http://www.kimchimuseum.co.kr/exhibition/exhibition01.htm).

넘어서야 나타나기 시작하였다. 따라서 우리가 "단군 이래" 먹었다고 생각하기 쉬운 현재의 김치는 역사적으로 발전되어 온 형태이고 특히 현재 가장 대표적인 김치인 배추김치는 말하자면 근대 세계의 산물이라 할 수 있다.

이처럼 우리에게 익숙한 많은 음식은 해양의 시대에 새롭게 만들어진 것들이다. 유럽 음식으로 알려진 '돈가스'가 사실은 메이지 유신 당시 일본 정부가 국민들에게 육식을 권장하기 위한 정책의 일환으로 만들어졌다는 것이 한 가지 흥미로운 사례일 것이다. 인도와는 다른 형태로 변형된 '카레라이스' 역시 일본의 대표적인 음식이다(오카다 데쓰 2006). 별사탕, 카스텔라, 단팥빵 등도 서양의 음식 요소들이 일본에 들어가서 일본 근대사의 굴곡 속에서 '창안된' 후 우리나라에까지 수입된 대표적인 식품들이다(정하미 2005). 우리가 일상적으로 먹는 음식들도 사실은 전 세계가 서로 소통하는 가운데 만들어진 역사적 산물인 것이다.

3. 과학 기술의 전파[37]

근대 유럽 문명의 가장 큰 특징 중의 하나로 흔히 과학과 기술의 발전을 꼽는다. 유럽이 다른 문명권에 대한 지배력을 행사할 수 있었던 것도 과학 기술 면에서 우월했기 때문이라고 이야기된다.

근대에 유럽이 세계 각지로 팽창해 나갔고 급기야 엄청난 규모의 영토를 지배하는 제국주의로 이어졌다는 사실과, 근대 초에 과학혁명이 일어남으로써 유럽이 강력한 힘을 지니게 되었다는 사실을 함께 고려하면 자연스럽게 다음과 같은 추론으로 이어지게 된다: "유럽의 과학 기술이 곧 유럽의 흥기(The Rise

37) 이 절의 일부 내용은 다음 포럼에서 발표한 것이다: 『과학기술, 인간을 만나다』, 과학기술부 주최, 한국과학문화재단 주관, 2006. 9. 27.

of the West)를 가져온 원천이며, 그 힘이 세계 각 지역에 대한 유럽의 지배를 가져왔다. 서구의 충격(The Western Impact)을 받은 다른 문명권들은 곧 근대 서구 과학 기술을 모방하고 배움으로써 그 뒤를 좇아가고자 했으며, 여기에 성공한 국가들은 선진 대열에 합류할 수 있었던 반면 뒤처진 국가들은 후진국으로 남게 되었다. 그 과정에서 근대 서구 과학 기술은 전 세계에 보급되었다."

이 설명에 내재해 있을 수 있는 편견과 오류의 가능성을 비판하기에 앞서 우선 그 내용을 조금 더 면밀히 확인해 볼 필요가 있다. 이런 시각을 대표하는 이론의 하나로서 조지 바살라(Basalla 1987: 611-622)의 과학 기술 전파 단계론을 들 수 있을 것이다.

바살라의 이론의 핵심은 16-17세기에 서구의 일부 지역(이탈리아, 프랑스, 영국, 네덜란드, 독일, 오스트리아, 스칸디나비아)에서 과학혁명이 일어났으며, 이 이후 서구가 팽창하면서 만나게 되는 세계 여러 지역들에 서구식 근대 과학이 퍼져 갔다는 것이다. 그는 과학혁명의 발원지로부터 여타 지역으로의 과학 기술 전파가 크게 세 단계를 거치면서 이루어졌다는 설명 모델을 제시했다.

1단계는 비과학적인 사회 혹은 국가가 유럽 과학에 자료를 제공하는 단계이다. 이 시기는 유럽인들이 세계 여러 지역에 찾아가서 동물상과 식물상을 비롯해서 자연계 전체를 탐사하고 그 결과들을 다시 유럽으로 가져가는 때이다. 중요한 점은 관찰자 자신이 과학적 문화의 산물이며 따라서 자연에 대한 체계적인 탐험에 높은 가치를 준다는 점이다. 유럽인들은 특히 자원의 획득 가능성에 민감했다. "그 지역이 어떤 종류의 음식물을 산출하는지 살펴보라. […] 그리고 그 땅이 플랜테이션의 비용을 부담하는 데에 도움이 될 만한 어떤 산물을 산출하는지 고려하라"는 프랜시스 베이컨의 언급이 이 시대의 분위기를 잘 나타낸다. 이때는 식물학, 동물학, 지질학 등이 매우 중요했고, 쿡 선장, 뱅크스, 훔볼트로부터 다윈에 이르기까지 과학사의 영웅들이 활동하던 시대였다. 주의할 점은 여기에서 '단계'는 지역마다 다른 시기에 맞이할 수 있다는 점이다. 그래서 유럽에서는 이미 오래전에 거친 단계를 다른 곳에서는 뒷시기에 거쳐 가게 된다. 예컨대 미국 동부의 보스턴, 필라델피아, 워싱턴 같은 곳들은 유럽보다 늦게 1단계의 과학 발전 중심지가 되었으나 2단계로 이행할 때에는 가장 앞선 중심지가 되었다.

2단계는 소위 '식민지 과학' 단계이다. 이때 '식민지' 라는 말은 통상적인 의미가 아니라 특수한 의미라는 점에 주의해야 한다. 정치적 · 경제적으로 식민지가 아닌 곳들도 이런 단계를 거치기 때문이다. 예컨대 러시아, 일본, 미국, 인도의 '식민지 과학' 을 이야기할 수 있다. 대체로 18-19세기에는 남아메리카와 북아메리카, 러시아, 일본이 이에 해당하고, 19세기에는 호주와 인도, 20세기에는 중국이 이에 해당한다. 이 시기는 과학 '모국(母國)' 의 방법을 열심히 배워 와야 하는 단계이다. 대개 연구자가 '모국' 으로 유학을 가든지 혹은 그곳의 책을 통해서 수련을 받게 된다. 그래서 한편으로는 '모국' 에 대한 의존성이 대단히 강하지만, 동시에 이 단계에서 벗어나려는 각고의 노력이 행해진다. 이 단계에서 각국의 적응 방식과 속도는 각기 다르다. 예컨대 일본은 유럽 학문에 종속적이기는 하지만 그 성장 속도가 엄청나게 빨라서 다윈이 놀라움을 표시할 정도였다.

'식민지 과학' 단계를 벗어나면 마지막 3단계에 들어가는데, 이는 자국 내에 독자적인 과학을 정립하는 단계, 즉 근대 유럽 과학의 이식이 완성되는 단계이다. 이 이행 단계에서 대개 격심한 갈등을 겪게 마련인데, 여기에서 성공을 거두면 과학이 급격히 발전하게 된다. 20세기의 소련이 그런 사례에 해당한다.

바살라의 이 모델은 서구 과학 기술의 우위와 그 전파를 설명하는 대표적인 모델로 각광을 받았고, 특히 과학 기술의 발전을 사회적 · 역사적 맥락에서 보려는 시각이 높은 평가를 받았다. 그러나 최근 이 논문에 대한 강한 비판들이 제기되었다. 그 요점은 이 주장이 너무 유럽중심적이며 지나치게 과학혁명과 그 성과에만 초점을 맞춘다는 것이다. 바살라의 논문이 의미하는 바는 결국 근대 과학은 유럽에서만 발달했고, 나머지 대륙들은 열등한 수준에 머물렀다가 유럽의 과학 기술을 배움으로써 따라갈 수 있었다는 것이다.

우선 지적할 점은 '근대 이전'에는 과학 기술 분야에서 유럽이 결코 앞서지 못했고 오히려 아랍권이나 중국 문명에 비해 뒤처져 있었다는 점이다(Needham 1970: 59-62). 근대 이전에는 중요한 과학 기술의 성과가 중국에서 유럽 방향으로 전파되었다. 특히 12세기에 나침반, 중앙타(中央舵), 풍차, 또 14세기에 화약과 인쇄술이 전해진 것은 매우 중요한 사례이다. 따라서 유럽이 과학 기술 면에서 앞서 있었기 때문에 중세 말 근대 초에 해외 팽창이 가능했고 다른 대륙을 지배하게 되었다고 할 수는 없다.

그렇다면 근대 이후에는 어떠한가? 과학혁명으로부터 산업혁명에 이르는 기간 중에 유럽이 급격한 과학 기술상의 성장을 이룬 것은 분명하다. 앞서 설명했듯이 예수회 신부들이 당시 유럽의 발전된 과학 성과를 이용해서 중국에 전도를 하려 한 데에서 이 점을 읽을 수 있다. 그러나 근대 이후에도 유럽이 과학 기술상의 모든 분야에서 일방적인 우위를 차지했다고 할 수도 없다. 예컨대 인도의 면직물의 품질과 가격 경쟁력은 세계 어느 지역도 따라올 수 없는 압도적인 우위에 있었으며, 산업혁명의 역사에서 흔히 이야기하는 것처럼 기술 진보의 실패 사례로 쉽게 매도하는 것은 잘못이다(Chaudhuri 1974: 127-182).

바살라의 주장처럼 17세기 이후에 유럽이 과학 기술 면에서 앞서 있고 그것을 세계 각지에 전파했으며 다른 곳은 그런 것을 수용하는 데에 급급했던 것은 아니었다. 또 유럽은 과학적 이성을 발전시키고 있고 다른 문명은(예컨대 중국은) 경험적 지식이 누적되어 있어서 이 '데이터베이스'가 유럽의 과학 발전에 좋은 원재료가 되었다는 식의 주장 역시 타당치 않다. 유럽이 다른 문명으로부터 높은 수준의 과학 원리를 배우기도 하고, 또 유럽의 과학 기술이 다른 문명권에 전파되는 경우에도 해당 지역의 상황에 따라 다양하게 이루어졌다는 점을 인식해야 한다. 따라서 유럽이 다른 지역으로부터 배운 점들은 없는가, 또 그런 것들은 어떤 방식으로 이루어졌는가, 유럽의 과학 기술은 어떤 방식으로 전파되었는가 등을 살펴볼 필요가 있다.

과학과 기술의 전파는 마치 당구공이 충돌하여 곧바로 방향을 바꾸는 것처럼 단순한 방식이 아니라 대단히 복잡하고 복합적인 성격의 것이었다. 아무리 우수한 기술이라 하더라도 사회가 그것을 원하지 않는 것으로 낙인을 찍으면 그 기술은 그 사회에서 채택되지 않는다. 말하자면 사회적 '용인'이 필수적인 것이다. 흔히 드는 예는 고대 멕시코 문명의 바퀴이다. 고대 멕시코 주민들은 바퀴 달린 탈것을 모르고 있었던 것이 아니지만 실생활에서 그것을 사용하지 않고 다만 장난감으로 사용했을 뿐이다. 사실 고대 멕시코 인들에게는 수레를 끌 가축이 없었으므로 바퀴를 이용한 수레는 짐꾼보다 나을 것이 하나도 없었을 것이다(Vaillant 1965: 160; 다이아몬드 1996: 357).[38] 어떤 기술을 받아들이느냐 마느냐는 문화적 여건 속에서 결정된다. 유럽인들이 설사 우수한 기술을 가지고 왔다고 해도 다른 사회가 반드시 그것을 원하고 탐낸다는 보장은 없다. 심지어는 기술의 수입과는 정반대로 유용한 기술을 버리는 경우도 있었다.[39] 과학기술에 관한 논의는 단순 전파라는 식으로 설명하기 힘들다. 아래에서는 근대에 세계 여러 문명이 조우했을 때 과학 기술이 어떤 역할을 했으며 또 어떻게 교류되었는지 실례를 들어 살펴보도록 하겠다.

1) 인도의 아유르베다 의학과 서구의 식물학

첫 번째 사례는 인도 의학과 서구 의학 및 식물학의 조우이다.

인도에는 전통적인 아유르베다 의학이 발전해 있었다(de Figueiredo 1984: 225-235). 이 의술 체계에 대해서는 흔히 병이 악마에 의해 일어나는 것으로 보고 마술적인 처방을 제시하는 것으로 이야기되나, 실제로는 아주 다양한 치료

38) 아마도 바퀴가 종교적인 의미에서 신성함을 상징했으므로 인간이 함부로 사용할 수 없다고 생각했을 수도 있다. 바퀴와 관련된 흥미로운 사실들은 프라이올리(2004: 18-20)를 보라.

39) 호주 원주민(애보리진)은 활과 화살을 포기했고 토러스 해협의 사람들은 카누를 포기했다. 근대 이후 가장 중요한 사례 중의 하나는 일본에서 16세기에 그토록 열심히 총기를 개발한 다음 17세기 이후에 그것을 버린 것이다. 사무라이층은 총을 경멸했으며 정부도 이를 규제하기 시작했다. 그리하여 나중에는 제대로 작동하는 총이 없을 정도가 되었다. 제4장을 참조하라.

법이 활용되었다. 대체로 이 의술은 특정 가문에서 가업으로 전해져 내려왔다. 인도의 고아가 이런 의술의 중심지였는데, 힌두 전통에다가 이슬람 과학이 더해져서 이 의술 체계가 발전한 것으로 보인다.

1510년에 포르투갈인들이 고아에 들어오자 이번에는 서양 의술이 유입되었고 그래서 이때까지 발전해 왔던 기존 의술과 서양 의술이 조우하는 현상이 일어났다. 유럽인들이 현지 의사를 찾지 않을 수 없었던 이유는 우선 유럽인 의사 수가 매우 부족했을 뿐 아니라 현지의 열대병에 대해서는 전통의가 훨씬 뛰어났기 때문이다. 그 결과 양의와 전통의(panditos 인도 의사, ciencia pandito 인도 의학)의 협력이 가능하게 되었다. 그 계기의 하나는 1543년에 극심하게 유행했던 콜레라이다. 당시 포르투갈 식민지 지사는 모든 의사들을 총동원했는데, 이때 인도 의사들이 전통 약재를 써서 많은 환자들을 구했다고 한다. 이후 인도 의사들이 예수회 병원에서 서양 의사들과 함께 일하게 되었고, 지사인 바레토(Antonio Moniz Barreto)는 현지의 유명한 의사를 가정의(家庭醫)로서 두게 되었다. 당시 많은 기록들이 인도 의사들의 뛰어난 능력을 증언하고 있다. 린스호텐의 여행 기록에는 포르투갈 귀족들이 인도 의사들을 선호한다는 말이 나오고, 유명한 여행가인 사센티(Filippoo Sassenti)는 "이방인(힌두인) 가운데 히포크라테스가 있다"라는 언급을 하였다. 타베르니에, 카레리 등의 유명한 여행기에도 인도 의사들에 대한 언급이 빠지지 않는다.

한 가지 주목할 점은 서양 학문과 아유르베다와의 만남이 의학보다는 식물학이라는 다른 분야에서 큰 결실을 맺었다는 점이다. 아유르베다는 성격상 약초를 많이 사용하므로 약초 식물에 대한 지식이 오랜 기간 누적되어 왔다. 유럽인들은 아유르베다에 대한 연구를 통해 열대 식물에 대한 방대한 지식을 얻었다. 가장 유명한 사례로는 포르투갈인 오르타(Garcia d'Orta)와 네덜란드인 레더(Henrichs van Rheede)가 있다.

포르투갈의 유명한 의사 오르타는 1534년에 고아에 와서 이곳의 약재와 처치 기술을 조사하였다. 그는 현지 의사들이 아주 정확히 진단하고 훌륭한 처방을 한다고 보고 이 의사들을 "탁월한 학자"이자 "위대한 의사들"이라고 불렀다. 그는 이렇게 얻은 정보와 지식을 자기 환자들에게 실험하고 나서 그 결과를 출판하였다.40

오르타의 접근 방법은 그 당시로서는 대단히 혁신적인 것이었다(Grove 1995: 77-84). 당시의 의사들과 학자들은 전적으로 기존의 권위 — 그것이 유럽의 학문 전통이던 아랍의 대가들이건 혹은 브라만 카스트의 전통적인 지식 체계이건 간에 — 에 안주하려는 경향이 강했다. 오르타는 이와 달리 자신의 직접적인 진료 경험과 현지 지식을 강조했는데, 이는 당시에 결코 흔한 일은 아니었다. 그는 유럽의 지식 체계를 고집했다가는 의학상의 실패를 초래한다는 것을 잘 알고 있었다. 그는 현지 식물들의 샘플을 수집하고 연구했는데, 이 샘플을 모아준 사람들은 현지의 평민들이었고 그 가운데에는 아주 미천한 출신의 사람들도 많이 있었다. 이런 이유로 오르타의 텍스트는 유럽과 아랍의 지식에 대해 전복적인 성격을 띠었다. 그의 사고가 어느 한편의 체계에 종속되지 않았다는 것은 1563년에 고아에서 출판된 그의 책이 아시아와 유럽 양쪽을 모두 겨냥한 것이었다는 데에서도 알 수 있다.

오르타의 이런 성향은 분명 그의 출신과 관련이 깊다(Couto 1996: 191-198). 그는 원래 카스티야 출신의 신기독교도, 즉 기독교로 가장한 유대인 가문 출신이었다(그의 아버지는 1487년 에스파냐에서 유대인 추방령 때문에 포르투갈로 이주하였다). 그는 알카라대학과 살라망카대학에서 의학과 식물학을 공부했고 리스본대학에서 철학을 가르쳤다. 그러나 포르투갈에서도 점차 유대인에 대한 압박이 심해지자 이를 피하는 방편으로 인도로 갔다가 그곳에 정착하였다. 종교재판소의 탄압이 심해진 이후 그의 어머니와 이모의 가족들도 모두 인도로 따라왔다. 포르투갈로 돌아갈 수 없는 상황이었기 때문에 그는 완전히 고아 시민으로서

40) *Colóquios dos simples e drogas e cousas medicinais da India*. 이 책은 팩시밀리 판으로 출판되기도 했고(*Academia das Ciências de Lisboa*, 1963), 영역본(*Colloquies on the simples & drugs of India*, London, Sothera, 1913)도 있다.

정착하였다. 인도에서 식물학에 매진한 것은 한편으로 자신의 학문적 열정 때문이지만 동시에 종교재판소의 탄압을 피하는 구실이기도 했다. 그의 누이는 결국 화형에 처해졌고, 그 자신은 죽을 때까지 무사하긴 했으나 사후에 종교재판소가 그의 뼈를 태워 버리는 만행을 저질렀다(1580). 언제 위험이 닥칠지 몰랐기 때문에 그는 늘 가톨릭교회의 심기를 건드리지 않기 위해 노력했고, 많은 사람들과 친분관계를 맺어 두었다. 그는 자신의 병원에서나 집에서나 신분을 가리지 않고 환자들을 돌보아 주었다(다만 서양 의사를 만날 권리가 없는 노예들은 치료할 수 없었다). 이런 배경 때문에 그의 학문적 자세가 유럽의 전통에 매달리지 않고 개방적일 수 있었을 것이다. 그는 신분과 인종, 종교를 가리지 않고 모든 사람과 모든 주제에 대해 토론하였다. 그의 식물학에 대한 열정을 알고 있는 많은 사람들이 기회 있을 때마다 희귀한 식물 샘플을 가져다주었다고 한다.

그의 연구 성과가 유럽에서 널리 알려지게 된 데에는 식물학자 클루시우스의 공이 컸다. 그는 1567년에 오르타의 책을 라틴어로 번역하여 출판함으로써 이 책을 유럽 학계에 소개하였다. 당시 유럽 최고의 식물학자였던 그는 1593년에 레이덴에 식물원(botanical garden)을 설립했는데 이 식물원과 레이덴대학은 앞으로 유럽 식물학 발전에 중요한 중심지로 성장하였다. 그는 많은 학자들과 교류하고 여행을 통해 학문적 교류를 했으며 동시에 많은 식물 종자들을 식물원에서 키우면서 연구하고 이를 각지에 보급하였다.[41] 이러한 아시아 종자 콜렉션과 인적 네트워크가 유럽 식물학의 근간이 되었다. 오르타와 같은 혁신적인 학풍도 이런 학문 발전의 흐름에 일조하였다.

오르타 이후 약 100년 뒤에 활동한 네덜란드인 레더 역시 흥미로운 사례이다.

그는 주로 네덜란드 동인도회사의 의료 요구에 대한 대응으로 연구를 하고 있었다. 그런데 그 역시 아랍의 분류 체계와 명명법(nomenclature), 그리고 유

41) 이곳에서 연구하고 보급한 식물 가운데 가장 유명한 것으로는 17세기에 '투기 광풍'을 일으킨 튤립을 들 수 있다(대시 2002).

럽의 지식을 버리고 현지의 경험적인 식물 분류를 수용하였다. 그렇게 하는 데에는 현지인들의 도움이 매우 컸다. 그런데 동아시아 현지의 의학 지식 가운데 권위 있는 브라만 카스트의 의학 지식은 지나치게 이론적이기만 하고 실제 면에서는 취약하였다. 레더는 브라만 학자들이 과거의 성스러운 텍스트의 문구에만 매달려 있고 실제적인 지식은 하급 카스트의 하인들이 제공한다는 것을 깨달았다. 이 하층 카스트 가운데 광범위한 식물학 지식을 가진 사람들이 에즈하바(Ezhava) 카스트 사람들이었다. 따라서 그로서는 굳이 브라만 카스트를 거칠 것이 아니라 곧바로 에즈하바 사람들로부터 지식을 얻고자 했다. 에즈하바 카스트 사람들은 나무에 기어오르며 식물을 채집하고 그것들을 분류하는 데에 정통한 이들이었다.

레더는 이들을 만나면서 이 카스트의 사람들이 보유한 무궁무진한 지식의 가치를 깨닫게 되었다. 이들 가운데 식물들의 의학적 효능에 대한 지식을 많이 가진 명망 있는 아유르베다 의사들이 있었다. 이들은 조상 대대로 내려오는 지식을 소유하고 있었으며, 그 내용은 산스크리트어가 아니라(이 문자는 브라만이 독점하고 있어서 그들에게는 사용이 금지되었다) 하급 카스트들이 사용하는 콜레주투(Kolezuthu) 문자로 기록되어 있었다(Grove 1996: 121-143). 이들이 사용하는 책과 문서들은 수백 년 동안 내려오는 것들로서 대단히 귀중한 정보들을 포함하고 있었다. 레더는 이 지식과 정보를 활용하여 학문적으로 숙성시키고 이를 이용하여 식물학 대저 『호르투스』를 남겼다. 그는 현지 의사들을 고용해서 이곳 식물의 이름 목록을 작성하게 하고 사람들을 시켜서 실물을 채집한 다음, 3명의 화가를 시켜서 그것을 그리게 했다. 그런 다음 다시 앞의 의사들이 그 내용을 2년 동안 교정하였다.[42]

42) 그는 자신의 저서 서문에서 이 점을 다음과 같이 밝히고 있다: “certain men who were experts in plants, who were entrusted with collecting for us finally from everywhere the plants, with the leaves, flowers and fruit, for which they even climbed the highest tops of the trees. Having generally divided them into groups of three, I sent them to some forest. Three or four painters, who stayed with me in a convenient place, at once accurately depicted the living

이런 방식으로 레더가 아시아 현지에서 얻은 지식은 동남아시아의 토양에서 형성된 분류 체계로 되어 있었다. 하나의 예를 들어보자(Grove 1995: 89). 같은 카테고리에 속하는 식물들은 모두 같은 접두사를 사용하는 이름들을 가지고 있었다. 예를 들면 Onapu, Vallionapu, Tsjeri-onapu 같은 식물들의 이름에는 공통적으로 'onam' 이라는 말이 들어가 있다. 이는 'onapu' 라는 말과 관련이 있는데, 이는 이 꽃들이 사용되는 수확 축제를 가리킨다. 이처럼 그들의 분류 체계는 현지의 자연과 문화가 어우러진 가운데 형성된 것이다. 레더의 책은 이런 분류를 그대로 받아들여 사용하였다.

『호르투스』에는 이렇게 얻은 현지 지식들이 가득 포함되어 있었다. 이 책에는 말라바르의 가장 중요한 식물종 780종이 794개의 도판과 함께 소개되어 있다. 이것은 네덜란드에서 열대 식물학의 기초가 되었고 그 후 유럽의 식물학에 크게 기여하였다. 예컨대 린네는 1740년에 240종의 새로운 식물종들을 분류할 때 이 분류법을 적용하였다. 아당송(Adanson, 1763), 쥐시외(Jussieu, 1789), 덴슈테트(Dennstedt, 1818), 하스칼(Haskarl, 1867) 등의 후대 학자들 역시 마찬가지로 이를 원용하였다.[43]

우리는 흔히 유럽의 식민주의가 아시아에서 브라만의 해석과 텍스트를 강화시켰고 이것이 다시 유럽의 인식과 담론에 영향을 미쳤다는 설명을 듣는다. 즉 유럽인들은 아시아에 들어갔을 때 우선 아시아의 기존 권위를 받아들이는 것이 편했으므로 브라만처럼 오래된 권위를 그대로 수용하고, 또 당시 발전하던 인쇄술로 이 내용을 출판함으로써 그 권위를 영속화하는 데에 기여했다는 것이

plants readily brought by the collectors. To these pictures a description was added nearly always in my presence."(Grove 1995: 87-88)

43) 린네를 비롯한 유럽의 식물학자들은 이렇게 해서 세계의 자연자원을 파악하고 분류하여 유리하게 이용할 길을 열었다. 이들에게는 순수하게 학문적인 동기와 경제학적인 동기가 혼합되어 있었다. 예컨대 린네의 식물학 연구는 그의 조국 스웨덴이 처한 상황과 관련이 없지 않다. 18세기 초에 스웨덴은 한참 팽창을 시작하던 러시아에게 전쟁에서 패배하여 니슈타트 조약(1721)을 맺음으로써 발트 해 동부 지역을 러시아에 넘겨주었다. 이런 상황에서 그는 세계의 자원 이용 가능성에 눈을 돌렸다고 할 수 있다(Parker, J. 1978: 167-169).

다. 그러나 적어도 의학-식물학의 경우에는 이런 설명이 타당치 않다. 오히려 비-브라만 카스트의 인식론과 현지의 기술적 논리를 받아들여서 유럽의 식물학을 변화시킨 것이다. 이 사례에서 우리는 상이한 두 문명권에서 장기간 누적되어 온 지식이 매우 긍정적인 방향에서 교류된 점을 확인할 수 있다.

2) 일본의 란카쿠(蘭學): 『해체신서』의 사례

아유르베다 의술의 경우 서구가 다른 문명을 배우려 한 사례인 반면 일본의 란카쿠는 다른 문명이 서구 문명을 배우려 한 사례에 속한다.

일본은 포르투갈과 네덜란드인들을 통해 서양 학문을 접한 다음 그들이 필요로 하는 서양 학문을 배우기 위해 부단히 노력했다. 일본 정부는 종교 갈등으로 인해 포르투갈인들을 축출한 이후 원칙적으로 외국인의 접촉을 봉쇄하는 쇄국 정책을 폈으나, 다만 중국과 네덜란드 상인들만 한정된 장소에서 접촉하는 것을 허용했다. 나가사키 앞의 작은 인공 섬인 데시마(出島)의 상관은 네덜란드인들이 일본에 들어와서 거래하는 유일한 창구였다. 이런 제약 가운데에도 캠퍼(Engelbert Kaempfer), 툰베르크(Charles Peter Thunberg), 지볼트(Philip Franz von Siebold) 같은 탁월한 서구 인물들과 교류가 이루어졌다(Plutschow 1983: 195-201). 이곳에 들어온 사람들, 혹은 서책들을 통해 일본인들이 배우는 '네덜란드 학문', 즉 란카쿠(蘭學)는 일본이 근대 초기에 서양을 배운 가장 중요한 내용이었다.

처음 란카쿠를 주도한 사람들은 데시마섬에서 일하는 번역가들이었다(Gunn 2003: 182-185). 이들은 높은 사회적 지위를 누렸으며 그들의 직업은 흔히 가문 내에서 계승되었다. 번역가들 가운데에는 네덜란드어 전문가만 있는 것이 아니라 포르투갈어, 베트남어, 시암어, 중국의 3개 방언 등의 전문가들까지 있어서 당시 일본이 외국 사정에 얼마나 큰 관심을 가지고 있었는지를 알 수 있다. 일상적인 수준의 교류에는 포르투갈어가 계속 중요한 역할을 했으나 서양 학문을

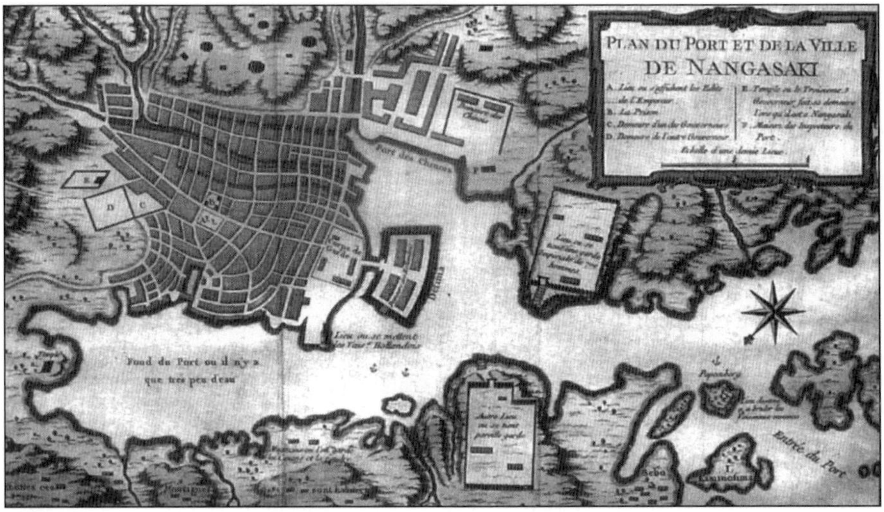

벨랭(Jacques Nicolas Bellin)의 책에 나오는 나가사키의 데시마섬 데시마섬은 부채꼴 모양의 인공 섬으로서 일본의 쇄국시대 동안 유럽과 소통하는 유일한 창구 역할을 했다(Gunn 2003: 129).

수입하는 데에는 네덜란드어가 더 중요한 언어로 떠올랐다. 일본인 번역가들의 어학 실력에 대해서는 평가가 엇갈려서, 캠퍼는 이들의 어학 실력을 그리 높이 평가하지 않았지만, 뒷시기에 일본에 온 툰베르크는 이들이 아주 정확한 네덜란드어를 구사한다고 증언하였다. 아마도 시간이 지나면서 이들의 외국어 이해 수준이 상승했을 가능성이 있다. 번역이 가업으로 전해졌기 때문에 어학 역시 누적 효과가 있었을지도 모른다. 툰베르크는 한 번역가에게서 집안 대대로 내려왔다는 라틴어-포르투갈어-일본어 사전을 구하기도 했다.

이들은 서양 책들을 널리 구하려고 했다. 쇄국 정책의 일환으로 1630년에 쇼군 이에미츠가 외국 책 수입을 불허하는 칙령을 내린 후 서양 책의 수입은 쇼군 자신이 필요로 하는 한정된 종류의 외국 서적으로만 제한되어 있었으나, 쇼군 요시무네(1684-1751)가 1720년에 칙령으로 외국 책의 수입을 다시 허락한 이후 서양의 여러 책들, 특히 의학, 식물학, 천문학, 지리학, 수학, 물리학, 군사학 책들이 도입 · 번역되었다.

여기에서는 일본의 서양 의학 수입을 중심으로 란카쿠의 발전 양상을 살펴보도록 하겠다(Goodman 2000: 9장).

원래 일본의 전통 의술은 마술, 부적, 자연 약재, 혹은 온천욕 위주였는데 15세기에 한국을 거쳐 중국 의학이 들어와서 이것이 주종을 이루게 되었다. 이는 인체가 하늘과 조화를 이룬다는 유교적인 개념, 음양설, 오장육부 중심의 인체관 등을 특징으로 하였다. 그러나 이와는 다른 의술을 펴는 가문들이 적지 않아서 일부 의사들은 인체에 대한 중국 의술의 설명에 의문을 제기하고 있었다. 예컨대 교토의 야마와키 토요(山脇東洋) 같은 이가 대표적인 인사인데, 그는 직접 인체를 해부해 봄으로써 전통적인 인체관이 맞는지 확인하려고 했다. 그가 1754년 2월 7일에 38세의 사형수의 시신을 해부한 것은 일본 최초의 인체 해부로 알려졌다. 그는 이 결과를 1759년에 서책(『藏志』)으로 출간하였다. 여기에는 인체 기관들에 대한 개략적인 그림이 곁들여져 있으나 아직 서구의 해부학 수준에 이르지는 못했다. 이에 대해 전통의들은 인체에 대한 모독이라며 격렬히 항의하였고, "죽은 기관은 아무런 기능을 하지 못한다. 기관의 모양은 중요치 않다. 오직 살아 있는 기관만이 중요하다"는 비판을 가했다. 이런 비난에도 불구하고 그의 서책의 출판은 실험적인 의술의 시작으로서 매우 중요한 사건이었다. 이는 1774년에 『해체신서』가 번역 출판되기 14년 전의 일이었다. 이는 일본 내에 새로운 학문에 대한 요구가 이미 상당히 컸다는 증거이다.

일본의 학문적 혁신의 배경은 도시 사회의 형성과 상공업 발달이라 할 수 있으며, 이를 바탕으로 서구 문명 요소와 접촉함으로써 새로운 발전의 계기가 마련되었다. 그러나 초기 서구 의학의 영향을 과대평가해서는 안 된다. 그것은 아주 조심스러운 접촉 과정이었다. 예컨대 예수회가 1549년에 후나이에 병원을 세웠지만 이것이 바로 본격적인 의학 발달을 가져온 것은 아니며, 그나마 1614년에 예수회가 축출된 이후 유럽인들의 의술은 중단되었다. 기본적인 문제는 유럽인의 인체관(외과수술과 해부학의 전통)이 전통적인 의학에서 말하는 우주와 인체의 조화 개념과 충돌하고 결국 그것을 눌러 이기지 못했다는 점이다. 일본에는 중국 의서들이 계속 유입되어서 전통 의학이 굳건히 주류의 위치를 점하였다.

그러나 17세기 이후 지속적으로 네덜란드 의사들이 들어와서 활동하고 서양 의학서적이 수입됨으로써 기존의 의학에 적지 않은 영향을 미친 것은 분명하다. 일본이 네덜란드와 통상을 시작한 때부터 1858년에 완전히 문호를 닫을 때까지 모두 150명의 의사가 데시마에 와서 일을 했다. 17세기 중엽에 이르면 네덜란드 의사들의 영향으로 일본 내에 일종의 학파가 형성되었다. 예컨대 카스파르 샴베르헨(Caspar Schambergen)을 따르는 제자들이 '카수파루류' 라는 이름으로 불리며 일파를 형성했다(Plutschow 1983: 97). 서양인 의사 가운데에서도 특히 중요한 인물로는 엥엘베르트 캠퍼(Engelbert Kaempfer)를 들 수 있다. 그는 1651년에 독일에서 태어나서 독일의 여러 대학에서 공부하여 의사가 된 다음 세계 각지를 여행한 특이한 인물이었다. 페르시아, 러시아 등지를 여행한 후 에스파한에서 네덜란드 동인도회사에 합류한 후, 바타비아를 거쳐서 1689년에 나가사키에 도착했다. 그는 아시아와 유럽 간의 교류사에서 매우 중요한 위치를 점하는 인물이다. 나가사키에 머물 때 그는 무료함을 달래기 위해 일본사를 연구하여 역사서를 저술하였다. 이 책은 당대 유럽에서 최고의 인기를 누려서 몽테스키외, 볼테르, 칸트 등 당시 유럽의 많은 지식인들이 그의 책을 통해 일본을 이해하였다. 나중에 레이덴에 돌아가서 제출한 그의 논문에는 아시아의 식물학, 열대 의학, 침술에 관한 흥미로운 내용들이 많았다. 다른 한편, 일본 내에서는 그의 의술이 널리 알려져서 나중에는 쇼군도 그를 만났다(쇼군은 그에게 '생명의 영약(elixir of life, 즉 불로장생의 묘약)' 을 요구하였다!)

이런 서양 의사들에게 배운 일본인 가운데 상당한 수준에 이른 일본인 양의들이 생겨났다. 특히 중요한 인물로는 마에노 료타쿠(前野良澤, 1723-1803)와 스기타 겐파쿠(杉田玄白, 1733-1817)를 들 수 있다.

료타쿠는 의학 관련 서적만이 아니라 여러 다양한 분야에 걸쳐 네덜란드 서적들을 연구하였다. 그는 실로 많은 책들을 읽은 다음 그것을 소화하여 서책을 출간하였는데 그 내용은 네덜란드어 독본, 네덜란드 저작 문선, 혜성론, 세계지도론, 캄차카 지지, 캄차카 역사, 러시아 약사(略史), 러시아 황실 약사, 축성술 등 광범위한 분야에 두루 걸쳐 있었다. 특히 '이사카'(아이작 뉴튼)의 법칙을 소개한 책은 일본에서 출판된 최초의 물리학 책으로 알려져 있다. 이를 보면 당시 의사들이 중심이 되어 백과전서적인 방식으로 '네덜란드 학문'을 연구했음을 알 수 있다.

이 과정에서 료타쿠는 서구와 친밀한 관계를 맺는 것이 일본에 유익하리라고 생각했다. 의학에서 알 수 있듯이 서구는 여러 발전된 기술을 가지고 있기 때문이라는 것이다. 또 일본이 그동안 기독교를 박해한 것에 대해 우회적인 방식으로나마 비판하고 기독교를 옹호하는 발언을 하였다. 그의 논리는 불교는 아시아 인구의 20%, 유교는 아시아 인구의 10% 정도만 믿고 있는데 비해 기독교는 전 세계에 걸쳐 퍼져 있는데, 이를 보면 중국의 학문이 과연 보편적으로 맞는지, 또 기독교가 정말로 해로운 것인지 의심하지 않을 수 없다는 것이다. 그러므로 료타쿠는 일본 내 서양 의학 발전의 선구자일 뿐 아니라, 서구 기술에 대한 지식을 배우는 수준을 넘어 그 기술을 산출해 낸 서구 사회가 어떤 성격을 가지고 있는지에 대해 질문을 던지는 학자였다.

료타쿠와 또 다른 유명한 의사인 겐파쿠는 『해체신서』를 공동으로 번역 출판하였다. 이 책은 원래 브레슬라우 출신으로서 단치히에서 활동 중인 의사 쿨무스(Johan Adam Kulmus)의 『해부학 도판(*Anatomische Tabellen*)』을 네덜란드인 딕텐(Gerard Dicten)이 네덜란드어로 번역한 책으로서 당시 널리 이용되던 해부학 교과서였다(*Ontleedkundige Tafelen*). 그들은 네덜란드어를 전혀 못하는 상태였으나 그 책을 처음 보았을 때 인체를 묘사한 도판에서 깊은 영감을 얻었다. 그들은 사체 해부를 직접 해보고 싶었으나 그럴 기회를 갖지 못하다가(그런 일은 사형집행인과 같은 하층민만이 할 수 있는 일이었다) 운 좋게도 1771년에 50세 정도의 교토 출신 사형수 여인의 시체 해부에 참관할 기회를 가졌다. 이때 두 사람은 자신들이 본 서양 책의 그림들이 대단히 정확한 것을 보고 감탄해 마지않았다. 그리하여 이 책을 번역하기로 작정하고 다른 란카쿠 학자들의 도움을 얻어 3년 반의 노력 끝에 이 책을 번역 출판하였다. 이때 동양 의학 체계에

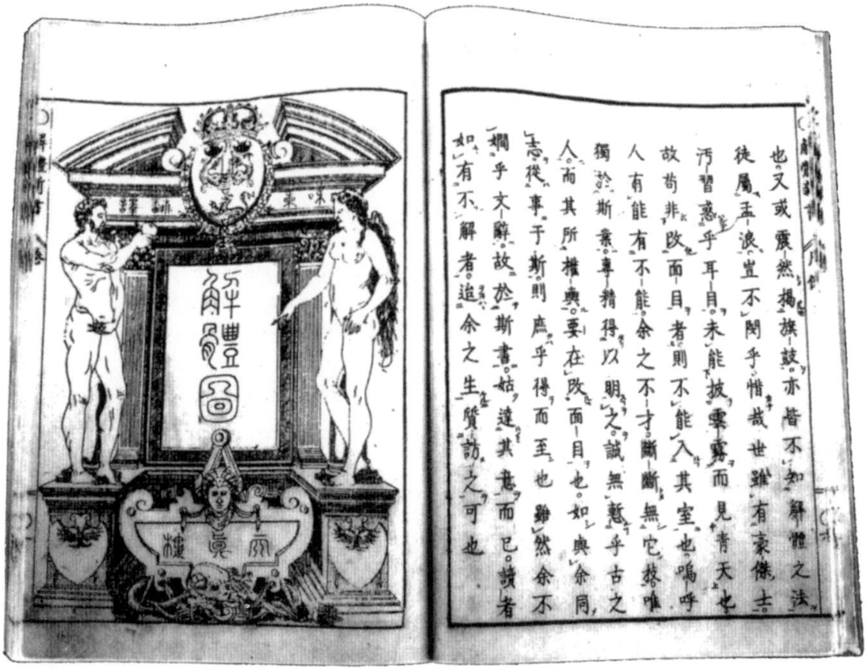

『해체신서』 인체 해부 그림들이 실려 있는 이 책은 외국 서적의 번역과 목판화 인쇄 양면에서 걸작으로 알려져 있다(Gunn 2003: 185).

는 없는 용어들이 많았기 때문에 중요한 용어들을 두 사람이 직접 만들어 가며 옮겼다('근육', '십이지장' 등)(Plutschow 1983: 102). 이는 전통적인 동양 의술과는 완전히 다른 인체관이 처음으로 서책 형태로 제시된 사례였다. 따라서 이 책은 일본의 지식인들에게 큰 충격을 주었다. 물론 앞에서 언급한 것처럼 이 책 이전에 이미 일본 의사들이 인체 해부를 시도했으므로 이 책이 출판되고 나서야 인체를 처음 정확하게 알았다는 식으로 이야기하면 과장이겠으나 분명 이 책의 영향은 지대했다. 이 책은 일본 내 란카쿠의 영향력이 크게 증대되는 하나의 중요한 계기가 되었고, 과연 그 이후 일본은 더 넓은 범위에 걸쳐 서양 학문과 기술을 받아들였다.

그렇다면 일본은 의학을 비롯해서 서양 과학 기술을 어느 정도 수준에서 받아들이고 소화했는가?

이 분야의 전문가인 굿맨(G. Goodman)은 일본이 유럽의 과학혁명의 성과를 정확하게 또 체계적으로 이해하고 수용하지는 못했으리라 보고 있다. 일본이 비록 빠른 속도로 유럽 문화를 배운 것은 사실이라 하더라도 아직 유럽의 중요 언어들을 완전히 습득하지 못했고, 번역 수입하는 책들도 체계적으로 고르는 것이 아니라 산만하게 골라서 번역하고 있었기 때문이다. 그러므로 란카쿠는 "피상적인 현상(a superficial phenomenon)"에 불과했다는 것이 그의 결론이다. 다만 소수의 헌신적인 인사들에 의해 일부 한정된 성과를 거두고 있었다는 것이다.

사실 란카쿠가 중요하다고 해도 그것은 중국의 신유학을 기반으로 한 다음의 이야기이며, 서구 과학 기술 그 자체가 독립적인 지위를 누리지는 못했다. 중국 학문을 기반으로 삼되 서양의 요소를 수용하여 중국 학문을 비판하고 최종적으로 그들 자신의 학문을 세우는 것이 그들의 목표였다. 그러므로 서양 학문은 그런 목표를 향해 나아가는 데에 도움을 얻는 요소로서 의미를 가진 것이다. 즉 서양을 더 잘 배워서 종래 서양이 필요 없도록 한다는 것이 기본 전제였다 (Kiyoshi 1965: 208-232).

그렇다면 란카쿠는 후대에 어떤 영향을 미쳤는가?

19세기에 서양 제국주의 세력과 맞닥뜨렸을 때 일본이 무릎을 꿇은 것을 보면 근대 초 일본의 노력이 아무리 컸어도 그로 인해 유럽과 동일한 수준에까지 도달한 것은 결코 아니었다는 것을 알 수 있다. 그러나 그 후 일본이 급격한 발전을 이룬 것을 보면 란카쿠가 일본 사회의 잠재력, 특히 서양 과학 기술의 수용에 필요한 기본기를 탄탄하게 키운 것은 분명해 보인다. 조만간 서양과 일본 사이의 차이는 아주 좁혀졌다.[44]

44) 한 가지 예를 들면, 파리에서 다게르(Daguerre)가 사진술을 발명하고 난 후 2년 만에 일본에 카메라가 도입될 정도였다.

3) 과학 기술의 교류: 해석

흔히 근대 서구 문명은 과학 기술을 바탕으로 한 강력한 힘을 사용하여 세계 각 대륙으로 팽창해 나아갔고 결국 제국주의적인 지배 체제로 귀결되었다고 이야기된다. 이에 따르면 정치적 · 군사적 · 경제적 지배의 이면에 과학 기술의 힘이 강력하게 작용한 것으로 해석할 수 있다. 이런 현상을 설명하는 고전적인 모델의 한 예가 앞에서 거론한 바살라의 이론이다. 그러나 우리가 살펴본 두 가지 사례는 이런 해석이 반드시 타당한 것만은 아니라는 점을 증언한다. 적어도 근대 초기에는 서구 과학 기술이 일방적으로 확대되고 다른 문명권은 그것을 수용하는 데에 급급했다고 할 수는 없을 것이다. 인도의 아유르베다 의술의 사례는 유럽이 항상 우월한 과학 기술을 제공한 것이 아니라 다른 문명의 과학 기술을 배워서 자신의 체계 내에 수용했다는 점을 말해 준다. 또 일본의 란카쿠의 사례는 서구의 과학 기술을 수동적으로 받아들이는 것이 아니라 그들이 원하는 것을 선택적으로 수용하되 대단히 적극적인 자세로 임했음을 말해 준다.

그동안 서양과 동양의 과학적 접촉의 성격에 대해서 서구인들이 가지고 있던 견해는 지나치게 서구 중심적이었다. 이를 대변하는 것이 라이프니츠의 견해일 것이다(라이프니츠 2003). 그는 유럽과 중국의 문명을 비교해 이야기하면서 '유럽의 이성'과 '중국의 경험'이라는 식으로 정리하였다. 중국, 혹은 더 넓게 말해서 아시아 문명은 구체적인 경험적 관찰에 능하여 많은 누적된 성과를 얻은 것은 사실이지만, 그것을 종합하여 체계를 만드는 이성의 힘이 약하다는 것이다. 그의 주장의 원래 의도가 동양의 강점을 호의적으로 파악하려 한 것이라고 볼 수도 있겠으나, 결과적으로 동양 문명은 일종의 데이터베이스를 작성한 다음 더 고차원의 지적 능력을 가진 유럽 문명에 그것을 제공하는 역할만 부여받은 셈이다. 그러나 우리가 살펴본 바에 의하면 이는 사실과 부합되지 않는다. 인도의 식물학 · 약초학은 대단히 오랜 기간 자연에 대한 직접 관찰로 얻어진 귀중한 정보를 가지고 있을 뿐 아니라 그것이 방대한 체계를 이루고 있었다. 작은 사례이지만 오르타나 레더가 수집하여 유럽으로 가져간 지식만 하더라도 단지 경험적 사실만이 아니라 인도의 분류 체제 자체를 가져간 것이고, 이것이 린네의 식물분류학 내에 수용되어서 유럽의 학문 체계 발전에 일조하였다. 또 일본의 란카쿠의 경우에는 일방적으로 유럽 학문 체계를 수입한 것이 아니라 자체의 과학적 지식 체계를 유지하면서 조금씩 수정해 가는 방향으로 나아가고 있었다.

이런 점을 보건대 서구와 다른 문명의 과학 기술이 만난 경우에 상호 건설적인 방향으로 교류할 가능성이 열려 있었던 것이 사실이다. 그러나 이후 시대의 전반적인 역사 흐름은 다르게 진행되었다. 서구 세력이 결국 제국주의로 나아간 것과 유사하게 서구 과학 기술 역시 조만간 억압적 · 지배적 성격을 띠게 되었다.

앞에서 거론한 아유르베다 의술에 대한 유럽인의 태도 변화에서 이 점을 읽을 수 있다.

서양인들은 "맥을 짚어보고 약초(herb)로 진료"하는 아시아의 의술에 대해 점차 깊은 관심을 보였다. 많은 포르투갈 의사들은 이 의학의 '비밀'을 알아내기 위해 안달했고 때로 대단히 억압적인 방식을 동원하였다. 1683년의 한 기록에 의하면, 포르투갈 의사가 힌두 의사 중에 대단한 명의로 알려진 사람을 감옥에 가두고 비밀을 이야기하라고 강요했으나 그는 차라리 감옥에서 죽음을 맞는 길을 택하였다. 여기에 더해서 조만간 교회의 탄압도 강화되었다. 이 의술의 성격이 일종의 종교적 기술에 속한다고 판단한 가톨릭교회 측이 이 의사들을 억압하기 시작한 것이다. 가톨릭으로의 개종 압력을 받은 인도 의사들은 점차 이웃 지역으로 빠져나가기 시작했다. 그 결과 포르투갈의 지배하에서 아유르베다 의술은 결국 버텨내지 못하고 쇠퇴의 길로 접어들었다.[45]

45) 사실 아유르베다는 단순히 의학이 아니라 철학과 종교 요소를 포함해 가진 것이 사실이다. 예컨대 달라이라마와 함께 인도로 들어온 티베트 의술은 인도 것과도 약간 다른데, 여기에서는 특히 점성술이 중요한 비중을 차지해서 독립적인 점성술학부가 따로 존재한다.

타 대륙을 식민지화하는 흐름에 병행하여 유럽의 과학 기술 역시 해당 지역의 유용한 자원의 파악과 이용에 주력하였다. 장기간 심원한 체계를 이루며 발전해 온 여러 문명의 지혜와 지식은 그 자체로서 존재 의의를 상실하고 다만 '정보'로 환원되어 유럽의 체계 속에 흡수되게 되었다. 유럽만이 아니라 세계 각처의 중요 지역에 설립된 식물원은 그와 같은 정보의 획득을 주요 목표로 삼았다. 그리고 점차 국가가 자신의 목적에 맞는 — 특히 식민지 경영을 위한 — 방향으로 학문에 간여하는 경향이 강해졌다. 파리의 왕립식물원(Jardin du Roi)이 대표적인 사례이다.[46]

각 문명권에서 장구한 시간 동안 발전해 온 그 나름의 과학 체계는 매우 큰 잠재력을 가진 인류 지식의 보고인 경우가 많으나 근대 서구 과학의 기계적인 힘 때문에 많은 손상을 입었다. 마야 문명이 좋은 사례이다. 이 지역은 원래 대단히 다양한 식물종을 보유하고 있었으며, 고대 문명의 의학 체계 내에서 알려진 약초만 해도 3만 종이나 된다. 그러나 유럽 문명과 조우한 직후 심대한 탄압을 받은 결과 귀중한 문화유산들이 많이 멸실되었다. 유카탄의 주교 디에고 데 란다(Diego de Landa)는 1542년에 마야의 민속신앙을 제거하기 위해 수천 명의 원주민들을 고문하고 학살했으며, 동시에 수많은 책들을 불사르는 만행을 저질렀다. 이런 피해에도 불구하고 현재까지 남은 유산은 매우 큰 잠재성을 가지고 있어서 이 지역에서 독일 학자들이 18개월 동안 연구한 결과만으로도 320가지의 약초를 수집하였다(그라이헨 2005: 165-166, 196).

서구 근대 과학 기술은 대단히 강력한 힘을 구사하는 효율적인 체제이고 그 결과 인류의 복지를 크게 증대시킨 것은 분명한 사실이다. 그러나 그에 따른 부작용 역시 엄청나게 컸다는 점을 지적하지 않을 수 없다. 이런 점에 주목하여 유럽 중심주의의 폐해를 지적하고 세계의 여러 지역 문명의 다양한 가능성에

46) 17세기 말 18세기 초에 서구에서 식물학의 린네, 사전학(lexicography)의 존슨처럼 데이터를 수집·분류하는 체계가 크게 발전함으로써 '정보 체제 혁명'이 있었다고 주장하는 학자도 있다. Headrick(2000), Jones(2006: 97)에서 인용.

주목하는 것이 최근의 경향이다. 시대의 대세가 되어 버린 서구의 과학 기술 문명을 일거에 포기한다는 의미가 아니라, 인간의 삶을 풍요롭게 만들 수 있는 가능성을 품고 있는 다양한 전통 문화에 주목하게 된 것은 다행스러운 일이다.

에필로그

장 드 레리(1536-1613)의 브라질 여행기에는 투피남바족의 한 노인과 대화를 나눈 내용이 나온다(Jean de Léry 1992: 101-102).

투피남바족 사람들은 프랑스인을 비롯한 많은 유럽인들이 아라부탕(araboutan, 브라질나무)을 얻기 위해 아주 먼 곳에서 찾아온다는 사실을 알고 매우 놀랐다. 어느 날 한 노인이 이 문제에 대해 나에게 질문을 던졌다. "당신들 마이르(프랑스인)와 페로(포르투갈인)들이 몸을 덥히는 데 쓸 나무를 얻기 위해 그렇게 먼 데에서 오는 이유가 뭐요? 당신네 나라에는 나무가 없소?" 나는 우리 나라에도 나무는 많지만 이곳과 똑같은 나무는 없으며, 특히 브라질나무는 그들이 생각하듯이 땔감으로 쓰는 것이 아니라 염료를 얻기 위해 사용하는데 그들이 이 나무를 이용해서 면 밧줄이나 깃털에 색을 들이는 것과 같은 방식이라고 답해 주었다. 그 노인은 곧 나에게 이렇게 되물었다. "잘 알겠소. 그런데 그처럼 많은 나무가 필요하단 말이오?" "물론이지요. 우리나라 상인들은 직물만이 아니라 — 나는 그 사람들에게 익숙한 물건들을 예로 들어 이야기했다 — 칼, 가위, 거울 같은 것들을 아주 많이 가지고 있거든요. 아마 이 나라에서 볼 수 있는 것들을 모두 합친 것보다 더 많은 양일 겁니다. 그런 상인 한 사람만 해도 이 나라에서 배 몇 척에 실어 보내는 나무들을 전부 살 수 있습니다." "하하, 그거 참 놀라운 이야기로군." 그러고는 내가 한 말에 대해 곰곰이 생각한 후에 그 노인은 다시 이렇게 물었다. "그런데 당신이 말한 사람 말이요, 그 부자는 결코 죽지 않나요?" "물론 죽지요. 그건 다른 사람하고 같답니다." "그 사람이 죽으면 그가 가지고 있던 물건들은 누구 것이 되는 거요?" "그 사람에게 아이들이 있으면 아이들이 가질 테고, 그렇지 않으면 형제자매 혹은 가까운 친척들이 가질 테지요." 이 말을 듣고 노인은 이렇게 답했다. "당신들은 정말 바보들이로구만. 고작 자기 자식이나 다른 후손들에게 물려줄 재산을 쌓느라고 그렇게 큰 고생을 하며 바다를 건너오다니 말이오. 당신들을 충분히 먹여 살리는 땅이 당신네들 후손들이라고 먹여 살리지 않겠소? 우리에게도 사랑하는 자식들과 후손들이 있소. 그렇지만 우리가 죽은 다음에도 이 땅이 그들을 잘 먹여주리라는 것을 알기 때문에 우리는 편안하게 쉴 수 있고, 힘든 고생을 하지 않는 거요."

투피남바족 노인이 이야기한 대로 세계 각지의 사람들이 구태여 위험한 항해를 하면서 먼 나라를 돌아다니는 일 없이 편안하게 자기 나라에서 쉬면서 자기 땅에 의지하여 살았더라면 세상이 조용했을지도 모른다. 그러나 실제 근대의 역사는 그렇게 진행되지는 않았다. 그 현명한 노인이 바보라고 놀렸던 유럽인들은 브라질나무를 사들이고 칼, 가위, 거울 같은 것들을 팔기 위해 전 세계의 바다를 떠돌아다녔고, 그 결과 세계는 한층 소란스럽게 되었다. 조만간 푸른 바다는 핏빛으로 물들었고 전 세계에는 폭력이 난무했다. 마치 판도라의 상자가 열린 후 온갖 악덕이 세상에 퍼진 것처럼, 한번 대항해시대가 열리자 세계에는 갖가지 흉흉한 일들이 벌어졌다. 이제 더 이상 이전 세계로 되돌아가는 것은 불가능해졌다.

유럽인들을 필두로 해서 전 세계의 많은 사람들이 지구촌 구석구석 돌아다닌 결과 어떤 일이 벌어졌던가?

무엇보다도 우리가 살아가는 터전인 자연 생태계가 크게 바뀌었다. 한 대륙에서 살던 동물과 식물, 심지어는 세균까지 다른 대륙으로 퍼져 갔다. 이것이 때로는 사람들의 삶에 유용한 선물이 되기도 했지만 때로는 걷잡을 수 없는 재앙을 불러일으키기도 했다. 세계를 연결하는 바닷길의 네트워크가 자리잡자 이전 시대와는 비교할 수 없을 정도로 많은 상품과 화폐가 이동했다. 금과 은, 구리 혹은 카우리 조개가 원거리 이동되어서 화폐로 사용되었고, 다시 이러한 세계 화폐의 증가로 인해 세계는 더욱 긴밀하게 연결되었다. 인도 직물이 유럽에 대규모로 수입되어서 사람들의 '외피를 송두리째' 바꾸어 놓았고, 유럽에서 만들어진 도끼와 총이 아메리카 인디언들의 삶의 기반을 뿌리부터 뒤흔들어 놓았다. 물자의 이동보다 더 큰 의미를 가진 것은 사람들의 이동이다. 화교들이 동남아시아 각지로 퍼져 갔고, 유럽인들이 아메리카와 오스트레일리아, 뉴질랜드로 가서 선주민들을 내쫓은 다음 새로운 국가를 건설했다. 1천만 명이 넘는 아프리카 흑인들은 먼 이역으로 끌려가서 플랜테이션 노예로서 말할 수 없는 고초를 겪어야 했다. 동남아시아 각지에서 옥수수와 고구마가 자리잡았고, 아프리카에서는 카사바가 중요한 식량원이 되었으며, 커피와 차, 코코아가 세계적인 음료가 되었다. 많은 언어가 사멸하는 동시에 새로운 언어가 만들어지기도 했으며, 일부 지역의 언어가 세계로 퍼져 나갔다. 외국의 사상과 종교, 학문이 전파되면서 사람들의 심성마저 크게 변화하였다. 15세기 이후 전 세계의 국제관계, 사회 · 경제 활동으로부터 우리의 내면 세계에 이르기까지 그야말로 모든 것이 다시 짜여졌다고 해도 과언이 아니다.

그 과정은 대개 평화와는 거리가 멀었고, 흔히 지나치게 폭력적이었다. 누누이 강조하였지만 근대의 세계화 과정은 폭력의 세계화라고 불러도 과언이 아닐 정도였다. 이런 폭력적 과정을 거치면서 단순히 교류 네트워크가 확대되고 활성화되는 정도에 그치지 않고 전 세계가 점차 하나의 위계 구조 속으로 말려들어갔다. 우리가 주목했던 15-18세기의 시대를 경과하면서 이 위계의 상층에 유럽 세력이 자리잡았다. 산업혁명을 거치면서 더욱 강력해진 유럽의 패권은 제국주의 시대에 정점을 맞았다. 되돌아보건대 근대 해상 팽창의 역사는 대부분 전쟁과 폭력, 충돌과 갈등으로 점철된 비극의 역사라고 할 수 있다.

그러나 이처럼 고통과 슬픔이 가득한 역사에서 새삼 희망을 찾을 수는 없을까?

사실 세계 여러 지역 사람들이 서로 만나고 교류할 때 물질적으로든 혹은 정신적으로든 서로의 삶이 더욱 풍요롭게 될 가능성은 얼마든지 있었고, 또 우리가 살펴본 바에 따르면 실제로 그렇게 된 측면도 크다. 문학과 예술이 소개되면서 정신적 자산이 풍부해지고, 과학 기술 요소들이 전파되어 삶이 훨씬 개선되기도 했다. 아메리카 대륙 원산의 옥수수, 감자, 고구마는 세계 각지에서 훌륭한 구황작물로 기능했고, 그 결과 세계 인구의 증가를 가능하게 했다. 중국과 인도의 전통적인 사상과 학문 체계가 유럽의 지성에 심오한 영향을 주는가 하면, 유럽의 근대 과학은 동아시아 세계에 건설적인 지적 충격을 가했다. 우리가 지난 시대의 역사를 되돌아볼 때 중요한 것은 무엇보다도 똑같은 과오를 범하지 않고, 지난 시대에 이루지 못했던 희망을 되찾아 실현시키는 일이 아니겠는가.

우리는 현대 문명의 뿌리가 되는 시대인 15-18세기의 역사를 고찰했다. 이 시기에 형성된 세계사의 기본 구조는 지금까지도 우리의 삶의 많은 부분을 규정하고 있다. 패권적 지위를 차지한 서구(유럽과 미국)의 주도 아래 세계는 점차 통합성이 강화되고 있다. 소위 세계화(globalization)는 우리가 받아들이느냐 거부하느냐를 선택할 수 있는 사항이 아니라 시대의 대세가 되었다. 이제 우리의 삶은 나머지 전 세계의 움직임과 떼려야 뗄 수 없는 긴밀한 연관을 맺고 있다. 미국 정치, 중국 경제, 라틴 음악, 유럽 미술로부터 태국 음식과 인도의 요가에 이르기까지 세계는 이미 우리의 일상생활 속에서 매일 접하는 현실이 되었다. 우리가 세계 속에 있고 세계가 우리 안에 있다고 해도 과언이 아니다. 근대 세계 구조의 뿌리까지 거슬러 올라가 살펴봄으로써 우리가 얻은 성찰은 오늘 우리의 삶에 어떤 지침을 줄 수 있을까? 폭력적인 과정을 통해 세계의 구조화가 이루어졌으나 그것은 동시에 우리의 정신적 · 물질적 삶을 풍요롭게 만들 가능성도 안고 있다. 오늘의 세계를 만들어 낸 근대사의 구조와 내면을 새롭게 읽음으로써 '평화의 세계화' 의 가능성을 찾아보도록 하자.

참고문헌

강성호. 2006.「자본주의 세계체제는 유럽에서 시작되었나?」.『서양사론』 제90호.

강재언. 1990.『조선의 西學史』. 민음사.

강진아. 2004.「16~19세기 중국경제와 세계체제: “19세기 분기론”과 “중국중심론”」.『이화사학연구』 vol. 31.

강판권. 2007,「농업」. 오금성 외.『명청시대 사회경제사』. 이산.

고바야시 다카시. 1997. 이진복 역.『상업의 세계사, 바닷길로 본 세계 경제의 역사』. 황금가지.

고병권. 2005.『화폐, 마법의 사중주』. 그린비.

고혜선. 1999.『마야인의 성서 포폴 부』. 문학과지성사.

곽재성 · 우석균. 2000.『라틴아메리카를 찾아서』. 민음사.

구로다 아키노부. 2005. 정혜중 역.『화폐시스템의 세계사』. 논형.

국립진주박물관 엮음. 2003. 오만 · 장원철 역.『임진왜란과 도요토미 히데요시』. 부키.

권윤경. 2002.「18세기 후반 계몽사상과 식민주의: 레날의『두 인도의 역사』를 중심으로」.『서양사연구』 제29집.

그라이헨, 기젤라. 2005. 박해영 역.『사라진 문명의 치료지식을 찾아서』. 이가서.

김용재 · 이광윤. 2000.『포르투갈 · 브라질의 역사문화 기행』. PUFS.

김원수. 2007.「글로벌 히스토리(Global History)와 역사들의 지평을 넘어서」.『서양사론』 제92집.

김종서. 2001.「개화기 사회문화 변동과 종교인식」.『韓國文化』 제28호.

김호동. 2002.『동방기독교와 동서문명』. 도서출판까치.

나지, 아말. 2002. 이창신 역.『고추, 그 맵디매운 황홀』. 뿌리와이파리.

남종국. 2005.「중세 말 면제품 소비의 증가」.『서양중세사연구』 제16호.

노영구. 1999.「조선후기 성제 변화와 華城의 성곽사적 의미」.『진단학보』 제88집.

다이아몬드, 재레드. 1996. 김진준 역.『총, 균, 쇠』. 문학사상사.

단코나, 야콥. 2000. 오성환 · 이민아 역. 『빛의 도시』. 도서출판까치.
대시, 마이클. 2000. 정주연 역. 『튤립, 그 아름다움과 투기의 역사』. 지호.
데츠카 아키라 엮음. 2000. 정암 역. 『훔볼트의 세계』. 한울.
라이프니츠. 2003. 이동희 편역. 『라이프니츠가 만난 중국』. 이학사.
레디커, 마커스. 2001. 박연 역. 『악마와 검푸른 바다 사이에서: 상선 선원, 해적, 영-미의 해상 세계, 1700-1750』. 도서출판까치.
류승주. 1970. 「조선 후기 대 청 무역의 전개 과정」. 『백산학보』 제8집.
리치, 마테오. 1998. 송영배 역주. 『천주실의』. 서울대학교출판부.
마한, 알프레드. 1999. 김주식 역. 『해양력이 역사에 미치는 영향』. 책세상.
만, 찰스. 2005. 전지나 역. 『인디언, 그들은 어디서 왔으며 어떻게 살았을까』. 오래된미래.
맑스, 칼 · 엥겔스 · 프리드리히. 1993. 『칼 맑스 프리드리히 엥겔스 저작 선집』 1권, 『공산주의당선언』. 박종철출판사.
맥닐, 윌리엄. 1998. 허정 역. 『전염병과 인류의 역사』. 한울.
멘지스, 개빈. 2004. 조행복 역. 『1421 중국, 세계를 발견하다』. 사계절.
몬타리니, 맛시모. 2001. 주경철 역. 『유럽의 음식문화』. 새물결.
문중양. 2006. 『우리 역사 과학기행』. 동아시아.
미야자키 마사카쓰. 1999. 이규조 역. 『정화의 남해 대원정』. 일빛.
민경배. 1993. 『한국기독교회사』. 연세대학교출판부.
민두기 편저. 1998. 『일본의 역사』. 지식산업사.
민석홍. 1991. 『서양사개론』. 삼영사.
민츠, 시드니. 1998. 김문호 역. 『설탕과 권력』. 지호.
박갑천. 1995. 『재미있는 어원 이야기』. 을유문화사.
박지향. 2000. 『제국주의: 신화와 현실』. 서울대학교출판부.
백승욱. 2006. 『자본주의 역사강의, 세계체계 분석으로 본 자본주의의 기원과 미래』. 그린비.
볼크먼, 어니스트. 2003. 석기용 역. 『전쟁과 과학, 그 야합의 역사』. 이마고.
부어스틴, 다니엘. 1986. 이성범 역. 『발견자들』. 범양사출판부.
붕크, 루츠. 2006. 안성찬 역. 『역사와 배』. 해냄.
브로델, 페르낭. 1995-1997. 주경철 역. 『물질문명과 자본주의』. 도서출판까치.
빌라르, 피에르. 2000. 김현일 역. 『금과 화폐의 역사, 1450-1920』. 도서출판까치.
사이드, 에드워드. 2002. 박홍규 역. 『오리엔탈리즘』. 교보문고.
소벨, 데이바 · 앤드루스, 윌리엄. 2002. 김진준 역. 『경도: 해상 시계 발명 이야기』. 생각의 나무.
쉬벨부쉬, 볼프강. 2000. 이병련 · 한운석 역. 『기호품의 역사: 파라다이스, 맛과 이성』. 한마당.

스티븐슨, 조지. 2003. 권정관 역. 『보물섬』. 새움.
스피어, 퍼시벌. 1993. 이옥순 역. 『인도근대사』. 신구문화사.
아부-루고드, 재닛. 2006. 박흥식 · 이은정 역. 『유럽패권 이전, 13세기 세계체제』. 도서출판까치.
아사다 미노루. 2004. 이하준 역. 『동인도회사, 거대상업제국의 흥망사』. 파피에.
양승윤 편저. 2005. 『인도네시아사』. 대한교과서주식회사.
오금성 외. 2007. 『명청시대 사회경제사』. 이산.
오카다 데쓰. 2006. 정순봉 역. 『돈가스의 탄생』. 뿌리와이파리.
올리버, 롤랜드. 2001. 배기동 · 유종현 역. 『아프리카』. 여강출판사.
월러스틴, 이매뉴얼. 1999. 나종일 외 역. 『근대세계체제』. 도서출판까치.
위어, 윌리엄. 2005. 이덕열 역. 『세상을 바꾼 전쟁』. 시아출판사.
유네스코 한국위원회 편. 2000. 『세계연구 I』. 오름.
이븐 바투타. 2001. 정수일 역주. 『이븐 바투타 여행기』. 창작과비평사.
이시 히로유키 · 야스다 요시노리 · 유아사 다케오. 2001. 이하준 역. 『환경은 세계사를 어떻게 바꾸었는가』. 경당.
정성일. 2000. 『조선후기 대일무역』. 신서원.
정하미. 2005. 『일본의 서양문화 수용사』. 살림.
조지형. 2002. 「새로운 세계사와 지구사」. 『역사학보』 제173집.
조지형. 2007. 「지구사란 무엇인가」. 『서양사론』 제92집.
주경철. 1992. 「16-17세기 네덜란드의 조선업」. 『서양사연구』 제13집.
주경철. 1992. 「근대초 동프로이센의 삼림 개발: 수출용 대규모 Budenwerk 사업을 중심으로」. 于耕 李敏鎬 教授 停年紀念 論叢 『유럽사의 구조와 전개』. 느티나무.
주경철. 1993. 「17세기 네덜란드의 국제무역 상인: 얀 얀센 코르버와 한스 반 되른」. 『경제사학』 제17호.
주경철. 2000. 「네덜란드 동인도 회사의 설립 과정」. 『서양사연구』 제25집.
주경철. 2003. 『네덜란드, 튤립의 땅, 모든 자유가 당당한 나라』. 산처럼.
주경철. 2005. 「해양시대의 화폐와 귀금속」. 『서양사연구』 제32집.
짐멜, 게오르크. 1983. 안준섭 · 장영배 · 조희연 역. 『돈의 철학』. 한길사.
차하순. 2007. 「새로운 세계사의 조건」. 『서양사론』 제92집.
카렌, 아노. 2001. 권복규 역. 『전염병의 문화사』. 사이언스북스.
카이, 베른하르트. 2006. 박계수 역. 『항해의 역사』. 대한교과서주식회사.
컨스텀, 앵거스. 2002. 이종인 역. 『해적의 역사』. 가람기획.
코, 소피 · 코, 마이클. 2000. 서성철 역. 『초콜릿, 신들의 열매』. 지호.
쿨란스키, 마크. 1998. 박광순 역. 『세계를 바꾼 어느 물고기의 역사, 대구를 둘러싼 인간의 전쟁과 혁명, 그리고 치열한 생존 이야기』. 미래M&B.
크로스비, 앨프리드. 2000. 안효상 · 정범진 역. 『생태제국주의』. 지식의풍경.
크로스비, 앨프리드. 2006. 김기윤 역. 『콜럼버스가 바꾼 세계』. 지식의숲.
타임라이프북스. 2005. 전일휘 역. 『왕관 속의 보석』. 가람기획.
테사 모리스 스즈키. 1998. 박영무 역. 『일본기술의 변천』. 한승.
퍼거슨, 닐. 2006. 김종원 역. 『제국』. 민음사.
펄린, 존. 2002. 송명규 역. 『숲의 서사시』. 뜨님.
폰팅, 클라이브. 1996. 이진아 역. 『녹색세계사』. 심지.
폴라니, 칼. 1991. 박현수 역. 『거대한 변환: 우리 시대의 정치적 · 경제적 기원』. 민음사.
폴로, 마르코. 2000. 김호동 역주. 『동방견문록』. 사계절.
프라이올리, 루카. 2004. 이충호 역. 『기술의 역사: 세상을 바꾼 사람들의 이야기』. 사계절.
프랑크, 안드레 군더. 2003. 이희재 역. 『리오리엔트』. 이산.
하마다 아쓰오. 2004. 김돈하 역. 『여행과 질병의 3천년사』. 심산.
한명기. 1992. 「17세기초 은의 유통과 그 영향」. 『규장각』 제15집.
한명기. 2000. 『광해군, 탁월한 외교정책을 펼친 군주』. 역사비평사.
한영우 · 안휘준 · 배우성. 1999. 『우리 옛 지도와 그 아름다움』. 효형출판.
허승일 외. 2002. 『고등학교 세계사』. 지학사.
헤이워드, 수잔. 1997. 이영기 역. 『영화사전, 이론과 비평』. 한나래.
헨더슨, 존. 1999. 이남규 역. 『마야문명』. 기린원.
호이징하 Johan. 1981. 김윤수 역. 『호모루덴스: 놀이와 문화에 관한 한 연구』. 도서출판까치.
홉스봄, 에릭. 2004. 이수영 역. 『밴디트: 의적의 역사』. 민음사.
홉하우스, 헨리. 1997. 윤후남 역. 『역사를 바꾼 씨앗 5가지』. 세종서적.
히라카와 스케히로. 2002. 노영희 역. 『마테오 리치』. 동아시아.

Adam, Paul. 1960. "Navigation primitive et navigation astronomique." In Mollat, M. & P. Adam eds. (1960).
Adenaike, Carolyn Keyes. 1998. "West African Textiles, 1500-1800." In Mazzaoui, Maureen Fennell ed. (1998).
Aghassian, Michel & Kéram Kévonian. 1998. "The Armenian Merchant Network: Overall Autonomy and Local Integration." In Chaudhury, Sushil & Michel Morineau eds. (1999).
Allen, R. 1998. "The Great Divergence: Wages and Prices from the Middle Ages to the First World War." Paper presented to the Conference on Regions, Queen's University, Kingston.

Andrews, Jean. 1993. "Diffusion of MesoAmerican Food Complex to Southeastern Europe." *Geographical Review*, LXXXIII, no.2.

Arasaratnam, S. 1967. "The Dutch East India Company and Its Coromandel Trade 1700-1740." *Bijdragen tot de Taal-, Land- en Volkenkunde*, CXXIII, no.3.

Arasaratnam, S. 1978. "Weavers, Merchants and Company: The Handloom Industry in Southeastern India, 1750-1790." *The Indian Economic and Social History Review*, XVII, no.3.

Attman, Artur. 1983. *Dutch Enterprise in the World Bullion Trade 1550-1800.* Göteborg: Kungl. Vetenskap- och Vitterhets-Samhället.

Attman, Artur. 1986. *Dutch Enterprise in World Bullion Trade, 1550-1800*, Göteborg: Acta Regiae Societatis Scientiarum et Literarum Gothoburgenesis, Humaniora, vol.26.

Atwell, William. 1982. "International Bullion Flows and the Chinese Economy, circa 1530-1650." *Past and Present*, XC.

Aubin, N. 1702. *Dictionnaire de Marine, Contenant les Termes de la Navigation et de l'Architecture Navale.* Amsterdam.

Austen, Ralph A. 1992. "The Mediterranean Islamic Slave Trade out of Africa: A Tentative Census." *Slavery and Abolition*, XIII.

Axtell, James. 1988. "Were Indian Conversions Bona Fide?" In *After Columbus: Essays in the Ethnohistory of Colonial North America.* New York: Oxford University Press.

Aymard, M. ed. 1982. *Dutch Capitalism and World Capitalism.* Cambridge: Cambridge University Press.

Baker, Brenda J. & George J. Armelagos. 1988. "The Origin and Antiquity of Syphilis: Paleopathological Diagnosis and Interpretation." *Current Anthropology*, XXIX, no.5.

Bakewell, Peter. 1977. "Technological Change in Potosi: The Silver Boom of the 1570s." In Konetzke, Richard et al. eds. (1977).

Bakewell, Peter. 1997. *Mines of Silver and Gold in the Americas.* Aldershot: Variorum.

Bamford, P. W. 1956. *Forest and French Sea Power 1660-1789.* Toronto: University of Toronto Press.

Barrau, Jacques. 1980. "Indigenous and Colonial Land-Use Systems in Indo-Oceanian Savannas: the Case of New Caledonia." In Harris, David R. ed. (1980).

Barrett, Ward. 1990. "World Bullion Flows, 1450-1800." In Tracy, James ed. (1990).

Basalla, George. 1987. "Spread of Western Science." *Science*, CLVI.

Bassett, D. K. 1960a. "The 'Amboyna Massacre' of 1623." *Journal of Southeast Asian History*, vol.1, no. 2.

Bassett, D. K. 1960b. "The Trade of the English East India Company in the Far East, 1623-1684." *Journal of the Royal Asiatic Society of Great Britain and Ireland*.

Beken, Mark ed. 1988. *A New Voyage round the World, The Journal of an English Buccaneer*. London: Hummingbird.

Benning, Joseph Jeromme. 1979. "Joint-Stock Companies of Coromandel." In Kling, Blair & M. Pearson eds. (1979).

Benz, Ernest. 1954. "Pietist and Puritan Sources of Early Protestant World Missions." *Church History*, reproduced in Kaplan, Steven ed. (1995).

Bethel, Leslie ed. 1984. *The Cambridge History of Latin America II*. Cambridge: Cambridge University Press.

Bitterli, Urs. 1989. *Cultures in Conflict: Encounters between European and Non-European Cultures: 1492-1800*. Stanford: Stanford University Press.

Black, Jeremy. 2004. *Rethinking Military History*. London: Routledge.

Black, Jeremy. 1995. "A Military Revolution? A 1660-1792 Perspective." In Rogers, Clifford ed. (1995).

Boomgaard, Peter. 1992. "Forest Management and Exploitation in Colonial Java, 1677-1897." *Forest and Conservation History*, XXXVI, no.1.

Boxer, Charles. 1931. "Notes on Early European Military Influences in Japan, 1543-1853." *Transactions of the Asiatic Society of Japan*, 2nd series, VIII.

Boxer, Charles. 1965. "A Note on Portuguese Missionary Methods in the East: Sixteenth to Eighteenth Centuries." *The Ceylon Historical Journal*, X.

Boxer, Charles. 1967. *The Christian Century in Japan, 1549-1650*. Berkeley: University of California Press.

Boxer, Charles. 1970. "The Problem of the Native Clergy in the Portuguese and Spanish Empires from the Sixteenth to the Eighteenth Centuries." In Cuming, Geoffrey J. (1970).

Boxer, Charles. 1979. *Jan Compagnie in War and Peace 1602-1799, A Short History of the Dutch East India Company*. Hong Kong: Heinemann Asia.

Boxer, Charles. 1991. *The Portuguese Sea-Borne Empire, 1415-1825*. Manchester: Carcanet.

Brading, David. 1984. "Prophet and Apostle: Bartolomé de Las Casas and the Spiritual

Conquest of America." *New Blackfriars*, LXV, no.774.

Brennig, Joseph. 1986. "Textile Producers and Production in Late Seventeenth Century Coromandel." *The Indian Economic and Social History Review*, XXIII, no.4.

Brewer, John & Roy Porter eds. 1993. *Consumption and the World of Goods*. London: Routledge.

Brown, Delmer. 1948. "The Impact of Firearms on Japanese Warfare, 1543-98." *Far Eastern Quarterly*, VII, no.3.

Bruijn, J. R., F. S. Gaastra, & I. Schöffer. 1979-1987. *Dutch Asiatic Shipping in the Seventeenth and Eighteenth Centuries*, 3 vols. The Hague: M. Nijhoff.

Burg, B. B. 2001. "The Buccaneer Community." In Pennell, C. R. ed. (2001).

Bush, Barbara. 1985. "Survival and Resistance: Slave Women and Coercive Labour Regime in the British Caribbean, 1750 to 1838." In Daget, Serge ed. (1985).

Butel, Paul. 1989. *Histoire du thé*. Paris: Desjonquères.

Butel, Paul. 1990. "France, the Antilles, and Europe in the Seventeenth and Eighteenth Centuries: Renewals of Foreign Trade." In Tracy, Tames ed. (1990).

Callwell, Colonel C. E. 1896. *Small Wars: Their Principles and Practice*. London.

Calvo, Thomas. 1994. *L'Amérique Iberique de 1570 à 1910*. Paris: Nathan.

Campbell, Judy. 1989. "Smallpox in Aboriginal Australia, 1829-1831." *Australian Historical Studies*, XX, no.81.

Canny, Nicholas. 1973. "The Ideology of English Colonization: From Ireland to America." *William and Mary Quarterly* (3rd series), XXX, no.4.

Carney, Judith A. 2001. *Black Rice, The African Origins of Rice Cultivation in the Americas*. Cambridge: Harvard University Press.

Caron, Claude. 1676. *Traité des bois servant à tous usages*, 2 vols. Paris.

Chandaigne, Michel. 1996. *Goa, 1510-1685, L'Inde Portugaise, apostolique et commercial*. Paris: Autrement.

Chase, Kenneth. 2003. *Firearms, A Global History*. Cambridge: Cambridge University Press.

Chaudhuri, K. N. 1974. "The Structure of the Indian Textile Industry in the Seventeenth and Eighteenth Centuries." *Indian Economic and Social History Review*, IX, no.2.

Chaudhury, Sushil & Michel Morineau eds. 1999. *Merchants, Companies and Trade, Europe and Asia in the Early Modern Era*. Cambridge: Cambridge University

Press.

Chaunu, Pierre. 1969. *L'Expansion européenne du XIIIe au XVe siècle, Collecion Nouvelle Clio.* Paris: A. Colin.

Chaunu, Pierre. 1977. *Séville et l'Amérique, XVe-XVIIe siècles.* Paris: Flammarion.

Chaunu, Huguette & Pierre Chaunu. 1955-1959. *Seville et l'Atlantique, 1504-1650,* 8 vols. Paris: A. Colin.

Cipolla, Carlo ed. 1981. *The Fontana Economic History of Europe,* vol.2 *The Sixteenth and Seventeenth Centuries.* Sussex: Harvester Press.

Clark, George. 1958. *War and Society in the Seventeenth Century.* Cambridge: Cambridge University Press.

Clendinnen, Inga "Fierce and Unnatural Cruelty: Cortes and Conquest of Mexico." In Greenblatt, Stephen ed. (1993).

Coatsworth, John. 1986. "The Mexican Mining Industry in the Eighteenth Century." In Jacobsen, Nils & Hans-Jürgen Puhle eds. (1986).

Cohen, Eric. 1995. "Christianization and Indigenization: Contrasting Process of Religious Adaptation in Thailand." In Kaplan, Steven ed. (1995).

Cohen, Robin. 1997. *Global Diasporas, An Introduction.* Seattle: University of Washington Press.

Cook, Noble David. 1993. "Disease and the Depopulation of Hispaniola, 1492-1518." *Colonial Latin American Review,* II, nos.1-2.

Cook, Sherburne F. 1973. "The Significance of Disease in the Extinction of the New England Indians." *Human Biology,* XLV, no.3.

Cooper, Randolf G. S. 1989. "Wellington and the Marathas in 1803." *International History Review,* XI.

Couto, Dejanirah. 1996. "Luis de Camõens et Garcia da Orta." In Chandaigne, Michel (1996).

Crosby, Alfred. 1967. "Conquistador y Pestilencia: The First New World Pandemic and the Fall of the Great Indian Empires." *Hispanic American Historical Review,* XLVII, no.3.

Cullow, Adam. 2007. "Unjust, Cruel and Barbarous Proceedings; Japanese Mercenaries and the Amboyna Incident of 1623." *Itinerario,* XXXI, no.7.

Cuming, Geoffrey J. 1970. *Studies in Church History VI, The Mission of the Church and Propagation of the Faith.* Cambridge: Cambridge University Press.

Curtin, Philip. 1968. "Epidemiology and the Slave Trade." *Political Science Quarterly,*

LXXXIII, no.2.

Curtin, Philip. 1969. *Atlantic Slave Trade: A Census.* Madison: University of Wisconsin Press.

Curtin, Philip. 1983. "Africa and the Wider Monetary World, 1250-1850." In J. F. Richards (1983).

Curtin, Philip. 1984. *Cross-cultural Trade in World History.* Cambridge: Cambridge University Press.

Curtin, Philip. 2000. *The World and the West, The European Challenge and the Overseas Response in the Age of Empire.* Cambridge: Cambridge University Press.

d'Orta, Garcia. 1913. *Colóquios dos simples e drogas e cousas medicinais da India = Colloquies on the simples & drugs of India.* London: Sothera.

Daget, Serge ed. 1985. *De la Traite à l'esclavage; Actes du Colloque International sur la traite des noirs.* Nantes: Centre de Recherche sur l'Histoire du Monde Atlantique.

Dalby, Andrew. 2000. *Dangerous Tastes: The Story of Spices.* London: British Museum.

Das Gupta, Arun. 1987. "The maritime Trade of Indonesia: 1500-1800." In Das Gupta, Asin & M. N. Pearson eds. (1987).

Das Gupta, Asin & M. N. Pearson eds. 1987. *India and Indian Ocean, 1500-1800.* Calcutta: Oxford University Press.

Davis, Natalie Zemon. 1995. *Women on the Margins: Three Seventeenth-Century Lives.* Cambridge: Harvard University Press.

de Figueiredo, John M. 1984. "Ayurvedic Medicine in Goa According to the European Sources in the Sixteenth and Seventeenth Centuries." *Bulletin of History of Medicine*, LVIII.

de Lery, Jean. 1993. *History of a Voyage to the Land of Brazil.* Berkeley: University of California Press.

Delumeau, Jean. 1992. *Une histoire du paradis.* Paris: Fayard.

de Vries, Jan. 1993. "Between Purchasing Power and the World of Goods: Understanding the Household Economy in Early Modern Europe." In Brewer & Porter eds. (1993).

de Vries, Jan. 1994. "The Industrial Revolution and the Industrious revolution." *The Journal of Economic History*, vol.54, no.2.

de Witte, Charle. 1958. *Les Bulles pontificales et l'expansion portugaise au XVE siècle.*

Louvain.

Deyell, John. "The China Connection: Problems of Silver Supply in Medieval Bengal." In Richards, J. F. ed. (1983).

Deyle, Steven. 1989. "'By Farr the Most Profitable Trade': Slave Trading in British Colonial North America." *Slavery and Abolition*, X.

de Zurara, Gomes Eanes. 1936. *Conquests & Discoveries of Henry the Navigator, being the Chronicle of Azurara*, ed. by Virginia de Castro e Almeida, Allen & Unwin.

Diamond, Jared. 2005. *Collapse, How Societies Choose to Fail or Succeed.* New York: Viking.

Dickson, P. G. M. 1967. *The Financial Revolution in England: A Study in the Development of Public Credit 1688-1756.* London: Macmillan.

Disney, Anthony ed. 1995. *Historiography of Europeans in Africa and Asia, 1450-1800.* Aldershot: Variorum.

Dobyns, Henry. 1963. "An Outline of Andean Epidemic History to 1720." *Bulletin of the History of Medicine*, XXXVII, no.6.

Donnelly, John Patrick. 1988. "Antonio Possevino's Plan for World Evangelization." *Catholic Historical Review*, LXXIV, no.2.

Drescher, Seymour. 1988. "The Slaving Capital of the World: Liverpool and National Opinion in the Age of Abolition." *Slavery and Abolition*, IX.

Duffy, John. 1951. "Smallpox and the Indians in the American Colonies." *Bulletin of the History of Medicine*, XXV, no.4.

Elphick, Richard & Hermann Giliomee eds. 1989. *The Shaping of South African Society, 1652-1840.* Middletown: Wesleyan University Press.

Eltis, David & Stephen Behrendt, David Richardson, Herbert Klein eds. 1999. *The Trans-Atlantic Slave Trade: A Database on CD ROM.* New York: Cambridge University Press.

Eltis, David. 1983. "Free and Coerced Transatlantic Migrations: Some Comparisons." *American Historical Review*, LXXXVIII.

Equiano, Olaudah. 2003. *The Interesting Narrative and Other Writings.* London: Penguin.

Exquemelin, Alexandre. 1924. *The Buccaneers of America, a true Account.* London: Routledge.

Fage, J. D. 1969. "Slaves and Society in Western Africa, c.1455-c.1700." *Journal of*

African History, XXI.

Feinberg, H. M. 1974. "New Data on European Mortality in West Africa: The Dutch on the Gold Coast, 1719-1760." *Journal of African History*, XV, no.3.

Fernández-Armesto, Felipe. 1995. *The Global Opportunity*. Aldershot: Variorum.

Finlay, Robert. 1991. "The Treasure-Ships of Zheng He: Chinese Maritime Imperialism in the Age of Discovery." *Terrae Incognitae*, XXIII.

Flores, Dan. 1991. "Bison Ecology and Bison Diplomacy: The Southern Plains from 1800-1850." *The Journal of American History*, LXXVIII, no.2.

Flynn, Dennis O. 1991. "Comparing the Tokukawa Shogunate with Hapsburg Spain: Two Silver-based Empires in a Global Setting." In Tracy, James ed. (1991).

Flynn, Dennis O. 1996. *World Silver and Monetary History in the Sixteenth and Seventeenth Centuries*. Aldershost: Variorum.

Flynn, Dennis O. & Arturo Giráldez. 1994. "China and Manilla Galleons." In Latham, A. J. H. & Heita Kawakatsu eds. (1994).

Flynn, Dennis O. & Arturo Giráldez. 1995. "Born with a 'Silver Spoon': the Origin of World Trade in 1571." *Journal of World History*, VI, no.2.

Flynn, Dennis O. & Arturo Giráldez. 1997. *Metals and Monies in an Emerging Global Economy*. Aldershot: Variorum.

Flynn, Dennis O. & Arturo Giráldez. 2002. "Cycles of Silver: Global Economic Unity through the Mid-Eighteenth Century." *Journal of World History*, XIII, no.2.

Flynn, Dennis O. et al. eds. 1999. *Pacific Centuries: Pacific and Pacific Rim History since the Sixteenth Century*. London: Routledge.

Fok, K. C. 1987. "Early Ming Images of the Portuguese." In Ptak, Roderich ed. (1987).

Frank, A. G. & B. Gills eds. 1993. *The World System: Five Hundred Years or Five Thousand?* London and New York: Routledge.

Frost, Warwick. 1999. "Alfred Crosby's Ecological Imperialism Reconsidered. A Case Study of European Settlement and Environmental Change on the Pacific Rim." In Flynn, Dennis O. et al. eds. (1999).

Gade, Daniel W. 1992. "Landscape, System, and Identity in the Post-Conquest Andes." *Annals of the Association of American Geographers*, LXXXII, no.3.

Garner, Richard. 1988. "Long-term Silver Mining Trends in Spanish America: A Comparative Analysis of Peru and mexico." *American Historical Review*, XCIII, no.4.

Geggus, David. 1989. "Sex Ratio, Age and Ethnicity in the Atlantic Slave Trade: Data from French Shipping and Plantation Records." *Journal of African History*, XXX.

Glamann, K. 1953. "The Dutch East India Company's Trade in Japanese Copper, 1645-1736." *Scandinavian Economic History Review*, I.

Glamann, K. 1958. *Dutch Asiatic Trade, 1620-1740*. Copenhagen: Danish Science Press.

Glamann, K. 1981. "European Trade 1500-1750." In Cipolla, Carlo ed. (1981).

Goodman, Grant K. 2000. *Japan and the Dutch, 1600-1853*. Richmond: Curzon.

Grafton, Anthony. 1992. *New Worlds, Ancient Texts, The Power of Tradition and the Shock of Discovery*. Cambridge: The Belknap Press of Harvard University Press.

Graham-Campbell, James ed. 1994. *Cultural Atlas of the Viking World*. New York: Facts on File.

Greenblatt, Stephen ed. 1993. *New World Encounters*. Berkeley: University of California Press.

Greer, Allen ed. 2000. *The Jesuit Relations, Natives and Missionaries in Seventeenth-Century North America*. Boston-New York: Bedford/St.Martin's.

Griffin, Joseph. 1930. "The Sacred Congregation de Propaganda Fide: its Foundation and Historical Antecedents." *Records of the American Catholic Historical Society of Philadelphia*, XLI, no.4.

Grove, Richard. 1993. "Conserving Eden: The European East India Companies and their Environmental Policies on St. Helena, Mauritius and in Western India, 1600-1854." *Comparative Studies in Society and History*, XXXV, no.2.

Grove, Richard. 1995. *Green Imperialism: Colonial Expansion, Tropical Island Edens and the Origins of Environmentalism 1600-1860*. Cambridge: Cambridge University Press.

Grove, Richard. 1996. "Indigenous Knowledge and the Significance of South-West India for Portuguese and Dutch Construction of Tropical Nature." *Modern Asian Studies*, vol.30, no.1.

Grove, Richard ed. 1997. *Ecology, Climate and Empire: Colonialism and Global Environmental History, 1400-1940*. Seattle: University of Washington Press.

Guelke, Leonard. 1989. "Freehold Farmers and Frontier Settlers, 1657-1780." In Elphick, Richard & Hermann Giliomee eds. (1989).

Guerra, Francisco. 1966. "The Influence of Diseae on Race, Logistics and colonization in the Antilles." *Journal of Tropical Medicine and Hygiene*, LXIX.

Guilmartin, Jr., John F. 1988. "Ideology and Conflict: The Wars of the Ottoman Empire, 1453-1606." *Journal of Interdisciplinary History*, XVIII.

Gunn, Geoffrey. 2003. *First Globalization, The Eurasian Exchange, 1500-1800.* Lanham: Rowman & Littlefield Publishers.

Haellquist, Karl R. ed. 1991. *Asian Trade Routes.* London: Curzon Press.

Hallet, Robin. 1963. "The European Approach to the Interior of Africa in the Eighteenth Century." *Journal of African History*, IV, no.2.

Hamashita, Takeshi. 1994. "The Tribute System of Modern Asia." In Latham, A. J. H. & Heita Kawakatsu eds. (1994).

Hamilton, Earl J. 1934. *American Treasure and Price Revolution in Spain, 1501-1650.* Cambridge: Harvard University Press.

Harris, David R. 1980. *Human Ecology in Savanna Environments.* London: Academic Press.

Haudrère, Philippe. 2003. "La grande déportation vers l'Amérique." *L'Histoire* no.280.

Headrick, Daniel. 2000. *When Information Comes of Age: Technologies of Knowledge in the Age of Reason and Revolution, 1750-1850.* New York: Oxford University Press.

Heers, Jacques. 1960. "La rôle des capitaux internationaux dans les voyages de découverte au quinzième et seizième siècles." In Mollat, M. & P. Adam eds. (1960).

Hess, Andrew. 1970. "The Evolution of the Ottoman Seaborne Empire in the Age of the Oceanic Discoveries, 1453-1525." *American Historical Review* LXXV.

Hill, Christopher. 1985. "Radical Pirates." In *The Collected Essays of Christopher Hill*, Brighton: Harvester Press.

Hirth, Friedrich & W. W. Rockhill tr. 1911. *Chu-Fan-Chi, A Description of Barbarous Peoples.* St.Petersburg: Print Office of the Imperical Academy of Sciences.

Ho, Ping-Ti. 1955. "The Introduction of American Food Plants into China." *American Anthropologist*, New Series, Vol.57, no.2, Part 1.

Hobsbawm, Eric. 1981. *Bandits.* New York: Pantheon Books.

Howes, John. 1995. "Japanese Christianity and the State: From Jesuit Confrontation/ Competition to Uchimura's Noninstitutional Movement/Protestantism." In Kaplan, Steven ed. (1995).

Huang, Philip C. 2002. "Development or Involution in Eighteenth Century Britain and

China? A Review of Kenneth Pomeranz's The Great Divergence: China, Europe, and the Making of Modern World Economy." *The Journal of Asian Studies*, vol.61, no.2.

Inikori, J. E. ed. 1982. *Forced Migration, The Impact of the Export Slave Trade on African Societies.* London: Hutchinson.

Irwin, Graham W. 1977. *Africans Abroad, A Documentary History of the Black Diaspora in Asia, Latin America, and the Caribbean during the Age of Slavery.* New York: Columbia University Press.

Jacobs, Els M. 1991. *In the Pursuit of Pepper and Tea, The Story of the Dutch East India Company.* Zutphen: Walburg Pers.

Jacobsen, Nils & Hans-Jürgen Puhle eds. 1986. *The Economies of Mexico and Peru during the Late Colonial Period, 1760-1810.* Berlin: Colloqium Verlag.

Jami, Catherine. 1992. "Western Mathematics in China, Seventeenth Century and Nineteenth Century." In Petitjean, Patrick et al. eds. (1992).

Jehel, Georges. 1993. *Les Génois en Méditerranée occidental(fin XIe - début XIVe siècles. Ebauche d'une stratégie pour un empire.* Amiens: Université de Picardie.

Jennings, Ronald C. 1987. "Black Slaves and Free Blacks in Ottoman Cyprus, 1590-1640." *Journal of the Economic and Social History of the Orient*, XXX.

Johnson, Captain Charles. 2002. *A General History of the Robberies & Murders of the Most Notorious Pirates.* New York: The Lyons Press.

Johnson, Marion. 1971. "The Cowrie Currencies of West Africa." *Journal of African History*, XI, no.1.

Jones, Eric. 1974. "Creative Disruptions in American Agriculture, 1620-1820." *Agricultural History*, XLVIII, no.4.

Jones, Eric. 2003. "Environment." In Mokyr, J. ed. (2003).

Jones, Eric. 2006. *Cultures Merging, A Historical and Economic Critique of Culture.* Princeton: Princeton University Press.

Kagan, Donald et al. 1999. *The Western Heritage*, Sixth Edition. Upper Saddle River: Prentice Hall.

Kaplan, Steven ed. 1995. *Indigenous Responses to Western Christianity.* New York: New York University Press.

Kazui, Tashiro. 1989. "Export of Japan's Silver to China via Korea and Changes in the Tokukawa Monetary System during the Seventeenth and Eighteenth

Centuries." In van Cauwenberghe, Eddy H. G. ed. (1989).

Kelsey, Harry. 1985. "European Impact on California Indians, 1530-1830." *The Americas*, XLI.

Kennedy, Paul. 1987. *The Rise and Fall of the Great Powers*. New York: Vintage Books.

Keynes, M. 1930. *A Treatise on Money*. London: Macmillan.

Khatchikian, Levon. 1966. "The Ledger of the Merchant Hovhannes Joughayetsi." *Journal of the Asiatic Society of Bengal* (4th series), VIII, no.3.

Khatchikian, Levon. 1967. "Le registre d'un marchand arménien en Perse, en Inde et au Tibet, 1682-1693." *Annales E.S.C.*, vol.22, no.2.

Kim, Tai Whan. 1976. *The Portuguese Element in Japanese: A Historical Survey with Glossary*, Coimbra: Faculdade de Letras da Universidade de Coimbra, Instituto de Estudos Romanicos.

Kindleberger, Charles. 1989. *Spenders and Hoarders: The World Distribution of Spanish American Silver, 1550-1750*. Singapore: Pasir Panjang.

Kiple, Kenneth & Stephen Beck. 1997. *Biological Consequences of European Expansion, 1450-1800*. Aldershot: Variorum.

Kirwen, Michael C. 1979. *African Widows*. New York: Maryknoll.

Kiyoshi, Yabuuti. 1965. "The Pre-History of Modern Science in Japan: The Importation of Western Science during the Tokukawa Period." *Cahiers d'histoire mondiale*, IX, no.2.

Klein, Herbert, Stanley L. Engerman, Robin Haines, and Ralph Shlomowitz. 2001. "Transoceanic Mortality: The Slave Trade in Comparative Perspective." *William and Mary Quarterly*, vol.58, no.1.

Kling, Blair & M. Pearson eds. 1979. *The Age of Partnership, Europeans in Asia before Dominion*. Honolulu: The University of Hawaii Press.

Knaap, Gerrit J. 1992. "Crisis and Failure: War and Revolt in the Ambon Islands, 1636-1637." *Cakalele*, III.

Kobata, A. 1965. "The Production and Uses of Gold and Silver in Sixteenth and Seventeenth-Century Japan." *Economic History Review*, XLIII, no.2

Konetzke, Richard et al. eds. 1977. Jahrbuch für Geschichte von Staat, Wirtschaft und Gesellschaft Lateinamerikas, XIV, Köln/Wien.

Krech III, Shepard. 1999. *The Ecological Indian, Myth and History*. New York: Norton.

Kuppermann, Karen Ordahl. 1984. "Fear of Hot Climates in the Anglo-American Colonial Experience." *William and Mary Quarterly.* 3rd Series. XLI, no.2.

Landes, Davis. 1998. *The Wealth and Poverty of Nations, Why Some are So Rich and Some So Poor.* New York: Norton.

Lane, Frederick C. 1966. *Venice and History, The Collected Papers of Frederic C. Lane.* Baltimore: The Johns Hopkins University Press.

Langer, William L. 1963. "Europe's Initial Population Explosion." *The American Historical Review*, LXIX, no.1.

Las Casas, Bartolomé. 1965. *The Devastation of the Indies: A Brief Account.* Baltimore: The Johns Hopkins University Press.

Latham, A. J. H. & Heita Kawakatsu eds. 2000. *Asia Pacific Dynamism 1550-2000.* London and New York: Routledge.

Latham, A. J. H. & Heita Kawakatsu eds. 1994. *Japanese Industrialization and the Asian Economy.* London and New York: Routledge.

Leon-Portilla, Miguel ed. 1992. *The Broken Spears, The Aztec Account of the Conquest of Mexico.* Boston: Beacon Press.

Lepore, Jill. 2000. *Encounters in the New World, A History in Documents.* Oxford: Oxford University Press.

Livi-Bacci, Massimo. 1989. *A Concise History of World Population.* Malden: Blackwell.

Lovejoy, Paul E. 1982. "The Volume of the Atlantic Slave Trade: A Synthesis." *Journal of African History*, XXIII.

Lynn, John A. 1995. "The *trace italienne* and the Growth of Armies: The French Case." In Rogers, Clifford ed. (1995).

Maddison, Angus. 2003. *The World Economy: Historical Statistics.* Paris: OECD.

Malone, Patrick M. 1973. "Changing Military Technology among the Indians of Southern New England, 1600-1677." *American Quarterly*, XXV.

Manguin, Pierre-Yves. 1980. "The Southeast Asian Ship: an Historical Approach." *Southeast Asian Studies*, XI/2.

Manning, Patrick. 1993. "Migrations of Africans to the Americas: The Impact on Africans, Africa, and the New World." *The History Teacher*, XXVI.

Manning, Patrick. 2003. *Navigating World History, Historians Create a Global History.* Palgrave: Macmillan.

Marks, Robert. 1998. *Tigers, Silks, and Silt: Environment and Economy in Late Imperial South China.* Cambridge: Cambridge University Press.

Marks, Robert. 2002. *The Origins of the Modern World, A Global and Ecological Narrative*. Lanham: Rowman & Littlefield.

Marshall, P. J. 1975. "Economic and Political Expansion: The Case of Oudh." *Modern Asian Studies*, IX, no.4.

Marshall, P. J. 1993. "Retrospect on J.C van Leur's Essay on the Eighteenth Century as a Category in Asian History." *Itinerario*, XVII, no.1.

Martin, Calvin. 1978. *Keepers of the Game, Indian-Animal Relationships and the Fur Trade*. Berkeley: University of California Press.

Martinière, Guy. 1994. *Le Portugal à la rencontre de "Trois Mondes": Afrique, Asie, Amérique. XV-XVCI[e] siècles*. Paris: Edition de l'Insititut des Hautes Etudes en l'Amérique Latine.

Masselman, George. 1963. *The Cradle of Colonialism*. New Haven: Yale University Press.

Mazzaoui, Maureen Fennell ed. 1998. *Textiles: Production, Trade and Demand*. Aldershot: Variorum.

McNeill, John R. 1999. "Islands in the Rim. Ecology and History in and around the Pacific, 1521-1996." In Flynn, Dennis O. et al. eds. (1999).

McNeill, William. 1982. *The Pursuit of Power: Technology, Armed Force, and Societies since A.D. 1000*. Chicago: University of Chicago Press.

Melville, Elinor G. K. 1990. "Environmental Change and Social Change in the Valle del Mezquital, Mexico, 1521-1600." *Comparative Studies in Society and History*, XXXII, no.1.

Menard, Russel R. 1991. "Transport Costs and Long-Range Trade, 1300-1800: Was There a European 'Transport Revolution' in the Early Modern Era?" In Tracy, James ed. (1991).

Métraux, A. 1983. *Les Incas*. Paris: Seuil.

Meyer, Jean. 1990. *L'Europe et la conquête du monde: XVI - XVIIIe siècles*. Paris: A. Colin.

Meyer, Jean et al. 1991. *Histoire de la France Coloniale, Des Origines à 1914*. Paris: Armand Colin.

Miller, Joseph C. 1988. *Way of Death, Merchant Capitalism and the Angolan Slave Trade 1730-1830*. Madison: University of Wisconsin Press.

Miller, Joseph C. 1991. "A Marginal Institution on the Margin of the Atlantic System: The Portuguese Southern Atlantic Slave Trade in the Eighteenth Century." In

Solow, Barbara L. ed. (1991).

Miller, Shawn W. 1994. "Fuelwood in Colonial Brazil: The Economic Consequences of Fuel Depletion for the Bahian Recôncavo, 1549-1820." *Forest and Conservation History*, XXXVIII.

Mokyr, Joel. 1988. "Is there still Life in the Pessimist Case? Consumption during the Industrial Revolution, 1790-1850." *Journal of Economic History*, XLVIII.

Mokyr, Joel ed. 2003. *Oxford Encyclopedia of Economic History*. Oxford: Oxford University Press.

Mollat, M. & P. Adam eds. 1960. *Les aspects internationaux de la découverte océanique au quinzième et seizième siècles: Actes du cinquième Colloques international d'histoire maritime*. Paris: S.E.V.P.E.N.

Moloughney, Brian & Xia Weizhong. 1989. "Silver and the Fall of the Ming: A Reassessment." *Papers on Far Eastern History*, XL.

Monteiro, John M. 1988. "From Indian to Slave: Forced Native Labour and Colonial Society in Sãn Paulo During the Seventeenth Century." *Slavery and Abolition*, IX.

Morineau, Michel. 1974. *Incroyables gazettes et fabuleux métaux. Les retours des trésors américains d'après les gazettes holandaises, XVIe-XVIIIe siècles*. London: Cambridge University Press.

Mungello, David E. 1978. "Sinological Torque: The Influence of Cultural Preoccupations of Seventeenth-Century Missionary Interpretations of Confucianism." *Philosophy East and West*, XXVIII, no.2.

Needham, Joseph. 1970. "China, Europe and the Seas Between." In *Clerks and Craftsmen in China and the West*. Cambridge: Cambridge University Press.

Needham, Joseph. 1996. "Chinese Astronomy and the Jesuit Mission: An Encounter of Cultures." In Storey, William ed. (1996).

Newitt, Malyn. 1969. "The Portuguese on the Zambesi: An Historical Interpretation of the Prazo System." *Journal of African History*, X, no.1.

Newitt, Malyn. 1986. *The First Portuguese Colonial Empire*. Exeter: University of Exeter.

Nuñez, Clara E. ed. 1998. *Monetary History in Global Perspective, 1500-1808*. Sevilla: Universidad de Sevilla.

O'Brien, Patrick. 1982. "European Economic Development: The Contribution of the Periphery." *Economic History Review*, vol.35, no.1.

O'Brien, Patrick K. 1997. "International trade and the Development of the Third World since the Industrial Revolution." *Journal of World History*, vol.8, no.1.

Ostler, Nicholas. 2005. *Empires of the Word, A Language History of the World.* London: Harper & Colins.

Pagden, Anthony. 1986. "Dispossessing the Barbarian: The Language of Spanish Thomism and the Debate over the Property Rights of the American Indians." In Pagden, Anthony ed. (1986).

Pagden, Anthony ed. 1986. *The Languages of Political Theory in Early Modern Europe.* Cambridge: Cambridge University Press.

Palmer, Colin. 1998. *The Worlds of Unfree Labour, From Indentured Servitude to Slavery.* Aldershot: Variorum.

Parker, Geoffrey. 1991. "Europe and the Wider World, 1500-1700: The Military Balance." In Tracy, James ed. (1991).

Parker, Geoffrey. 1995. "The Military Revolution, 1560-1660 – A Myth?" In Rogers, Clifford ed. (1995).

Parker, Geoffrey. 1996. *The Military Revolution, Military Innovation and the Rise of the West 1500-1800.* Cambridge: Cambridge University Press.

Parker, John. 1978. *The World for a Marketplace.* Minneapolis: The Associates of the James Ford Bell Library.

Parrot, David A. 1995. "Strategy and Tactics in the Thirty Years' War: The 'Military Revolution'." In Rogers, Clifford ed. (1995).

Parry, J. H. 1963. *The Age of Reconnaissance, Discovery, Exploration and Settlement 1450-1650.* London: Weidenfeld and Nicholson.

Parsons, James J. 1981. "Human Influences on the Pine and Lauren Forests of the Canary Islands." *Geographical Review*, LXXI, no.3.

Parthasarathi, P. 1996. "Rethinking Wages and Competitiveness in the Eighteenth Century: Britain and South India." *Past and Present*, vol.158.

Peers, Douglas M. ed. 1997. *Warfare and Empires.* Aldershot: Variorum.

Pemble, John. 1976. "Resources and Techniques in the Second Maratha War." *Historical Journal*, XIX.

Pennell, C. R. ed. 2001. *Bandits at Sea, A Pirates Reader.* New York: New York University Press.

Percy, David O. 1992. "Ax or Plow? Significant Colonial Landscape Alteration Rates in the Maryland and Virginia Tidewater." *Agricultural History*, LXVI, no.2.

Perlin, Frank. 1980. "A History of Money in Asian Perspective." *The Journal of Peasant Studies*, VII, no.2.

Perlin, Frank. 1986. "Monetary Revolution and Societal Change in Late Medieval and Early Modern Times-a Review Article." *Journal of Asian Studies*, vol.45, no.5.

Pérotin-Dumon, Anne. 1991. "The Pirate and the Emperor: Power and the Law on the Seas, 1450-1850." In Tracy, James ed. (1991).

Perrin, Noel. 1979. *Giving up the Gus: Japan's Reversion to the Sword, 1543-1789.* Boston: Godine.

Pescatello, Ann M. 1977. "The African Presence in Portuguese India." *Journal of Asian History*, XI.

Petitjean, Patrick et al. eds. 1992. *Science and Empires: Historical Studies about Scientific Development and European Expansion.* Dordrecht: Kluwer Academic Publishers.

Pétré-Grenouilleau, Olivier. 2003. "La traite oubliée des négriers musulmans." *L'Histoire*, no. 280.

Phelan, John Leddy. 1955. "Pre-Baptismal Instruction and the Administration of Baptism in the Philippines during the Sixteenth Century." *The Americas*, XII.

Philips, Carla R. 1990. "The Growth and Composition of Trade in Iberian Empires, 1450-1750." In Tracy, James ed. (1990).

Plutschow, Herbert E. 1983. *Historical Nagasaki: with Illustrations and Guide Maps.* Tokyo: The Japan Times.

Pomeranz, Kenneth. 2000. *The Great Divergence: China, Europa, and the Making of the Modern World Economy.* Princeton: Princeton University Press.

Pomeranz, Kenneth and Steven Topik. 1999. *The World that Trade Created: Society, Culture, and the World Economy, 1400 - the Present.* Armonk: Sharpe.

Posthumus, N. W. 1946-1964. *Inquiry into the History of Prices in Holland, vol. I, Wholesale Prices at the Exchange of Amsterdam 1585-1914, Rates of Exchange at Amsterdam.* Leiden: E. J. Brill.

Porter, A. N. 1991. *Atlas of British Overseas Expansion.* New York: Simon & Schuster.

Postma, Johannes. 2003. *The Atlantic Slave Trade.* Westport: Greenwood Press.

Prakash, Om. 1997. *European Commercial Expansion in Early Modern Asia.* Aldershot: Variorum.

Probert, Alan. 1969. "Bartolomé de Medina: the Patio Process and the Sixteenth Century Silver Crisis." *Journal of the West*, VIII, no.1.

Ptak, Roderich ed. 1987. *Portuguese Asia: Aspects in History and Economic History, Sixteenth and Seventeenth Centuries.* Stuttgart: Steiner.

Rathbone, Richard. 1985. "Resistance to Enslavement in West Africa." In Daget, Serge ed. (1985).

Ray, Arthur J. 1975. "Some Conservation Schemes of the Hudson's Bay Company, 1821-50: An Examination of the Problems of Resource Management in the Fur Trade." *Journal of Historical Geography*, I, no.1.

Rediker, Markus. 2004. *Villains of All Nations, Atlantic Pirates in the Golden Age.* Boston: Beacon Press.

Reid, Anthony. 1988. *Southeast Asia in the Age of Commerce 1450-1680, vol.1, The Lands below the Winds.* New Haven: Yale University Press.

Reid, Anthony. 1993. *Southeast Asia in the Early Modern Era: Trade, Power and Belief.* Ithaca: Cornel University Press.

Renault, François et al. 1985. *Les traites négrières en Afrique.* Paris: Karthala.

Richards, J. F. ed. 1983. *Precious Metals in the Later Medieval and Early Modern Worlds.* Durham: Carolina Academic Press.

Richards, John. 2003. *The Unending Frontier; An Environmental History of the Early Modern World.* Berkeley: University of California Press.

Richardson, David. 1987. "The Slave Trade, Sugar, and British Economic Growth, 1748-1776." *The Journal of Interdisciplinary History*, XVII, no.4.

Ricklefs, Merle. 1990. "Balance and Military Innovation in 17th-Century Java." *History Today*, XL.

Ricks, Thomas M. 1988. "Slaves and Slave Trade in the Persian Gulf, 18th and 19th Centuries: An Assessment." *Slavery and Abolition*, IX.

Risso, Patricia. 1995. *Merchants and Faith, Muslim Commerce and Culture in the Indian Ocean.* Oxford: Westview Press.

Roberts, Michael. 1956. *The Military Revolution, 1560-1660: An Inaugural Lecture Delivered before the Qeen's Universirt of Balfast.* Belfast: Queen's University.

Robertson, Claire & Martin Klein eds. 1983. *Women and Slavery in Africa.* Madison: University of Wisconsin Press.

Rodney, Walter. 1966. "African Slavery and Other Forms of Social Oppression on the Upper Guinea Coast in the Context of the Atlantic Slave-Trade." *Journal of African History*, VII, no.3.

Rogers, Clifford ed. 1995. *The Military Revolution Debate, Readings on the Military*

Transformation of Early Modern Europe. Oxford: Westview Press.

Rolls, Eric. 1997. "The Nature of Australia." In Grove, Richard ed. (1997).

Russell-Wood, A. J. R. 1984. "Colonial Brazil: The Gold Cycle. c. 1690-1750." In Bethel, Leslie ed. (1984).

Russel-Wood, A. J. R. 1998. *The Portuguese Empire, 1415-1808, A World on the Move.* Baltimore: The Johns Hopkins University Press.

Rutman, Darrett & Anita Rutman. 1976. "Of Agues and Fevers: Malaria in the Early Chesapeake." *William and Mary Quarterly* (3rd Series), XXXIII, no.1.

Scammell, G. V. 1980. "Indigenous Assistance in the Establishment of Portuguese Power in Asia in the Sixteenth Century." *Modern Asian Studies,* XIV.

Scammell, G. V. 1981. *The World Encompassed: The First European Maritime Expansion c.800-1650.* Berkeley: University of California Press.

Scammell, G. V. 1992. "European Exiles, Renegades and Outlaws and the Maritime Economy of Asia, c. 1500-1750." *Modern Asian Studies,* XXVI, no.4.

Schonhorn, Manuel ed. 1972. *A General History of the Pyrates.* Mineola: Dover Publications.

Seed, Patricia. 1995. *Ceremonies of Possession in Europe's Conquest of the New World 1492-1640.* Cambridge: Cambridge University Press.

Shapiro, Judith. 1987. "From Tupã to the Land without Evil: The Christianization of Tupi-Guarani Cosmology." *American Ethnologist,* XIV.

Sherry, Frank. 1994. *Pacific Passions: The European Struggle for Power in the Great Ocean in the Age of Exploration.* New York: Morrow.

Shimada, Ryuto. 2003. "Dancing around the Bride: The Inter-Asian Competition for Japanese Copper, 1700-1760." *Itinerario,* XXVII, no.2.

Solow, Barbara L. ed. 1991. *Slavery and the Rise of the Atlantic System.* Cambridge: Harvard University Press.

Sombart, W. 1917. *Der Moderne Kapitalismus,* 4 vols. München-Leipzig: Duncker & Humblot.

Spencer, J. E. 1975. "The Rise of Maize as a Major Crop Plant in the Philippines." *Journal of Historical Geography,* I, no.1.

Stannard, David E. 1990. "Disease and Infertility: A New Look at the Demographic Collapse of Native Populations in the Wake of Western Contact." *Journal of American Studies,* XXIV, no.3.

Steensgaard, Niels. 1974. *The Asian Trade Revolution of the Seventeenth Century, The*

East India Companies and the Decline of the Caravan Trade. Chicago: University of Chicago Press.

Steensgaard, Niels. 1990. "The Growth and Composition of the Long-Distance Trade of England and the Dutch Republic before 1750." In Tracy, Tames ed. (1990).

Storey, William ed. 1996. *Scientific Aspects of European Expansion.* Aldershot: Variorum.

Subrahmanyam, Sanjay. 1992. "Iranians Abroad: Intra-Asian Elite Migration and Early Modern State Formation." *The Journal of Asian Studies*, vol.LI, no.2.

Subrahmanyam, Sanjay. 1993. *The Portuguese Empire in Asia 1500-1700, A Political and Economic History.* London: Longman.

Sweet, James H. 1997. "The Iberian Roots of American Racist Thought." *William and Mary Quarterly* (3rd series), LIV, no.1.

Szeninski, Jan. 1995. "From Inca Gods to Spanish Saints and Demons." In Kaplan, Steven ed. (1995).

Teixeira da Mota, A. 1963. "Méthode de navigation et cartographique nautique dans l'Océan Indien avant le seizième siècle." *Studia*, XI.

Thomas, Hugh. 1997. *The Slave Trade, The Story of the Atlantic Slave Trade: 1440-1870.* New York: Simon & Shuster.

Thornton, John. 1988. "The Art of war in Angola, 1575-1680." *Comparative Studies in Society and History*, XXX.

Thornton, John. 1998. *Africa and Africans in the Making of the Atlantic World, 1400-1800.* Cambridge: Cambridge University Press.

Thornton, John. 1983. "Sexual Demography: The Impact of the Slave Trade on Family Structure." In Robertson, Claire & Martin Klein eds. (1983).

Thwaites, Reuben G. ed. 1896-1900. *The Jesuit Relations and Allied Documents*, 73 vols. Cleveland: Burrows Brothers.

Tracy, James ed. 1990. *The Rise of Merchant Empires, Long-Distance Trade in the Early Modern World, 1350-1750.* Cambridge: Cambridge University Press.

Tracy, James ed. 1991. *The Political Economy of Merchant Empires*, Cambridge: Cambridge University Press.

Trigger, Bruce. 1968. "The French Presence in Huronia: The Structure of Franco-Huron Relations in the First Half of the Seventeenth Century." *Canadian Historical Review*, XLIX.

Trocki, Carl A. 1999. *Opium, Empire and the Global Political Economy, A Study of the Asian Opium Trade 1750-1950.* London and New York: Routledge.

Unger, Richard. 1978. *Dutch Shipbuilding before 1800.* Assen: Van Gorcum.

Unger, Richard. 1987. "Portuguese Shipbuilding and the Early Voyages to the Ginea Coast." *Vice-Almirante A. Teixeira Da Mota In Memoriam* I. Lisbon: Academia de Marinha.

Vaillant, George C. 1965. *Aztec of Mexico: Origins, Rise and Fall of the Aztec Nation.* London: Penguin Books.

van Cauwenberghe, Eddy H. G. eds. 1989. *Precious Metals, Coinage and Changes of Monetary Structures in Latin America, Europe and Asia.* Leuven: Leuven University Press.

Van der Chijs. 1857. *Geschiedenis van de stichtingen van de VOC,* 2nd Imp.

van Dillen, J. G. 1958. Het Oudste Aandeelhoudersregister van de Kamer Amsterdam der Oost-Indische Compagnie. The Hague: M. Nijhoff.

van Santen, H. W. 1991. "Trade between Mughal India and the Middle East, and Mughal Monetary Policy, c.1600-1660." In Haellquist, Karl R. ed. (1991).

Vansina, Jan. 1998. "Raffia Cloth in West Central Africa, 1500-1800." In Mazzaoui, Maureen Fennell ed. (1998).

Vaughan, Alden. 1989. "The Origins Debate: Slavery and Racism in Seventeenth-Century Virginia." *Virginia Magazine of History and Biography,* XCVII, no.3.

Vogel, Hans Ulrich. 1993. "Cowry Trade and Its Role in the Economy of Yünnan: From the Ninth to the Mid-Seventeenth Century." *Journal of the Economic and Social History of the Orient,* vol.36, no.3-4.

Vogt, John. 1977. "Saint Barbara's Legion: Portuguese Artillery in the Struggle for Morocco, 1415-1578." *Military Affairs,* XLI.

von Glahn, Richard. 1996. *Fountain of Fortune: Money and Monetary Policy in China.* Berkeley: University of California Press.

von Glahn, Richard. 1998. "Money-use in China and Changing Patterns of Global Trade in Monetary Metals, 1500-1800." In Nuñez, Clara E. ed. (1998).

Wachtel, N. 1971. *La vision des vaincus.* Paris: Gallimard.

Wallerstein, Immanuel. 1974-1988. *The Modern World System.* New York: Academic Press.

Wallis, Helen. 1965. "The Influence of Father Ricci on far Eastern Cartography." *Imago Mundi,* XIX.

Walvin, James. 2005. *Atlas of Slavery*. London: Longman.

Wang, Guangwu. 1990. "Merchants without Empire: The Hokkien Sojourning Communities." In Tracy, James ed. (1990).

Watson, Andrew. 1967. "Back to Gold - and Silver." *Economic History Review*, XX.

Watson, I. Bruce. 1980. "Fortifications and the 'idea' of Force in Early English East India Company Relations with India." *Past and Present*, LXXXVIII.

Weatherford, Jack. 1997. *The History of Money, From Sandstone to Cyberspace*. New York: Crown Publisher.

Wilks, Ivor. 1993. *Forests of Gold: Essays on the Akan and the Kingdom of Asante*. Athens: Ohio University Press.

Williams, Eric. 1944. *Capitalism and Slavery*. Chapel Hill: The University of North Carolina Press.

Williamson, Jeffrey. 2000. "Globalization, Factor Prices and Living Standards in Asia before 1940." In Latham, A. J. H. & Heita Kawakatsu eds. (2000).

Wilson, C. 1977. "The Historical Study of Economic Growth and Decline in Early Modern History." In *The Cambridge Economic History of Europe*, vol.5. Cambridge: Cambridge University Press.

Wolf, Eric. 1982. *Europe and the People Without History*. Berkeley: University of California Press.

Wong, Roy Bin. 1997. *China Transformed: Historical Change and the Limits of European Experience*. Ithaca: Cornell University Press.

Yang, Bin. 2004. "Horse, Silver and Cowries: Yunnan in Global Perspective." *Journal of World History*, vol.15, no.3.

찾아보기

ㄱ

ㅁ

ㅂ

ㅅ

ㅇ

ㅈ

ㅊ

ㅋ

ㅌ

ㅍ

Abstract

The Age of Maritime Expansion

Jou, Kyung Chul

From the fifteenth century on, civilizations of all over the world became involved in maritime expansion, and as a result of the encounters among various civilizations, worldwide sea-borne networks were formed. The exchange of goods, money, biological elements, religions, and the migration of people utilized these networks. Such events lead not only to the expansion of peaceful horizontal exchange but also to the formation of a vertical hierarchy of international relations, and a new period of European hegemony.

This book purposes to trace the history of maritime developments during the early modern age from a multi-dimensional viewpoint. In Part I, "The Formation of the Structure of Modern History," a broad picture of modern history is portrayed using statistical materials, and chronological narratives on European expansion are provided as well. Part II, "Globalization of Violence," examines various phenomena of maritime history such as the development of navigation, the prevalence of pirates, military struggles, slave trade, and the worldwide flow of money and precious metals. Finally, Part III, "Glocalized Culture," explains environmental evolution, the impact of the propagation of the Christian faith, the spread of diverse languages, food, science, and technologies.

주경철

서울대학교 경제학과를 졸업하고 같은 대학교 대학원 서양사학과에서 역사학 석사학위를, 프랑스 사회과학고등연구원(EHESS)에서 역사학 박사학위를 받았다. 미국 하버드대학교 옌칭연구소 초빙 연구원을 역임했다. 현재 서울대학교 서양사학과 교수로 재직 중이다.

주요 논문으로 「네덜란드의 조선업」, 「재판농노제 연구」, 「숲의 역사」 등이 있고, 저서로는 『바다 인류: 인류의 위대한 여정, 글로벌 해양사』, 『크리스토퍼 콜럼버스, 종말론적 신비주의자』, 『어떻게 이상 국가를 만들까?: 유토피아의 역사에서 배우는 미래를 위한 교훈』, 『주경철의 유럽인 이야기』, 『마녀』, 『문명과 바다』, 『문화로 읽는 세계사』, 『신데렐라』, 『모험과 교류의 문명사』, 『그해, 역사가 바뀌다』 등이 있다.

대항해시대

해상 팽창과 근대 세계의 형성

초판 1쇄 발행 2008년 3월 10일
초판 28쇄 발행 2024년 8월 25일

지은이 주경철

펴낸곳 서울대학교출판문화원
주소 08826 서울 관악구 관악로 1
도서주문 02-889-4424, 02-880-7995
홈페이지 www.snupress.com
페이스북 @snupress1947
인스타그램 @snupress
이메일 snubook@snu.ac.kr
출판등록 제15-3호

ISBN 978-89-521-0867-8 93920

2009년 대한민국학술원 우수학술도서